170 — PARIS, IMPRIMERIE LALOUX Fils et GUILLOT
7, rue des Canettes

LEÇONS

DE

PHILOSOPHIE SCOLASTIQUE

PAR

Le R. P. J. M. CORNOLDI

De la Compagnie de Jésus

TRADUITES DE L'ITALIEN AVEC L'AUTORISATION EXCLUSIVE DE L'AUTEUR

Par un Professeur de Grand Séminaire.

PARIS

P. LETHIELLEUX, IMPRIMEUR-ÉDITEUR

4, RUE CASSETTE, ET RUE DE RENNES, 75

1878

Tous droits réservés.

DILECTO FILIO

ALPHONSO TRAVAGLINI DOCTORI MEDICO-CHIRURGO

FUNDATORI SOCIETATIS PHILOSOPHICO-MEDICÆ

PIUS PP. IX

Dilecte Fili, Salutem et Apostolicam Benedictionem.

Dum, præterito mense martio, te, dilecte filii, una cum sacerdote Joanne-Maria Cornoldi e Societate Jesu, quo consiliario et adjutore potissimum usus fueras ad excogitatam Societatem instituendam, aliisque præstantibus viris eidem addictis excepimus, gratulati tibi fuimus, quod scientiam medicam jamdiu a sanæ philosophiæ principiis aberrantem ad ea revocare decrevisses, et per medicos præsertim, qui non mediocrem contulerant operam suadendis vulgandisque materialismi erroribus, restituere rectam de rerum essentia et origine doctrinam, ac in primis quoad hominem, circa quem medicina versatur: scilicet ut inde haberetur medela, unde malum magna ex parte manaverat. Gaudemus autem in præsentiarum faustis ominibus Nostris eventum respondisse, et jam plus centum e doctis Italis nomen dedisse natæ super Societati, eique majora quoque incrementa parari.

Libentius etiam videmus, vos, proposito vestro fideles, eos tantum sodales vobis adsciscere, constituisse, qui teneant et propugnaturi sint doctrinas a sacris Conciliis et hac sancta Sede propositas, ac nominatim Angelici Doctoris principia de animæ intellectivæ unione cum corpore humano, deque substantiali forma et materia prima.

Nec aliter certe reparari poterunt inducta in religionem et scientiam a materialismo detrimenta, aut scientia ipsa ex errorum illius ambagibus extricari, et ad verum impelli progressum, nisi per veritatem. Quæ sane cum a Deo procedat, sicut perspicue tutissimeque traditur a theologia, sic a philosophia physicisque disciplinis discordare nullatenus potest: quo fit, ut, dum spectari tantum videtur inclinandis animis in obsequium fidei, scientiæ simul soliditati, explicationi et provectui prospiciatur, et homo a materialismo cum brutis turpiter convolutus in cœno ad dignitatem relevetur filiorum Dei. Cavete igitur, ne quemquam inter vos admittatis e novarum opinionum sectatoribus, qui vano inflatus eruditionis apparatu sensim inter vos dissidia serat, mentesque abducat ab auctoritate magisterii Ecclesiæ, in qua sola posita fuit a Christo Domino infallibilis veritatis Cathedra.

Si in suscepto consilio perseveretis, si studiose vitetis falsorum fratrum fraudes, si omnes eodem illecti religionis amore, obsequio, studio veritatem assequi, illustrare et propagare nitamini, optime certe merebitis de Ecclesia, de scientia, de sacra et civili societate, consociationemque vestram brevi complurium sapientum accessione et honestorum omnium plausu commendatam videbitis.

Hæc Nos vobis adprecamur; et interim divini favoris auspicem et paternæ Nostræ benevolentiæ pignus, tibi, dilecte fili, sodalibusque omnibus Societatis philosophico-medicæ sancti Thomæ Aquinatis Benedictionem Apostolicam peramanter impertimus.

Datum Romæ apud s. Petrum die 25 julii anno 1874, Pontificatus Nostri anno vicesimonono.

PIUS PP. IX.

PHILOSOPHIE SCOLASTIQUE

INTRODUCTION (1)

Les opérations de l'homme, considéré soit comme individu, soit comme membre de la société, ne sont point régies par la divine Providence comme celles de la brute, chez qui l'instinct remplace la raison, et qui n'agit que sous l'impulsion d'une nécessité de nature.

L'homme est libre, et la règle de ses actions se trouve dans les idées de son esprit, en tant qu'il actue dans les faits le concept idéal qu'il contemple par la pensée, comme le peintre copie sur la toile le tableau sur lequel son regard d'artiste s'est fixé. Penser que l'ordre des faits puisse être en désaccord avec l'ordre des idées est une folie, puisque les premiers ne sont que l'expression de ces dernières.

La conséquence de ce principe, c'est que les maux infinis qui affligent de nos jours la société humaine, et qui, en dernière analyse, dérivent de la liberté de l'homme, ont pour vraie cause le désordre déplorable qui règne dans l'esprit des hommes. Car ce ne sont pas seulement les vérités révélées par Dieu lui-même, contre lesquelles se révolte maintenant la raison humaine : les premiers principes naturels, dans l'ordre spéculatif comme dans l'ordre pratique, sont méconnus, attaqués et foulés aux pieds.

C'est pourquoi, celui qui désire être aussi utile qu'il le peut à sa patrie et à l'humanité toute entière, devra mettre le doigt sur la plaie sociale, devenue déjà gangréneuse, et contribuer de tout son pouvoir à rétablir

(1) Cette introduction est la même que celle de la première édition.

l'ordre dans les idées, pour opposer une digue à ce torrent de calamités qui, de jour en jour, devient plus large et plus impétueux.

Et l'on aurait vraiment mis le doigt sur la plaie en fondant une institution où les jeunes étudiants, bien disposés, auraient trouvé, avec une tendresse vigilante et une prudente direction, les moyens de conserver leur innocence et de faire d'excellentes études.

Il a été impossible de réaliser cette idée à Pise, et nous tirons un voile sur les causes de cette indignité : ce n'est pas mon affaire de traiter une semblable matière.

Espérant tout le contraire de ce qui est arrivé, j'avais quitté Rome au mois d'août dernier : je vivais retiré dans une petite villa solitaire, aux pieds d'un de ces riants coteaux qui dominent Florence, et je m'étais mis à composer un cours de philosophie, pour servir de texte aux études des jeunes gens qui se seraient réunis à Pise dans le but que nous avons dit.

Ce cours avait un double but : le premier, de préparer les élèves par une solide philosophie à l'étude approfondie de sciences plus élevées ; et le second de les prémunir, par la démonstration des principales vérités, contre les erreurs qu'on aurait probablement cherché à leur inculquer dans les chaires de l'université.

Malgré les incidents qui sont survenus, je n'ai pas voulu laisser inachevé un ouvrage dont la composition était très-avancée et l'impression déjà commencée. Sans compter que l'institution, interdite cette année, pouvait être autorisée plus tard, le travail que j'avais entrepris convenait parfaitement aux jeunes gens qui suivent les cours du lycée, et à tous ceux qui, en dehors des écoles, aiment les études philosophiques.

Pour ces raisons, et aussi pour céder aux instances réitérées de nombreux amis, je me suis décidé à le publier (1).

Mais, après avoir indiqué les motifs qui m'ont dé-

---

(1) La fondation de l'Académie philosophico-médicale de Saint-Thomas donne aujourd'hui à notre cours une importance particulière, parce qu'on y trouve exposée et démontrée la doctrine qui doit être l'âme de cette Académie.

terminé à l'écrire, il faut que je dise pourquoi j'ai voulu qu'il fût ce qu'il est.

Depuis longtemps, j'avais l'intention de composer, spécialement en vue des jeunes étudiants, et en rapport avec la briéveté du temps, qu'ils ont coutume d'y employer, une philosophie qui aurait mérité l'estime et l'approbation générale, et à laquelle tous les savants de notre temps auraient pu faire bon accueil.

Mais, si j'avais voulu m'en tenir à ce seul point de vue, j'aurais été complétement frustré dans mes désirs.

Presque toutes les écoles d'Europe ont banni complétement la philosophie, ou bien elles en donnent seulement quelques notions confuses et sans connexion, qui n'ont de la philosophie que le nom; et quand bien même, ce qui est très-rare, on fait parade de l'étudier sérieusement, il y a une telle variété et une telle contradiction parmi les doctrines enseignées, que l'on ne peut pas s'attacher à l'une sans se mettre en guerre ouverte avec l'autre.

Cette diversité, qui règne entre les écoles modernes, est si générale qu'à peine pourrait-on trouver deux professeurs du même cours, dans le même collége, dont l'enseignement soit d'accord, je ne dirai pas sur toute la philosophie, mais seulement sur ses principes fondamentaux. Bien plus, on n'est pas capable d'enseigner pendant dix ans la même doctrine : c'est un perpétuel va-et-vient de changements et de contradictions.

Il est certain que, de même que le centre du cercle est un et indivisible, et qu'il y a un nombre infini de rayons qui vont toujours en s'éloignant davantage de lui, de même, la vérité est une et indivisible, et les erreurs qui s'en écartent sont innombrables, toujours de plus en plus éloignées du centre, et par là même les unes des autres.

Vous changez, disait Bossuet à l'hérésie, *donc vous êtes l'erreur*. On peut en dire autant de toutes les prétendues philosophies modernes, qui, par cela même qu'elles sont multiples et contraires, doivent être, logiquement parlant, toutes fausses, ou toutes excepté une, et comme elles varient, si jamais elles possèdent ou ont possédé quelque parcelle de vérité, ce n'a été que pour un instant.

J'ai dit *logiquement parlant*, car c'est la conséquence de ce principe, que des doctrines contraires ne peuvent être également vraies, et qu'il peut arriver aussi que jamais aucune de ces philosophies n'ait connu la vérité.

Que restait-il donc à faire? Puisque je ne pouvais trouver aucune philosophie qui, de nos jours, eût conquis l'estime et l'approbation générale, et que je ne voulais pas néanmoins abandonner le projet de composer un cours de philosophie, ni suivre l'opinion de ceux qui voudraient la voir chassée de la société humaine comme produisant plus de mal que de bien, je n'avais plus qu'à prendre un des partis suivants :

Ou marcher sur les traces des plus fameux philosophes de nos jours, et composer de toutes pièces une philosophie, en me servant, bien entendu, des découvertes des autres ;

Ou suivre tout simplement la philosophie révérée depuis les temps les plus reculés, qui a régné en souveraine dans les écoles pendant vingt siècles environ, et qui, pour cela, a mérité, de préférence à toute autre, le nom de scolastique, qui a compté parmi ses disciples et ses plus ardents défenseurs les plus grands génies dont s'honore l'humanité, et qui, comme le feu sacré, caché à la vue des profanes, est conservée et défendue avec un soin jaloux par les humbles et courageux amis de la vérité.

Le premier parti me paraissait insensé et orgueilleux, et je n'aurais pas eu plus de succès que tant d'autres philosophes de notre époque à qui l'on pourrait dire, comme Dante (*Purg.*, XI).

« Votre gloire est comme l'éclat de la fleur qui paraît et disparaît; et le jour qui l'a vu naître fraîche et belle la voit aussi mourir (1). »

Il ne me restait donc plus qu'à embrasser le second parti : observer avec soin si la grande philosophie de

---

(1) La vostra nominanza è color d'erba
   Che viene e va; e quei la discolora,
   Per cui ell' esce dalla terra acerba. (*Purg.* XI, 115.)

S. Thomas d'Aquin et de Dante pouvait, avec ses antiques spéculations, répondre aux données modernes des sciences expérimentales, et, si je la trouvais en rapport avec elles, la proposer simplement avec cette certitude que peut seule inspirer la vérité.

Je l'ai fait, et, sans ambages, je peux dire franchement que cette philosophie peut et *peut seule* donner une explication raisonnée de toutes les découvertes des sciences expérimentales, qui sont en contradiction manifeste avec les systèmes philosophiques que nous avons vus, de nos jours, passer successivement dans les écoles.

Je ne doute point qu'en présence d'affirmations si précises, beaucoup ne sourient et ne haussent les épaules. Ce sera à leurs yeux une grande audace ou une bizarrerie non moins grande que de vouloir remettre en honneur une philosophie qui, depuis longtemps déjà, a été bannie de l'enseignement public, comme un recueil de fables non-seulement inutile, mais nuisible au progrès de l'humanité.

Pour faire sentir toute la vanité d'une accusation aussi gratuite que passionnée, ce sera, je l'espère, un argument puissant auprès de tout homme sensé que l'autorité de ces vingt siècles, pendant lesquels cette philosophie a été enseignée avec une certitude pleine et entière par les génies les plus sublimes : car elle a commencé sous Socrate, et elle a fait dans les siècles suivants, surtout depuis l'ère chrétienne, d'admirables progrès, jusqu'à ce qu'elle soit arrivée à sa perfection.

Un corps de doctrine qui a satisfait les grandes intelligences d'un Platon, d'un Aristote, d'un Cicéron, d'un S. Augustin, d'un Albert le Grand, d'un S. Thomas, d'un S. Bonaventure, d'un Dante, d'un Bellarmin, d'un Suarez, et d'autres semblables, peut bien contenter aussi les nôtres, et a, certes, le droit de n'être pas frappé d'ostracisme sans examen préalable.

Mais, sur ce point, il vaut mieux interroger l'histoire que l'autorité.

Et d'abord, cherchons quand, et par quel moyen, cette philosophie, qui, pendant tant de siècles, a été seule professée, pour ainsi dire, dans les écoles du monde civilisé, a commencé à en être bannie.

Ce fut au temps de la soi-disant réforme religieuse. Alors commença ce grand fait, et ce fut justement le moine apostat Martin Luther, porte-étendard de l'apostasie religieuse, qui se fit aussi le porte-étendard non moins fougueux de l'apostasie philosophique.

Après avoir levé le drapeau de la rébellion contre l'Eglise, il se trouva en face de redoutables adversaires, qui, aguerris dans la philosophie aristotélicienne ou scolastique, réduisaient à néant les sophismes par lesquels il cherchait à combattre la foi. De là ses colères contre le Lycée et Aristote, qu'il appelait par dérision *le charlatan grec*, contre S. Thomas et tous les scolastiques ; il n'y a pas d'injure, si basse qu'elle soit, qui n'ait été lancée par l'apostat Martin, contre ces grands génies et contre leur philosophie.

Luther et ses partisans ont juré une guerre à mort à la religion catholique et à la philosophie scolastique : et, depuis ce temps, de même que les sectes, divisées entre elles, s'unissaient étroitement contre l'ancienne religion, de même, en tolérant n'importe quel système philosophique, si étrange et si absurde qu'il fût, elles ont tourné, avec un ensemble merveilleux, toutes les forces de la lutte rationnelle, pour ainsi dire, contre l'ancienne philosophie.

Quelles devaient être les lois de cette lutte, si l'on avait combattu avec un peu de loyauté et d'amour de la vérité ?

On devait prendre le fond de la philosophie scolastique, le séparer de toutes les données particulières à cette époque sur la physique expérimentale, aussi bien que des opinions particulières de certains scolastiques, et la combattre vigoureusement dans le domaine de la raison et des faits reconnus incontestables par l'observation.

Et cependant on n'est jamais entré dans cette voie qui, pourtant, était la seule légitime.

En effet, quelle est la substance de la philosophie scolastique par rapport à l'ordre réel, d'où il faut partir pour arriver à l'ordre idéal ? La voici :

1° Toutes les choses muables sont composées d'une partie déterminable et d'une déterminante, c'est-à-dire de puisasnce et d'acte;

2° Les substances corporelles diffèrent réellement entre elles et non pas seulement par les apparences; elles sont diverses et muables dans leur *être substantiel;* ainsi le fer a une nature *en soi* diverse de l'eau; la pierre, de la chair vivante, etc.; en sorte que, si les éléments viennent à entrer dans la constitution des substances composées, vivantes ou non vivantes, il y a un *vrai* changement de nature : de là vient que, dans les substances corporelles, vivantes ou non vivantes, on doit considérer deux principes, le déterminable et le déterminant substantiel, c'est-à-dire la puissance et l'acte substantiel, autrement dit la matière première et la forme substantielle;

3° Outre la diversité des substances et leur changement dans leur être substantiel, il y a encore une différence entre les accidents, et un changement dans l'être accidentel, c'est-à-dire que les substances ont encore des puissances et des actes accidentels.

Telle est la substance de la philosophie scolastique. Et parce que les facultés dérivent de l'essence, et les opérations des facultés, par cela même, de la doctrine fondamentale que nous venons d'exposer, naissent, dans l'ordre réel, des conséquences logiques par rapport aux facultés et à leurs opérations; et ces conséquences constituent, à leur tour, dans l'ordre idéal, pour la philosophie ancienne, un corps de doctrine non moins essentiel que le précédent.

Les ennemis de la vérité ne songèrent point à démontrer, devant le tribunal de la raison et dans le domaine des faits, la fausseté de ces principes souverains de la philosophie scolastique, mais, par une stratégie déloyale et honteuse, ils s'efforcèrent de la traîner dans la boue en la combattant d'une manière tout opposée. Par malheur pour la société humaine, cette indigne stratégie réussit auprès du vulgaire, et même fut souvent employée par ceux qui auraient dû moins le faire.

Ils recueillirent d'abord tout ce que les plus anciens

partisans de la physique d'Aristote avaient écrit depuis, *dans l'ordre purement expérimental*, et firent passer ces observations défectueuses et ces affirmations fausses, pour la quintessence de la philosophie scolastique.

Puis, montrant, dans le domaine de l'expérience, nous le répétons, ce qu'il y avait de plus contraire aux opinions professées par les physiciens postérieurs, ils déclarèrent qu'une philosophie qui était si opposée aux données des sciences physiques, devait être regardée non-seulement comme fausse, mais hostile à tous les progrès *de la science,* puisqu'on ne veut plus donner le nom de science qu'aux connaissances empiriques ou expérimentales.

Les reproches que l'on pouvait adresser à la *physique expérimentale* ancienne furent aussi adressés à la *philosophie spéculative* ancienne.

Certes, c'est raisonner en dépit du bon sens, et il faut avoir une grande confiance dans la simplicité des auditeurs pour dire que quelques erreurs partielles de physique expérimentale puissent, je ne dis pas faire crouler, mais seulement ébranler ce solide et merveilleux édifice de spéculations rationnelles, appuyé sur quelques faits très-simples, que l'expérience et le sens commun du genre humain ont mis hors de doute.

Si une erreur, que l'on rencontre dans un ordre inférieur d'idées, ou plutôt de faits, est une raison pour rejeter un système de doctrines étranger à cet ordre, on pourrait appliquer cette règle d'une manière cruelle à un grand nombre d'expérimentateurs modernes, même aux plus célèbres. Dans leurs écrits, il n'y a rien de plus fréquent que de rencontrer des erreurs grossières et presque monstrueuses, non pas seulement en fait de philosophie spéculative, de morale naturelle, ou de religion naturelle, mais encore en matière de logique et de sens commun; tellement qu'on se demande comment des hommes, si perspicaces dans un ordre d'idées, sont, sur les autres, si peu instruits, nous dirons même, si novices.

Malgré ces aberrations d'esprit, nous ne contestons

point leur gloire et le mérite qu'ils se sont acquis par leur observation attentive des phénomènes naturels, et par leur habileté à en découvrir les lois. Aussi nous pouvons bien demander que la science si respectable des anciens, ne soit point méconnue et dépréciée, parce qu'on aura eu la puérile satisfaction de les avoir pris en faute pour quelque assertion hasardée sur les faits naturels, quand le gigantesque édifice de leurs spéculations reste inébranlable.

En second lieu, les ennemis de la philosophie scolastique employèrent un argument qui devait plutôt tourner à sa louange.

Ils dirent qu'elle était née dans le Lycée, et qu'il ne convenait pas que les chrétiens eussent pour maître le païen Aristote. Ils doivent s'attacher aux principes de la véritable et pure philosophie des Pères de l'Eglise et des docteurs catholiques. Mais nos adversaires ne remarquèrent pas que les vrais et légitimes principes de la philosophie doivent tirer leur origine de la raison naturelle, qui n'est pas particulière aux chrétiens, mais commune à tous les hommes.

Si la philosophie aristotélicienne s'est trouvée propre au développement scientifique des dogmes révélés, c'est un argument très-fort en faveur de sa vérité. Car, comme on ne peut douter de la vérité de la doctrine révélée, on ne peut pas non plus à la légère traiter de fausse une philosophie qui s'accorde à merveille avec elle, et peut se dire sa fidèle servante.

Dailleurs lui reprocher d'être profane, si l'on peut ainsi parler, c'est en même temps réfuter une accusation tout opposée, celle d'être une philosophie d'église, de sacristie, employée par les catholiques, pour étayer leurs dogmes qui, jugés suivant une autre règle, se trouveraient en opposition avec l'ordre naturel de la raison.

Or, comment cela peut-il se faire, puisqu'il est indubitable que cette philosophie a été enseignée dans sa partie essentielle par Platon, et admirablement perfectionnée plus tard par le philosophe de Stagire?

Et c'est là une chose aussi précieuse qu'honorable pour les catholiques : ils défendent les dogmes révélés, non pas avec une philosophie extraite des Pères ou des docteurs de l'Eglise, mais avec celle que leur a léguée le Lycée païen comme le splendide patrimoine du genre humain; et ils sentent bien que leurs preuves en sont d'autant plus solides, puisqu'on ne peut soupçonner qu'elle ait été fabriquée à dessein par l'un d'entre eux.

Aussi, dès les premiers siècles de l'Eglise, Clément d'Alexandrie disait : « La doctrine du Sauveur est parfaite, et n'a besoin d'aucun secours, puisque c'est la vertu et la sagesse de Dieu. Si l'on y ajoute la philosophie grecque, sa certitude n'est pas augmentée; mais on voit mieux la faiblesse des sophismes de ses adversaires; et parce qu'elle protége la vérité contre les captieuses embûches que l'on dresse pour la renverser, elle est comme une haie, comme une tranchée, qui sert à protéger la vigne. (1). »

Par conséquent, l'argumentation de ceux qui accusent la philosophie scolastique d'avoir une origine païenne, n'est pas meilleure que celle qui l'accuse d'avoir été inventée par les défenseurs du dogme chrétien.

Peut-être ne devrait-on même pas mentionner le reproche fait à l'ancienne philosophie des termes particuliers qu'elle emploie, et que les puristes traitent de barbares.

Mais, sans parler des arts libéraux, les arts mécaniques ont chacun leurs mots propres, que l'on appelle à cause de cela *techniques :* pourquoi les sciences n'en auraient-elles pas non plus, surtout celle qui s'élève le plus au-dessus des pensées vulgaires?

Cette *terminologie*, appropriée à chaque science, outre qu'elle exprime les pensées avec plus de précision, sert merveilleusement à les conserver, en les préservant des altérations auxquelles elles seraient exposées, quand les mots vulgaires auraient changé de sens par le caprice de l'usage. Et de fait, toutes les sciences ont une langue propre; personne ne s'en plaint, personne ne s'en scandalise. Cependant, les Allemands, usant et abusant de leur langue si commode

---

(1) Clément d'Alexandrie, *Strom.*, *lib. I.*

pour former des dérivés et des composés, ont forgé un langage philosophique tellement étrange, qu'auprès de lui la barbarie scolastique serait une langue délicieuse.

Du reste, celui qui fait de la philosophie en italien n'a pas à craindre d'avoir un style barbare : il peut, même en s'en tenant à la scolastique, arriver à un rare degré d'éloquence. En effet, c'est au XIIIe siècle qu'elle a brillé de tout son éclat, et le XIIIe siècle est le siècle d'or de notre langue. Aussi, dans les versions du latin, comme dans les ouvrages en langue vulgaire de cette époque, la prétendue scorie scolastique s'est changée en or pur sous la plume des auteurs de ce grand siècle, et surtout sous celle de l'admirable chantre de Béatrix « qui plane, comme l'aigle, au-dessus de tous les autres (1). »

D'autres, par amour de la paix, ont beaucoup critiqué l'humeur belliqueuse de la philosophie scolastique qu'ils ont regardé comme une porte toujours ouverte à des discussions interminables : il y a aussi, d'après eux, un grand danger caché dans l'usage qu'elle fait de l'arme puissante du syllogisme : celui d'en abuser pour défendre l'erreur. Ils confirment cette assertion par des faits : quelques-uns, en effet, par des subtilités et d'adroits sophismes, ont répandu l'erreur et attaqué la vérité.

Le philosophe doit répondre à tout cela avec S. Augustin : « Il ne faut pas conclure, en effet, qu'on ne doit point donner des armes à un soldat, parce qu'il s'en est trouvé qui les ont tournées contre la patrie, ni qu'il ne faut point que les bons et habiles médecins recourent, pour notre guérison, à l'usage des instruments de leur état, parce qu'il y en a d'inhabiles et d'ignorants qui ne s'en servent que pour notre perte (2). »

On a trouvé encore un autre argument qui n'était peut-être pas plus spécieux, mais qui a été certaine-

---

(1) Che sopra gli altri com' aquila vola.
(2) Neque enim pro patria non est miles armandus, quia contra patriam nonnulli arma sumpserunt; aut ideo uti non debent boni doctique medici ferramentis medicinalibus ad salutem, quia his ad perniciem etiam indocti pessimique abutuntur. (*Contra Cresconium grammaticum, lib. I, c.* II.)

ment plus efficace pour éloigner, les jeunes gens surtout, de l'étude de cette philosophie. D'un côté, on a étrangement exagéré ses difficultés et ses obscurités, la longueur du temps qu'il fallait pour l'apprendre; et de l'autre, on a présenté des philosophies d'une clarté admirable, d'un format minime, et si faciles à comprendre que, en quelques mois, les plus jeunes étudiants pouvaient devenir très-forts philosophes.

Et l'on ne saurait dire quelle force, pour éloigner de ces études, a eu cette assertion auprès des *sots, dont le nombre*, au dire de l'Esprit-Saint, n'est rien moins qu'*infini*. Et ce serait, en effet, une folie insigne de choisir une philosophie de préférence à une autre, non pas à cause de la valeur intrinsèque que lui donne la vérité, mais parce qu'il faut moins de temps pour l'apprendre, et qu'elle a le mérite fort douteux d'une clarté apparente.

J'ai dit *clarté apparente,* parce que, sous ce rapport, il faut distinguer la clarté de l'exposition considérée en elle-même, de la clarté de l'élocution en tant qu'elle est appliquée à un sujet déterminé; si ce dernier est tant soit peu difficile, il restera toujours tel, quelle que soit la clarté de l'exposition. Cicéron dans ses *Questions académiques,* posait cet axiome sur ce sujet : « Si je suis la physique de Démocrite ou d'Epicure, il me sera bien facile de faire de la philosophie, et de m'élever à la hauteur d'Amafanius (ce devait être un épicurien grand parleur). En effet, quoi de plus facile que de parler d'atomes, qui, suivant la position que le hasard leur a donnée, composent l'être de toute chose? Mais, au contraire, c'est pour moi une grande difficulté de faire de la philosophie, parce que je suis l'opinion de ceux qui admettent deux principes dans les corps (1). »

De même, si nous considérons la doctrine de certains hommes réputés très-savants en physique, par exemple, les Buchner, les Moleschott, les Herzen et autres, qui, bien qu'étrangers, sont suivis aveuglé-

---

(1) Ce passage de Cicéron et d'autres encore seront cités de nouveau au commencement de la Physique générale.

ment par nos compatriotes, elle nous semblera, à première vue, d'une clarté admirable. Si vous leur demandez ce que c'est que l'âme, ils vous diront que c'est l'organisme, c'est-à-dire la disposition des molécules du cerveau, et le résultat de ses mouvements. La pensée, pour eux, est le résultat de l'opération du cerveau qui *pèse* tout ce qui agit sur lui, à la manière des corps pesants. De même que les lettres de l'alphabet diversement disposées donnent une infinité de mots, de même, les innombrables atomes répandus dans l'univers et leurs mouvements, forment toute la diversité des substances, leurs différentes transformations, cette beauté et cet ordre dans leurs opérations, qui nous ravissent, lorsque nous contemplons le spectacle de la nature.

Que cette théorie est vite exposée! Qu'elle est facile à comprendre pour tout le monde! Mais si l'on veut l'approfondir quelque peu et l'appliquer aux faits, on verra les difficultés se multiplier et grandir, de telle sorte que, pour les éviter, il faudra recourir aux suppositions les plus étranges et les plus gratuites; et, certes, pour les admettre, on aura besoin de plus de courage que pour affronter les profondes spéculations de la scolastique.

Voilà pourquoi la clarté apparente avec laquelle la nouvelle philosophie se fabrique un monde accommodé à ses hypothèses arbitraires, pour l'expliquer ensuite avec une admirable facilité, me paraît semblable à la clarté du crépuscule du soir, qui, d'instant en instant, devient plus obscur jusqu'à ce qu'il se confonde avec la nuit close.

C'est tout le contraire pour la philosophie scolastique. Aristote, le prince des philosophes, réduisit en système les inspirations de Platon, et les enseigna dans le Lycée : puis les docteurs chrétiens, et surtout S. Thomas d'Aquin, l'ont purifiée et perfectionnée. Elle prend le monde tel que le Créateur l'a fait et s'efforce, par de puissantes recherches, d'en pénétrer les mystères. Sans doute, elle a, surtout au commencement, ses obscurités, et il serait étrange qu'elle ne les eût pas. Mais ces ténèbres ressemblent au crépuscule du matin, qui se dissipe peu à peu pour être remplacé par la clarté du jour ; et si l'on ne peut dire que l'on arrive à la pleine lumière, qui n'est pas de ce monde, il est certain que la clarté devient de plus en plus grande, et donne à l'âme cet ineffable contentement que l'intelligence créée trouve dans le chaste embrassement de son souverain objet, le vrai.

Aussi, et c'est une chose qu'il faut bien considérer, tandis que les siècles modernes ne nous offrent pas d'exemple qu'un seul savant, après avoir étudié et connu ces doctrines les ait abandonnées pour embrasser les nouvelles, il nous donnent un grand nombre de célèbres exemples du contraire. Et je suis convaincu que, si un homme d'une intelligence même médiocre, mais de bonne foi, exempt de préjugés ou qui, du moins, aurait la force de les dominer, voulait étudier cette philosophie, il en reconnaîtrait bientôt la vérité, et peut-être même s'en ferait le défenseur.

Nous ne pouvons nous empêcher de citer à ce sujet un exemple mémorable.

Dans les trois siècles qui suivirent la *réforme*, parmi les savants hétérodoxes dont elle s'honore le plus, il n'y en a peut-être pas un qui égale et surtout surpasse Leibnitz, pour la force du génie et l'étendue des connaissances. Mais pour la bonne foi dans les études, la droiture d'esprit dans la recherche de la vérité, il est certainement le premier de tous, et peu s'en faut qu'il ne soit le seul, au moins dans une telle mesure. Or Leibnitz, plus avancé en âge, et aussi plus avancé dans la vraie science, abandonna la nouvelle philosophie, dont il avait été non-seulement le disciple, mais l'illustre propagateur ; dans son *Système théologique*, il défend la scolastique, et porte ce jugement sur elle, et sur les détracteurs des grands hommes qui l'ont enseignée. « Nous nous sommes livré, dit-il, à une étude rien moins que superficielle des mathématiques, de la mécanique et de la physique expérimentale, et nous avouons que, au commencement, nous penchions vers les doctrines susdites (*la philosophie cartésienne*). Mais, instruit par de continuelles méditations, nous avons été contraint d'embrasser l'ancienne philosophie, et d'en enseigner les principes. Si nous avions le temps d'exposer la série des méditations que nous avons faites, ceux qui ne sont point encore dominés par les préjugés de leur imagination verraient bien que les idées, embrassées par nous, ne sont point obscures et ineptes, comme on le croit vulgairement parmi ceux qui méprisent les anciennes doctrines, autrefois reçues par tous, et qui insultent Platon, Aristote, le divin Thomas, comme s'ils n'étaient que des enfants (1). »

Mais, après avoir laissé de côté la philosophie scolastique et l'avoir rejetée comme fausse, les amis du vrai, et les savants en auraient certainement retrouvé une autre qui eût été vraie, et qui eût mérité les suffrages de tous les hommes d'étude; et tous se seraient constamment donnés comme ses disciples et ses défenseurs fidèles. C'est ce qui devait arriver si la scolastique était fausse, comme on voulait le faire croire, tandis que c'était impossible dans l'hypothèse contraire. Or, qu'est-il arrivé? Ce qui devait arriver : la vérité de la philosophie ancienne a été splendidement confirmée.

Du reste, que la scolastique soit d'origine païenne ou chrétienne, que son langage soit barbare ou élégant, qu'elle soit belliqueuse ou pacifique, qu'elle soit facile ou difficile, il me semble, et ce sera, je l'espère,

---

(1) Le nombre des savants qui se sont fait inscrire dans l'Académie philosophico-médicale de Saint-Thomas d'Aquin, montre clairement que la vraie philosophie se répand, et que les préjugés invétérés se dissipent peu à peu. C'est pour moi une grande joie de voir que l'illustre professeur Augustin Riboldi, qui a composé un admirable cours de Physique, ait fait un si beau panégyrique de la doctrine du saint docteur dans la dissertation : *La Physique de S. Thomas*, publiée à Milan par l'*Ecole catholique*. J'ai prié ce célèbre savant italien de me dire s'il n'avait rien trouvé dans mon cours de contraire aux sciences naturelles, et il m'a répondu : « Vous désiriez connaître les observations que je pourrais avoir faites en matière de science naturelle sur l'estimable ouvrage que vous allez rééditer. Je vous remercie sincèrement de l'honneur que vous me faites, mais je regrette de ne pouvoir vous rendre ce petit service. J'ai lu votre livre, et je n'ai pas trouvé une seule expression inexacte à corriger. » Ce témoignage n'est-il pas tout à l'honneur de la philosophie de S. Thomas, la seule exposée dans mes leçons? Où se trouve donc la prétendue opposition entre la philosophie scolastique et la science moderne? Elle ne peut exister que pour ceux qui ne connaissent pas bien l'une ou l'autre, ou, ce qui arrive souvent, l'une et l'autre. Elle n'a point été découverte, du moins, par le savant professeur Riboldi, très-versé dans la physique moderne, et qui connaît d'ailleurs à fond la philosophie de S. Thomas.

l'avis de tout homme sensé, que, quand il s'agit de philosophie, la première, ou, pour mieux dire, la seule chose qu'il faille considérer, c'est sa vérité ou sa fausseté. Or, s'il en est ainsi, on trouvera que celle-là est vraie, ou du moins a toutes les apparences du vrai, qui seule a pu subsister jusqu'à nos jours, même après que le monde laïque l'eût chassée du domaine de la science, et eût mis tout en œuvre pour en créer une autre ou même plusieurs autres. Et à quoi tout cela a-t-il abouti? Si l'on parle d'un corps de doctrines spéculatives, plein, sûr, et embrassé universellement par les savants, au moins dans ses points fondamentaux, on peut dire, en toute vérité, que, dans le monde scientifique moderne, il n'y a point de philosophie *anti-scolastique*, il n'y en a même pas *d'extra-scolastique*; s'il en existe une, qu'on me fasse le plaisir de me la nommer. Il est facile de comprendre et plus facile encore de voir quelle doit être la condition du monde scientifique, privé de ce fondement nécessaire.

Je constate donc ici que l'on n'a pas pu constituer une nouvelle philosophie après avoir banni l'ancienne.

Certes, il y a eu des quantités de philosophies, très-opposées les unes aux autres, mises en avant par les philosophes : mais aucun d'eux n'a su donner à ses élucubrations le solide fondement de la vérité; aucun n'a su lui donner l'universalité et la durée, et, pendant trois siècles, on n'a fait autre chose que de tomber d'erreur en erreur. La philosophie de Descartes, par laquelle on voulait appliquer à la raison la méthode que Luther avait appliquée à la foi, celle de Lock, de Malebranche, de Spinosa, de Kant, de Fichte, d'Hégel, de Schelling, et de tant d'autres, ont montré jusqu'à l'évidence la faiblesse des plus puissantes intelligences, quand elles s'attaquent à la vérité. L'histoire des philosophes modernes n'est autre chose que l'histoire des aberrations intellectuelles de l'homme abandonné aux caprices de son orgueil; tellement que cette histoire pourrait s'appeler la *pathologie de la raison humaine*.

Et d'abord, en combattant la doctrine des scolastiques, qui va si bien au fond des choses, on ne voulut pas admettre dans les substances corporelles inorganiques un principe intrinsèque de leur activité : on le refusa aussi à la plante : on le refusa ensuite à la brute, que l'on regarda comme une simple machine, constituée par une agrégation d'atomes, et conduite par de simples mouvements mécaniques : enfin on le refusa même à l'homme, et l'on ne voulut pas reconnaître en lui une âme subsistante et immortelle. L'un, dans ses rêveries, posait les bases de sa philosophie sur l'intuition immédiate de l'être divin; l'autre, au contraire, n'accordait à l'homme que les sensations de la brute, un peu mieux élaborées et plus parfaites. Celui-ci ne voulait plus de Dieu : celui-là voulait que Dieu fût tout; cet autre disait que la matière, en se développant, acquérait toujours une perfection plus grande, devenait ainsi toute chose, et enfin Dieu lui-même; un autre ramenait toutes les réalités à la pensée toute seule, et enseignait qu'il n'existait rien en dehors de cette pensée qui, en se développant, sous des formes toujours nouvelles et des aspects toujours nouveaux, devenait le grand tout, ou l'Être suprême; et il n'y a pas longtemps que l'on a entendu un professeur allemand vomir cette horreur du haut de sa chaire : « Maintenant je vais faire le monde et créer Dieu. »

Enfin, ces philosophes, se voyant tombés dans un labyrinthe inextricable de contradictions innombrables, constituaient une philosophie qui pût embrasser également toutes ces contradictions, en enseignant que l'être et le non-être étaient la même chose. C'est ainsi qu'Hégel, si fameux par ses folles excentricités, affirmait *que le néant est proprement l'être*, et encore « que la pure lumière, est la pure obscurité »; et il basait sa philosophie sur les axiomes suivants :

1° La formule de la folie antique était : « *Ce qui est, est; ce qui n'est pas, n'est pas.*

2° Le premier degré de la science est de dire : *Ce qui est, n'est pas; ce qui n'est pas, est.*

3° La vérité absolue est : *Ce qui est, est et n'est pas; ce qui n'est pas, n'est pas, et est.*

En un mot, les philosophies que l'on a créées, après

avoir rejeté la scolastique, sont si étranges que l'on peut dire en toute vérité : Si les hommes dans leurs relations domestiques et sociales mettaient en pratique les principes qu'elles enseignent, bientôt la terre ne serait plus qu'un vaste asile d'aliénés.

Fatiguées de ces folles rêveries, les intelligences qui n'eurent pas le bonheur de rester solidement appuyées sur l'ancre de la foi, se reposèrent finalement dans un matérialisme complet, qui, dans l'ordre spéculatif comme dans l'ordre moral, n'est presque autre chose que l'expression fidèle de la philosophie d'Epicure. Et voilà le fruit que le monde a recueilli de l'apostasie de Luther et de la réforme philosophique suivant le système de Descartes (1)! Il devait en être ainsi, et pas autrement. Si la philosophie ancienne avait été fausse; trois siècles de recherches obstinées et d'études acharnées auraient dû, sans aucun doute, faire trouver enfin la vraie philosophie. Or, on ne l'a pas trouvée; et, comme je l'ai déjà dit, la philosophie ancienne étant vraie dans son essence, c'est-à-dire dans ce qu'elle a de rationnel ou de spéculatif, il était impossible d'en trouver une autre.

Nous l'avons remarqué un peu plus haut, les erreurs lamentables qui ont envahi le monde scientifique, après l'abandon de la scolastique, ne sont pas, grâce à Dieu, communes à tous les savants qui ne la suivent point ou même qui la combattent. Il y en a beaucoup, Dieu merci, en Italie et ailleurs, surtout parmi les ecclésiastiques, dont la conscience humaine et la foi chrétienne s'élèvent bien au-dessus des systèmes philosophiques, et, quelle que soit leur opinion par rapport à ces derniers, ils font tous leurs efforts pour défendre les raisons éternelles de leurs croyances. Toutefois, il faut bien dire qu'ils ont peu de confiance dans la philo-

---

(1) Voici de quelle manière Pierre Leroux, qui n'est pas suspect en cette matière, parlait de la réforme cartésienne : « Descartes est venu afin que l'émancipation religieuse fût poussée à toutes ses conséquences, afin que le monde fût complétement et radicalement affranchi de l'Eglise, que l'homme de l'avenir fût un homme complet. » (*Réfutation de l'Eclectisme*, par Pierre Leroux, Ire partie, § 1). Elle est belle, en effet, cette perfection qui, fondée sur la destruction de la vraie philosophie et sur une licence effrénée donnée à la pensée, n'a rien pu créer de stable ni d'honnête en plus de trois siècles!

sophie moderne, et qu'ils la cultivent avec assez peu d'ardeur, puisque leurs études n'ont encore produit aucun travail *remarquable*. Au contraire, malgré toutes les colères déchaînées contre la scolastique, si l'on fait abstraction des *cours* que les professeurs composent à l'usage de leurs élèves (et il y en a de toutes les façons) les seuls travaux philosophiques importants publiés *en Italie* dans ces dernières années sont tous pour l'exposer ou la défendre : je veux parler de Sanseverino, du P. Liberatore et du P. Kleutgen. Ce dernier, pour la force de l'intelligence, est l'égal du premier, et pour la clarté de l'exposition, il ne le cède point au second (1).

Ce n'est pas ma faute si tous les trois sont des hommes d'Église. S'il s'agit de travaux philosophiques *remarquables*, publiés par des laïques en ces dernières années, je n'en connais pas : il y en a quelques-uns de médiocres : mais, justement parce qu'ils ne sont point vivifiés par la vraie philosophie scolastique, ils sont toujours peu utiles, et bien souvent très-nuisibles, à la jeunesse surtout, qui veut une nourriture saine et abondante. Je ne veux point, malgré cela, nier le mérite de quelques rares écrivains, comme Auguste Conti, qui professe la plus grande estime pour la philosophie de S. Thomas.

Quoi qu'il en soit, les quelques hommes qui, aujourd'hui, sont obligés par devoir de s'appliquer aux études philosophiques, et qui ont, en même temps, le cœur droit, se laissent aller à un découragement total, quand ils ne suivent point la doctrine de l'Ange de l'école, et ils voient dans la philosophie un champ stérile qui boit les sueurs de celui qui le cultive sans rapporter aucun fruit pour le payer de ses fatigues. Et c'est avec un profond chagrin que nous voyons, de nos jours, toutes les sciences languir et rester stériles, depuis qu'elles ont abandonné la vraie philosophie, et n'ont plus leur base

(1) Les récents travaux sur l'ontologisme des célèbres Pères dominicains, Thomas-Marie Zigliara, et Albert Lepidi, publiés, cette année (1874), à l'occasion du sixième centenaire de S. Thomas d'Aquin, montrent bien que l'esprit du Docteur angélique anime encore le grand ordre des Frères prêcheurs et l'illumine toujours des splendides rayons de l'antique auréole de sa science.

naturelle; cela est vrai surtout de la physique expérimentale, qui recueille des trésors de faits et d'applications au bien-être matériel des peuples, et en même temps se trouve en contradiction évidente avec les divers systèmes philosophiques, admis par ceux qui cultivent les sciences positives. Tellement que, lorsque ces derniers, dans leurs ouvrages, doivent ou veulent employer un peu de philosophie rationnelle, ils s'en vont presque toujours tâtonnant dans les ténèbres de l'incertitude avec un tel manque de logique, qu'ils font pitié à des lecteurs habitués à de solides et clairs raisonnements.

Il y a, c'est bien évident, un remède à ce déplorable état de choses : c'est la volonté énergique d'embrasser la vérité, sans s'occuper des préjugés les plus invétérés, et des vaines redites d'une ignorance présomptueuse. Pour ma part, j'ai fait tout ce qui dépendait de moi afin d'arriver à ce résultat, et, à l'occasion que j'ai rappelée au commencement, j'ai laissé toute occupation pour composer ce cours. Il devait, comme je l'avais annoncé, contenir proprement la doctrine de S. Thomas et de Dante, la mère et la nourrice de tous les grands génies qui ont brillé par leur savoir dans les siècles passés, et dont l'abandon a causé de si graves dommages, autant dans l'ordre scientifique que dans l'ordre moral. Je ne la professe pas parce qu'elle est ancienne, mais parce qu'elle est vraie, et je ne veux pas la faire accepter par des raisons d'autorité mais par de solides et évidentes démonstrations.

De plus, pour couper court à toute controverse historique par rapport à la doctrine de tel ou tel auteur ancien ou moderne, je le déclare dès à présent : je ne veux *soutenir que les doctrines dont je me fais expressément le défenseur* : je ne veux combattre que les *seules* doctrines que je nomme expressément, sans les attribuer à qui que ce soit, à moins que *je ne le dise en termes positifs*. Les raisonnements et les faits seront les seules armes que j'emploierai; les témoignages que j'apporterai serviront bien à confirmer mes doctrines, à rendre plus claires mes pensées, et à faire voir qu'elles sont conformes à celles des anciens : mais, malgré le poids de leur autorité, ils ne tiendront pas lieu de démonstrations philosophiques. Pour le même motif, j'ai laissé de côté ces difficultés infinies que, sur toute question philosophique, on a coutume de tirer des divers philosophes : elles sont faciles à résoudre, quand on a clairement exprimé la vérité, et que l'on a établi *la conclusion* sur des preuves solides. C'est de cette façon que, sans rien négliger néanmoins, j'ai pu arriver à cette brièveté qui m'aurait été impossible autrement.

À la brièveté j'ai voulu joindre la plus grande clarté possible dans des sujets d'une telle profondeur : car ce sont ceux-là qu'il faut développer dans l'enseignement d'une philosophie, qui, sous tout rapport, peut s'appeler une *haute* philosophie. Aussi, pour être clair, je n'ai pas voulu me créer un monde imaginaire, je l'ai pris tel que le Créateur l'a fait, et j'ai disserté sur lui avec un style facile et simple, tantôt d'une manière didactique, tantôt en syllogismes serrés, suivant que le requérait la nature des choses, et la convenance de l'enseignement.

J'ai emprunté à S. Thomas la pensée de diviser ce cours en *leçons* : car c'est la division qu'il emploie dans ses œuvres purement philosophiques, telles que ses Commentaires sur la philosophie d'Aristote. Comme notre cours doit servir à des jeunes gens occupés à beaucoup d'études, il m'a fallu exposer toute la partie spéculative de la scolastique en un petit nombre de leçons. Toutefois, si le temps le permet, on pourra, dans les classes ordinaires, rester deux ou trois jours sur la même leçon, surtout quand le jeune homme sera habitué aux spéculations philosophiques, et que les leçons seraient plus longues et plus difficiles à comprendre. Si elles paraissent encore trop pleines, vu l'élévation des sujets qui y sont traités, on pourra remédier de trois manières à cette difficulté : premièrement, les jeunes gens, avant de se rendre en classe, liront la leçon que l'on y devra expliquer, pour en avoir d'abord une idée quelconque, *quoique confuse ;* deuxièmement, le professeur ne perdra pas de temps en digressions inutiles, mais donnera seulement au texte le développement nécessaire pour l'intelligence du sujet;

troisièmement, les jeunes gens auront un vrai désir d'apprendre et se persuaderont bien, dès le commencement, qu'ils posent, par cette étude, la base de tout l'édifice scientifique qu'ils devront élever ultérieurement. Il ne leur sera pas difficile d'aimer ces nobles spéculations. A l'opposé des philosophies nouvelles, qui, par leurs fatigantes incertitudes, ne donnent que du dégoût et de l'ennui aux professeurs comme aux élèves, la scolastique, comme j'en ai fait l'expérience pendant plusieurs années d'enseignement, a cela de particulier qu'elle excite dans l'âme des jeunes gens, un grand désir de chercher, de se rendre compte, d'aller au fond de toute chose : ce qui les dispose non-seulement à s'instruire de plus en plus, mais encore à agir comme des hommes qui pensent; et il y en a si peu de nos jours qui sachent et qui osent le faire !

Quant aux matières que j'ai traitées dans ces leçons, à la division, aux titres que j'ai mis au commencement de chaque partie, je dirai, en peu de mots, que j'ai suivi pas à pas les anciens; car il me semble que les innovations modernes en matière de philosophie spéculative peuvent être considérées comme non avenues. J'ai été obligé par mon plan de traiter un grand nombre de questions très-élevées; la légèreté moderne pourra y trouver de l'excès et croire que le présent ouvrage, spécialement destiné aux jeunes gens, déjà assez avancés, sera peu utile aux jeunes élèves des lycées. Il n'en est rien; le volume de ce *cours* pour une année scolaire entière, n'a rien qui puisse effrayer; et comme je ne me suis point occupé, à part de rares exceptions, des systèmes contraires et d'autres questions que les modernes ont introduites, à mon avis, fort inutilement, j'ai eu beaucoup de marge pour traiter du fond même de la philosophie. D'ailleurs, si, malgré cela, le contenu de ces leçons paraît encore un fardeau trop lourd pour un esprit jeune encore, on pourra passer les parties les plus difficiles. Et, ne dût-on en prendre que ce qui est demandé pour les *examens de licence*, on l'y trouverait plus complet et plus sûr, que dans les cours préparés exprès pour les lycées pendant ces dernières années.

Mais ce ne sera là qu'un expédient. Le mieux serait

d'étudier à tête reposée cet admirable système de doctrines que j'ai tâché d'exposer tout entier. Et, pour ce qui est d'être complet et fidèle, je ne sais pas s'il y a un cours qui le soit plus que le mien, surtout en langue vulgaire. Je ne crains pas d'être taxé de présomption en parlant ainsi, car il ne s'agit pas de ma science : c'est une simple exposition ; et, pour la faire, il fallait moins de génie que de courage contre de vieux préjugés que l'on devait combattre, et dont on avait d'une certaine façon à se défier. Toutefois, il est à croire que ceux qui auraient ces préjugés, ne seront pas trop malveillants, vu surtout cette liberté universelle de la pensée appelée tolérance, et regardée comme une des conquêtes de notre siècle. Les rêveries les plus bizarres et les plus monstrueuses, ont droit de cité dans le monde philosophique : est-il possible qu'on n'y puisse tolérer une doctrine qui y a régné presque seule pendant deux mille ans, et qui en a été chassée, sans qu'on ait voulu seulement écouter sa défense ?

J'ai exposé le système scolastique tout entier, non-seulement dans l'espoir que quelques établissements pourraient le faire étudier dans toute sa plénitude, mais encore, dans la probabilité que beaucoup d'hommes, dans le monde, voudront prendre une connaissance suffisante de cette philosophie, sur laquelle, peut-être, ils n'auront entendu que des blâmes gratuits ou de basses moqueries. Qu'ils persévèrent jusqu'à la fin, et ils verront bien que le système scolastique, entre autres mérites, a celui d'une unité harmonieuse, magnifique, et que toutes ses parties se répondent et se soutiennent réciproquement ; de telle sorte que s'il s'agit de ses doctrines principales, vouloir en rejeter une et conserver le reste, n'est pas plus possible que d'enlever une roue à une pendule, sans déranger l'unité de son être et de son mouvement.

Je le remarque ici pour dissiper certaines illusions. Rien n'empêche sans doute que l'on ne soutienne telle ou telle thèse particulière de S. Thomas et des scolastiques ; mais s'il s'agit de ce qui fait le corps même de leurs doctrines, il est, pour ainsi dire, d'une seule pièce ; il faut l'embrasser tout entier, ou le rejeter tout entier.

Que dire alors de ceux qui croient suivre S. Thomas, parce qu'ils admettent avec lui l'existence de Dieu et l'immortalité de l'âme : ou qui s'imaginent, dans leur simplicité, professer la philosophie scolastique, parce qu'ils emploient comme elle le syllogisme rigoureux ?

Voilà ce que j'avais à dire à ceux qui voudront se servir de notre livre, ou qui, du moins, ne le condamneront pas.

Pour les adversaires de la philosophie exposée en ces leçons, je n'ai pas à m'en occuper : je suis certain d'avance qu'ils ne les regarderont même pas. Cette réserve a pour eux le grave inconvénient de les maintenir dans leurs préjugés : mais elle a du moins cet avantage de ne point fatiguer leur esprit par des études sérieuses, et de ne point le mettre dans la nécessité de rejeter d'anciennes et chères erreurs. Ouvrez au hasard un de ces livres qui sont les oracles du matérialisme moderne, et vous verrez, sans pouvoir en douter, que telle est leur habitude : ils font fi des doctrines respectées pendant tant de siècles, et démontrées par une foule d'arguments invincibles, et ils ne dissimulent point qu'ils n'en savent pas un mot : ils s'en vantent même, et ils ont ainsi autant de droit à les mépriser qu'un villageois ignorant à se moquer des signes algébriques qu'il verrait, par hasard, tracés sur un tableau.

Mais, comme leur orgueil est incurable, ceux à qui incombe dans l'état civil le devoir de s'occuper de l'instruction publique, doivent veiller à ce que, indépendamment de tout esprit de parti, on enseigne dans les chaires publiques la vérité, fondement de l'ordre individuel domestique, civil et politique, sans laquelle la gloire des nations est éphémère, et la vie des Etats plutôt semblable à la vie d'une plante parasite qu'à celle d'un chêne robuste. L'expérience de tant d'années aurait dû faire voir à tout le monde, qu'ordinairement la révolution ne lève jamais son étendard sur les places publiques, sans qu'il n'y ait eu auparavant dans les écoles une autre révolte moins tumultueuse, mais beaucoup plus dangereuse, contre la vérité. Le peuple fournit les bras; mais les têtes sortent des écoles. Et ce serait une situation déplorable que celle d'un pays où l'on foulerait aux pieds les droits sacrés de la paternité, et où les pères seraient dans la dure nécessité d'envoyer leurs fils suivre un enseignement notoirement mauvais, quant au fond, malgré le voile d'une érudition indigeste, et une connaissance mal ordonnée des phénomènes de la nature.

Tel n'est point l'état des institutions placées sous la dépendance des évêques : on peut compter qu'ils veilleront, pour que, par une fausse interprétation du principe *in dubiis libertas*, on n'ait pas la liberté d'enseigner toute sorte de nouveautés en matière de philosophie. Ce principe s'applique seulement aux lois, qui, quand elles sont douteuses, ne peuvent créer de véritable obligation. Mais dans l'enseignement cela voudrait dire qu'on peut enseigner toute doctrine qui n'est pas communément reçue dans les écoles. Or, avec cela, il n'y aurait plus rien de sûr : la porte serait ouverte aux systèmes les plus absurdes, puisque, comme nous l'avons vu, il y en a de professés par des philosophes qui se disent catholiques.

Les professeurs des écoles soumises aux prélats ecclésiastiques, remplacent les prélats eux-mêmes, et comme ils n'enseignent pas en leur nom propre, ils ne devraient pas non plus enseigner suivant leurs propres idées. Les prélats gardent toute la *responsabilité* de l'enseignement : les pères chrétiens font absolument abstraction de la personne du professeur et de ses doctrines particulières : ils amènent leurs enfants à ces écoles, en les mettant d'une certaine façon sous la tutelle de la sainte Église. Cela est surtout vrai des séminaires, où l'on élève les futurs membres du clergé, car une science solide et parfaite est nécessaire aux prêtres, non-seulement pour l'exercice des hautes fonctions de leur ministère, mais encore, parce que, qu'on le croie ou qu'on ne le croie pas, la science du clergé devient tôt ou tard la science du peuple; et l'ignorance du peuple est un effet déplorable de l'ignorance du clergé. Aussi, je ne veux pas le taire, j'étais heureux d'indiquer une base solide pour l'instruction du clergé, quoique ce ne fût pas là mon but principal. La philosophie que j'expose et que j'enseigne, n'est pas la mienne : c'est, à parler proprement et substantiellement, la philosophie de l'Eglise, qui en a toujours soutenu la dignité, comme on peut le voir dans l'article XIII du *Syllabus*, pour ne pas citer d'autres preuves.

Je m'arrête ici et je remercie Dieu de m'avoir donné l'occasion et la force de publier une philosophie éminemment italienne : il m'a été possible ainsi de prouver par les faits, la sincérité de mon amour pour la religion et pour la patrie, et de contribuer autant qu'il était en moi à la réforme des études et à la restauration de la science, comme le demandent le vrai progrès et le bien public. C'est sans doute une œuvre difficile, car, comme le remarque T. Tacite dans la vie d'Agricola. « Telle est l'impuissance de l'homme : le mal est prompt, et le remède est lent ; le corps qui se fortifie laborieusement est en un moment détruit : et il est plus facile d'étouffer les talents et l'émulation que de les ranimer ». (J. Agric. Vit. 3.)

Pour un grand nombre, la philosophie de S. Thomas d'Aquin et de Dante sera une nouveauté ; mais s'ils l'étudient d'une manière sérieuse et impartiale, je ne doute pas « que les magnificences qu'ils y découvriront ne soient telles, que ses ennemis eux-mêmes ne pourront pas se taire (1) ». (Par. XVII.)

Florence, le 18 octobre 1872.

---

(1) Le sue magnificenze conosciute
 Saranno ancora sì, che i suoi nemici
 Non ne potran tener le lingue mute
  (Par., XVII.)

PROLÉGOMÈNES

PREMIÈRE LEÇON.

Utilité et nécessité de la philosophie.

La philosophie n'est pas seulement un riche ornement de l'esprit humain ; elle est encore éminemment utile à l'homme, considéré soit comme individu, soit comme membre de la société. C'est une vérité qu'on ne saurait contester, à moins de mépriser l'autorité des plus grands sages qui ont paru sur la terre, et de rejeter les enseignements de la raison.

En effet, si nous interrogeons les sages de l'antiquité, nous les trouverons parfaitement d'accord sur ce sujet. J'ouvre les œuvres immortelles de Platon, et, dans le livre de *l'Être*, j'entends Théodore et Socrate se parler ainsi : — « *Théodore*. Selon moi, nul homme ne peut se dire Dieu, bien que tel ou tel doive être appelé divin : tous les philosophes, par exemple, auxquels je ne puis pas refuser ce titre. — *Socrate*. Ami, tu as raison ; mais il est aussi difficile de trouver de vrais philosophes que des dieux. » Dans le Dialogue V⁰ de la *République,* Platon définit ainsi le philosophe : « Et ne dirons-nous pas que le philosophe est l'ami de la sagesse, cherchant avidement non pas celle-ci plutôt que celle-là, mais cherchant *toute sagesse ?* — C'est juste : seulement remarquez que je fais une grande distinction entre ceux qui, curieux de connaître les choses par eux-mêmes ou par le témoignage d'autrui, exercent les arts, et ceux dont nous parlons maintenant, et auxquels seuls je puis donner le nom de philosophes. » Les paroles suivantes prouvent combien, d'après Platon, les philosophes sont nécessaires à l'Etat : « Soyez attentifs à ce que je vais dire. — Parlez. — Si les philosophes ne prennent pas les rênes du gouvernement, ou bien si ceux qui ont le pouvoir entre les mains n'acquièrent pas une connaissance suffisante de la philosophie, en sorte que la philosophie et l'autorité ne soient pas partagées entre divers sujets, comme il arrive maintenant, on ne pourra jamais espérer voir finir les maux de l'Etat, et même, à mon avis, ceux du genre humain tout entier. » Voilà le sentiment du divin Platon, clairement exprimé.

Quand le prince des orateurs, Cicéron, assis sur les verdoyants coteaux de Tusculum, et oubliant les fatigantes réunions du Sénat, et le tumulte du Forum, élevait sa belle intelligence à la contemplation du vrai, il exaltait la philosophie en ces termes magnifiques : « O philosophie, guide de la vie, tu nous enseignes la vertu, et tu nous délivres des vices! Que serions-nous sans toi, et, sans toi, que serait la vie humaine? Tu as créé les cités, tu as réuni en société les hommes errants... tu as inventé les lois, tu as formé les mœurs et la discipline. Nous nous jetons entre tes bras, et nous demandons ton assistance; jusqu'à présent, consacré presque tout entier à ton étude, nous nous y consacrons désormais complétement. Un seul jour, passé dans l'observance de tes préceptes, vaut mieux que l'immortalité de celui qui s'en écarte. On est bien éloigné, cependant, de rendre à la philosophie l'hommage qui lui est dû : elle se voit négligée par la plupart des hommes et méprisée par beaucoup. Et pourtant, comment peut-on attaquer la mère de la vie? Comment peut-on se souiller d'un tel parricide? »

Voilà ce que Cicéron écrivait dans ses *Questions Tusculanes* (V. 2). Si nous voulons à son autorité ajouter celle d'un sage chrétien, citons celle du grand génie de l'Italie, Thomas d'Aquin, qui, dans le triumvirat de nos sommités, est assis entre Dante et Galilée. Le témoignage de ce soleil de la sagesse humaine est d'autant plus digne de notre attention, qu'il renferme une excellente interprétation des textes cités plus haut. Dans le commentaire du livre *De la Consolation de la philosophie*, laissé par Boèce, S. Thomas écrit : « La philosophie rend l'homme semblable à Dieu... Aussi Sénèque disait: La philosophie me promet de me rendre semblable à Dieu. » Ailleurs il ajoute : « L'homme spéculatif est comme un dieu logé dans un corps humain. » « Selon Platon, dit ailleurs le Docteur angélique: Bienheureux est l'Etat gouverné par un philosophe ; malheur au peuple ayant un enfant à sa tête... Rien de plus vrai que cette parole de Platon : car la philosophie ou la sagesse ordonne la vie, dirige les actions, indique ce que l'on doit faire et ce que l'on doit omettre. Dans sa lettre XVI, Sénèque dit : Si vous voulez soumettre toute chose à votre autorité, commencez par vous soumettre vous-même à la raison. — Gouverner et ordonner est le propre du sage, dit Aristote dans la préface de sa *Métaphysique*. De ces affirmations résulte clairement la haute convenance qu'il y a de confier aux sages la direction de l'Etat, et Cicéron dit avec raison, au commencement de sa *Rhétorique* : Que d'avantages pour l'Etat dont la destinée serait entre les mains de la sagesse! Cette parole ne signifie pas que la sagesse seule donne le droit à régner, mais bien que ceux qui dirigent les affaires publiques, doivent se laisser guider par la vraie sagesse. »

Ces louanges de la philosophie paraissent excessives au premier abord ; mais, si, par philosophie, nous entendons ce qui était entendu par ces sages, c'est-à-dire l'étude de la sagesse, et si, avec Cicéron, nous définissons la sagesse : *la science des choses divines et humaines* (*De Off.*, I, 43), pourrions-nous, tant soit peu, douter de leur vérité? Par sa nature, l'homme est destiné à la connaissance du vrai, et à la possession du bien : il y trouve la paix et la perfection. Or, que fait la philosophie, sinon de lui donner des ailes, afin qu'il ait plus de facilité pour voler vers ce double but? La philosophie spéculative le fait pénétrer dans la connaissance de Dieu et de toutes les choses créées : la philosophie pratique lui présente la règle, selon laquelle il doit disposer ses actes à l'égard de Dieu et des hommes; en outre, elle lui montre sa fin, une félicité éternelle vers laquelle doit tendre son âme immortelle, fin ennoblie et surnaturalisée par la divine Providence qui, dans les créatures raisonnables, a voulu, aux dons de la nature, ajouter les dons de la grâce.

Puisque le but de la philosophie est la science de toutes les choses divines et humaines, ne faut-il pas conclure que, à proprement parler, en dehors de la philosophie, il n'y aura aucune science naturelle, et que la physique, la chimie, l'astronomie, la médecine, la jurisprudence seront subordonnées à la philosophie? Ou bien, si elles ont le nom de science, elles ne le seront certainement pas en réalité.

En présence de ces assertions et de ces démonstrations, une question vient naturellement sur toutes les lèvres : Si la philosophie est digne d'un tel honneur, si le front du philosophe resplendit d'une telle auréole, si cette science procure de si grands avantages aux individus et à la société, comment se fait-il que, depuis un siècle, elle soit considérée comme la plus grande ennemie de l'ordre social et religieux? Comment, philosophe et incrédule, philosophe et songe-creux sont-ils devenus à peu près synonymes? Parce que la vraie philosophie a été chassée de presque tous les pays; après avoir donné aux jeunes gens une légère teinture de notions philosophiques, on les jette dans l'étude expérimentale ou historique des diverses branches des connaissances humaines.

Tout cela, à mon avis, vient de ce que, à la vraie philosophie, on a substitué un vain fantôme de philosophie sans esprit et sans vie; on a ébranlé les principes éternellement vrais, qui étaient la base de la science humaine; les hommes ont divorcé complétement avec la sagesse de nos ancêtres, et se sont livrés au doute universel pour en faire jaillir toute la science, comme du néant Dieu a fait sortir l'univers. Folle entreprise, commencée par Luther qui, dans l'ordre philosophique, a vu marcher à sa suite les Descartes, les Spinosa, les Locke, les Malebranche, les Kant, les Fichte, les Hégel, les Schelling et tant d'autres, nés, ce semble, pour répandre dans l'ordre spéculatif les plus épaisses ténèbres, et, dans l'ordre pratique, préparer la voie à un bouleversement social universel. Comme si la philosophie n'était pas essentiellement une, de même que la vérité est une; comme si l'on pouvait, sans erreur, professer des opinions complétement contradictoires, on a voulu accorder à chacun le droit de se faire, à son gré, une philosophie et de la baptiser de son nom. Voilà le fol orgueil dont s'est gonflé l'esprit humain; voilà aussi comment un libre champ a été ouvert aux erreurs les plus palpables et les plus grossières. Cette fatale erreur, que le doute doit être la source première de toute certitude, n'est rien quand on la compare aux extravagances modernes. Nos contemporains ont imperturbablement écouté et applaudi ceux qui disaient : *L'être est la même chose que le non-être : moi, ou plutôt ma pensée, voilà l'unique chose qui existe : hors de ma pensée, il n'y a rien : Dieu est tout : je suis Dieu.*

Je ne nie pas que les plus grandes aberrations de la philosophie ne soient sorties des pays d'au delà des monts, surtout de l'Allemagne : mais, peut-on nier aussi que l'Italie, constituée par Dieu maîtresse des nations, n'ait trop souvent admiré ces pseudophilosophes étrangers, et n'ait accueilli leurs absurdes doctrines? En cela, trop oublieuse de sa dignité, l'Italie a eu la mauvaise inspiration de négliger les immenses trésors de ses ancêtres pour tendre une main suppliante afin de recevoir la fausse monnaie que lui offrait l'étranger. Voilà pourquoi elles sont si rares, parmi nous, les villes dans le sein desquelles les jeunes gens puissent trouver, sans mélange d'erreur, les quelques notions philosophiques dont nous parlions; et de là vient que l'étude de la philosophie, parmi nous, est non-seulement insuffisante, mais encore pernicieuse. Voyez, en effet, où nous en sommes réduits. Non contente de faire abstraction de l'essence des substances qu'elle étudie, la physique embrasse également, sur cette question de l'essence, les opinions les plus contradictoires : et pourtant, il faut bien admettre que toutes ces opinions sont fausses, ou que, parmi elles, une seule peut être vraie. La médecine travaille à guérir l'homme sans connaître tout d'abord sa constitution physique; elle le considère indifféremment comme un agrégat de points inétendus ou comme un assemblage d'atomes inertes. La jurisprudence fait abstraction des premiers fondements rationnels de toute justice ; ainsi en est-il de toutes les sciences. Il ne serait pas juste d'en rendre responsables les professeurs de ces sciences; car celles-ci, n'étant que des sciences subalternes, doivent recevoir leurs principes de la science principale, qui est la philosophie proprement dite, et spécialement la métaphysique : lors donc que la métaphysique vient à manquer, les sciences subalternes sont privées de leurs fondements.

Tout homme de sens est obligé de convenir que toutes les connaissances humaines sont renfermées dans le cercle des essences, des facultés, des actions et passions des êtres, et que la diversité des essences entraîne nécessairement la diversité des facultés et des opérations. Que penser donc de l'indifférence universelle qui règne dans presque toutes les écoles, au sujet de doctrines opposées entre elles, sur les essences des choses? Avouons que nous naviguons sur une mer de doutes, que nous échouons à chaque instant sur les écueils de l'erreur, et que la sagesse humaine, loin de progresser, recule évidemment.

Cet état de choses rend manifeste la convenance et la nécessité de s'adonner sérieusement, autant que le comportent la brièveté du temps et la multitude des études, à la philosophie : c'est indispensable pour ceux qui veulent s'appliquer avantageusement aux études supérieures de l'université. L'étude philosophique, faite dans les diverses écoles d'Italie, nous pouvons le dire sans être accusé de mensonge, est non-seulement insuffisante, mais encore imparfaite, et, au moins en partie, erronée et pernicieuse. Donc, afin que l'édifice scientifique, que l'on veut construire dans l'université, ait une base solide, afin que nous ne réunissions pas un amas de connaissances seulement historiques, mais que nous soyons vraiment *informés* par la science, il convient de poser comme fondement, la connaissance des vrais principes de la philosophie que nous exposons dans cet ouvrage.

Accordons que quelques-uns aient eu la rare fortune

d'entendre développer, dans une chaire de philosophie, une doctrine assez sûre et assez solide. Est-il inutile pour ceux-là, de s'appliquer de nouveau à cette étude ? Non, certes ; car l'étude de la philosophie, si nécessaire a la perfection de l'individu, et au bien de la société, ne pourrait, sans un grave dommage, être circonscrite dans les bornes étroites qui lui sont assignées dans les lycées de l'Etat. De grands hommes, comme nous le lisons dans l'histoire, ont fréquenté l'école de philosophie, non-seulement avec une longue barbe au menton, mais même avec des cheveux blancs. L'illustre Aristote, pendant plus de vingt ans, fréquenta celle du divin Platon ; et ceux qui ont aspiré à la première place, dans toutes les branches du savoir humain, sont revenus, de temps en temps, à l'étude de la philosophie, pour avoir toujours devant les yeux de l'intelligence les principes absolument nécessaires à toute solide connaissance.

Notre but étant donc de donner aux jeunes gens, qui vont étudier dans les universités, non pas une science vulgaire, mais une science solide pour leur honneur, pour l'honneur de leur famille et de leur patrie, nous avons jugé absolument indispensable l'étude de la philosophie pendant l'espace d'une année entière, en y consacrant le temps non requis pour l'étude des autres sciences.

A ces raisons doit s'en ajouter une autre toute propre à notre époque : c'est la nécessité de procurer aux jeunes gens, par l'étude de la philosophie, l'épée et le bouclier contre les erreurs qui se répandent sous le manteau du sophisme : ces erreurs séduisent spécialement la jeunesse, que son ingénuité met moins en garde contre la fraude et le mensonge. Il est très-difficile de tromper un profond philosophe : aussi voyons-nous les modernes matérialistes et les athées de notre temps, éviter la lutte avec les vrais philosophes, et mettre tout en œuvre pour que leurs personnes et leurs écrits soient ensevelis dans le silence de l'oubli. Que si, par hasard, il s'élève entre eux quelque discussion scientifique, vous les voyez aussitôt rester interdits devant le philosophe, ou recourir aux armes employées par ceux-là seulement qui sont dans l'erreur, je veux dire, les injures et les insultes.

Si la philosophie procure tant d'honneur et d'avantages aux individus et à la société, si, de nos jours, son étude est nécessaire au delà de toute expression, il faut nous y consacrer avec le désir très-ardent de l'approfondir. Les circonstances des temps nous obligent ici à la donner en abrégé; mais nous ferons tous nos efforts pour ne pas mériter l'application du vieux proverbe : *Compendia sæpe fuere dispendia*. Laissant de côté beaucoup de questions inutiles et celles qui sont tout à fait évidentes, nous embrasserons la méthode qui nous préservera le mieux de la nécessité de répéter les mêmes choses, et, par suite, de perdre le temps. Nous ne sommes esclaves d'aucun système, et nous nous glorifions de dire : *Amicus Plato, amicus Aristoteles, sed magis amica veritas*. Mais il nous est doux de pouvoir dire, après une étude approfondie des philosophes anciens et modernes, que la terre où resplendit avec plus d'éclat la sagesse philosophique fut l'Italie; le génie, qui ne pourra jamais avoir un rival dans la philosophie, est l'Italien Thomas d'Aquin; le poëte divin qui, avec une profondeur et une sublimité incomparables, a su l'unir à la poésie, c'est un Italien : Dante Alighieri.

DEUXIÈME LEÇON.

Définition et division de la philosophie.

Définition. — La philosophie est l'étude et l'amour de la sagesse, comme nous l'avons dit dans la leçon précédente; elle s'étend à toutes les connaissances auxquelles on peut donner le nom de *science*. Or, ce nom ne signifie pas une connaissance purement expérimentale, ni une connaissance obtenue par le témoignage et l'autorité d'autrui; mais il signifie une connaissance évidente, certaine, tirée des causes même des choses. Ce n'est pas le lieu de développer les diverses parties de cette définition : qu'il nous suffise, pour le moment, de savoir que la science a pour objet direct les notions universelles et pour objet indirect les notions des individus. Ainsi, par exemple, je fais ce raisonnement :

Toute âme intellectuelle est immortelle; or, toute âme humaine est intellectuelle; donc, toute âme humaine est immortelle. La connaissance de cette dernière proposition universelle est scientifique, et les propositions de cette nature sont l'objet *direct* de la science. Mais, pendant que ma raison prononce un tel jugement, *indirectement* elle prononce que Pierre, ayant une âme intellectuelle, a une âme immortelle. Ainsi, la science a pour objet *direct* l'âme humaine en général, pour objet *indirect* l'âme de Pierre en particulier : et ceci s'applique à la connaissance scientifique de toutes les choses. Nous entendons les choses finies; car, quand il s'agit de l'être infiniment parfait, l'application de notre principe général doit se faire d'une façon toute spéciale, que nous verrons en son lieu.

Division. — On peut considérer l'acte de l'intelligence : 1° en tant qu'il connaît l'être; 2° en tant qu'il est l'idée, ou l'exemplaire de ce qui peut être fait par la volonté, soit immédiatement, soit par le moyen des puissances qui lui sont subordonnées. Dans le premier cas, nous avons la connaissance spéculative : par exemple, *le monde est fini;* dans le second cas, nous avons la connaissance pratique : par exemple, *la créature doit honorer le Créateur.* De là découle la division générale de la philosophie et de la science, en philosophie ou science spéculative, et en philosophie ou science pratique. Cette division est parfaite, parce que toute connaissance scientifique appartient à l'un ou à l'autre membre. Et, en effet, rien ne peut exister, rien ne peut être connu par l'homme que ce qui est impossible ou possible pour lui : or, la connaissance du premier est la science spéculative, la connaissance du second est la science pratique.

Division de la philosophie ou science spéculative. — On doit la diviser selon les différentes manières d'universaliser, *en faisant abstraction* de la matière. Pour comprendre cela, considérons un homme en particulier, existant dans telles conditions déterminées de temps et de lieu, ayant telles chairs et tels os, et se nommant César. Je puis le toucher, l'entendre et le voir, c'est-à-dire, avoir de lui, *comme individu,* une connaissance expérimentale qui n'est pas la science. Faisons une première abstraction mentale, laissant de côté tout ce qui est individuel en César, tout ce qui est circonscrit par l'espace et le temps : avec l'intellect, considérons seulement l'essence de l'homme, qui est commune à tous les hommes existants et possibles, et qui, par conséquent, est universelle. Dans cette considération abstraite, j'écarte la matière individuelle de César, mais je ne saurais écarter la notion générale de la matière, parce que le corps appartient à l'*essence* de l'homme. Ce que je dis pour la connaissance de César, je puis le dire pour la connaissance de tout être : animal, plante, minéral. La première abstraction écarte donc la matière individuelle, mais non la matière commune. Toutes les connaissances de ce genre, réunies ensemble, me donneront la première partie de la philosophie spéculative, la science *physique*. Comme le champ de cette science est très-vaste, nous la subdiviserons pour plus de clarté, en plusieurs parties : 1° L'être matériel *en général*, abstrait de la matière individuelle, sera l'objet de la *physique générale*. — 2° La substance corporelle non vivante sera l'objet de la *minéralogie*. — 3° La substance corporelle, ayant seulement la vie végétative, sera l'objet de la *botanique*. — 4° La substance corporelle, ayant la vie sensitive, sera l'objet de la *zoologie*. — 5° La substance corporelle vivante, et ayant un principe de vie raisonnable, sera l'objet de l'*anthropologie*. Telles sont les cinq divisions de la *physique*, que nous pouvons appeler rationnelle pour la distinguer de la physique expérimentale ou historique, laquelle, à vrai dire, n'est pas une science.

Par une abstraction plus grande, on écarte la matière commune pour considérer seulement la *quantité*, propriété commune de la matière. Cette quantité, soit *continue*, soit *discrète*, sera l'objet propre de la seconde partie de la philosophie spéculative, la *mathématique*.

Enfin, l'intellect humain, s'élevant complétement au-dessus de la matière et de ses propriétés matérielles, contemple l'être séparé de toute matière. L'être ainsi contemplé est l'objet de la *métaphysique*, qui prend ce nom parce qu'elle s'élève au-dessus des choses physiques ou corporelles. Or, l'être qu'elle considère en dehors de toute matière, peut se présenter dans deux états : — 1° Ou bien il est tel qu'il peut accompagner la matière, mais qu'il peut aussi se trouver sans elle; alors il sera l'objet de la première partie de la métaphysique, appelée *philosophie première*, parce que l'étude de cette partie précède convenablement l'étude de la physique elle-même. — 2° Ou bien il est parfaitement immatériel et indépendant de la matière; alors nous avons la science qui a pour objet les intelligences séparées et Dieu : c'est la seconde partie de la métaphysique, que l'on expose en dernier lieu à cause de sa sublimité. Telle est la division de la philosophie spéculative.

Division de la philosophie ou science pratique. — Celle-ci a pour objet l'ordre que l'homme peut produire dans ses actions : — 1° Ou bien en tant qu'elles s'accordent avec la loi et regardent la fin dernière. — 2° Ou bien en tant qu'elles procurent le bien-être physique de l'homme. — 3° Ou bien en tant qu'elles s'exercent sur la nature extérieure corporelle. De là résulte : 1° la science de l'ordre moral; 2° de l'ordre physique de l'homme; 3° de l'ordre dans les choses extérieures. Laissant de côté ces deux dernières parties de la science pratique, qui demanderaient trop de temps pour être traitées ici, nous nous bornons à la science pratique de l'ordre moral; elle peut être divisée en plusieurs parties :

a) D'abord, traitant en général de l'ordre moral, considéré dans ses causes, efficiente, matérielle, formelle et finale, on a l'*éthique;*

b) Descendant ensuite aux conditions spéciales de l'homme moral, on le considère comme individu, et l'on a la morale *individuelle*, appelée par les anciens *monastique;* on le considère comme membre de la famille, et l'on a l'*économique;* on le considère enfin comme partie de la société, et de là la *politique*.

Logique. L'étude des sciences indiquées tout à l'heure, doit être précédée par l'étude de la *logique*, ordinairement appelée *instrumentum sciendi*. La logique apprend à l'homme l'ordre qu'il doit mettre dans les actes de son intelligence, pour connaître la vérité et posséder la science des choses : aussi l'appelle-t-on science rationnelle (le mot grec, λόγος, signifie *parole, raison*). Sans doute, tous les hommes doués de raison ont une logique naturelle, qui les conduit naturellement à la vérité; mais, cette logique naturelle est très-imparfaite chez la plupart des hommes, soit parce qu'ils négligent la culture de leur intelligence, soit parce que souvent ils sont agités par des passions qui les empêchent ou de voir les principes régulateurs de la science, ou d'en faire l'application convenable. Il en résulte que très-peu d'hommes, parmi ceux qui n'ont pas étudié soigneusement la logique artificielle enseignée dans les écoles, sont exempts de graves erreurs sur les questions relevées. Et, pourquoi ne dirions-nous pas de l'art d'arriver à la connaissance de la vérité et des sciences, ce que nous disons de la rhétorique et des arts libéraux? Comme la logique artificielle ne fait pas autre chose que d'enseigner, avec méthode et précision, les règles déjà données par la logique naturelle, ainsi la rhétorique emprunte à la nature les préceptes de l'éloquence; ainsi, la sculpture et la peinture réduisent en méthode les règles enseignées par la nature pour exprimer les choses sur la toile ou par le marbre. Or, quel orateur parfait pourra-t-on avoir sans l'étude de la rhétorique? Quel peintre ou quel sculpteur, sans l'étude des règles formulées par la peinture et la sculpture? Or, il faut en dire autant, et plus encore, de la logique, parce que mettre dans les opérations de l'esprit l'ordre rationnel, est plus difficile que bien parler, peindre ou sculpter.

Une autre raison, toute propre à nos temps, sollicite les jeunes gens à une étude sérieuse de la logique : c'est l'immense diffusion des erreurs et le rare enseignement de la vérité. Celui qui, en temps de peste, est obligé de vivre avec les pestiférés et de respirer un air empoisonné, fait sagement de se prémunir, en employant ce qu'on appelle les remèdes préservatifs; ainsi doivent faire aujourd'hui, dans l'ordre scientifique, ceux qui ne veulent pas être les malheureuses victimes des plus tristes erreurs. Or, parmi les remèdes qui préservent d'un si grand mal, se trouve l'étude de la logique qui donne, je dirai, le tact intellectuel du vrai et du faux, une singulière sagacité pour discerner la vérité de l'erreur, pour démasquer le faux qui, très-souvent, se fait admettre comme vrai, grâce au sophisme spécieux sous lequel il se cache.

LOGIQUE

PREMIÈRE PARTIE

TROISIÈME LEÇON.

De la cause efficiente de l'ordre logique.

La cause efficiente de l'ordre rationnel est l'homme, dont il convient de donner ici une notion courte et générale, nécessaire pour l'intelligence des choses que nous aurons à dire dans la logique. On définit l'homme un *animal raisonnable* : substance complète, il est composé de deux substances incomplètes, la matière et l'âme. L'homme est comme un petit monde, parce qu'il participe de la nature des autres êtres. L'âme humaine, qui informe le corps de l'homme, est le principe de toute activité en lui, le principe de sa vie végétative, sensitive et intellectuelle.

Dans l'homme, considéré comme substance possédant la vie végétative, nous voyons les mêmes facultés que dans les plantes, mais à un degré supérieur : la nutrition, l'accroissement et la génération.

Dans l'homme, considéré comme substance possédant la vie sensitive, nous voyons les mêmes facultés que dans les animaux. Il a leur faculté de connaître, par conséquent, les cinq sens de la vue, de l'ouïe, de l'odorat, du goût, du toucher, avec lesquels il se représente les objets extérieurs corporels; ou mieux, par le moyen desquels les diverses substances corporelles *s'unissent* diversement à l'homme, pour lui apporter, en quelque sorte, leur propre connaissance. Outre les cinq sens externes, l'homme possède un sens intime, avec lequel il perçoit les modifications des sens externes et celles de son organisme interne : il recueille ainsi la matière, pour la formation des images, dernier terme de la connaissance animale.

A cette faculté sensitive de connaître répond dans l'homme, en tant qu'animal, une faculté appétitive sensible, avec laquelle il tend vers ce qui se présente au sens comme convenable, c'est-à-dire *bon*, et dans laquelle se trouve la force locomotrice, qui meut les membres.

Enfin, dans l'homme, en tant que raisonnable, nous voyons des facultés spéciales et supérieures aux précédentes. Il y en a deux surtout qu'il faut distinguer : *l'intelligence* et *la volonté*, facultés immatérielles ou spirituelles. Voici en deux mots ce qu'il suffit d'en savoir pour le moment. Les choses s'unissent à l'intellect de l'homme, et de cette union découle leur connaissance qui se fait en une image spirituelle, exprimée par l'intellect et appelée *verbe*. Avec le verbe et dans le verbe, l'intellect connaît tout ce qu'il connaît. Mais comme les choses qui environnent l'homme sont matérielles ou corporelles, et que l'intellect est une faculté immatérielle ou incorporelle, elles ne peuvent s'unir à lui immédiatement; elles s'unissent par le moyen des *espèces intelligibles*, qui se forment dans l'intellect lui-même et qui les représentent.

Informé par l'espèce intelligible de la chose, l'intellect, avec le verbe mental, se dit à lui-même simplement la chose même. Ainsi, quand l'œil a vu un lion, et que la sensation extérieure a été produite, quand, dans l'imagination, s'est formée l'image du lion et que, dans l'intellect, existe l'espèce intelligible, c'est-à-dire la représentation spirituelle du lion, le même intellect, par un *verbe incomplexe*, dit en lui-même et à lui-même : *lion* (1). Ensuite, ayant les espèces intelligibles du lion, de la férocité et de la douceur, il engendre un *verbe complexe*, dans lequel il dit : *le lion est féroce*;

(1) La plupart des philosophes modernes continuent à tomber dans l'erreur de Descartes, et confondent l'*idée* avec l'*espèce intelligible* et le *verbe mental*, et dès le commencement de la logique donnent aux jeunes gens de fausses notions, en leur parlant *des idées*. L'*idée*, comme nous le verrons, est l'*exemplaire immatériel* d'une chose ou d'une action, et n'appartient pas à la science spéculative, mais à la pratique. C'est dans ce sens que l'ont entendue tous les grands philosophes et théologiens jusqu'à Descartes.

ou bien : *le lion n'est pas doux*. Le premier de ces verbes complexes est un jugement positif, par lequel l'intellect affirme l'identité ; le second est un jugement négatif, par lequel il la nie. J'ai dit exprès *affirme ou nie*, parce que le *seul* acte de voir avec l'esprit la convenance entre *lion* et *féroce*, ou l'opposition entre *lion* et *doux*, n'est point un *jugement*, nonobstant l'assertion erronée de certains auteurs. Enfin l'intellect va d'un verbe complexe, c'est-à-dire d'un jugement, à un autre, les compare, les unit ou les divise, et engendre un nouveau verbe complexe, un jugement résultant du *discursus* qu'il vient de faire. Ce *discours* intérieur de l'intellect s'appelle raisonnement ; en voici un exemple : *Aucun lion n'est bipède ; or tout oiseau est bipède ; donc aucun lion n'est oiseau*. Le fruit ou la fin de ce raisonnement est de connaître clairement et distinctement la vérité des choses. L'ordre, dans lequel doivent être disposés les actes de l'intellect pour obtenir cette fin, s'appelle ordre logique ou rationnel ; c'est de lui que nous avons à nous occuper dans la logique.

Il est très-difficile, au commencement de la philosophie, de traiter de l'ordre logique considéré en lui-même ; c'est facile, au contraire, si on le considère dans sa manifestation ou dans ses signes, qui sont les mots. Le signe du verbe incomplexe est le mot simple qui s'appelle *terme* ; le signe du verbe complexe ou du jugement est la *proposition*, dans laquelle le verbe substantif *est* signifie l'identité mentalement affirmée, et *n'est pas* signifie l'identité mentalement niée ; enfin le signe du discours intérieur ou raisonnement est le *syllogisme*. Ainsi, nous traiterons de l'ordre logique, en traitant du terme, de la proposition et du syllogisme.

A cette faculté immatérielle de connaître, qui est *l'intellect*, par laquelle l'homme s'unit à toutes les choses et les connaît, correspond la faculté appétitive qui s'appelle *volonté*, par laquelle l'homme tend vers l'objet connu, et l'embrasse quand il le connaît comme son bien, c'est-à-dire comme convenable à sa nature. Illuminée par l'intellect, cette faculté appétitive, n'est pas comme la faculté appétitive inférieure qui tend nécessairement vers le bien que le sens lui montre ; douée de liberté elle peut, à son gré, tendre vers tel ou tel bien, sans être déterminée par la prééminence de celui-ci sur celui-là ; elle peut vouloir ou ne pas vouloir toute chose qui se présente à elle comme un bien fini. L'acte par lequel l'intellect, en engendrant le verbe, fait sienne la chose qu'il connaît, et lui donne dans le verbe même une existence spirituelle, s'appelle *entendre :* l'acte, par lequel la volonté tend ou s'unit à son objet, s'appelle *aimer*.

Nous n'avons pas jusqu'ici mentionné la *mémoire* et la *raison*, parce que nous avons voulu donner une légère esquisse des facultés qui sont réellement distinctes entre elles. Or, dans l'homme, considéré soit comme animal, soit comme être raisonnable, la mémoire n'est pas une faculté réellement distincte. Dans l'homme, considéré comme animal, elle est l'imagination elle-même, en tant qu'elle retient les espèces ou images sensibles des choses senties ; dans l'homme, considéré comme être raisonnable, elle est l'intellect lui-même, en tant qu'il conserve les espèces intelligibles des choses que l'homme a connues en engendrant le verbe intérieur. La raison est l'intellect lui-même, qui s'appelle *intelligence* en tant que par un seul acte il voit le vrai, et *raison* en tant qu'il discourt ou raisonne afin de le voir.

DEUXIÈME PARTIE

QUATRIÈME LEÇON.

De la cause matérielle de l'ordre logique.

De la définition et de la division des termes.

De la cause matérielle de l'ordre logique.
Tout ce qui est capable de recevoir quelque actuation, modification, disposition, porte le nom générique de *matière*; et l'on appelle *forme* l'actuation elle-même, la modification et la disposition. Ce n'est pas seulement dans les choses corporelles, c'est aussi dans les choses incorporelles que l'on emploie cette double dénomination; ainsi, dans nos pensées elles-mêmes nous pouvons distinguer la matière et la forme. Ceci posé, les actes de l'intellect, qui peuvent être facilement ordonnés pour l'acquisition de la vérité, seront la matière ou la cause matérielle de l'ordre rationnel. Dans la leçon précédente, nous avons dit que l'on raisonne mieux sur ces actes quand on les considère dans leurs signes : nous prendrons donc pour matière de l'ordre rationnel le *terme* et la *proposition* (1).

De la définition et de la division des termes.
a) On peut définir le terme absolument, ou relativement à l'ordre rationnel. Pris absolument, il est le signe extérieur de la chose pensée par le verbe incomplexe; ainsi *lion, vertu, bien, force,* sont autant de termes. Pris relativement, le terme est défini par Aristote : *Ce en quoi se résout toute proposition, comme en*

---

(1) Plusieurs philosophes modernes veulent traiter, *ex professo*, dans la logique, ce qui se rapporte aux actes internes de l'esprit humain, et ne réussissent qu'à mettre de la confusion dans les idées des jeunes gens. Ceux qui commencent à étudier la philosophie sont comme les enfants : il leur faut une nourriture simple et saine.

sujet et attribut. Voici une proposition : *Le sage est digne d'honneur*. *Le sage* est sujet (*subjicitur*) à ce qui suit ; *digne d'honneur, être digne d'honneur* est attribué au sujet (*attribuitur subjecto, de eo prædicatur*) et pour cela est attribut ou prédicat. Cette proposition, si on la résout, se divisera en sujet et en attribut, qui sont unis ensemble par le verbe substantif *est*, pour former un tout. Alors *l'homme sage* sera un terme ; *digne d'honneur* sera l'autre terme ; et le verbe substantif *est* ne sera pas terme ou partie d'un terme, mais le lien d'un terme avec l'autre.

b) Le terme se divise de différentes manières. Voici ses principales divisions :

1° Il se divise en terme *univoque, équivoque et analogue*. Il ne faut pas croire qu'un terme *univoque* ne puisse être en même temps *équivoque* ou *analogue* ; non : notre division indique seulement qu'un terme peut avoir une signification univoque, ou équivoque, ou analogique.

Il a une signification *univoque*, quand il s'applique à plusieurs choses dans le même sens. Ainsi le terme *homme*, appliqué à *Pierre*, à *Paul*, à *André*, est univoque, parce qu'il a le même sens dans ces trois cas.

Il a une signification *équivoque*, quand il s'applique à plusieurs choses tout à fait diverses : ainsi le terme *ours, taureau, poisson*, appliqués à des animaux et à des constellations.

Il a une signification *analogique*, quand il s'applique à plusieurs choses diverses sous un rapport, égales sous un autre rapport. On distingue pour les termes une double analogie : la première d'attribution, la seconde de proportion. La première existe dans les termes qui signifient des choses diverses de nature, mais qui ont du rapport entre elles, dans le sens exprimé par le terme analogue ; ainsi le terme sain s'applique à la *médecine, à l'air, à la nourriture, à la couleur du visage, à l'exercice, à l'habitation, à l'animal* : il s'applique à ces choses, parce qu'elles sont ou causes ou signes de la santé de ce dernier. La seconde existe entre les termes qui signifient des choses diverses de nature, mais entre lesquelles se trouve une certaine similitude de proportion. Ainsi l'on dit que *l'homme rit*, que *la prairie est riante*, parce que l'agrément est dans la prairie ce que le sourire est dans l'homme. Pour la même raison on dit d'un homme cruel que c'est un Néron; d'un homme hardi que c'est un lion; d'un homme affamé que c'est un loup, etc...

2° Le terme se divise en *singulier, universel, transcendental, particulier*.

Le terme *singulier* est celui qui peut s'attribuer seulement à un individu, par exemple : *Antoine, cet homme, ce siége*, etc...

Le terme *universel* est celui qui peut s'attribuer à beaucoup d'individus dans une signification *univoque*. Ce terme est :

a) Spécifique, quand il indique toute l'essence des choses auxquelles il s'attribue, par exemple : *homme*. Homme signifie *animal raisonnable;* et dans ces mots se trouve l'essence complète de Pierre, d'Antoine, de César, auxquels j'applique le terme homme;

b) Générique, quand il indique cette seule partie de l'essence qui se conçoit comme indéterminée et déterminable. Ainsi *animal* est un terme générique, parce qu'il indique une partie de l'essence de l'homme, laquelle est déterminée par la qualité de *raisonnable*, autre partie de l'essence humaine;

c) Différentiel, quand il indique la partie de l'essence qui se conçoit comme déterminant le genre : ainsi *raisonnable*, est un terme différentiel;

d) Propre, quand il indique ce qui est inséparable de l'essence complète, et ne peut s'appliquer qu'à ceux qui ont la même essence. Ainsi la faculté de raisonner est propre à l'homme; car elle appartient à tous les hommes, et aux hommes seuls;

e) Accidentel, quand il indique ce qui n'appartient point à l'essence et peut s'en séparer. Ainsi *blanc*, appliqué à l'homme, sera un terme accidentel : il pourra être affirmé d'un grand nombre et nié d'un grand nombre aussi.

Les cinq choses, ainsi indiquées par ces cinq termes, sont appelées *universaux* et aussi *prédicables* : ce sont le *genre*, l'*espèce*, la *différence*, le *propre* et l'*accident*.

On les appelle *universaux*, parce qu'ils sont participés ou peuvent être participés par beaucoup d'êtres : ainsi beaucoup d'êtres ont le même genre, la même espèce, la même différence, le même propre et le même accident. On les appelle encore *prédicables*, parce que dans toute proposition le prédicat, que l'on peut, avec le sens *univoque*, attribuer à beaucoup de choses, doit être ou *genre*, ou *espèce*, ou *différence*, ou *propre*, ou *accident*.

Le terme *transcendental* peut s'appliquer non-seulement à beaucoup de choses, mais encore à toutes les choses possibles et réelles, bien que ce ne soit pas toujours dans un sens univoque. Le *transcendental* est ce qui est signifié par le terme lui-même. A vrai dire, les termes transcendentaux, ayant une signification différente, sont seulement au nombre de quatre : *Être, unité, vérité, bonté*. Le premier indique le transcendental, et les trois autres indiquent les attributs. Toute chose est *être*, et, *en tant qu'être, une, vraie, bonne*, bien que, sous d'autres rapports, et dans un autre sens, on puisse la dire multiple, fausse et mauvaise.

Le terme *particulier* n'est autre que *l'universel* ou *transcendental* pris avec une restriction indiquée par quelque particule, par exemple : *quelqu'être, quelques hommes*. Si la particule limite l'universel ou le transcendental à un seul individu, alors il en résulte le *singulier*, par exemple : *cet homme, ce chien*.

3° Le terme se divise en *absolu* et *relatif*. Le premier, par exemple : *homme*, se dit de la chose considérée en elle-même ; le second, par exemple : *maître, domestique, père, fils*, se dit de la chose considérée par rapport à une autre.

4° Enfin, en laissant les divisions de moindre importance, le terme se divise en terme *abstrait* et en terme *concret*. Le terme *abstrait* signifie la détermination d'un objet en tant que séparée de l'être, par exemple : *humanité, sagesse, blancheur*. Le terme *concret* signifie l'être avec sa détermination, par exemple : *homme, sage, blanc*.

Nous n'en disons pas davantage sur la définition des termes

CINQUIÈME LEÇON.

De la définition et de la division.

De la définition et des règles à suivre pour qu'elle soit bien faite.

En général, on peut dire que la définition est un terme composé, qui, en *circonscrivant* la chose dans certaines *limites*, la fait distinguer de toute autre. Elle est *nominale*, ou *réelle*. La première explique le mot soit par l'étymologie, soit par l'usage commun, soit par l'usage propre de celui qui écrit ou parle. La seconde manifeste la chose, ou en expliquant son origine, ou en la décrivant avec ses propriétés, ou en exprimant son essence complète par le genre prochain et la différence spécifique. La définition réelle est la vraie définition philosophique; c'est elle surtout que nous devons avoir en vue.

a) La définition philosophique n'est pas toute la proposition, mais seulement le terme que l'on appelle attribut. Ce terme ne peut pas être simple ; il est composé de plusieurs termes dont chacun pourrait être par lui-même attribut. Ainsi, dans cette proposition : — *L'homme est un animal raisonnable,* — la définition n'est pas toute la proposition ; le sujet *homme* est le défini, et l'attribut *animal raisonnable* est la définition.

b) En second lieu, la définition doit être aussi claire que possible, parce qu'elle doit donner du défini une *connaissance claire*. Mais cette clarté est relative; et quand il s'agit de définitions philosophiques, il est absurde d'exiger qu'elles soient comprises immédiatement par les ignorants. C'est donc à tort que certains savants ont rejeté beaucoup de définitions philosophiques des choses, comme difficiles à comprendre, et en ont donné d'autres qui, non-seulement, ne sont pas philosophiques, mais sont encore fausses, sous les dehors d'une trompeuse clarté. Voici, par exemple, des définitions claires et fausses : *La substance corporelle vivante est un agrégat d'atomes symétriquement disposés.* — *L'âme est le mouvement des atomes qui sont dans le cerveau.*

c) En troisième lieu, la définition doit être distincte, c'est-à-dire qu'elle doit être faite de manière à donner à la chose définie les qualités qui conviennent à elle seule; et à en donner ainsi une *connaissance distincte* par laquelle on pourra la *distinguer* de toute autre. Par conséquent, on définirait mal la vertu en disant : *La vertu est une qualité de l'âme*, car on pourrait donner la même définition du vice. Il faut donc faire entrer dans la définition les *dernières* déterminations de l'essence de la chose à définir, de manière que cette définition ne puisse convenir à d'autres objets. Je dis *les dernières déterminations* de l'essence, car ce que l'on enseigne communément, qu'une définition parfaite doit indiquer le *genre prochain* et la *dernière différence* de l'objet à définir est très-juste, mais souvent bien difficile à mettre en pratique. Il faut remarquer ici que les genres des choses, c'est-à-dire la partie *déterminable* de l'essence sont multiples, et que les différences, c'est-à-dire la partie *déterminante* de l'essence, sont multiples aussi. D'abord, au-dessous de la notion transcendentale de l'être, qui s'étend à tout, on peut placer deux genres très-universels : ce sont le genre de la substance, ou de l'être qui est en soi, et le genre de l'accident, ou de l'être qui, de sa nature, s'attache à un autre, comme au sujet qui lui convient. Ensuite, à ces deux genres très-universels sont subordonnés un grand nombre d'autres qu'il serait long et peu utile d'énumérer ici. Cependant, afin que chacun comprenne bien le sens de ces mots, *prochain*, appliqué au *genre*, et *dernière*, appliqué à la *différence*, nous donnons ici le tableau de la substance :

	Substance	
Composée		Non composée
	Corps	
Animé		Non animé
	Vivant	
Sensitif		Non sensitif
	Animal	
Raisonnable		Non raisonnable
	Homme	

Le mot *substance* indique le genre *suprême* ainsi appelé parce qu'il n'est placé au-dessous d'aucun autre genre, mais seulement au-dessous de la notion transcendentale d'être. Les mots de la colonne du milieu : *corps, vivant, animal,* représentent les genres subordonnés, et, en même temps, les choses définies. Les deux colonnes latérales donnent les différences qui forment, en s'unissant aux genres, les espèces et les définitions parfaites. Voulez-vous définir le corps? Vous direz : *Le corps est une substance composée.* Voulez-vous définir le vivant? Dites : *Le vivant est un corps animé.* Voulez-vous définir l'animal? dites : *L'animal est un vivant sensitif.* Voulez-vous définir l'homme? Dites : *L'homme est un animal raisonnable.* Mais la notion d'homme ne pouvant jamais devenir genre, parce qu'il est impossible de concevoir qu'une partie essentielle déterminante, la différence, vienne s'adjoindre à cette notion, il en résulte que, au-dessous de l'homme, il n'y aura plus que des individus, et l'homme sera l'espèce dernière. — Et, pour que personne ne soit choqué dès le début, il faut savoir que, lorsqu'on définit le vivant une substance corporelle *animée,* il faut entendre une substance corporelle douée d'un principe vital, qui, bien qu'insensible, s'appelle communément âme.

d) D'où il résulte 1° qu'on ne saurait donner une vraie définition des choses qui ne sont pas composées de genre et de différence : c'est pourquoi les transcendentaux, la substance, l'accident, ne peuvent pas être définis philosophiquement, bien qu'on puisse en donner une certaine connaissance ou une explication telle quelle : mais on peut parfaitement définir les différentes espèces de substances et les accidents déterminés des choses. Il en résulte 2° qu'il n'est pas à propos de définir des choses très-claires, car, loin d'en éclairer la notion en la définissant, on la rendrait plus obscure. 3° On ne peut non plus donner une définition stricte des choses qu'on ne connaît pas suffisamment pour en indiquer l'essence : par conséquent, les nombreux savants, qui laissent de côté l'essence des choses, et s'arrêtent aux seuls phénomènes, ne peuvent donner de vraies définitions philosophiques.

Si l'on considère attentivement tout ce que nous avons dit de la définition, on comprendra combien il est utile de définir, et combien les anciens avaient raison de placer la définition au nombre des principaux *modes* de savoir ou *instruments* de la science. Quiconque traite d'une science sans se préoccuper de donner des définitions exactes, court grand risque de tomber à chaque pas en de très-graves erreurs.

De la division et des règles qu'il faut observer pour qu'elle soit bien faite.

La *division*, comme l'indique ce nom lui-même, est la distribution d'un tout dans les parties dont il est composé soit réellement, soit suivant notre manière de concevoir. Il importe peu d'énumérer les diverses dénominations du *tout*, il suffit de savoir que toute chose, qu'elle soit idéale ou réelle, existante ou possible, peut être divisée dès lors qu'on peut distinguer en elle plusieurs parties. Nous n'entendons pas dire pour cela que cette division puisse toujours se faire en réalité comme elle se fait dans l'intelligence, car nous pouvons diviser mentalement beaucoup de choses qui, de fait, sont indivisibles. Voici maintenant les lois suivant lesquelles la division doit se faire :

a) La *division* doit être renfermée en une proposition dont le sujet sera le *divisé*, et l'attribut sera la *division*.

b) Elle doit être *adéquate*, c'est-à-dire elle ne doit rien avoir de plus, rien de moins que le divisé. Ainsi, ma division ne sera pas adéquate si l'on dit que la substance corporelle se divise en substance vivante, sensitive et raisonnable, puisqu'il manque à cette définition un membre qui est la substance corporelle non vivante.

c) Il faut que les parties de la division s'excluent mutuellement : c'est-à-dire que l'une ne renferme pas l'autre. Ainsi, l'on diviserait mal la terre en disant qu'elle comprend : l'Europe, l'Asie, l'Afrique, l'Amérique, l'Australie et l'Italie, puisque l'Italie se trouve comprise dans l'Europe.

d) Aucune partie de la *division* ne doit égaler toute seule le *divisé*. Ainsi, si l'on divisait l'animal en sensitif et raisonnable, il est clair que la division serait mauvaise, parce que la notion de l'être sensitif a la même extension que celle d'animal et l'être raisonnable lui-même est sensitif.

e) Enfin, la division doit être *simple* et renfermer un petit nombre de membres, autant que faire se peut. On pourra prendre ensuite, pour les diviser, si cela est nécessaire ou utile, chacun des membres de la division déjà faite, et puis encore les membres de cette nouvelle division. C'est ce qu'on fait dans les ouvrages scientifiques de physique, de médecine, etc. On commence par les questions générales, et l'on descend aux particulières, en ayant soin de mettre entre elles l'ordre convenable.

SIXIÈME LEÇON.

De la définition et de la division des propositions.

Définition de la proposition.
Comme le terme est le signe du verbe mental incomplexe, ainsi la proposition est le signe du verbe complexe, ou du *jugement*, c'est-à-dire de cet acte par lequel l'intelligence se prononce sur une chose, en affirmant, ou en niant, comme nous l'avons dit dans la troisième leçon. C'est pourquoi la proposition a été appelée par Aristote : *interprétation*, parce qu'elle interprète le jugement de l'intelligence. Elle se définit ainsi : — *La proposition est un discours dans lequel on unit un terme à un autre terme, ou on l'en sépare.* Je dis *terme*, et non *chose*, parce que souvent la chose, annoncée dans l'un et l'autre terme, est la même, et aussi, parce que la proposition n'est pas l'union ou la séparation des choses, mais des signes des choses. La copule, qui unit les deux termes, est le verbe substantif *est :* et, lorsqu'on le sépare, on ne fait autre chose que nier l'union en disant : *n'est pas.* Cette copule est tantôt explicite comme dans cette proposition : — *Le sage est plus digne d'estime que le riche ;* tantôt implicite comme dans cette autre : — *Le sage méprise la flatterie.* Tous les verbes ont cette propriété de ren-

fermer ainsi implicitement le verbe substantif; ainsi, *il aime* équivaut logiquement à : *il est aimant ; il supporte,* à : *il est supportant,* etc.

Ce n'est pas seulement de la copule qu'il faut dire qu'elle est souvent implicite; quelquefois aussi, on trouve réunis, en un seul mot, les deux termes, sujet et attribut, avec la copule; telles sont les trois propositions suivantes : *Veni, vidi, vici.*

Division des propositions.

Elles peuvent se diviser de plusieurs manières, suivant le rapport sous lequel on les considère :

1° Considérée par rapport à sa matière, ou aux termes qui la composent, la proposition est : *a) nécessaire* ou *analytique; b) contingente* ou *synthétique.* Dans la première, l'attribut est exigé par l'essence même du sujet; par exemple : *L'homme est doué de raison ; la vertu est le plus bel ornement de l'homme.* Aussi, il suffit d'analyser les termes de cette proposition pour en voir la vérité. Dans la seconde, l'attribut n'est pas exigé par l'essence du sujet; par exemple : *Colomb a découvert l'Amérique; — César a vaincu les Gaulois; — Cicéron a existé.* Il faut noter ici que, par *essence*, on entend ce qui constitue l'être dans l'ordre *idéal*, en faisant abstraction de l'existence de l'être lui-même. On comprend ainsi comment, l'existence n'étant pas renfermée dans le concept de Cicéron, cette proposition, *Cicéron a existé,* est synthétique et contingente. Comme, dans ces propositions, l'attribut ne peut être uni au sujet, en vertu de la simple considération des termes, il faut recourir, pour arriver à faire cette union, à un motif extrinsèque, l'expérience, par exemple, ou l'autorité. Les anciens appelaient la proposition nécessaire et analytique, *nota in se;* et la proposition contingente et synthétique, *non nota in se.*

2° Considérée par rapport à la connaissance que nous en avons, la proposition s'appelle : *a) claire,* si elle se comprend facilement; *b) obscure,* dans le cas contraire : *c) évidente,* si, tout de suite, et sans raisonnement, on en voit la vérité : c'est la proposition : *nota quoad nos* des anciens. Ainsi cette proposition : *Le tout est plus grand que la partie,* sera évidente; la suivante ne le sera pas : *Le carré, construit sur l'hypoténuse d'un triangle rectangle, est équivalent à la somme des carrés construits sur les deux autres côtés.* Il est vrai que, souvent, des propositions, semblables à cette dernière, sont dites évidentes d'évidence *médiate*, c'est-à-dire obtenue par le moyen de la démonstration ; mais l'usage commun ne les appelle pas *simplement* évidentes ; *d*) la proposition opposée à celle-ci, sera appelée *non évidente*.

3° Considérée par rapport à la quantité des termes, la proposition est *universelle, singulière, particulière, indéfinie* : *a*) elle est universelle, quand le sujet est un terme universel, par exemple : *Tout homme a une âme immortelle ; b*) elle est *singulière*, si le sujet est un terme singulier, par exemple : *Cicéron fut le plus grand des orateurs ; c*) elle est *particulière*, lorsque le sujet est particulier : *Quelques enfants dégénèrent de la vertu de leurs ancêtres : d*) elle est *indéfinie*, lorsque le sujet est tel qu'on ne voit pas s'il est pris universellement ou particulièrement ; par exemple : *L'homme, sur la terre, marche dans une vallée de larmes.* Si l'on met devant ce terme *l'homme* un des pronoms *tout* ou *aucun*, il devient manifestement universel ; si c'est *quelqu'un*, il est particulier ; si c'est *celui-ci*, il est singulier : sans signe, il est indéfini. Toutefois, il faut observer que, dans le langage ordinaire, ces propositions indéfinies sont prises comme universelles. Tantôt, c'est l'universalité métaphysique, qui ne souffre aucune exception, comme celle-ci : *L'homme est un être contingent.* Tantôt, c'est l'universalité physique, et, alors, le contraire de ce qui est exprimé par cette proposition ne répugne pas ; cependant, il ne peut arriver sans dérogation aux lois physiques, par exemple : *Une main coupée ne peut se rattacher au bras.* Tantôt c'est l'universalité morale ; celle-ci admet beaucoup d'exceptions dépendantes du libre arbitre de l'homme, par exemple : *Les mères aiment leurs enfants.*

4° Considérée par rapport à la qualité, la proposition est : *a*) *affirmative :* — *Le jeune homme sage est studieux ; b*) *négative :* — *L'homme coupable n'est pas heureux.* Nous avons déjà parlé plus haut, de ces propositions.

5° Considérée par rapport aux choses ou aux objets qu'elle exprime, la proposition est : *a) vraie,* lorsqu'elle énonce ce qui est ; celle-ci, par exemple : *Tout corps est composé; b) fausse,* par exemple : *La pensée est la vibration des atomes du cerveau.* Observons ici que si la proposition exprime le verbe complexe de l'intelligence, c'est-à-dire le jugement, sans exprimer la vérité de la chose, on l'appelle simplement *fausse:* mais si elle n'exprime pas le verbe de l'intelligence, on la dit *mensongère,* et cela, qu'elle exprime la vérité de la chose et soit vraie, ou qu'elle ne l'exprime pas et soit fausse. C'est pourquoi l'on peut mentir en disant la vérité. Ainsi, par exemple, quelqu'un qui pense n'avoir pas vu le roi et l'a vu cependant, ment, quand il dit : *J'ai vu le roi,* quoique sa proposition soit vraie.

6° Enfin, considérée sous le rapport de sa portée, la proposition est : *a) simple,* quand elle n'en contient pas d'autres virtuellement, et, à cause de cela, est irréductible, par exemple : *Le verbe mental est spirituel; b) composée,* quand elle contient virtuellement d'autres propositions dans lesquelles elle peut se résoudre. A son tour, la proposition composée devient comme un tout divisible en plusieurs parties, parce que d'autres propositions peuvent s'y ramener. Telles sont :

a) La proposition *copulative,* qui a plusieurs sujets ou plusieurs attributs, réunis en un seul terme au moyen d'une particule, affirmative ou négative, quelquefois sous-entendue ; par exemple : *L'homme et l'animal ont une âme sensitive. — Ni l'homme ni l'animal ne sont un pur agrégat d'atomes. — L'Italie a produit de grands hommes en temps de paix et en temps de guerre.* Au sujet de cette proposition, il faut remarquer qu'elle n'est vraie qu'à condition que l'affirmation ou la négation convienne vraiment à toutes les parties, d'après ce principe général : *Bonum ex integra causa, malum ex quocumque defectu.*

b) La proposition *causale* dans l'attribut de laquelle on indique la raison de son union avec le sujet, par exemple : *L'âme de l'homme est incorporelle, parce qu'elle a des opérations immatérielles.* La proposition causale est vraie si la raison assignée l'est elle-même ;

si elle ne l'est pas, la proposition est fausse, lors même que le sujet demanderait le même attribut pour une raison différente.

c) La proposition *disjonctive*. Elle a plusieurs attributs, parfois aussi plusieurs sujets réunis en un seul terme, au moyen d'une particule disjonctive, par exemple : *La folie dépend de l'âme ou du corps.* Pour que cette proposition soit vraie, l'un des attributs, qu'il y en ait deux ou plus, doit convenir au sujet.

d) La proposition *conditionnelle*. C'est une proposition dans laquelle on affirme ou l'on nie quelque chose, non pas absolument, mais dans telle ou telle hypothèse ; par exemple : *Si cet homme sent encore, il est vivant.* Il faut faire, au sujet de cette proposition, les deux observations suivantes : 1° Pour qu'elle soit vraie, il n'est nullement nécessaire que l'hypothèse ou la condition soit réalisée ; il suffit qu'il y ait une dépendance réelle entre la condition qu'on nomme aussi *antécédent*, et le conditionné qu'on appelle aussi *conséquent*. 2° Cette proposition est vraiment composée, et si l'on ne voit pas comment elle renferme plusieurs propositions, on n'a qu'à la changer en une proposition causale équivalente pour toucher du doigt la vérité de ce que nous disons.

SEPTIÈME LEÇON.

Des propriétés des propositions.

Principales propriétés des propositions.

Les principales propriétés des propositions sont : 1° *l'équipollence;* 2° *l'opposition;* 3° *la convertibilité.*

Définitions et divisions des différentes propriétés de la proposition.

1° *L'équipollence* est l'identité qui existe entre diverses propositions. Les propositions équipollentes se divisent : *a*) en propositions dont l'équipollence a pour cause un simple changement de mots, par exemple : *Toute obligation a pour objet un acte possible*, proposition qui a cette autre pour équivalente : *Il n'est aucune obligation, qui ne regarde un acte possible;* *b*) en propositions, qui sont équipollentes, parce que, à la manière d'un tout, elles se résolvent dans leurs parties : or, comme on le sait, ces parties, prises ensemble, sont équivalentes au tout. Ainsi, les *affirmatives universelles*, par exemple : *Tout homme désire naturellement savoir*, sont équivalentes à la somme des *singulières* : *Cet homme désire naturellement savoir; cet autre*, etc... dans lesquelles sont énumérés tous les hommes pris en particulier. Ainsi, les propositions négatives universelles, par exemple : *Aucun ne peut exister sans une de ses parties essentielles*, sont équivalentes à la somme des singulières négatives. — *Ce tout* (l'homme) *ne peut exister sans une de ses parties essentielles* (l'âme) : — *Ce tout* (le cercle) *ne peut exister sans une de ses parties essentielles* (la circonférence) etc... Ainsi, les *affirmatives particulières* : — *Quelqu'un doit être gouverneur de la cité*, cette proposition est l'équivalente de cette autre : *Ou celui-ci, ou celui-là, ou cet autre doit être gouverneur de la cité*. Et ainsi des *négatives particulières*.

2° *L'opposition est le contraste qui existe entre deux propositions, qui ont le même sujet et le même attribut*. En raison de cette propriété, les propositions se divisent en *contraires, contradictoires, subalternes* et *sous-contraires*. Le tableau suivant fera saisir ces distinctions :

```
         A      Contraires      E

    Subalternes  Contradictoires  Subalternes

         I     Sous-contraires    O
```

A représente une proposition *universelle affirmative*; E, *l'universelle négative*; I, *la particulière affirmative*; O *la particulière négative*.

a) Les *contradictoires* AO et EI sont *des propositions opposées entre elles, et par la qualité, et par la quantité* par exemple : *Tout inférieur peut recevoir la loi du supérieur*, dont la contradictoire est : *Quelqu'inférieur ne peut recevoir la loi du supérieur;* ou bien : *Aucun inférieur ne peut recevoir la loi du supérieur.* Ces contradictoires AO et aussi EI ne peuvent jamais être en même temps vraies, ou en même temps fausses, de telle sorte que, de la vérité de l'une on peut inférer immédiatement la fausseté de l'autre, et réciproquement. La raison en est que, si elles étaient en même temps vraies ou fausses, il faudrait affirmer et nier en même temps la même chose d'une autre sous le même rapport, ce qui est absurde. Ainsi, par exemple, si les deux premières propositions étaient vraies, nous aurions quelqu'un qui, en vertu de la vérité de O, *peut recevoir la loi du supérieur*, et le même, en vertu de la vérité de A, *ne pourrait recevoir cette même loi*.

b) Les *contraires*, représentées par AE, sont des propositions *universelles*, opposées entre elles par la *qualité*, par exemple : *Quiconque use de son droit, fait injure aux autres*, dont la contraire est : *Quiconque use de son droit, ne fait pas injure aux autres*. Ces propositions contraires ne peuvent être vraies en même temps, pour la raison que nous avons déjà donnée en traitant des *contradictoires;* mais quelquefois, toutes deux peuvent être fausses. Par conséquent : de la vérité de l'une, on peut inférer la fausseté de l'autre, mais de la fausseté de l'une, il n'est pas toujours permis de déduire la vérité de l'autre.

c) Les *subalternes* sont AI et EO et diffèrent par la *quantité* seulement, par exemple : *Tout ami se reconnaît à ses œuvres*, dont la subalterne est : *Quelqu'ami se reconnaît à ses œuvres;* ou bien : *Personne n'aime à converser avec les sots*, dont la subalterne est : *Quelqu'un n'aime pas à converser avec les sots.*

Les *subalternes* peuvent être en même temps vraies ou fausses, d'où il suit : premièrement, que de la vérité de l'une, on ne peut pas logiquement inférer la fausseté de l'autre, et réciproquement; secondement, que leur opposition est plus nominale que réelle.

d) Les *sous-contraires* IO sont des propositions *particulières*, qui diffèrent seulement par la qualité, par exemple : *Quelque méchant est estimé*, dont la sous-contraire est : *Quelque méchant n'est pas estimé*. Les deux peuvent quelquefois être vraies en même temps, mais jamais fausses toutes les deux, parce que, dans cette hypothèse, *leurs contradictoires universelles* seraient vraies, et, par suite, deux *contraires* devraient être vraies en même temps, ce qui répugne. Il suit de là, que de la fausseté de l'une d'elles, on peut immédiatement déduire la vérité de l'autre, mais non *vice versa*.

3° *La convertibilité* est *la propriété, en vertu de laquelle on peut, dans une proposition, mettre le sujet à la place de l'attribut, et l'attribut à la place du sujet.*

Parmi les propositions, les unes exigent la conversion *simple ;* les autres, la conversion *accidentelle*.

a) La conversion simple a lieu, quand la proposition garde la même qualité et la même quantité : elle peut se faire dans les propositions E et I, par exemple : *Aucun corps n'est indivisible ;* si l'on fait la conversion on a : *Donc aucune chose indivisible n'est corps*.

b) La conversion accidentelle se fait lorsque, retenant la qualité de la proposition, on en change la quantité : on peut ainsi faire la conversion des propositions A et E, par exemple : *Tout riche peut être utile au prochain ;* si l'on fait la conversion, on conclut : *Donc quelqu'un utile au prochain, peut être riche.*

TROISIÈME PARTIE

HUITIÈME LEÇON.

De la cause formelle de l'ordre logique.

Ce qu'il faut entendre par la cause formelle de l'ordre logique.
La cause formelle de l'ordre logique est « une disposition suivant laquelle les actes de l'intelligence doivent être produits pour arriver à la connaissance d'une vérité auparavant inconnue ». Les actes qui servent de matière à cette disposition sont le verbe incomplexe de l'intelligence, qu'on appelle aussi *simple appréhension de la chose*, et le verbe complexe ou *jugement*. Nous en avons parlé, en traitant de leurs *signes* qui sont le terme et la proposition. La disposition mentale, qui les informe, est ce que nous avons appelé raisonnement, dont le syllogisme est le signe.

Définition du syllogisme.
On peut dire en général que le *syllogisme* est la *démonstration d'une vérité*, parce qu'il nous fait toucher du doigt, nous démontre cette vérité.

Il est défini plus rigoureusement par Aristote (I *Anal.* c. 1) : « Un discours dans lequel certaines choses étant posées, une autre suit nécessairement, précisément par cela qu'elles sont posées. » Pour nous, nous dirons qu'il est : *Une disposition de termes et de propositions, ordonnée de telle sorte que, du connu, on déduit nécessairement l'inconnu.* Nous avons dit, en premier lieu, une disposition de *termes*, en second lieu, une disposition de *propositions*, parce que les termes peuvent être considérés comme la matière *éloignée* et les propositions comme la matière *prochaine* du syllogisme.

D'où il suit : 1° que le syllogisme a trois termes, répartis en trois propositions, de manière que chacun revienne deux fois.

Toute âme incorruptible est immortelle ;
Or, toute âme humaine est une âme incorruptible ;
Donc, toute âme humaine est immortelle.

2° Parmi ces trois termes, l'un s'appelle terme de comparaison ou *moyen*. Les deux autres sont comparés avec lui et se nomment *extrêmes*. Celui des deux extrêmes qui sert *d'attribut* à la dernière proposition qu'on a déduite des autres, et qui se nomme, à cause de cela, *illation* ou conclusion, s'appelle extrême *majeur*; l'autre qui occupe la place du *sujet* dans la même proposition, s'appelle extrême *mineur*. Voici la raison de cette dénomination : c'est dans les propositions universelles affirmatives, comme plus parfaites que les négatives, que l'on doit chercher les règles du discours. Or, dans ces propositions, l'attribut a généralement une extension *majeure*, c'est-à-dire *plus grande* que celle du sujet, dont l'extension est *mineure*, c'est-à-dire plus *petite*. Par conséquent, il faut dire, en général, que dans les propositions universelles affirmatives, *l'attribut* se joint *au sujet* suivant toute sa *compréhension*, mais non suivant toute son *extension*. Et ici le mot *compréhension* signifie la *définition du terme*, par exemple, dans la proposition citée plus haut, ce que l'on entend par le terme *incorruptible* : et le mot *extension* signifie le rapport d'un terme avec les choses auxquelles on peut attribuer ce terme. De cette doctrine découle ce principe que la *compréhension* et *l'extension*, sont en raison inverse l'une de l'autre, de telle sorte que, quand l'une croît, l'autre diminue : ainsi, l'être a la plus petite compréhension et la plus grande extension, et, par suite, il est *transcendental*. L'autre terme s'appelle *moyen*, parce que, généralement parlant, son extension est plus petite que celle du terme moyen, et plus grande que celle du terme mineur.

3° La proposition qui renferme l'extrême majeur, s'appelle *majeure*, et celle qui renferme l'extrême mineur, s'appelle *mineure*; cependant, on appelle souvent majeure, celle qui s'énonce ou s'écrit la première; mais c'est une expression impropre.

4° Dans *la majeure*, on compare l'extrême majeur avec le moyen, et l'on exprime leur identité (*proposition affirmative*), ou leur diversité (*proposition négative*). Dans *la mineure*, on fait la même chose pour l'extrême mineur et le moyen : et dans la *conclusion*, on énonce le résultat des comparaisons que l'on a faites, des égalités et des différences que l'on a établies : pour cela, on joint ensemble, ou l'on sépare les deux extrêmes, comme on le voit clairement dans l'exemple cité :

Ce qu'il faut pour que la conclusion du syllogisme soit vraie.

Pour que le *syllogisme* donne une *conclusion vraie*, il doit être l'expression du principe de contradiction, le premier, le plus certain, et le plus évident de tous les principes. En logique, ce principe est aussi formulé par Aristote IV (*Métaph.* 9) : *Il est absurde de dire qu'un même attribut, sous le même rapport, convient et ne convient pas au même sujet.* Or, si le syllogisme est affirmatif, on affirme implicitement dans les deux premières propositions, c'est-à-dire dans les prémisses, que l'attribut, qui est *l'extrême moyen*, convient au sujet, qui est *l'extrême mineur ;* et si le syllogisme est bien fait, on répète explicitement la même chose dans la conclusion. Par conséquent, s'il pouvait y avoir erreur dans la conclusion, c'est que le principe de contradiction lui-même serait faux, ce qui est impossible. En second lieu, si le syllogisme est négatif, on nie implicitement dans les prémisses que l'attribut, *extrême majeur*, convienne au sujet, *extrême mineur*, et dans la conclusion on le nie implicitement : il est donc impossible qu'il y ait erreur dans la conclusion.

On donne aussi généralement comme principe régulateur du syllogisme celui-ci :

a) *Dictum de omni, dictum de nullo,* c'est-à-dire : *Ce que l'on affirme de tous, doit être afirmé de chacun, et ce que l'on nie de tous, doit être nié de chacun ;* b) et cet autre : *Deux choses égales à une troisième, sont égales entre elles : et elles sont différentes entre elles, quand l'une est égale à une troisième, et que l'autre ne l'est pas.* Ces principes, surtout le premier, sont excellents, en tant qu'ils s'appuient sur le principe de contradiction, dont ils ne sont que l'expression : mais, pour ne pas trop nous étendre, qu'il nous suffise d'observer que la première partie de chacun d'eux peut être regardée comme la loi des syllogismes *affirmatifs*, et la seconde, comme celle des syllogisme *négatifs*.

Ce qu'il faut pour qu'on soit certain que le syllogisme est une expression fidèle du principe de contradiction.

Il faut que le syllogisme soit bien construit relativement à la *figure* et au *mode*. Il est bon de se rappeler ici qu'Aristote, avec son génie pénétrant, a considéré toutes les manières possibles de raisonner, et a distingué les bonnes des mauvaises. Il établit, en premier lieu, que : *toute vérité inconnue doit résulter de la comparaison de deux notions incomplexes avec une troisième également incomplexe : et cela se fait en deux jugements, qui, en vertu d'un pouvoir appelé conséquence, en engendrent un troisième, appelé illation, conclusion, ou conséquent.* Puis il ramène à soixante-quatre les différentes combinaisons possibles de deux notions incomplexes avec une troisième, parmi lesquelles il n'en compte que quatorze de bonnes. Et appelant syllogisme l'expression orale du raisonnement, il dit qu'il y a seulement quatorze formes de syllogisme capables d'amener une proposition auparavant ignorée. Il distingue dans ces syllogismes la *figure* du *mode*, et reconnaît seulement *trois* bonnes figures, entre lesquelles il partage les quatorze bons modes. Donc, lorsque nous avons un syllogisme bien fait suivant telle figure et tel mode, il est indubitable qu'il est l'expression du principe de contradiction, comme chacun peut facilement s'en convaincre en le soumettant à l'analyse. Dans les œuvres philosophiques du philosophe de Stagire, nous avons des trésors de vraie science ; mais quand il n'aurait laissé que sa logique, à laquelle, depuis tant de siècles, on n'a pu rien ajouter de nouveau, il aurait certainement mérité le grand éloge qu'en fait Dante (*Inf.* IV).

« Et relevant un peu la tête, je vis le maître de ceux qui vivent, assis au milieu des philosophes. »

« Tous l'admirent et l'honorent : et je vis aussi

Socrate et Platon, qui se tiennent le plus près de lui (1). »

Définition de la figure et du mode; leurs divisions.

La *figure* est « la position du terme moyen relativement aux deux extrêmes dans les prémisses ». Le *mode* est « la quantité et, en même temps, la qualité des propositions ».

Les figures sont au nombre de trois : 1. La première, et la meilleure, est celle dans laquelle le *terme moyen* est *sujet* dans *la majeure,* et *attribut* dans *la mineure;* et cette figure a quatre modes qui, en se servant des signes indicateurs de la *qualité* et de la *quantité* des proportions, sont ainsi représentés par les lettres :

Maj. A — E — A — E
Min. A — A — I — I
Conc. A — E — I — O

2. Dans la seconde figure, moins parfaite que la précédente, *le terme moyen est attribut* dans les deux *prémisses;* elle a aussi quatre modes :

Maj. E — A — E — A
Min. A — E — I — O
Conc. E — E — O — O

3. Dans la troisième, la moins parfaite de toutes, le *terme moyen est sujet* dans les deux *prémisses;* elle a six modes :

Maj. A — E — I — A — O — E
Min. A — A — A — I — A — I
Conc. I — O — I — I — O — O

Les élèves se rappelleront facilement ces quatorze manières de bien raisonner en apprenant par cœur les

---

(1) Poichè innalzai un poco più le ciglia,
 Vidi 'l maestro di color che sanno,
 Seder tra filosofica famiglia :
 Tutti l' ammiran, tutti onor gli fanno :
 Quivi vid' io Socrate e Platone,
 Che innanzi agli altri più presso gli stanno.

mots suivants. Chaque mot représente une figure : et la première voyelle indique la majeure; la seconde, la mineure; la troisième, la conclusion.

1ʳᵉ Figure. *Malaga, Ternate, Parigi, Treviso.*

2ᵉ Figure. *Gerace, Atene, Messico, Marocco.*

3ᵉ Figure. *Trapani, Bergamo, Chiari, Aiti, Bolzano, Berlino* (1).

Nous donnerons dans l'appendice la raison qui nous a fait laisser les mots anciennement usités, pour en prendre de nouveaux.

Si l'on applique à chaque conclusion la règle de la *convertibilité* des propositions (septième leçon, 3), on obtiendra dans chaque figure ce que l'on appelle des conclusions indirectes. Pour faire un syllogisme juste, il suffit certainement qu'il soit construit de manière à correspondre à un des modes, des figures précédentes. On peut toutefois poser huit règles : et si elles sont bien observées, infailliblement le syllogisme sera correct : on y trouvera l'expression du principe de contradiction, et il appartiendra à un des modes des trois figures. Si l'une de ces règles est violée, le syllogisme ne sera point l'expression du principe de contradiction; il conduira à l'erreur : ou bien si l'on peut tirer une conclusion, ce ne sera pas en vertu de la construction ou de la forme du syllogisme : elle ne sera vraie, comme on dit, que *per accidens.*

1. Dans le *syllogisme,* il ne doit y avoir que trois termes, *le majeur,* le *mineur* et le *moyen.*

2. *La conclusion* (*effet*) ne doit rien contenir qui ne soit dans les *prémisses* (*cause*).

3. *Le terme moyen,* ne doit pas entrer dans la *conclusion,* ni en tout, ni en partie.

4. Il doit être au moins une fois *pris universellement; le singulier* équivaut à l'*universel.*

5. On ne peut rien conclure de deux *propositions négatives.*

6. Rien de deux *propositions particulières.*

---

(1) Malaga, Ternate, Paris, Trévise,
Gérace, Athènes, Mexico, Maroc,
Trapani, Bergame, Chiari, Haïti, Bolzano, Berlin.

7. De deux *propositions affirmatives*, on ne peut tirer une *négative*.

8. Si *l'une des prémisses* est négative, la conclusion sera elle-même négative; si elle est particulière, la conclusion le sera aussi.

Voilà les huit règles dont nous parlions.

APPENDICE A LA HUITIÈME LEÇON.

C'est une chose très-utile pour les jeunes gens de s'exercer, dans leur particulier, à composer des syllogismes suivant les lois que nous venons d'énoncer. Voilà pourquoi nous allons donner des exemples des différentes modes de chaque figure.

Iʳᵉ Figure. 1ᵉʳ Mode. *Malaga*. Toute substance corporelle a pour propriétés la quantité et la force;
Or, tout atome est une substance corporelle;
Donc, tout atome a pour propriété la quantité et la force.

2ᵉ Mode. *Termate*. Nul étendu n'est indivisible;
Or, tout continu est étendu;
Donc, nul continu n'est indivisible.

3ᵉ Mode. *Parigi*. Toute plante est vivante;
Or, quelque substance insensible est plante;
Donc, quelque substance insensible est vivante.

4ᵉ Mode. *Treviso*. Nulle substance immatérielle n'est mortelle;
Or, quelque âme est substance immatérielle.
Donc, quelque âme n'est pas mortelle.

IIᵉ Figure. 1ᵉʳ Mode. *Gerace*. Nulle substance individuelle n'est divisée en elle-même;
Or, tout agrégat d'atome est divisé en lui-même;
Donc, aucun agrégat d'atome n'est substance individuelle.

2ᵉ Mode. *Atene*. Toute substance, qui a une âme sensitive, sent;
Or, aucune plante ne sent;
Donc, aucune plante n'a une âme sensitive.

3ᵉ Mode. *Messico*. Nul être simple n'est variable dans sa nature;

Or, quelques substances sont variables dans leur nature;

Donc, quelques substances ne sont pas des êtres simples.

4° Mode. *Marocco*. Tout composé physique est divisible;

Or, quelque subtance n'est pas divisible;

Donc, quelque substance n'est pas un composé physique.

IIIe Figure. 1er Mode. *Trapani*. Tout bon médecin est utile à la patrie;

Or, tout bon médecin est savant;

Donc, quelque savant est utile à la patrie.

2e Mode. *Bergamo*. Nul théâtre immoral n'est utile à la patrie;

Or, tout théâtre immoral est proscrit par la loi;

Donc, quelque chose, proscrite par la loi, n'est pas utile à la patrie.

3° Mode. *Chiari*. Quelques citoyens sont riches;

Or, tous les citoyens doivent tendre au bien de la patrie;

Donc, quelques hommes, qui doivent tendre au bien de la patrie, sont riches.

4e Mode *Aiti*. Tout homme pieux est digne d'estime;

Or, quelques hommes pieux sont pauvres;

Donc, quelque pauvre est digne d'estime.

5e Mode. *Bolzano*. Quelques Italiens ne font aucun cas de ce qui était la vraie gloire de leurs ancêtres;

Or, tous les Italiens sont Européens;

Donc, quelques Européens ne font aucun cas de ce qui était la vraie gloire de leurs ancêtres.

6e mode. *Berlino*. Nul homme vertueux n'est avare;

Or, quelque homme vertueux est riche;

Donc, quelque riche n'est pas avare.

Comme les syllogismes de la seconde et de la troisième figure sont moins parfaits que ceux de la première, on a trouvé le moyen de faire ce que l'on appelle la réduction à la première figure. Les anciens avaient péniblement forgé des mots bizarres pour indiquer les diverses manières de bien raisonner et, en même temps, toutes les règles à observer pour faire la réduction dont nous venons de parler. Mais, à notre avis, cette réduction est inutile, et c'est pour cela que, à ces paroles bizarres, nous avons substitué des noms de villes.

Et, ici, nous voulons avertir les élèves de ne pas tomber dans l'erreur de ceux qui méprisent le syllogisme, sous prétexte qu'il y a d'autres manières de chercher et de trouver la vérité, de la défendre et de la démontrer. On peut, sans doute, donner au syllogisme une forme oratoire, ou l'exprimer d'une des différentes manières que nous donnerons dans la leçon suivante, mais ce sera toujours un syllogisme. On dira : *l'induction* et *l'analogie* sont-elles *des syllogismes?* Et pourtant, elles sont plus utiles que le syllogisme pour découvrir les vérités inconnues, surtout dans les sciences physiques. Nous répondons que toute la force de *l'induction* et de *l'analogie* vient du *syllogisme*, et qu'elles s'y ramènent toutes les deux.

En effet, qu'est-ce que *l'induction? C'est une argumentation dans laquelle on va de l'énumération des parties au tout, ou des singuliers à l'universel*. Elle est *parfaite,* si toutes les parties, ou tous les singuliers sont énumérés; *imparfaite,* s'il n'y en a qu'une partie. Dans les deux cas, l'induction n'est qu'un syllogisme. Donnons un exemple d'induction *parfaite*. Il s'agit de prouver que toutes les planètes reçoivent leur lumière du soleil. De l'énumération des planètes les unes après les autres, on passe à toutes en disant : La planète A, la planète B,... etc. (et il faut ici les énumérer successivement), reçoivent leur lumière du soleil; or, toutes les planètes sont la planète A, la planète B, etc.; donc, toutes les planètes reçoivent leur lumière du soleil. C'est un syllogisme.

Si l'*induction* est *imparfaite*, elle tire encore toute sa force du syllogisme. Supposons qu'on veuille prouver que la pesanteur dérive de la nature des corps. Il n'est pas nécessaire d'essayer chaque corps : mais pourvu qu'on ait expérimenté sur un certain nombre qui se trouvent en *différentes circonstances accidentelles,* extrinsèques et intrinsèques, on raisonnera ainsi : Un mode d'opération, qui ne peut pas être attribué à des causes accidentelles extrinsèques ou intrinsèques, dérive de la nature; or, la pesanteur est un mode d'opération, qui ne peut pas être attribué à des circonstances accidentelles extrinsèques ou intrinsèques; donc, la pesanteur des corps dérive de leur nature. N'est-ce pas un syllogisme? Donc, on ne peut pas mépriser le syllogisme sans mépriser en même temps l'*induction*.

On doit en dire autant de l'*analogie*, c'est-à-dire de cette argumentation qui n'est fondée que sur la parité et la similitude, et qui, prise logiquement, n'est autre chose qu'une induction imparfaite.

NEUVIÈME LEÇON.

Règle pour trouver le terme moyen. — Division du syllogisme. — Sophisme.

Règles pour trouver le terme moyen.
La proposition que l'on voudra démontrer par le syllogisme ne peut être que l'une de celles-ci : A, E, I, O, parce que la proposition *singulière* équivaut *en logique* à A ou à E. Et la raison en est que le terme *singulier* comme le terme *universel* se prennent suivant toute leur extension. Ainsi, quand je dis : *Tout homme est raisonnable*, il n'y a pas de sujet *homme* qui n'y soit compris : et de même, quand je dis : *Dante est un grand poëte*, on entend tout ce qui est signifié, et cela seulement, par le mot *Dante*

a) Quand on veut démontrer A, le terme moyen est le conséquent du sujet et l'antécédent de l'attribut. Veut-on, par exemple, démontrer que *toute vertu est aimable*? Le terme moyen sera *bonne*, parce que *bonne* se rapporte au sujet vertu comme *conséquent*; de cette manière, c'est une vertu; *donc elle est bonne. Bonne* est encore antécédent de l'attribut, car on dit justement : *elle est bonne; donc, elle est aimable*. Donc, nous ferons ainsi notre syllogisme : *Tout ce qui est bon est aimable; or, toute vertu est bonne; donc, toute vertu est aimable*. Il est en *Malaaa*, c'est-à-dire du 1er mode de la Ire figure.

b) Quand on veut démontrer E, il peut y avoir deux termes moyens : 1° en prenant le conséquent du sujet et ce qui ne peut pas s'accorder avec l'attribut, c'est-à-dire ce qui répugne à l'attribut, on pourra faire le syllogisme en *Ternate*, 2° mode, de la Ire figure. Par exemple, on veut démontrer que *nulle âme humaine n'est mortelle :* on prendra comme terme moyen *spirituelle*, qui s'accorde avec *âme humaine*, et répugne à *mortel*, et l'on dira : *Nulle âme spirituelle n'est mortelle; or, toute âme humaine est spirituelle; donc, nulle âme humaine n'est mortelle.* On pourrait aussi le faire en *Gerace*, 1er mode de la IIe figure : *Nulle loi ne doit être méprisée; or, tout ordre injuste doit être méprisé : donc, nul ordre injuste ne peut être une loi.* 2° En prenant ce qui répugne au sujet, et le conséquent de l'attribut de la conclusion E, on trouvera un bon terme moyen par *Atene*, le 2° mode de la IIe figure : *Tout homme oisif est adonné au vice; or, nul homme, digne de louange, n'est adonné au vice; donc, nul homme, digne de louange, n'est oisif.*

c) Quand on veut démontrer I, le moyen terme est ce qui répugne au sujet, et est l'antécédent de l'attribut; on aura aussi un syllogisme en *Parigi*, 3° mode de la Ire figure. Veut-on prouver cette conclusion : *Quelque religion est fausse?* On prend comme terme moyen : *Commander des choses qui vont contre la loi naturelle*, ce qui répugne au sujet et est l'antécédent de l'attribut, et l'on aura un bon syllogisme. Nous laissons de côté, comme peu importante, la recherche du terme moyen dans le 1er, le 3e et le 4e mode de la IIIe figure.

d) Quand on veut démontrer O, le terme moyen doit être l'antécédent du sujet et ce qui répugne à l'attribut : tel est le terme moyen du syllogisme suivant en *Treviso* : *Nul voleur sacrilége ne peut avoir une fortune stable; or, il y a des riches qui sont des voleurs sacriléges : donc, il y a des riches qui ne peuvent pas avoir une fortune stable.* — Il n'est pas non plus nécessaire de chercher le moyen terme, pour démontrer la conclusion du 3e et du 4e mode de la IIe figure, et du 2e, du 5e et du 6e de la IIIe figure.

Divisions du syllogisme.

Le syllogisme est *simple* ou *composé*. Le syllogisme *simple est celui dont les propositions sont simples*, et le syllogisme *composé est celui dont les propositions sont composées.*

a) Les syllogismes simples sont : 1° Le syllogisme *catégorique*, dont nous avons parlé jusqu'ici, et dont nous avons donné de nombreux exemples.

2. *L'enthymème*, qui, aujourd'hui, est un syllogisme *catégorique*, où l'une des prémisses est sous-entendue. Aristote appelait *enthymème* un syllogisme qui tire une conclusion probable de deux prémisses probables, suivant la 2ᵉ loi du syllogisme.

3. *Le sorite*, qui est une série de syllogismes catégoriques, enchaînés les uns aux autres. Il est construit de telle sorte que l'attribut de la première proposition, devient le sujet de la seconde; l'attribut de la seconde, devient le sujet de la troisième, et ainsi de suite, jusqu'à ce qu'on s'arrête à une conclusion formée du *sujet* de la première, et de *l'attribut* de la dernière. Par exemple : *Dieu est l'être nécessaire; l'être nécessaire est très-parfait; l'être très-parfait, est un être tout-puissant; l'être tout-puissant, peut faire tout ce qui n'implique pas contradiction; donc, Dieu peut faire tout ce qui n'implique pas contradiction.* Le sorite sera bien fait, quand, divisé en autant de syllogismes qu'il y a de propositions moins deux, chaque syllogisme sera conforme aux règles que nous avons données. Du reste, on peut remarquer qu'il en sera ainsi : 1° quand *l'attribut* de la proposition précédente deviendra *le sujet* de la proposition suivante, sans aucun changement; 2° quand il n'y aura aucune proposition *particulière* après la première, et si elle est particulière, la *conclusion* devra aussi être particulière; 3° quand il y a une proposition *négative*, et il ne peut y en avoir qu'une, elle sera placée immédiatement avant la conclusion : et dans ce cas, la *conclusion* sera elle-même *négative*.

4. Le *polysyllogisme* est un syllogisme *catégorique*, auquel on ajoute un autre syllogisme également *catégorique*, dont la première prémisse est la conclusion du

syllogisme précédent, par exemple : *La religion qui a Dieu pour auteur, est la vraie religion; or, la religion chrétienne a Dieu pour auteur; donc, la religion chrétienne est la vraie religion; donc, on doit embrasser la religion chrétienne.*

b) Les syllogismes composés sont : 1° Le syllogisme *copulatif*, qui contient une proposition copulative : et pour qu'il soit vrai, il faut, en outre des règles ordinaires, que la proposition copulative soit vraie; par exemple : *L'être doué de sens et de raison, bien que mortel, a une âme immortelle; or, l'homme est doué de sens et de raison ; donc, l'homme, bien que mortel, a une âme immortelle.*

Les philosophes modernes donnent généralement ici des exemples qui n'appartiennent point, *en réalité*, au syllogisme *copulatif*, mais bien au syllogisme *disjonctif*, comme celui-ci : Personne ne peut servir Dieu et l'argent; or, beaucoup sont esclaves de l'argent; donc, beaucoup ne servent pas Dieu.

2° Le syllogisme *disjonctif*, dont la majeure est disjonctive. Voici les règles qu'il doit suivre pour bien conclure : 1° Si dans la disjonctive il n'y a que deux membres, quand on nie ou qu'on affirme l'un d'eux, il faut nier ou affirmer l'autre dans la conclusion : *Vous êtes un ami véritable ou faux; or, vous n'êtes pas un ami véritable : donc, vous êtes un faux ami.* 2° S'il y a plus de deux membres, quand on en nie un dans la mineure, on affirme, avec *disjonction*, tous les autres dans la *conclusion;* et quand on en affirme un dans la mineure, on nie absolument tous les autres dans la *conclusion*. 3° La disjonction doit être adéquate, c'est-à-dire telle qu'on n'y puisse pas faire entrer d'autres membres.

3° Le syllogisme *conditionnel*, dont la majeure est conditionnelle. Il doit pour être bon : 1° ou bien affirmer la condition dans la mineure, et, dans ce cas, affirmer aussi la chose conditionnelle dans la conclusion ; 2° ou bien nier la chose conditionnelle dans la mineure, et la condition dans la conclusion. Exemple : *Si vous vous taisez, vous avouez; or, vous vous taisez ; donc, vous avouez.* — *Si l'oxygène avait la même nature que l'hydrogène, il aurait le même mode d'opérer ; or, il n'a pas le même mode d'opérer ; donc, il n'a pas la même nature.*

4° Le syllogisme *causal* (*épichérème*), dans lequel on ajoute à une prémisse la cause de l'union de l'attribut avec le sujet. Pour qu'il soit bon, il faut que cette cause soit *vraie*.

5° Le syllogisme *discrétif* (*dilemme*), appelé aussi argument à deux tranchants (*sillogismo cornuto*) parce qu'il a une majeure disjonctive de deux membres seulement, opposés entre eux, et arrangés de telle sorte que l'adversaire est toujours vaincu, quel que soit celui qu'il choisisse. Il faut prendre garde à ce que la conclusion ne puisse pas être rétorquée par l'adversaire. Voici un excellent dilemme contre celui qui condamne sans jugement : *Ou ceux que vous condamnez sont innocents, ou ils sont coupables ; s'ils sont innocents, vous commettez une injustice : s'ils sont coupables, pourquoi ne voulez-vous pas qu'on les juge ?* Au contraire, on pourrait rétorquer le dilemme fait par celui qui voudrait ne rien faire pour la patrie, en disant : *Je dois rester solitaire et oisif : car, si je fais quelque chose pour la patrie, ou je chercherai son bien véritable, ou je ne le chercherai pas ; si je cherche son bien véritable, j'aurai contre moi la foule des méchants : si je ne le cherche pas, j'encourrai l'aversion des honnêtes gens.* En effet, on peut dire pour le rétorquer : *Vous devez travailler pour la patrie : parce que, si vous cherchez son bien véritable, vous serez loué par les bons ; sinon, vous serez loué par les méchants.*

Mais c'est assez nous arrêter sur les diverses espèces de syllogisme.

Démonstration par l'absurde.

La démonstration par l'absurde est celle *qui force l'adversaire niant une conclusion vraie et légitime, ou à l'admettre ou à nier le principe de contradiction.* Comme les formes de la première figure sont *très-évidentes*, l'adversaire ne pourra pas les nier : il osera seulement attaquer les conclusions de la deuxième et de la troisième figure. Or, 1° s'il nie la conclusion de la deuxième figure, vous conserverez la majeure, vous laisserez de côté la mineure, et, à sa place, vous mettrez la contradictoire de la conclusion, qui ne peut pas être niée par l'adversaire, parce que sur deux contradictoires, il doit y en avoir une de vraie. Après cela, vous tirerez la conclusion, qui sera la contradictoire d'une des propositions concédées par l'adversaire, et qui ne pourra pas être niée, parce qu'elle sera tirée dans un mode très-évident de la première figure. Par exemple, vous faites ce syllogisme : *Nulle pierre n'est vivante; or, tout homme est vivant; donc, nul homme n'est une pierre.* L'adversaire nie-t-il la conclusion? Vous direz suivant les lois exposées plus haut : *Nulle pierre n'est vivante; or, quelque homme est pierre; donc, quelque homme n'est pas vivant.* Par conséquent, l'adversaire sera forcé de nier le principe de contradiction, parce qu'il devra accorder qu'un homme est en même temps vivant et non vivant.

2° S'il nie la conclusion d'un syllogisme de la troisième figure, vous l'amènerez au même point, en mettant à la place de la majeure, la contradictoire de la conclusion, et en conservant la mineure. Vous ferez ainsi un syllogisme de la première figure, avec une conclusion opposée à celle que l'adversaire avait déjà concédée.

Sophisme : sa nature et ses divisions.

Le sophisme « est un syllogisme qui paraît bon, mais qui ne l'est pas en réalité ». Le sophisme pèche toujours contre une des règles que nous avons données plus haut, mais avec adresse, et de façon à tromper.

Les sophismes se divisent en deux classes : *les sophismes dans les mots, et les sophismes dans les choses.*

1° *Sophisme dans les mots.* C'est *a*) *l'amphibologie.* Il y a amphibologie, quand le sophiste se sert d'un mot à double signification, et lui donne un sens dans l'une des prémisses, et un autre sens dans l'autre. Aussi, il semble qu'il n'y ait que trois termes dans le syllogisme, mais en réalité, il y en a quatre. On peut ainsi tirer une conclusion fausse : *La colère est une passion; or, la colère existe en Dieu; donc, il y a une passion en Dieu.* Dans la majeure, on parle de la colère telle qu'elle se trouve dans l'homme, où elle produit une mutation véritable, et pousse à tirer vengeance : dans la mineure, on prend *analogiquement* la colère telle qu'elle se trouve en Dieu, où elle ne produit aucune mutation : car, c'est seulement par *similitude* qu'on le dit irrité, quand il punit les coupables. Pour le réfuter, on distingue le sens des prémisses.

b) Le sophisme du sens composé, quand on veut faire entendre qu'une chose doit se prendre en même temps qu'une autre avec laquelle elle ne peut coexister : *et le sophisme du sens divisé,* quand on veut faire entendre qu'une chose doit se prendre séparée d'une autre avec laquelle elle doit être réunie.

Exemple : *Il est impossible que celui qui dort, veille ; or, Pierre dort ; donc, il est impossible qu'il veille.* Pour montrer le défaut de ce syllogisme, on dit : la majeure prise dans le sens composé, *avec le sommeil,* peut-être concédée ; mais, dans le sens divisé, *sans le sommeil,* elle doit être niée comme fausse. De même : *Vous avez acheté de la viande crue ; or, vous avez mangé la viande que vous avez achetée ; donc, vous avez mangé de la viande crue.* On distingue la mineure dans le sens composé, c'est-à-dire dans la condition où elle était quand elle a été achetée, on le nie : dans le sens divisé, dans une condition différente, on l'accorde.

c) Le sophisme ou passage de la signification dans un sens restreint à la signification dans un sens universel ; par exemple : *Le savant est digne de louange ; or, cet impie est savant ; donc, il est digne de louange.* Dans la majeure on prend *digne de louange* en tant que savant, et dans la conclusion, *universellement :* il faut donc distinguer celle-ci et dire : est digne de louange en tant que savant, je le concède ; simplement ou universellement, je le nie.

d) Le sophisme du passage du sens affirmatif au sens exclusif ; par exemple : *Vous devez vous efforcer de bien vivre ; donc, vous ne devez pas vous appliquer à l'étude de la philosophie :* il faut distinguer l'antécédent et dire : *bien vivre en remplissant vos autres devoirs, je le concède :* bien vivre seulement, *je le nie.*

2. *Sophismes dans les choses.* C'est *a) l'ignorance du sujet,* quand quelqu'un feint *insidieusement* de ne pas

savoir quelle est la question, et va battre la campagne sans y entrer. Et cela arrive souvent, parce que quand on ne se trouve pas capable de raisonner sur un point déterminé, on porte ailleurs la discussion sans que ceux avec qui l'on parle s'en aperçoivent.

b) Le cercle vicieux, quand, avec des mots différents pour cacher la ruse, on prouve une chose par une autre, et cette dernière par la première.

c) La pétition de principe : on y tombe quand, pour prouver une chose, on en suppose, comme vraie, une autre qui peut être niée avec plus de raison encore.

d) L'erreur sur la cause : quand on donne pour cause ce qui précède simplement une chose, suivant l'ancien adage sophistique : *Post hoc, ergo ex hoc ;* ou encore ce qui l'accompagne. Les physiciens, les jurisconsultes, les médecins sont très-exposés à tomber dans ce sophisme.

e) L'induction imparfaite : quand après avoir énuméré quelques cas particuliers sur une matière à laquelle ils ne se rattachent pas essentiellement, on tire une conclusion universelle. Les historiens tombent dans ce sophisme, et très-souvent aussi les jeunes gens.

Enfin, si l'on considère bien la définition du sophisme, on verra bien que : *a)* une estime excessive de soi-même ; *b)* une trop grande confiance dans l'autorité des autres; *c)* les mouvements divers des passions, etc. etc., poussent très-souvent à embrasser et à soutenir l'erreur ; mais ce ne sont pas des sophismes, comme quelques-uns le disent.

APPENDICE A LA NEUVIÈME LEÇON.

Nous avons donné dans la leçon la manière générale de trouver le terme moyen ; mais les philosophes, et surtout les orateurs, ont besoin de connaître les sources dans lesquelles on peut facilement trouver ce même terme : les uns pour en faire des syllogismes serrés ; les autres pour les employer dans une argumentation étendue et imagée. Il nous paraît bon de dire ici un mot de l'art fameux de Raymond Lulle, qui avait précisément pour but d'indiquer ces sources. Que l'on examine ce tableau :

Attributs absolus.	Bonté. Connaissance.	Grandeur. Volonté.	Durée. Vérité.	Puissance. Vertu.	Félicité.
Attributs relatifs.	Différence. Moyens.	Conformité. Fin.	Opposition. Supériorité.	Principe. Egalité.	Infériorité.
Questions.	Si ? Combien ?	Quoi ? Quel ?	De quoi ? Quand ?	Pourquoi ? Où ?	Comment ? Avec qui ?
Sujets.	Dieu. Brute.	Ange. Plante.	Homme. Minéral.	Ciel. Accident.	Instrument.

Il faut remarquer dans ce tableau : 1° que dans chaque *abstrait*, on doit entendre aussi *le concret, le semblable, le dérivé*, par exemple : *bonté, bon, faire du bien, bienfait*, etc. ; 2° que dans les interrogations ou questions la réponse peut être multiple, par exemple : si ? Si une chose existe, si elle joue le rôle d'agent ou de patient; quoi ? Ce qu'elle est en soi, dans les autres, absolument, relativement. Ceci posé, remarquons que toutes les choses que l'on peut penser peuvent se ramener à l'un des mots de cette table; par conséquent, elle contient toutes les sources des termes moyens.

Il suffit donc de mettre dans une *conclusion* claire, affirmative ou négative, la chose dont on veut parler. On cherche ensuite parmi les sujets celui auquel elle appartient, on combine ce sujet avec les divers attributs absolus et relatifs, ainsi qu'avec les questions indiquées. Si, par exemple, on veut démontrer *qu'il faut aimer la patrie*, le sujet sera *l'accident*, puisque l'amour est un accident.

On a une abondance d'attributs dans la première ligne. 1° L'amour de la patrie est un *bien ;* donc, etc. L'amour de la patrie est utile à l'individu et à la famille. 2° L'amour de la patrie donne la véritable *gran-*

deur; il est noble, il est estimable. 3° Enraciné dans le cœur, il *y reste* pendant toute la vie, et ses heureux résultats s'étendent jusqu'aux générations les plus reculées. 4° Celui qui aime vraiment la patrie devient *puissant,* parce que tous l'aident, etc., et quand les citoyens aiment leur patrie, elle devient *puissante* contre ses ennemis..... Ce qui vient d'être fait pour chaque mot de la première ligne peut se faire de toutes les autres ; et l'on a aussi un grand nombre de termes moyens pour raisonner sur le sujet dont il s'agit.

Mais il ne faut pas s'imaginer que cet art supplée à la science. *Cui lecta potenter erit res, nec facundia deseret hunc nec lucidus ordo,* dit Horace. Il est nécessaire de bien savoir de quoi il est question, et d'examiner si cela ne dépasse point la portée des moyens que l'on se connaît. L'art de Lulle, et autres semblables, ne sert qu'à éveiller l'attention de l'intelligence, en lui rappelant certaines idées auxquelles elle ne pensait pas. Aussi il n'est pas sans utilité pour les commençants.

QUATRIÈME PARTIE.

DIXIÈME LEÇON.

De la cause finale de l'ordre logique. De la vérité et de la science.

Cause finale de l'ordre logique.
La cause finale de l'ordre logique est *la fin vers laquelle il tend*. Cette *fin,* qui s'appelle cause, parce que sans elle l'ordre rationnel n'aurait pas de raison d'être, est la connaissance de la vérité. Or, on peut y arriver de trois manières :
1° Par *la science;* 2° par *l'expérience;* 3° par *la foi.*
De la vérité.
La vérité est *l'abstrait du vrai*, c'est-à-dire *ce par quoi le vrai est dit vrai*. Or, le vrai est l'être *en tant que connu par l'intelligence*. La vérité consiste donc dans la connaissance de l'intelligence, qui se fait par une conformité ou *adéquation* avec la chose connue, et on peut la définir : *l'adéquation entre l'intelligence et la chose connue; adæquatio rei et intellectus*. Voilà la vérité proprement dite, que l'on attribue aussi aux choses en tant qu'elles sont aptes à engendrer une connaissance juste, et, par conséquent, l'adéquation dont nous venons de parler. Ainsi l'on dit : *or vrai, ami véritable,* parce qu'ils se présentent à la raison de façon à justifier la définition de l'or, de l'ami, etc. Au contraire, le similor, le flatteur, sont appelés or faux, faux ami, parce qu'ils engendrent une fausse connaissance, c'est-à-dire une connaissance dans laquelle il n'y a pas *adéquation,* ou conformité entre le connu et le connaissant.

Toute vérité est exprimée mentalement par un verbe complexe, ou jugement, et représentée par une proposition *vraie,* tandis que la proposition est *fausse,* quand elle n'est pas le signe d'un jugement où la vérité est exprimée. Et, comme nous l'avons dit, la proposition est vraie quand l'union ou la séparation entre le sujet et l'attribut indiquent la réalité, et fausse, quand elles ne l'indiquent pas. Ainsi cette proposition est vraie : *L'homme est, par sa nature, fait pour la société;* et cette autre est fausse : *L'homme n'est pas, par sa nature, fait pour la société.*

Il est donc évident qu'on peut dire également que la fin de la logique est de disposer l'intelligence à l'acquisition de la vérité, ou à la connaissance des choses telles qu'elles sont en réalité.

De la science.

La science est « une connaissance certaine et évidente par les causes de la chose connue ». Nous allons expliquer chaque terme de cette définition.

1° Nous disons que c'est une *connaissance*. Il serait trop long, et hors de propos, de parler ici de la connaissance intellectuelle; c'est dans l'anthropologie que nous donnerons à cette question tous les développements convenables. Il nous suffira de rappeler ici les notions élémentaires que nous avons données au commencement et qui nous ont appris que la connaissance est un verbe complexe de l'intelligence, c'est-à-dire un jugement exprimé par une proposition et engendré par l'intellect informé par les espèces intelligibles des choses.

2° *Certaine* veut dire ferme, immobile, déterminée. On la nomme ainsi, à raison de la certitude qui l'informe, et qui, précisément, est la fermeté, l'immobilité, la détermination de la connaissance intellectuelle. Cette fermeté, cette immobilité, et cette détermination sont opposées à la fluctuation et à l'irrésolution de l'intelligence entre le oui et le non : on a dans ce cas *le doute;* et si la connaissance n'est pas parfaitement ferme, mais hésitante, on la nomme *opinion.* Les propositions suivantes expriment une connaissance ferme, et, par conséquent, *certaine : Le tout est plus grand que sa partie. Le soleil est lumineux. Constantinople existe.* Au contraire, l'intelligence du médecin flotte souvent irrésolue dans *le doute,* et il ne peut se déterminer à dire dans son verbe mental : *Cet état morbide est causé par une inflammation,* ou bien : *Il est causé par une substance nuisible que l'on a prise.* Parfois il juge de la première manière; mais c'est *son opinion*, et il n'est pas parfaitement sûr. D'où l'on voit que la certitude est composée de deux éléments, l'un positif, et l'autre négatif : le positif est *la stabilité* qui peut croître ; le négatif, est *l'absence de crainte du contraire,* absence qui consiste *dans l'indivisible.* Nous étudierons plus tard *la cause* de la certitude, et il nous suffira de donner ici une des divisions générales de la certitude, celle qui consiste à la diviser en certitude *subjective,* et en certitude *objective.* La première est la certitude proprement dite, c'est-à-dire *la fermeté dans la connaissance dont nous avons parlé;* la seconde est la certitude improprement dite, et c'est *dans l'objet, le pouvoir d'être connu avec cette fermeté.*

3° *Evidente.* Nous nous servirons d'un exemple pour faire comprendre la valeur du mot que nous employons ici. Vous avez devant vous un flambeau allumé, et vous dites immédiatement : *Je le vois.* C'est une chose *évidente* pour vous qu'il y a un flambeau allumé, parce *qu'il vous est présent.* Si, dans l'obscurité, je vous dis : Regardez ce tableau, vous me répondez : *Je ne le vois pas.* Mais si j'apporte le flambeau, vous me dites : *Je le vois,* et c'est une chose évidente pour vous qu'il y a un tableau devant vous, parce qu'il vous est présent. Cette *manière* claire dont la chose se manifeste comme présente est sa visibilité, ou son évidence. Appliquons maintenant à la connaissance ce que nous venons de dire de la vision, d'où vient le mot évidence. Voici une connaissance manifestée dans son signe, c'est-à-dire dans une proposition : — *Le tout est plus grand que sa partie.* — L'œil de votre intelligence n'en voit-il pas la vérité, c'est-à-dire l'union entre le sujet et l'attribut ? Il la voit, et il la voit *aussitôt* qu'il connaît les termes de la proposition. Donc, cette vérité est présente à l'œil de votre intelligence, comme le flambeau allumé à l'œil de votre corps; et cette *manière* dont la vérité se manifeste comme présente est *l'évidence.* Mais si je dis à quelqu'un, qui ne connaît pas la géométrie : *Le carré construit sur l'hypoténuse d'un triangle rectangle est équivalent à la somme des carrés construits sur les deux autres côtés,* il ne suffit pas qu'il comprenne les termes et qu'il sache ce que c'est que *le carré de l'hypoténuse et le carré des cathètes,* pour que *aussitôt* il voie le lien entre le sujet et l'attribut : c'est-à-dire que la vérité ne lui sera pas *tout à coup* présente, et qu'il faudra une démonstration rigoureuse, de sorte qu'il pourra dire : *Je la vois,* comme vous avez vu le tableau dont nous parlions ci-dessus, quand le flambeau allumé a été placé près de lui. Dans le premier cas l'évidence est *immédiate;* dans le second, elle est *médiate.*

Et, bien que l'évidence se rapporte à l'objet, *en tant qu'il se manifeste clairement comme présent au sujet,* et soit, par conséquent, proprement *objective,* cependant on la dit encore improprement *objective,* en tant que le sujet saisit l'objet qui se manifeste ainsi comme présent.

Pour nous faire comprendre aussi bien que possible, nous avons cité des *propositions,* et nous avons expliqué comment, les termes une fois connus, l'œil de l'intelligence en voit la vérité. Mais, comme nous l'avons déjà dit, les termes sont les signes des *choses* connues, et la proposition est *le signe de l'être réel de la chose au moyen du jugement :* donc, à proprement parler, l'évidence est *l'être,* ou *l'entité* de la chose elle-même, en tant qu'elle est objet, c'est-à-dire en tant qu'elle se pose en face de l'intelligence (*objicitur*).

A *l'évidence* est opposée *la foi :* c'est pourquoi S. Augustin dit : *Quid est fides? Credere quod non vides.* En effet, si je vous dis : *En Dieu il y a une seule essence et trois personnes,* et si je vous demande : *Voyez-vous le lien entre le sujet et l'attribut?* c'est-à-dire voyez-vous la vérité de cette proposition? Vous me répondez que non; et j'aurais beau vous faire des démonstrations vous ne me direz jamais : Je la vois. Ce qui montre bien que cette vérité n'est pas intellectuellement visible ou évidente, soit d'une manière *immédiate,* soit d'une manière *médiate :* il faut la *croire,* c'est-à-dire s'appuyer sur l'autorité divine.

4° Nous avons dit enfin que pour avoir la science il faut connaître *la chose par ses causes.* Ces mots ont une double signification que nous allons expliquer. En premier lieu, il faut observer qu'il y a quatre causes : *la cause efficiente, la cause matérielle, la cause formelle, et la cause finale*. Or, quand une chose peut avoir ces quatre causes, il faut les connaître toutes pour avoir la connaissance scientifique de cette chose; car la connaissance scientifique doit être complète. En second lieu, il faut remarquer qu'en toute connaissance, on unit un sujet à un attribut. Or, on peut demander : 1° pour quelle raison *on attribue* tel prédicat à tel sujet; 2° pour quelle raison tel sujet *réclame* tel prédicat. C'est la connaissance de cette dernière raison qui est requise pour la science; la première ne suffit pas. Ainsi, si je dis : — Pékin est une très-grande ville, — bien que je connaisse le motif pour lequel j'attribue le prédicat au sujet, c'est-à-dire l'autorité, toutefois je n'ai pas la connaissance de la cause qui est nécessaire à la science. Mais si je dis : — *L'âme humaine est immortelle* et que je connaisse les causes pour lesquelles le sujet *réclame* l'attribut, par exemple parce qu'elle est spirituelle, en ce cas j'aurai la connaissance de la cause qui doit être connue par celui qui a une connaissance scientifique de la chose.

Les hommes, il est vrai, étaient libres de donner le nom de *science* à toute espèce de connaissance : mais ils n'ont voulu le donner qu'à la connaissance la plus parfaite, à celle qui satisfait le plus pleinement la tendance de l'intelligence, portée par sa nature à embrasser le vrai le plus immédiatement possible : aussi nous ne devons pas abandonner la définition que, pendant tant de siècles, les savants ont donnée de ce mot, et que nous avons nous-même exposée et expliquée.

ONZIÈME LEÇON.

Expérience et foi. Objets formels de la certitude.

De l'expérience.
L'expérience est *la perception de la chose par une faculté cognoscitive quelconque, non pas par le moyen*

d'espèces intelligibles ou sensibles, mais immédiatement. Il est donc bien évident qu'il y a une différence intrinsèque entre la science et l'expérience ; car dans la science l'objet est idéal, dans l'expérience l'objet est la chose elle-même. Par exemple, lorsque je dis : *Le tout est plus grand que la partie,* je suis déterminé à ce jugement par l'être idéal *de tout,* qui se présente à mon esprit, et c'est pourquoi mon jugement est *universel,* c'est-à-dire applicable à toutes les choses dans lesquelles se trouve l'idée de tout, par conséquent, à tout homme, à toute plante, à tout individu, quelque soit son genre ou son espèce. Mais quand je dis : *La tour de Pise est penchée. — Ce fer est chaud. — J'ai une vive douleur au pied. — Je vois mon frère,* etc... je ne produis pas ces jugements en m'appuyant sur l'être idéal des *sujets* de ces jugements, mais seulement parce que je perçois ou que j'ai perçu les choses singulières sur lesquelles j'ai porté mes jugements, et, dès lors, mes jugements ne sont pas universels.

Division de l'expérience.

L'expérience se divise en expérience *externe* et en expérience *interne,* et celle-ci, à son tour, se divise en expérience *inférieure* et en expérience *supérieure,* appelée aussi *conscience. L'expérience externe est la perception des corps et de leurs qualités par les sens externes ; l'expérience interne inférieure est la perception, au moyen du sens interne, des modifications produites dans nos sens ; l'expérience interne supérieure est la perception des modifications spirituelles de notre âme, au moyen de notre faculté intellective* (conscience directe), *et la réflexion sur les modifications déjà perçues* (conscience réflexe). Nous n'entrerons pas ici dans l'étude des différentes facultés que nous venons d'énumérer, ni du mode suivant lequel elles connaissent leurs objets, car cette étude ne se peut bien faire que dans l'anthropologie.

De la foi.

La foi est *un jugement par lequel nous disons que une chose est vraie en nous fondant sur l'autorité de celui qui nous l'affirme.* D'où l'on voit : 1° que le sujet de la foi (potentia quæ *subjicitur fidei*) n'est pas la volonté, mais l'intelligence ; 2° que *ce jugement* ne peut être évident, puisqu'on ne voit ni *immédiatement* ni *médiatement* le lien entre le sujet et l'attribut. J'ai dit *ce jugement*, c'est-à-dire celui qu'on appelle acte de foi, ou adhésion à l'autorité d'autrui, parce qu'il peut y avoir un autre jugement exprimant la même vérité connue par la lumière de la raison, et qui, par conséquent, est évident. Ainsi, par exemple, on peut affirmer que *deux triangles qui ont un angle égal, compris entre deux côtés égaux, sont égaux entre eux*, en s'en rapportant au professeur qui l'affirme : c'est la foi ; on peut affirmer la même chose en s'appuyant sur la démonstration qui prouve cette vérité : c'est la science. Voilà pourquoi Suarez disait : « Fides sumitur pro *cognitione obscura* (fundata in testimonio dicentis, quæ in divinam et humanam et etiam angelicam dividitur). » (*De Fide, dis.* I, *sect.* I). Donc, comme il est impossible qu'un même acte ait à la fois les caractères contradictoires de clarté et d'obscurité, qu'il soit en même temps déterminé par l'intelligence, qui *voit* son objet, et par la volonté qui meut l'intelligence, *qui ne voit pas*, à croire, il est également impossible que le même acte, *sur le même objet*, soit, en même temps, un acte de foi et un acte de science.

Division de la foi.

La foi se divise en foi humaine et en foi divine. 1° La foi est *humaine*, lorsqu'on croit à *l'autorité d'un homme*, qui nous affirme une vérité quelconque (*foi dogmatique*), ou l'existence d'un fait (*foi historique*). 2° La foi est *divine*, quand *l'autorité* sur laquelle on s'appuie est *celle de Dieu*.

Par *autorité*, on entend, à proprement parler, *la force morale que possède celui qui rend témoignage, par laquelle nous sommes poussés à croire ce qu'il dit*. Cette force résulte : *a*) de *la science de la vérité*, c'est-à-dire de la connaissance du fait qu'il affirme ; *b*) de *sa véracité*. Cela est évident : car nous sommes d'autant plus portés à croire au témoignage de quelqu'un, qu'il nous manifeste une science plus parfaite de la vérité ou connaissance du fait, et que nous sommes plus assurés qu'il est loin de faire un mensonge ; au contraire, il serait insensé de croire au témoignage d'un ignorant ou d'un menteur.

Si celui qui affirme quelque chose a vu ce qu'il raconte, c'est-à-dire s'il en a lui-même la science ou l'expérience, il s'appelle témoin *oculaire;* mais s'il a appris par d'autres ce dont il rend témoignage, on le nomme témoin *auriculaire.*

Objet formel de la certitude; sa division.

Dans nos connaissances, c'est-à-dire dans les jugements de notre esprit, il faut distinguer : *a*) ce qui est ; *b*) le motif qui pousse l'intelligence et la détermine à juger d'une manière plutôt que d'une autre. Ce qui est connu s'appelle *objet matériel;* le motif de la *détermination* de l'intelligence, sur laquelle, comme nous verrons, repose la certitude, se nomme *objet formel.* Mais qu'est-ce qui détermine l'intelligence à juger?

1. Il y a dans la science deux jugements différents : *a*) les jugements analytiques dont la vérité brille d'une évidence immédiate, et alors ce qui meut l'intelligence à prononcer ces jugements, c'est le lien que l'on voit immédiatement entre le sujet et l'attribut. Ainsi, je suis immédiatement déterminé à juger que *le tout est plus grand que la partie,* parce que, entre le tout et la partie, le lien se présente *lui-même* à mon esprit avec une évidence immédiate. *b*) Il y a encore les jugements analytiques dont la vérité ne se présente pas avec une évidence immédiate, et, dans ceux-ci, ce qui me détermine, c'est bien encore le lien entre le sujet et l'attribut, mais en tant qu'il se présente dans les prémisses de la démonstration qui rend la conclusion *médiatement* manifeste et évidente. J'ai dit que le lien qui se présente avec évidence à mon esprit, détermine mon intelligence, pour marquer que c'est la *vérité elle-même* plutôt que *l'évidence,* ou mode suivant lequel elle se présente, qui est l'objet formel de la certitude dans la connaissance scientifique; et, cependant, on donne parfois le nom d'évidence à la vérité même qui se présente de cette manière. Aussi S. Thomas a-t-il dit : *Certitudo, quæ est in scientia* (pour indiquer les jugements par réduction) *et intellectu* (pour indiquer les jugements immédiats) *est ex ipsa evidentia eorum quæ certa*

esse dicuntur. (I *sent., dist.* III, *quæst.* 2, *art.* 2).

2. Dans *la connaissance expérimentale,* la faculté cognoscitive n'est pas, comme dans la science, déterminée par la *vérité* des choses qui est exprimée dans les jugements et manifestée dans les propositions analytiques, mais, par le fait même, qui se présente à nous et s'unit à cette faculté cognoscitive. Ainsi, lorsque je prononce ce jugement : Je sens *une douleur*, mon intelligence y est déterminée par la douleur présente elle-même. Par conséquent, dans la connaissance expérimentale, *l'objet formel* est le *fait même* qui se rend manifestement présent à mon intelligence. Il nous reste à savoir *comment* ce fait se rend manifeste à l'intelligence.

3. Dans *la foi,* ce n'est pas *la vérité,* qui se manifeste avec *une évidence soit médiate soit immédiate,* ce n'est pas non plus *le fait,* qui se rend *présent* à la raison, mais c'est *l'autorité* qui porte l'intelligence à accepter ce qui est affirmé, c'est-à-dire à *croire* celui qui rend un témoignage; et, par conséquent, dans la foi, l'autorité, constituée par *la science et la véracité* du témoin, est *l'objet formel* de la certitude. L'intelligence étant une puissance nécessitée, et non libre dans ses actes, elle ne sera déterminée à produire nécessairement son *verbe,* ou *le jugement* d'une chose, que par la vue *médiate* ou *immédiate* de la vérité dans l'ordre idéal, comme pour *la science,* ou par la présence de la chose, comme dans *l'expérience.* Mais l'autorité ne présente à l'intelligence ni *la vue médiate ou immédiate* de la vérité, ni la chose; elle donne seulement la raison *extrinsèque* qui porte à croire. Il faut donc que la volonté, qui a sur les autres puissances de l'homme un certain empire, en vertu duquel elle les détermine souvent à leurs actes, détermine l'intelligence à prononcer son jugement, c'est-à-dire à croire. *L'acte de croire est donc libre,* puisque la volonté coopère à son existence et commande à l'intelligence. Et, telle est l'influence exercée, par la volonté sur les puissances qui lui sont subordonnées, que, parfois, elle les détermine à leur acte avec plus d'énergie que lorsqu'elles y sont déterminées par leurs objets naturels ; et c'est

ainsi que la volonté peut *déterminer* l'intelligence à croire, et la tenir plus *fixe et plus stable* dans son acte de foi, que si elle était mue par la vue de la vérité ou du fait : par conséquent, *la certitude de la foi*, ainsi obtenue, peut être plus stable que *la certitude de la science et de l'expérience*.

Nous avons dit que l'objet formel de la science c'est *la vérité manifestée à notre intelligence dans l'ordre idéal*, et que l'objet formel de l'expérience c'est *le fait présent lui-même*. De là, on pourrait croire que nous avons enseigné que, par rapport à la science et à l'expérience, l'objet formel et l'objet matériel sont identiques. Mais il suffit de réfléchir un instant pour voir qu'il y a une distinction entre *vérité*, en général, et *telle vérité*, entre *le fait présent*, en général, et *tel fait présent ;* or, ce qui *meut*, ce n'est point *telle* vérité ou *tel* fait, en particulier, mais *la vérité et le fait, en tant que présents à notre faculté cognoscitive*. Il en est de même pour la vue : l'objet formel de ce sens, c'est la couleur, et l'objet matériel, c'est telle ou telle couleur déterminée.

La certitude, produite par *l'objet formel de la science*, s'appelle certitude *métaphysique*, parce qu'elle découle immédiatement de l'ordre idéal ; la certitude, produite par *l'objet formel de l'expérience*, se nomme certitude *physique*, parce qu'elle vient de l'ordre physique ; enfin la certitude, produite par *l'autorité*, s'appelle certitude *morale*, parce qu'elle s'appuie *spécialement* sur la véracité des témoins, qui, d'après la loi morale (du latin *mores*), sont obligés de dire la vérité. Nous avons dit *spécialement*, parce que celui qui ignore une chose et qui, cependant, l'atteste comme vraie, manque généralement de véracité.

DOUZIÈME LEÇON.

Définition du critérium de vérité.

Définition du critérium de vérité.

Tous les philosophes, surtout depuis un siècle, ont parlé du critérium de vérité ; mais très-peu se sont souciés d'en donner une bonne définition : aussi ils se sont égarés dans d'innombrables controverses, et ont enveloppé de ténèbres ce critérium qu'ils voulaient mettre tellement en lumière que personne ne pût l'attaquer. Les uns ont pris pour critérium de vérité *le motif qui détermine* l'intelligence dans ses jugements, c'est-à-dire *l'objet formel* de la certitude; d'autres ont dit que c'était *l'évidence* ou *la clarté de la connaissance humaine*, et l'ont ainsi pris pour *la manière* dont l'objet se présente à notre esprit; d'autres, en disant que c'était *la raison humaine*, l'ont confondu avec la *puissance cognoscitive;* d'autres enfin ont prétendu que c'était *la lumière de la raison elle-même, en général*, et l'ont ainsi considéré comme une *force intellectuelle*. Si nous voulions rapporter les différentes opinions et les examiner, il nous faudrait y consacrer plusieurs leçons qui ne seraient d'aucune utilité pour les commençants. Nous les laissons donc de côté pour passer à la définition du *critérium de vérité*.

Le critérium de vérité est la règle *suivant laquelle l'intelligence doit juger de toutes choses*. A ce propos, faisons les remarques suivantes : 1° de l'existence d'une règle on ne peut conclure l'existence de ce qui est l'objet de cette règle ; par exemple, de l'idée de l'ordre on ne peut conclure l'existence de choses ordonnées, pas plus que de l'existence du mètre on ne peut inférer l'existence de ce qui peut-être mesuré avec le mètre : de même, du critérium de vérité, d'après lequel nous devons mesurer la vérité de nos jugements, nous ne pouvons conclure l'existence des jugements eux-mêmes. — 2° Comme la règle existe de quelque manière dans ce qui est réglé, de même dans tous les jugements vrais doit se retrouver *le critérium de vérité*. — 3° On appelle *tortueux, difforme, mauvais*, etc. ce qui n'est pas réglé, c'est-à-dire ce qui n'est pas fait selon la règle à laquelle il devrait être conforme ; et l'on appelle *droit, beau, bon*, etc., ce qui est fait selon la règle : de même, les jugements qui ne sont pas faits suivant leur règle, c'est-à-dire suivant le critérium de vérité, sont faux, et ceux qui sont faits d'après cette règle, sont vrais.

Il y a deux critériums de vérité.

1° *Le suprême critérium de vérité*, c'est *la vérité divine*, c'est-à-dire *l'intelligence divine,* en tant qu'elle renferme *les principes exemplaires de toute vérité.* C'est là le critérium universel pour toute créature raisonnable ; bien plus, c'est le critérium, d'après lequel Dieu lui-même juge des choses, si l'on peut ainsi parler. Par conséquent, ce qui, dans l'homme, est conforme à ce critérium suprême de vérité, ne peut être jugé faux ni par un ange, ni par Dieu lui-même ; au contraire, tout jugement en opposition avec ce critérium, est *nécessairement* faux.

2° *Le critérium de vérité participé et immédiat* pour les hommes, c'est *l'intelligence humaine,* en tant qu'elle renferme *les premiers principes* qui sont comme *des lois* que l'homme doit observer pour juger avec rectitude, et que, par conséquent, on doit trouver exprimés dans tout jugement.

On peut dire que l'intelligence humaine, en tant qu'il y a en elle ces premiers principes, est une *copie* de l'intelligence divine, règle souveraine de toute vérité. En effet : *a)* la lumière de l'intelligence humaine y a été imprimée par Dieu. *Signatum est super nos lumen vultus tui, Domine.* Or, c'est en vertu de cette lumière que l'intelligence humaine est l'image de l'intelligence divine. *b)* En outre *les premiers principes* ne sont pas en nous le résultat de l'étude et de l'art, mais, comme nous le verrons plus tard, ils s'éveillent *naturellement* en nous en présence des objets, et, par conséquent, on doit les regarder comme supprimés dans notre intelligence par Dieu, l'auteur de la nature, ou dérivés de lui comme du *magistère* souverain, selon l'ancienne maxime : *In necessariis causa causæ est causa causati.* Parmi ces principes, il en est un que l'on appelle *le principe de contradiction : Il est impossible qu'une chose soit et ne soit pas sous le même rapport.* Ce principe est *très-évident,* il jouit de *la plus grande* universalité ; de l'aveu de tout le monde, et comme nous le démontrerons dans *la philosophie première,* il est *le premier* entre tous les principes ou jugements. Nous dirons donc que le critérium suprême de vérité participé dans l'homme est l'intelligence humaine en tant qu'elle nous présente *le principe de contradiction,* ou si l'on veut, c'est le *principe de contradiction*.

Nous allons démontrer ici que notre opinion est celle du plus grand des philosophes italiens, S. Thomas. Voici ce qu'il dit du critérium de vérité. « La vérité *suivant laquelle* l'âme juge de toutes choses, c'est la *vérité première*... De la vérité de l'intelligence procède, comme une copie dans notre intelligence, la vérité des premiers principes, *suivant laquelle* nous jugeons de toutes choses. Et comme nous ne pouvons juger par elle qu'en tant qu'elle est une similitude de la vérité première, on dit pour cela que nous jugeons suivant la vérité première (*Quæst.* I, *De Verit.*, a 4. *ad* 5.). » Ces mots : *La vérité suivant laquelle l'âme juge de toutes choses,* nous donnent l'exacte définition du *critérium de vérité,* et les suivants nous indiquent expressément que le *critérium suprême* est Dieu, et que le *critérium participé et immédiat,* ce sont les *premiers principes* selon la vérité desquels nous jugeons de toutes choses. Ailleurs le même docteur dit que *le principe de contradiction* est *le premier* de tous : « Il y a un certain ordre dans les choses que les hommes connaissent. Ce qu'il connaît avant tout, c'est *l'être,* dont la connaissance est renfermée dans tous les autres concepts. Par conséquent, le *premier principe indémontrable* est que l'on ne peut affirmer et nier l'être en même temps; ce principe s'appuie sur le concept de l'être et du non-être; et *tous les autres principes sont fondés sur celui-ci,* comme le dit Aristote dans le livre IV de sa *Métaphysique* (I. *Part. quæst.* 94, 2.). »

Ces paroles de S. Thomas indiquent clairement que le *premier* critérium de vérité, mis en nous par Dieu et *suivant lequel* nous devons juger de la vérité de nos jugements, est *le principe de contradiction*. Ces témoignages ne devraient pas être oubliés par ceux qui, déclarant S. Thomas opposé à notre opinion, voudraient se couvrir de son autorité; de plus, ceux-ci ne devraient pas confondre *le motif* ou *l'objet formel* de la certitude, qui, selon S. Thomas (onzième leçon) et selon nous, est *la vérité objective* ou *l'évidence objective,* avec la règle ou *loi* qui est comme *la vérité exemplaire de* tous nos jugements, c'est-à-dire avec le critérium de vérité. Ainsi, par exemple, lorsque je considère une action humaine et que je dis : *Cette action est juste,* il ne me suffit pas, pour prononcer ce jugement, de savoir que l'action est réelle, il faut encore que je voie exprimé en elle le jugement universel de la justice, qui est dans ma mémoire; de même, pour que je puisse dire qu'un *jugement* est vrai, il ne suffit pas que j'y sois *déterminé* par la réalité de la chose jugée, il faut encore que je voie observée dans ce jugement la loi première pour juger sainement, c'est-à-dire la première vérité qui est le principe de contradiction. Nous convenons avec nos adversaires qu'un jugement est vrai lorsqu'il est conforme à la réalité; mais il est non moins certain qu'un jugement est conforme à la vérité et qu'il est *vrai*, précisément parce que je vois observée dans ce jugement la première loi pour bien juger, c'est-à-dire le critérium de vérité, qui est le principe de contradiction.

Pour les trois raisons suivantes : 1) parce que, suivant S. Thomas, la lumière de la raison humaine est une participation de la lumière incréée de la raison divine; 2) parce que suivant le même docteur, le premier principe est connu *naturellement* et que sa connaissance nous vient de l'auteur de la nature qui est Dieu; 3) parce que ce principe est la source de toutes les sciences et de toutes les connaissances humaines, il est vrai de dire *que lorsque l'homme ne se trompe pas dans l'usage et dans l'application de ce principe, il est sous le magistère de Dieu lui-même, et que, à proprement parler, ce n'est pas l'homme, mais Dieu qui est le maître de toutes les sciences.* Tel est le solide fondement sur lequel s'appuie le grand édifice de la philosophie humaine!

« Parmi les choses intelligibles, toutes ne sont pas également faciles à connaître pour l'intelligence : il est des vérités que nous saisissons immédiatement; d'autres, au contraire, exigent la connaissance préalable de certains principes dont elles sont déduites. Ainsi donc, l'homme puise la connaissance des vérités qu'il ignorait à deux sources différentes, à savoir sa lumière intellectuelle, et les vérités premières connues par elles-mêmes, et qui sont, par rapport à la lumière intellectuelle, ce que sont les instruments par rapport à l'artisan. Mais, avant tout, *Dieu est* par excellence *la cause de la science humaine,* car c'est lui qui a communiqué à l'âme sa lumière intellectuelle, c'est lui qui *a mis dans l'âme la connaissance des premiers principes, qui sont le germe des sciences,* comme il a déposé dans les autres choses de la nature les principes et les germes (rationes seminales) de tous leurs effets. Si l'on considère l'ordre de la nature, tous les hommes sont égaux sous le rapport de la lumière intellectuelle, et aucun homme ne saurait causer la science dans un autre, en ce sens qu'il ne saurait produire ou augmenter en lui la lumière intellectuelle. Mais comme la connaissance de la vérité ignorée est causée par les principes connus naturellement, un homme peut être cause de science par rapport à un autre homme, non pas en lui communiquant la connaissance des premiers principes, mais en faisant connaître en acte, par le moyen de signes sensibles manifestés aux sens externes, les vérités qui étaient renfermées implicitement et comme en puissance dans les premiers principes (*De Magistro,* 3.). » On voit par là combien est universelle, vraie et sublime cette expression dont se sert l'Ecriture en parlant de Dieu : *Qui docet hominem scientiam* (*Ps.* XCIII.); ce qui veut dire que toute science humaine est fondée sur le divin magistère, et que Dieu est le vrai, et, pour parler rigoureusement avec S. Thomas, qu'il est le seul maître de l'homme.

Au sujet de ce critérium de vérité si sublime et si stable, nous ferons deux remarques. La première, c'est qu'il ne faut pas confondre ce divin magistère *naturel* avec la révélation surnaturelle. Cette dernière produit la foi, mais le divin magistère naturel est non-seulement conciliable avec la science, bien plus, la science est impossible sans lui. La seconde remarque est celle-ci : quoique nous indiquions ici ce magistère divin pour montrer combien est solide l'édifice de la philosophie humaine, cependant, à l'égard de l'athée, et dans le cours des démonstrations philosophiques.

nous pouvons faire abstraction complète de ce critérium, puisque tout homme, faisant même abstraction de Dieu, doit admettre *sans aucune démonstration* ces deux choses : 1°) que nous avons la lumière de la raison, qui peut nous faire connaître la vérité; 2°) que le principe de contradiction est d'une vérité absolue. Les deux choses ne peuvent être démontrées *sans pétition de principe*, car, pour les démontrer, il faudrait *supposer* que la lumière de la raison peut conduire à la vérité que l'on veut démontrer, et il faudrait *admettre* comme vrai le principe de contradiction, qui, comme nous l'avons vu, en parlant du syllogisme, est *la forme* de toute démonstration. Par conséquent, les sceptiques qui n'admettent aucune vérité, ceux qui doutent de tout, et qui de leur doute veulent déduire la connaissance certaine et la science, sont des insensés qui ne peuvent être ramenés à la raison par voie de démonstration.

Il est bon que, faisant abstraction de Dieu et de son magistère divin, nous démontrions que le principe de contradiction est *le critérium universel de vérité*. En effet, quelles sont les propriétés du critérium universel de vérité? 1° C'est *la vérité* suivant laquelle nous devons juger de telle sorte que si notre affirmation est vraie, nous affirmions cette vérité, et que si notre affirmation est fausse, elle est la négation de cette vérité. 2° Ce critérium doit être la vérité première, une vérité universelle, indémontrable, évidente, de telle sorte qu'on ne puisse la combattre sans la supposer. Or, telles sont les propriétés du principe de contradiction. En effet, 1) toute proposition est ou *analytique*, ou *synthétique*. Si j'affirme une vérité *analytique*, par exemple : *Le tout est plus grand que la partie*, j'affirme que le tout est le tout, et si je le nie, je nie que le tout soit le tout; et, par conséquent, j'affirme ou je nie le principe de contradiction. De même, si j'affirme une proposition *synthétique*, par exemple : *Pierre est fatigué*, j'affirme que Pierre est fatigué, quand il l'est réellement, et si je le nie, je nie que Pierre soit fatigué, quand pourtant il l'est; et, dès lors, j'affirme ou je nie le principe de contradiction. 2) Le principe de contradiction est la vérité première, et la plus universelle, une vérité indémontrable et très-évidente que l'on ne peut attaquer sans l'admettre ; en effet, il est *la forme* nécessaire pour qu'un raisonnement soit juste (précédente leçon), et, par conséquent, dans notre raisonnement il nous faut supposer la vérité de ce principe. Nous démontrerons sa priorité et son universalité dans *la philosophie première*. Du reste, aucun philosophe n'a contesté ces propriétés au principe de contradiction. Si nous recherchions ces propriétés dans les principes que les philosophes modernes donnent comme *les critériums universels de la vérité*, nous verrions de suite qu'ils ne les possèdent pas. Le défaut général des philosophes modernes est de confondre *l'objet formel de la certitude avec le critérium de la vérité*, comme nous l'avons déjà dit. Ils devraient savoir que tout ce qui se lie nécessairement avec la possession de la vérité, ne constitue pas un *critérium* de vérité, et que ce nom appartient à cela seulement qui exprime la loi de tout jugement vrai

TREIZIÈME LEÇON.

De la méthode de la science.

Définition de la méthode.
La méthode est *l'ordre ou la marche qu'il faut suivre pour arriver à la certitude et à la vérité*. On peut considérer la méthode, selon qu'elle tend *à la certitude et à la vérité d'un sujet particulier*, et selon qu'elle est *appliquée à l'étude de toute la philosophie ou des sciences spéciales qui font partie de la philosophie*.

Différence et rapports entre ces deux mots : certitude et vérité.

D'après les définitions qui ont été données, la certitude et la vérité sont deux choses différentes : *la certitude* est l'assurance, la stabilité de l'intelligence dans le jugement, et *la vérité* c'est la conformité ou adéquation de l'intelligence qui connaît avec la chose connue. Cependant *la certitude* et *la vérité* sont nécessairement unies, mais par différentes nécessités. Ainsi *la certitude métaphysique* que nous donnent *les jugements analytiques* d'une évidence médiate ou immédiate dont se compose la science, est unie avec la vérité par *une nécessité métaphysique* qui exclut le contraire; par conséquent, il est impossible d'avoir *la certitude métaphysique* dans l'erreur. Ainsi, par exemple : je suis certain que *le tout est plus grand que la partie*, et ce jugement est tellement vrai qu'il est impossible que l'attribut ne convienne pas dans tous les cas au sujet.

La certitude physique que l'on a dans *les jugements synthétiques, déterminés par l'expérience*, est liée avec la vérité par une nécessité physique qui n'exclut pas le contraire, mais le contraire ne peut avoir lieu sans une dérogation aux lois qui régissent le monde. Ainsi le fils de Tobie avait la certitude que son compagnon de voyage était un mortel, et il *n'avait aucune crainte du contraire*, et pourtant ce compagnon de voyage était un ange sous l'apparence d'un homme.

La certitude morale que l'on a dans *les jugements généraux fondés sur l'autorité*, c'est-à-dire dans les actes de foi par lesquels on croit à Dieu ou aux hommes, est liée avec la vérité par une nécessité morale. Cette nécessité, quand elle découle de l'autorité divine, est égale à la nécessité métaphysique, puisqu'il est intrinsèquement *impossible* que Dieu puisse manquer de science ou de véracité; mais, quand il s'agit de l'autorité humaine, les motifs de croire peuvent paraître d'une certaine valeur, la volonté peut *déterminer* l'intelligence à l'acte de foi, et, dès lors, entraîner dans l'erreur ou dans la fausseté. Du reste, nous parlerons de cela plus tard.

Division de la méthode.

Il y a d'abord *la méthode scientifique*, que l'on peut suivre dans l'enseignement et dans la composition des livres scientifiques. Cette méthode se subdivise en méthode *analytique* et en méthode *synthétique*.

a) La méthode analytique procède du tout aux parties dont le tout est composé, et c'est précisément pour cela qu'on l'appelle *analytique* ou *résolutive*. Il faut observer avant tout que la notion qui a une compréhension plus grande et une extension moindre, est comme un tout que l'on peut diviser en ses parties, c'est-à-dire en notions de moindre compréhension et de plus grande extension. Par exemple, si je traite d'abord de l'homme, puis de la brute, ensuite de la plante, des êtres inorganiques et enfin de la substance corporelle en général, j'emploie *la méthode analytique*.

b) *La méthode synthétique* procède des parties au tout, c'est-à-dire de ce qui a une *compréhension* plus restreinte et une *extension* plus grande à ce qui a une *compréhension* plus grande et une extension plus restreinte. Par exemple, si je traite d'abord de la substance en général, ensuite des minéraux, puis des plantes, des brutes, et enfin de l'homme, je suis *la méthode synthétique*, ainsi nommée parce qu'elle *unit* et *reconstitue*.

Vu la nature de chacune de ces méthodes, il semble qu'on peut donner le nom de *déduction* à *la méthode analytique*, et celui d'*induction* à *la méthode synthétique*.

De la meilleure méthode pour les sciences.

Ou bien on traite de chacune des sciences en particulier, ou bien on traite de la philosophie tout entière. Dans le premier cas, *la méthode synthétique* est la meilleure, car, en suivant cette méthode, on n'est pas obligé de supposer comme certaines autant de vérités non démontrées que celui qui suit la méthode *analytique*, et l'on n'est pas dans la nécessité de répéter si souvent les mêmes choses. En fait, c'est la méthode adoptée par tous les vrais savants : ainsi, dans la géométrie, on procède de la ligne au cercle et non du cercle à la ligne ; dans l'arithmétique, on part de l'unité pour arriver aux opérations plus compliquées ; de même, dans la physique nous commencerons par la substance corporelle en général pour arriver jusqu'à l'homme ; et c'est d'après cette méthode que devraient être composés les traités de médecine, de droit et de toutes les autres sciences.

Lorsqu'on traite de toute la philosophie, il vaut mieux, pour les motifs indiqués tout à l'heure, suivre *la méthode synthétique*, et c'est celle que nous suivrons. Par conséquent, comme préambule à la philosophie, nous traiterons *de l'art de raisonner ou de philosopher*, car, avant de raisonner, il faut savoir raisonner : nous parlerons donc de ces notions qui ont la plus grande *extension* et la plus petite *compréhension;* et pour cela nous commencerons par *la philosophie première.* Ensuite nous traiterons de ce qui a une plus grande *compréhension* et une extension plus restreinte, depuis la substance corporelle en général jusqu'à l'homme; et nous terminerons par le traité de Dieu qui a la plus grande *compréhension* et n'a aucune *extension*, puisqu'il est essentiellement singulier. On peut suivre dans *l'ordre pratique* la même marche que dans *l'ordre spéculatif.*

Il faut spécialement insister de nos jours sur ce point, afin que chaque science soit exposée d'après l'ordre naturel que nous avons indiqué. Par conséquent, quand on traite des *contingents* dans lesquels on distingue *l'essence* de *l'existence*, la science doit s'occuper *premièrement* de *leur essence* et seulement, *en second lieu*, de *leur existence*. La doctrine de Platon et d'Aristote, enseignant que la science a pour objet les choses nécessaires, est ainsi divinement interprétée par S. Thomas : « La science traite d'une chose de deux manières. 1) Elle en traite d'une manière *première* et *principale;* c'est ce qu'elle fait quand elle étudie les *raisons universelles* des choses sur lesquelles elle s'appuie. 2) Elle traite d'une chose *secondairement*, et comme par une espèce de réflexion; c'est ce qu'elle fait quand elle étudie les choses qui expriment les *raisons universelles*... Celui qui sait (*sciens*) se sert de la raison universelle de la chose, comme d'une chose connue et comme d'un moyen pour connaître. Ainsi, au moyen de *la raison universelle de l'homme,* nous pouvons juger de celui-ci et de celui-là. Les *raisons universelles* des choses sont toutes *immuables,* et, par conséquent, de ce côté, toute science a pour objet *des choses nécessaires;* mais, quant aux choses qui expriment ces raisons, les unes sont *nécessaires* et *immobiles*, et c'est tout ce qui est *immuable*, c'est-à-dire Dieu et ce qui lui appartient; les autres sont *contingentes* et *mobiles*, et c'est tout ce qui est *muable*, et, par conséquent, les sciences peuvent traiter des choses *contingentes* et *mo-*

biles (Boet., *De Trinit., quæst.* V. *art.*, 2.). » Lorsqu'on traite de Dieu, en qui *l'essence* n'est pas distincte de *l'existence*, et qui est *singulier*, la science ne peut étudier premièrement son essence, pas plus qu'elle ne peut étudier son existence par *une certaine réflexion* ou application. Aussi la théologie doit-elle traiter de Dieu *comme existant*.

De la méthode à suivre dans les différentes connaissances scientifiques.

1° Quand on veut trouver la vérité d'une proposition on peut procéder ou par *la méthode analytique ou par la méthode synthétique* suivant les cas. C'est *la méthode synthétique* qui est suivie dans cette démonstration : *Tout ce qui est nuisible à la patrie est méprisable; or, le riche avare est nuisible à la patrie; donc, le riche avare est méprisable.* Ici, des notions de *moindre compréhension* et de *plus grande extension* on est descendu aux notions de plus *grande compréhension*, et de *moindre extension*. En procédant dans le sens opposé, ce serait la méthode analytique.

2° On peut procéder de *la cause à l'effet*, c'est-à-dire de *la raison* à *la chose raisonnée*, de la *cause* à la *chose causée;* c'est *la démonstration a priori*. En procédant à l'inverse, on a *la démonstration a posteriori*. Exemple : *L'homme est raisonnable; donc, il est libre*, c'est là une démonstration *a priori;* mais si nous disons : *l'homme est libre; donc, il est raisonnable*, nous faisons une démonstration *a posteriori*, parce que *la raison* est *le principe* de *la liberté*.

3° Dans toutes les démonstrations il faut observer avec exactitude les règles posées plus haut, et, de cette manière, toute démonstration sera l'expression (huitième leçon) du *principe de contradiction* qui est *le critérium de vérité*.

QUATORZIÈME LEÇON.

De la méthode dans l'expérience et dans la foi.

De la méthode à suivre dans les différentes connaissances expérimentales.

Pour faire un jugement appuyé sur l'expérience,

qui soit certain et vrai, il y a plusieurs choses à observer :

1° Il faut bien distinguer *la faculté* purement *cognoscitive* de *la faculté expérimentale*. Ainsi, par exemple, le fou qui ne peut faire une telle distinction, affirme qu'il a dans le corps ou devant les yeux ce qui n'a d'existence que dans son imagination.

2° Il faut aussi considérer quels sont les objets de chaque *faculté expérimentale*. *Les affections spirituelles* sont l'objet de *la faculté intellective* qui les connaît en tant que présentes (*conscience directe*), et réfléchit sur elles (*conscience réflexe*) en jugeant avec certitude de leur existence. *La faculté sensitive interne* a pour objet *les affections sensibles* qui la modifient, *en la changeant sensiblement*, ce qui n'arrive pas pour une *affection continuée ou très-légère*; cette faculté n'a pas pour objet *le lieu, la cause* ou *la nature* de l'affection. Par exemple, elle a pour *objet* la douleur qui se fait sentir dans notre corps; mais que cette douleur soit spécialement dans le doigt, qu'elle ait été causée par un fer aigu, ou qu'elle soit une inflammation, tout ceci est en dehors de son *objet*. Pour faire de tels jugements le raisonnement est souvent nécessaire. Ainsi, dans les sens externes, il faut discerner *l'objet propre* à chaque sens, *l'objet commun* à plusieurs sens ou à tous les sens, *l'objet* qui l'est seulement par *accident* (*per accidens*, disaient les anciens). Par exemple : la couleur est l'objet *propre* de *la vue*, le son celui de *l'ouïe*, etc. La distance, la grandeur sont un objet commun à plusieurs sens. La substance, la cause, en général, et mille et mille autres choses, *qui se rattachent* à l'objet propre ou commun, sont des objets *per accidens*. Quand une faculté quelconque est dans son état normal ou naturel et qu'elle s'applique à son objet propre de la manière voulue, elle ne peut se tromper : autrement l'erreur retomberait sur l'auteur de la nature, car lorsque ces facultés sont bien disposées et convenablement appliquées à leurs *objets propres*, il n'y a aucune cause d'erreur, et, par conséquent, il n'y a pas erreur. Donc, tout jugement, fondé sur la relation d'une faculté, qui n'agit que dans les limites de son objet *propre*, est certainement vrai, et, l'on ne saurait le dire faux sans dire faux par là-même *le critérium de vérité*, c'est-à-dire le principe de contradiction. Pour ce qui est de l'objet *commun*, il peut certes y avoir cause d'erreur, si l'on s'en rapporte au témoignage *d'un seul* sens, comme, par exemple, si l'on voulait juger de la distance par la vue seule; mais, si l'on prend le témoignage de tous les sens qui exercent une action *commune* sur cet objet, ou il n'y aura pas de cause d'erreur, et par là-même il n'y aura pas d'erreur, ou bien s'il y a une cause d'erreur, la raison pourra la découvrir. Un bâton plongé dans l'eau, se présente à la vue comme brisé, et semble dans une de ses parties à une distance différente de celle où il est réellement; alors, comme il s'agit ici d'un objet *commun*, il ne faut pas se contenter du témoignage de la vue, il faut encore invoquer celui du toucher. L'œil doit présenter l'objet comme brisé, autrement il ne le présenterait pas comme il doit le présenter, mais la raison doit, dans les objets communs à plusieurs sens, invoquer le témoignage de tous ces sens pour avoir la certitude. Dans les objets des sens *per accidens*, l'erreur peut assurément aussi s'introduire, mais on ne doit pas l'attribuer à l'expérience. Ainsi, par exemple, si je vois à quelque distance un homme vêtu à la manière de mon ami et que je m'écrie : *Voici mon ami!* quand au contraire c'est un étranger, est-ce parce que mes sens ne m'ont pas rapporté ce qu'ils devaient rapporter? Certainement non. Aussi dans les sciences expérimentales se glissent, à chaque instant, de nombreuses erreurs, soit parce que l'on prend pour le témoignage des sens ce qui ne l'est pas du tout, soit parce que l'on traite de choses qui ne sont objets des sens que *per accidens*.

Nous signalerons ici un écueil qu'évitent rarement ceux qui cultivent les sciences physiques expérimentales : cet écueil consiste à prendre *pour cause* ce qui ne l'est pas, et à en appeler à l'expérience, c'est-à-dire au témoignage des sens. Or, les sens nous diront seulement que ce que nous appelons cause (*objet per accidens*), n'est autre chose que ce qui a précédé ou accompagné ce que nous nommons *effet*. Les sens disent : *hoc post hoc ; hoc cum hoc ;* mais non : *hoc ex hoc ;* or, entre les deux premières formules et la dernière il y a une immense différence. Ce n'est pas ici le lieu de traiter ce point avec tout le soin voulu, et la chose serait trop longue, mais il ne sera pas inutile de rappeler certains principes du célèbre Herschel conformes à la doctrine d'Aristote (*Historia animal., l.* VI. *De Animal. motione.* I.). Herschel dit donc que nous aurons raison de regarder une chose comme *cause* d'un *fait* dans les cas suivants : 1° quand cette chose précède invariablement ce fait ; — 2° lorsqu'en augmentant ou en diminuant l'action de la chose que l'on croit être *cause*, on augmente ou l'on diminue proportionnellement le phénomène que l'on juge être *l'effet ;* — 3° il faut examiner à l'aide de *la raison* si *le fait* procède de plusieurs *causes*, ou d'une seule *cause :* s'il procède de plusieurs *causes*, il n'y a pas de raison pour dire qu'il est *l'effet* d'une cause plutôt que d'une autre ; mais s'il procède d'une seule cause, il est certainement *l'effet* de cette cause.

Ces règles sont fort bonnes, mais il ne faut pas non plus oublier de chercher par le raisonnement, si ce qu'on veut donner comme *cause*, renferme *l'effet* de quelque manière, car s'il n'en était ainsi, ce qu'on donne comme *cause* ne pourrait assurément l'être ; et si, par hasard, on ne pouvait trouver cette cause, il faudrait simplement avouer que pour nous cette *cause* est encore inconnue, plutôt que de s'exposer au danger de se tromper. Certains matérialistes modernes, oubliant ce grand principe, ont confondu les formules : *hoc post hoc ; hoc cum hoc* avec cette autre : *hoc ex hoc*, comme si elles étaient identiques, et ils ont dit que les choses corporelles n'opéraient qu'en se heurtant réciproquement, en échangeant simplement leur mouvement ; et ils ont donné comme *cause* des phénomènes de la vie la disposition organique des parties, et comme *cause* de la pensée le phosphore du cerveau. Servons-nous donc de l'expérience comme il convient, et nous obtiendrons et *la certitude* et *la vérité*, mais qu'on se rappelle toujours ce que nous avons dit, que *la connaissance expérimentale* peut, il est vrai, servir à la *science*, mais que jamais on ne pourra lui donner le nom de *science* véritable.

Méthode que l'on doit suivre dans les connaissances qui sont fondées sur l'autorité.

La connaissance des vérités et des faits que l'on acquiert par la foi, est de sa nature moins parfaite que celle que l'on a dans *la science* et dans *l'expérience;* cependant elle est d'un immense avantage. La plus grande partie des hommes, soit à cause de la faiblesse de leur intelligence, soit à cause de leurs habitudes et de leurs occupations, ne peuvent acqué que par le moyen de *la foi* la connaissance d'une foule de vérités très-importantes, soit dans *l'ordre spéculatif*, soit dans *l'ordre pratique;* et dans presque toutes les questions de fait nous avons recours à l'autorité des autres et nous croyons. Par *la foi* nous connaissons l'histoire des siècles qui se sont écoulés avant nous, et les lieux les plus reculés de l'univers, tandis que *l'expérience* n'embrasse que le cercle étroit de temps et de lieu dans lequel nous vivons.

Afin que l'acte de foi soit un acte prudent et que nous ne craignions pas de nous tromper quand la volonté détermine notre intelligence à l'acte de foi, il convient que nous n'ayons aucun doute sur *le témoignage, sur la science, et la véracité* de l'auteur du témoignage. C'est un principe fondamental, soit qu'il s'agisse de *vérités spéculatives ou pratiques*, soit qu'il s'agisse de *faits*. Lorsque le témoignage que nous recevons soit *immédiatement,* soit *médiatement*, comme dans les traditions, est accompagné de *la science* et de *la véracité* de celui qui en est l'auteur, il ne peut y avoir une cause d'erreur. Ceci est évident; car l'erreur ne peut venir que de l'une de ces trois causes : 1° si ce que nous entendons ou ce que nous lisons n'est pas le vrai témoignage, mais un témoignage corrompu, altéré, mutilé ou falsifié; — 2° si l'auteur du témoignage manque de science et, par conséquent, ne connaît pas la vérité ou le fait; — 3° s'il manque de véracité, et, par conséquent, fait un mensonge.

Relativement à *l'autorité divine*, il suffit de savoir si Dieu a réellement dit ce qu'on prétend qu'il a dit.

Quand, pour des motifs sérieux (*motifs de crédibilité*), il n'y a pas de doute sur ce point, cela est suffisant, puisqu'il répugne intrinsèquement que Dieu manque de science et de véracité; et alors l'erreur est impossible. Et ceci est vrai, soit que le témoignage divin ait pour objet des *faits*, soit qu'il ait pour objet *les vérités spéculatives ou pratiques*, dans les limites de la nature comme en dehors de l'ordre naturel. C'est donc à tort que l'on voudrait rejeter l'irréfragable autorité du témoignage divin par rapport à certains faits naturels ou à certaines vérités naturelles, en disant que Dieu ne fait pas de révélation pour nous enseigner la physique ou la philosophie. Lorsqu'on est sûr que Dieu a réellement parlé, l'homme doit reconnaître avec respect sa parole comme la pure vérité, parce que en Dieu l'erreur et le mensonge sont deux choses impossibles.

Quant à *l'autorité humaine*, il ne suffit pas de savoir qu'un témoignage a été fait, et de connaître la personne ou les personnes qui sont les auteurs de ce témoignage; il faut encore que la science et la véracité des témoins soient hors de doute. Par conséquent, lorsqu'il s'agit de l'autorité humaine *doctrinale*, dans les vérités difficiles à comprendre, il est rare que cette autorité nous donne pleine *certitude*. Cependant il faut bien se rappeler ce proverbe : *Peritis in arte credendum*. Il faut aussi tenir compte de l'étendue de la science de ceux qui affirment une vérité. En effet, un mécanicien distingué ne saurait avoir comme tel une grande autorité en médecine; celui qui n'a étudié que la physique expérimentale ou l'histoire ne saurait décider les questions qui concernent la physique philosophique; de même le chimiste n'a pas d'autorité quand il parle de métaphysique, et ainsi de suite.

Avant tout, il faut bien retenir les principes suivants :

a) L'autorité d'un seul homme en *matière doctrinale* ne peut, *par elle-même*, produire *la certitude*. Nous disons *par elle-même*, car cette même autorité peut créer la certitude en vertu des raisons sur lesquelles elle s'appuie, et des adhésions nombreuses qu'elle a reçues de la part des savants. Il va sans dire que nous exceptons ici l'autorité du Souverain Pontife, car, suivant la doctrine catholique, lorsqu'il enseigne *le dogme* et *la morale* comme docteur universel de toute l'Eglise, il est éclairé de la lumière divine qui lui montre la vérité. Aussi, *dans ce cas*, l'autorité du pape est en dehors des limites de *l'autorité humaine*.

b) L'autorité de plusieurs savants en *matière doctrinale pure* peut très-bien produire la certitude. Nous disons en matière doctrinale *pure*, comme serait une proposition *mathématique*, une décision de *morale*, un principe de *pure métaphysique*. La communauté d'opinion entre plusieurs savants sur un même sujet ne saurait être l'effet du hasard, mais elle vient de ce que la même vérité a brillé également devant leur intelligence. On ne saurait donc trop blâmer la conduite de ceux qui méprisent l'autorité des docteurs scolastiques dans les matières que nous venons d'indiquer et qui, *dans la vue bornée de leur intelligence* (1), préfèrent leur propre jugement au jugement commun de ces docteurs.

Par rapport à *l'autorité humaine*, dans *les faits*, nous ferons les remarques suivantes :

a) Prise en général, l'autorité humaine par rapport aux faits, doit être regardée comme une règle sûre à laquelle nous pouvons nous conformer. En effet, comme nous devons presque toujours nous en rapporter à l'autorité des autres, il convient que la divine providence dispose les choses de telle façon que nous ne soyons pas continuellement entraînés dans l'erreur. S. Augustin dit : *Totam hominum vitam naturaliter in fide fundari* (*De Utilitate credendi*, c. XII.), et pour cela il ajoute : *Etsi auctoritate decepi miserum sit, longe tamen esse miserius ab eadem non commoveri* (*Loc. cit.* XVI.). En second lieu, l'expérience n'est-elle pas là pour nous prouver qu'en suivant l'autorité dans les faits, très-souvent nous avons choisi une voie sûre? Du reste, quand il s'agit de faits que l'homme peut arriver à connaître par l'usage ordinaire de ses sens, on ne peut douter de leur témoignage sans révoquer en

---

Con la veduta corta di una spanna.

doute leur *véracité*. Or, le mensonge est une *exception* dans l'homme : l'homme ne ment que lorsqu'il espère tirer profit de son mensonge, et, généralement, il est facile de découvrir si, dans un cas particulier, il y avait un avantage à espérer. Il suit de là que, en général, il est prudent de se fier à l'autorité des autres hommes.

b) Lorsqu'elle a pour objet des *faits contemporains, l'autorité* humaine peut parfois créer une *véritable certitude*. En effet, quand la réalité d'un témoignage est hors de doute, et qu'il est évident que les auteurs de ce témoignage ont *la science,* c'est-à-dire *la connaissance des faits,* et qu'ils sont véridiques, il est clair qu'il n'y a pas de *cause* de fourberie ni d'erreur; et, par conséquent, ces *effets* ne sauraient exister. Or, *la science* des témoins ressort de ce qu'ils ont des sens capables de percevoir *le fait,* et qu'il est impossible qu'un grand nombre d'hommes tombent à la fois dans la même illusion. De plus, on pourra souvent connaître leur véracité dans *le fait* qu'ils rapportent, s'il est impossible qu'ils aient *conspiré ensemble* pour le même mensonge, et si ce mensonge ne leur devait être d'aucune utilité. A plus forte raison, il en sera ainsi si les témoins sont des hommes graves, probes et nombreux, et s'ils diffèrent d'opinions, de tendances ou de condition, tellement que le mensonge qui conviendrait à l'un, ne convienne pas à l'autre.

Il résulte de là que dans beaucoup de cas *l'autorité humaine* peut produire la certitude, car, quoique les témoins puissent (abstractivement parlant) se tromper ou mentir, cette erreur ou ce mensonge seront *certainement* manifestes.

c) L'autorité humaine peut souvent créer *la certitude* par rapport aux faits du temps passé. Nous aurons toujours cette certitude quand nous serons assurés qu'il ne peut y avoir une cause d'erreur, car, la cause disparaissant, *l'effet* ne saurait exister. Ainsi, quand il s'agit d'un *fait célèbre,* et que ce fait est, sinon dans les détails de moindre importance, du moins dans sa *partie substantielle,* rapporté par une succession de témoignages uniformes et respectables, nous pourrons, sans crainte de nous tromper, suivre *la tra-*

dition, surtout si ces témoignages sont corroborés par des inscriptions lapidaires, des monuments, etc. Bien plus, l'importance du fait peut être telle qu'il est permis de faire le raisonnement suivant : *La génération actuelle admet ce fait; donc, ce fait a eu lieu;* en effet, si la génération croit ce fait, c'est qu'elle a puisé sa croyance, non pas dans *le doute* de la génération antérieure, mais dans la croyance intime de celle-ci à la vérité du *fait;* nous pouvons faire le même raisonnement pour les autres générations (et ces générations ne commencent ni ne cessent d'un seul trait, mais elles s'entremêlent), et ainsi nous arriverons à l'époque du fait même, et aux témoins *oculaires,* ainsi appelés parce qu'ils furent présents quand ce fait est arrivé. Si l'on désirait voir un exemple de cet argument, on pourrait lire la première des trois *conférences* que nous avons faites à Rome contre les protestants sur la venue de S. Pierre à Rome.

Si l'on tenait compte de ces règles, tous ces écrivains et ces historiens de mauvaise foi qui mentent, on sait trop bien pourquoi, n'abuseraient pas si facilement de la confiance de leurs lecteurs, et l'on ne se laisserait pas tromper par leurs écrits. Surtout, il ne faut pas se laisser séduire par l'éloquence des orateurs ou par la grâce du style, ni confondre, comme on le fait si souvent, l'élégance et l'éloquence avec la vérité. Dans la recherche de la vérité par la science, par l'expérience, et, surtout, par l'autorité, il faut, avant toute autre chose, mettre la volonté à l'abri de toutes les passions, de peur que, sous leur influence, elle ne détermine l'intelligence à admettre ce que celle-ci n'eût autrement jamais admis. Car, bien que l'erreur, qui est la négation de la vérité, se trouve là où est la vérité elle-même, c'est-à-dire dans *l'intelligence,* il n'en est pas moins vrai que la cause principale de l'erreur, c'est la *volonté.* Aussi un grand docteur a-t-il dit avec raison (Suarez, *Metaph., disp.* IX.) : « L'intelligence peut être entraînée à la vérité par nécessité, mais jamais à l'erreur, dans le sens rigoureux et absolu du mot. En effet, si on la considère dans son *exercice,* c'est-à-dire quand elle se met en acte, l'intelligence ne peut être déterminée à un jugement faux que par *l'impulsion libre de la volonté*, puisque, en dehors de la nécessité, l'intelligence, n'étant pas libre, ne peut être déterminée que par la volonté à porter un jugement. La raison de cette différence, c'est que l'intelligence ne peut être nécessitée à faire un jugement que par *l'évidence* de la chose connue, comme l'indiquent l'éxpérience et la raison, puisque sans l'évidence, l'objet n'est point assez parfaitement présent à la faculté, pour qu'il puisse l'attirer nécessairement à lui et la déterminer. Mais *l'évidence* ne peut être *la cause* d'un jugement faux, puisqu'elle est fondée sur la chose elle-même connue telle qu'elle est en réalité, ou qu'elle se déduit de certains principes manifestes et connus par eux-mêmes. Il suit de là que la vérité est beaucoup plus immuable que l'erreur; le jugement faux est, en effet, essentiellement variable, ou plutôt l'intelligence, chaque fois qu'elle énonce un jugement faux, est exposée à changer d'opinion et à énoncer le jugement vrai opposé. Mais le jugement vrai, s'il est parfait, est, pour ainsi dire, immuable, même dans les créatures, car, bien qu'il puisse subir une variation en cessant d'exister, cependant, pris en lui-même, il ne peut être changé en jugement faux à cause de *l'évidence*. C'est de ce jugement que nous parlons ici, car si le jugement est libre, qu'il soit aussi vrai qu'on peut se l'imaginer, l'intelligence peut néanmoins varier et proférer un jugement faux opposé sous l'influence de la volonté. » Puisque la volonté est la cause principale de nos erreurs, c'est donc avec beaucoup de raison que Dante nous donnait ce grave conseil (*Par.*, XIII.) : « Qu'il y ait toujours comme un plomb à tes pieds pour te faire marcher lentement, ainsi qu'un homme fatigué, vers le oui et le non que tu ne vois pas; car il est bien insensé, celui qui affirme ou qui nie indistinctement dans l'un et l'autre cas : C'est pour cela que souvent l'opinion courante fait fausse route et que la passion entraîne l'intelligence. C'est plus qu'en vain que l'on quitte le rivage, car il ne revient pas tel qu'il est parti celui qui s'élance à la recherche de la vérité sans en connaître l'art. Nous en avons d'éclatants exemples en Parménide, Mélissus, Brissus et tant d'autres qui allaient en avant, mais sans savoir où ils allaient (1). »

C'est par ces réflexions que nous terminons la *logique*. Nous avons, à dessein, laissé de côté plusieurs questions épineuses qui sont traitées par les philosophes modernes, mais qui rendent l'étude de la philosophie trop ennuyeuse aux commençants. Nous le répétons, nous n'avons voulu leur servir que le lait de la philosophie. Nous traiterons les questions ardues en temps et lieu, lorsque l'esprit de l'élève sera capable de les comprendre sans grande difficulté et qu'il en pourra tirer profit.

(1) E questo ti sia sempre piombo ai piedi
Per farti muover lento com' uom lasso,
E al sì e al no che tu non vedi :

Chè quegli è fra gli stolti bene abbasso,
Che senza distinzion afferma o niega,
Così nell' un come nell' altro passo ;

Perch' egli incontra che più volte piega
L'opinion corrente in falsa parte,
E poi l' affetto lo intelletto lega.

Vie più che indarno da riva si parte,
Perchè non torna tal quale ci si muove,
Chi pesca per lo vero, e non ha l' arte.

E di ciò sono al mondo aperte prove
Parmenide, Melisso e Brisso e molti,
Li quali andavan e non sapean dove.

PHILOSOPHIE PREMIÈRE

Première partie de la métaphysique.

QUINZIÈME LEÇON.

Nous avons résolu (deuxième leçon) de suivre la division des sciences qui répond aux différentes espèces d'abstractions. En effet, comme nous le verrons, en traitant de l'homme, toute connaissance humaine naît *de la connaissance des choses corporelles;* si donc nous voulons avoir une vraie science, nous devons faire abstraction de la matérialité des choses et de leur individualité. L'abstraction, par excellence, est celle qui ne considère nullement la matière, mais qui indique tout ce qui, en dehors de la matière, peut se retrouver dans l'être matériel comme dans l'être immatériel, ou dans l'être immatériel seulement; de là, comme nous l'avons dit, deux parties dans la métaphysique : l'une, qui est la philosophie première, et l'autre qui traite des intelligences séparées et de Dieu. Quoique la métaphysique soit la plus parfaite et la plus élevée des sciences, il convient pourtant de ne pas la laisser toute entière pour la fin de la philosophie; tout en réservant pour cette place la partie la plus noble, il est bon d'exposer avant tout la philosophie première. Comme cette dernière partie traite des objets qui ont la plus grande universalité et dont la connaissance est requise pour l'étude des autres parties de la philosophie, la raison demande qu'elle les précède. Du reste, nous avons adopté cette méthode synthétique parce qu'elle nous semble aussi plus avantageuse pour l'enseignement. Aussi S. Thomas disait-il : *Omnibus scientiis præmittitur philosophia prima, in qua determinatur de his, quæ sunt communia enti in quantum est ens* (*Phys.*, *lect.* I.).

L'importance de la philosophie première vient précisément de ce qu'elle traite des notions les plus universelles, et qu'elle déduit de là les principes les plus généraux et les axiomes. Et, comme cette partie de la philosophie contient, pour ainsi dire, en germe, toutes les autres sciences, Aristote dit avec beaucoup de sagesse qu'une petite erreur admise dans le principe, c'est-à-dire dans la philosophie première, devient très-grande avec le développement de la science; et si, de nos jours, nous voyons tant de traités scientifiques remplis d'erreurs, c'est que cette partie de la philosophie est trop négligée, et que les jugements et les définitions générales des choses sont faits à la légère. Aussi tout homme judicieux sent l'importance de cette étude, et le zèle avec lequel il doit s'y livrer. Mais les choses qui sont ici exposées ne doivent pas être étudiées légèrement, et ne faire que passer dans l'esprit, et chacun doit s'appliquer cette parole de Dante (*Par.* V) : « Ouvre ton esprit à ce que je te révèle, et garde-le bien au-dedans de toi; car ce n'est pas de la science que d'avoir entendu et de n'avoir pas retenu (1). »

DES UNIVERSAUX.

Définition et division des universaux.

L'universel est quelque chose *d'un relativement à plusieurs autres, ou dans plusieurs autres*. D'après la première partie de la définition on divise l'universel : 1° par rapport à *la causalité,* de sorte que tous les êtres qui sont cause, relativement à d'autres, peuvent être appelés *universaux,* depuis Dieu jusqu'à la plus infime créature qui communique son activité à d'autres êtres; — 2° par rapport à *la représentation,* de sorte que l'idée est *universelle,* quand elle peut servir d'archétype relativement à plusieurs types; par exemple : l'idée d'une horloge dans l'esprit d'un ouvrier peut servir de modèle pour un nombre indéfini d'horloges; — 3° par rapport à *la signification,* c'est ainsi qu'un

---

(1) Apri la mente a quel ch' io ti paleso,
  E fermalvi entro, chè non fa scienza,
  Senza lo ritenere, avere inteso.

mot peut servir à exprimer beaucoup de choses ; par exemple : le mot *cité* sert pour désigner toutes les cités.

D'après la seconde partie de la définition on peut distinguer : 1° l'universel *réel physique*, ce serait une chose qui serait multiple ou qui se trouvarait dans plusieurs choses ; — 2° l'universel réel *objectif*, c'est une chose qui est en plusieurs êtres, non pas comme elle est en soi, mais en tant que notre esprit la conçoit ainsi.

Ceci posé, nous allons tirer les conclusions suivantes.

Conclusion Ire : — *On doit admettre les universaux de causalité, de représentation et de signification.*

Cette conclusion est évidente, puisque si ces universaux n'existaient pas, il n'y aurait ni causes, ni idées, ni mots ; en effet, les causes, les idées et les mots se rapportent à plusieurs choses, comme nous l'avons indiqué tout à l'heure.

Conclusion IIe : — On doit *admettre* l'universel qui est *une chose* une *dans plusieurs choses*.

On doit admettre ce qui est signifié par le langage commun ; or, l'universel qui est l'un dans plusieurs, est signifié par le langage commun ; donc, on doit admettre l'universel qui est l'un dans plusieurs. La vérité de la majeure ne peut être mise en doute. Si, en effet, nous ne devions pas admettre ce qui est exprimé par nos paroles, la société humaine deviendrait impossible, et la parole elle-même serait une contradiction. La parole est réellement de sa nature un signe ; or, le signe exprime la chose signifiée ; donc, si l'on ne devait pas admettre ce qui est signifié par la parole, la parole cesserait d'être parole. Quant à la mineure, elle est non moins certaine. En effet, que signifie la parole commune *homme*, quand je dis : *Pierre est un homme ?* Signifierait-elle, par hasard, l'idée ? Mais, dans ce cas, la proposition voudrait dire que Pierre est l'idée d'homme, ce qui est absurde. Signifie-t-elle un seul individu ? Pas davantage, car le mot *homme* signifie dans cette proposition tout ce qu'il signifie dans cette autre : *Alexandre est un homme;* si donc il signifiait *individu*, il en résulterait que Pierre serait Alexandre, bien plus que tous les hommes n'en formeraient qu'un seul, puisque le mot *homme* peut s'appliquer à tous. Mais ne serait-ce point un mot vide de sens, comme le prétendent les *nominalistes?* Non, car tous les hommes lui donnent une signification réelle; et s'il était vide de sens, toute relation deviendrait, comme nous l'avons dit, impossible entre les hommes. Donc, il est nécessaire de dire que le mot *homme* signifie ce qui est en beaucoup de choses, c'est-à-dire dans tous les hommes, et, par conséquent, la chose signifiée est *universelle: unum in multis*. Donc, la conclusion est évidente.

Conclusion III*e*. — *L'universel réel physique est absurde.*

1° Si par l'universel réel physique on entend l'essence des choses, qui existe immatériellement dans l'idée archétype, ce n'est pas un universel dans l'être, mais un universel dans la représentation, dont nous avons montré la nécessité dans la conclusion I*re*. Cette doctrine peut être erronée si l'on dit que les idées archétypes des choses sont, non pas dans l'intelligence divine, mais en dehors de cette intelligence, subsistant en elles-mêmes, et séparées entre elles. Mais ce n'est pas le lieu de combattre cette erreur.

2° Si par l'universel réel physique on entend l'essence existante, en ce sens que l'essence physique existante de Pierre est l'essence physique existante de Paul, puisque j'attribue l'essence humaine à Pierre et à Paul en disant de chacun d'eux qu'il est un *homme;* dans ce cas, *a*) cet universel sera tout à la fois universel, et non universel : or, ceci est absurde; donc, cet universel ne peut exister. En effet, il sera universel par supposition, et il ne le sera pas en fait, car, en Pierre, l'essence physique, se composant de *l'âme et du corps unis ensemble dans une nature complète*, est tout à fait singulière; par conséquent, les puissances qui découlent de l'essence sont singulières, comme *les* actes qui découlent des puissances sont singuliers et personnels à Pierre; aussi, lorsque, par la mort, l'essence physique de Pierre cesse d'exister, à l'exception toutefois de l'âme qui est immortelle, l'essence physique des autres individus ne cesse pas pour cela. De plus, *b)* cette doctrine conduirait au panthéisme, et, par conséquent, à l'athéisme, puisque, en réalité, le panthéisme et l'athéisme sont identiques. En effet, si l'on admet qu'il n'y a dans l'univers qu'une substance *unique*, on tombe dans le panthéisme; car l'universel ainsi entendu suppose cette substance *unique* dans l'univers; donc, ce même universel entraîne avec lui le panthéisme. On ne saurait douter de la majeure, car s'il y a une substance unique dans l'univers, la substance de l'être inorganique est identique à celle de l'être vivant, à celle de Dieu lui-même. La mineure est non moins hors de doute, car je dis avec raison : *Cette pierre est une subtance; cette brute est une substance; cet homme est une substance; Dieu est une substance.* Donc, si le mot *substance* signifie une substance identique en tous les êtres dans l'ordre physique, il s'ensuit clairement qu'il n'y a dans le monde qu'une même substance. L'absurdité du panthéisme est manifeste pour beaucoup de raisons, comme nous le verrons en temps opportun. De même que nous donnons le nom d'être à l'accident comme à la substance, et que nous disons : *Pierre est un être; la douleur de Pierre est un être*, le panthéiste prétend que la substance et l'accident ont une même *entité :* or, ceci est absurde; donc, nous pouvons dire avec une certitude absolue que l'universel réel physique, ainsi entendu, est absurde.

Conclusion IVe. — *L'universel réel objectif doit être admis.*

Pour comprendre le sens de cette conclusion, il faut observer que les choses ont une double existence. l'existence *physique* réelle en elle-même, et c'est ainsi que Pierre existe en lui-même, et l'existence *objective* dans l'intelligence, comme *Pierre* existe dans mon esprit quand *je pense* à lui. Lorsque, par exemple, je dis : *Pierre est un homme,* mon esprit, en reliant Pierre avec homme dans une existence *objective*, affirme, et ne crée pas leur liaison dans *l'existence physique*. Remarquons après cela : 1° que *le terme homme dans l'existence objective,* c'est *le verbe mental incomplexe* exprimant *l'animal raisonnable,* abstraction faite de tout ce qui tient de l'individu. Avec ce *même* verbe, ou *par le moyen de ce verbe,* je conçois également *Pierre et Paul* existant physiquement en eux-mêmes, je conçois même tous ceux qui n'existent pas maintenant, mais qui ont existé ou qui peuvent exister. Donc, avec Pierre et Paul, et avec tout homme existant objectivement dans mon intelligence, je peux et je dois joindre le même *homme* existant objectivement aussi dans mon intelligence. C'est pour cela que *homme* ainsi entendu est *l'un en plusieurs,* c'est l'universel que nous devons admettre. — 2° En outre on pourrait dire qu'en vertu de la conclusion II° on doit admettre l'universel dans l'être ; or, d'après la conclusion III° on ne peut l'admettre dans l'être physique ; donc, on doit l'admettre dans l'être objectif.

Ces notions sur les universaux en général suffisent pour commencer la philosophie première dont le propre est d'étudier les universaux en particulier, et d'en former les axiomes, qui sont les régulateurs de toute science.

SEIZIÈME LEÇON.

De l'être et de ses principales divisions.

Observations sur le traité des universaux en particulier.

Dans ce traité on doit déterminer avec clarté quels sont, *de fait, les objets* universels de l'intelligence humaine que l'homme a connus, sans le secours de l'étude, mais naturellement et comme par un divin magistère (douzième leçon), par la simple contemplation de lui-même ou des choses qui l'entourent. Il n'est donc pas un homme qui les ignore ; ils sont la base première de toute science, et c'est sur eux que s'appuient les *axiomes* les plus évidents. Mais, comment pourra-t-on connaître que ces *objets* universels sont présents à l'esprit de tous les hommes ? Nous ne pouvons pas entrer directement dans l'esprit des autres, mais nous le pouvons indirectement, en observant les mots qui sont employés par tous les hommes et la signification qui leur est donnée, quand ils expriment les objets de leur connaissance. On peut donc dire avec raison que le langage est la clef de la philosophie, et bien pauvre est le philosophe qui n'a pas soin de l'examiner sérieusement, pour s'en servir dans les spéculations philosophiques. Qu'on retienne bien ceci si l'on veut sentir toute la force des preuves que nous donnerons dans la suite. Sachons aussi que la chose connue étant comme telle dans celui qui la connaît, et s'unissant avec lui, selon l'ancien proverbe des philosophes, on doit regarder comme synonymes les expressions suivantes : *chose prise objectivement ou dans l'état objectif; objet de l'intelligence; verbe intellectuel de la chose dans lequel elle existe objectivement; concept* pris non subjectivement, c'est-à-dire comme une modification de l'intelligence, mais *objectivement,* en tant qu'il est l'expression mentale immatérielle de la chose connue.

Du premier et du plus universel concept objectif de l'intelligence humaine.

Le premier et le plus universel concept objectif de l'intelligence humaine, c'est celui de *l'être*. Si nous observons l'application que les hommes font du mot *être*, nous devons dire : 1° qu'il n'est pas appliqué à ce qui n'est pas, c'est-à-dire au *néant* ou *non-être;* 2° qu'il est appliqué à tout ce qui est de quelque manière que ce soit, c'est-à-dire à tout ce qui a l'être. Donc : 1° le concept objectif, c'est-à-dire l'objet mental signifié par le mot *être*, ce n'est pas seulement le possible, mais encore l'existant ; — 2° ce n'est pas seulement l'être nécessaire et très-parfait, puisque ce mot peut désigner les choses même les plus imparfaites ; — 3° ce n'est pas une essence générique ou spécifique, puisqu'il s'étend à toutes les espèces et à tous les genres ; — aussi, 4° il est transcendental, c'est-à-dire qu'il est au-dessus de tous les genres et de toutes les espèces. Ceci posé nous établirons les conclusions suivantes.

*Conclusion I*re — *Le concept de l'être est le dernier dans l'ordre analytique de l'abstraction.*

En effet, de même que dans l'analyse des corps on appelle derniers les éléments qui ne peuvent plus être divisés, de même dans l'ordre intellectuel on appelle concept dernier celui auquel on ne peut plus appliquer l'analyse. Or, tel est le concept de l'être qui, ayant la plus grande extension, possède, comme nous l'avons dit, la plus petite compréhension, et, par conséquent, ne peut dans l'abstraction être sujet à l'analyse. Par exemple, je considère *l'homme* et je lui applique l'analyse ; je fais abstraction de la raison, et je n'ai plus que l'animal ; je fais abstraction de l'animal et je n'ai plus qu'un être vivant ; je fais abstraction de la vue, et j'ai la substance ; si je fais abstraction de la substance, il me reste l'être ; mais je ne puis pousser mes abstractions au delà. Donc, la conclusion est vraie.

Conclusion IIe. — *Dans l'ordre synthétique le concept de l'être est le premier concept de notre esprit.*

La vérité de cette conclusion est une conséquence de la vérité de la précédente. En effet, comme nous l'avons dit dans la logique, l'ordre synthétique consiste à partir de ce qui a la plus grande extension et la plus petite compréhension, pour arriver à ce qui a la moindre extension et la plus grande compréhension. Donc, il est clair qu'il faut commencer par *l'être*, puisque c'est ce qui a la plus grande extension et la plus petite compréhension ; et, par conséquent, le concept de l'être est le premier dans l'ordre synthétique.

Conclusion IIIe. — *La connaissance de l'être est le premier acte de l'intelligence dans la connaissance de toute chose.*

En effet, chaque chose est une *détermination de l'être*, et, par conséquent, est un être ; soumise à l'analyse intellectuelle, elle nous présente le concept objectif de l'être. Donc : *a*) l'intelligence connaissant une chose par un acte direct, connaît implicitement l'être ; *b*) de plus, elle distingue par un acte réflexe les différents universaux qui se trouvent dans la chose elle-même prise objectivement, et dès lors elle retrouve l'universel *être*. Bien plus, l'être, ayant une compréhension moindre que les autres universaux, est le plus facile de tous à percevoir. C'est pour cela que le premier nom donné par les enfants aux objets qui se présentent à eux, est celui de chose, comme synonyme d'être. Aussi S. Thomas dit-il très-justement : *Ce qui est perçu le premier, c'est l'être, dont le concept est renfermé dans chaque chose saisie par l'intelligence.* Illud quod primo cadit in apprehensione est ens, cujus intellectus includitur in omnibus, quæcumque quis apprehendit (*Summ. theol.*, I, II, 91, 2.).

Conclusion IVe. — *Le premier principe est le principe de contradiction, à savoir que l'être ne peut pas être, et ne pas être en même temps sous le même rapport.*

En effet, le premier principe est celui : 1° qui repose immédiatement sur le premier concept; 2° qui a la plus grande extension; 3° qui est tel que l'intelligence l'affirme implicitement, dans chaque jugement qu'elle énonce; 4° dont la négation enlève toute force à tous les autres principes. Or, tel est le principe de contradiction; donc, il est le premier. La majeure étant évidente, c'est la mineure qu'il faut prouver. Notons d'abord que nous ne prétendons pas démontrer le principe de contradiction, car il serait insensé de vouloir démontrer ce premier principe qui doit se supposer dans toute démonstration; nous voulons seulement déterminer sa propriété de *premier* principe. Pour cela il suffit de montrer qu'il possède les quatre conditions auxquelles fait allusion la mineure et qui sont énumérées dans la majeure; or, 1° le principe de contradiction repose sur le premier concept, puisqu'il repose sur le concept de l'être; 2° il a la plus grande extension, puisqu'il s'étend à tout ce qui renferme la raison d'être (1); 3° nous avons déjà démontré (douzième leçon) qu'étant un critérium de vérité il est la règle de tous les jugements, et est affirmé dans l'énonciation de ces jugements; 4° la négation de ce principe entraîne la négation de tous les autres jugements, comme il est démontré dans le lieu cité plus haut. Comme toutes les choses spéciales sont autant de déterminations de l'être, celui qui affirme que *l'être ne peut pas être,* affirme implicitement que toute détermination d'être peut ne pas être; et, par conséquent, il pourra

---

(1) Ce mot *raison* est très-fréquemment employé par S. Thomas et d'autres grands philosophes. En voici l'explication : « Ratio, prout hic sumitur, nihil aliud est quam id quod apprehendit intellectus de significatione alicujus nominis : et hoc in his, quæ habent definitionem, est ipsa rei definitio (S. Th., I., *dist.* II, 1., 3.). »

nier toutes les propositions les plus manifestes, soit analytiques, soit synthétiques.

Mais, heureusement, quoique ce principe de contradiction puisse être nié de bouche, et certes il l'a été de nos jours, jamais au moins il ne pourra l'être d'esprit (leçon citée), puisqu'il est tel qu'on l'affirme même en le niant. C'est là ce qu'on appelle la démonstration *par l'absurde*. Car la négation d'un tel principe étant *le comble* de l'absurde, lorsque quelqu'un nie une conclusion, on peut le réduire ou à admettre cette conclusion, ou à nier le principe de contradiction lui-même, comme nous l'avons démontré dans la logique (treizième leçon).

Définition de l'essence.

L'essence est *ce par quoi l'être est ce qu'il est*. Pour éclaircir par des exemples cette définition on peut considérer l'être et l'essence des différentes espèces et des différents genres de choses. Ainsi, quelle est l'essence du savant, en tant que savant? C'est la science, car c'est par la science que le savant est savant; de même, l'essence du blanc c'est la blancheur, l'essence de l'homme c'est l'humanité. On peut donc dire en général que l'essence c'est ce par quoi l'être est ce qu'il est. C'est ce qu'on appelle la forme *métaphysique*, que nous avions en vue en parlant du terme concret et du terme abstrait.

Divisions principales de l'être.

1° On distingue l'être objectif et l'être physique. L'être objectif c'est *l'être physique en tant qu'il est connu et qu'ainsi il se trouve dans le verbe mental.* C'est dans ce sens que l'on dit que tout a existé *objectivement* de toute éternité dans le verbe de l'intelligence divine. L'être physique c'est *l'être considéré dans sa propre existence en dehors de l'intelligence.*

2° Il y a l'être nécessaire et l'être contingent : l'être nécessaire est *celui qui ne peut pas ne pas être;* l'être contingent *c'est ce qui peut être, mais n'est pas,* ou bien *c'est ce qui est, mais pourrait ne pas être.* Ainsi Dieu est un être nécessaire, le monde est un être contingent.

3° On distingue encore l'être possible et l'être existant. L'être possible est *celui qui n'est pas, mais qu pourrait exister;* l'être existant est *celui qui est dans sa propre existence.* D'où il suit que le premier n'a qu'une existence objective, tandis que le second existe physiquement. Notons ici qu'il peut y avoir une double répugnance ou impossibilité à ce qu'un être existe : *a)* une répugnance *intrinsèque,* c'est ce qui a lieu lorsque la définition de l'être que l'on dit possible, se compose de mots contradictoires. Lorsqu'il en est ainsi, l'être est intrinsèquement impossible. Ainsi un globe d'or de la grosseur de la lune est possible; mais un homme sans une âme raisonnable est impossible. *b)* Il y a répugnance *extrinsèque,* lorsqu'il n'y a pas une cause propre à produire ce qui est intrinsèquement possible. L'être existant, c'est, en effet, *celui qui est dans son propre être physique;* or, si nous considérons la force du mot *ex-sistere,* nous voyons que l'être physique c'est celui qui *a passé* de l'état de possibilité à celui d'actualité, et, d'après cette signification, le contingent seul peut s'appeler *l'existant.* Aussi les plus grands philosophes de l'antiquité, qui ont traité de Dieu, n'ont pas démontré qu'il *existe,* mais qu'il *est.* On sait par là que l'existence est comme l'actuation de la chose en dehors de sa cause, ou comme le dit S. Thomas, *c'est l'acte de l'essence, actus essentiæ.*

4° Enfin, on distingue l'être absolu et l'être relatif. L'être relatif est *celui qui dépend essentiellement des autres,* l'être absolu est *celui qui est essentiellement indépendant.*

DIX-SEPTIÈME LEÇON.

Des attributs transcendentaux de l'être.

Définition des attributs transcendentaux de l'être.
Les attributs transcendentaux de l'être sont ceux qui s'appliquent à l'être non en tant qu'il est déterminé de telle ou telle manière, mais en tant qu'il est être, et, par conséquent, ce sont des attributs qui conviennent à tout être. Ils sont au nombre de trois : *l'un, le vrai, le bon,* et ils nous donnent les trois abstractions, *unité, vérité, bonté :*

De l'être en tant qu'un.

L'un, c'est l'être par rapport à tout autre être dont il est séparé. Aussi a-t-on coutume de dire *un, ce qui en soi est actuellement indivis, et est séparé de tout autre être.*

De l'être, en tant qu'un, vient le concept que les Latins ont exprimé par le mot *idem, le même*. En effet, l'être comparé à lui-même est le *même* être, *idem*. De ce concept transcendental viennent les deux axiomes ou principes transcendentaux qui brillent d'une évidence immédiate, qui sont regardés comme le fondement du syllogisme et ont une application continuelle dans toutes les sciences, spécialement dans les sciences mathématiques ; ce sont : 1° le principe *d'identité :* deux choses identiques à une troisième sont identiques entre elles ; 2° le principe de *diversité :* deux choses ne sont pas identiques entre elles, lorsque l'une d'elles est identique à une troisième et que l'autre ne l'est pas. Ce que les philosophes exprimaient ainsi en latin : « Quæ sunt *eadem* uni tertio, sunt *eadem* inter se. Quorum unum est *idem* cum tertio, a quo alterum discrepat, non sunt *eadem* inter se. »

Conclusion Ire. — *L'unité est un attribut transcendental de l'être.*

Cette conclusion est de toute évidence, puisqu'on doit dire de tout être qu'il est *indivis en soi et séparé de tout autre être*. S'il en était autrement, l'être ne devrait pas s'appeler proprement *être*, mais bien *êtres*, ou être sous le rapport extrinsèque, être en apparence. Ainsi l'on ne peut dire d'une montagne formée par l'agrégation d'une multitude de pierres *divisées entre elles* qu'elle est *un être*, on devra l'appeler *une réunion d'êtres*.

Conclusion IIe. — *La distinction n'est pas contraire à l'unité de l'être.*

En effet, ce qui ne produit pas de division dans l'être, n'est pas contraire à l'unité de l'être : or, la distinction n'apporte pas de division dans l'être : donc, elle n'est pas contraire à l'unité de l'être. *La majeure* est évidente, puisque l'un est ce qui est indivis en soi et qui est séparé de tout autre être. La mineure est également manifeste, puisque la distinction seule ne produit pas de *séparation*. Pour bien comprendre ceci, il faut savoir la valeur de ces trois mots : *distinct, divisé, séparé;* bien qu'ils soient parfois employés indifféremment, il est cependant rigoureusement vrai que les deux derniers disent beaucoup plus que le premier, car, quoiqu'il soit certain que deux choses divisées et séparées entre elles sont distinctes, et que même elles étaient distinctes avant la séparation et la division, il ne s'ensuit pas qu'on puisse dire réciproquement que deux choses distinctes sont séparées et divisées.

Il y a deux espèces de distinctions :

1° La distinction *réelle*. C'est *celle qui est dans la chose elle-même*, que cette chose soit indivisible ou non. Ainsi, par exemple, si je considère un continu, je vois qu'il est divisible et séparable en autant de parties que je le voudrais, et par conséquent, l'entité de ces parties était en soi réellement distincte avant la division et la séparation actuelle. Au contraire, si je considère mon âme, je vois qu'il y a en elle deux facultés indivisibles et inséparables en elles-mêmes, l'intelligence et la volonté, mais qui pourtant sont tellement distinctes qu'elles sont deux puissances diverses ayant des actes différents.

Pour plus de clarté, et pour éviter des erreurs très-dangereuses, les savants ont subdivisé la distinction réelle en distinction réelle *majeure* et en distinction réelle *modale*. Par la première on distingue une chose d'une autre chose, une entité d'une autre entité ; par la seconde on distingue le mode d'une chose de la chose elle-même, lequel mode n'a pas une entité propre en dehors de l'entité de la chose ; c'est ainsi, par exemple, que l'on distingue la forme cubique de la cire de la cire elle-même. Voici ce que dit à ce sujet le savant docteur Suarez : « Je crois absolument vrai que dans les choses créées il y a une distinction actuelle fondée sur la nature de la chose elle-même indépendamment de l'opération intellectuelle, mais qui n'est pas aussi grande que celle qui existe entre deux choses ou entités absolument différentes. On peut dire d'une manière générale que cette distinction est réelle, puisqu'elle est dans la chose elle-même et qu'elle ne résulte pas d'une *dénomination extrinsèque* de l'intelligence. Toutefois, pour ne pas confondre cette distinction avec la distinction réelle majeure, nous pouvons l'appeler distinction *modale*, puisqu'elle marque toujours la distinction entre une chose et le mode de cette chose (*Metaphys.*, d. VII, *sect.* I.). »

Entre les différents signes auxquels on peut reconnaître s'il y a ou s'il n'y a pas une distinction réelle, on peut citer la séparation d'après Suarez (*loco citato, sect.* II); lorsque deux choses peuvent être séparées, soit qu'après la séparation ces deux choses subsistent, soit qu'il n'y en ait qu'une ou même aucune à subsister, le seul fait de *la possibilité de la séparation* est un signe très-certain qu'il y avait auparavant une distinction réelle, soit réelle majeure, soit modale. Il dit que c'est là l'opinion commune, et, après l'avoir démontrée par l'autorité, il la prouve ainsi par la raison. « Cette thèse est fondée sur la raison. En effet, si les choses que nous concevons avec deux concepts objectifs, c'est-à-dire avec deux verbes dans lesquels les choses existent objectivement, sont unis dans leur existence réelle, et ensuite se séparent, ou bien ces deux parties de la chose séparée subsistent l'une et l'autre après la séparation, ou bien l'une cesse d'exister et l'autre continue d'exister. Si cela se fait de la première manière, c'est que ces deux choses étaient par leur nature, et avant toute séparation, réellement distinctes entre elles, car il est impossible qu'une chose absolument une soit divisée et séparée réellement, puisqu'il y aurait contradiction. En effet, on ne peut imaginer une plus grande union dans une chose que son identité réelle absolue, ou plutôt ce n'est plus une union, c'est une unité... »

« Lorsque deux choses se séparent l'une de l'autre, et qu'après cette séparation l'une continue et l'autre cesse d'exister, il est certain que ces deux choses sont distinctes entre elles *au moins modalement*. En effet, il est impossible qu'une chose soit et ne soit pas en même temps : donc, une chose qui existait auparavant et qui n'existe plus, et une autre qui continue d'exister, ne sauraient être réellement une seule chose identique, autrement nous aurions une même chose qui, tout à la fois, existerait et n'existerait pas. En outre, lorsque les deux choses ont été séparées, ce qui est réellement séparé de l'autre chose et qui cesse d'exister, par exemple la figure cubique de la cire, est *quelque chose* de positif, en prenant ces mots *quelque chose* dans leur signification la plus large, en tant qu'ils signifient le contraire de *rien*, et en les employant pour exprimer une chose quelconque ou mode réel ; et, par conséquent, ce *quelque chose*, avant qu'il cessât d'exister, c'est-à-dire quand il existait, était d'une certaine manière distinct de ce qui continue d'exister. » Tel est le raisonnement puissant de Suarez ; et de cette doctrine il suit que dans toutes les choses créées il y a une distinction réelle entre toute substance et ses accidents, entre toute faculté et les actes de cette faculté, entre tout être et les modes réels de cet être, quoique toute l'entité réelle du mode appartienne à la chose dont il est le mode. Celui qui dirait le contraire devrait admettre une absurdité, à savoir l'identité de la substance avec ses accidents, de la faculté avec ses actes, de l'être avec ses modes, et leur inséparabilité absolue.

2° *Distinction de raison*. La distinction de raison est celle qui est dans l'esprit avec ou sans fondement dans la chose elle-même. Lorsqu'elle a un fondement dans la chose elle-même on l'appelle distinction de raison raisonnée (*rationis ratiocinatæ*), et lorsqu'elle n'en a pas, on la nomme distinction de raison raisonnante, (*rationis ratiocinantis*). On fait la première distinction, lorsque l'on comprend la chose au moyen de concepts *différents*, et ceci a pour cause la perfection de la chose elle-même que l'on ne peut comprendre par un seul concept. Ainsi j'embrasse l'essence de l'âme humaine sous trois concepts différents : *a*) comme principe de la vie intellectuelle ; *b*) comme principe de la vie sensitive ; *c*) comme principe de la vie végétative. L'autre distinction, qui est de raison pure et qui n'a aucun fondement dans la chose conçue, s'obtient par une certaine *répétition* ou *comparaison* du concept lui-même ; ainsi, par exemple, quand je dis : Cet homme est fils d'Antoine, entre *cet homme* et *le fils d'Antoine* il n'y a qu'une distinction de raison raisonnante.

Conclusion IIIe. — *Le concept de la multitude diffère du concept du nombre.*

Il est évident que du concept transcendental de *l'un* découle le concept transcendental de *plusieurs;* et ce dernier concept nous donne celui de la multitude et du nombre. *a)* La multitude *est formée par la réunion de plusieurs unités; b)* le nombre *renferme en outre un rapport de priorité et de postériorité.* Ainsi, par exemple, 4 est un nombre qui a priorité et postériorité dans la série des unités 1, 2, 3, 4, 5, etc. C'est donc avec beaucoup de raison que le nombre a été défini par les anciens : *Collectio unitatum secundum prius et posterius.* D'après ce concept du nombre on voit clairement que le nombre résulte toujours d'une division, mais non pas toujours d'une division ayant sa réalité en dehors de la raison, car ce peut être d'une division mentale, c'est-à-dire de celle qui peut se faire dans les choses distinctes entre elles, quoique inséparables. Ainsi l'on dit que dans l'âme en tant que raisonnable il y a *deux* facultés principales, l'intelligence et la volonté.

De l'être en tant que vrai.

Le vrai c'est *l'être dans son rapport avec l'intelligence,* c'est-à-dire *l'être dans l'intelligence qui le connaît : ens intellectum est verum,* dit S. Thomas. Et comme la vérité est ce par quoi le vrai est vrai, la vérité est donc *l'adéquation ou l'accord de l'être avec l'intelligence,* ce qui a lieu quand l'être est connu.

Conclusion IVe. — *Le vrai est un attribut transcendental de l'être.*

En effet, *le vrai* est un attribut transcendental de l'être, s'il peut convenir ou s'il convient de fait à tout être. Or, il en est ainsi, puisque tout être *peut* être connu par une intelligence créée, et que, de fait, tout être est connu par l'intelligence divine dont il dépend essentiellement; donc, le vrai doit être appelé attribut transcendental. Quoique d'une certaine manière, et secondairement, l'être puisse être dit vrai par rapport à l'intelligence créée, néanmoins c'est par rapport à l'intelligence incréée qu'il doit pleinement et premièrement être ainsi appelé.

En effet, à l'exception des êtres *causés* par la créature intelligente, à l'imitation de l'idée conçue dans son esprit, et dont la créature intelligente est la règle et la mesure, tous les autres êtres qui sont ou qui peuvent être l'objet de la science spéculative, sont des êtres avant qu'ils lui soient connus, et, par conséquent, ils sont eux-mêmes sa règle et sa mesure, et s'il n'y avait pas d'intelligence créée, ces êtres lui resteraient toujours inconnus. Mais, par rapport à l'intelligence divine, *toute chose* est connue avant d'exister, puisque Dieu possède l'exemplaire éternel de tout être conçu dans son verbe, et que, comme cause première, c'est lui qui détermine l'existence de toute chose à l'image de cet exemplaire; c'est pourquoi l'intelligence divine est la règle et la mesure de toutes les choses. Or, puisque la chose connue est comme telle dans le connaissant, il est clair que le vrai est proprement dans l'intelligence et qu'il ne l'est qu'analogiquement dans les choses, c'est-à-dire a) par rapport à l'intelligence divine, en tant que les choses expriment le concept éternel par cquel elles sont connues, et ainsi une chose est vraie en tant qu'elle exprime le concept éternel d'elle-même; b) par rapport à l'intelligence humaine, en tant qu'elles sont aptes à être connues comme elles sont. Aucune chose n'est fausse par rapport à l'intelligence divine, puisque chacune exprime le concept divin; mais certaines choses sont regardées comme fausses par rapport à l'intelligence humaine, parce qu'elles se présentent à l'homme de telle sorte qu'il peut facilement être trompé et les connaître autrement qu'elles ne sont en réalité.

Or, la vérité étant ce par quoi la chose est vraie, il s'ensuit que là où se trouve *proprement* le vrai, là aussi se trouve proprement la vérité, c'est-à-dire dans l'intelligence, premièrement dans l'intelligence divine, et secondairement dans l'intelligence humaine. La fausseté, étant *la privation de la vérité*, ne peut se trouver que dans l'intelligence humaine qui, dans ses connaissances, est parfois sujette à l'erreur. On peut aussi trouver par analogie la vérité ou la fausseté dans les choses, comme il ressort de ce que nous avons dit tout à l'heure.

Voici quelques observations profondes de S. Thomas sur la vérité : « Comme le bien est la relation avec l'appétit, et le vrai la relation avec l'intelligence, Aristote dit dans le livre VI de la *Métaph.*, que le bien et le mal sont dans les choses, mais que le vrai et le faux sont dans la raison. Or, une chose n'est vraie qu'en tant qu'elle est adéquate à l'intelligence : donc, le vrai se trouve secondement dans les choses, et *premièrement* dans l'intelligence. Mais il faut savoir qu'une chose n'a pas avec l'intelligence pratique le même rapport qu'avec l'intelligence spéculative. L'intelligence pratique cause la chose elle-même, et dès lors elle est la mesure des choses dont elle est la cause; au contraire, l'intelligence spéculative, recevant des choses la connaissance, est en quelque sorte mue par ces choses, et dès lors elle est mesurée par elles. Il suit clairement de là que les choses naturelles, dont notre intelligence reçoit sa connaissance, mesurent notre intelligence comme le dit Aristote dans le livre X de la *Métaphysique*, mais ces choses sont elles-mêmes mesurées par l'intelligence divine dans laquelle sont toutes les choses créées, comme les choses artificielles sont dans l'intelligence de l'artisan. Ainsi l'intelligence divine est une mesure et n'a pas de mesure; la chose naturelle est une mesure et a une mesure. Notre intelligence a une mesure et elle est la mesure des choses artificielles, mais non des choses naturelles. Donc, la chose naturelle qui se trouve entre ces deux intelligences est dite vraie, en tant qu'elle est adéquate à l'une et à l'autre : car, à raison de son adéquation avec l'intelligence divine on la dit vraie, en tant qu'elle exprime ce que comprend l'intelligence divine, et à raison de son adéquation avec l'intelligence humaine, on la dit vraie en tant qu'elle est ordonnée à donner d'elle-même une connaissance vraie, comme, au contraire, on appelle fausses les choses qui ne se présentent pas au sujet connaissant telles qu'elles sont dans leur essence ou dans leur qualité, suivant ce qui est dit au livre V de la *Métaphysique*. Dans la chose on trouve d'abord la raison de vérité divine, puis la raison de vérité humaine, puisque cette chose est dite vraie premièrement par son rapport avec l'intelligence divine, et secondairement par son rapport avec l'intelligence humaine; et quand bien même l'intelligence humaine n'existerait pas, les choses cependant seraient dites vraies relativement à l'intelligence divine. Mais, si par impossible on concevait ces deux intelligences comme non existantes, il n'y aurait plus aucune raison de vérité (1). »

De l'être en tant que bon.

L'être est bon par son rapport avec la faculté appétitive, c'est-à-dire avec la volonté. Le bien, c'est donc l'être lui-même comme terme *voulu*, et c'est pour cela que S. Thomas a dit : « Le bien ainsi que le vrai se *convertit* avec l'être (convertitur cum ente); mais, de même que le vrai ajoute à l'être l'idée de relation avec l'intelligence, ainsi le bien ajoute à l'être l'idée d'appétibilité (I. 16. 3.). » Il suit de là que la bonté, c'est la convenance de l'être avec la volonté.

(1) « Et quia bonum dicit ordinem ad appetitum, verum autem ad intellectum, inde est quod philosophus dicit, VI *Metaph.*, quod bonum et malum sunt in rebus, verum et falsum sunt in mente. Res autem non dicitur vera nisi secundum quod est intellectui adæquata, unde per posterius invenitur verum in rebus, per prius autem in intellectu. Sed sciendum quod res aliter comparatur ad intellectum practicum, aliter ad speculativum. Intellectus enim practicus causat res, unde est mensuratio rerum, quæ per ipsum fiunt : sed intellectus speculativus, qui accipit a rebus, est quodammodo motus ab ipsis rebus : et ita res mensurant ipsum. Ex quo patet quod res naturales, ex quibus intellectus noster scientiam accipit, mensurant intellectum nostrum, ut dicitur *Metaph.* x., sed sunt mensuratæ ab intellectu divino, in quo sunt omnia creata, sicut omnia artificiata in intellectu artificis. Sic ergo intellectus divinus est mensurans non mensuratus; res autem naturalis mensurans et mensurata; sed intellectus noster est mensuratus, non mensurans quidem res naturales, sed artificiales tantum. Res ergo naturalis inter duos intellectus constituta, secundum adæquationem ad utrumque vera dicitur; secundum enim adæquationem ad intellectum divinum dicitur vera, in quantum implet hoc ad quod est ordinata per intellectum divinum. Secundum autem adæquationem ad intellectum humanum dicitur res vera, in quantum nata est de se formare veram æstimationem, sicut e contrario res falsæ dicuntur, quæ natæ sunt videri quæ non sunt, aut qualia non sunt ut dicitur in V *Metaph.* Prima autem ratio veritatis inest rei quam secunda : quia prior est comparatio ad intellectum divinum quam humanum : unde etiam si intellectus humanus non esset, adhuc res dicerentur veræ in ordine ad intellectum divinum. Sed si uterque intellectus, quod est impossibile, intelligeretur auferri, nullo modo veritatis ratio remaneret (S. Thomas, *quæst., disp. De Veritate*, I, 2.).

Conclusion V°. — *Le bien est un attribut transcendental de l'être.*

En effet : 1° Toutes les choses qui ont existé, qui existent et qui pourront exister dans leur propre entité, sont des termes de la volonté divine qui veut ou qui voudra leur donner l'existence. Par conséquent, ce en quoi consiste la raison formelle du bon, se trouve en toutes choses et en chacune d'elles. Donc, la conclusion est manifeste. 2° En outre, toute chose qui participe de quelque manière à ce pourquoi Dieu est dit infiniment bon, doit aussi participer à cette dénomination; or, c'est à cause de la plénitude *de l'être* que Dieu est appelé infiniment bon; donc, chaque chose participant à l'être doit, dans la même mesure, participer à la dénomination de bonne. — On pourrait peut-être croire que les choses peuvent être des termes de la volonté créée, mais cette bonté n'est point en elle universelle ou transcendentale; il semble même qu'elle est beaucoup plus restreinte que la vérité des choses par rapport à l'intelligence humaine, puisque l'intelligence humaine étend ses connaissances, même aux choses qui ne sont pas des effets de la volonté et qui ne sont voulues par elle en aucune manière.

Nous ne parlons ici que de la bonté transcendentale ou métaphysique, réservant pour un autre lieu l'étude de la bonté physique et de la bonté morale. Si tout être est bon, il suit de là que le mal c'est le non-être, et, comme l'enseigne S. Thomas, *quod nomine mali significatur quædam absentia boni* (L. XLVIII., I.). Souvent on dit, et avec raison, que le mal existe. Or, comment peut-il exister puisqu'il est le non-être? Il existe dans l'être comme défaut ou privation d'un autre être qu'il *devrait* avoir. Aussi disons-nous que l'ignorance, la perversité, la maladie sont mauvaises, parce que dans leur sujet, qui est être et bon, il y a privation de ce qu'il devrait avoir, à savoir de la science, de l'honnêteté morale et de la santé. De là vient ce principe que le mal ne peut exister que dans le bien comme dans son sujet.

DIX-HUITIÈME LEÇON.

De l'acte. — De la puissance. — Des causes.

Notions de l'être en acte et de l'être en puissance ; de la puissance et de l'acte.

L'être en acte, c'est l'être qui a une existence propre ; l'être en puissance, c'est l'être qui n'a pas une existence propre, mais qui existe en ce dont il peut être fait et dans la cause dont il peut dériver. Ainsi, par exemple, le célèbre Laocoon du Belvédère est maintenant en acte; mais avant d'exister, où était-il ? Il était en puissance dans le marbre dont il a été fait et dans l'artiste par qui il a été fait. Il faut donc bien distinguer entre la puissance passive, l'acte et la puissance active. Ainsi, dans l'exemple que nous venons de citer, le marbre est la puissance passive, l'artiste est la puissance active, ce qui est fait dans le marbre ou ce que reçoit le marbre pour devenir le Laocoon, c'est l'acte. Par conséquent : 1° la puissance passive, c'est *la partie déterminable de l'être ;* 2° la puissance active, c'est *la cause déterminante de l'être ;* 3° l'acte, c'est *la détermination produite par la puissance active dans la puissance passive;* 4° la puissance passive avec la détermination qu'elle a reçue, c'est *l'être déterminé.* Mais la cause qui détermine l'être, étant considérée comme en dehors de l'être déterminé, il n'y a, à vrai dire, que deux principes intrinsèques constitutifs de l'être déterminé : la puissance passive et l'acte, c'est-à-dire la partie déterminable et la détermination. Cette doctrine a une extension considérable et elle s'applique à toutes les choses dans lesquelles on peut considérer deux parties ou principes : *partie déterminable et détermination ;* or, comme nous le verrons, ceci se trouve dans toutes les choses créées.

Conclusion Ire. — *Aucune puissance ne peut, comme telle, être connue à nous par elle-même, mais seulement par l'acte qu'elle peut recevoir ou faire.*

En effet, la puissance ne se peut connaître que par sa définition ; or, la définition de la puissance nous est donnée par l'acte qu'elle peut ou recevoir ou faire ; donc, on ne peut connaître la puissance que par l'acte. Pour voir la vérité de la majeure, il suffit de considérer les différentes puissances passives ou actives, ou celles qui sont tout à la fois actives et passives. Prenons notre intelligence : notre intelligence est une puissance active, puisqu'elle est la cause de la pensée; mais, en tant qu'elle reçoit la pensée, c'est-à-dire en tant qu'elle est modifiée par cette détermination intellectuelle, qui s'appelle la pensée, on peut dire qu'elle est d'une certaine manière une puissance passive. Or, si je veux définir l'intelligence, je dirai évidemment : L'intelligence, c'est la faculté de *penser* ; donc, je la définis par son acte. De même, pour définir la toute-puissance, qui est une puissance purement active, je dirai : C'est le pouvoir de faire tout ce qui peut avoir raison d'être ou ce dont l'existence n'est pas intrinsèquement impossible ; donc, je connais la puissance par son acte. Mais, la puissance passive, ou la partie déterminable de l'être, demande une considération particulière. Une puissance absolument passive, c'est-à-dire une chose seulement déterminable et n'ayant en soi aucune détermination, ne peut exister, car tout ce qui existe est en acte, est déterminé, est ceci ou cela, et, par conséquent, *peut se définir*. Ainsi le marbre, s'il n'a pas la détermination du Laocoon, en aura une autre, belle ou laide, peu importe, mais il en aura une. Remarquons en outre que la puissance passive, pour avoir une nouvelle détermination du même genre, doit perdre celle qu'elle avait, parce que les deux sont incompatibles. Ainsi, le marbre qui a la forme d'un grand cube, ne peut prendre celle de Laocoon sans perdre l'autre. Quand donc nous disions que l'on ne peut connaître la puissance *comme telle* que par la connaissance de l'acte auquel elle est ordonnée, cela voulait dire que nous ne pouvons connaître la puissance *en tant qu'elle est la puissance de ce qui peut arriver dans la suite*. Ainsi, nous ne pouvons connaître le marbre en tant qu'il est le Laocoon en puissance, sans connaître cette détermination du Laocoon, quoique nous puissions le connaître en tant qu'il est un cube, sans penser au

Laocoon; mais, dans ce cas même, nous le pensons en tant qu'il est en acte (1).

Conclusion IIe. — *Tout être sujet au changement est composé de puissance et d'acte.*

En effet, tout être composé d'un principe déterminable et d'une détermination est un être composé de puissance et d'acte ; or, tout être, sujet au changement, est composé d'un principe déterminable et d'une détermination ; donc, etc.

En effet, la chose qui subit un changement, acquiert une nouvelle détermination. Si elle acquiert une détermination, elle ne l'avait donc pas auparavant, et, par conséquent, elle était déterminable. Il résulte de là que l'on peut définir le changement ou mutation d'une manière générale : *Le passage de la puissance à l'acte* (2).

Définition du principe et de la cause.

Le principe est ce dont une chose procède, de quelque manière que ce soit. La chose qui procède s'appelle *principiée*. D'où l'on voit, 1° que le principe doit avoir, par rapport à la chose qui en procède, une certaine *priorité*, soit d'origine, de durée, d'ordre ou de lieu, etc., peu importe ; 2° qu'il doit y avoir une relation entre le principe et la chose qui en procède.

La cause est un principe qui donne l'être à son *principié comme tel*, et celui-ci se nomme effet. Nous disons *comme tel*, parce que ce principié pourrait avoir antérieurement un autre être indépendant de la cause que l'on considère. Par exemple, Michel-Ange fut la cause du célèbre Moïse. La statue de Moïse, comme telle, est l'effet de Buonarroti, quoique le marbre n'ait point été produit par lui. Par conséquent, le concept de principe a une plus grande extension que le concept

---

(1) Telle est la doctrine de S Thomas : « Potentia cognoscitur per actum. » II, *dist.* 44, 1, 1. « Potentia secundum quod est potentia ordinatur ad actum. Unde oportet rationem potentiæ accipi ex actu ad quem ordinatur, et per consequens oportet quod ratio potentiæ diversificetur, ut diversificatur ratio actus. » *Summ. th.*, 1, 77, 3.

(2) Lorsque nous parlerons de l'essence de Dieu dans la 2e partie de la métaphysique, nous démontrerons comment dans les choses créées l'essence se distingue de l'existence. Maintenant l'élève serait incapable de comprendre cette question, et, si on la traitait ici, on ne ferait que perdre du temps et rendre difficile et ennuyeuse l'étude de la philosophie.

de cause, et toute cause est par là même principe, tandis que tout principe n'est pas pour cela cause. L'aurore est le principe du jour et n'en est pas la cause; Virgile fut à la fois principe et cause de son poëme.

Lorsqu'une cause est prête à produire son effet, mais qu'elle ne le produit pas encore, on dit qu'elle est *dans son acte premier;* quand elle produit son effet, elle est *dans son acte second*. Ce qui constitue intrinsèquement la cause dans son acte second, s'appelle *action* : cette action est dite *transitive,* si son terme est en dehors d'elle-même; elle est dite *immanente,* si son terme est en elle-même. Ainsi : penser est une action immanente; peindre est une action transitive.

Des diverses espèces de cause.

On distingue : 1° la cause *universelle,* ou celle qui exerce son influence sur tous les êtres (Dieu); 2° la cause *particulière,* ou celle qui n'a d'influence que sur quelques êtres (la lune); 3° la cause *première,* qui est indépendante de toute autre cause (Dieu); 4° la cause *seconde* qui dépend comme effet d'une autre cause (tout être créé); 5° la cause *principale,* qui produit son effet par une vertu propre intrinsèque (un peintre); 6° la cause *instrumentale,* qui ne produit son effet qu'en tant qu'elle est mue par la cause principale (le pinceau du peintre); 7° la cause *univoque,* dont tous les effets sont de la même espèce (l'être vivant en tant qu'il engendre un autre être vivant); 8° la cause *équivoque,* qui peut produire des effets d'espèce différente (le feu qui durcit certaines substances et en liquéfie certaines autres); 9° la cause *par soi,* qui produit l'effet qu'elle a en vue, c'est-à-dire auquel elle tend comme à son terme (le sculpteur d'une statue); 10° la cause *par accident,* qui produit par hasard un effet inattendu (le laboureur qui, en bêchant la terre, découvre un trésor); 11° la cause *prochaine,* qui influe immédiatement sur l'effet (le père par rapport au fils); 12° la cause *éloignée,* qui n'influe sur son effet que d'une manière médiate (les aïeux par rapport aux petits-enfants).

Conclusion III°. — *On distingue quatre genres de causes.*

En effet, les principes qui influent *sur l'être* des choses principiées, peuvent être divisés en quatre genres ; or, les causes sont les principes qui influent sur l'être des choses principiées ; donc, on peut diviser les causes en quatre genres. En effet, l'être d'une chose, qui est composée de puissance et d'acte, suppose : 1° un principe passif, à savoir la partie déterminable que l'on appelle vulgairement matière, bien qu'il ne s'agisse pas de corps ; 2° une détermination ou acte que l'on appelle généralement *forme ;* 3° un principe actif producteur, que l'on nomme principe *efficient ;* 4° un terme auquel la chose tend soit par sa nature, soit par l'intention du principe efficient, et que l'on appelle fin : si la chose tend à ce terme par sa nature, la fin s'appelle *fin de l'œuvre ;* si elle n'y tend que par l'intention du principe efficient, la fin est dite *fin de l'agent.* Ainsi, l'homme (principe efficient) donne aux pierres, aux poutres, à la chaux (matière), la détermination d'une maison (forme), pour en retirer quelque gain (fin de l'agent), tandis que la maison tend de sa nature à abriter les hommes (fin de l'œuvre). Il y a donc quatre genres de causes : 1° *la cause efficiente ;* 2° *la cause matérielle ;* 3° *la cause formelle ;* 4° *la cause finale.* Nous ne parlons pas ici de la cause exemplaire, parce que celle-ci, qui est *l'idée* dans l'esprit du principe efficient, unie à la vertu opérative de ce même principe efficient, constitue la cause efficiente.

Conclusion IV°. — *Les quatre causes influent différemment sur l'être de l'effet.*

En effet : 1° la cause matérielle ou la partie déterminable, et 2° la cause formelle, c'est-à-dire la détermination ou l'acte, constituent, *par leur union,* l'être de l'effet, et, pour cela, ces deux causes sont dites *causes intrinsèques ;* 3° la cause efficiente exerce son influence en produisant, par la causalité de son acte, l'être de l'effet ; 4° la cause finale influe sur l'existence de l'effet en ce qu'elle *attire* et qu'ainsi elle meut la cause efficiente à l'action ; c'est pour cela qu'on donne le nom de *motif* à la cause finale.

Conclusion V^e. — *Tout être contingent demande une cause.*

Tout effet suppose une cause ; or, tout être contingent est un effet ; donc, tout être contingent suppose une cause. La majeure est évidente, puisque, précisément, cela seul est effet, qui, dans son être, dépend de la cause. Pour comprendre la mineure, il faut savoir que le contingent est ce qui peut être et ne pas être, puisqu'il n'a pas en lui-même la raison suffisante de son existence. Et où donc sera cette raison suffisante ? Nulle part ? Mais c'est absurde ! Elle sera donc dans un autre être qui, par là-même, sera sa cause. Ceci montre l'évidence de ce grand principe qui s'applique à toutes les choses contingentes : *Il n'y a pas d'effet sans cause ; non datur effectus sine causa*. S'il en pouvait être autrement, *l'effet* serait tout à la fois *effet*, et non *effet :* ce qui est contraire au principe de contradiction. De plus, comme une cause sans proportion avec l'effet ne serait point une cause, toute cause doit être proportionnée avec la production de l'être contingent qui est son effet.

Conclusion VIe. — *Toute cause doit contenir en elle-même de quelque manière la perfection de l'effet.*

Ceci est manifeste, autrement il n'y aurait plus de proportion entre la cause et l'effet. Mais la cause peut renfermer *la perfection de l'effet* de trois manières : *a*) *formellement*, comme *la cause univoque* (les plantes, les brutes, etc.), qui produit toujours des effets de sa propre nature ; *b*) *virtuellement*, comme *la cause équivoque*, qui n'a pas la même nature que l'effet, mais qui a le pouvoir de le produire : ainsi le soleil produit des effets différents ; ainsi l'homme en produit qui ne sont assurément pas *formellement* contenus en lui ; *c*) *éminemment*, quand la cause est d'une perfection supérieure à celle des effets, ou mieux encore quand sa perfection est infinie, et qu'étant souverainement simple elle réunit en elle les perfections de toutes les choses finies.

Puisque nous parlons ici des *causes*, observons que lorsqu'une cause veut produire un effet et qu'elle en produit un autre auquel elle ne tendait pas, cet effet s'appelle *hasard*. Par conséquent, *le hasard est un effet qui est produit sans l'intention de la cause qui le produit.* Ainsi, un paysan n'a d'autre intention que de bêcher la terre, et, *par hasard,* il trouve un trésor ; une brute à l'intention de sauter un fossé, et, *par hasard,* elle s'y noie. Mais, comme rien n'échappe à *l'intention de la cause première,* il s'ensuit que pour Dieu il n'y a pas de hasard. *Fortune* signifie la même chose que *hasard;* cependant, on suppose plus ordinairement le mot *fortune* pour désigner un effet *utile* à l'individu *raisonnable,* qui peut en apprécier l'utilité, tandis que le mot *hasard* se prend dans un sens plus général.

DIX-NEUVIÈME LEÇON.

Substance. — Accident. — Suppôt. — Personne. — Hypostase. — Nature.

Définition de la substance et de l'accident.

La substance est « l'être qui existe en lui-même et auquel par sa nature il n'appartient pas d'exister dans un autre, comme en son sujet. » S. Thomas la définit ainsi : *Substantia est res cujus naturæ debetur esse non in alio* (*Quodlibetum* 9, art. 5.). Par exemple : Pierre, ce caillou, etc., sont des substances, parce qu'elles ne demandent pas à résider dans un autre être comme dans un sujet, mais qu'elles existent en elles-mêmes ; au contraire, la douleur, la joie, la pensée de l'esprit humain, la chaleur, la couleur demandent naturellement à résider dans un sujet. Ces derniers êtres se nomment des *accidents;* par conséquent, l'accident c'est « l'être auquel il convient par sa nature d'exister dans un autre être comme dans son sujet. » Dès lors, quand bien même certains accidents pourraient, en vertu de la toute-puissance divine, exister sans sujet, ils ne resteraient pas moins des accidents, puisque, même séparés de leur sujet, ils seraient naturellement ordonnés à exister dans leur sujet. S. Thomas dit à ce propos : *Non desinunt* (supposé ce fait) *esse accidentia, quia nec separatur ab eis definitio accidentis, quæ est aptitudo ad subjectum, quæ semper manet in iis, non actualis inhærentia, nec competit eis definitio substantiæ* (III, 77, 1, 2.).

Conclusion Ire. — *Le concept de la substance et de l'accident, qui vient d'être indiqué, est vrai.*

En effet : 1° Le concept conforme à la réalité est vrai ; or, le concept de la substance est absolument conforme à la réalité ; donc, le concept de la substance est vrai. Laissons de côté la majeure, car il ne saurait y avoir de doute par rapport à elle. La mineure est déduite de l'expérience intime de chaque homme. En effet, quand je me considère, je ne puis m'empêcher de connaître une substance et des modifications. *Le moi* se présente comme ce qui est en lui-même et qui est sujet à une série de modifications, pensées, affections, douleurs, joies, etc., qui se succèdent continuellement, de même que la cire existe en elle-même et prend successivement les figures les plus variées. La parole par laquelle j'appelle un autre homme, *toi*, désigne la substance. Quand je demande : *Qu'est-ce que ceci?..* j'attends qu'on me désigne la substance ; on ne me répondra pas : C'est blanc, noir, froid, grand, etc., mais on me répondra : C'est un homme, une pierre, une plante, un lion, etc. Et, comme à la question : *Quelle chose est ceci?* correspond l'interrogation latine : Quid est hoc? on appelle la substance *la quiddité* des choses. Aussi la divine Ecriture indique d'une manière sublime par le mot *quid* les mots exprimant *les substances* des choses : *Formatis igitur Dominus Deus de humo cunctis animantibus terræ et universis volatilibus cæli, adduxit ea ad Adam ut videret* QUID *vocaret ea : omne enim, quod vocavit Adam animæ viventis, ipsum est nomen ejus* (*Gen.* II.).

En outre, ce qui est, ou existe en soi-même et n'a pas besoin de sujet, ou n'existe pas en soi et a naturellement besoin d'un sujet. Cette division est certainement adéquate, et l'on ne saurait faire d'autres suppositions. Or, si l'être n'a pas besoin de sujet, c'est une substance ; s'il lui en faut un, c'est un accident. Il n'y aurait donc plus qu'à dire que tout est accident. Mais alors on tomberait dans la contradiction, car l'accident (*quod accidit*) est relatif et indique une relation avec ce qui le soutient, réside comme sous lui, *sub stat*, et, par là-même, est substance.

Nous allons maintenant donner quelques définitions de la substance et de l'accident employées par les modernes, et que nous trouvons imparfaites ou erronées.

a) De la substance.

1° On a communément défini la substance : *ce qui est en soi;* et cette définition fut autrefois prise dans un bon sens. Mais si nous trouvions un accident séparé de la substance, par exemple la blancheur, la couleur, etc., cet accident serait *en soi* sans son sujet naturel, quoique ce soit la toute-puissance divine qui fasse qu'il soit seul. Donc, cette définition n'est point rigoureusement parfaite, puisqu'il ne répugne pas qu'elle soit dans un cas donné applicable à l'accident.

Nous n'ignorons pas que de nos jours certains philosophes prétendent que cela est impossible, mais ils sont dans l'erreur, comme nous le verrons plus tard.

2° La substance serait également mal définie *l'être qui est sous les accidents.* Il est bien vrai que dans les choses créées la substance se présente toujours à nous placée sous les accidents, et c'est pour cela que nous l'appelons substance (*sub stans*) : mais Dieu est substance et pourtant il n'a pas d'accidents ; et, bien qu'il soit la substance parfaite par excellence, ceci n'enlève pas la force de notre objection. D'ailleurs est-il *absurde* de croire qu'il puisse y avoir une substance créée sans accidents ? Nous ne le pensons pas.

3° Ce serait une grande erreur que de définir la substance : *L'être qui est par soi (a se)* ; il suivrait de là que tout ce dont l'existence n'est pas nécessaire, n'est pas une substance, et l'on irait droit au panthéisme, puisque Dieu seul, qui est l'être nécessaire, est par soi, c'est-à-dire n'a pas de cause de son être.

4° Il serait erroné de définir la substance : *L'ensemble des qualités que nous percevons dans les êtres,* car ce ne serait là qu'un ensemble d'accidents, lesquels se rapportent bien à la substance, mais ne sont pas la substance.

b) De l'accident.

1° L'accident, c'est *l'être qui existe dans un autre*

être, ou bien que l'on ne peut concevoir qu'existant dans un autre être. Ceci dit trop, puisque, pour ne pas être substance, il suffit qu'une chose soit ordonnée à être inhérente à un sujet, mais il n'est pas nécessaire que cette inhérence soit actuelle. D'après cette définition, sans l'inhérence il ne peut y avoir d'accident, et l'accident n'aurait pas un concept *propre*. Or, ceci ne peut être concédé d'une manière absolue.

2° *L'accident est le mode de la substance*. Ceci est faux, parce que le mode est *la limite* tant dans la substance que dans l'accident, et il est exprimé par des adverbes (*valde, parum*). Ainsi l'on dit : *Cours vite*, etc. ; et le mode est ou substantiel ou accidentel ; comme il est une limite, il est impossible qu'il soit en dehors de la substance ou de l'accident. Donc, la définition en question ne convient pas à toute la chose définie et à cette chose-là seulement.

Conclusion II°. — *La substance est réellement distincte de l'accident*. Il ne s'agit pas ici d'une distinction de raison, mais d'une distinction réelle ; la substance est *réellement* distincte de l'accident. En effet :

1° Les choses qui peuvent être séparées les unes des autres, sont réellement distinctes même avant leur séparation : or, la substance peut être séparée des accidents. Ne pouvons-nous pas séparer notre âme de la tristesse? Évidemment oui ; autrement nous serions toujours tristes. La vertu et le vice peuvent être séparés de l'homme, quand même on les considère comme *habitudes*, ou dispositions de l'âme. Une substance (la chair, la pierre, le bois, etc.) est maintenant chaude et ne l'est plus un instant après, et l'on pourrait citer indéfiniment des exemples du même genre. Après cela il est clair qu'entre ces choses séparables il y a une distinction réelle, et, dans le cas présent, il importe peu ou point que l'une des deux choses ne puisse conserver son existence propre séparée. S'il n'y avait pas une réelle distinction les deux choses seraient donc tout à fait la même : or, comment pourrait-on séparer une chose d'elle-même? Il y a impossibilité absolue (dix-septième leçon, concl. II.).

2° Toute substance créée est sujette au changement ;

donc, toute substance créée est réellement distincte de ses accidents. En effet, dans le changement de la substance il est nécessaire de distinguer deux termes et comme le passage de l'un à l'autre : le terme *a quo* ou celui d'où l'on part; le terme *ad quem*, ou bien vers lequel on tend, et enfin le passage de l'un à l'autre terme. Or, on ne peut faire ce passage sans laisser ce qu'il y avait dans le terme *a quo*, et sans acquérir ce qu'il y a dans le terme *ad quem*. Si donc il n'y avait pas une distinction réelle entre la substance et l'accident, la substance aurait dans le terme *ad quem* tout ce qu'elle avait dans le terme *a quo*, et, dès lors, il n'y aurait pas de changement.

3° Enfin, il est clair que si, entre la substance et l'accident, il n'y avait pas une distinction réelle, ce qui est cause de l'accident d'une chose serait, par là même, cause de la substance de cette même chose. Or, on ne peut rien concevoir de plus absurde; car, dans cette supposition, en causant en moi-même des modifications, je serais cause de moi-même, et, de même, si j'étais cause des accidents dans une chose, je lui donnerais, par là même, l'être substantiel.

De toutes ces considérations il suit que nous pouvons et que nous devons distinguer réellement dans les choses un double être : 1° l'être *substantiel et premier*, par exemple, *l'homme*; 2° l'être *accidentel et secondaire*, par exemple, l'homme *vertueux*. Cette doctrine a une très-grande importance.

Définition du suppôt, de la personne et de l'hypostase.

1° *Du suppôt. Le suppôt, c'est la substance individuelle.* Je dis *a*) que le suppôt est une *substance*, parce que l'accident ne saurait être suppôt (*sub positum*). Par conséquent, un homme, une plante, un atome, non vivant, sont autant de suppôts; une réunion de cent atomes, *distincts* entre eux, contiendra cent suppôts. Je dis *b*) que c'est une substance *individuelle*, c'est-à-dire tellement séparée de toute autre substance qu'elle fasse *un tout par elle-même*. Par conséquent, cette substance ne peut être une partie intégrante d'une autre substance, comme serait la main ou le pied; ce ne peut être davantage une substance unie avec une autre substance incomplète pour former avec elle une substance complète, comme est l'âme humaine par rapport au corps; ce ne peut être non plus une substance complète et unie avec un autre suppôt, comme il arrive dans un arbre qui était un suppôt par lui-même, mais qui cesse de l'être s'il s'unit par la greffe avec un autre de manière à ne former qu'un suppôt avec lui.

2° *De la personne.* — *La personne, c'est le suppôt raisonnable, c'est-à-dire la substance individuelle douée de raison.* Dès lors, toute personne est un suppôt, mais tout suppôt n'est pas une personne. Le suppôt est comme le genre, et la personne, l'espèce (1).

3° *De l'hypostase...* Ce mot s'emploie généralement pour désigner le suppôt raisonnable; c'est un mot grec auquel répond le mot latin *subsistentia,* et le mot français *subsistance.* Comme on le voit, ces trois mots signifient ce qui *est sous,* ce qui soutient, c'est-à-dire ce qui est propre à la substance.

Définition de la nature.

Ce mot est fréquemment employé pour désigner l'ensemble des êtres corporels; mais, dans son sens philosophique, il indique : 1° *l'essence* de la chose d'après la définition; ou bien 2° *la substance,* en tant qu'elle est *le principe* de ses opérations. Par conséquent, *le naturel* c'est ce qui ne dépasse pas les forces intrinsèques des substances, ou bien encore ce qui convient à l'être, vu son essence, ses facultés actives et passives. D'où l'on voit comment un être, tout en conservant intacte son essence, peut manquer de ce qui lui est naturel. Ainsi l'homme peut être privé de ses facultés naturelles de la vue et de l'ouïe, tout en conservant intacte son essence.

(1) Lorsque, plus tard, nous traiterons du suppôt humain, nous verrons comment le suppôt se distingue de la nature.

VINGTIÈME LEÇON.

De l'ordre. — Du parfait. — Du beau. — De l'infini. — Du fini. — De l'absolu. — Du relatif.

Définition et division de l'ordre.

L'ordre est une disposition convenable des moyens par rapport à la fin. Cette convenance résulte de l'expression exacte de ce qu'on appelle, *règle* ou *loi*. On nomme *ordonnateur* celui qui pose la règle, et *exécuteur* de l'ordre celui qui met la règle en pratique. Les choses disposées selon la règle sont dites *ordonnées*, celles qui sont en opposition avec la règle sont dites *désordonnées*. Il résulte de là que les choses les mieux ordonnées, par rapport à une fin, peuvent être désordonnées, par rapport à une autre fin, si elles ne sont pas disposées de manière à atteindre cette dernière fin. Mais la raison de l'ordre consiste dans la convenance des choses avec la fin qu'elles *doivent* atteindre.

On pourrait diviser l'ordre de bien des manières; voici seulement les principales divisions :

1° *L'ordre cosmique*, c'est la disposition de toutes les créatures et de toutes leurs opérations propre à cette manifestation des attributs divins que l'on appelle gloire extrinsèque de Dieu et que le Créateur avait en vue comme fin dernière dans la création de l'univers.

2° *L'ordre physique*, c'est la même disposition, mais considérée dans les créatures et dans leurs opérations, indépendamment de la liberté des êtres raisonnables.

3° *L'ordre moral*, c'est la même disposition, mais considérée dans les opérations libres des êtres raisonnables et dans ce qui dépend de ces mêmes opérations.

4° *L'ordre naturel*, c'est la disposition convenable de l'homme, de ses facultés et de ses opérations pour atteindre cette fin dernière qui serait proportionnée à ses forces naturelles.

5° *L'ordre surnaturel :* c'est la disposition convenable de l'homme, de ses facultés et de ses opérations pour atteindre une fin supérieure à ses forces naturelles.

6° *L'ordre individuel, l'ordre domestique, l'ordre politique, l'ordre social, et l'ordre international;* et par ces divers ordres on entend la disposition des individus et de leurs opérations par rapport à la fin à laquelle ils sont ordonnés soit comme individus, soit comme membres de la famille, de l'Etat, de la société et de toute la race humaine.

Définition et division du parfait.

Le parfait, selon l'étymologie du mot (*perficio*), *c'est une chose achevée.* De cette définition, qui regarde *la cause,* on déduit facilement la définition du parfait en lui-même. En effet, on ne cesse de faire une chose que lorsqu'elle est complète; or, elle est complète quand il n'y manque plus rien; donc, le parfait *c'est l'être qui a tout ce qu'il doit avoir d'après sa nature.* Outre cette signification, qui est absolue, il y en a une autre relative à la fin de la chose, et dans ce sens le parfait *c'est ce qui est capable d'obtenir la fin soit de l'œuvre, soit de l'opérant* (dix-huitième leçon).

Le parfait se divise en *parfait métaphysique, parfait physique et parfait moral. Le parfait métaphysique,* c'est ce qui possède toute la plénitude de l'être, et c'est Dieu seul. *Le parfait physique,* c'est ce qui a tout ce que réclame sa nature. *Le parfait moral,* c'est la conformité de la volonté à la règle des mœurs et des actions volontaires. De là une triple imperfection correspondante, et un triple mal : *L'imperfection métaphysique,* et, par là même, *le mal métaphysique,* qui consiste pour l'être dans l'absence d'une perfection *qui ne lui était pas due,* et, par conséquent, tout être contingent est dans ce sens imparfait et mauvais. *L'imperfection physique,* et dès lors *le mal physique,* consiste en ce qu'il manque à un être une perfection que naturellement il *devrait avoir.* Comme cette perfection est due à l'être, le manque de cette perfection se nomme *privation. L'imperfection morale* et *le mal moral* consistent dans la privation de l'ordre que l'on devrait rencontrer dans la volonté par rapport à la règle des mœurs.

Définition du beau.

Le beau est ce qui, étant connu, plaît. Telle est la définition simple et claire de S. Thomas : *Pulchrum respicit vim cognoscitivam; pulchra enim dicuntur quæ visa placent* (*Summ.*, 1, 5, 4, *ad* 1.). Par conséquent le beau n'est pas synonyme du vrai, car parmi les choses vraies beaucoup sont fort laides. Il n'est pas davantage synonyme de bon : il est, en effet, des choses bonnes qui ne sont pas belles, et souvent nous disons des fruits et des hommes : *Il est bien laid, mais il est bon*. Le beau étant, comme l'indique le mot *connu* de la définition, l'objet d'une faculté cognoscitive qui, précisément, par la connaissance de la chose, éveille *le plaisir* dans la faculté appétitive, il s'ensuit : 1° que l'objet qui se rapporte à une faculté cognoscitive, quelque soit son mode de connaître, peut être beau : ainsi, l'on peut dire beaux les objets des facultés sensitives de la vue, de l'ouïe, en tant que ces objets sont reflétés dans l'imagination de la créature raisonnable; mais on ne saurait dire beaux les objets des facultés de l'odorat, du goût, du toucher, car ces dernières facultés s'unissent aux choses plutôt qu'elles ne les connaissent; ainsi l'on dit : Une belle musique, une belle place; mais jamais on ne dit : Une belle odeur, une belle saveur. — 2° Il doit y avoir une proportion de convenance entre la chose qui est dite belle et la faculté appétitive à laquelle elle doit plaire. — 3° Ce qui est dit beau, doit être connu *en tant* qu'il a cette proportion.

Il résulte de là que l'on appelle belles non-seulement les choses qui ont en elles un certain ordre, mais aussi celles qui se présentent à nous avec une certaine uniformité. Ainsi, lorsque je vois un édifice bien ordonné, je dis : C'est beau! Et de même, lorsque je vois tout le ciel *uniformément* azuré, je dis aussitôt : C'est beau! En second lieu, outre les choses qui tombent sous les sens, on appelle également, et même spécialement belles celles qui ne sont connues que par l'intelligence. En troisième lieu, beaucoup de choses semblent belles à l'un, et pas à l'autre, car, bien que, considérées par rapport à l'homme en général, ces choses soient belles, puisqu'elles peuvent être connues et qu'elles sont proportionnées à la faculté appétitive, il arrive parfois que tel ou tel ne saisit pas cette proportion avec la faculté appétitive, ou que sa faculté appétitive est tellement viciée qu'elle n'est pas touchée de la beauté des choses. Ainsi, l'homme qui connaît la mélodie, dit, en entendant un son mélodieux, que ce son est beau; un autre homme, qui ne connaît rien en fait de mélodie, ne dira pas que ce son est beau; un troisième, bien que connaissant la mélodie, pourra ne pas être touché de ce son. Dans le passage suivant (*Purgatoire*, XII), Dante sait avec art exciter en nous un sentiment de plaisir par la beauté d'un ange : « La belle créature venait à nous vêtue de blanc, son visage était brillant comme l'étoile du matin (1). »

Plus loin, au contraire (*Purg.*, XIX), il soulève un sentiment de répugnance, qui est l'effet de la laideur : « Je vis en songe une femme bègue, aux yeux louches et aux pieds tors, ayant les mains tronquées et le teint blême (2). »

Définition du fini et de l'infini.

Ces deux concepts dérivent des concepts du parfait et de l'imparfait. En effet, l'infini étant *ce qui exclut toutes bornes ou limites*, et le fini, *ce qui est renfermé entre certaines bornes ou limites*, c'est avec raison que l'on appelle infini ce qui est parfait métaphysiquement, c'est-à-dire l'être qui a une telle plénitude de l'être que l'on n'en saurait concevoir un plus grand; et, de même, on nomme, avec raison, fini ce qui est imparfait métaphysiquement, c'est-à-dire l'être qui n'a pas toute la plénitude de l'être. Il est évident qu'un être limité, uni à un autre être limité, ne donnera jamais un être illimité; par conséquent, il est impossible d'obtenir *l'infini* par une addition de *finis*, car chaque série numérique sera toujours déterminée par des limites,

---

(1) A noi venìa la creatura bella
   Bianco vestita e nella faccia quale
   Par tremolando mattutina stella.

(2) Mi venne in sogno una femmina balba,
   Negli occhi guercia, e sovra i piè distorta,
   Con le man monche, e di colore scialba.

et dès lors sera finie. Mais cette série numérique peut se concevoir comme augmentant perpétuellement et continuellement : c'est ce qu'on appelle *l'indéfini*. Ainsi la ligne que nous concevons, comme se continuant sans cesse à travers l'espace, est une ligne indéfinie ; si nous concevons un temps qui n'ait pas de fin, c'est un temps indéfini ; si nous considérons une division continue, par exemple, d'un jour en heures, d'une heure en quarts d'heure, d'un quart d'heure en minutes, d'une minute en secondes, etc., etc., nous avons là une division indéfinie ; mais, du moment que l'on s'arrête, on a le fini. C'est donc avec raison que l'on appelle l'indéfini : *Ce qui est sans fin déterminée*, ou bien encore : *Ce qui est en puissance*. Et, comme la définition d'une chose montre l'essence de cette chose, ces mots, *en puissance*, regardent l'essence de l'indéfini, et indiquent qu'il répugne que l'indéfini puisse jamais se trouver infini *en acte*.

De ces notions on peut déduire les corollaires suivants :

1° *Le concept du fini n'est pas un concept de privation et de négation absolue*. Si, en effet, il en était ainsi, le fini serait en soi une simple négation ou privation, comme le néant ou la cécité, ou du moins il serait saisi par nous comme une simple négation ou privation. Or, tout au contraire, le fini est en soi quelque chose de réel, et il se présente à nous comme tel. Chacun d'entre nous, en effet, saisit une différence essentielle entre les richesses ou *fini positif*, et la pauvreté ou *privation*.

2° *Pour concevoir le fini il n'est pas nécessaire d'avoir la connaissance préalable de l'infini*. On peut considérer le fini sous deux aspects : *a*) comme un être réel ; *b*) comme un être ayant des bornes, c'est-à-dire comme un être limité. Considéré sous le premier aspect, le fini peut être connu par lui-même, puisqu'il est réel. En second lieu, comme les limites sont un mode de l'être fini, il m'est impossible de connaître le fini sans connaître les limites dans lesquelles il est renfermé : par cela donc que je connais le fini comme réel, je le connais également comme limité. Le concept de l'infini serait seulement nécessaire dans le cas où, au lieu de considérer uniquement le fini comme limité, je voudrais le connaître en tant qu'il est inférieur à l'être infiniment parfait.

3° *Le concept de l'infini n'est pas le concept d'une réunion de perfections finies.* Si, en effet, il en était ainsi, nous n'aurions pas le concept d'un être excluant toute limite : nous aurions le concept de plusieurs êtres. En outre, ou les perfections ainsi réunies dans notre esprit sont d'un nombre fini, ou elles sont d'un nombre infini. Si elles sont d'un nombre fini, elles ne peuvent donner le concept de l'infini. D'autre part, elles ne peuvent être d'un nombre infini, car le nombre infini répugne dans la réalité, c'est-à-dire dans les êtres comptés, et même il répugne dans notre esprit, comme nous le disions plus haut.

4° L'existence d'un corps qui aurait une étendue infinie est impossible. En effet, quoique nous ne supposions pas ce corps actuellement divisé, mais seulement continu, ce qui est une étrange hypothèse, il n'en est pas moins vrai que dans ce corps on peut distinguer des parties et les soumettre mentalement à l'énumération. Donc, si un corps d'une étendue infinie était possible, un nombre actuellement infini serait possible, ce qui est absurde.

Définition de l'absolu et du relatif.

L'absolu, c'est l'être qui n'a pas d'ordre ou de rapport avec d'autres êtres ; le relatif, c'est l'être qui a quelque rapport ou ordre avec un autre être. Ce qui constitue l'être relatif, c'est *la relation,* c'est-à-dire *l'ordre ou rapport d'une chose avec une autre.* Il y a deux espèces de relations. 1° *La relation réelle,* c'est celle qui est véritablement dans les choses, indépendamment de l'intelligence qui les considère. Ainsi, l'effet a réellement une relation avec la cause ; la partie, avec le tout ; l'acte, avec le sujet. — 2° *La relation de raison* qui n'est pas dans les choses, mais seulement dans l'intelligence qui considère les choses comme ordonnées entre elles.

Trois choses sont nécessaires pour qu'il y ait relation : 1° *le sujet,* c'est-à-dire *l'être qui a rapport à un autre ;* 2° *le terme,* c'est-à-dire *l'être auquel le sujet a rapport ;* 3° *le fondement,* c'est-à-dire *ce pourquoi un être a rapport à un autre.*

Pour qu'il y ait une *relation réelle,* il faut : 1° que le sujet soit réel ; 2° que le fondement et le terme soient réels. Voici ce que, à ce propos, disait S. Augustin, en parlant des choses créées, et non de Dieu : « On nomme relatifs les accidents qui commencent à exister par un changement des choses auxquelles ils appartiennent. Ainsi *l'ami* est un relatif, puisqu'il ne commence à exister que lorsqu'il commence à aimer. Il faut qu'il y ait une certaine mutation dans la volonté pour que quelqu'un puisse s'appeler un ami (1). »

Dans cet exemple nous avons la personne qui aime comme *sujet,* l'amour comme *fondement,* et comme *terme* la personne aimée. Cette relation de la personne aimante avec la personne aimée est réelle ; mais, supposons que la personne aimée ne sache encore rien de l'amour de l'autre : dans ce cas il y aura une relation de raison de la personne aimée vers la personne aimante.

Terminons ici la première partie de *la métaphysique* ou *philosophie première.* Nous avons pris soin de ne traiter aucune question étrangère au sujet et d'être très-bref et très-clair afin d'éloigner toute confusion de l'esprit des commençants ; nous avons agi de la sorte afin de pouvoir consacrer plus de temps à la *physique rationnelle,* et à la seconde partie de la *métaphysique,* où nous rencontrerons les questions les plus difficiles et où nous aurons à combattre les nombreuses erreurs qui, de nos jours, ont pénétré partout, exerçant une influence pernicieuse sur l'homme et sur la société humaine.

---

(1) Ea sunt accidentia relativa, quæ cum aliqua mutatione rerum, de quibus dicuntur, accidunt. Sicut amicus relative dicitur; neque enim esse incipit, nisi quum amare cœperit. Fit ergo aliqua mutatio voluntatis, ut amicus dicatur (*De Trinit.*, V, XVI.).

PHYSIQUE

RATIONNELLE ET GÉNÉRALE

NOTIONS PRÉLIMINAIRES

VINGT-ET-UNIÈME LEÇON (1).

Définition de la physique.
La physique (du grec φύσις nature), *c'est la science des corps naturels.* Nous disons : 1° que c'est une *science.* En effet, la science est la connaissance certaine et évidente des choses par leurs causes. Or, telle sera pour nous la physique ; car, bien que l'autorité des savants soit digne de respect, elle ne doit cependant pas nous tenir lieu de démonstration ; et bien que, dans la physique, on doive tenir grand compte de l'expérience certaine, néanmoins loin de nous contenter de recueillir des faits, nous devons, autant qu'il est en notre pouvoir, remonter aux causes qui, sans doute, échappent aux yeux du corps, mais qui ne sauraient se soustraire aux yeux de l'intelligence.

Nous disons : 2° que la physique est la science *des corps.* On peut donner du corps deux définitions. L'une est vulgaire et n'est pas philosophique, puisqu'elle définit le corps, en tant qu'il est l'objet de nos sens qui sont incapables de saisir l'essence des choses. Dans ce sens le corps se définit : « La substance qui a les trois dimensions. » Mais, comme l'intelligence, *après l'expé-*

---

(1) Que le lecteur sache bien qu'il en est de ce cours de philosophie comme d'un cours de géométrie : on ne peut absolument comprendre les choses qui suivent sans avoir bien compris celles qui précèdent. Celui qui saute sans ordre d'un sujet à l'autre ne peut rien comprendre.

rience des sens, pénètre dans l'essence des choses, elle déduit sa définition : *a*) de ce qui convient toujours à tout corps et au corps seul, et, par conséquent, de ce qui le distingue de toute autre substance ; *b*) de ce qui est tellement inséparable du corps qu'il ne puisse exister ni même se concevoir sans le corps ; et, par conséquent, on doit définir le corps : *Une substance composée de matière première et de forme substantielle;* le premier mot indique le genre prochain, et les autres, la dernière différence. Les leçons suivantes nous démontreront la vérité de cette définition.

3° C'est la science des corps *naturels*. Nous avons dit plus haut (onzième leçon), en parlant de la substance, que *la nature* c'est la substance considérée comme *principe* d'opération. Aussi l'on dit d'un corps qu'il est naturel, en tant qu'il se trouve *en lui* un principe d'opération. Mais ceci n'est pas suffisant, il faut encore admettre que ce principe opère par une nécessité dérivant de l'essence même de l'être. Par exemple, l'oiseau fait un beau nid sur un rameau : cette opération est naturelle. L'homme aussi fait avec ses mains un nid semblable à celui de l'oiseau : ce n'est pas une œuvre naturelle, c'est une œuvre d'art. En quoi consiste la différence ? L'oiseau ne serait-il qu'un instrument, et l'homme la cause principale ? Aucunement, car l'un et l'autre, dans leur ordre respectif, sont causes principales. La différence consiste en ce que l'oiseau opère par nécessité de nature, et qu'il n'a pas en lui-même la raison et l'exemplaire idéal de l'ordre qu'il met dans le nid, tandis que l'homme a en lui cet exemplaire idéal. D'où l'on définit l'art : « La raison en tant que, pour agir, elle a les exemplaires de ses opérations, » et, dès lors, ces opérations ne sont pas nommées opérations naturelles, mais, opérations artificielles. Nous ne disons pas pour cela que l'oiseau, en ordonnant ainsi son œuvre, n'imite pas un archétype idéal ; il l'imite, mais sans le savoir ; cet archétype est en dehors de lui, il n'est que dans l'esprit divin qui a fait l'oiseau et lui a donné une telle nature. Si, dans l'examen du corps naturel, nous faisions abstraction de son essence et de sa nature, et si nous ne considérions que *sa quantité,* nous aurions le concept de ce qu'on appelle le corps *mathématique* (1).

Lorsque nous disons que *la physique* est la science *des corps,* nous n'avons pas pour but d'exclure de la physique tout ce qui n'est pas véritablement corps, nous voulons seulement indiquer que les corps en sont l'objet *principal;* mais, pour que ce sujet soit traité d'une manière complète, il faut y adjoindre l'étude des choses qui s'y rapportent. Comme, dès le principe, nous avons résolu de procéder par *la méthode synthétique,* nous parlerons d'abord du corps naturel en général, et nous examinerons ensuite, les unes après les autres, les différentes espèces de substances corporelles.

Du système qu'il faut suivre dans la physique.

Si, par système, on entend non une simple hypothèse, mais cette méthode de raisonnement qui est fondée sur la nature, c'est-à-dire sur l'être physique des choses, nous appellerons simplement ce système : *système physique;* cette appellation a bien l'inconvénient de n'être pas commune, mais, d'autre part, elle offre l'avantage d'éloigner de nous les controverses historiques, et de faire entendre de suite que nous reconnaissons dans les corps ces deux principes qui, pris ensemble, portaient, chez les Grecs et chez les Latins, le nom de *nature.* Voici, en effet, ce que dit Cicéron en parlant de Platon et d'Aristote : « Ils parlaient de *la nature* de telle façon qu'ils la divisaient en deux choses : l'une de ces choses serait l'efficiente, l'autre serait assujettie comme sujet à la première pour être constituée par elle quelque chose. Dans la première, ils reconnaissaient une force; dans l'autre, ils reconnaissaient une certaine matière : mais ils les reconnaissaient toutes deux comme non séparées l'une de l'autre. Car, d'après eux, la matière ne pourrait rester dans certaines limites sans y être déterminée par une force, pas plus que cette force sans la matière : parce que ici-bas chaque chose est limitée. Mais ils donnaient au

---

(1) S. Thomas dit à ce propos : « Corpus dupliciter sumitur, scilicet mathematice secundum quod consideratur in eo sola quantitas, et naturaliter secundum quod consideratur in eo materia et forma (*Summ.*, 1, 83.). »

composé de ces deux choses le nom de *corps* (1). »
Cicéron, qui avait sur l'essence des corps la même doctrine que nous, parle encore ailleurs dans le même sens de la *nature*. Il n'est pas nécessaire que nous développions ici la doctrine du grand orateur : il nous suffit d'avoir déterminé la signification du mot *nature*, car il résulte de là que le nom de *système physique* est tellement propre à notre système, qu'il ne peut convenir à aucun autre système.

La doctrine que nous professons touchant l'essence des substances corporelles, lorsque nous affirmons qu'elles sont *un composé de matière première et de forme substantielle*, c'est celle que les modernes désignent sous le nom de *système scolastique*, bien qu'il n'ait pas été inventé, mais seulement adopté par les théologiens scolastiques. S. Thomas d'Aquin et d'autres docteurs scolastiques éminents ont déduit de cette doctrine les principes auxquels Pie IX fait allusion dans la XIII⁰ proposition du *Syllabus* (2). En effet, bien que cette doctrine de *la matière première* et de *la forme substantielle* ait, à plusieurs reprises, reçu des approbations indirectes du Saint-Siége (comme nous le verrons dans la soixantième leçon), cependant, jamais elle n'avait été directement encouragée, ou du moins aussi explicitement, qu'elle l'a été par Pie IX, glorieusement régnant.

(1) « De *natura* autem ita dicebant, ut eam dividerent in res duas, ut altera esset efficiens, altera, quasi huic se præbens, ea, quæ efficeretur aliquid. In eo quod efficeret, vim esse censebant : in eo autem quod efficeretur, materiam quamdam : in utroque tamen utrumque. Neque enim materiam ipsam coalescere potuisse, si nulla vi contineretur, neque vis sine aliqua materia. Nihil est enim quod non alicubi esse cogatur. Sed quod *ex utroque*, id jam *corpus* nominabant (*Acad.*, 1, 6). » C'est dans ce sens que l'on doit entendre les deux passages de Cicéron où il parle de deux principes. Voici le premier passage : « Tam vero physica si Epicurum et Democritum probarem, possem scribere ita plane ut Amafanius. Quid est enim magnum quum causas rerum efficientium sustuleris, de corpusculorum, ita enim appellat atomos, concursione fortuita loqui? Nostra tu physica nosti, quæ continentur ex *effectione* et ex *materia* ea quam *format et fingit* effectio (*Acad.*, 1, 2). » L'autre passage est celui-ci : Epicurus autem in quibus sequitur Democritum non fere labitur : quamquam utriusque quum multa non probo, tum illud in primis quod quum in rerum *natura duo* quærenda sunt, unum quod *materia* sit ex qua quæque res efficiatur, alterum quæ vis sit quæ quidquid efficiat : de materia disseruerunt, vim et causam efficiendi reliquerunt. Sed hoc commune vitium (I *De Finib.*, XVIII). »

(2) Methodus et principia quibus antiqui doctores scolastici theologiam excoluerunt, temporum nostrorum necessitatibus scientiarumque progressui minime congruunt (*Syll.*, prop. XII).

Un jour que j'étais au Vatican, aux pieds de Sa Sainteté, avec le savant Travaglini, fondateur de *l'Académie philosophico-médicale*, et avec plusieurs membres de cette Académie, le grand Pontife traita d'insensée la proposition de celui qui avait dit que *si S. Thomas vivait maintenant, il changerait les principes de sa doctrine*, et il affirma que les principes sont immuables et que les applications seules peuvent changer ou se multiplier; non content de cela, il publia un document mémorable, qui est un éloge *direct* et *explicite* de la doctrine de la matière première et de la forme substantielle. Le lecteur nous permettra de reproduire ce document, qui est d'une haute importance, et qui devrait suffire à des catholiques pour les faire adhérer à cette union scientifique qui est la source du véritable progrès.

A Notre Bien-aimé Fils

ALPHONSE TRAVAGLINI, DOCTEUR MÉDECIN-CHIRURGIEN

Fondateur de l'Académie philosophico-médicale,

Pie IX, Pape.

Bien-aimé Fils, Salut et Bénédiction Apostolique (1).

« Lorsque, au mois de mars passé, Nous vous accueillions, vous, bien-aimé fils, ainsi que Jean-Marie Cornoldi, prêtre de la Compagnie de Jésus, qui a été votre conseiller et votre auxiliaire le plus assidu, dans l'institution de votre Académie, et plusieurs autres illustres personnages qui adhéraient à votre œuvre, Nous vous félicitions d'avoir formé le dessein de rappeler la science médicale aux vrais principes de la philosophie dont elle était écartée depuis longtemps, et de vous servir principalement des médecins eux-mêmes, lesquels ont tant contribué à fortifier et à divulguer les erreurs du matérialisme, pour rétablir la doctrine saine sur l'essence et l'origine des choses, et principalement sur l'homme qui est l'objet de la médecine : de cette

---

(1) V. le texte latin en tête de ce volume.

manière le remède viendrait de la source principale du mal. Aujourd'hui, Nous Nous réjouissons de ce que le succès a répondu à Nos vœux, car, déjà dans l'Italie seulement, plus de cent docteurs ont adhéré à cette Académie encore naissante, et les plus grands succès lui sont dès maintenant assurés.

Nous voyons aussi avec une grande joie que, inflexibles dans votre plan, vous avez résolu de ne recevoir comme sociétaires que les hommes qui professent et qui sont prêts à défendre les doctrines proposées par les Conciles et par ce Saint-Siége, et nommément les principes du Docteur angélique touchant l'union de l'âme intellectuelle avec le corps humain, et touchant LA FORME SUBSTANTIELLE ET LA MATIERE PREMIERE.

On ne saurait assurément réparer les ravages causés à la religion et à la science par le matérialisme, débarrasser la science des liens de cette erreur, et obtenir un véritable progrès que par le moyen de la vérité. La vérité venant de Dieu, comme la théologie l'enseigne clairement et avec certitude, ne saurait être en désaccord avec la philosophie et les sciences physiques; lors donc que l'on semble ne vouloir que soumettre les esprits au joug de la foi, en réalité on travaille par là-même à fortifier la science, à l'expliquer et à la faire progresser, et, par ce moyen, l'homme, qui était honteusement confondu avec les brutes dans la fange du matérialisme, est relevé à la dignité des enfants de Dieu. Gardez-vous donc bien d'admettre dans votre société quelque partisan des idées modernes, qui, par le pompeux appareil d'une vaine érudition, pourrait semer la division dans vos rangs et soustraire les esprits à l'autorité du magistère de l'Eglise, à laquelle seule a été confiée, par le Christ Notre-Seigneur, la chaire infaillible de la vérité.

Si vous persévérez dans la résolution que vous avez prise, si vous évitez avec soin les piéges des faux frères, si, tous, poussés par le même amour, vous travaillez avec respect et zèle pour la religion à acquérir la vérité, à la faire briller et à la propager, assurément vous aurez bien mérité de l'Eglise, de la science, de la société religieuse et civile, et bientôt vous verrez votre Académie honorée par l'adhésion d'un grand nombre de savants et par l'encouragement de tous les hommes honnêtes.

Tels sont Nos souhaits pour votre œuvre; en attendant, comme présage du secours divin et comme gage de Notre bienveillance paternelle, Nous vous accordons, de tout notre cœur, à vous, bien-aimé fils, et à tous les sociétaires de l'Académie philosophico-médicale de Saint-Thomas d'Aquin, la bénédiction apostolique.

Donné à Rome, près Saint-Pierre, le vingt-troisième jour de juillet de l'an 1874, la vingt-neuvième année de notre Pontificat.

PIE IX, PAPE.

Afin que personne n'ignore la valeur de ce document et ne puisse avoir de doute sur la signification des différentes phrases employées par Pie IX, nous donnons ici la traduction du *diplôme* de *l'Académie philosophico-médicale de Saint-Thomas d'Aquin,* qui fut remis au Saint-Père, afin qu'il eût connaissance exacte et complète de la doctrine que tout membre de l'Académie doit professer et défendre:

« **QUE VOTRE INTELLIGENCE SE SOUMETTE AVEC RESPECT A LA FOI.** »

DIPLOME DE L'ACADÉMIE PHILOSOPHICO-MÉDICALE DE SAINT-THOMAS D'AQUIN CONSTITUÉE A ROME LE 7 MARS 1874, AVEC L'APPROBATION DU PAPE PIE IX DANS LA SOLENNITÉ DU SIXIÈME CENTENAIRE DE S. THOMAS D'AQUIN, DANS LE BUT DE CONCILIER LES SCIENCES AVEC LA FOI CATHOLIQUE ET DE FAVORISER LE PROGRÈS DE CES SCIENCES.

« Nous, Président et Faculté de l'Académie de Saint-Thomas d'Aquin, sachant que vous professez la doctrine du Siége Apostolique, touchant l'origine et la nature des choses, et spécialement touchant l'homme qui est le sujet de la science médicale, selon ce qui a été défini dans le Concile de Vienne, sous Clément V, dans le

Concile de Latran, sous Léon X, dans les lettres de Pie IX condamnant les erreurs de Gunther et de Baltzer, et dans la censure de la XIII° proposition du *Syllabus* par le même Pontife ; sachant en outre que vous suivez les principes du Docteur angélique S. Thomas d'Aquin sur l'union de l'âme intellectuelle avec le corps humain, sur LA FORME SUBSTANTIELLE ET LA MATIERE PREMIERE, et que, par conséquent, vous rejetez les systèmes mécanique, atomique et dynamique, nous vous... inscrivons sur le registre des associés de cette Académie approuvée par l'autorité du pape Pie IX, et nous vous remettons le présent diplôme (1). »

Dans les pages qui viennent après le diplôme, on lit ce qui suit :

« Afin que la doctrine qui doit servir de fondement inébranlable à notre système, soit bien connue des académiciens, nous reproduisons ici en entier les textes indiqués plus haut :

De la forme substantielle dans l'homme.

« Il n'y a pas dans l'homme une forme substantielle autre que l'âme intellective ; comme, en effet, l'âme intellective contient virtuellement l'âme sensitive, elle contient de même virtuellement toutes les formes inférieures, et elle fait, par elle seule, tout ce que font dans les autres choses les formes les plus imparfaites (S. Thomas, *Summ.*, *q.* 76, *art.* 4.). » — « L'âme raison-

---

(1) Subjicite intellectum in obsequium fidei. — Diploma Academiæ philosophico-medicæ S. Thomæ Aquinatis ad scientias cum fide catholica conciliandas earumque incrementum obtinendum Pio PP. IX approbante, nonis martii MDCCCLXXIV, sexti solemnitate Centenarii Romæ institutæ.

Nos Præses et Facultas Academiæ S. Thomæ Aquinatis.

Cum nobis perspectum sit te... eam profiteri doctrinam, quam Apostolica Sedes profitetur, præsertim de homine, quod est scientiæ medicæ subjectum, secundum ea, quæ tradita sunt in Concilio Viennensi sub Clemente V et in Lateranensi sub Leone X et in literis Pii PP. IX contra errores Guntherii et Baltzerii, et in censura XIII propositionis, quæ in Syllabo ejusdem Pii PP. IX continetur ; nec non iis adhærere principiis, quæ tradidit Angelicus Doctor S. Thomas Aquinas de animæ intellectivæ unione cum corpore humano, deque substantiali forma, et materia prima ; et propterea recedere a systematibus mechanico aut atomico et dynamico te... in album sociorum hujus Academiæ, auctoritate Pii PP. IX comprobatæ, admittimus — Cujus rei gratia hoc diploma conferimus.

nable donne au corps humain tout ce que l'âme sensitive donne aux brutes et l'âme végétative aux plantes, et elle lui donne quelque chose de plus, de sorte que dans l'homme l'âme est tout ensemble végétative, sensitive et raisonnable (S. Thom., *De Anima*, *art.* 11.). »

« Certaines opérations procèdent de l'âme, sans le secours d'aucun organe corporel, comme comprendre et vouloir. Par conséquent, les puissances qui sont le principe de ces opérations, sont dans l'âme comme dans leur sujet. Certaines puissances ont le composé comme sujet, ce sont les puissances sensitives et végétatives Un accident ne peut continuer d'exister après la destruction de son sujet. Par conséquent, lorsque le composé est détruit, les puissances, qui y étaient comme dans leur sujet, n'y sont plus en acte, elles ne sont plus que virtuellement dans l'âme, comme dans leur principe ou leur racine (S. Thom., *Somm.* 1, 77, *art.* 5 et 8.). »

Le Concile de Vienne, sous Clément V, dit :
« Avec l'approbation du saint Concile, nous réprouvons, comme erronée et ennemie de la foi catholique, la doctrine ou proposition qui nie témérairement ou qui regarde comme douteux que la substance de l'âme raisonnable ou intellective, soit réellement, et par soi, la forme du corps humain, et, pour rendre manifeste à tous la vérité de la foi et mettre une digue à toutes les erreurs, nous définissons que quiconque, à l'avenir, osera affirmer, enseigner ou soutenir avec opiniâtreté, que l'âme raisonnable n'est pas par soi et essentiellement la forme du corps humain, doit être regardé comme hérétique. »

Voici ce que dit le Concile de Latran, tenu sous Léon X :
« Avec l'approbation du saint Concile, nous condamnons et réprouvons tous ceux qui affirment que l'âme intellective est mortelle et qu'il n'y en a qu'une pour tous les hommes, et ceux même qui restent dans le doute à ce sujet, car, non-seulement l'âme intellective est par soi et essentiellement la forme du corps humain, mais, de plus, elle est immortelle, elle peut se

multiplier, elle s'est multipliée et elle se multipliera singulièrement selon la multitude des corps qu'elle informe. »

Dans la lettre au cardinal-archevêque de Cologne, Pie IX censure ainsi la doctrine de Gunther :

« Nous savons que dans ces livres on attaque la doctrine catholique, d'après laquelle l'homme est composé de l'âme et du corps de telle façon que l'âme raisonnable est la forme véritable, essentielle et immédiate du corps. »

Et dans sa lettre à l'évêque de Varsovie, Pie IX condamne en ces termes les erreurs de Baltzer :

« L'opinion d'après laquelle il y a dans l'homme un principe unique de vie, à savoir l'âme raisonnable, qui donne au corps le mouvement, la vie et le sens, est très-commune dans l'Eglise de Dieu, et un grand nombre des docteurs les plus éminents, la jugent si intimement liée au dogme de l'Eglise, qu'ils la croient la seule légitime et la seule vraie, et que, par conséquent, on ne peut la nier sans aller contre la foi. »

La proposition XIIIe qui a été condamnée par Pie IX dans le *Syllabus*, est la suivante :

« La méthode et les principes que les anciens docteurs scolastiques suivaient dans l'étude de la théologie, ne sont plus en harmonie avec les besoins de nos temps et le progrès des sciences. »

Telles sont les principales bases de la doctrine qui est comme le fondement fixe et immobile de l'Académie philosophico-médicale de Saint-Thomas d'Aquin, et, dès lors, quiconque s'écarte de cette doctrine, ne peut compter parmi les associés de cette Académie, et les académiciens ne doivent pas approuver les écrits qui sont en contradiction avec cette doctrine. Nous exhortons, en outre, les associés à examiner avec soin, l'explication philosophique des textes précédents, donnée par les philosophes récents qui professent la doctrine de S. Thomas.

Alphonse TRAVAGLINI
Fondateur de l'Académie. »

Ceci suffit pour que le lecteur comprenne comment il faut juger *le système physique.* Abordons maintenant *la physique générale,* objet de cette partie de notre travail.

De la diversité qu'il y a dans la nature des substances corporelles, et de l'agrégat.

De la diversité de nature dans les substances corporelles.

Autre chose est *la différence,* autre chose est *la diversité.* La distinction entre deux individus, entre deux accidents, suffit pour constituer une différence, et, par conséquent, tout homme diffère d'un autre homme. Pour la diversité il faut qu'il y ait variété dans l'espèce. D'où il résulte que des natures diverses ne peuvent être exprimées par la même définition essentielle. Mais, comment pouvons-nous connaître la diversité des natures corporelles? On serait tenté de dire que cette connaissance nous est impossible, puisque nous ne pouvons entrer en relation avec les choses que par l'intermédiaire des sens, et que les sens ne peuvent atteindre que les accidents. Mais cette objection serait tout de suite réfutée et par le fait et par le droit. Elle le serait par le fait qui nous enseigne que les hommes ont toujours cru connaître un grand nombre d'essences et de natures des choses, et qu'ils ont toujours établi le camp de la science sur le terrain de ces connaissances. Elle le serait aussi par le droit qui nous dit que, par les effets, nous pouvons et nous devons connaître les causes proportionnées, et que, par conséquent, des opérations que nous percevons par les sens, nous pouvons passer à la connaissance des natures qui en sont les principes. Ceci est suffisant, et il n'est pas nécessaire de faire observer à celui qui penserait autrement que, sans avoir besoin des sens externes, nous pouvons descendre en nous-mêmes et y trouver non-seulement des accidents, mais la nature, mais la substance, mais l'essence.

Si nous pouvons et devons connaître la nature des substances corporelles, il est clair que nous pouvons en connaître la diversité, et cela par les opérations diverses : la seconde assertion n'est pas moins certaine que la première; ce serait une folie de le nier.

Conclusion Ire. — *Un grand nombre de substances corporelles sont diverses entre elles par leur nature.*

En effet, si nous concluons de la diversité des opérations à la diversité de leur principe, c'est-à-dire de la nature, nous devons raisonner ainsi : 1° les substances corporelles, qui, dans les mêmes circonstances, opérant *par la nécessité* de leur nature, ont des opérations diverses entre elles, sont de natures diverses ; — 2° lorsque, de deux substances corporelles agissant dans les mêmes circonstances, la première d'entre elles, outre qu'elle produit les mêmes opérations que la seconde, produit d'autres opérations dont la seconde est incapable, il faut dire qu'il y a entre ces substances diversité de nature. Or, un grand nombre de substances opèrent comme dans les deux cas cités : donc, entre un grand nombre de substances corporelles il y a diversité de nature.

La majeure ne permet aucun doute, d'après ce qui a été dit tout à l'heure. Quant à la mineure elle est prouvée par l'expérience. Si je prends de l'hydrogène et de l'oxygène, je les vois, dans les mêmes circonstances, produire des effets très-divers, et ainsi en est-il de tout corps inorganique. Si nous prenons une plante et un animal, nous leur voyons, dans les mêmes circonstances, des opérations très-diverses. Cette diversité dans les opérations ne peut dériver de la variété dans le mouvement local auquel il est aussi impossible d'assigner une cause proportionnée ; elle ne peut venir davantage de la figure différente des atomes, et quiconque voudra expliquer ces phénomènes, sans reconnaître une diversité réelle dans les natures, s'égarera infailliblement dans un labyrinthe de vaines suppositions et de contradictions. Observons en outre que, s'il y a bien une loi universelle d'après laquelle le supérieur renferme en quelque sorte l'inférieur, de sorte que l'homme a la perfection de la brute, la brute la perfection de la plante, celle-ci la perfection de l'inorganique, et que l'homme est comme un petit monde (μικρόκοσμος), il n'est pas moins vrai que, pendant tous les siècles, on n'a jamais vu l'inférieur avoir *toutes* les opérations du supérieur. Ainsi, jamais le minéral ne donna signe de vie, la plante signe de sensation, la brute signe de raison, bien que ces différentes substances corporelles se soient trouvées dans les mêmes circonstances. Que conclure de là? Que ces substances ont en elles un principe d'activité divers, c'est-à-dire qu'elles sont de nature diverse. Et ainsi sont contraints de parler, par respect pour le sens commun du genre humain, non-seulement les hommes ordinaires, mais encore les quelques savants qui combattent notre conclusion. Pour eux la philosophie est opposée au langage; pour nous, au contraire, le langage est la base la plus sûre de la philosophie.

Définition de l'agrégat de substances ou de natures.

Par agrégat de substances ou de natures, on entend *une réunion de substances ou de natures dont chacune est divisée et séparée de toutes les autres et a des limites propres*. Pour constituer l'agrégat il n'est pas nécessaire qu'il y ait entre les substances une distance locale, bien que quelques-uns disent, mais à tort, que jamais une substance corporelle ne peut être en contact avec une autre. Peu importe que les substances agrégées soient homogènes, c'est-à-dire qu'elles aient la même nature, ou qu'elles aient une nature diverse. Peu importe également qu'elles soient disposées dans un ordre symétrique, ou d'une autre manière. L'essence de l'agrégat consiste en ce que les substances soient d'une part réunies ensemble, et d'autre part qu'elles soient *divisées et séparées* entre elles sans unité substantielle.

Conclusion IIe. — *Un agrégat quelconque de substances ou de natures ne peut être appelé une substance ou nature individuelle.*

1° La substance ou nature individuelle doit avoir tout ce qui appartient essentiellement à l'être un et individuel (dix-septième leçon); or, il appartient essentiellement à l'être un et individuel d'être *indivis en soi*; donc, il doit appartenir essentiellement à la nature ou substance individuelle d'être *indivise en soi*. Or, tout agrégat, que les substances soient éloignées les unes des autres ou qu'elles ne le soient pas, qu'elles soient homogènes ou hétérogènes, qu'elles soient disposées dans un ordre ou dans l'autre, aucun agrégat, dis-je, n'est un être *indivis en soi;* donc, l'agrégat ne constitue pas une substance ou nature individuelle.

2° Une substance ou nature individuelle est *un principe d'opérations, et un sujet par rapport aux accidents :* donc, nous ne pouvons, sans contradiction, dire que l'agrégat est une nature individuelle. Qu'on ne dise pas que l'agrégat peut avoir une opération *une*, si toutes les substances concourent à atteindre le même but, car, dans ce cas, l'opération est *une dans son terme* et *multiple dans son principe*. Or, l'opération *d'une* nature individuelle doit être *une* dans son principe. Si cette objection était regardée comme fondée sur la vérité, on pourrait dire aussi que plusieurs hommes peuvent ne constituer ensemble qu'une seule substance et nature individuelle, parce qu'ils peuvent tous concourir à la même opération quant au terme, comme, par exemple, lorsque plusieurs hommes traînent avec des cordes le même navire et n'ont ainsi qu'une seule opération comme résultat. Mais, assurément, rien n'est plus absurde que cette affirmation. Aussi, à ce propos, il convient de rappeler la doctrine de S. Thomas. Voici ce qu'il dit pour combattre Eutychès : « *L'un* résulte de plusieurs choses de deux manières : d'abord par *l'ordre seul*, et c'est ainsi qu'une cité résulte d'un grand nombre de maisons, une armée d'un grand nombre de soldats. Il peut encore résulter tout à la fois par l'ordre et par la composition, et c'est ainsi que la maison résulte des différentes parties de la maison, jointes ensemble par le contact et par le ciment. Mais, ces deux modes sont incapables de faire *une seule* nature avec plusieurs natures. Par conséquent, ces choses, dont la forme est l'ordre ou la composition, ne sont point naturelles en ce sens que leur unité puisse être appelée *unité de nature* (1). » Donc, notre conclu-

---

(1) Fit autem unum ex multis, uno quidem modo secundum ordinem tantum, sicut ex multis domibus fit civitas, et ex multis militibus exercitus. Alio modo ordine et compositione, sicut ex partibus domus conjunctis et per contactum et per colligationem domus fit. Sed hi duo modi non competunt ad constitutionem *unius naturæ* ex pluribus. Ea igitur quorum forma est ordo vel compositio, non sunt res naturales, ut sic eorum unitas possit dici unitas naturæ (*Contra Gentes*, IV, 35).

sion est que l'agrégat de substances ou de natures ne peut être dit une substance ou nature individuelle.

VINGT-DEUXIÈME LEÇON.

Du changement dans les substances corporelles.

Définition et division du changement qui s'opère dans les substances corporelles.

Cette question est une des plus importantes de toute la physique, elle est comme la clef qui sert à résoudre une foule d'autres questions; bien plus, on peut la considérer comme le fondement de la physique, et elle constitue avec la question précédente, l'essence du *système physique*.

Tout changement dans les substances corporelles est en général *le passage de la puissance à l'acte :* par conséquent, dans ce changement, il doit y avoir une chose qui, d'abord, se trouvait dans le terme à partir *duquel* se fait le passage, et qui, ensuite, se trouve dans le terme *vers lequel* se fait le passage. Ce quelque chose s'appelle *le sujet* du changement. Mais ce changement des substances corporelles se divise en changement *substantiel* et en changement *accidentel*. Pour bien comprendre ces termes, il faut observer le double *être* des choses elles-mêmes.

De même que l'être (*ens*) se divise en substance et en accident, de même l'être (*esse*) se divise en *esse* substantiel et en *esse* accidentel. Ainsi, *l'être cheval* est un être substantiel; *être bien portant*, c'est un être accidentel; *l'être cire*, c'est un être substantiel; *être échauffé*, c'est un être accidentel. S'il y avait dans les substances corporelles quelque changement accidentel et substantiel, la chose devrait arriver ainsi qu'il suit. Dans le changement accidentel, le sujet devrait passer de la puissance d'avoir un accident à l'acte d'avoir cet accident. Il est clair que dans un tel changement accidentel le sujet, qui reste le même dans les deux termes *a quo* et *ad quem*, est une substance complète.

Mais il faudrait raisonner autrement s'il s'agissait d'un changement substantiel. Dans ce cas, en effet, il y aurait un sujet qui a un *être* (*esse*) substantiel déterminé dans le terme *a quo*, mais qui peut, *en laissant le premier être* (*esse*), en avoir un autre également substantiel. Ce sujet donc aurait une détermination ou acte substantiel dans le terme *a quo*, et il en aurait un autre dans le terme *ad quem*.

Si nous voulions décider la question de l'existence des changements dont nous parlons, en nous appuyant seulement sur la manière de parler et de penser de tout le genre humain, la décision serait bientôt trouvée, car tous les hommes, dans leurs paroles et dans leurs écrits, reconnaissent qu'il existe non-seulement des changements accidentels, mais encore des changements substantiels. Quel est, en effet, celui qui ne dit pas que l'herbe dont le bœuf se nourrit, a changé *d'être* (*esse*) *substantiel*, ou est devenue *une substance diverse*, lorsqu'elle sera changée en chair, en os et en autres choses, qui n'ont rien de commun avec l'herbe? On pourrait citer beaucoup d'autres exemples de ce genre. Mais, comme un certain nombre d'hommes ne suivent pas ce sentiment commun du genre humain, qui, par lui-même, est un signe certain de vérité, il est nécessaire de prouver notre assertion par d'autres arguments.

Des termes dont nous devons faire usage dans les questions présentes.

Assurément, nous devons employer les termes qui ont été adoptés par les savants dans les siècles passés, qui sont encore en honneur auprès des philosophes les plus éminents, et qui, même, ont été reproduits par Pie IX dans le grave document cité plus haut. Ces termes sont *matière* et *forme*. Mais il est bon de déterminer dans quel sens ces termes doivent être pris en philosophie.

La matière est le sujet de tout changement corporel, qui tantôt reçoit une actuation, et tantôt en reçoit une autre. La matière seconde est le sujet du changement accidentel, et la matière première est le sujet du changement substantiel. Par exemple : le sujet qui passe de *l'être* (*esse*) accidentel *bien portant* à *l'être* (*esse*) accidentel *malade*, s'appelle matière seconde ; et l'être qui passe de l'être (*esse*) substantiel *herbe* à l'être (*esse*) substantiel *chair* est une matière première. *La forme accidentelle est cet acte qui constitue le sujet dans l'être* (esse) *accidentel*, comme la santé, la maladie; *la forme substantielle est l'acte qui constitue le sujet dans l'être* (esse) *substantiel*, comme, par exemple, ce qui fait que le sujet est d'abord de l'herbe et non de la chair, ou une autre substance, et qui fait ensuite que le sujet est de la chair et non de l'herbe ou une autre substance. La matière seconde est étendue, la matière première se conçoit comme la source de l'étendue; *la forme accidentelle est le principe d'où dérive la différence des opérations dans le même être* (esse); *la forme substantielle est le principe qui donne à la matière sa quiddité, et d'où jaillit comme de sa source toute vertu opérative*. Comme tout changement est impossible s'il n'est produit par quelque chose, dès lors, pour donner au sujet *matière* un acte divers ou une détermination diverse, il faut le concours de cette cause qu'on appelle *cause efficiente*. Enfin on appelle *privation* l'absence de cet acte qui appartient à la matière.

Conclusion Ire. — *Il y a dans les substances corporelles un véritable changement de l'être* (esse) *accidentel*.

Lorsque les substances externes 1° changent leur mode d'agir; 2° gardent le même principe d'opération, c'est-à-dire la même nature; dans ce cas, elles sont soumises à un changement accidentel. Or, ceci arrive continuellement dans les choses corporelles de tous les genres et de toutes les espèces. Observons les corps inorganiques. L'eau, par exemple, est tantôt un liquide, tantôt un solide, tantôt une vapeur, et, pourtant, le fond de sa nature reste toujours le même. Si de là, nous jetons les yeux sur les substances vivantes, quelles variations ne subissent pas la plante, la brute, l'homme, sans cesser d'avoir l'être (*esse*) substantiel qu'elles avaient avant ces changements? Aussi, l'on dit avec beaucoup de justesse que, dans ces cas, les substances sont *altérées*, ce qui signifie qu'elles ont subi un changement accidentel, sans cesser d'être les substances qu'elles étaient; elles sont *aliter*, elles ne sont pas *aliud*. C'est la matière seconde qui change de forme accidentelle. Ce fait est très-évident.

Conclusion IIe. — *Il y a dans les substances corporelles un véritable changement de l'être* (esse) *substantiel.*

Si une substance corporelle, se trouvant dans *les mêmes circonstances*, ne peut plus opérer comme auparavant, et a des opérations qui ne diffèrent pas seulement en plus ou en moins de celles qu'elle avait autrefois, mais qui sont complétement diverses, dans ce cas, la substance a éprouvé un changement dans son être (esse) substantiel. Or, ceci arrive fréquemment : donc, il y a, en réalité, un véritable changement substantiel dans les substances corporelles. La majeure est évidente; si, en effet, la supposition qui y est faite est réalisée, il y a dans la nature un changement total. En voici la raison : la nature est le fondement, le principe des opérations qui sont comme le *principié*. Si donc le principié, qui était tout à l'heure, cesse entièrement et que les circonstances restant les mêmes, il apparaisse un principié tout divers, il est clair que l'on doit en conclure que le principe est changé. Ainsi doivent raisonner tous les hommes.

Si ces variations dans les opérations se produisent fréquemment, notre conclusion est évidente. Considérons, par exemple, l'action de l'hydrogène et de l'oxygène séparément; si nous la comparons avec l'action de l'eau qui est de l'oxygène et de l'hydrogène combinés, nous voyons que les opérations sont totalement diverses : donc, dans les deux cas, le principe, c'est-à-dire la nature, est divers : par conséquent, nous trouvons dans le changement de l'hydrogène et de l'oxygène en eau, les caractères d'un changement substantiel. Considérons encore les opérations des mêmes éléments hydrogène et oxygène, de l'azote et du carbone, et comparons ces opérations avec celles de la chair, des os, etc., substances auxquelles se transforment dans les êtres vivants les éléments cités ; or, dans ces substances vivantes il n'y a pas le moindre signe de la présence actuelle de ces éléments; donc, nous devons raisonnablement conclure que leur changement est substantiel, puisque leur nature est changée.

Conclusion IIIe. — *Dans les changements accidentels*

la matière seconde reste la même, et la forme accidentelle est changée.

En effet, dans ces changements, la substance reste la même après comme avant le changement : seul, l'accident, ou acte accidentel, disparaît; or, cette substance s'appelle matière seconde, et cet acte, forme accidentelle; donc, dans les changements accidentels, la matière seconde demeure, et seule la forme accidentelle est changée.

Conclusion IVe. — *Dans les changements substantiels la matière première reste la même, et la forme substantielle est changée.*

Dans les changements substantiels, le sujet du changement reste le même, mais l'acte substantiel est changé, c'est-à-dire que le principe qui, dans le terme *a quo*, constituait la substance dans son être (*esse*) substantiel, est changé en ce principe qui constitue la substance dans le terme *ad quem*. Par exemple, quand la nourriture se change en chair vivante, le sujet du changement substantiel reste le même, à savoir ce qui, par un principe substantiel était constitué dans l'être (*esse*) de nourriture, mais ce même sujet acquiert le principe qui constitue la chair vivante dans l'être (*esse*) de chair vivante. Or, ce sujet du changement substantiel s'appelle matière première, et l'acte substantiel, ou principe qui donne à la substance son être (*esse*) substantiel déterminé, s'appelle forme substantielle; donc, dans les changements substantiels, la matière première reste, et la forme substantielle est changée.

Conclusion V^e. — *L'existence de la matière seconde et de la forme accidentelle est très-certaine.*

1° Le fait des changements substantiels est très-certain; donc, l'existence du sujet de ces changements est très-certaine ; or, la matière seconde est le sujet des changements accidentels; donc, il est très-certain que la matière seconde existe.

2° Il existe très-certainement un principe (accident), qui détermine la substance à un être (esse) accidentel ou à un autre ; or, ce principe c'est la forme accidentelle ; donc, l'existence de la forme accidentelle est très-certaine.

Conclusion VIᵉ. — *L'existence de la matière première et de la forme substantielle est très-certaine.*

1° Il existe très-certainement des changements substantiels ; donc, il existe très-certainement un sujet de ces changements ; or, le sujet des changements substantiels, c'est la matière première ; donc, la matière première existe très-certainement.

2° Il est très-certain que le sujet des changements substantiels est déterminé tantôt à un être (*esse*) substantiel, et tantôt à un autre ; donc, il existe très-certainement un principe qui détermine ce sujet tantôt à un être substantiel, et tantôt à un autre ; or, ce principe, c'est la forme substantielle ; donc, l'existence de la forme substantielle est très-certaine.

Le fait de la diversité spécifique de différentes substances est incontestable ; or, la cause de cette diversité spécifique ne peut être la matière première, puisque la matière première ne donne pas l'être substantiel, mais, au contraire, le reçoit, comme on le voit bien par ces changements dans lesquels elle passe, comme sujet, du terme *a quo* au terme *ad quem* ; donc, il doit y avoir dans toute *substance* corporelle *individuelle* une forme substantielle comme principe intrinsèque qui en constitue la nature. Nous disons *substance individuelle*, laquelle, comme nous l'avons démontré (vingt-et-unième leçon, concl. IIᵉ) diffère essentiellement d'une agrégation d'atomes et doit être, par conséquent, *un atome*, c'est-à-dire continue, qu'elle soit grande ou petite, peu importe. Et remarquons ici que le mot atome, souvent adopté pour signifier un corps très-petit, signifie proprement *corps non divisé*, et par là même *substance corporelle individuelle*.

Conclusion VIIᵉ. — *La forme est le principe d'où vient la diversité des opérations.*

L'opération suit l'être (*esse*) ; or, ce qui constitue l'être (esse) soit accidentel soit substantiel, c'est la forme accidentelle ou substantielle ; donc, la forme est le principe de la diversité des opérations.

Il est vrai que nous ne pouvons voir des yeux du corps ni la matière première ni la forme substantielle : mais, avec la raison, nous pouvons et nous devons remonter des effets aux causes, des opérations spécifiques aux principes de ces opérations, c'est-à-dire aux formes substantielles. Aussi, le poëte philosophe, Dante, distinguant réellement la matière de la forme par le mot *divisé* (en italien *setta*, en latin *secta*), a dit avec une grande justesse (*Purg.* XVIII) : « Toute forme substantielle, qui est séparée de la matière, quoique étant unie avec elle, a en elle-même une vertu spécifique qui, sans ses actes, ne peut être connue et qui ne se montre que par ses effets, comme la vie dans la plante par la verdeur du feuillage (1). »

Si donc le premier principe de toute activité c'est la forme substantielle, il s'ensuit que la matière informée est le principe de l'extension. De cette considération on pourrait, en sens inverse, tirer un argument pour prouver l'existence de la matière première et de la forme substantielle; en effet, puisque la substance corporelle est étendue, elle réclame un principe d'extension qui est la matière première; puisque la substance corporelle est active, elle demande un principe d'activité, qui est la forme substantielle.

Conclusion VIIIe. — *La forme substantielle ne peut être ni un arrangement ni une symétrie ni un mouvement d'atomes ou de substances individuelles quelconques.*

En effet la forme substantielle donne l'être (*esse*) substantiel à toute substance individuelle, cette substance ne fût-elle qu'un atome tout petit; or, l'être (*esse*) substantiel ne peut dériver ni de la disposition, ni de la symétrie, ni du mouvement, puisque ces différentes choses ne produisent rien d'intrinsèque dans la substance; donc, ces mêmes choses ne peuvent être la forme substantielle.

En outre, la diversité spécifique des opérations ne peut procéder de ce qui est accidentel et extrinsèque à l'être (*esse*); or, ces trois choses, disposition, symétrie,

---

(1) Ogni forma sostanzial, che setta
   E da materia, ed è con lei unita,
   Specifica virtude ha in sè colletta;

   La qual senza operar non è sentita;
   Nè si dimostra mà che per effetto
   Come per verde fronda in pianta vita.

mouvement, sont accidentelles et extrinsèques à l'être (*esse*); donc, elles ne peuvent être la forme substantielle.

Par conséquent, toute substance individuelle ou petite, ne pouvant être une agrégation puisqu'elle est individuelle (vingt-et-unième leçon, concl. IIe), se compose *intimement et essentiellement* de deux principes comme de deux réalités, qui la constituent dans son être (*esse*) substantiel complet, et ces deux principes sont la matière première comme principe d'extension, et la forme substantielle qui est le principe d'activité et qui donne à la matière une espèce déterminée.

Quoique cette conclusion VIIIe ait été suffisamment démontrée, cependant nous en ferons un examen plus développé, lorsque nous réfuterons les systèmes de ceux qui nient la réalité des changements des substances corporelles, ou qui les attribuent au changement de symétrie et de mouvement, auquel les atomes sont sujets.

Conclusion IXe. — *Les substances corporelles ont une véritable causalité dans la production non-seulement de l'être* (esse) *accidentel, mais aussi de l'être* (esse) *substantiel.*

1° Il est bien évident que les substances corporelles ont une véritable causalité, c'est-à-dire qu'on doit les regarder non pas comme de simples instruments ou occasions, mais bien comme les causes principales de nombreux effets. Ainsi, le feu brûle, la plante produit des fruits, etc.; et des opérations des substances corporelles résultent la beauté, la vérité, la stabilité de l'ordre physique. Nous voyons donc les substances corporelles *opérer*; or, l'opération suit la nature; si donc l'opération ne procède pas de la nature, de quelle cause occulte et inconnue peut-elle bien procéder? Ce serait une folie de penser autrement que l'indique notre conclusion. Aussi dit-il avec beaucoup de raison : « On doit dire que les agents créés produisent vraiment, et dans le sens propre (*vere ac proprie efficere*), les effets qui leur sont connaturels et proportionnés. Et je crois que, non-seulement cette vérité ressort avec évidence de l'expérience et de la raison, mais encore qu'elle est très-certainement conforme à la doctrine. Par conséquent, de même que S. Thomas appela *insensée* la doctrine opposée pour la première raison, nous pouvons nous aussi pour la seconde raison appeler téméraire et erronée la doctrine opposée (*Met., disp.* XVIII, sect. I.). » Ceci frappe la doctrine de *l'occasionalisme* mise au jour par *l'atomiste* Descartes, et défendue par Mallebranche, Baldinotti et tant d'autres partisans de l'auteur de cette doctrine.

2° Il ressort des conclusions précédentes que les substances corporelles produisent l'être (*esse*) accidentel et l'être (*esse*) substantiel dans les choses. En effet : 1° le changement substantiel, qui se produit *sous l'action* des substances corporelles, est un fait ; par exemple, l'hydrogène et l'oxygène se changent en eau, qui est une substance *diverse ;* d'autres éléments se changent en substances *diverses,* en bois, en chair, en os, etc. — 2° Où se trouve la cause de tels effets? Si nous ne reconnaissons comme causes que celles que nous voyons opérer d'une manière diverse selon leur nature pour produire de tels effets, il nous faudra recourir à Dieu. Mais ce serait là trancher le nœud sans le délier, ce ne serait pas raisonner en philosophe, car le philosophe ne remonte à la cause première que lorsqu'il ne peut indiquer ou supposer de causes secondes. Et puis, agir ainsi serait introduire la plus absurde de toutes les erreurs, c'est-à-dire le panthéisme. Si, en effet, le principe d'opération de ces substances, que pourtant nous voyons opérer, est Dieu, ces substances seront Dieu lui-même. Et, en effet, le principe des opérations c'est *la nature,* c'est-à-dire la substance même, comme nous l'avons déjà démontré. Donc, si ces opérations, que nous disons procéder des substances corporelles, ne procèdent que de Dieu, les substances elles-mêmes seront Dieu. Or, quoi de plus absurde? Donc, nous devons plutôt dire que les différentes substances corporelles, qui opèrent sur les autres, sont les causes des changements dans l'être (*esse*) soit accidentel soit substantiel, selon que nous l'enseigne l'expérience et qu'il est confirmé par le sens commun et même par le langage habituel. En effet, ce mot si général, *chose,* par lequel nous avons coutume de désigner une substance quelconque, n'est autre chose que le mot latin *causa,* qui peut-être était prononcé par les Latins de la même manière qu'on le prononce aujourd'hui en France.

Conclusion X°. — *Les substances corporelles ne peuvent produire de changements entre elles, soit dans l'être accidentel, soit dans l'être substantiel, à moins qu'elles ne soient unies immédiatement ou médiatement.*

Si, en effet, il n'en était ainsi, il faudrait admettre *l'action à distance,* ce que, avec raison, nous avons déclaré absurde. Et, pour rendre cette vérité palpable, observons que, pour qu'une substance opère sur une autre, celle-ci doit nécessairement *recevoir* l'action de la première. Par conséquent : *a*) ou bien cette action est *immédiatement* communiquée ou appliquée, de telle sorte que l'agent est uni avec le patient ; *b*) ou bien cette action est, pour ainsi dire, remise à une autre substance qui sert d'intermédiaire ; *c*) ou bien enfin cette action est transmise de loin sans l'intermédiaire d'un sujet pour la soutenir. Comme l'action est un accident, elle ne peut demeurer naturellement par elle-même, sans être inhérente à une substance ; la troisième hypothèse est donc absurde, et il faut embrasser une des deux précédentes, et, par conséquent, notre conclusion est vraie. Il suit de là : 1° qu'il ne peut rester un espace absolument vide entre l'agent et le patient, quand le premier agit sur le second. — 2° Que la substance *intermédiaire,* quand il y en a une, doit être *proportionnée* à transmettre l'action de l'agent, quand celui-ci agit *médiatement.* Par conséquent, la diversité du moyen peut rendre bien différent le mode dont l'agent agit sur le patient. Il est bon que l'élève studieux éclaircisse cette doctrine par des faits et qu'il observe que, dans toutes les opérations des causes secondes, qui semblent agir à distance, on peut toujours découvrir *un moyen* de leur action. Souvent ce moyen sera invisible, mais alors ce sera tantôt l'air, tantôt une substance éthérée ; et si, par hasard, dans tel ou tel cas un moyen corporel était absolument impossible, il faudrait avoir recours à un moyen incorporel, c'est-à-dire aux substances spirituelles, plutôt que d'admettre l'absurde, c'est-à-dire l'action à distance.

VINGT-TROISIÈME LEÇON.

De la manière dont se font les changements substantiels et les changements accidentels.

De la manière dont se fait le changement accidentel dans les substances corporelles.

Il nous semble qu'il est impossible de conserver un doute sur tout ce que nous avons dit touchant le changement substantiel et le changement accidentel, et, par conséquent, nous pouvons appliquer ces paroles de Dante à la preuve qui nous oblige à reconnaître dans les corps la matière et la forme (*Par.*, XXIV.).

« L'argument d'où j'ai tiré cette conclusion est si pénétrant que désormais toute démonstration de cette même vérité me paraît confuse. »

Mais il est bon d'indiquer comment se produisent ces changements ; et cette étude est tellement nécessaire que beaucoup de philosophes, ne pouvant se figurer d'après quel mode ces changements arrivent, en sont venus à les nier et à déclarer identiques et intrinsèquement incapables de changement toutes les substances corporelles individuelles : ainsi ont procédé les partisans du système mécanique et du système dynamique, dont nous parlerons plus tard. Cette manière d'agir est évidemment déraisonnable, car, lorsqu'une vérité *est démontrée,* tout homme sensé doit l'admettre, quand bien même il ne la comprendrait pas très-bien, soit parce que cette vérité est difficile à saisir, soit parce qu'il a l'intelligence trop faible. Il est bien insensé celui qui veut tout voir de ses propres yeux et toucher de ses propres mains, et, qui, égaré par mille préjugés, avant même d'avoir étudié une chose *avec raison,* la rejette avec hauteur parce qu'il n'en a pas l'évidence. Il n'est pas rare que ceci arrive dans la question de l'essence des substances corporelles, parce que les adversaires d'Aristote et de

S. Thomas ont dans leurs œuvres et dans leurs cours de philosophie exposé cette doctrine de manière à la rendre ridicule, la confondant souvent avec certaines vieilles opinions de physique expérimentale auxquelles elle était appliquée par les anciens physiciens. De là une foule de préjugés par rapport à cette question.

Le changement en question n'est pas difficile à comprendre, pour peu que l'on veuille se servir avant tout de la raison qui peut seule contempler la nature de la substance et de l'essence et que l'on donne moins de prise à l'imagination et aux sens dont ces choses ne sont pas les objets *propres* ni les objets communs, mais seulement les objets *per accidens* (quatorzième leçon).

Le changement n'est pas une simple addition extrinsèque, ce n'est pas non plus une annihilation et une création, mais, comme nous l'avons déjà indiqué, c'est comme un acte *intrinsèque* par lequel un être passe de la puissance à l'acte. Nous disons d'abord que le changement n'est pas une simple addition ou augmentation extrinsèque; en effet, de quelque manière qu'elle se fasse, cette addition ne laisse pas l'être autre qu'il n'était auparavant, et, par conséquent, on ne saurait dire qu'il est réellement changé. Est-ce que, par exemple, un homme est changé parce que de pauvre il est devenu riche, ou que de roturier il est devenu noble? Évidemment non. Nous disons, en second lieu, que le changement n'est pas une annihilation et une création; dans cette hypothèse, en effet, nous aurions deux êtres, le premier qui disparaît dans le néant, et le second qui commence à exister, mais nous n'aurions pas un être qui, en passant de la puissance à l'acte, se verrait dans les deux termes *a quo* et *ad quem*. Pour qu'il y ait un véritable changement, il est donc nécessaire *qu'un même sujet* soit dans les deux termes.

Le sujet du changement accidentel, c'est la substance corporelle qui est vraiment un être (*esse*) en puissance, en tant qu'elle peut acquérir telle ou telle détermination, et la détermination est l'acte de ce sujet. Mais, comme le passage de la puissance à l'acte ne peut s'effectuer sans être produit par un être (*esse*) en acte, il y a donc nécessairement une cause efficiente de ce changement. Nous n'avons pas besoin de citer des exemples pour rendre cette doctrine plus saillante, car il y a une infinité de changements accidentels dans les minéraux, dans les plantes, dans les brutes et dans l'homme ; la plus grande partie de ces changements sont appelés altérations.

Nous ne désirons qu'une chose ici, c'est que l'on comprenne bien que le changement accidentel produit un changement réel dans l'être (*esse*) accidentel de la substance ; par conséquent, lorsque je dis : *Le chien est malade ; ce chien n'est pas malade,* dans la première proposition, j'affirme un être (*esse*) accidentel que je nie dans la seconde. Ce changement n'aurait pas lieu pour une *simple* addition, mais il existe réellement si la chose ajoutée s'unit *intrinsèquement* à l'être, et, dès lors, est le principe d'un véritable changement.

De la manière dont se fait le changement substantiel dans les substances corporelles.

Autant il est facile de prouver le fait de ce changement, autant il est difficile de déterminer la manière dont il se fait, et cette difficulté est telle que les esprits les mieux trempés l'ont éprouvée. La raison de cette difficulté, c'est que nous n'avons plus, comme dans le changement accidentel, pour sujet du changement, une substance dont l'intellect ait un concept propre ; nous avons seulement ce qui est propre à devenir telle ou telle substance, et, par conséquent, *un être potentiel pur*, puisque *la première* actuation de l'être (*esse*) c'est l'actuation substantielle. Nous prions donc le lecteur de nous prêter ici toute son attention.

Il faut, avant tout, corriger notre imagination qui voudrait voir dans le changement substantiel comme deux choses : l'une qui est sujet et qui reçoit, et que l'imagination se représente comme un atome ou un corps véritable ; l'autre qui *se joint* à la première, et que l'imagination se représente comme une force ou souffle qui *part* de la cause efficiente pour venir se reposer sur le sujet du changement. En s'abandonnant ainsi à l'influence de l'imagination, on créa des difficultés interminables sur la production des formes substantielles ; les uns disaient : Comment la créature a-t-elle assez de pouvoir pour *créer* les formes et *les déposer* dans la matière? Les autres répliquaient : Si la créature ne produit pas ces formes *en les créant,* elle les *tire* de la matière elle-même ; mais, est-il possible que la matière les renferme? S'il en était ainsi, la matière aurait d'innombrables formes substantielles, et, par conséquent, aurait en même temps d'innombrables êtres (*esse*) substantiels. Mais, ce sont là des difficultés bien puériles.

Pour procéder avec ordre, considérons les substances corporelles qui sont changées ou qui peuvent être changées dans leur être substantiel. Observons, par exemple, l'hydrogène et l'oxygène réunis dans une cloche de verre et changés en eau. Comment se fait ce passage? L'étincelle électrique qui jaillit, et ces mêmes éléments avec leur action réciproque ne créent rien ; et pourtant il doit y avoir un effet, puisqu'il y a une cause : et nous le voyons cet effet, qui est le changement du principe d'activité, c'est-à-dire de la nature. Ceci arrive parce que l'opération de l'étincelle et ces actions mutuelles ont produit un changement dans l'être (*esse*) substantiel des éléments; et cet être, qui était *en puissance,* devient eau *sans rien recevoir ab extrinseco.* D'où S. Thomas dit, dans *la Somme philosophique* (II, 86), que la nouvelle détermination ou forme substantielle résulte simplement du changement que la matière reçoit en elle-même sous l'influence des agents externes ; et, dans la question des créatures spirituelles (2 à 8), le même docteur ajoute que la nouvelle forme substantielle résulte précisément de ce que la matière elle-même passe de la puissance en acte sans rien recevoir d'extrinsèque, *absque additione alicujus extrinseci.* Aussi, il s'efforce longuement d'effacer dans les esprits les préjugés contraires sur ce point, et pour faire bien comprendre que la nouvelle substance n'est pas formée par *l'addition* de quelque être (*esse*) produit par l'agent, mais bien seulement par le changement *intrinsèque* du sujet ou matière première, il cite souvent comme *comparaisons* le bois et le marbre qui deviennent statues par leur changement seul et *sans addition*, et il fait surtout ressortir avec clarté la différence qu'il y a entre l'homme et toutes les autres substances corporelles inférieures à l'homme. La matière, dit-il, devient tantôt une substance, tantôt une autre, par le seul changement intrinsèque, mais elle ne peut devenir homme par ce seul changement intrinsèque, il faut pour cela *une addition et un changement intrinsèque tout à la fois*, et c'est ce qui a lieu lorsque Dieu crée l'âme humaine et l'unit à la matière pour en faire *une seule* substance complète. Voici les paroles mêmes de S. Thomas : « Plus une forme est parfaite, plus la force qui la produit doit être puissante ; aussi, l'âme humaine, étant la plus parfaite de toutes les formes, a été produite par le plus puissant des agents, c'est-à-dire par Dieu, mais d'une manière différente de celle dont les autres formes sont produites par leurs agents. Puisque les autres formes ne sont pas subsistantes, elles n'ont pas un être (*esse*) propre, mais par elles existent d'autres choses, *à savoir les composés de matière et de forme*, et, par conséquent, ces choses sont formées par le passage de la matière ou du sujet de la puissance à l'acte : ce qui montre bien que la forme sort de la puissance de la matière sans l'addition d'aucune chose extrinsèque. Mais l'âme humaine a un être (*esse*) subsistant, et, par conséquent, c'est *d'elle seule* qu'on peut dire, à proprement parler, qu'elle est produite ; le corps est attiré à la participation de l'être (*esse*) de l'âme. Et c'est pour cela que l'on dit qu'elle vient *ab extrinseco*, et qu'elle n'est point produite par la puissance de la matière (*De Spir. cr.* 2). »

Alexandre de Halez (*Summ.*, p. II, *qu.* 69, *m.* 3) et S. Thomas (IV *dist.*, 49, 2, 1) font ressortir cette doctrine par une comparaison qui est un peu difficile à comprendre pour des commençants, mais que nous ne pouvons passer sous silence, tant elle est belle et profonde. Au dire de ces grands philosophes, bien que, entre la matière première et la puissance intellective, il y ait une différence essentielle, cependant, il y a le rapport suivant. De même que l'intellect, par un changement tout intime, sans l'addition d'aucune chose extrinsèque, en formant en soi *l'espèce* des choses, devient idéalement toutes les choses qui existent immatériellement en lui, d'après l'antique adage : *Intellectus fit omnia,* ainsi la matière première devient toutes les substances corporelles par un changement intrinsèque, et sans l'addition d'aucune chose extrinsèque. En outre, de même que, pour avoir la connaissance de Dieu, il faut que l'essence divine elle-même, *venant ab extrinseco,* s'unisse en quelque sorte *à l'intellect,* et tienne lieu d'espèce intelligible, de même, pour avoir l'homme, il faut que l'âme humaine, créée par Dieu, et venant dès lors *ab extrinseco,* s'unisse à la matière. Aussi, S. Thomas dit-il (*loc. cit.*) avec le Maître des sentences (I *dist.,* II *sent.*) : « *Unio animæ ad corpus est quoddam exemplum illius beatæ unionis, qua spiritus unietur Deo.* »

VINGT-QUATRIÈME LEÇON.

La matière et la forme suivant la doctrine de S. Augustin.

Il est bon que nous citions ici quelques-unes des pensées sublimes de S. Augustin sur la matière première telles qu'il les exprime dans ses *Confessions* (*Liv.* XII), lorsqu'il explique le premier chapitre de la Genèse.

Des ténèbres à la surface de l'abîme (chap. III).

« ..... « Et la terre était invisible et informe, » c'était je ne sais quel abîme profond, sur lequel la lumière ne brillait pas, et qui, dès lors, était sans beauté. Aussi, c'est sous votre inspiration, Seigneur, qu'il a été écrit que « les ténèbres étaient à la surface de l'abîme ! » Et qu'était-ce ceci, sinon l'absence de la lumière ? En effet, s'il y avait eu de la lumière, où aurait-elle scintillé et brillé, sinon au-dessus de l'abîme ? Et, puisque la lumière n'existait pas encore, que peut signifier la présence des ténèbres, sinon l'absence de la lumière ? Partant, les ténèbres étaient à la surface de l'abîme, parce que la lumière ne brillait pas. Ainsi, là où il n'y a pas de son, le silence règne. Et, que signifie que le silence règne dans un lieu, sinon qu'il n'y a pas de son en ce lieu ? N'est-ce pas vous, Seigneur, qui avez tout enseigné à cette âme qui vous parle ? N'est-ce pas vous qui m'avez appris que la matière, avant de recevoir de vous une forme et un ordre, n'était qu'une chose informe, qu'elle n'avait ni couleur, ni figure, ni corps, ni esprit? Ce n'était pas le néant, mais une chose dépourvue de tout ordre et de toute forme. »

Matière première (chap. IV).

« Et quel nom donner à cette chose, si ce n'est un nom usuel, afin de la faire comprendre même aux plus simples? Or, entre toutes les parties de l'univers, quoi de plus rapproché de cette chose informe et indéterminée, que *la terre* et *l'abime*? Ces deux choses, en effet, à cause du rang inférieur qu'elles occupent dans la création, sont moins belles que les autres choses placées à un rang supérieur dans l'éclat et la splendeur. Pourquoi donc, Seigneur, ne devrais-je pas admettre que la matière informe, que vous avez créée sans beauté pour en former les belles choses du monde, ne fût appelée *terre invisible et informe* que pour en faciliter l'intelligence aux hommes? »

Nature de la matière première (chap. V).

« Et, lorsque la pensée recherche ce qui peut lui donner la connaissance de cette matière, elle raisonne ainsi : Ce n'est pas une forme intelligible, comme la vie, la justice, puisqu'elle est la matière des corps; ce n'est pas non plus une forme sensible, puisque la vue ni le toucher ne peuvent rien saisir dans ce qui est invisible, et sans forme. Et en raisonnant ainsi, l'esprit humain est contraint d'en venir à cette conclusion, qu'il connaît la matière première en l'ignorant, et qu'il l'ignore en la connaissant. »

De la manière dont la matière première doit se concevoir (chap. VI).

« Si ma voix et ma plume, ô Seigneur, doivent exprimer tout ce que vous m'avez donné de connaître, par rapport à cette matière, je confesse que, sans y rien comprendre, en l'entendant nommer par ceux qui n'y comprenaient rien, ma pensée se la représentait sous mille formes diverses; aussi je n'y réfléchissais pas ; mais, dans mon esprit se pressaient des formes laides et horribles, confusément il est vrai, mais, pourtant, c'était des formes; et, j'appelais informe, non ce qui était privé de forme, mais ce qui en avait une, telle que je ne pourrais la voir sans frissonner et sans en avoir horreur. Pourtant, ce que je pensais n'était pas informe par une absence absolue de forme, mais comparativement aux formes plus belles; et la raison me disait que, si je voulais vraiment avoir l'idée d'une chose sans forme, il me faudrait enlever toute trace de forme, et je ne le pouvais pas. Et il me semblait plus facile de penser la non-existence de ce qui est complétement privé de forme, que d'admettre quelque chose entre la chose ayant forme, et le néant, quelque chose qui ne fût ni la chose formée, ni le néant, mais un quasi-néant.

« Et alors, ma raison se mit à consulter mon esprit tout encombré de formes imaginaires de corps, capricieusement mêlées et variées; je fixai mon attention sur les corps, et je me mis à méditer plus à fond sur leur mutabilité, par suite de laquelle ils cessent d'être ce qu'ils étaient et ils commencent à être ce qu'ils n'étaient pas, et je soupçonnai que ce passage de forme à forme se faisait par l'intermédiaire de quelque chose d'informe, et non du néant; mais un simple soupçon ne suffisait pas pour me donner la certitude.

« Si ma voix et ma plume voulaient exprimer tout ce que vous m'avez donné de lumière sur cette question, ô Seigneur, quel est celui de mes lecteurs qui consentirait à me suivre? Mais mon cœur ne se lassera pas de proclamer votre gloire et de chanter un cantique d'action de grâces, et de vous dire ainsi tout ce que ma langue ne peut exprimer. C'est la mutabilité des choses muables qui est susceptible de toutes les formes que prend, en se transformant, tout ce qui est muable. Mais, qu'est-ce donc que cette mutabilité? Est-ce un esprit? Est-ce un corps? Ou bien est-ce une qualité de l'esprit ou du corps? Si l'on pouvait dire d'elle que c'est *ceci* et *non cela*, je la définirais ainsi. Il est certain que, pour être susceptible de formes visibles et ordinaires, cette mutabilité doit appartenir à une sorte d'être.

Profondeur de l'Écriture (chap. XIV).

« Qu'elle est merveilleuse, ô Seigneur, la profondeur de vos Écritures! Au premier aspect elles nous sourient comme à des enfants, mais ensuite quel abîme, mon Dieu! quel abîme! On se sent saisi d'un frisson quand on regarde au fond de cet abîme, mais d'un frisson et d'un tremblement de respect et d'amour. Aussi, quelle n'est pas ma colère en face des ennemis de nos Ecritures! Eh! que ne les frappez-vous de votre épée à deux tranchants, afin qu'ils ne soient plus entre vos ennemis? Que je souhaiterais les voir morts à eux-mêmes, et ne vivant plus que pour vous! Mais en voici d'autres qui, loin d'attaquer la Genèse, en font l'éloge et qui disent : « L'Esprit de Dieu n'avait pas l'intention de donner ce sens à ces paroles, quand il les écrivit par Moïse, son serviteur »; non, il ne leur donna pas le sens que vous leur donnez, mais celui que nous leur donnons. Seigneur, soyez juge entre eux et nous, et c'est ainsi que je leur réponds. »

Vérités évidentes (chap. XIX).

« Il est vrai, ô Seigneur, que vous avez fait le ciel et la terre; il est vrai que le principe en vertu duquel vous avez fait toute chose, c'est votre sagesse; il est vrai que le monde visible se partage en deux grandes divisions, le ciel et la terre, et que, par ces deux mots, on comprend toutes les créatures; il est vrai que tout être muable nous donne l'idée d'une certaine imperfection de forme, d'une chose pouvant recevoir une forme, et qui change précisément à cause de son imperfection; il est vrai que le temps ne peut rien sur un être muable, il est vrai par sa nature, mais immuable par son union intime avec la forme immuable. Il est encore vrai que la chose informe, c'est-à-dire le quasi-néant, ne peut être sujet aux vicissitudes du temps; il est vrai que la matière d'une entité peut, par participation, prendre le nom de l'entité elle-même, et que, par conséquent, on a pu appeler ciel et terre ce je ne sais quoi, dont le ciel et la terre ont été formés. Il est vrai aussi que de toutes les réalités ayant forme, rien n'est plus près de l'informe, que la terre et l'abîme. Il est vrai que, non-seulement, tout être créé et formé, mais même toute possibilité de création et de forme, vient de vous, ô souverain Seigneur de toutes choses! Enfin, il est vrai que tout être (*esse*), qui d'informe devient formé, était dans *l'informité* avant de passer à la forme. »

Des différentes manières dont une chose peut être première par rapport à une autre (chap. XXIX).

« Celui qui, par ces paroles : « Au commencement il fit », entendrait ce sens : « pour premières choses il fit », n'aurait d'autre moyen, pour rester dans le vrai, que d'entendre par « ciel et terre », la matière du ciel et de la terre, c'est-à-dire de toutes les créatures intelligibles et corporelles, car s'il entendait par là la création proprement dite, on pourrait, à bon droit, lui demander : Si Dieu a fait cela pour première chose, que fit-il ensuite? Il est certain que, si l'on suppose faite la création de tout, il n'aura rien à répondre; et, dès lors, il lui arrivera de s'entendre dire : Comment a pu être faite une première chose, après laquelle rien n'a été fait?

« S'il dit que la matière était d'abord informe et qu'ensuite elle reçut une forme, l'absurde disparaît pourvu que l'on sache distinguer entre ces quatre priorités diverses, à savoir : la priorité de nature, en vertu de laquelle l'éternité divine précède tout; la priorité de temps, ou celle de la fleur précédant le fruit; la priorité de préférence, en vertu de laquelle le fruit est préféré à la fleur; enfin la priorité d'origine, ou celle du son précédant le chant. La seconde et la troisième priorité sont frappantes : il n'en est pas ainsi de la première et de la dernière. Il est, en effet, plus rare et plus difficile pour l'intelligence humaine de saisir cette priorité par laquelle, ô Seigneur, votre immuable éternité créa les choses muables, et, par conséquent, les précéda! Quel est ainsi l'esprit assez pénétrant pour distinguer sans un grand effort la priorité du son sur le chant?

« On conçoit cette priorité, c'est-à-dire que le son précède le chant, en ce sens que le chant n'est autre chose qu'un son qui a déjà reçu la forme de chant. En effet, pour qu'une chose reçoive la forme, il faut que, auparavant, il y ait ce qui est informe. Donc, si le son est la matière, et le chant la forme, le chant est postérieur au son. Ainsi en est-il pour toute matière : elle a toujours la priorité sur les choses qui en sont faites, non pas une priorité d'action, puisqu'elle est auparavant passive, et qu'elle est faite.

« Cependant, dans l'exemple cité, il n'y a pas priorité de temps; car on ne commence pas par poser des sons, privés de toute forme mélodique, pour les reprendre ensuite, puis les polir et les arranger selon le rhythme et la mesure, comme on prendrait des planches pour en faire une caisse, ou de l'argent pour en faire un vase. Ces matières ont assurément une priorité de temps sur les formes des choses qui en sont composées. Mais, dans le chant, il n'en est pas ainsi. En effet, entendre le chant, c'est entendre le son du chant; il ne résonne pas d'abord d'une manière informe pour avoir ensuite la forme de chant. Puisque tout ce qui sonne, passe, il ne reste plus rien sur quoi l'art puisse s'exercer. Ainsi, le chant se déploie dans le son qui est la matière du chant, car c'est le son même qui se transforme en chant. Par conséquent, comme je le disais, la matière ou le son précède la forme ou le chant, mais non comme cause efficiente, car le son n'est pas la cause efficiente du chant, celui-ci dépendant de l'âme harmonieuse qui le produit à l'aide de ses organes corporels. Le son n'a sur le chant ni la priorité de temps, puisque l'un et l'autre se produisent en même temps, ni la priorité de préférence, car le son n'est pas préférable au chant, puisque le chant est un son mélodieux; mais il a la priorité d'origine, car ce n'est pas le chant qui reçoit la forme pour devenir son, mais le son pour devenir chant.

« Comprenne qui pourra, par cet exemple, que ce n'est qu'en tant qu'origine du ciel et de la terre, et qu'il n'y a point là priorité de temps, parce qu'il faut la forme pour développer le temps; or, elle était informe, mais néanmoins déjà liée au temps. Et, toutefois, quoique placée au dernier degré de l'être (l'informité étant infiniment au-dessous de toute forme), il est impossible d'en parler sans lui donner une priorité de temps fictive. Enfin, elle-même est précédée par l'éternité du Créateur, qui, de néant, l'a fait être. »

S. Augustin parle ainsi dans un autre ouvrage (*De Genesi ad lit.*, c. IV.): « *Et Spiritus Dei ferebatur super aquas,* et l'Esprit du Seigneur était porté sur les eaux. Il n'avait pas été dit auparavant que Dieu avait créé l'eau, et pourtant nous ne pouvons pas croire que Dieu ne l'ait créée, et qu'elle existât avant qu'aucune chose n'eût été faite par Dieu, car, nous dit l'Apôtre, Dieu est celui *ex quo omnia, per quem omnia, in quo omnia.* Donc, c'est Dieu qui a fait l'eau, et croire le contraire serait une grande erreur. Pourquoi n'est-il pas dit que Dieu créa l'eau? Peut-être que par eau on n'entend pas l'eau proprement dite, mais cette matière à laquelle on avait d'abord donné le nom de ciel et de terre, ou de terre invisible et sans ordre et d'abîme?... Dans ces différentes appellations de la matière il y a d'abord une allusion à *la fin* de cette matière, c'est-à-dire au motif pour lequel elle fut produite, en second lieu à son *informité,* en troisième lieu à sa *servitude,* c'est-à-dire à sa sujétion par rapport à l'artisan. Elle fut d'abord appelée *ciel et terre,* parce qu'elle était destinée à la formation du ciel et de la terre. Elle fut dite en second lieu *terre invisible et sans ordre, ténèbres sur l'abîme,* pour indiquer qu'elle était privée de lumière et *informe,* c'est-à-dire *privée de toute forme substantielle.* Enfin, en troisième lieu, elle fut appelée eau ordonnée à recevoir l'esprit et les formes. C'est pour cela qu'il est dit que sur les eaux était porté l'Esprit de Dieu comme agent, afin de nous faire entendre que l'eau était *le sujet* de son opération, c'est-à-dire la matière à organiser. Mais, quoique nous désignions la même chose sous ces différents noms, *matière du monde, matière informe, matière à organiser,* on entend différents sens : le premier terme fait allusion au ciel et à la terre; le second à l'obscurité, à la confusion, à la profondeur, aux ténèbres; le troisième à la facilité avec laquelle cette matière se prêtait à l'opération de l'Esprit créateur qui était porté sur elle. *Et Spiritus Dei ferebatur super aquas.* Et l'Esprit de Dieu était porté sur l'eau. Il n'était pas porté comme l'huile sur l'eau, ou comme l'eau sur la terre, à la manière du contenu. Mais, pour prendre un exemple dans les choses visibles, il était porté sur les eaux comme la lumière du soleil et de la lune est portée au-dessus des corps terrestres qu'elle éclaire ; car, cette lumière n'étant pas contenue par les corps, quoique contenue dans le ciel, *elle se dirige vers les corps et est portée au-dessus d'eux*. Nous devons nous garder de croire que l'Esprit de Dieu, en se portant sur la matière, est comme resserré par des limites corporelles, car il s'y porte avec la force d'agir et d'organiser (*vi quadam effectoria et fabricatoria*), afin de faire et d'organiser ce sur quoi il se porte. L'Esprit de Dieu était porté *sur la matière*, comme la volonté de l'ouvrier se porte sur le bois ou tout autre sujet de son opération, ou sur les membres du corps humain qu'elle pousse à agir. Et, bien que cette comparaison soit plus parfaite que toutes les autres que l'on pourrait prendre dans les choses corporelles, cependant elle est bien vague et nous fait très-peu comprendre cette influence de l'Esprit de Dieu sur la matière du monde soumise à son opération. Mais nous ne pouvons avoir une comparaison plus claire et touchant de plus près la chose que nous traitons et qui rentre dans le nombre des choses dont l'homme ne peut avoir qu'une connaissance imparfaite. »

Ces témoignages de l'un des plus grands génies que l'on puisse citer, et qui a fourni en tout temps d'abondantes lumières à tous les savants qui ont suivi sa doctrine, renferment une puissante confirmation de la doctrine que nous défendons, et nous montrent aussi comment un homme d'un esprit fortement trempé peut, sur un tel point, arriver à la connaissance de la vérité.

S. Augustin ne connaissait pas tout d'abord l'essence intime des substances corporelles ; ayant fait ses premières études et écouté ceux que l'on disait des maîtres dans les sciences, et qui, pourtant, n'en savaient que fort peu, il se forma de la matière première cet étrange concept qu'ont coutume de s'en former certains savants modernes, plus préoccupés de satisfaire leur imagination que leur raison. En effet, S. Augustin pensait que la variété des substances dépendait de *la commixtion ou agrégation* de corpuscules ayant des figures ou formes invisibles et bizarres. Mais, bientôt, il reconnut là le fruit de l'imagination, et il se mit à interroger son intelligence vive et profonde. Aussi :

1° il reconnut que, pour acquérir la certitude en cette doctrine, il faut méditer *profondément* sur les changements des substances corporelles, et observer comment une chose passe d'un être (*esse*) substantiel quelconque à un autre être substantiel entièrement divers.

2° S. Augustin déclare que le passage du terme *a quo* au terme *ad quem* doit se faire, non au moyen d'une substance *formée*, c'est-à-dire d'un corps, ou d'atomes ayant un être substantiel déterminé, mais bien au moyen de quelque chose *d'informe*, qui avait un être substantiel dans le terme *a quo* et qui en a un autre dans le terme *ad quem*.

3° Par conséquent, cette chose, c'est-à-dire la matière première, prise *en soi*, n'avait aucun acte substantiel, mais elle était *en puissance* de devenir par les différents changements telle ou telle substance : elle était informe *par elle-même*, c'est-à-dire qu'elle n'avait qu'un *être potentiel*.

4° Cet être potentiel est quelque chose, mais il n'est ni un corps, ni un esprit; on ne peut le concevoir clairement *en lui-même;* ce n'est pas *le néant*, ce n'est pas non plus une de ces choses dont nous avons le concept direct : aussi, S. Augustin dit que ce n'est pas le néant, mais ce qui est presque le néant.

5° Il affirme que, de même qu'on ne peut séparer le son du chant, qui est comme la forme du son, de même la matière ne peut être séparée de la forme, qui lui donne un être (*esse*) substantiel déterminé : par conséquent, sitôt que la matière première cesse d'être une substance, elle devient *hoc ipso* une autre substance.

6° Selon S. Augustin, au commencement du monde Dieu créa la matière comme sujet de toutes les formes; par conséquent, nous devons concevoir la matière *d'abord* comme produite, et *ensuite* comme actuée dans ses formes. Mais, ce *d'abord* et cet *ensuite* indiquent une priorité *d'origine*, et non *de temps*, comme on dit du son qu'il est antérieur au chant, parce qu'il reçoit la forme du chant lui-même. Cette pensée de S. Augustin est admirablement exprimée par Dante (*Par.*, XXIX), lorsqu'il affirme que, dans la première création, *la matière, la forme* et l'être (*acte*) parfait constitué dans son essence par leur union furent produits *simultanément* par la puissance du Créateur : « *La forme et la matière, réunies et épurées, furent produites par cet acte infaillible de la volonté, comme trois flèches partent d'un arc à trois cordes* (1).

7° S. Augustin déclare qu'il avait une véritable *certitude* de cette doctrine ; mais, loin de considérer cela comme le fruit de ses études, il reconnaît le devoir à une grâce toute spéciale et aux lumières qu'il reçut de Dieu. Il dit encore que cette doctrine est la clef qui ouvrira devant nous d'immenses trésors de science, et il ajoute que tous les hommes resteraient étonnés s'ils savaient toutes les connaissances que l'on peut déduire de la connaissance vraie de la matière et de la forme.

Frappé par ces témoignages de S. Augustin, Moshaïm s'écrie : « Telle est l'inconstance des opinions humaines ! Ce que Augustin n'hésite pas à *appeler un dogme* divin, que personne ne peut comprendre s'il n'est éclairé et comme enseigné par Dieu, et dont, selon lui, la connaissance est un des plus grands bienfaits reçus de Dieu; cela même a été traité de nos jours de doctrine insensée, inepte, fanatique et contraire à la raison (2). »

Mais, les docteurs catholiques, en général, ont, comme S. Augustin, défendu cette doctrine, et même les philosophes protestants, les plus éminents, ont maintes fois condamné l'audace de ces prétendus savants, qui, sous l'apparence d'une raison, armés de quelques sarcasmes et de fausses interprétations, foulent aux pieds une philosophie célèbre et estimée pour bâtir des systèmes de fantaisie, qui changent au gré des passions humaines et qui, souvent, n'ont d'autre fondement que l'orgueil et la haine de l'Eglise romaine dont les dogmes étaient si bien expliqués et défendus d'après l'ancienne philosophie. Citons comme exemple le protestant Leibnitz qui, comme un aigle, s'élève au-dessus

---

(1) Forma e materia congiunte e purette
   Usciro ad atto che non avea fallo,
   Come d'arco tricorde tre saette.

(2) Moshemius in notis ad Cudworthi syst., c. v., lect. 2.

de tous les autres savants. Voici ce qu'il dit en parlant de la présence réelle de Jésus-Christ sous les accidents sacramentaux, ce qui est un objet de foi chez les catholiques : « Si l'on pouvait démontrer, par des arguments métaphysiques irréfutables, que toute l'essence du corps consiste à être étendu et à remplir une partie déterminée de l'espace (*comme l'enseignent certains partisans de Descartes*), sans nul doute, puisque le vrai ne saurait être en opposition avec le vrai, il faudrait déclarer que le même corps ne peut être à la fois en plusieurs lieux; Dieu même ne le pourrait faire, pas plus qu'il ne saurait rendre la diagonale égale au côté du carré. Dès lors, il faudrait interpréter dans le sens allégorique la parole divine de l'Ecriture et de la tradition; mais, bien loin que cette démonstration ait jamais été faite par quelque philosophe, il nous semble, au contraire, facile de prouver solidement que la nature du corps (remarquons que Leibnitz dit *nature* et non *essence*) demande, il est vrai, à être étendue, si Dieu ne l'en empêche pas, mais que *l'essence du corps consiste dans la matière et dans la forme substantielle*, c'est-à-dire *dans un principe actif et dans un principe passif*, car c'est le propre de la substance *d'agir* et de *pâtir*. Par conséquent, la matière est *la première puissance passive*, et la forme substantielle c'est *le premier acte*, c'est-à-dire *la première puissance active*. L'ordre *naturel* des choses demande que ces deux principes soient renfermés dans les limites d'un lieu d'une grandeur déterminée, mais ce n'est pas d'une nécessité absolue. Les accidents (il s'agit des accidents eucharistiques) ne sont pas unis dans le corps du Christ comme dans leur sujet propre, mais ils sont sans sujet; et il semble que, en vertu de la puissance divine, la quantité, laquelle est bien différente de la matière, sert comme de sujet aux autres accidents... Les limites restreintes que nous nous sommes imposées ne nous permettent pas de raisonner longtemps sur ce sujet; qu'il nous suffise de dire que nous avons sérieusement étudié les mathématiques, la mécanique et la physique expérimentale et que, dès le principe, nous avons senti de l'inclination pour les doctrines que nous venons d'indiquer. Mais, lorsque nous avons réfléchi plus profondément, nous avons été contraint d'embrasser les doctrines de l'ancienne philosophie ; et si nous pouvions exposer ici toutes nos réflexions, peut-être que ceux qui ne sont pas enchaînés par les préjugés de leur imagination, reconnaîtraient que nos concepts sont moins obscurs que ne le donnent à entendre ceux qui insultent Platon, Aristote, S. Thomas et tant d'autres philosophes éminents aussi légèrement que s'ils s'adressaient à des enfants. (*Sist. theol.*, *Edit. mogunt.*, 1820, *pag.* 218 *et seq.*). » Ainsi parle Leibnitz, entraîné non par l'ignorance ou par la passion, mais par l'évidence de la vérité connue. Il n'appartient qu'aux esprits d'élite et aux cœurs magnanimes de secouer les préjugés et d'aller contre le courant d'un siècle dévoyé.

La difficulté que rencontrait S. Augustin, lui pourtant doué d'un esprit si pénétrant, pour pénétrer jusqu'au cœur de cette importante question, et le besoin qu'il sentait d'une lumière supérieure, doivent servir de leçon à ceux qui voudraient voir toute chose de leurs propres yeux, et d'une manière instantanée. Plus on s'avance sur ce vaste océan de l'être et du vrai, plus le but de nos recherches semble loin de nous, et lorsqu'on croit l'avoir atteint, on s'aperçoit de suite qu'on a fait à peine quelques pas loin du rivage. Aussi, Dante dit-il très-justement (*Parad.*, XIX) : « Lorsque le regard plonge dans les flots de la mer, près du rivage, le fond lui apparaît, mais en pleine mer il est invisible ; il existe pourtant, mais c'est que sa profondeur le dérobe au regard. Il n'y a pas de lumière, si elle ne vient de l'azur, qui ne se trouble jamais ; sans lui ce ne serait que ténèbres, que l'ombre de la chair ou son venin (1). »

---

(1) Com' occhio per lo mare entro s' interna ;
Che, benchè dalla proda veggia il fondo,
In pelago non vede ; e nondimeno
Egli è ; ma 'l cela lui l' esser profondo.
Lume non è, se non vien dal sereno,
Che non si turba mai ; anzi è tenebre,
Od ombra della carne o suo veneno.

VINGT-CINQUIÈME LEÇON.

De l'état des éléments dans le composé. — Examen de l'analyse chimique.

Dans trois opuscules (*Opusc. De Mixtione elementorum; Opusc. De Principiis naturæ; Opusc. De Natura materiæ*), S. Thomas combat les deux doctrines extrêmes suivantes : la première est celle qui prétend que les éléments sont, dans la substance composée, les mêmes qu'ils étaient dans leurs natures premières, et qui, par là-même, nie de fait, le changement substantiel, bien qu'elle le reconnaisse en paroles. *Secundum sensum, sicut accidit in aggregatione invisibilium, sive insensibilium corporum propter parvitatem*. La seconde doctrine, réprouvée par S. Thomas, est celle qui prétend que dans le composé, les éléments sont *entièrement* détruits; mais, la réfutation de cette opinion ressort de ce seul fait, que le composé peut se résoudre en ses éléments. Aussi, S. Thomas adopte cette définition de l'élément, donnée par Aristote (*Métaph.*, V., 3) : *L'élément est ce qui constitue premièrement le composé, qui reste dans le composé, mais qui ne peut se diviser en d'autres espèces. De même que les éléments de la parole sont ceux dont elle est composée, et, après lesquels elle ne peut plus être divisée, de même les éléments des corps sont ce en quoi les corps se résolvent finalement, et ce qui ne peut plus se résoudre en corps d'espèce diverse : tels sont les éléments, qu'il n'y en ait qu'un, ou qu'il y en ait plusieurs* (*Il y en a aujourd'hui* 74.). » Et S. Thomas commente ainsi ces paroles : *Ce qui reste dans le composé*. « Ces paroles marquent la différence qui existe entre l'élément et les matières qui sont *totalement* détruites par la génération du composé : c'est ainsi que le pain est la matière du sang, et que le sang ne peut être produit, si le pain ne cesse d'exister. Par conséquent, le pain *ne reste pas* dans le sang, et l'on ne saurait dire que le pain est l'élément du sang, puisque les éléments n'étant pas entièrement détruits, restent nécessairement *de quelque manière* (*De Princ. nat.*). »

Ainsi donc, nous devons admettre d'une part, le changement substantiel des éléments, autrement, il n'y aurait jamais une *nouvelle* nature; et, d'autre part, nous sommes contraints d'admettre que les éléments restent *de quelque manière* dans le composé, puisque, autrement, le composé ne pourrait se résoudre en ses éléments. Comment donc concilier ces deux propositions?

Pour bien saisir cette question, nous devons, avant tout, considérer comment les actes substantiels, ou formes substantielles de la matière, sont contenus *virtuellement* les uns dans les autres. Ce mot, *virtuellement*, signifie qu'ils sont contenus comme le moins dans le plus, comme l'acte imparfait dans l'acte plus parfait; mais ceci, comme on le voit, exclut essentiellement toute *addition* et toute *multiplicité* de formes dans la même matière. S. Thomas prouve par des raisonnements profonds ces deux choses : *a*) que toutes les formes matérielles sont du même genre; *b*) qu'il n'est pas possible de rencontrer actuellement *plus* d'une de ces formes dans la même matière, parce que, étant toutes du même genre, elles sont toutes contenues *virtuellement* les unes dans les autres.

a) Voici comment S. Thomas prouve que toutes les formes matérielles sont du même genre : « Il n'y a diversité de genre qu'entre les choses qui n'ont pas un sujet identique; donc, les actes qui ont le même sujet sont du même genre. Ceci est évident, soit pour les actes transitifs que l'on nomme *opérations*, soit pour les formes permanentes. Ainsi, la vue du blanc et du rouge sont des actes du même genre, parce que leur sujet est le même, à savoir la puissance visuelle. De même la blancheur et la rougeur sont des formes du même genre, parce qu'elles appartiennent au même sujet, à savoir à la superficie du corps limité. La raison de ceci, c'est que les puissances se distinguent en raison des actes, et, par conséquent, les actes de divers genres ont des puissances diverses. Le sujet prochain de chaque acte, c'est la puissance ordonnée par sa nature à se perfectionner par cet acte, et, dès lors, il est nécessaire que tous les actes qui ont le même sujet, soient du même genre. Or, les formes substantielles ont le même sujet, puisqu'elles perfectionnent la même puissance. En effet, la matière est la puissance ordonnée à toutes les formes matérielles, comme *à ses actes propres* et à ses propres perfections, et elle peut recevoir toutes les formes artificielles. Donc, il est évident que toutes les formes matérielles sont du même genre. »

b) Voici maintenant comment le même docteur prouve que la même matière ne peut être *actuellement* informée par plusieurs formes substantielles, puisqu'elles sont du même genre. « Ceci se démontre par la considération de l'essence de ces formes et de leur rapport mutuel. Pour que cette proposition soit évidente, il faut remarquer que les formes de genres divers ont entre elles ce rapport qu'aucune d'elles ne possède quelque chose de la vertu de l'autre, mais, elles sont tellement diverses qu'aucune n'en contient une autre en elle-même : par exemple, il n'y a rien dans la couleur qui soit virtuellement dans la saveur, et, dès lors, elles sont des formes de genres divers, *et sont dans des puissances diverses*. Or, les formes du même genre ont entre elles cette relation que l'une contient *virtuellement* l'autre : ainsi, la forme plus parfaite contient en elle la forme moins parfaite et *quelque chose de plus*, comme une figure contient une autre figure avec quelque chose en plus. Par exemple : le carré contient le triangle et y ajoute un angle ; le pentagone contient le carré et y ajoute un angle, et ainsi des autres figures. Or, ce que nous disons du genre des figures rectilignes peut s'appliquer aux autres genres. Donc, on ne peut faire *d'addition* dans les espèces, de telle sorte qu'une forme, qui existait déjà, reste encore en acte, lorsque une nouvelle forme est produite. C'est ce que l'on voit par l'exemple des figures : pour avoir le carré, il ne suffit pas d'ajouter une ligne au triangle, car, de quelque manière que l'on fasse l'addition, on n'aura jamais une autre figure, puisque les limites restent toujours celles de la première. Deux figures du même genre ne peuvent demeurer dans le même sujet, et, par conséquent, pour avoir le carré, il faut qu'il cesse d'être triangle, et, s'il est concret et fait d'une matière flexible ou ductile, il faudra lui donner une autre forme, de telle sorte que, les trois angles étant détruits, on en fasse quatre angles. Ainsi se fait l'addition et la soustraction dans les substances : sitôt qu'une nouvelle forme substantielle est produite, la précédente *cesse* d'être par là même (*Opusc. De Pluralitate formarum.*). »

Ceci nous suffit pour résoudre la question posée à la fin de la leçon précédente. La première forme substantielle est celle des éléments ; viennent ensuite celles des minéraux composés, puis celles des plantes, et enfin, celles des animaux, et ce sont les plus parfaites. De même que le nombre se forme en partant de l'unité pour croître successivement en une série indéfinie, ainsi les formes commencent aux éléments pour devenir de plus en plus parfaites pendant une série très-considérable. Il est un fait dans la nature, c'est que, dans ses œuvres, elle procède toujours du moins parfait au plus parfait, et qu'elle ne produit jamais ni un animal ni une plante complète ; elle prend le sujet à son germe pour l'amener peu à peu par une *série* de changements successifs de forme à sa perfection. Et l'art, qui imite la nature, agit de même ; c'est par une série de changements successifs, de plus en plus parfaits, que le sculpteur réussit à graver dans le marbre la figure d'un homme.

Ainsi donc, la cause efficiente de puissance finie, qui veut déposer dans la matière une forme bien parfaite, ne le peut faire d'un seul trait ; elle la fait d'abord bien imparfaite, puis, en la perfectionnant peu à peu, elle obtient la forme désirée. Par quels changements ne doit-on pas passer la matière, avant qu'elle puisse être appelée une plante ! Mais, comme ces formes se succèdent *dans le même sujet*, la seconde ne peut *être ajoutée* à la première, ni la troisième à la seconde : la première cesse d'être à l'apparition de la seconde, et celle-ci cesse à son tour à l'apparition de la troisième ; et ainsi la substance élémentaire n'est plus, quand elle est devenue une substance composée, et celle-ci, à son tour, cesse quand une forme plus parfaite se produit, et qu'un être aussi plus parfait est engendré ; de là, cet adage : *Corruptio unius est generatio alterius.* Aussi S. Thomas dit il : « Puisque la génération de l'un est la corruption de l'autre, on doit donc dire que, lorsqu'une forme plus parfaite est produite, la forme, qui était d'abord, est corrompue. Cependant, ceci doit s'entendre en ce sens que la forme nouvelle a tout ce qu'avait la forme précédente, *et quelque chose de plus;* et, ainsi, par une série de générations et de corruptions successives, on arrive à la forme substantielle la plus élevée (*Summ.*, I, 118, *art.* 2.). » Par ces paroles : *la forme nouvelle a tout ce qu'avait la précédente,* S. Thomas nous explique comment les formes substantielles des composés contiennent *virtuellement* celles des corps, c'est-à-dire des éléments, et comment *dans les composés résident virtuellement les éléments dont ils sont composés,* ainsi que l'on doit dire avec le grand docteur : « Les formes des éléments restent dans le composé non actuellement, mais *virtuellement* (*Summ.*, I, 76, 4.). » Considérons maintenant, comme exemple, l'oxygène et l'hydrogène réunis dans un vase, dans la proportion nécessaire pour en faire de *l'eau.* Bien qu'ils soient dans une *telle* proportion et *mêlés* ensemble, ces éléments ne deviendront pas de l'eau, si la matière ne reçoit ce changement, qui est nécessaire pour qu'il en résulte la forme substantielle de l'eau elle-même. Mais, si un autre agent produisait dans l'eau ainsi faite, un changement contraire à celui que sa matière a reçu pour devenir de l'eau, il est clair que la matière restera avec les formes antécédentes d'hydrogène et d'oxygène, mais non avec les autres éléments, *qui n'étaient point contenus virtuellement dans la forme plus parfaite de l'eau.* Si la matière pouvait acquérir la forme de l'eau, sans passer par la forme de l'oxygène et de l'hydrogène, alors on pourrait demander pourquoi, lorsque l'eau cesse, ce sont ces deux éléments, et non pas d'autres, qui se retrouvent; mais on sait que la matière première doit avoir d'abord la forme moins parfaite, pour prendre ensuite les formes plus parfaites, et, par conséquent, il est nécessaire que, le changement d'où résultait la forme de l'eau étant disparu, l'hydrogène et l'oxygène réapparaissent dans leur être (*esse*).

VINGT-SIXIÈME LEÇON.

Corollaires des doctrines précédentes.

De tout ce que nous avons dit jusqu'ici, nous pouvons, sous forme de corollaires, déduire quelques points de doctrine très-importants. Si la forme substantielle *matérielle* résulte du changement produit dans la matière première par la cause efficiente, si elle n'est pas, par conséquent, une certaine force, ou je ne sais quel esprit subtil provenant *ab extrinseco*, comme on pourrait se l'imaginer, et si elle est la cause intime pour laquelle une substance corporelle change de nature et, dès lors, prend un autre être substantiel, nous devons admettre les corollaires suivants : 1° La matière première est le principe commun, la forme substantielle est le principe spécifique. « La matière reçoit la forme, afin d'être constituée dans l'être (*esse*) de quelque espèce. » Ainsi parle S. Thomas (*Summ.*, I, 50, 2.). »

2° Autant il y a d'espèces de substances corporelles, autant il doit y avoir de formes substantielles diverses par l'espèce.

3° Le concept d'une substance corporelle, qui serait un corps sans appartenir à aucune espèce, serait une absurdité, comme il est également absurde de concevoir une chose étendue qui aurait une figure, mais non une figure déterminée. Aussi il serait absurde d'admettre une forme substantielle de *corporéité* qui donnerait seulement l'être (*esse*) de corps. S. Thomas dit, à ce propos (I., 66., 2 *ad* 3) : « La forme de la corporéité n'est pas la même dans tous les corps, puisqu'elle n'est pas diverse des formes qui rendent les corps distincts les uns des autres. » Aussi il est risible de voir certains écrivains modernes concéder à l'âme humaine son être de forme substantielle du corps humain, et réclamer en même temps une autre forme diverse de l'âme pour donner *l'être de corps* à ce même corps humain. Ou bien ils ne comprennent pas ce qu'ils disent, ou bien ils donnent de la forme de corporéité une étrange définition. Par cela qu'il y a une forme substantielle de la matière corporelle, cette forme exclut toute autre forme inférieure et constitue à elle seule le corps dans son genre et dans son espèce.

4° Bien que *directement*, et en vertu de la principale démonstration (vingt-et-unième leçon), qui frappa S. Augustin lui-même (vingt-quatrième leçon), il soit évident qu'il n'y a matière première et forme substantielle que dans les substances qui changent d'être substantiel, cependant : *a*) il suit *indirectement* que toutes les substances, qui *peuvent* avoir ce changement, sont constituées par les mêmes principes ; *b*) toutes les substances *corporelles*, quelque inconnues qu'elles soient, doivent avoir une partie de leur être *commune* avec les substances que nous connaissons, et une autre partie qui les constitue dans une espèce déterminée et leur donne des actes spécifiquement divers des actes des substances qui ne sont pas en dehors de notre expérience ; et, par conséquent, nous devons dire que ces substances corporelles inconnues se composent aussi de deux principes, matière et forme, bien qu'elles ne soient pas sujettes à des changements dans leur être substantiel.

5° La forme substantielle confère *l'unité* de nature et constitue la matière individuelle ; donc, lorsqu'il y a des corps contigus, s'il y a en eux plusieurs formes substantielles, il y aura également plusieurs natures, plusieurs substances individuelles ou suppôts.

6° Il répugne qu'un corps ait une étendue locale sans avoir une figure appartenant aux formes accidentelles, car, si Dieu crée un corps étendu, il doit le créer avec une figure quelconque, et l'art ne peut pas le rendre entièrement dépourvu de figure : de même, il répugne que la matière première n'ait pas une détermination quelconque ou forme substantielle.

7° Si tant d'hommes éprouvent une si grande difficulté pour se former un concept clair de la matière première, c'est qu'ils voudraient la concevoir distinctement *en elle-même*, ce qui est impossible. Aussi S. Thomas nous dit : « Comme toute définition, et toute connaissance, est déterminée d'après la forme (ving°-

huitième leçon), il s'ensuit que la matière première ne peut être ni définie ni connue *par elle seule*, mais bien en la comparant à la forme, et ainsi nous disons qu'il y a une matière première par rapport à toutes les formes, comme est le bronze par rapport à toutes les statues; mais on l'appelle matière *première* d'une manière absolue, puisque aucune autre matière ne lui est antérieure. En grec, elle porte le nom de ὕλη, c'est-à-dire chaos ou confusion (1). » C'est donc avec raison que les anciens définissaient d'une manière positive la matière première : « *Le sujet premier de tous les changements corporels;* ou bien : *Le sujet des changements substantiels;* ou bien encore : *Le principe de l'extension et de la quantité.* Avec raison aussi ils la définissaient d'une manière négative : Ce n'est ni une nature, ni une quantité, ni une détermination quelconque de l'être : *Materia non est quid, nec quale, nec quantum, nec aliquid earum per quæ res determinatur* (VII, *Metaph.*, 3.). En effet, si la matière première peut être une nature quelconque, comment pourra-t-on appeler une nature *spéciale?* Dire autrement serait aussi absurde que définir l'étendue locale, *laquelle dans son concept n'est déterminée par aucune figure :* « L'étendue locale est la figure, par exemple, du cercle et du triangle. » En outre, comme la matière doit naturellement être déterminée avant que d'avoir une quantité ou une qualité quelconque, il est certain qu'on ne peut la définir par sa qualité ou par sa quantité, pas plus que par une *détermination*, puisque c'est par cela même qu'elle est *déterminée*, comme par la forme elle-même. Et pourtant notre définition est parfois tournée en ridicule, mais c'est par ceux qui n'en comprennent pas la valeur et qui croient pouvoir *par leur vaine moquerie*, jeter le mépris sur un système qui a été et qui est suivi par tout le genre humain, sans que cependant tous s'en rendent un compte explicite, système que les savants

---

(1) « Et quia omnis definitio et omnis cognitio est per formam, ideo materia prima non potest per se definiri nec cognosci, sed per comparationem ad formam, ut dicatur *quod* illud est materia prima, quod hoc modo se habet ad omnes formas, sicut æs ad idolum, et hæc dicitur simpliciter prima, propter hoc quod ante ipsam non est materia alia : et hæc etiam dicitur ὕλη, hoc est chaos, vel confusio græce. » *De Princ. nat.* 31.

de l'antiquité n'ont fait que de raisonner et éclaircir (1).

8° De la matière première découle, comme nous disions, la quantité, c'est-à-dire que la matière première

(1) Combien est inconvenant le mépris que tant de savants affectent pour nos ancêtres! Remarquons comment dans la lettre suivante, jusqu'ici inédite, l'abbé Rosmini, écrivant au P. Taparelli d'Azeglio, de la Compagnie de Jésus, parle de la matière et de la forme à une époque où le système scolastique était si généralement l'objet des railleries les plus grossières :

Mon Révérend Père, je suis trop honoré de votre aimable lettre du 19, que j'ai reçue hier soir; mais, je suis désolé que vous attendiez de moi de nombreux renseignements sur le grave sujet qui me touche, car je suis bien peu en état de vous les donner. Cependant voici, pour vous obéir, ce que je puis dire sur la matière et la forme de S. Thomas et des scolastiques.

Sur la première question que vous me posez, je suis complétement de votre avis. Je crois qu'il est tout à fait impossible de ne pas admettre en philosophie les idées que les anciens philosophes et les Pères de l'Eglise, particulièrement S. Augustin, dans les trois derniers livres des *Confessions*, attachaient aux mots de *matière* et *forme*. Je dis que si l'on faisait cela, on anéantirait la *métaphysique*, et, par conséquent, la philosophie. Un grand nombre de philosophes modernes, ou pour parler plus justement, mais entre nous afin que personne n'entende, de sophistes modernes, ont tout fait pour appauvrir la philosophie, pour lui arracher tout ce qui la constitue, et ils n'ont gardé que le nom, une simple enveloppe de philosophie sous laquelle on ne trouve que des récits de faits; et encore avec quelle légèreté ces faits sont racontés! Tant il est vrai que celui qui rejette les principes de la vérité, ne saurait raconter les faits avec *vérité* (soit dit encore entre nous). Locke, par exemple, et cette troupe nombreuse qui s'est élancée sur ses pas, n'ont pas essayé d'établir un autre principe plus chaleureusement que celui-ci : On ne peut connaître *les essences* et *les substances* des choses. Donc, d'après eux, la philosophie toute entière ne peut traiter que *des accidents*. Or, une science qui est réduite à n'avoir pour sujet que des accidents, soumis à des changements continuels, est bien faible, elle est détruite, elle est annihilée. Elle ne peut raconter que des faits qui, sans principe, n'ont aucune valeur, et aucun principe ne saurait être déduit des accidents seuls, puisque tout principe est fondé sur l'essence des choses et sur les rapports immuables qu'elles ont entre elles. J'aime à voir S. Thomas faire le panégyrique de ces prétendus savants, quand il imagine comme type de doctrine *sophistique* celle qui ne traiterait que des accidents. En effet, il est facile de comprendre que tout sophisme, toute erreur naît de ce seul principe : la substitution de *l'accident* à *la substance*. Et si l'on élimine la substance du domaine de l'intelligence humaine, à plus forte raison doit-on le faire pour *la matière* et *la forme*, puisque ces deux éléments entrent dans la composition de toutes les substances. Ce qui m'étonne beaucoup, c'est que Reid, que sous un autre rapport je vous recommanderais comme utile à votre but, affirma franchement, lui aussi, avec Locke, l'ignorance absolue de l'homme par rapport aux essences des choses. D'autre part, je conviens avec vous qu'il échappe, involontairement, de bouche, à presque tous les philosophes, des expressions qui signifient à peu près *la matière* et *la forme*, comme l'entend Aristote. Cela vient de l'impossibilité où est l'homme de rester sans une philosophie, c'est-à-dire sans penser ou croire quelque chose sur les vérités les plus importantes, qui se présentent si fréquemment ou, plutôt, qui regardent sa destinée; aussi, dans le temps même où ces philosophes déclarent *la matière, la forme, les essences, les substances* comme choses supérieures aux forces de l'intelligence humaine et se proposent de se borner à observer simplement les faits, ils ne lient pas leur parole, et continuent, sans s'en apercevoir, à parler de toutes ces choses, sans lesquelles le raisonnement même est impossible. Mais, non-seulement on a une étendue intrinsèque, une dimension radicale; mais comme elle n'est pas *déterminée* à telle ou telle étendue, il faut que la forme substantielle unisse, pour

ne peut, à mon avis, écarter, dans les raisonnements philosophiques, les idées exprimées par les anciens avec les termes *de matière et de forme*, je crois aussi impossible et aussi incommode d'omettre ces termes mêmes pour en employer d'autres. Je dis que je crois ceci *incommode*, et, pour nous, la chose doit être démontrée du moment que l'on voit ces termes déjà adoptés et consacrés par l'Eglise. Les Pères et les conciles les emploient; dans les catéchismes, on parle de *la matière* et de *la forme* des sacrements, on enseigne ces termes aux enfants avec les premières vérités de la foi, bien qu'on n'ait pas la coutume de les leur expliquer; souvent aussi les maîtres ne savent pas eux-mêmes l'origine de ces expressions: fruit amer de cette philosophie moderne qui travaille avec un courage infatigable à faire perdre aux hommes le souvenir des vérités que la tradition leur avait transmises!

Vous me demandez, en second lieu, *quels sont les auteurs les plus récents qui peuvent nous servir à établir le principe hypermécanique.*

Je suppose que vous entendez par là les mauvais auteurs, afin de pouvoir leur emprunter les aveux avantageux pour la bonne cause. L'école moderne du siècle commença par ne voir que la matière, et finit par tout attribuer à l'esprit : d'où deux grandes classes de philosophes qui se sont égarés : *les matérialistes et les idéalistes*. On peut, en peu de mots, caractériser ces deux genres de philosophies. Les hommes qui font abstraction de Dieu, cherchent dans les créatures leur grandeur et placent en elles le centre de tout. Or, comme les créatures sont de deux espèces, *l'esprit et la matière*, il ne pouvait y avoir que deux systèmes : l'un considérant *la matière*, et l'autre, *l'esprit* comme le centre de tout : d'où *les matérialistes et les idéalistes*. Ce n'est pas que les matérialistes excluent les effets de l'esprit pour les attribuer à la matière, ni que les idéalistes excluent les propriétés de la matière pour les concentrer dans l'esprit; toute l'erreur consiste à confondre, deux *essences* séparées, en une seule : les matérialistes confondent l'esprit avec la matière, et les idéalistes font de la matière une émanation de l'esprit humain. Pour le matérialiste, l'esprit n'est qu'une apparence, un principe, c'est un phénomène de la matière; et pour l'idéaliste la matière n'est qu'un phénomène de l'esprit. Si donc, on veut recueillir de leur bouche des aveux utiles, il faut noter dans les matérialistes les passages où il donne à la matière un *principe hypermécanique,* et démontrer en même temps qu'il n'est pas apparent, mais qu'il est réellement distinct du principe *mécanique* et matériel. L'idéaliste concède et parle d'un principe *hypermécanique,* comme Kant dans son système moral, mais ce principe n'est *hypermécanique* qu'en apparence, car, la nature mécanique n'existant pas pour lui, il ne peut rien y avoir au-dessus d'elle. Il est donc nécessaire de démontrer par les aveux de l'idéaliste que sans l'esprit existe réellement la matière; c'est l'unique voie pour mettre l'esprit à sa place, à savoir au-dessus de la matière; alors seulement l'existence du principe *hypermécanique* est assurée.

Je ne fais ces observations que pour indiquer les passages des auteurs en question, qui prouvent clairement l'existence d'un principe vraiment supérieur au mécanisme de la matière, et pour montrer avec quelle facilité les idéalistes, surtout, se trompent avec leurs protestations et leurs déclarations d'un principe supérieur à la matière, comme s'il pouvait exister une matière supérieure à une autre qui n'existe pas.

Ceci posé, je crois que vous trouverez dans les auteurs de ces deux classes, de puissants témoignages pour prouver ce que vous cherchez et pour les convaincre de ce défaut que déjà S. Cyprien reprochait à d'autres philosophes : *Hoc est summa delicti nolle agnoscere quem ignorare non possis.*

Le travail que vous vous proposez de faire, doit être assurément d'une très-grande utilité. Mais pour le rendre concluant et avantageux à tous, il faudra ainsi dire, ses parties et les détermine. Aussi, S. Thomas dit-il (*Contr. Gent.*, 3, II, 65) : « Tout corps est divisible ; mais tout divisible a besoin de quelque chose qui le contienne et unisse ses parties. » Le même docteur attribue à la matière première cette étendue *indéterminée* dont nous parlions (IV, *dist.* 44, *quæst.* 1, *sol.* 1 *ad* 3) : « Ce qu'on doit reconnaître dans la matière indépendamment de la forme, reste dans la matière

expliquer avec soin ce qu'on entend par *principe hypermécanique*, et ce qu'on entendait par les deux mots célèbres *matière* et *forme*. Il n'est pas déjà si facile de déterminer le sens de ces deux mots d'une manière claire et précise, et si cela était fait, je crois que personne ne voudrait rejeter les idées attachées à ces deux mots. A mon avis, cette explication doit être la base de tout votre travail.

Les philosophes, qui ont le dessein de présenter des faits seulement, et non des causes, peuvent être matérialistes ou idéalistes. Citons, parmi ces derniers, Hume dont l'idéalisme part de ce principe que l'âme même de l'homme étant considérée comme un simple fait, un phénomène, il veut la transformer en une idée. Il arrive que *la substance* est changée en accident dans cette philosophie qui nie et détruit ainsi toutes les substances. Enfin, lorsque l'on se restreint dans la limite des faits, non-seulement le principe *hypermécanique* n'existe pas, il n'existe même aucun *principe*, puisque le fait n'est jamais un principe. Je dis cela uniquement pour faire observer que les matérialistes ne sont pas seuls à nier le principe hypermécanique, mais que les idéalistes, quoiqu'ils disent, sont rangés dans la même catégorie ; et, dès lors, il convient d'établir ce principe contre les uns comme contre les autres.

Maintenant, pour combattre les faits dans lesquels ils se limitent, le seul moyen, selon moi, c'est, non de se mettre immédiatement à démontrer l'existence des substances, et des substances spirituelles, mais bien de leur démontrer la nécessité *des principes* de la raison ; car, ce qui est opposé au fait, c'est la raison du fait ; il faut donc leur montrer que les faits ne sont pas compris, ne sont pas accueillis, et ne servent à rien, si l'on ne suppose quelque *raison* nécessaire ; et, s'ils ne l'admettent, ils n'ont plus le droit d'ouvrir la bouche, et moins encore de nous raconter des faits.

Tel est le premier aveu que l'on doit recueillir de leur bouche, et les aveux de cette sorte sont nombreux près de ces philosophes ; tout philosophe, en effet, a la prétention de toujours raisonner, *et quidem* de bien raisonner ; donc, il est contraint, à chaque pas, de transiger avec son principe de ne pas sortir de la voie des faits.

Après ce premier aveu obtenu, il est facile d'établir le principe *hypermécanique* dont nous parlons, et de définir ce principe que l'on ne peut, selon moi, exprimer en termes clairs qu'après avoir étudié la nature de l'intelligence.

Pardon si j'ai écrit tout ce qui s'est présenté à mon esprit ; pardon si je l'ai fait tant à la hâte et si imparfaitement.

Je ne vous nomme pas d'auteurs spéciaux, parce que les aveux que vous désirez, vous les trouverez dans les philosophes matérialistes et idéalistes. Ce que je crois le plus avantageux, c'est de ne s'attacher qu'aux principaux ; les autres ne méritent pas qu'on s'y arrête longtemps, parce qu'ils tombent d'eux-mêmes.

Veuillez me recommander à Dieu dans vos prières ; chaque fois que je pourrai quelque chose pour vous, vous n'avez qu'à ordonner ; pardonnez-moi seu- de vous servir si imparfaitement.

Abano, le 22 juillet 1824.

Votre très-obéissant et très-dévoué serviteur,

P. ANTOINE ROSMINI-SERBATI.

après le changement substantiel ; car, bien que ce qui est postérieur cesse d'exister, il n'est pas moins vrai que ce qui était auparavant, puisse rester. Or, il faut admettre, dans la matière des choses, sujettes au changement substantiel, des dimensions indéterminées, en raison desquelles cette matière peut recevoir des formes diverses dans des parties différentes ; par conséquent, après la séparation d'une forme substantielle de la matière, celle-ci aura encore en elle les mêmes dimensions *indéterminées*. » Ce serait une erreur, si, de ces paroles, on concluait que la matière première peut subsister sans forme, car c'est le contraire qui est vrai. En effet, puisque la matière première a en elle des dimensions *indéterminées*, et que ces dimensions sont *déterminées* sitôt qu'elle existe, il s'ensuit qu'avec les seules dimensions indéterminées elle ne peut tout à fait exister, et que c'est par la forme qu'elles sont *déterminées ;* donc, dans son existence la matière dépend de la forme. Lorsque nous concevons la matière première en elle-même, bien qu'elle se présente toujours comme *actuée* par quelque forme substantielle et avec des dimensions déterminées, cependant nous la devons concevoir avec cette indétermination soit de nature, soit d'étendue, qui lui est propre. Aussi, les paroles de S. Thomas ne signifient pas qu'après la séparation d'une forme substantielle la matière reste sans forme avec ses dimensions indéterminéees, mais elle donne à entendre que nous devons la considérer avec ces dimensions dans toutes ses transformations.

9° On voit d'après cela, que ce principe : *Forma dat esse rei*, ne signifie pas que la forme est la cause efficiente de la matière, car, au contraire, comme le dit Platon dans *le Timée*, ce serait plutôt la matière qui serait la mère de la forme, mais ce principe signifie : *a)* que la forme donne l'être essentiel et spécifique au corps ; *b)* qu'elle complète la matière en l'actuant, puisque sans elle, la matière ne saurait exister : en un mot, la forme est cause *formelle*, mais elle n'est pas cause *efficiente*.

10° Comme la matière première est indifférente à toutes les espèces des corps, elle peut être déterminée par la forme à telle ou telle espèce, selon qu'elle représente l'idée divine archétype de tel ou tel corps. Aussi, S. Thomas dit très-bien : « Dieu est la première cause exemplaire de toutes choses. Ceci est bien évident, si l'on considère que, pour produire une chose, il faut nécessairement un exemplaire, afin que l'effet ait une forme déterminée. Ainsi, l'ouvrier, pour produire dans la matière une forme déterminée, examine l'exemplaire qu'il veut imiter, que l'exemplaire soit ce qu'il voit en dehors de lui, ou que ce soit simplement un concept de son esprit. Il est clair que les choses qui se font par une force naturelle, reçoivent des *formes déterminées*, mais, ces déterminations reposent, en principe, dans la sagesse divine, d'où découle l'ordre de l'univers, qui consiste dans la distinction des choses (*Summ. th.*, I, 44, 3.). »

11° De cette doctrine, il résulte que la forme matérielle dépend, *in fieri*, de la matière première, dans laquelle elle existe comme conséquence du changement produit par la cause efficiente. Par conséquent, la forme matérielle ne peut *être créée*, car elle dépend de la matière comme sujet, et la création est la production de l'être en lui-même, indépendamment de tout sujet : *Creatio est eductio rei ex nihilo sui et subjecti*. Au contraire, la forme immatérielle comme l'âme humaine, ne résulte pas de ce changement, mais vient *ab extrinseco*, et, dès lors, elle doit être créée.

12° Il suit aussi évidemment de là que *la conservation* de la forme matérielle dépend de la matière, et qu'elle ne peut exister en dehors d'elle. Elle cessera d'exister du moment que la matière première recevra de la cause efficiente, un nouveau changement; et, après ce changement, il serait aussi ridicule de demander *où s'est en allée la forme substantielle matérielle*, qu'il serait ridicule de demander, après la liquéfaction de la cire, où est la figure de César qui se trouvait dans cette cire. Les formes substantielles matérielles ne peuvent pas plus être anéanties qu'elles peuvent être créées, et, en cela, elles ressemblent aux formes accidentelles. Au contraire, la forme immatérielle, étant créée, vient *ab extrinseco* et a un être propre; et, de même qu'elle ne commence pas par le changement de la matière, de même elle ne peut cesser d'exister par un changement contraire; c'est là la raison pour laquelle, à la mort de l'homme, l'âme continue d'exister.

13° Il suit encore de ce que nous avons dit, que la forme substantielle matérielle dépend de la matière aussi bien dans ses opérations que dans son être. En effet, la forme substantielle matérielle n'a pas un être propre, elle a le même être que la matière; donc, elle n'a pas des facultés propres, puisque les facultés découlent de l'être, et, dès lors, elle n'a pas non plus des actes propres, puisque les actes découlent des facultés. Donc, toutes les opérations d'une substance corporelle, informée par une forme substantielle matérielle, dérivent, comme *d'un principe unique,* de la matière et de la forme tout ensemble. Il n'en est pas ainsi de la forme immatérielle, comme nous le verrons en temps voulu.

Ce que nous venons de dire sur le principe fondamental ou essence du *système physique,* nous montre, d'une manière générale (et nous le verrons en son lieu d'une manière particulière), comment la variété des formes produit la merveilleuse beauté de l'univers corporel et fait que les créatures, depuis la dernière jusqu'à la plus élevée dans l'échelle des êtres, imitent la divine essence à des degrés divers. Et comme, au dire de S. Thomas, *quamlibet formam sequitur aliqua inclinatio* (*Summ.*, 80, 1), chaque forme a une *tendance* spéciale, c'est-à-dire un appétit vers une fin ou un bien que Dieu avait en vue, en donnant la forme elle-même, il s'ensuit que, de la variété des formes découle la variété des inclinations, des instincts, des appétits et des opérations, et l'ensemble harmonieux de ces choses si variées produit cet ordre qui fait que le monde retrace avec éclat les perfections divines. Dante célèbre sur sa lyre ce système, quand il fait dire à Béatrix (*Par.*, I):
« Après avoir poussé un tendre soupir, elle porta ses yeux sur moi, avec cet air d'une mère qui regarde son fils en délire, et elle me dit : « Toutes les choses ont un ordre entre elles, et cet ordre, c'est la forme qui fait que l'univers ressemble à Dieu. Ici, les créatures supé-

rieures voient la trace de la puissance éternelle, qui est le but de la loi dont je parle. Dans cet ordre, toutes les natures se dirigent par des voies différentes, plus ou moins rapprochées de leur but, et elles se dirigent vers des ports différents, par la grande mer de l'être, conduites chacune par l'instinct qui lui a été donné... »
« (*Par.*, XXIX.) Béatrix, le visage éclairé par un sourire, se tut en regardant fixement le point qui m'avait ébloui, puis elle parla ainsi : « Je veux te dire, et sans te le demander, ce que tu veux savoir, parce que je l'ai vu dans le point où vont aboutir *l'espace* et *le temps*. Ce n'était pas pour acquérir plus de perfection, car ceci est impossible, que, dans son éternité, hors du temps et de l'espace, et par un acte ineffable, l'amour éternel s'épancha librement en de nouveaux amours, mais c'était afin de pouvoir dire par la splendeur de sa gloire : J'existe. Et l'on ne saurait prétendre qu'avant cette création, il restait inactif, puisqu'il n'est pas dit que ce fût avant ou après, que l'Esprit de Dieu courait sur les eaux. Et, la forme et la matière, réunies et pures de tout mélange, furent produites par un acte infaillible de la volonté, comme trois flèches partent d'un arc à trois cordes. Et, comme un rayon brille dans le verre, dans l'ambre et dans le cristal, de telle manière qu'entre l'instant où il y pénètre, et celui où il y est tout entier, il n'y a pas d'intervalle, ainsi, ce triple effet, complet dans son existence rayonna du sein de son Créateur sans aucune distinction dans son commencement. L'ordre de ces substances fut créé et disposé en même temps qu'elles, et celles qui reproduisirent le plus parfaitement l'acte pur occupèrent le faîte de la création. *La puissance* pure occupa la partie inférieure, et, au milieu, la puissance et l'acte furent réunis par un lien si étroit qu'il ne se brise jamais (1).

(1) Ond' ella, appresso d' un pio sospiro,
    Gli occhi drizzò ver me con quel sembiante
    Che madre fa sopra figliuol deliro ;
E cominciò : Le cose tutte quante
    Hann' ordine tra loro ; e questo è forma
    Che l' universo a Dio fa somigliante.
Qui veggion l' alte creature l' orma
    Dell' eterno valore, il quale è fine
    Al quale è fatta la toccata norma.

VINGT-SEPTIÈME LEÇON.

Le système physique et la chimie.

Accord du système exposé plus haut avec la chimie moderne.

La chimie a pour objet principal les changements des substances corporelles : elle prend le nom de chimie inorganique, si ces substances ne sont pas vivantes; celui de chimie organique, si elles sont vivantes. Son objet est de déterminer : *a)* quelles sont les substances élémentaires qui concourent à la formation d'une substance composée; *b)* dans quelles conditions se fait soit la composition, soit la décomposition des substances; *c)* enfin, quelles sont les opérations et les propriétés

> Nell' ordine ch' io dico sono accline
>   Tutte nature, per diverse sorti
>   Più al principio loro e men vicine;
> Onde si muovono a diversi porti
>   Per lo gran mar dall' essere, e ciascuna
>   Con istinto a lei dato che la porti...
>   ... col volto di riso dipinto,
>   Si tacque Beatrice, riguardando
>   Fiso nel punto che m' avea vinto,
> Poi cominciò : Io dico e non dimando,
>   Quel che tu vuoi udir; perch' io l' ho visto
>   Ove s' appunta ogni *ubi* ed ogni *quando*.
> Non per avere a sè di bene acquisto,
>   Ch' esser non può; ma perchè suo splendore
>   Potesse risplendendo dir : Sussisto,
> In sua eternità di tempo fuore,
>   Fuor d' ogni altro comprender, com' ei piacque,
>   S' aperse in nuovi amor l' eterno amore.
> Nè prima quasi torpente si giacque;
>   Che nè prima nè poscia procedette
>   Lo discorrer di Dio sopra quest' acque.
> Forma e materia congiunte e purette
>   Usciro ad atto che non avea fallo,
>   Come d' arco tricorde tre saette :
> E come in vetro, in ambra ed in cristallo
>   Raggio risplende sì che del venire
>   All' esser tutto non è intervallo;
> Così il triforme effetto dal suo Sire
>   Nell' esser suo raggiò insieme tutto,
>   Senza distinzion nell' esordire.
> Concreato fu ordine e costrutto
>   Alle sostanze, e quelle furon cima
>   Nel mondo in che puro atto fu produtto.
> Pura *potenzia* strinse la parte ima,
>   Nel mezzo strinse potenzia con atto
>   Tal vime che giammai non si divima.

soit des substances élémentaires, soit des substances composées. Or, nos études se renfermant dans la sphère *des essences*, il est clair que la chimie se tient en dehors de cette sphère, et, par conséquent, ne peut être en opposition avec nous, qui ne mettons en doute aucune des expériences affirmées par la chimie. D'ailleurs, autant il est certain que le vrai ne peut contredire le vrai, mais seulement le faux, autant il est impossible que les déductions logiques de la raison soient contraires aux données certaines de l'expérience ; donc, le système physique dans sa doctrine sur les changements substantiels des corps, ne peut être contraire aux données expérimentales de la chimie. Nous affirmons qu'il n'est pas contraire aux faits, sans affirmer pourtant qu'il ne puisse être contraire à certaines théories non prouvées par les faits et créées par l'imagination de certains chimistes. Dans la physique générale nous considérerons seulement ses rapports avec la chimie, nous réservant d'appliquer notre *système physique* aux autres parties de la physique spéciale, à mesure que nous en traiterons.

Conclusion. — *Le système physique est d'accord avec la chimie.*

Cet accord sera parfait, si, sans être obligé d'abandonner un seul de nos principes, nous pouvons admettre *toutes* les doctrines fondamentales de la chimie ; or :

1°. La chimie reconnaît des substances élémentaires et des substances composées, qui diffèrent essentiellement des mélanges et des agrégations. C'est là notre doctrine, et nous appelons, avec les chimistes,

a) Substance élémentaire, *celle qui ne peut se résoudre en d'autres substances que la sienne propre, et qui, combinée avec une autre substance élémentaire, donne une substance chimiquement composée.* C'est pourquoi l'élément, suivant Aristote, est *un corps qui se trouve le premier dans la synthèse, et le dernier dans l'analyse d'autres corps*. Dans le *système physique*, le philosophe raisonne ainsi : En fait, il y a des substances qui se décomposent ; donc, il doit y avoir des premiers composants, puisque la décomposition à l'infini répugne. De plus, il dit : Deux substances, *égales* dans la nature, ne peuvent donner, par leur union, une substance de *nature* diverse, puisque l'effet ne peut être supérieur à la cause; donc, les espèces des substances élémentaires sont numériquement plusieurs. De savoir quel en est le nombre exact, le philosophe n'a point à s'en occuper, puisque c'est une affaire d'expérience; il en laisse la recherche au chimiste, qui, d'après ses expériences, croit pouvoir en indiquer près de soixante-dix.

b) Nous appelons encore, avec les chimistes, substance composée, *celle qui résulte de l'union de deux substances élémentaires*. Toutefois, si ces substances élémentaires ne faisaient que se rapprocher entre elles, en conservant chacune sa *nature* propre, et, par conséquent, son mode *naturel* d'opération, il n'y aurait là qu'une *juxtaposition*, ou une simple agrégation des substances élémentaires, bien que l'œil n'y découvrît qu'un seul corps. Par exemple, si nous versons du vin dans de l'eau, nous avons une agrégation, mais non pas une substance composée. De même, dans une cloche de verre, nous pouvons recueillir une quantité d'oxygène suffisante pour former quelques gouttes d'eau, mais ce ne sera qu'un mélange avant l'explosion de l'étincelle, qui, altérant ces deux substances, en détermine l'union et *le changement de nature*. C'est pourquoi, disons-nous avec les chimistes, il y aura substance ou nature composée, alors que les opérations se manifesteront *diverses* de celles des éléments composants; et cela, nous le dirons avec raison, puisque : *Operatio sequitur esse*, et de la diversité des opérations, qui sont les effets (vingtième et vingt-et-unième leçons), nous pouvons et devons inférer la diversité de la cause qui est la nature. La détermination des cas où naît une substance diverse, n'appartient pas au philosophe, mais au chimiste.

2°. La chimie admet qu'il y a entre diverses substances une *affinité*. Que veut dire ce mot? Il signifie *la proportion qu'ont entre elles des substances élémentaires à une mutuelle union chimique, pour constituer une substance composée*. Cette affinité doit absolument exister en elles; autrement l'union et la production de *nouvelles* substances serait impossible. Or, *a*) Quand nous disons que les substances élémentaires qui concourent à la production d'une substance composée, doivent être de diverse nature, nous sommes, par là même, contraints de dire qu'il ne peut y avoir d'affinité *chimique* entre les substances élémentaires de même nature.

b) Lorsqu'une substance élémentaire a de l'affinité avec plusieurs substances de nature diverse, ce ne sera pas une raison de dire que celle-là a pour toutes celles-ci *la même* affinité, mais elle pourra en avoir une différente.

c) Puisque nous admettons le changement accidentel ou l'altération, il est clair que, en raison de cette altération, une même substance peut se montrer plus ou moins apte à entrer en combinaison avec la substance pour laquelle elle a de l'affinité.

d) Enfin, comme nous rejetons *l'action à distance* (en temps et lieu, nous en montrerons l'absurdité), et que, suivant nous, la substance composée doit être le résultat de l'union *physique et immédiate* des éléments, nous devrons dire que l'affinité n'aura pas d'effet à distance, et, par conséquent, un corps solide ne pourra se combiner qu'à sa surface, avec une autre substance : c'est pourquoi l'état liquide et l'état gazeux devront être les plus propres aux changements substantiels, parce que, dans ces états, les substances peuvent facilement se mêler et se confondre, et ainsi se trouver dans une position favorable à l'union chimique. Or, ces quatre points de doctrine que nous professons, loin de les rejeter, la chimie les confirme par des faits innombrables, et les soumet à des lois déterminées ; donc, en tout cela, *le système physique* marche en parfait accord avec la chimie.

3°. La chimie admet que, pour se changer, les substances qui ont de l'affinité entre elles, doivent être unies en certaines proportions *déterminées* de poids et de volume. Et nous, philosophiquement, nous déduisons la même condition des principes du *système physique.* Car, si le changement substantiel de deux substances composantes, par exemple, l'hydrogène et l'oxygène, donne naissance à la forme substantielle de l'eau, l'effet produit doit venir, non-seulement, de l'étincelle électrique, mais encore et de la quantité des deux éléments, et de leur *mutuelle* action, et de l'intensité de leurs *forces*. Donc, si vous ôtez ces proportions déterminées, ou bien le changement n'aura pas lieu, ou bien il aura lieu d'une manière diverse : par suite, ou bien nous n'aurons pas la production d'une nouvelle substance, ou bien nous n'aurons pas la substance qui eût été produite en d'autres proportions.

4°. La chimie reconnaît dans la combinaison chimique, d'où naît un changement substantiel, ce qu'on nomme le *dualisme chimique*, qui est une sorte de loi naturelle, en vertu de laquelle cette combinaison ne peut avoir lieu immédiatement que *entre deux* substances élémentaires : c'est pour cela qu'on l'appelle combinaison binaire. Si les substances élémentaires étaient toutes de même nature, et si, par suite, il n'y avait pas changement substantiel, on ne saurait, à la vérité, trouver une raison solide pour démontrer la nécessité de cette loi; mais, quand on admet la diversité que nous reconnaissons entre les substances élémentaires, ainsi que le changement de leur être substantiel, cette loi devient comme un corollaire obligé. En effet, s'il y avait union, par exemple, d'une substance a avec une substance b, et en même temps, avec une autre c, il est clair que de l'union avec b, résulterait une substance diverse de celle qui résulterait de l'union avec c; et, par conséquent, de trois substances élémentaires, il résulterait dans le même instant non pas une, mais deux substances, en vertu non pas d'une, mais de *deux* combinaisons chimiques. Mais, si la première substance a s'étant combinée avec b, avait formé la substance e, cette même substance e, qui n'en est plus qu'une seule, peut fort bien se combiner immédiatement avec une autre substance élémentaire c, et, gardant ainsi la loi du dualisme, donner une autre substance, comme le montre l'expérience.

5°. La chimie nous propose la loi des multiples ; et, dans notre système, cette loi trouve une légitime explication. Il est clair que si, par exemple, sous le rapport du poids, la proportion d'hydrogène et d'oxygène, qui produit l'eau, doit être comme 1 : 8, il y aura également production d'eau, si la proportion est comme 10 : 80, ou comme 1 000 : 8 000, etc. Mais, si l'une des substances n'augmente pas, et que l'autre augmente, nous admettons sans hésiter que, *lorsque s'effectuera la combinaison complète,* la substance produite ne sera pas toujours la même ; car, l'une des deux substances étant principe actif, l'autre principe passif, il est certain que l'excès en plus ou en moins de l'une sur l'autre, doit produire un effet divers. C'est même un fait si évident que des substances produites par les mêmes éléments, mais en proportions diverses, sont d'une nature très-diverse : si bien que, souvent l'une est salutaire, l'autre est un poison violent.

6° La chimie nous propose la doctrine des équivalents chimiques. Or, cette doctrine peut-elle être contraire au changement des substances ? Qui l'affirmerait, ne saurait pas, il nous semble, en quoi consiste cette doctrine. En effet, les équivalents chimiques, pour employer les expressions des auteurs les plus estimés en cette matière, sont les plus faibles quantités (sous le rapport du poids) dans lesquelles les substances puissent entrer chimiquement en union mutuelle, comparées avec les plus petites quantités où entrent en composition l'hydrogène et l'oxygène, savoir : $H : O = 1 : 8$. L'hydrogène est pris comme unité de mesure *dans le poids,* parce que, généralement parlant, dans les combinaisons des autres substances, ce sont les multiples *de l'hydrogène* qui entrent en union : d'où le nom de *poids atomiques* donné aux équivalents chimiques. Ce qui signifie tout simplement que, en chimie, on considère hypothétiquement (sans fondement réel) *tout* l'hydrogène qui entre en composition avec l'oxygène, comme une collection d'atomes dont chacun est *une* substance d'hydrogène : et l'on peut dire la même chose des autres substances que l'on compare à l'hydrogène. On peut admettre cette hypothèse. Mais celui qui raisonnerait ainsi : Les poids auxquels entrent en combinaison les autres substances, sont multiples du poids de l'hydrogène ; donc, l'hydrogène est l'unique substance, dont les atomes, diversement *réunis,* donnent toutes les autres substances, et, par suite, l'hydrogène peut leur être substitué et produire les *mêmes* composés que ces substances auraient produits : celui-là, dis-je, ferait preuve de connaître bien peu la chimie et beaucoup moins encore la logique, puisqu'il confond le poids des corps avec leur nature.

L'usage s'est introduit dans les cours de chimie de dire quelques mots sur la théorie de *l'atomisme chimique*; or, cette théorie, tant qu'elle s'appuie sur l'expérience, se confond avec les équivalents chimiques et ne nous contredit en rien. Mais, si l'on dit qu'elle doit s'entendre en ce sens que tous les corps soient des *agrégats* d'atomes de la même nature et qu'il n'y a pas diversité intrinsèque de substance ni *vrai* changement substantiel, nous affirmerons que c'est là une hypothèse *tout imaginaire*, qui n'a aucun fondement dans la chimie, et qui est incompatible avec l'explication scientifique *des faits*. La chimie *vraie* est inexplicable dans l'hypothèse de l'unité de substance, suite naturelle de l'hypothèse malentendue de l'atomisme.

On nous dira : N'est-il pas vrai que l'analyse chimique donne les mêmes éléments, qui étaient nécessaires à la synthèse chimique? Sans aucun doute. Donc, reprend-on, après la synthèse chimique, les atomes sont demeurés, dans le composé, *tels que* dans leurs premières natures ils se trouvaient unis ensemble. Ici pèche la conséquence, car la diversité des opérations démontre, au contraire, que dans la combinaison chimique leur nature s'est changée. Pour établir la conséquence que nous avons niée, il faudrait que l'expérience se fît sur les éléments ou atomes, *pendant* qu'ils sont combinés, et qu'elle nous montrât que, dans le composé, ils demeurent tels qu'ils étaient auparavant, en les considérant soit en eux-mêmes, soit dans leurs opérations spécifiques. Mais cette expérience n'a jamais eu lieu, et ne pourra jamais se faire. La chimie vraie n'exige pas autre chose que cette existence *virtuelle* des éléments dans le composé chimique : théorie que nous avons déjà défendue et démontrée (vingt-cinquième leçon).

Pour confirmer ce que nous avons dit plus haut sur

la *théorie* dite *atomique*, nous sommes heureux d'apporter le témoignage d'hommes très-compétents dans les sciences chimiques, qui n'ont jamais arrêté leur pensée au système physique que nous proposons. Voici ce que dit Regnault : « Nous pouvons conclure que la théorie *atomique* repose sur des *hypothèses gratuites*, et qu'elle ne contient rien d'exact, sinon ce qu'elle emprunte à la théorie des équivalents, sans offrir sur ces derniers aucun avantage. » (*Élém. de chimie*, n° 709). Le docteur Ettingshausen avait déjà dit : « Mais quand deux substances A et B se combinent dans le rapport de $a : b$, il est bien vrai que ces deux sommes d'atomes de A et de B, qui entrent dans un atome du composé A B, doivent demeurer entre eux en ce même rapport de *poids*, mais, de là on ne déduit pas en quel nombre les atomes des substances composantes doivent entrer pour former un atome composé. Si donc nous voulons déterminer quelque chose sur ce point, nous nous trouverons lancés dans le champ *des simples conjectures*. Par bonheur, les équivalents que l'on obtient indépendamment de *tout mode hypothétique de considérer l'essence d'une combinaison chimique*, suffisent pleinement à la science (*Phys.*, chap. 252.). » Sur quoi le professeur Ambrosoli, dans une note, ajoute : « Plusieurs chimistes emploient l'expression de poids *atomistique* comme synonyme d'équivalent ; mais il vaut mieux bannir complétement de la science ce nom inutile. » Enfin, voici un passage de l'illustre Jamin (*Cours de physique, Introduction*), que nous voudrions voir servir de règle à ceux qui abusent de la physique expérimentale pour attaquer à tort la physique rationelle et philosophique. « Du moment que nous ne pouvons rien savoir *a priori* du monde physique, il nous faut renoncer absolument à l'habitude, trop commune parmi nous, d'accueillir, à titre d'explications, des *hypothèses* dont *la seule possibilité* s'offre à notre esprit ; et nous devons observer invariablement la règle d'étudier les phénomènes tels que nous les voyons se produire, sans nous mettre à *deviner* les causes qui les déterminent. Ce genre d'étude n'est autre chose qu'un examen scrupuleux des faits auquel nous donnons le nom *d'expérience ;* et c'est précisément pour professer la nécessité d'agir ainsi, que nous appelons les sciences physiques, sciences *expérimentales.* » Si ce précepte judicieux avait été suivi par quelques-uns de nos modernes savants, ils n'auraient pas gâté leurs traités de physique par un matérialisme pernicieux, et la jeunesse, docile à leurs leçons, n'aurait pas, avec une science très-superficielle, reçu un poison meurtrier.

VINGT-HUITIÈME LEÇON.

Théories contraires à la diversité des substances et à leur changement.

a) Première forme : Elle admet les atomes essentiellement étendus et résistants.

Comme nous l'avons vu, la diversité et le changement des substances est non-seulement un fait reconnu toujours et par tout le genre humain, mais encore un fait confirmé par de très-puissantes démonstrations. Toutefois, et dans les siècles passés et de nos jours, il n'a pas manqué, et ne manque pas encore d'adversaires pour l'attaquer ; parmi eux se sont toujours distingués les matérialistes, appelés précisément de ce nom, parce que, niant les formes, ils ne veulent reconnaître autre chose que *la matière.* Sous prétexte de science, ils sont allés, de nos jours, jusqu'à ce point de nous présenter l'homme comme un *agrégat* d'atomes, non divers substantiellement de ces agrégats qui (suivant leurs doctrines) constituent les singes dont ils voudraient le faire descendre. Si nous passions sur ces doctrines, sans les examiner avec quelque soin, notre philosophie présenterait une lacune importante et laisserait un libre passage aux erreurs les plus grossières et les plus pernicieuses. C'est pourquoi nous commençons par la doctrine de l'atomisme, qu'on peut appeler *système mécanique.* La raison de cette dénomination est que ce système exclut *la nature* comme principe d'une *véritable* activité, et qu'il considère les atomes comme entièrement inertes et, par là même, sujets seulement à *un mouvement mécanique,* c'est-à-dire à un mouvement causé *par des impulsions externes.*

Principes du système mécanique.

1° Dans un espace immense, il y a un nombre, pour ainsi dire, infini de petits corps qu'on appelle atomes. Chacun d'eux est égal dans son être substantiel à un autre quelconque, et, suivant quelques atomistes, il ne peut y avoir entre eux de différence que dans la figure.

2° Aucun de ces atomes n'est composé dans son essence de deux principes réellement distincts ou séparables de puissance et d'acte; par suite, ils ne sont ni ne peuvent être sujets à un changement substantiel réel et intrinsèque : leur substance n'est que de la matière étendue.

3° Ces atomes peuvent être mis en mouvement par une impulsion externe; rencontrant alors d'autres atomes, ils les heurtent, et ce choc produit un mouvement de translation ou de rotation. On ne reconnaît dans ces atomes d'autre force que celle de résister au moteur et de choquer le mobile.

4° L'origine de ces atomes, suivant les mécanistes moins rigides, vient de Dieu, qui, dès le premier instant de leur création, leur a imprimé un mouvement qui persiste jusqu'à présent : suivant les mécanistes plus rigides (et ils sont nombreux de nos jours), ces atomes sont éternels et ont toujours été en mouvement indépendamment de toute cause immatérielle et incréée, dont ils nient l'existence.

5° Le mouvement ne peut être ni créé, ni annihilé dans le monde corporel; mais la direction seule peut varier, ou bien le mouvement des atomes, autour de leur axe, peut se changer en un mouvement de translation.

6° Ces atomes en perpétuel mouvement, ou translatoire ou rotatoire, ou rectiligne ou curviligne, s'agrègent entre eux, ou bien se tiennent groupés les uns près des autres, et, par cela seulement, forment ce que les hommes appellent des substances : la diversité de ces substances dépend simplement de la position, du nombre et du mouvement divers de ces atomes. S'il n'y a qu'une faible différence en ces trois choses, on aura ce que les hommes appellent des variétés accidentelles.

7° De là vient que, ces différences laissant les atomes immuables dans leur nombre et dans leur substance, il n'y a dans les choses ni variété de substances, ni changements *vrais* d'une substance en une autre ; et, par conséquent, les mêmes atomes qui, dans telle position et dans tel mouvement, étaient, par exemple, de l'oxygène et de l'hydrogène, sans avoir subi aucun changement intrinsèque, et seulement parce qu'ils se trouvent dans une autre position et dans un autre mouvement respectif, sont de l'eau, du fer, du bois, des fruits de diverses espèces, de la chair, des os etc.

8° Les plantes et les animaux ne sont autre chose que des agrégations d'atomes. Le premier germe d'une plante ou d'un animal est une collection d'atomes dans une position et un mouvement respectivement déterminés : aux premiers atomes d'autres viennent s'unir, et ainsi se fait l'accroissement et l'évolution de l'animal et de la plante.

9° Les plus rigides mécanistes prétendent que la nature et les opérations de la plante, de l'animal, et même de l'homme, s'expliquent assez par les diverses dispositions des atomes soumis au mouvement ; les moins rigides veulent que dans les animaux et dans l'homme il y ait une âme, qui n'est pas cause efficiente du mouvement des atomes (car ils sont continuellement en mouvement), mais qui *dirige* leur mouvement de tel ou tel côté ; par exemple, quand je marche, je ne meus pas mes membres, mais je dirige le mouvement.

10° La densité, cette propriété en vertu de laquelle un corps, sous *le même* volume qu'un autre, pèse plus ou moins que cet autre corps, est due au nombre plus ou moins grand d'atomes contenus dans le *même* volume. Et, puisque tous les corps sont compressibles, il suit de là que dans les corps même les plus denses, les atomes sont entre eux à une distance relativement *très-grande*, si on la *compare avec le diamètre* de chaque atome. C'est ainsi qu'ils expliquent la porosité des corps.

11° *Les forces* d'attraction universelle, de pesanteur, d'élasticité, les forces chimiques, physiques, électriques, magnétiques, etc. sont des forces *métaphoriques* et improprement dites, parce que, de fait, il n'y a pas dans les atomes autre chose que la force mécanique par laquelle les corps, poussés par un choc, se meuvent et choquent à leur tour d'autres corps.

12° Le vide *absolu* est nécessaire et l'on doit concevoir tous les atomes comme nageant dans le vide, parce que, autrement, le mouvement des atomes, et cette variété de densité qui existe, serait impossible. Donc, le système mécanique explique tout par *la matière*, par *le mouvement* et par *le vide*. Quelques mécanistes, pour éviter *l'action à distance*, mettent l'éther entre les atomes des substances corporelles, mais les autres rejettent cette restriction, parce que l'éther lui-même est un agrégat d'atomes de la même nature que les autres, et beaucoup plus distincts entre eux ; par conséquent, loin de diminuer, les difficultés vont en *s'accroissant* : aussi ils admettent simplement le choc mutuel des atomes à une vraie distance dans le vide.

b) Seconde forme : Elle admet les atomes comme des points mathématiques, essentiellement inétendus et résistants.

La divisibilité indéfinie du continu soulève plutôt dans l'imagination que dans la raison une difficulté dont nous parlerons bientôt. Cette difficulté a poussé plusieurs savants à ôter toute extension locale aux atomes des corps, sans vouloir toutefois abandonner le système mécanique. Quelques-uns d'entre eux ont dit : Les atomes sont des *points* complètement inétendus, tels qu'on les conçoit en géométrie : ces points sont en mouvement, se *choquent*, se rapprochent les uns des autres ; ils donnent ainsi les molécules et les particules de toutes les substances corporelles étendues, qui nous paraissent diverses, et sont cause de tous les phénomènes de la nature corporelle. Un savant *français* (l'abbé Moigno), parlant d'un opuscule de Tyndall sur la radiation, écrivait ce qui suit : « Monsieur Tyndall est bien clair, mais il l'aurait été encore davantage, s'il avait accepté notre distinction essentielle entre les particules, les molécules et les atomes. La particule est une petite portion d'un corps, solide, liquide ou gazeuse comme le corps lui-même ; la molécule, *tout à la fois être de raison et être réel*, est cette individualité occulte mais réelle, qui ne peut être divisée *pas même par la pensée*, sans perdre la nature du corps dont il s'agit. L'atome, dernier élément du corps, *est probablement, ou même certainement*, un être *simple sans extension, un pur centre de mouvement*, identique en tout à lui-même, dans l'éther comme dans tous les corps. Les molécules sont formées par un nombre plus ou moins grand *d'atomes* (ou de *points inétendus*) *réunis* avec ordre, en telle ou telle manière, sous forme, par exemple, de tétraèdre, d'octaèdre. La particule, à son tour, comprend un nombre plus ou moins grand de molécules. *L'éther est seul composé d'atomes* (*points inétendus ou centres de mouvement*). Tous les phénomènes de la nature : la pesanteur, la cohésion, la chaleur, la lumière, l'électricité, le magnétisme, l'affinité chimique, ont pour *unique et dernière cause les mouvements* incessants des atomes ou des molécules, ou les actions exercées les unes sur les autres par les atomes ou par les molécules. » Un autre écrivain, très-estimé en mathématiques, pour donner en quelque sorte la raison de l'extension locale, qui disparaissait dans le système des points inéttendus, ajoute que ces points, par leurs oscillations très-rapides, bien que séparés les uns des autres, laissaient dans l'espace *un vestige* de leur oscillation ; ce vestige offrait le phénomène de l'extension continue, tout comme si vous tournez avec une grande rapidité un tison enflammé, vous avez sous les yeux l'apparence d'une ligne continue, bien que cette ligne ne le soit nullement.

c) *Troisième forme : Elle admet des substances ou atomes étendus et continus virtuellement, mais non pas formellement.*

Afin d'éviter *la difficulté* de la divisibilité, à l'infini, du continu réel, d'autres ont pensé à un moyen qui enlèverait tout embarras, mais, malheureusement, ils sont tombés dans l'absurde. Ce moyen serait d'admettre des atomes vraiment réels qui occupent un espace, mais de telle sorte : 1° qu'il soit *tout entier dans tout* l'espace occupé, et *tout entier en chaque partie* de ce même espace ; 2° qu'il ne soit pas étendu *en soi*, mais que, résistant à la pénétration de sa substance, il présente ainsi le phénomène de l'extension.

Mais alors, qu'est-ce donc que cet atome ? Il ne ressemble pas à un corps : qu'est-il donc ? Ils nous répondent que cet atome est comme une substance simple, mais qui se tient dans un espace *déterminé* avec la puissance de résister, et ainsi de choquer les autres atomes substantiellement inétendus et d'être lui-même choqué par les autres. Pour expliquer ce mode de concevoir, ils apportent la comparaison de l'âme et du corps qu'elle informe. En effet, disent-ils, l'âme de la brute et celle de l'homme est *toute entière* présente à chaque partie du corps, et, par là même, à l'espace déterminé du corps ; et, bien que la raison pour laquelle elle est ainsi présente, soit que l'âme est la forme du corps, néanmoins la puissance d'exister de la sorte dérive de sa simplicité. C'est pourquoi, si vous ôtez le corps, cette âme demeurant douée de la même simplicité, on ne voit pas de répugnance à ce qu'elle reste là où elle était d'abord, puisque le fondement de ce mode d'exister est la simplicité et que celle-ci lui reste. Or, nous pouvons supposer qu'il y a une sorte d'être simple *naturellement* ordonné à faire ce que peut faire un être simple *par lui-même*. Ainsi, nous aurons un être simple qui, naturellement, occupe un espace, et qui, par son entité, rend cet espace réel. Si nous ajoutons que cet être simple possède une force de résistance, cette force, empêchant la pénétration, rend cet espace impénétrable. — Notez bien que cette comparaison doit être prise en partie, d'après les principes de ceux qui la font, en partie, d'après ceux des adversaires, car, quiconque fait cette comparaison affirme que l'âme humaine est un être *simple*, uni non pas à la matière ou à un corps (comme le disent les autres), mais à un nombre d'autres êtres simples aussi grand qu'on peut se figurer qu'il y a d'atomes *virtuellement* étendus dans le corps humain. D'après cette hypothèse, disent-ils, de même que dans une âme séparée qui demeurerait *virtuellement* étendue, on pourrait concevoir, mais non effectuer aucune division des parties, ainsi en arriverait-il de tout autre être simple *virtuellement* et *non formellement* étendu. Et de la sorte se dissipe la crainte que fait naître la difficulté de la division à l'infini.

Dans l'essence de cet être simple et résistant il n'y a pas *puissance et acte, matière et forme;* par conséquent, il est immuable dans son *être substantiel intrinsèque. La proximité, l'ordre, le mouvement* de ces substances ou atomes virtuellement étendus forment ce que nous appelons des substances diverses, et nous offrent des changements que les hommes appellent *substantiels.* Bref, tous les phénomènes de la nature s'expliquent comme dans le système mécanique des atomes étendus et résistants, puisque ce système ne reconnaît également dans les atomes d'autre force que *la résistance,* et, par suite, tout se réduit à la communication du mouvement mécanique, à des chocs mutuels. Si d'autres, tout en admettant que les atomes sont des substances non *formellement* mais *virtuellement* étendues, reconnaissent en celles-ci, outre *la résistance, de vraies attractions, de vraies répulsions,* ou *des facultés actives et passives d'un autre genre,* ceux-là laissent le système *mécanique* pour embrasser la troisième *forme* du système *dynamique,* que nous réfuterons après.

Or, l'essence du système mécanique consistant en ce qu'on ne connaît pas dans les atomes d'autre mouvement que celui qui part *ab extrinseco* ou mouvement mécanique, peu importe, pour la présente question, que, *en soi,* les atomes soient ou ne soient pas seulement des substances *virtuellement* étendues, puisque dans l'ordre cosmique ils ne se manifestent pas autrement que comme des atomes étendus, suivant que l'entendent les partisans du système mécanique sous la première forme.

VINGT-NEUVIÈME LEÇON.

Examen du système mécanique.

Dans les trois manières différentes sous lesquelles on propose le système mécanique, nous devons considérer : 1° ce qui leur est commun, et ce par quoi elles appartiennent toutes à ce système ; 2° ce qui est propre à chacune d'elles. Ce qui leur est commun c'est : *a*) de ne connaître dans les atomes ou substances composantes autre chose que *l'extension* ou virtuelle ou formelle, et *la résistance ; b*) de nier qu'ils aient dans leur essence physique *puissance et acte* ou *matière et forme*, et, par suite, de nier toute *diversité substantielle* ou tout *changement substantiel*, en ramenant tous les phénomènes de la nature à un pur échange de mouvement mécanique.

Le propre de la première forme sous laquelle se présente le système mécanique, c'est de regarder comme essentiel à l'atome l'extension et la résistance ; celui de la seconde est de ne reconnaître dans les atomes d'autre réalité, que d'être des points ou *purs centres de mouvement ;* celui de la troisième est de nier aux substances corporelles une extension formelle tout en leur concédant seulement une extension virtuelle. Telles sont leurs propriétés principales ; ici, nous laissons de côté les différences moins importantes. Nous ne considérons pas, pour le moment, ce qui est propre à chacune des trois manières sous lesquelles se présente le système mécanique, et, ne nous occupant que de ce qui leur est commun, nous proposons les conclusions suivantes :

Conclusion Ire. — *Le système mécanique ne peut être érigé en thèse.*

Thèse signifie conclusion vraie et certaine, immédiatement ou médiatement évidente. Or, personne ne prétendra que le système mécanique est immédiatement évident ; peut-on même dire qu'il le soit médiatement ? Sur quelle démonstration s'appuie-t-il ?

La première preuve que l'on apporte vulgairement,

c'est le témoignage de personnes, très-savantes dans les sciences naturelles, qui, de nos jours, soutiennent le système mécanique. Or, cette preuve ne nous paraît d'aucun poids. Nous estimons et honorons profondément les savants et les sciences naturelles de nos jours. Mais, tandis que nous admirons les soins infinis qu'ils mettent à recueillir les faits, à les coordonner, à appliquer les forces de la nature aux progrès matériels de la société, nous ne pouvons nous empêcher de voir qu'ils s'occupent peu ou point de l'essence des choses, et laissent à la philosophie spéculative la pleine liberté d'en traiter. Si quelques-uns d'entre eux établissent des doctrines qui aient quelque relation à l'essence des choses, ils n'ont pas intention de les donner comme certaines, mais ils les proposent comme des hypothèses utiles à expliquer, en quelque sorte, les phénomènes de la nature. Quoi qu'il en soit, de même *qu'en philosophie* on ne doit pas admettre comme argument *démonstratif* l'autorité des Platon, des Aristote, des Thomas d'Aquin, des Bellarmin, des Suarez, des Leibnitz et de *tant* d'autres génies, ainsi doit-il en être de l'autorité de qui que ce soit parmi les modernes : et l'*ipse dixit* ne peut ici être de mise.

Laissons de côté l'autorité : nous trouvons pour seconde preuve l'argument d'exclusion. On doit rejeter, dit-on, tous les autres systèmes comme faux ; donc, il ne reste plus que le système mécanique à embrasser. Nous ne prenons pas certes le patronage des autres systèmes, mais nous disons simplement que *l'on n'a jamais démontré et l'on ne pourra jamais démontrer comme fausse, la doctrine de la diversité et du changement des substances;* doctrine qui conduit, par une conséquence logique et nécessaire, à reconnaître en elles deux principes *de puissance et d'acte* ou *de matière et de forme;* or, telle est l'essence du *système physique*.

La diversité et *le changement* des substances ont été crus et le sont encore généralement par tout le genre humain, et il n'est personne qui ne soit ébahi d'entendre dire que, en réalité, l'arsenic est absolument la même substance que la chair, et l'eau, la même substance que le fer. Les savants, eux-mêmes, sont contraints de parler et de penser comme nous; avant donc de se mettre en quête de nouveaux systèmes, ils auraient dû démontrer la fausseté de cette croyance universelle par rapport à la *diversité* et au *changement* des substances.

Pour troisième preuve, on rapporte *la composition et la décomposition chimique :* en effet, celle-ci donne les mêmes éléments qui ont concouru à former celle-là. Mais, de là, suit-il logiquement que, dans le composé, les atomes soient absolument tels qu'ils étaient avant la décomposition? Nous avons démontré que non.

La quatrième preuve se tire de ce qu'on observe dans la nature corporelle que tout phénomène s'effectue avec mouvement. Mais, de là, peut-on conclure : donc, il n'y a que des atomes qui, intrinsèquement, ne changent point, et un *mouvement* simplement *mécanique?* Non; toutes les forces ou énergies actives ou passives, liées à la matière, ne peuvent avoir d'action ou de passion sans mouvement : cela est très-vrai. Mais, de là, comment tirez-vous cette nouvelle conclusion : toutes les actions et les passions ne sont autre chose qu'un échange de mouvement? Un atome d'hydrogène, par exemple, ne peut agir sur un atome d'oxygène s'ils ne se rapprochent par un vrai mouvement local : mais, une fois rapprochés, comment prouve-t-on qu'ils ne font que se choquer, qu'il n'y a pas entre eux d'autre opération, d'autre communication de forces? Or, nous ne sommes aucunement disposé à admettre une opinion si étrange, qui s'oppose au bon sens général et à de très-puissantes raisons, sans apporter à l'appui aucune preuve véritable.

Conclusion IIe. — *Le système mécanique ne peut être adopté comme hypothèse.*

Une hypothèse 1° ne doit avoir en soi rien d'absurde, 2° ne doit pas être contraire aux faits pour l'explication desquels on l'emploie. Or, le système mécanique manque par ces deux côtés. Pour le montrer, rappelons, en passant, quelques points des différentes sciences.

La chimie a) ne peut rien faire sans des éléments de *nature diverse :* au contraire, avec la marche des années et du progrès scientifique, le nombre des espèces élémentaires s'est toujours accru, et jamais n'a diminué. Or, le système mécanique suppose que les atomes sont tous de même nature. *b*) Elle reconnaît des affinités chimiques entre des éléments de nature diverse, mais non pas en tous ni pour tous. Au contraire, dans le système mécanique, les atomes étant égaux, et mus à se rapprocher seulement par une *impulsion extrinsèque*, les affinités chimiques ne peuvent plus avoir lieu. Dirions-nous qu'une pierre a de l'affinité pour la tête de quelqu'un, parce que, lancée par une *impulsion extrinsèque*, elle va le frapper au front? *c*) La chimie admet que des substances composées de même nature ne peuvent être produites ni par tous les éléments, ni dans toutes les proportions, et qu'elles se décomposent en ces éléments-là seuls qui sont entrés dans la composition. Or, dans le système mécanique, tous les atomes étant *égaux*, il n'y a plus de fondement pour cette loi très-constante. *d*) La chimie admet que les opérations sont diverses soit dans les éléments de diverses espèces, soit dans les divers composés. Mais, dans le système mécanique, tout se réduisant à des chocs, il ne peut y avoir de variété que *en plus ou en moins*. Et si nous faisons abstraction du sujet dont il traite, Dante, au chant IIe du *Paradis* exprime pleinement cette vérité dans les vers suivants où il déclare que des forces *opposées* ne peuvent sortir d'atomes de même nature plus ou moins rapprochés entre eux, mais bien de divers principes *formels*.

« Si cet effet n'était produit que par la plus ou moins grande densité des corps, il n'y aurait en tout qu'une seule et même force également distribuée.

« Leurs qualités diverses demandent nécessairement différents principes formels, et ces principes, excepté un, seraient détruits par ton raisonnement (1).

e) La chimie dit que les substances sont produites

---

(1) Se raro e denso ciò facesser tanto,
  Una sola virtù sarebbe in tutti
   Più o men distributa ed altrettanto.
  Virtù diverse esser convengon frutti
   Di principii formali, e quei fuorch' uno,
    Seguiterieno a tua ragion, distrutti.

par de *vraies* attractions et opérations mutuelles, suivant la nature diverse des éléments. Mais, dans le système mécanique, il n'y a en réalité que *le hasard*, qui préside aux chocs des atomes pour produire les différents corps. Et, en effet, les seules impulsions *extrinsèques* devraient *retenir toujours les atomes dans ces agrégations*. Ainsi, par exemple, une goutte d'eau doit se former parce que les mêmes atomes que ceux dont l'or est formé, sont poussés par d'autres atomes à former tel agrégat ou sphérique ou pyramidal (ou que sais-je encore?) lequel agrégat soit de l'eau, mais puisqu'ils sont réunis seulement par des chocs externes, ils en ont encore besoin pour se conserver dans la position et le mouvement nécessaire; autrement, l'eau cesserai d'être telle à l'instant même. Et, d'ailleurs, pouvons-nous concéder que le hasard préside à la formation et la conservation de toutes les substances? Nullement. De recourir après cela à une impulsion donnée par Dieu aux atomes, si on l'entend d'une action médiate et primitive, cela ne suffit pas; si on l'entend d'une action immédiate et présente, cela n'est pas philosophique, puisque c'est dépouiller les causes secondes de toute vraie activité.

La physique expérimentale ne peut se contenter du système mécanique. N'admettre que des chocs externes dans les atomes semble, en effet, répugner aux lois, suivant lesquelles se déploient les forces de cohésion, d'attraction moléculaire, d'élasticité, d'attraction universelle. Otons des corps toute *véritable* énergie et force intrinsèque; comment expliquerons-nous les phénomènes de la nature? Par exemple, prenez une lame d'acier et pliez-la : si les atomes, dont on la dit composée, eussent été contraints par des chocs externes à se tenir réunis par le fait même d'une force majeure, qui les sépare un instant, ils ne devraient plus se rapprocher sans l'intervention de nouveaux chocs, qu'il serait ridicule d'imaginer *à plaisir* pour chaque moment sans en indiquer aucune cause probable.

Prenez un corps doué de propriétés attractives, et un autre corps qui en soit attiré de tous les côtés de sa surface. Seraient-ce, par hasard, les chocs des atomes voisins qui poussent l'un à l'autre? Et pourquoi n'y poussent-ils pas un autre corps? Mais, quand même ils le pousseraient, ce serait dans une direction déterminée, par exemple, de droite à gauche. Et pourtant, si je place à gauche le corps attiré, il ne laisse pas d'aller vers le corps attirant! Ah! direz-vous, il y a des courants d'atomes qui tourbillonnent autour de l'aimant. Et moi, je vous réponds : N'oubliez pas, s'il vous plaît, qu'il faut une *cause* qui fasse ainsi tourner *en cercle* les atomes, une cause qui conserve en eux ce mouvement malgré le contact continuel des autres corps, puisque, souvent, par un seul contact, les corps perdent la direction de leur mouvement, et le mouvement même peut cesser tout à fait, quand, par exemple, des atomes égaux se choquent à leur centre dans des directions opposées. Ensuite, n'oublions pas qu'un mouvement circulaire exige une force instantanée et une force *continuelle;* or, d'où cette dernière peut-elle venir?

D'ailleurs, un pareil mouvement nous semble une vraie contradiction, puisqu'il devrait se faire non *dans une seule zone* sphérique d'atomes, mais de tous côtés à l'entour, et que, par suite, il y aurait un choc continuel des atomes eux-mêmes dans leurs diverses et contraires directions.

De plus, si l'on supposait que le mouvement rotatoire du corps central attractif fît tourner les atomes autour de son axe, entre tant d'absurdités que semble entraîner avec soi une telle hypothèse, il faudrait noter encore que les corps circonvoisins, au lieu de se diriger vers le corps attirant, en seraient rejetés au loin, comme le dit Dante (*Paradis*, XIV).

« Suivant qu'elle est refoulée du milieu ou du dehors, l'eau d'un vase sphérique se meut *du centre à la circonférence* ou de la circonférence au centre (1). »

Mais voici un autre fait. Le pendule se penche dans ses oscillations vers une montagne, quand de l'autre côté il n'y a pas de montagne.

Est-ce parce qu'il y a dans la direction de la mon-

---

(1) *Dal centro al cerchio, e si dal cerchio al centro
Muovesi l' acqua in un ritondo vaso,
Secundo ch' è percossa fuori o dentro.*

tagne un courant d'atomes qui pousse le pendule? Mais si le mont était d'un côté opposé, le pendule se dirigerait de ce côté. Et puis, dans *cette* hypothèse, le pendule devrait se tourner également vers le mont, qu'il soit plein ou qu'il soit vide; or, quand il est vide, l'inclinaison du pendule n'est pas la même, comme le démontrent les expériences faites par Cavendisch.

Rappelons encore ici que, soumis à l'analyse, le fait de la pesanteur terrestre (disons même de la gravitation uiverselle), qui consiste en ce que, de toutes les parties de la périphérie, les corps se dirigent *au même centre*, ce fait, dis-je, semble non-seulement inexplicable, mais impossible dans le système mécanique. En effet, suivant ce système, le phénomène doit être attribué à des tourbillons mystérieux dont on chercherait en vain une cause, et qui paraissent devoir être contraires dans leurs mouvements, comme nous le disions en parlant d'un corps qui attire d'autres corps circonvoisins.

Si l'on considère la raréfaction des corps dans le système mécanique, ce phénomène sera dû à la plus grande distance mutuelle des atomes. Mais, sans parler de tant d'autres énormes difficultés, nous ne parlerons que de l'impossibilité de la transmission de la lumière dans les espaces éthérés. En effet, *a*) en vertu des principes du système mécanique, on doit admettre que les atomes de l'éther très-raréfié sont entre eux très-éloignés, si l'on compare leur distance à leur diamètre : *b*) de plus, on admet sans doute l'opinion commune, qui est que la propagation de la lumière se fait non par émission, mais par ondulation ou oscillation des atomes dans des plans parallèles entre eux. Ceci étant admis, vous serez contraint d'admettre, ou le choc des atomes à une vraie distance, ou l'impossibilité absolue de la communication réciproque du mouvement vibratoire entre les atomes. Or, l'action à distance répugne absolument; donc, cette communication est absolument impossible dans le système mécanique.

Si l'on observe la nature entière, on est contraint par la voix du sens commun, autant que par la raison, de dire que les atomes inertes, créés et mis en mouvement d'abord par Dieu, ou bien, comme le veulent certains matérialistes, même parmi les modernes, les atomes éternels, poussés par hasard et tourbillonnant dans le vide, ne suffisent pas à rendre compte de tout. En cette opinion-là, comme il ne peut y avoir autre chose *qu'échange* de mouvement mécanique, la quantité du mouvement (*produit de la masse par la vitesse*) devrait constamment demeurer la même. Mais, au contraire, en combien de cas ne peut-elle demeurer dans le même état?

Faisons une hypothèse : on remplit de coton fulminant une caverne très-profonde dans une montagne. Avec une étincelle nous y mettons le feu, et, en vertu de l'explosion, d'énormes quartiers de roche sautent en l'air, la terre tremble à une grande distance, l'atmosphère est agitée et une immense chaleur s'est développée. Dans le système mécanique, il faudrait dire que le produit de la masse de toute la substance corporelle, que nous appelons coton-poudre, par sa vitesse, égale le produit de la masse par la vitesse de toute la matière qui est en combustion *au moment de l'explosion*, de la terre qui tremble, des rochers qui sont ébranlés, de l'atmosphère qui s'agite et de toutes les substances échauffées, puisque, dans le système mécanique, la chaleur se produit seulement *avec le mouvement*, et même n'est qu'un pur mouvement. Qui voudra souscrire une pareille *équation?* Il faudrait imaginer dans le coton-poudre d'invisibles, d'infinis tourbillons d'une vitesse inimaginable, un mouvement d'une impétuosité *absolument incroyable,* et néanmoins cachée. D'ailleurs, après cette fiction, qu'aurions-nous obtenu? Rien du tout; car en s'appuyant au sol et aux parois de la caverne, le coton-poudre ou plutôt les mystérieux courants qui s'y cachent, auraient dû, en peu de temps, perdre leur mouvement, en le communiquant aux corps avec lesquels ils sont médiatement ou immédiatement *en contact*. On ne peut se tirer de cet argument sans admettre l'une de ces deux absurdités : ou que la communication du mouvement mécanique ne se fait pas par le contact, ou bien que les atomes demeurent séparés entre eux et se choquent à distance, et que tantôt ils communiquent, tantôt ils ne communiquent pas le mouvement aux autres corps, sans autre règle que le bon plaisir des mécanistes.

Pour un partisan du système mécanique qui admet les atomes *intrinsèquement* immuables sous l'action des forces physiques, tout est mystère, puisque, dans l'explication des phénomènes, quand vient *le nœud* de la difficulté, il ne le tranche que par des phrases vides de sens. Si vous lui demandez, par exemple, pourquoi un ballon ou un nuage s'élève dans les airs, il vous dira bien que c'est *par la plus grande dilatation* des substances renfermées dans le ballon ou dans le nuage; mais, dès qu'il s'agira de montrer la nature de cette *dilatation*, sa *possibilité* et sa *valeur* explicative, il vous dira des mots et rien de plus.

Mais, toutes ces difficultés énormes, qui surgissent dans le système mécanique, n'ont plus aucune raison d'exister dans *le système physique* : ainsi, dans le coton fulminant nous reconnaissons un mouvement non *exact*, mais *vraiment* virtuel et *en puissance*.

Si je ne craignais d'allonger outre mesure cette leçon, je pourrais démontrer comment, dans le système mécanique, il devient impossible d'expliquer la génération des plantes et des animaux, leur accroissement, l'assimilation des substances externes et tant d'autres phénomènes. Nous ne pouvons croire que le hasard soit capable de réunir *avec ordre* les petits cristaux de figures différentes pour en former des cristaux plus grands, et nous reconnaissons en eux une force ou énergie attractive qui les dispose de manière à exciter notre admiration ; et nous attribuerions au hasard la formation des semences et la *constante* reproduction des plantes pendant toute la suite des siècles? Or, dans le système mécanique, la semence n'est autre chose que des atomes, tous de même nature, poussés par des chocs extrinsèques de manière à former un petit agrégat qui, *grâce au rapprochement d'autres atomes identiques, choqués eux-mêmes par une série d'autres atomes*, croît en forme de plante et fructifie toujours de la même manière. Cicéron confondait Épicure en disant qu'il est impossible que des atomes, accrochés par hasard, forment une maison ou un temple; mais, combien est plus merveilleusement *ordonnée* une plante, ou le corps d'un animal, qu'une maison ou qu'un temple!

Quand nous traiterons de l'homme, nous verrons que l'âme fait avec la matière du corps humain une *seule* substance, une *seule* nature complète, c'est-à-dire un seul principe d'opération : ce qui est *inconciliable* avec le système mécanique. En effet, dans ce système, que les atomes soient des substances *formellement* ou *virtuellement* étendues, peu importe : dès qu'ils n'ont pas en eux *puissance et acte,* ils demeurent dans le corps humain identiquement dans leur être *intrinsèque* ce qu'ils étaient auparavant; et, cependant, l'union de l'âme avec la matière corporelle en *unité de substance et de nature,* doit nécessairement produire un changement *intrinsèque* dans les atomes eux-mêmes.

Concluons en disant que, si l'on soumet à une analyse rigoureuse les faits de la nature, ils semblent tout à fait inconciliables avec le système mécanique sous quelque forme qu'il se présente : mais ici nous le rejetons surtout, parce qu'il s'oppose à l'essence du système physique, qui consiste en ce *qu'il y a des substances de nature diverse, et qu'elles sont soumises à de vrais changements, non-seulement dans leur être accidentel, mais encore dans leur être substantiel.*

Après avoir ainsi examiné ce que les trois formes du système mécanique ont *de commun,* nous nous croyons dispensés de mettre en discussion ce que chacune d'elles a de propre, soit parce qu'on y trouverait peu d'avantage, soit parce que leur défauts partiels sont faciles à constater pour quiconque les considère.

En effet, le système mécanique de la première forme laisse intacte la question de l'essence des atomes, et ne s'occupe que de leur extension et de leur existence pour se plonger dans un océan de fausses hypothèses.

Et qui ne voit, par exemple, que la seconde forme du système mécanique réduit l'univers au néant? Qui ne voit, de plus, combien il est absurde de dire que *des points inétendus* se choquent, qu'ils forment des pyramides, que l'éther en est composé, que par eux se transmet la lumière et que dans *l'ordre mécanique* tous les phénomènes de la création leur doivent être attribués? Et, pourtant, voilà ce qu'affirme la seconde forme du système mécanique.

Qui ne voit que la troisième, en ne parlant que d'extension virtuelle ou de résistance, traite des propriétés, mais laissé de côté l'essence? Affirmer que l'entité des étendus virtuels *est naturellement toute en tout l'espace et toute en chacune de ses parties*, entraîne *la spiritualité* des opérations, et détruit le concept de substance *corporelle*. Qui ne le comprend? Mais, bien que les défenseurs de cette troisième forme accordent aux substances corporelles ce mode d'exister en soi-même, qui est propre aux substances *immatérielles*, ils ne leur concèdent pas d'autre force que la *résistance*, d'autre opération que de résister. Nous pourrions apporter de nouvelles et importantes démonstrations contre le système mécanique considéré dans toutes ses formes; mais nous croyons en avoir dit assez pour que chacun voie combien il y a de bonnes raisons pour ne pas l'embrasser.

TRENTIÈME LEÇON.

Autres théories contraires à la diversité et au changement des substances.

SYSTÈME DYNAMIQUE. — SYSTÈME MIXTE.

I. — Système dynamique.

a) Première forme : Forces attractives et répulsives inétendues.

Sous cette première forme, le système dynamique, c'est-à-dire des forces (δύναμις force), enseigne que toute substance corporelle n'est qu'un agrégat de forces attractives et répulsives, dont chacune occupe un *point inétendu* de l'espace. Leurs mutuelles attractions et répulsions se font à distance, puisque, si ces êtres inétendus se touchaient, ils se compénétreraient, suivant l'antique axiome d'Aristote : *Puncta, aut non se tangunt, aut se tangunt juxta se tota*. Mais, s'ils s'attirent entre eux, pourquoi ne s'attirent-ils pas jusqu'à se compénétrer? Voici comment Boscovich résolvait cette difficulté : « C'est une loi des forces, que ces forces, dans les plus petites distances, soient répulsives, et d'autant plus répulsives indéfiniment que les distances mutuelles deviennent indéfiniment plus petites, de manière qu'une force soit capable d'arrêter la plus grande vitesse avec laquelle un point (ou une autre force) peut se porter sur cette force avant que le point lui soit devenu réellement contigu. Mais, à mesure que croissent les distances, cette force répulsive décroît tellement, qu'à une distance encore petite elle devient nulle; puis, la distance croissant, *elle se change soudain en une très-grande force attractive*, qui diminue peu à peu, se change ensuite en force répulsive, puis en attractive, jusqu'à ce que, les distances étant considérables, il n'y ait plus que la force attractive (*Theoria virium*, 10). » Tous les phénomènes corporels des minéraux, des végétaux et des animaux devraient avoir leur cause dans ces forces et dans les lois d'après lesquelles elles se développent.

b) Seconde forme: Forces immenses et points centraux.

On doit, disent les partisans de cette forme du système dynamique, concevoir l'immensité de Dieu comme une sphère immense qui a son centre partout, et la substance matérielle, au contraire, comme un centre situé dans un point indivisible et déterminé de l'espace : ce centre fait rayonner sa force dans l'espace immense. Ces sphères immenses d'énergie s'entrelacent; la position diverse des centres donne les diverses substances, et cause tous les phénomènes cosmiques.

c) Troisième forme : Forces dilatées dans l'espace.

Dans la troisième forme de ce système, il faut concevoir les forces comme des substances spirituelles; chacune de ces forces se tient dans l'espace *limité*, de manière à être toute dans tout cet espace et toute en chacun de ses points. Ces forces ont différentes énergies actives et passives, et leur position mutuelle constitue les diverses substances corporelles, qui, en opérant autour d'elles, produisent le phénomène de l'extension, c'est-à-dire apparaissent comme des substances étendues. Cette troisième forme du système dynamique est, en grande partie, semblable à la troisième forme du système mécanique. La différence essentielle qui les distingue, consiste en ce que le système mécanique de *la troisième forme,* n'accorde aux substances *virtuellement* étendues d'autre force que *la résistance;* ce qui fait que tous les phénomènes doivent se réduire à des chocs mutuels, à des positions et des mouvements divers des mêmes substances : le système dynamique de *la troisième forme,* au contraire, accorde différentes forces aux substances *virtuellement* étendues; ce qui fait que nombre de phénomènes ne sauraient être attribués à un échange de mouvement, ou aux diverses positions des substances.

On le voit, ce qu'il y a de commun dans ces différentes manières de présenter le système dynamique, c'est : 1° de ne pas reconnaître l'extension comme essence de l'atome; et contre cela, nous n'avons rien à dire; 2° de ne pas admettre que tous les phénomènes de la nature ne soient que de simples échanges de mouvement mécanique; et nous en convenons aussi; 3° d'admettre, outre la faculté de résister, d'autres énergies dans les substances corporelles; et cela, nous le disons avec eux; 4° de nier toute espèce d'extension *réelle;* et ceci nous refusons de l'admettre; 5° d'affirmer que les substances composées ne sont que des *agrégats* de forces, et de nier le changement dans l'être *substantiel;* et, sur ce point, nous sommes en complet désaccord. Ce désaccord existe encore sur d'autres doctrines qui sont la conséquence du système exposé; mais nous ne voulons pas le discuter séparément sous sa triple forme, parce qu'il a très-peu de partisans. C'est pourquoi nous l'expédierons brièvement dans la conclusion suivante.

Conclusion. — *Le système dynamique ne peut être adopté ni comme thèse ni comme hypothèse.*

a) Comme thèse : parce que ses partisans n'en apportent aucune démonstration. A dire vrai, nous trouvons un raisonnement qu'ils nous présentent comme une preuve, mais qui nous paraît un misérable sophisme. Le voici : Ou les éléments des corps sont composés ou ils sont simples : s'ils sont simples, nous triomphons ; s'ils sont composés, ils seront eux-mêmes divisibles, et la division ira enfin prendre un terme dans les êtres simples, puisqu'il ne peut y avoir de division à l'infini. Mais, à cet argument, je réponds : L'élément simple peut s'entendre ou chimiquement ou physiquement. Chimiquement, il est vrai qu'il faut en venir à des éléments simples; mais ce ne seraient pas les forces des dynamistes, mais plutôt des substances constituées par des formes *élémentaires*. Physiquement, il est faux qu'on soit obligé d'en venir à des éléments simples; car une substance quelconque, composée de matière et de forme, nous paraît devoir être plus admissible et l'on ne peut obtenir *par division*, la forme séparée de la matière. Pour raisonner logiquement dans ce système, il faudrait ainsi modifier l'argument : ou les premiers éléments sont des agrégats de forces, ou ils sont de simples forces; mais ils ne peuvent être des agrégats; donc, ils sont des forces simples. Argument dont la majeure serait niée sans hésitation par quiconque admet les éléments composés de matière et de forme.

b) Ce système ne peut être adopté comme *hypothèse*. Je ne parle pas de ce que, spécialement dans les deux premières manières de présenter le système, on admet l'action à une véritable distance : ce qui est tout à fait absurde, puisque la puissance ne peut être séparée de son sujet (vingt-deuxième leçon); je ne parle pas de ce que la première forme viole le principe de raison suffisante, puisque, sans raison aucune, ces forces, de répulsives, deviennent attractives au plus haut degré, et que la force répulsive alterne avec la force attractive suivant le seul bon plaisir de celui qui a imaginé le système; je ne parle pas de ce que, spécialement dans les deux premières manières, on rend absolument impossible le phénomène de *l'étendue*, puisqu'elle ne peut résulter de points inétendus ; je dis seulement que les opérations diverses des différents corps, et les phénomènes cosmiques exigent absolument cette diversité et ce changement des substances : ce qui est radicalement nié dans le système dynamique sous toutes ses formes, puisqu'il n'admet que de purs agrégats de forces, ou bien tout à fait inétendues comme des points, ou bien étendues *virtuellement,* mais non *formellement.*

II. — Système mixte.

Principes généraux de réfutation.

De nos jours, un grand nombre de savants font bon accueil à la première théorie mécanique, et, disions-nous, le dynamisme a très-peu de partisans : le système *mixte* des atomes réellement étendus, et doués de forces attractives et répulsives, et entourés par de petites sphères d'éther, ce système que Mossoti a essayé de faire accepter dans ses écrits, est en général abandonné complétement ; tout le monde l'a regardé comme plein d'hypothèses gratuites, et de principes absurdes, parmi lesquels un des plus raisonnables était d'admettre l'action à une véritable distance, et la négation de la diversité ou du changement des substances, ainsi que de leur unité substantielle ; nous ne nous arrêterons pas à le réfuter en règle, puisque cela n'est pas nécessaire. Néanmoins, afin de préparer le jeune homme à le démontrer inacceptable, si l'on venait à le lui proposer, et pour qu'il puisse, au besoin, faire bonne justice de tant d'hypothèses qui se parent du nom de systèmes, et qu'on met en avant, sans aucun besoin, nous ferons les remarques suivantes :

1° Qu'il observe si le système nie d'une manière ouverte ou cachée, la diversité spécifique et le changement des substances dans leur être accidentel et substantiel. Tel est, en cette question, le principal critérium.

2° Qu'il examine si le système est incompatible avec la doctrine que nous démontrerons plus tard, sur l'union de l'âme avec le corps : suivant cette doctrine, l'âme est unie au corps, de manière qu'il en résulte *une seule* nature complète et individuelle. Le jeune homme, doit donc savoir que toute théorie, en admettant que les atomes élémentaires ne reçoivent dans l'homme aucun changement *intrinsèque,* est à rejeter omplétement, comme nous l'avons déjà dit, précisément parce qu'il est opposé à cette doctrine sur l'union de l'âme humaine avec le corps humain.

3° Qu'il se rappelle que les systèmes modernes insinuent adroitement que les substances et les natures individuelles, ne sont que des *agrégats* d'êtres divisés et séparés : ce qu'il faut rejeter comme faux.

4° Bien que dans les mots cela ne paraisse point (et que ce soit contre l'intention de la plupart des partisans de ces systèmes), en réalité, toutefois, il suit de presque tous les systèmes modernes que les œuvres de la nature, les plus sagement et les plus constamment *ordonnées*, par exemple, la structure des minéraux dans leurs cristallisations, celles des plantes et des animaux dans leur organisme, qui demeurent essentiellement les mêmes dans leurs générations successives, tout cela doit, *en dernière analyse*, être attribué au hasard.

5° On admet aussi facilement, comme un principe vrai, sur lequel se fonde l'explication des phénomènes, le principe qui affirme la possibilité de l'action à une *vraie distance* : erreur très-évidente comme nous l'avons montré plus haut.

6° Qu'il observe par ailleurs, comment ces systèmes, suivant le caprice de l'inventeur, produisent des effets très-singuliers, sans qu'il en puisse donner une *cause*, et lorsque, très-souvent même, on peut en démontrer l'absence.

En un mot, pour découvrir l'absurdité ou les défauts de ces systèmes, l'élève n'a qu'à les soumettre à une rigoureuse analyse, et à les appliquer sérieusement à l'explication des phénomènes de la nature, comme nous l'avons fait (vingt-neuvième leçon), et comme nous le ferons encore en son lieu. Il touchera bientôt du doigt comment, en ces derniers temps, plusieurs de ceux qu'on nomme savants, et qui le sont en effet, dans bien des branches des connaissances humaines, mais non pas en philosophie, se sont fatigués à faire et à défaire le monde suivant les caprices de leur imagination, au lieu d'étudier dans leur réalité les œuvres de la nature. Aussi nous croyons-nous en droit de dire non sans quelque vérité, que le monde des mécanistes, et des dynamistes n'est pas le monde créé par Dieu, mais un monde dont la constitution naturelle est forgée par leur imagination. Il nous semble que Dante parlait d'eux quand (*Parad.*, XXIX) il disait :

« Vous autres mortels, vous ne suivez pas tous la même voie dans la recherche du vrai : tant vous emporte la pensée et le désir de paraître ingénieux (1). »

Le but de ces leçons a été de proposer simplement les vraies doctrines à la jeunesse studieuse, et de les démontrer solidement, sans me soucier des erreurs contraires. J'ai fait toutefois une exception pour le système mécanique et pour le système dynamique, et il me semble que j'en ai eu de bonnes raisons. Quoi qu'il en soit de ceux qui, de bonne foi, professent ces deux systèmes, le fait est que, de nos jours, les incrédules s'en prévalent pour mettre à la mode un matérialisme éhonté, et d'autres doctrines subversives qui ruinent la société civile et combattent la religion.

TRENTE-ET-UNIÈME LEÇON.

De la quantité des substances corporelles.

Définition et division de la quantité.

On appelle généralement quantité, la triple extension de la substance corporelle, savoir la longueur, la largeur et la profondeur ; et elle se divise : *a*) en quantité continue, si cette substance n'est pas divisée en elle-même, *b*) et en quantité discrète, si elle est divisée. Toute substance corporelle continue, soit grande, soit petite, se nomme atome, suivant la signification du mot grec ἄτομος ; c'est ainsi que nous trouvons dans les poëtes grecs, une barbe atome, pour une barbe non rasée, et un herbage atome, pour un herbage non encore fauché. Toutefois, on appelle très-souvent atomes, ces corps excessivement petits, qui échappent aux perceptions de nos sens. La substance corporelle, en raison de la quantité, est appelée *quanta*. La limite

---

(1) Voi non andate già per un sentiero
Filosofando : tanto vi trasporta
L'amor dell' apparenza, e 'l suo pensiero.

de la quantité, c'est *la superficie :* la limite de la superficie, est *la ligne :* la limite de la ligne, est *le point*. Comme nous l'avons déjà vu, en parlant des accidents, la limite est un *mode* qui, par lui-même, ne peut subsister; il est donc impossible que la superficie seule, la ligne seule, le point seul, puissent exister dans l'ordre physique sans la quantité, mais ils ne peuvent se concevoir de la sorte, que par une abstraction mathématique.

Il nous faut maintenant pénétrer philosophiquement la notion de la quantité, et il est très-important de le faire. Comment parvenons-nous à connaître que les corps sont étendus ou *quanti?* Dans un espace déterminé, nous éprouvons une résistance, et, de là, nous concluons que l'espace d'où vient cette résistance, est *occupé* par une substance qui est étendue en elle-même. D'où il est facile de distinguer : *a)* une extension *intime* et *entitative* de la substance corporelle, *en vertu de laquelle* une partie de cette substance n'est pas l'autre, par exemple, la main n'est pas la tête, et *dans laquelle* les parties d'un tout ont un certain ordre entre elles, par exemple, la main est jointe au bras, et non à la tête *immédiatement; b)* une extension *locale externe*, en vertu de laquelle la substance qui est en soi *entitativement* étendue, est encore étendue par rapport à l'espace qui, par là même, en est *rempli; c)* enfin, il faut distinguer des deux propriétés précédentes, cette disposition par laquelle une substance qui *en soi* est *entitativement* étendue, devient étendue *par rapport* à l'espace, c'est-à-dire d'étendue *intrinsèquement*, devient naturellement étendue *extrinsèquement* et *localement*.

L'essence de la quantité ne consiste pas en cette première extension *intime* et entitative de la substance corporelle, *in ordine ad se;* elle consiste encore moins dans la seconde extension extrinsèque, *in ordine ad alia*, parce que la première est la racine ou le principe de la quantité, et la seconde n'en est que l'effet. La quantité tient, pour ainsi dire, le milieu entre ces deux extensions, et consiste précisément en cette *disposition* indiquée en troisième lieu, par laquelle la substance corporelle, étendue *en soi,* tend naturellement à se manifester, comme étendue localement dans l'espace et aux êtres circonvoisins. D'où il est évident que plusieurs substances corporelles qui, toutes, ne seraient douées que de la première extension, pourraient demeurer dans le même espace, puisque, comme les esprits, elles n'exigeraient aucune relation *au lieu.* Mais elles ne pourraient occuper le même lieu, si elles avaient toutes la seconde extension.

Si une substance corporelle n'avait que la première, elle pourrait être présente dans l'espace d'une autre substance, qui aurait de plus la seconde extension. Enfin, il est clair que, si Dieu n'y met empêchement, *præter ordinem naturæ,* en dehors du cours naturel des causes secondes, *hoc ipso* qu'une substance corporelle existe en soi entitativement, elle a naturellement cette *disposition* (qui est la quantité considérée dans son *essence*) à être *extrinsèquement* étendue par rapport à l'espace, et a de plus l'extension locale extrinsèque.

Dans une matière de si haute importance, nous aimons à présenter la doctrine de Suarez (*Met., dist.* 40. *sect.* 4). Voici comment il parle de l'essence de la quantité : « L'extension qui produit la quantité, consiste en ce que la chose douée de quantité, en vertu de cette quantité, soit naturellement ordonnée à avoir une extension de ses parties, *par rapport au lieu,* de manière que, une fois posée la nature de cet accident (quantité), il doit nécessairement occuper un lieu étendu. C'est pourquoi, afin de bien employer les termes, nous pouvons distinguer une triple extension. La première est entitative : elle n'est pas un effet de la quantité, comme nous l'avons déjà dit, mais on peut la trouver entre les parties et les propriétés de la substance sans la quantité. La seconde extension peut s'appeler extension locale ou actuelle *de situation* (situalis in actu). Et cette extension *suit* la quantité. Enfin, il y a une troisième extension quantitative qu'on peut appeler une extension dispositive *par rapport à la situation* (situalis aptitudine), et c'est en cette dernière que nous plaçons la raison *formelle* de la quantité.

Pour confirmer notre opinion, considérons deux corps. Que la matière de ce corps soit réellement distincte de la matière de cet autre corps, ceci ne dérive pas de la quantité, mais de l'entité propre du corps lui-même. Mais que ces deux corps soient tellement disposés, que nécessairement ils doivent s'étendre dans un lieu, cela dérive *formellement* de la quantité. Et ce que nous disons des corps entiers séparés, doit aussi s'entendre des parties d'un même corps unies entre elles. »

Après avoir ainsi expliqué l'essence *de la quantité*, Suarez se pose cette question : Si Dieu, *par miracle*, ôtait *la quantité* d'un corps, ce corps conserverait-il la même extension intrinsèque dans le même espace où il se trouvait d'abord? Il répond affirmativement, à moins que Dieu, par sa toute-puissance, n'empêchât encore cet effet. « En ce cas, la substance pourrait demeurer présente toute entière à tout l'espace dans lequel elle se trouvait d'abord, et présente, quant à ses parties, aux parties du même espace. Et même, si Dieu ne veut pas ajouter *un changement autre* que la séparation de la quantité, cette substance devra *naturellement* demeurer ainsi. »

Quand Suarez dit que la substance est *présente* à l'espace, cela doit s'entendre comme une substance spirituelle est présente à un espace déterminé, en sorte qu'elle s'y trouve, mais ne *l'occupe* pas. Mais si, *par le seul fait d'avoir perdu la quantité*, le corps cesse d'être en relation avec l'espace et avec les êtres matériels, et s'il continue à exister dans les limites qu'il occupait tout d'abord, il ne suit pas de là que, par une autre cause, il ne puisse subsister entre des limites, ou plus restreintes, ou plus étendues. Au contraire, par là même que l'absence de quantité lui donne une manière d'être semblable à celle d'un esprit, il pourra (comme les esprits) se trouver présent dans un lieu plus ou moins grand.

*Conclusion I*re. — *Toute substance corporelle est intrinsèquement étendue.*

Et, en effet, toute substance corporelle est, ou, du moins, peut être extrinsèquement et localement étendue, ou *quanta* ; mais, si elle ne l'était pas intrinsèquement, ce serait impossible. Car si elle n'était pas intrinsèquement étendue, il faudrait admettre l'une de ces trois hypothèses :

1° Qu'une substance individuelle ou atome est un *point* inétendu. Mais un point, comme nous l'avons dit plus haut, ne peut exister dans l'ordre physique, et, quand même il existerait, il ne pourrait se montrer que comme il existe, c'est-à-dire comme un point inétendu. Celui qui dit après cela qu'un *point*, en tourbillonnant, peut laisser dans l'espace un vestige qui présente le phénomène de l'étendue, comme une étincelle rapidement agitée ressemble à une raie de feu, celui-là montre bien qu'il parle d'un point étendu, et non d'un point inétendu.

2° Qu'une substance individuelle ou atome est bien renfermée dans un point, mais qu'autour d'elle sa puissance est répandue dans un espace déterminé. Cette hypothèse, à l'inconvénient de la première, ajoute cet autre, qu'une puissance, tout en étant un accident, demeure sans sujet propre, tel que doit être la substance. Or, il est *insensé* d'imaginer la *puissance* comme un fluide émis par la substance tout autour d'elle.

3° Qu'une substance individuelle ou atome est comme constituée par une multitude de points inétendus; mais, ou bien ces points se touchent, et ils devraient tous se compénétrer en un seul point, puisqu'ils sont inétendus : *indivisibilia, aut non se tangunt, aut se tangunt juxta se tota;* ou bien ils ne se touchent pas, et, en ce cas, *a*) nous n'avons plus une substance individuelle ou atome, mais un agrégat d'un grand nombre de ces substances : *b*) et, toutes ensemble, elles ne peuvent produire l'étendue précisément parce que chacune d'elles est inétendue.

Il nous faut donc conclure que toute substance corporelle est *intrinsèquement* étendue, et c'est une des propriétés que nous appelons *générales* et inséparables des corps. En vertu de cette propriété, la substance corporelle est en une partie quelconque de l'espace, mais non à la manière des esprits, car son entité n'est pas toute en chaque point de l'espace, ni toute en chacune de ses parties, autrement ses opérations seraient immatérielles, puisque : *operatio sequitur esse*.

Conclusion II°. — *L'extension extrinsèque n'est pas de l'essence d'une substance corporelle.*

L'essence d'une chose ne peut se concevoir séparée de cette chose sans que celle-ci cesse d'être ce qu'elle était. Ainsi, nous disons que la raison est de l'essence de l'homme, parce que, sans elle, l'homme ne peut plus être conçu comme homme. L'essence de la substance est nécessairement intrinsèque à l'être, ou bien se rapporte à l'être même en tant qu'il *est en soi;* et elle consiste dans la matière et dans la forme; mais l'extension extrinsèque est relative à d'autres êtres, et l'on peut concevoir la substance corporelle sans cette extension.

Elle ne fait donc pas partie de l'essence de la substance corporelle, bien que comme la raison est ordonnée naturellement d'un usage ou interne ou social, ainsi l'extension intrinsèque est *naturellement* ordonnée à l'extension extrinsèque et locale.

Si nous voulons appuyer nos raisonnements sur l'expérience, nous devons dire que l'extension extrinsèque et locale provient d'une force qui *sort* des substances corporelles et s'oppose à leur propre compénétration. Mais, cette force, qui sort de la substance comme *un acte* (dans lequel nous avons placé l'essence de la quantité), est à coup sûr *réellement* distincte de cette substance, et, par là même, la suppose constituée dans son être essentiel; il ne répugne donc pas absolument que son effet naturel, c'est-à-dire la production de l'extension extrinsèque, soit empêchée.

Conclusion III°. — *La compénétration de plusieurs substances corporelles est un effet surnaturel, mais elle n'est pas absurde.*

a) On nomme surnaturel tout mode d'être et d'opérer supérieur à la nature des substances corporelles; or, l'état de compénétration est une manière d'être supérieur à leur nature; donc, il est surnaturel. En effet, cette compénétration ne peut avoir lieu si l'une au moins de deux substances, par exemple, que nous supposons se compénétrer, ne cesse de posséder l'effet de la quantité ou l'extension extrinsèque, et, par suite, l'impénétrabilité. Or, cet effet est exigé par sa nature.

b) On ne peut démontrer que la compénétration est absurde : car elle peut avoir lieu si l'une au moins des deux substances qui se compénètrent, cesse d'avoir son extension extrinsèque. Mais, bien qu'elle soit naturelle, comme nous l'avons vu, cette dernière extension n'est pas exigée par son essence; par conséquent, on ne peut rejeter comme absurde la compénétration.

Conclusion IVe. — *La substance corporelle continue, considérée quant à son extension extrinsèque, est divisible indéfiniment ou à l'infini.*

En effet concevons une substance corporelle continue, par exemple une substance atome d'or A B qui par ses extrémités touche les deux droites A' C et B' D; ces droites, en qualité de parallèles, quand même on les concevrait prolongées à l'infini, ne se rencontreraient jamais en aucun point. Concevons que la droite A' C soit prolongée indéfiniment. Du point A' je pourrai, à coup sûr, tracer indéfiniment, autant que je voudrai, des droites qui iront l'une sous l'autre se terminer en B' D, que je suppose également prolongée à l'infini. Il est clair : 1° que l'extrémité de ces droites n'ira *jamais* se terminer dans la prolongation de A' C, mais se terminera toujours en B' D, aux points *a, b, c, d*.. : 2° que toutes les droites abaissées du point A' diviseraient l'atome d'or A B. Donc, cet atome peut être divisé indéfiniment : et, par suite, toute substance corporelle continue, considérée seulement quant à l'extension extrinsèque, est divisible indéfiniment ou à l'infini.

Conclusion V^e. — *La substance corporelle continue a des parties entitativement distinctes d'une distinction réelle.*

Des parties qu'on peut concevoir comme divisibles ou séparables, doivent encore, même avant le concept de leur division ou séparation, être réellement distinctes entre elles. Or, telles sont les parties d'une substance continue, comme on le voit par la conclusion précédente. Après cela si vous me demandez : 1° Quel est le *nombre* de parties qui *existe* dans la substance continue? je réponds : Aucun. En effet, le nombre c'est la quantité discrète; or le continu n'est pas la quantité discrète. Dire qu'un nombre de parties existe dans le continu, c'est dire que le continu est une quantité discrète ou que le continu n'est pas continu. 2° Quel nombre de parties peut-on *concevoir* dans la substance continue? Je réponds : Si, au moyen d'une division mentale, je réduis d'abord le continu a devenir *mentalement* une quantité discrète, je puis concevoir autant que je voudrai. Mais pourtant : *a*) si je considère des parties aliquotes qui, bien que très-petites, sont *déterminées* dans leur extension et *égales*, le nombre en sera *fini :* autrement le continu devrait avoir une extension infinie, ce qui est absurde : *b*) mais, si je considère des parties toujours petites et proportionnelles, je puis *à mon gré* en concevoir un nombre indéfini, comme le fait voir la conclusion précédente. Mais, on ne peut en concevoir un nombre indéfini, parce que ce nombre *répugne intrinsèquement*.

Numerus sequitur divisionem, dit saint Thomas (3, 76, 3), et c'est une grave erreur d'affirmer que le nombre ne vient que de la distinction réelle des parties qui sont dans un continu homogène. Car, abstraction faite de la division mentale ou réelle, les parties d'un continu homogène *n'ont pas de limites propres*. J'ai dit : dans le continu homogène, parce que, dans un continu constitué de parties diverses entre elles, comme dans les plantes, les animaux, dont les différentes parties ont des propriétés diverses ou un organisme divers, il est clair qu'il y a (sans division) *détermination de limites*. Mais, par là même, ces parties ne sont ni infinies ni indéfinies, mais bien plutôt finies et nombreuses.

Si l'on disait que dans ce cas un grain de sable serait égal à une montagne, puisque l'un et l'autre ont des parties infinies, *au moins en puissance*, et, par suite, sont l'une et l'autre divisibles à l'infini, ce serait montrer par cette puérile difficulté l'envie de plaisanter, plutôt que celle de raisonner. En effet, qui ne sait combien est différente la portée de l'infini et de *l'infini en puissance?* Quel est le nombre des substances possibles? Il est indéfini. Or, il est clair que l'extension de l'indéfini supérieur contient celle de l'indéfini inférieur, puisque le premier est un genre, et le second une espèce : par conséquent, si le genre contient deux espèces, il est comme un indéfini d'un ordre plus grand qui en contient deux d'un ordre moindre. C'est pourquoi un *tout* continu est divisible à l'infini, bien qu'il contienne en soi des *parties* divisibles elles-mêmes à l'infini en particules toujours plus petites.

Conclusion VIe. — *La substance corporelle continue, considérée dans une nature physique déterminée, n'est pas divisible à l'infini.*

Les partisans du système mécanique qui admettent les points inétendus, ceux qui enseignent l'étendue virtuelle, et presque tous les dynamistes, se sont efforcés de défendre cette conclusion, par crainte d'admettre une absurdité en soutenant la divisibilité indéfinie. Mais, au lieu de délier le nœud, ils l'ont tranché en niant presque tous l'étendue réelle et en admettant des indivisibles comme principes élémentaires des substances corporelles. Dans la conclusion IVe, nous avons démontré la possibilité de la divisibilité indéfinie; ce n'est donc pas la même crainte qui nous fait défendre notre dernière conclusion, mais c'est tout simplement qu'elle nous semble plus conforme aux faits et à la raison que ne serait la contradictoire. Et, en effet, une induction presque universelle nous montre que les composés organiques et inorganiques exigent une extension ou quantité déterminée, au-dessous de laquelle leur être substantiel ne peut plus exister. Pourquoi cela? Il n'y a pas d'autre raison sinon que les formes ou les actuations de la matière n'y peuvent plus demeurer quand la quantité en est par trop petite. C'est pourquoi S. Thomas nous dit : « Chaque espèce a une quantité déterminée et en plus et en moins (II *Sent., dist.* 30, 2, 2). » Et non-seulement en parlant de l'homme il dit: « Il y a une quantité trop grande où l'espèce humaine ne saurait arriver, et une quantité trop petite pour que l'homme y puisse subsister » (*De Anima, lect.* 8) : mais encore en parlant des êtres inorganiques, et même de l'eau que l'on croyait chimiquement simple et dont on n'a reconnu la composition qu'à la fin du siècle dernier, il disait avec Aristote : « *Toutes* les substances qui ont une nature individuelle, ont aussi une limite et un mode de grandeur déterminé ; et, par suite, il doit y avoir une parcelle d'eau qui soit *la plus petite :* et, comme on dit dans le livre premier de la physique, si l'on soumet cette dernière parcelle à une division ultérieure, elle cesse d'être de l'eau (II *Sent., dist.* 30, 2, 2). »

Néanmoins, dans cette opinion, les substances hétérogènes ou composées ne pourraient, sans perdre *leur* nature *propre,* être soumises à des divisions aussi multipliées que le peuvent être les substances homogènes ou élémentaires ; mais si, par la pensée, on continue de diviser ces dernières substances, elles perdront la force de résistance et la quantité, et, par suite, elles perdront cette extension externe et locale qui les rend *divisibles*. C'est pourquoi S. Thomas dit encore : *Remota quantitate, substantia omnis indivisibilis est* (*Contra Gentes,* IV, LXV).

Que cette doctrine de S. Thomas soit vraie par rapport *aux causes secondes* matérielles, c'est évident, puisque, si une substance corporelle, par exemple, un homme, cessait d'avoir la quantité requise, il cesserait, par là même, d'être en relation avec l'espace et avec les corps, et que, même il pourrait subsister dans un lieu occupé déjà par d'autres corps. Mais cette doctrine est-elle encore vraie par rapport à la toute-puissance divine ? En d'autres termes, quand un corps cesse d'avoir la quantité, est-il, *par ce seul fait,* indivisible même à l'égard de Dieu ? Notez d'abord qu'après avoir perdu la quantité, le corps garde son essence, ou continue d'être une substance composée de matière et de forme. Si donc, la forme exige (comme il semble vrai) *essentiellement* une matière déterminée, il est impossible que le corps puisse être soumis à des divisions *indéfinies, tout en conservant son être propre*. C'est pourquoi, supposé que Dieu voulût, par des moyens surnaturels, poursuivre la division non-seulement des corps composés, mais même des premiers éléments, on en viendrait à un point qui entraînerait l'annihilation de l'être.

TRENTE-DEUXIÈME LEÇON.
Des qualités des substances corporelles.

Nous répétons ce que nous avons déjà déclaré : tout ceci, nous le disons avec S. Thomas, parce que cela nous paraît plus conforme aux propriétés des substances corporelles, et non par crainte (comme certains partisans du système mécanique et du système dynamique) d'admettre la division indéfinie en parties *toujours plus petites*, parce qu'elle ne répugne ni dans l'espace, ni dans le temps, ni au continu mathématique, ni au continu physique, si l'on n'a égard qu'à son extension extrinsèque, ou même à son être substantiel, abstraction faite, dans ce cas, de sa constitution essentielle.

La qualité est *la forme accidentelle, en vertu de laquelle une chose est appelée telle (qualis)*. Ce n'est point une définition, mais une explication donnée par Aristote et répétée, en général, par tous les philosophes. Il est certain que sur tout être corporel on peut demander *le quid, le quantum* et *le quale*. A cette interrogation : *Qu'est-ce?* on répond en indiquant l'essence, qui, dans les substances corporelles, est constituée par la matière première et par la forme substantielle, et nous disons : c'est de l'or, c'est un arbre, c'est un cheval, c'est un homme. A cette interrogation : *Combien est-ce grand? (quantum)* on répond en déterminant la quantité de cette chose, c'est-à-dire sa grandeur ou son extension et pour cela on prend la palme, le pied, le mètre pour unité de mesure. A cette interrogation . *Quel est-il?* on répond par un nom adjectif, qui désigne en même temps le sujet et sa *qualité*. Par exemple, si l'on nous demande d'un homme : *Quel est-il?* nous répondons : vertueux, sage, fort, laborieux, patient; si l'on demande d'une plante : *Quelle est-elle?* nous avons pour réponse qu'elle est féconde, stérile, nuisible, amère dans ses fruits. Et même en parlant d'êtres inorganiques, nous employons des termes qui expriment non-seulement *le quale* et *le quantum*, mais encore *le quid* : par exemple, l'oxygène a de l'affinité pour l'hydrogène, il est pesant, etc. Et Dante a dit (*Parad.*, XXIII) (1) :

« Et lorsque mes deux yeux m'eurent retracé l'étendue (*quanto*) et la beauté (*quale*) de cette étoile vivante... »

Les dénominations par lesquelles on répond à la question *quale*, indiquent : 1° quelque chose d'intrinsèque à l'être, et non une simple relation extrinsèque ; 2° une chose qui suppose l'essence complète de l'être, et qui ne change pas son être substantiel, mais le *modifie* seulement; 3° par suite, nous pouvons dire, en général, que cette chose, qu'on nomme qualité, est une forme accidentelle, mais cette forme ne saurait être ramenée à l'extension locale, puisque celle-ci dérive de la quantité, tandis que celle-là se rapporte, en quelque manière, à l'activité spécifique de l'être.

La quantité, étant une forme accidentelle, suppose la substance exacte, ce qui n'indique pas toujours une priorité de temps, puisque souvent la priorité d'origine ou de nature est suffisante. Sur la première partie de cette assertion, voici le raisonnement de S. Thomas : « La forme substantielle et la forme accidentelle est quelque chose de commun et quelque chose de différent. Elles ont de commun que l'une et l'autre est un un acte et que en vertu de l'une et de l'autre, l'être est actué. Mais elles diffèrent en deux points. Premièrement, en ce que la forme substantielle donne à la chose son être premier (par exemple, *elle donne à l'oxygène son être d'oxygène, à la plante l'être de plante, au cheval l'être de cheval*), et le sujet de cette forme est un être potentiel (*c'est-à-dire la matière première*) : mais la forme accidentelle ne donne pas à la chose l'être premier, mais d'être *talis* ou *tanta*, ou d'avoir

---

(1) E com' ambo e luci mi dipinse
Il quale e 'l quanto della viva stella.

telle ou telle disposition, et le sujet de cette forme est un être en acte (c'est-à-dire la substance). (*Sum.*, 1, 77, 6). »

Pour la seconde partie de mon assertion, il faut observer les différentes manières dont le sujet ou la substance peut acquérir les formes accidentelles ou accidents. S. Thomas formule clairement cette doctrine : « Le sujet a des rapports divers avec ses accidents. En effet, certains accidents sont naturels, et ceux-là sont produits par des principes intrinsèques au sujet lui-même : ce qui arrive de deux manières. Car les uns sont produits par des principes spécifiques, et ce sont des dispositions qui appartiennent à toute l'espèce; les autres sont produits par des principes individuels, et ce sont les dispositions qui appartiennent à chaque nature particulière. De plus, il y a des accidents imposés par violence, et ceux-là répugnent aux principes du sujet auquel ils adhèrent. D'autres, bien qu'ils soient causés *ab extrinseco*, ne répugnent pas aux principes du sujet, mais plutôt le perfectionnent (1 *dist.*, 17, 1, 2, 2) ». Ce raisonnement de S. Thomas fait voir que, sous le rapport du temps, il y a des accidents qui commencent à exister en même temps que la substance, ceux, par exemple qui dérivent des principes spécifiques de l'être; mais, précisément, parce qu'il en dérivent ainsi, ils sont postérieurs à la substance, vu la postériorité d'origine et de nature.

Conclusion. — *On doit admettre l'existence des qualités dans les substances corporelles.*

1° On appelle l'homme un petit monde, parce que, semblable, dans la partie supérieure de son âme, aux intelligences séparées, il possède, dans la partie inférieure de son être, tout ce qui se trouve dans les animaux sans raison, dans les plantes et dans les minéraux. C'est pourquoi la raison demande que, rentrant en lui-même, il observe avec soin et que de là il apprenne à juger sainement des autres choses dont la connaissance immédiate lui est difficile et souvent même impossible. Rentrons donc en nous-mêmes : nous y trouverons dans la partie supérieure de notre âme la science, l'habileté, la vertu, le vice et mille autres choses qui sont des dispositions ou qualités *acquises*, qualités qui perfectionnent ou déshonorent le sujet. Et ces qualités modifient le sujet par rapport à l'opération, puisque celui qui les a opère autrement que celui qui ne les a pas.

2° Qui ne voit de combien de qualités l'homme est doué en tant qu'animal? Quand l'homme opère en tant qu'animal, il est déjà *modifié* par le seul fait de son opération : si, en effet, cette modification ne lui était pas arrivée, il serait demeuré le même, et, par suite, il n'aurait pas opéré. Or, cette modification interne, produite par l'opération, est une qualité. De plus, l'homme reçoit les opérations d'autrui sur lui-même, et en les recevant il éprouve un changement dans son être accidentel; or, ces changements sont encore des qualités. Et, comme l'opération répétée est cause d'une disposition interne (qualité), qu'on nomme *habitude* (habitus), ainsi les opérations d'autrui, reçues par nous, laissent souvent, pour ainsi dire, un vestige d'elles-mêmes plus ou moins durable, qu'on appelle *qualité possible*, quelquefois convenable, quelquefois contraire au sujet. Or, si l'homme, en agissant ou en recevant en lui-même des opérations étrangères, acquiert des qualités permanentes, il est clair que Dieu pourra en produire dans l'homme de semblables ou de plus parfaites sans le concours d'agents externes.

3° En tant que l'homme est un végétal, ce qu'on nomme des énergies ou des forces, tantôt perdues, tantôt acquises, tantôt accrues par rapport à la nutrition, à l'assimilation, à l'accroissement, à la santé, qu'est-ce autre chose que des dispositions variées des principes actifs et, par suite, des qualités?

4° Si nous considérons l'homme dans son être simplement corporel, là encore nous trouverons des qualités. Les forces d'attraction, de répulsion, de pesanteur, de cohésion et cent autres, qui, sans être l'essence de l'homme, se rapportent cependant à lui en tant que principe d'opération, sont, par là-même, des qualités. Ainsi, les différentes dispositions du corps ou de ses parties qui arrivent par le froid, par la chaleur, par la dilatation, par la contraction (phénomènes dont nous parlerons ailleurs), doivent être considérées comme autant de qualités. La figure même de l'homme est exigée par sa forme substantielle, et doit être appelée une quantité; car l'on peut dire avec S. Thomas, que la figure est *une qualité qui appartient à la quantité ou qui la modifie* (1).

Il est bon d'ajouter ici que si l'on n'admet pas les qualités, on tombe facilement dans le système mécanique. En effet, quand les corps se rapprochent et opèrent l'un sur l'autre, ou bien cette opération ne consiste que dans le rapprochement sans contact ou avec contact, qui produit un simple choc ou impulsion, sans aucun *changement intime* ni dans *l'agent* ni dans le patient : ou bien les corps opèrent non-seulement en échangeant des chocs, mais encore en se causant mutuellement quelque changement intime. Dans le second cas, nous avons les qualités; mais, dans le premier, tout se réduit à un pur échange de mouvement mécanique. Or, celui qui nie la production d'un faible changement interne entre les substances, en vertu de leurs mutuelles opérations, à plus forte raison niera la production d'un grave changement, et, par suite, en niant le changement accidentel qu'entraîne la qualité, il niera le changement susbstantiel que nous avons démontré tout d'abord.

En terminant, nous avertissons le lecteur que le changement de l'être, qui amène la forme substantielle, constitutive de l'être dans son être premier, s'appelle, *génération;* et le changement qui amène cette qualité, qui ne découle pas des principes naturels de l'être, dans le principe de son existence, mais ne vient qu'après, s'appelle *altération.* Comme je l'ai dit ailleurs, le premier changement rend l'être *aliud,* le second le fait exister *aliter.*

---

(1) S. Th. I. VII. art. 3. « Si imaginemur corpus mathematicum existens actu (c'est le corps considéré dans sa *quantité*), oportet quod imaginemur ipsum sub aliqua forma; quia nihil est in actu nisi per suam formam : unde cum forma quanti, in quantum hujusmodi, sit figura, oportebit quod habeat aliquam figuram : et sic erit finitum : est enim figura, quæ termino vel terminis comprehenditur. »

TRENTE-TROISIÈME LEÇON.

Suite du même sujet. — Attraction.

Parmi les qualités des corps il en est une qu'on appelle pesanteur, en vertu de laquelle une substance corporelle tend vers une autre : elle peut être considérée comme une propriété générale des corps, et, quelquefois, comme particulière à quelques-uns, et même dépendante de certaines conditions. La pierre est attirée par la terre, le fer est attiré par l'aimant; frottez un bâton de gomme laque, approchez-le de petits morceaux de papier, vous les verrez attirés; une goutte de mercure ou de tout autre liquide attire à soi d'autres gouttes plus petites pourvu qu'elles soient très-rapprochées : enfin l'attraction des corps est un phénomène presque général. Certains savants ne pouvant se faire une idée des forces attractives, se sont mis à nier toute véritable attraction; ils attribuent le rapprochement des corps aux chocs des autres corps, et ils imaginent des myriades de tourbillons sans pouvoir, avec quelque probabilité, assigner aucune *cause* de tant de mouvements mécaniques, ni de leur durée ou de leur direction; or, vouloir même expliquer par des moyens purement mécaniques la simple attraction de petits morceaux de papier par la cire, est, à notre avis, une tentative impossible. Et comme c'est là une chose d'une importance souveraine pour la connaissance de presque tous les phénomènes cosmiques, nous tâcherons de l'éclaircir autant que possible suivant les principes du *système physique*.

Commençons par une *comparaison* tirée d'un être vivant. L'herbe *attire* l'agneau : et comment? Au moyen de la lumière qui la rend visible, et de son parfum qui la rend sensible à l'odorat, cette herbe devient présente à l'agneau qui, cédant à l'attrait, s'en *va* droit vers elle. Dans ce fait il faut distinguer : 1° le principe d'attraction qui est dans l'herbe : 2° le moyen par lequel l'attraction se communique, savoir la lumière et l'air ; 3° la manière d'attirer qui consiste dans une action exercée par le moyen des sens et de l'imagination sur l'appétit sensitif de l'agneau; 4° le principe du mouvement par lequel l'agneau se meut, et *va* au but : ce principe est sa nature même qui *actuellement* le détermine à s'y diriger, tandis que d'abord elle n'y était déterminée qu'en puissance. Mais la nature ne suffit pas, il faut qu'elle soit revêtue de certaines *qualités :* car l'agneau ne se dirigerait pas vers l'herbe s'il n'en recevait d'abord en soi quelque *impression,* et l'impression ne suffirait pas si l'agneau n'était réduit à l'acte de tendre, et il n'y serait pas réduit sans une disposition précédente à tendre plutôt vers l'herbe que vers les autres choses placées devant lui; or, *l'impression, l'acte de tendre, la disposition* sont elles-mêmes ou entraînent avec elles autant de *qualités*.

Tout ceci paraît clair dans le vivant sensitif; mais, s'il s'agit d'un être inanimé, en sera-t-il de même? S. Thomas l'enseigne : « Il y a une opération qui, sous un rapport, est commune aux substances animées et inanimées, mais qui, sous un autre rapport, est propre aux substances animées; et c'est le mouvement. En effet, les substances spirituelles ont une nature par laquelle elles peuvent mouvoir absolument, mais ne peuvent être mues. Les corps, il est vrai, se meuvent; mais, bien que l'un puisse mouvoir l'autre, aucun d'eux ne peut se mouvoir lui-même, parce que les substances qui se meuvent elles-mêmes ont deux parties dont l'une est motrice, et l'autre mobile : ce qui ne peut avoir lieu dans les substances purement corporelles, c'est-à-dire *non vivantes,* puisque leurs formes ne peuvent être regardées comme de purs moteurs, bien qu'elles puissent avoir celle *de principe de mouvement,* par lequel une chose est mue (ut quo aliquid movetur); ainsi, dans le mouvement de la terre, *la pesanteur* est le principe par lequel elle est mue (quo movetur), mais n'est pas le moteur (*De Veritate,* XXII, III). »

Pour bien comprendre cette doctrine, il faut savoir que, pour pouvoir dire qu'une chose *se meut elle-même,* il doit y avoir en elle deux parties diverses, l'une qui meuve, l'autre qui soit mue. Ceci nous semble clair; car, en cette chose qui se meut elle-même, on doit trouver et le principe du mouvement et le sujet qui le reçoit; or, si les parties étaient *identiques*, il n'y aurait pas de raison suffisante pour que l'une fût le moteur plutôt que le mobile, et réciproquement. C'est pourquoi les vivants seuls, précisément parce qu'ils sont composés de *diverses* parties *et de propriétés* diverses (bien qu'elles ne soient pas *séparées* entre elles), peuvent se mouvoir eux-mêmes ; et ce mouvement, qui leur est *intime*, s'appelle action *immanente*. Il n'en est pas ainsi des êtres non vivants, qui, n'ayant dans leurs parties aucune *diversité* d'organisme, sont privés de toute *action immanente*, bien qu'ils puissent opérer sur les autres corps, et qu'ils aient, par suite, l'action qu'on nomme en latin *transiens;* c'est par cette diversité d'action que les corps vivants diffèrent spécifiquement des corps non vivants.

Ces principes posés, il est évident que, si un corps non vivant *se dirige* vers un autre, il ne pourra pas le faire en se mouvant lui-même, comme nous l'avons dit, mais seulement *en se transportant*, pour m'exprimer ainsi, dans *toute* sa masse.

Par conséquent dans *l'attraction* des corps non vivants, les choses se passeront ainsi : 1° dans le corps qu'on suppose attiré, il y aura une *disposition* (qualité) à se diriger vers un corps plutôt que vers un autre ; 2° le corps qu'on suppose attirant devra, grâce à un milieu, opérer sur le corps attiré de manière à se le rendre, pour ainsi dire, *présent;* 3° le corps qu'on suppose attiré devra recevoir l'impression que le corps attirant lui envoie par ce moyen; 4° l'ayant reçue, il sera mis en acte, *en se transportant* vers l'autre dans *toute sa masse*, sans qu'une partie en meuve une autre. Telle est encore la pensée de S. Thomas : « Toutes les choses, dit-il, sont disposées et ordonnées à leurs effets. Ceci posé, une chose est *ordonnée* et *dirigée* vers une autre comme vers sa fin de deux manières : premièrement par *elle-même*, ainsi l'homme se dirige vers le lieu où il tend; secondement *par un autre,* ainsi la flèche de l'archer se dirige vers le but fixé. Or, les choses qui connaissent la fin peuvent seules se diriger par elles-mêmes, puisque celui qui dirige doit avoir connaissance du terme auquel il dirige; celles qui ne connaissent pas leur fin peuvent y être dirigées par un autre être : ce qui arrive encore de deux manières. En effet, tantôt la chose dirigée est poussée *uniquement* par celui qui la dirige, sans recevoir pour cela aucune forme qui la *détermine* à cette direction et à cette inclination, laquelle, en ce cas, est *violente (et c'est le pur mouvement mécanique),* comme la flèche que l'archer dirige à un but déterminé. Tantôt la chose dirigée reçoit de celui qui la dirige et la meut certaines formes grâce auxquelles elle a telle inclination à la fin proposée : et cette inclination lui sera *naturelle (le mouvement ici sera physique),* parce qu'elle dérive d'un principe naturel; ainsi ce qui donne *la pesanteur* à une pierre, lui donne précisément, par là même, une inclination à *se transporter naturellement;* c'est pourquoi l'on dit que ce qui produit la pesanteur d'un corps en est aussi le moteur. Et toutes les choses naturelles ont cette inclination vers celles qui leur sont convenables *(d'où les diverses espèces d'attractions),* et *ont en elles-mêmes le principe de telle inclination,* qui leur est naturelle; si bien qu'elles mêmes *vont* en quelque sorte et ne sont pas simplement conduites à leurs fins *(quodam modo ipsa vadant* et non solum ducantur). Ainsi les choses *violentées* sont simplement conduites, et ne concourent point avec le moteur, mais les choses naturelles vont à leur fin, en tant qu'elles coopèrent avec celui qui les incline et les dirige, par *le principe intime* dont elles sont douées *(De Bono,* XXII, *art.* 1).

La gravitation d'un corps vers un autre ne doit donc pas être attribuée à une impulsion extrinsèque, capable seulement de produire un mouvement mécanique; mais elle doit être attribuée à un principe interne qui est la raison du mouvement naturel ou physique : et les corps pesants peuvent et doivent se dire *mus par d'autres,* en tant que le principe intime du mouvement est produit en eux par d'autres, et en tant qu'ils ont besoin d'un corps qui les attire en la manière que nous avons dite.

Si l'on avait quelque difficulté à admettre cette *marche,* ce *transport* de toute la substance par elle-même vers une autre substance, habitués que nous sommes à nous servir des pieds pour marcher, songeons que les forces de la nature sont plus puissantes que celles qui sont soumises à la libre volonté de l'homme; là où il ne peut faire qu'une peinture, une statue ou une poupée, une bête et une plante produisent des êtres animés, doués d'un admirable organisme. Quand on a cette différence sous les yeux, c'est une pauvre manière de raisonner que de ne vouloir pas reconnaître d'autre espèce de mouvement que le mouvement mécanique, par la seule raison que l'art humain ne peut en dépasser les limites.

Si nous voulons désigner sous des noms modernes cette inclination de toutes les substances corporelles à se rapprocher et le transport d'elles-mêmes qu'elles opèrent les unes vers les autres, nous l'appelerons *gravitation universelle;* et cette action que, moyennant un milieu, les substances exercent sur d'autres qui sont attirées, peut s'appeler *attraction universelle.* Néanmoins, si tout finissait à la gravitation universelle et aux autres gravitations spéciales, suivant les différentes espèces des corps, il n'en résulterait que des agrégats et il n'y aurait pas dans le monde cet ordre et cette beauté qui résulte de *la diversité* des subtances et de *la différence spécifique* de leurs opérations. Nous pouvons donc considérer le rapprochement mutuel des substances comme une *condition préalable,* pour qu'elles puissent exercer les opérations qui leur sont propres les unes sur les autres. De là, ce changement continuel non-seulement de lieu, mais encore de formes accidentelles et substantielles : de là, cette unité dans la variété, et cette variété qui se concentre dans l'unité de tout le monde.

Observons, en terminant, que l'attraction et la gravitation universelles étant communes à toutes les substances corporelles, *en tant que corporelles,* ces forces demeureront constantes, même dans le changement de l'être substantiel : c'est pourquoi le poids des corps résultant précisément de la gravitation, le poids que les éléments avaient pris collectivement demeure le même dans la substance composée qui en résulte, et le poids de celle-ci restera dans les éléments qui la composaient.

TRENTE-QUATRIÈME LEÇON

De l'espace : du lieu : du mouvement : du temps.

Définition de l'espace.

On *conçoit* l'espace comme une *capacité qui peut contenir les substances corporelles*. L'espace est plein, si on le considère comme occupé par des corps; il est vide, si effectivement il n'est pas occupé par des corps.

Conclusion. — *Il y a de l'espace absolument vide.*

En effet, toutes les substances corporelles qui existent actuellement sont en nombre fini, puisque le nombre infini répugne. Donc, le monde corporel doit avoir certaines limites, hors desquelles il pourrait y avoir des corps qui n'y sont pas; donc, il y a de l'espace vide. Et nous ne croyons pas improbable que parfois il puisse y avoir, même entre les corps terrestres, çà et là, de l'espace vide. Mais il ne faut pas enseigner aux élèves qu'au moyen de l'art on puisse obtenir un vide parfait et que tel est celui qu'on fait dans le baromètre. C'est toute autre chose que le vide! L'espace qui sépare les parois du tube est absolument plein, et la preuve évidente en est que, à travers ces parois, on distingue les objets. Donc, la lumière y circule; or, la lumière ne saurait subsister sans un sujet corporel ou continu ou *continué*. On objecte pourtant que sans *le vide* le mouvement est impossible. Ceci serait vrai si l'extension de tout corps était immuable, c'est-à-dire si son extension n'était pas sujette à des variations : mais, si un corps peut avoir une extension plus ou moins grande, il est clair que l'espace, laissé vide par le corps qui se restreint, peut être occupé par celui qui se dilate, ou par un autre qui, sans se dilater, vient de ce côté. Et cette mutabilité de la quantité des corps est, à notre avis, un fait indubitable et très-important dans la nature : fait qui, bien considéré, donne la clef de l'explication d'innombrables phénomènes, comme nous le verrons dans la suite.

Dans cette matière il faut nous garder de transporter à la réalité extrinsèque ce qui n'est autre chose qu'une manière, dont nos facultés, limitées par l'espace et existantes dans le temps, sont forcées de concevoir les choses. Ce serait une grande erreur que d'attribuer à *l'espace pur ou au vide absolu* quelque chose *de réel*. L'espace pur n'est rien en lui-même, et c'est pour cela qu'on a coutume de l'appeler *imaginaire*. Aussi devons-nous dire qu'avant l'existence du monde corporel Dieu était *en lui-même;* et si nous disons qu'il était dans les espaces imaginaires, il faut retrancher de ces espaces *toute relation* à Dieu, parce qu'ils ne sont rien dans l'ordre de la réalité. Suarez dit fort bien (*Met.*, *disp.* 30, *lect.* 7) : « Si l'on veut dire que Dieu est hors du monde seulement par sa présence réelle sans relation actuelle à aucune chose hors de lui-même, on ne peut nier en ce sens que Dieu soit hors du monde : et c'est évidemment conforme aux doctrines de la foi et à la raison naturelle. Et si l'on dit *dans le même sens* que Dieu est dans les espaces imaginaires, on dit vrai. Mais c'est tomber dans l'équivoque de croire que la phrase : *être dans l'espace* entraîne une relation à l'espace comme à une chose distincte et, pour ainsi dire, tangente (quod contingitur), et de démontrer par là que cela répugne, puisque l'espace n'est rien. Or, ce n'est pas le sens de cette phrase, mais elle doit être prise dans une signification *intransitive* (pour m'exprimer ainsi), et elle s'entend très-bien alors par rapport à notre manière de concevoir : nous concevons, en effet, l'espace comme un vide apte à être rempli par la substance corporelle; nous devons donc dire que la substance divine y est très-présente et le remplit entièrement (ibi est praesentissima divina substantia, totumque illud substantialiter replet). »

Définition du lieu.

Le lieu, en général, est *l'espace considéré en relation avec les corps.* Cette notion paraîtra plus claire encore, si nous distinguons le lieu intrinsèque et le lieu extrinsèque : 1° le lieu intrinsèque est *l'espace actuellement occupé par le corps,* et ce concept n'a pas besoin d'explication : 2° le lieu extrinsèque est *cette superficie immobile de l'espace, que l'on conçoit comme entourant un corps.* Cette définition exprime le concept unanime de tous les hommes. Une planète erre-t-elle sans cesse ? Tout le monde dit qu'elle change continuellement de lieu. Si nous concevons une tour au milieu d'un vaste continent où s'élèvent des habitations et des collines, supposé qu'elle seule restant debout, tout ce qui l'entoure tombe en un gouffre ou se change en une mer, personne ne dira que cette tour a changé de lieu. En outre, bien que cela ne tombe point sous nos sens, le point de la terre que nous occupons nous fait changer dans son tour continuellement de lieu, et maintenant nous occupons le lieu qu'il y a sept ou huit heures occupaient les Chinois.

C'est pourquoi, afin d'avoir une juste idée du lieu, il nous faut considérer dans l'univers quatre points comme immobiles que nous pouvons appeler nord, sud, est, ouest (indépendants de la terre et du soleil), et chaque point de l'espace intermédiaire, occupé ou non par des corps, comme immobile également comparé à ces quatre points cardinaux. Par conséquent, nous pouvons considérer la superficie de l'espace, qui entoure chaque corps, comme immobile par rapport à ces points cardinaux : d'où l'on voit pourquoi, les corps restant entre eux dans les mêmes relations et les mêmes distances, nous pouvons dire avec vérité qu'ils changent de lieu, et que tel corps qui paraît en changer, n'en change pas en réalité.

Tel est le concept du lieu *absolu;* nous laissons de côté celui du lieu relatif et particulier, dont on parle souvent dans le langage ordinaire. Ainsi, quand on demande d'une personne ou d'une chose quelconque : Où est-elle ? On répond : A Rome, sur la place, dans sa maison ; on a donc égard à *ce qui avoisine* ou entoure l'objet sur lequel tombe la demande; et, de même que la demande, la réponse se rapporte au lieu *relatif* et *particulier*.

Définition du mouvement.

Souvent on donne une définition générique du mouvement en tant qu'il indique un changement quelconque; et alors on dit que c'est *le passage de la puissance à l'acte*. Dans ce sens, le mot de mouvement s'applique même aux êtres spirituels en qui il y a, d'une certaine manière, vraie distinction entre la puissance et l'acte. Ainsi nous pouvons dire que l'intellect se *meut* pour penser, et que la pensée est son mouvement; que la volonté se meut pour aimer, et que l'amour est son mouvement dans son sens propre. Pour un changement *corporel*, le mouvement est : *L'acte de l'être corporel qui est en puissance, en tant qu'il est en puissance;* antique définition donnée par Aristote et pleine de philosophie. Pour bien la comprendre, employons un exemple tiré du mouvement local, c'est-à-dire du passage effectué par un corps d'un lieu à un autre : *Antoine s'en va de sa campagne à sa maison.* Considérons ici : 1° le terme *d'où* il part : *la campagne;* 2° le terme *où* il arrive : *la maison;* 3° le passage entre le premier et le second terme. Dans le terme *d'où* il part, Antoine est en puissance puisque, réellement, tant qu'il est à la campagne, *il peut* se mouvoir, mais il ne se meut pas encore; dans le terme *où* il arrive, le mouvement a cessé puisque Antoine, rendu dans sa maison, est considéré comme en acte parfait. Depuis l'instant où Antoine commence jusqu'à celui où il cesse de se mouvoir, nous avons le mouvement. Ce mouvement, certes constitue Antoine en acte quand il se sépare du terme *d'où* il part, mais en acte *imparfait*, puisque tant qu'il n'est pas parvenu au terme *où* il tend, il est en *puissance* d'y parvenir. Le mouvement est donc un acte, mais un acte d'un être qui est encore en puissance, et précisément parce qu'il est en puissance.

De cette notion on voit que le terme *d'où* l'on part ne peut s'identifier avec le terme *où* l'on tend, puisqu'il doit y avoir au milieu l'acte imparfait, qui est précisément le mouvement. De cette définition on voit encore que le mouvement doit être essentiellement continu, puisque s'il n'est pas continu, il cesse et fait place au repos dans lequel il n'y a pas d'acte, mais seulement puissance, et, par suite, il n'y a pas de mouvement.

Ce mouvement donc désigne les changements qui s'opèrent dans les substances corporelles dont l'être va de la puissance à l'acte parfait, moyennant un acte imparfait (qui est le mouvement). On distingue : 1° le mouvement local; 2° le mouvement d'altération; 3° le mouvement d'accroissement et de décroissement. Le mouvement local se trouve dans toutes les choses qui nous entourent, et nous en avons déjà parlé. Il y a mouvement d'altération dans les changements accidentels : ainsi le malade, moyennant un changement (altération), acquiert la santé (qualité). Cette altération, qui est le passage entre les deux termes de maladie et de santé, est l'acte imparfait ou mouvement. Un enfant grandit peu à peu jusqu'à la taille et à la quantité requise : cet accroissement est un acte imparfait, c'est un mouvement de la troisième espèce ou d'accroissement.

Reste maintenant à considérer le mouvement local, et pour cela il est bon d'observer qu'on doit distinguer dans un corps mis en mouvement : 1° l'impulsion ou la force motrice; 2° la direction de son mouvement; 3° le terme où il tend.

1° *L'impulsion ou la force motrice a)* doit être dans le corps en mouvement, car si l'effet y est, la cause y doit être également; or, l'effet, c'est-à-dire le mouvement, est dans le corps; donc, la cause, c'est-à-dire l'impulsion ou la force motrice, y doit être aussi : *b)* cette impulsion est complétement distincte du mouvement; c'est évident puisqu'elle est séparable du mouvement. Ainsi dans une pierre posée sur une table, il y a impulsion ou force motrice, mais il n'y a point mouvement à moins qu'en retirant la table, on ne laisse à l'impulsion, ou force motrice, la liberté de produire son effet. *c)* Elle se distingue également de la substance du corps, puisqu'il peut l'avoir et ne l'avoir pas, et qu'il peut l'avoir en plus ou moins grande intensité. Donc *d*), le mouvement doit être considérée comme un accident produit dans le mobile qui est déterminé au mouvement par la force motrice.

2° *La direction* doit être considérée comme un effet de l'impulsion ; si donc celle-ci reste uniforme, la direction sera droite ; autrement, elle variera suivant les variations de sa cause. D'où il suit que, s'il reçoit une tendance d'une cause motrice à un moment donné, le corps décrira une droite dans sa marche ; mais il s'en détournera si une autre cause vient par de nouvelles impulsions modifier ou changer la tendance première. De là vient que le mouvement curviligne doit être causé par un moteur instantané et par un moteur continu, c'est-à-dire qui sans cesse modifie la tendance du mobile.

3° *Le terme*. Il convient ici de distinguer le mouvement mécanique du mouvement naturel. Le mouvement mécanique provient de la force motrice que le corps reçoit *ab extrinseco :* le mouvement naturel provient de la force motrice que le corps possède *ab intrinseco*. Un boulet de canon est lancé contre une forteresse ; la force motrice du boulet vient d'une cause extrinsèque et l'on peut dire ici que le boulet est *la cause instrumentale* de l'effet qu'il opère en frappant la forteresse : c'est un mouvement naturel. Le terme dans le mouvement mécanique est déterminé par le moteur extrinsèque ; dans le mouvement naturel il est déterminé par le créateur, qui a placé dans la nature ce principe de mouvement (précédente leçon), principe qui, *en certaines circonstances extrinsèques*, passe à l'acte.

On voit par là combien est vrai le principe : *Omne quod movetur, movetur ab alio*. Dans le mouvement mécanique c'est évident : mais, même dans le mouvement naturel, c'est également clair, puisque : 1° le principe de ce mouvement vient de Dieu, et 2° que c'est par l'opération d'un être externe que ce principe en vient à l'acte. L'homme, lui-même, tout libre qu'il est dans ses actes, fournit une preuve de la vérité de cet axiome, car, *quand* il se meut, il se meut mû par d'autres, puisque : 1° l'homme *par nature* tend au bien, c'est-à-dire que Dieu a placé dans l'homme le principe du mouvement au bien, et quand l'homme opère librement, il ne fait qu'*incliner* le mouvement au bien, vers tel ou tel bien particulier, à son propre gré; 2° et encore pour se déterminer à tel ou tel bien il faut qu'il y soit excité par l'objet.

Pour ce qui est de déterminer, en particulier, quels sont, en réalité, les mouvements mécaniques et les mouvements naturels, ce n'est pas l'affaire du philosophe, puisque cela repose spécialement sur l'observation expérimentale; observation qui exige les plus grands soins et une habileté consommée, parce que autrement on pourrait tomber dans des erreurs de très-grave importance.

Définition de la durée dans la plus large extension de son concept; sa division.

La durée est *la permanence de l'être dans son existence*. Il y en a trois : 1° *l'éternité;* 2° *l'immortalité (ævum);* 3° *le temps*. En effet, autant il y a de manières dont l'être demeure dans l'existence, autant il y a de durées. Or, il est un être qui a une permanence immuable, en sorte qu'il n'a *ni commencement, ni fin, ni aucun changement accidentel :* c'est la durée de Dieu, qui s'appelle *éternité*. Les intelligences séparées de la matière, c'est-à-dire *les esprits, ont une succession dans leurs actes d'intelligence et de volonté :* c'est pourquoi ils ont en eux le mouvement pris dans sa définition la plus générale, et l'on pourrait dire plutôt, ils ont un mouvement métaphorique : *la permanence dans leur être* s'appelle immortalité (*ævum*). Enfin, les êtres corporels ont une *permanence dans l'existence sujette non-seulement à un mouvement métaphorique, mais encore au mouvement propre,* dont nous avons déjà parlé : leur durée constitue proprement *le temps*. Voici donc la notion du temps que l'on a coutume de donner communément : le temps est *la durée dans l'existence des êtres sujets au mouvement*.

Définition philosophique du temps.

Aristote a défini le temps : *La mesure du mouvement sous le rapport de l'antériorité et de la postériorité;*

en latin : *Numerus est motus secundum prius et posterius.* Profonde et admirable définition ! Pour la comprendre, considérons que l'homme peut compter ce qui est *nombrable*, d'après une succession déterminée, c'est-à-dire *d'antériorité et de postériorité*, en disant, par exemple, un, deux, trois, etc. Si, par la pensée, il divise une ligne continue, il en comptera successivement les parties ; mais, ensuite, il peut les faire connaître d'un seul mot, et alors la succession d'antériorité et de postériorité n'est plus dans les parties de la ligne, *qui existe toute entière en même temps,* mais seulement dans la pensée de celui qui les compte. Mais un vaisseau déployant ses voiles sillonne la mer, je le vois se mouvoir, et je divise en parties arbitraires *la ligne du mouvement ;* j'en compte une, deux, trois, etc., avec une succession de priorité et de postériorité ; ici, la succession n'est plus seulement en moi, elle est encore dans les parties elles-mêmes, puisque *la ligne du mouvement* n'existe pas toute entière en même temps, mais dans une succession *continue.* Ce nombre des parties, dont l'une est antérieure, dans *la ligne du mouvement,* est précisément le temps.

D'où l'on voit que le temps est la durée même de la chose soumise au mouvement, *en tant précisément qu'elle est sujette au mouvement ;* et, par suite, on peut considérer les temps comme aussi nombreux que les choses sujettes au mouvement. Or, de même qu'on peut comparer une chose permanente avec une autre également permanente, par exemple une ligne avec une autre, et comme de la première comparaison nous avons *la mesure et la chose mesurée* dans l'ordre de la permanence, ainsi de la seconde, nous avons *la mesure et la chose mesurée* dans l'ordre de la succession. Mais il est bon de prendre une mesure exacte, c'est pourquoi nous prenons le mètre pour les choses permanentes, et le jour pour les choses successives. Et ainsi j'applique aux autres successions le jour ou l'une de de ses parties, l'heure par exemple, et je dis : En telle succession, l'heure est contenue dix fois, tout comme en appliquant le mètre ou l'une de ses parties sur une tour, je dis : Elle a 100 mètres de hauteur.

Enfin, observons que, si le mouvement cesse, avec lui cessent ses parties et le nombre de ses parties, et, par suite, le temps cesse lui aussi. C'est pourquoi le temps est, comme le mouvement, essentiellement *continu*. D'où l'on voit que le temps présent ne peut être considéré philosophiquement comme une particule *stable*, mais comme un instant indivisible plus rapide que la pensée.

TRENTE-CINQUIÈME LEÇON

Des lois physiques.

Concept général de la loi : la raison divine est la loi de toutes les choses créées.

La loi est *la règle et la mesure des opérations;* et comme c'est le propre de la raison seule d'être une règle et une mesure, la loi doit provenir de la raison. Mais, il ne lui suffit pas d'être d'une manière quelconque une règle et une mesure, il lui faut, en outre, la force de *mouvoir* qui procède de la volonté ; la loi suppose donc la volonté, puisqu'elle est *un commandement de la raison*. Ainsi l'enseigne S. Thomas : « Commander est un acte de la raison, présupposant l'acte de la volonté, en vertu duquel la raison *meut* par son commandement à l'exercice de l'acte (*Sum.*, 1, 2, 17, 1). » Ensuite il explique ainsi comment s'exprime ce commandement : « Commander est essentiellement un acte de raison, puisque celui qui commande ordonne celui à qui il commande, à opérer quelque chose, *en intimant* ou *en notifiant* (denuntiando). Or, ordonner par manière d'intimation appartient à la raison, qui peut intimer et notifier une chose de deux manières : premièrement, d'une manière absolue, et cette intimation s'exprime par le verbe au mode indicatif, comme quand on dit à quelqu'un : *Vous devez faire ceci ;* secondement, lorsque la raison intime quelque chose à quelqu'un en le mouvant à cette chose, et cette intimation s'exprime par le verbe au mode impératif, comme quand on dit : *Faites ceci.* » Ce concept général une fois posé, cherchons quelle est *la raison* qu'on peut appeler règle et mesure de *toutes les choses créées*. Ce doit être certainement la raison divine, qui, unie à la volonté divine, est le modèle et l'exemplaire de l'ordre tout entier de l'univers : on doit donc la reconnaître comme la loi universelle, et, de même que la raison divine est éternelle, de même cette loi doit être appelée éternelle. C'est pourquoi S. Thomas nous dit : « Supposé que le monde soit gouverné par la providence divine, il est clair que l'univers est dirigé par la raison divine. D'où le modèle de la direction des choses a en Dieu, comme souverain universel, essence de loi. Et, puisque la raison divine ne conçoit aucune chose dans le temps, mais que son concept est éternel, cette loi est appelée éternelle (*Summ. loc. cit.*). » Donc, l'éternelle raison de Dieu *commande* l'ordre de toutes les choses créées, afin que, en tendant à leurs fins, elles soient non-seulement dans leur être, mais encore dans leur opération, l'expression créée de la bonté incréée de Dieu ; et c'est ainsi que dans l'univers brille l'image des perfections divines, c'est-à-dire cette gloire extrinsèque en vue de laquelle le Créateur dirige l'univers créé. *Ordonner* est une chose si essentielle à la législation et au commandement, que, dans les langues d'origine latine, formées depuis le christianisme, *ordonner* est devenu synonyme de *commander*, *ordre* synonyme de *commandement*, non pas que tout ordre soit un commandement, mais parce qu'il ne peut y avoir de vrai et légitime commandement sans ordre.

Application de la loi éternelle aux créatures raisonnables et non raisonnables.

Pour que la loi soit la règle et la mesure des opérations, il faut encore qu'elle soit *appliquée* aux êtres qui doivent l'exécuter, car elle ne servirait à rien, dès qu'elle resterait, pour ainsi dire, solitaire dans la pensée du législateur. « La loi, dit S. Thomas, est *imposée* comme une règle et une mesure : mais la règle et la mesure sont imposées précisément *par l'application* aux choses qui sont réglées et mesurées (1, 2, 90, 4). » Or, cette application varie suivant la diversité des choses : si elles sont raisonnables, elles participent à la loi éternelle par la lumière de la raison, qui, en tant qu'elle réfléchit naturellement, comme un miroir, les principes de cette loi, porte le nom qui lui est propre de loi *naturelle :* si elles sont sensitives, elles participent à la loi éternelle par les instincts imprimés dans leur nature, et ces instincts ne sont que la connaissance imaginative d'un terme et la tendance nécessaire à l'acquisition de ce terme : si elles sont privées de toute espèce de connaissance, elles participent à la loi éternelle moyennant une *disposition* de leur nature, *qui les incline* à une fin déterminée. Laissant, pour le moment, la profonde doctrine de S. Thomas sur l'application de la loi éternelle faite à l'homme et aux êtres sensitifs, voyons comment il l'explique en parlant des créatures insensibles, auxquelles se rapportent spécialement les lois physiques.

« Il semble, dit-il, que les êtres naturels contingents (il parle des non vivants), ne soient pas soumis à la loi éternelle : en effet, la promulgation est de l'essence de la loi; or, la promulgation ne peut être faite qu'à des créatures raisonnables, à qui seules on peut notifier quelque chose; donc, seules, les créatures raisonnables, et non les choses naturelles et contingentes, sont soumises à la loi éternelle. Mais il est dit, au contraire, dans les Proverbes (VIII, 29) : *Quando circumdabat mari terminum suum, et legem ponebat aquis ne transirent fines suos.* Il nous faut donc dire que nous ne devons pas parler de la loi humaine, comme de la loi éternelle, qui est la loi de Dieu. En effet, la loi de l'homme ne s'étend pas au delà des créatures raisonnables qui lui sont soumises, parce que la loi est *directrice* des actes convenables à celui qui est soumis au gouvernement d'autrui; d'où, à proprement parler, personne ne donne de loi à ses propres actes. Or, toute l'action que l'homme exerce sur les choses non raisonnables qui lui sont soumises, dans l'usage qu'il en fait, il l'exerce par son acte propre qui les meut, puisque ces choses ne se meuvent pas elles-mêmes (trente-deuxième leçon), mais sont mues par d'autres : c'est pourquoi l'homme ne peut leur donner des lois, en tant qu'elles lui sont soumises; mais il peut en donner aux créatures raisonnables qui lui sont soumises, en tant que, par un précepte ou notification, il *imprime* dans leur esprit une certaine règle qui est *un principe d'opération*. Or, de même que l'homme, par sa notification, imprime à l'homme, qui lui est soumis, ce principe interne d'opération, de même *Dieu imprime à toute la nature les principes de ses opérations propres* : c'est pourquoi l'on dit ainsi que Dieu commande à toute la nature, selon ce mot du Ps. CXLVIII : *Præceptum posuit et non præteribit;* et c'est aussi pour cela que tous les mouvements et tous les actes de la nature sont soumis à la même loi. Les créatures non raisonnables sont donc soumises à la loi, en tant qu'elles sont mues par la providence divine, mais non pas comme les créatures raisonnables, moyennant l'intelligence du précepte divin. C'est pourquoi nous répondons à la difficulté proposée que *l'impression du principe actif intrinsèque* est, par rapport aux choses naturelles, comme la promulgation de la loi par rapport aux hommes, qui reçoivent par elle un principe *directif* de leurs opérations (*Summ.*, 1, 2, 93, 5). »

Ces doctrines si élevées rendent évident ce qu'on doit entendre par *lois physiques*. En effet, on considère la loi ou bien dans le législateur qui est la mesure et la règle, ou bien dans les choses qui sont réglées et mesurées par lui. Sous le premier aspect la loi éternelle, en tant qu'elle prescrit l'ordre que doivent suivre les créatures raisonnables dans leurs opérations, en les dirigeant vers leurs fins prochaines et, par le moyen de celles-ci, à leur fin dernière, la loi éternelle, disons-nous, prend le nom de *loi morale :* en tant qu'elle prescrit l'ordre que doivent suivre les choses non raisonnables, vivantes ou non vivantes, dans les opérations par lesquelles elles sont dirigées à des fins déterminées, elle s'appelle *loi physique*. Sous le second aspect la loi éternelle, en tant qu'elle est une loi morale, doit être cette impression de la raison éternelle faite dans la lumière intellectuelle des créatures raisonnables, qui en reçoivent ainsi les principes de vérité pratique comme des *expressions* des principes éternels de la pensée divine. *La loi physique* est l'impression faite par Dieu dans les créatures non raisonnables, afin que, par leurs opérations, elles tendent aux fins que se propose la loi éternelle; or, cette impression consiste précisément *dans les dispositions, dans les habitudes (habitus), dans les instincts, dans le caractère*, et, en un mot, dans *les qualités* que Dieu leur a données, et en vertu desquelles elles sont inclinées et déterminées à opérer de telle manière plutôt que de telle autre. Dans ces qualités réside comme en germe la disposition physique de tout l'univers; car c'est d'elles que dépendent les changements de toutes les choses par cette série de révolutions cosmiques, qui ont commencé avec le premier acte créateur et dureront tant que le monde continuera d'exister. Aussi S. Augustin et S. Thomas ont reconnu dans les qualités, qui comprennent les forces actives et passives des substances, ils ont reconnu, dis-je, les principes ou raisons séminales de toutes choses : « On tire les dénominations des choses, dit le Docteur angélique, de ce qu'elles ont de plus parfait. Or, les plus parfaites de toutes les substances corporelles sont les vivants. Mais les principes actif et passif de leur génération, sont les semences d'où elles sont engendrées; donc, c'est avec raison que S. Augustin (III, *de Trin.*,) *donne le nom de raisons séminales à toutes les forces actives et passives, qui sont les principes des générations et des changements naturels*. Ces forces actives et passives peuvent être considérées en différents ordres. Ainsi, elles se trouvent principalement et originairement dans le Verbe divin selon leurs formes idéales : elles sont d'une seconde manière dans les éléments du monde, desquels au commencement elles furent produites, comme causes universelles; elles se trouvent d'une troisième manière dans les choses qui, par la suite des temps, grâce au concours des causes universelles, se produisent, par exemple, en telles plantes déterminées, en tel animal déterminé, comme en des causes particulières; on les remarque enfin d'une quatrième manière dans les semences que produisent les plantes et les animaux : et ces semences sont, par rapport à d'autres effets particuliers, comme les premières causes universelles par rapport à la production des premiers effets (*Summ.*, 1, 105, 2). » Nous pouvons donc dire que *les lois physiques*, prises *in concreto* dans les êtres créés, sont les principes séminaux, qui donnent naissance à l'évolution de l'univers entier dans l'ordre naturel ou physique; or, ces principes sont précisément les qualités ou forces dont nous parlions.

Tel est le sens des mots *lois physiques* : sens non pas vague, mais précis et déterminé; et si quelqu'un refusait les principes exposés aux créatures sans raison et sans vie, je ne vois pas comment il pourrait s'empêcher de nier même l'existence des *lois physiques*, ou tout au plus de se résigner à employer un mot vide de sens réel pour lui. Rappelons-nous, en outre, que, comme l'ordre moral consiste dans la disposition des opérations humaines, faites suivant l'exemplaire de la loi morale imprimé dans la raison humaine, ainsi l'ordre physique consiste *dans la disposition des opérations de toutes les créatures non raisonnables suivant l'exemplaire de la loi physique déposé dans ces principes d'opérations qui leur sont communiqués par Dieu*. Par suite, de même que, si vous ôtez la loi morale, l'ordre moral cesse; de même, si vous ôtez *les lois physiques*, l'ordre physique doit cesser également. Aussi l'on ne voit pas comment on peut rejeter cette doctrine, sans en tirer encore l'une de ces conséquences logiquement nécessaires : ou bien de nier l'ordre physique et l'harmonie qui se manifeste dans les trois règnes de la nature et en chacun de leurs individus; ou bien, si on l'admet, de l'attribuer à un aveugle hasard, ou bien, enfin, en tranchant le nœud au lieu de le délier, d'attribuer le tout à Dieu, non-seulement comme cause première, suprême et universelle, mais encore comme cause seconde, immédiate et totale, au risque de tomber en quelque opinion touchant à l'erreur de ces anciens qui faisaient de Dieu l'âme de l'univers, heureux encore s'ils ne poussent pas plus loin en affirmant, avec trop d'extravagants de nos jours, cette absurdité : *Dieu est tout, et tout est Dieu.*

Mais il est temps, après avoir jeté les fondements, d'en venir à la construction de l'édifice; après avoir donné sur la toile les premiers coups de pinceau, il est temps de colorier chaque figure : je veux dire que, après avoir traité en général des choses physiques, nous devons traiter de chacune de leurs espèces. On verra que les grands progrès de la physique expérimentale dans notre siècle sont en lutte ouverte avec ces systèmes philosophiques, qui sont à présent trop répandus dans l'enseignement; et qu'au contraire ils ne sont conciliables qu'avec le *système physique*, dont, sur les traces des anciens philosophes, nous avons suivi les doctrines.

PHYSIQUE PARTICULIÈRE

TRENTE-SIXIÈME LEÇON.

Objet de la physique particulière.

L'objet de la physique particulière est le corps naturel (vingt-et-unième leçon), considéré dans ses différentes espèces. Comme on l'a vu dans les leçons précédentes, la diversité d'espèces résulte de la diversité d'essences, puisque l'espèce est formée du genre prochain et de la dernière différence : différence et genre qui, pris ensemble, donnent l'essence complète de l'être. Si l'on considère l'essence telle qu'on la trouve physiquement dans les substances corporelles, il est clair qu'elle est constituée par la matière première et par la forme substantielle, puisque la substance corporelle se définit : *Une substance composée de matière première et de forme substantielle.* Or, la matière première étant le sujet des changements substantiels, qui font passer un être corporel d'une espèce à une autre, il suit de là que cette matière première est le principe *commun* aux différentes espèces, et que la diversité des espèces doit se tirer de la diversité des formes substantielles. Ainsi, il y aura autant d'espèces que de diverses formes substantielles, qui informent les corps; et de là vient ce grand principe : *Tout changement de forme substantielle change ou diversifie l'espèce.*

De cette doctrine on voit clairement que les espèces des substances corporelles sont innombrables. En effet, la diversité des opérations suppose la diversité des formes substantielles (vingt-et-unième et vingt-deuxième leçons); donc, les substances corporelles qui ont entre elles diversité dans les opérations étant innombrables, il en résulte que les formes substantielles et, par suite, les espèces diverses, sont innombrables. Il serait donc impossible de traiter de chacune d'elles, et il convient de s'en tenir à une division moins détaillée. C'est pourquoi nous diviserons la physique particulière en quatre parties seulement, que nous prenons plutôt de la division des genres que de celle des espèces. La *première* partie traitera des substances corporelles non vivantes, ou des minéraux; la *seconde,* qui commence à parler des vivants, traitera des plantes; la *troisième,* des animaux non raisonnables; la *quatrième,* de l'homme. La méthode synthétique que nous suivons, nous permettra de traiter amplement dans le genre inférieur ce qui est commun aux genres supérieurs, et nous ne parlerons, pour ainsi dire, dans ces derniers que de ce qui leur est propre.

Il nous semble opportun d'avertir les adversaires de la philosophie de S. Thomas, qu'ils cessent les attaques puériles par lesquelles ils prétendent nous confondre. Ils ont coutume de nous attribuer les erreurs qui se trouvent chez quelques vieux scolastiques, par la belle raison qu'ils s'appelaient disciples de S. Thomas. Que diraient-ils si nous voulions leur attribuer toutes les folies des anciens atomistes, depuis Epicure jusqu'à Descartes et à Gassendi, ou les ridicules hypothèses de quelques vieux dynamistes? Si nos adversaires veulent agir loyalement, qu'ils prennent *ce que nous disons,* et qu'ils le démontrent, s'ils le peuvent, contraire à la raison, ou à une expérience *certaine*.

PREMIÈRE PARTIE — DES MINÉRAUX

TRENTE-SIXIÈME LEÇON (Suite).

De l'essence et des opérations des minéraux.

Définition et division des minéraux.
On appelle minéral tout *corps inorganique*, c'est-à-dire tout corps qui n'a pas dans ses parties cette diversité d'où résultent les instruments nommés *organes* des différentes opérations. C'est pour cela qu'on l'appelle aussi *homogène*, tandis que le corps organique porte le nom d'hétérogène. Les minéraux se divisent en simples et en composés : les premiers sont les éléments dont se composent un grand nombre de substances organiques et inorganiques; les seconds sont les substances composées des premiers, dans lesquels elles se résolvent par dissolution.

Conclusion Ire. — *Une substance minérale individuelle ne peut opérer sur elle-même.*
En effet, on pourrait supposer deux manières d'opérer sur elle-même dans une substance minérale *individuelle* : 1° que la forme substantielle qui l'informe, opère sur la matière; 2° qu'une partie du minéral constituée par la matière et la forme, comme un seul principe d'opération, agisse sur une autre partie. Mais l'une et l'autre supposition sont absurdes. En effet, si la forme substantielle opérait sur la matière, elle aurait une opération propre, puisque l'opération par laquelle elle opérerait sur la matière ne procéderait pas de la forme et de la matière comme d'un principe unique. Or, si la forme a une opération propre, elle a aussi un *être* propre, et, par suite, ce n'est pas une forme matérielle qui tire son origine du changement de la ma-

tière, mais c'est une forme immatérielle qui, venant *ab extrinseco* (vingt-troisième leçon), s'unit à la matière. Mais la forme qui informe les inorganiques, ou minéraux, est matérielle; donc, on ne peut dire que le minéral se meut lui-même de la première manière.

Il faut parler de même de la seconde manière; car, le minéral étant homogène dans ses parties, il n'y a point de raison suffisante pour que l'une des parties soit agissante et l'autre *patiente;* c'est-à-dire pour qu'il opère quant à l'une de ses parties et, quant à l'autre, reçoive l'opération. Or, on appelle *immanente* l'opération par laquelle une substance opère en elle-même ou sur elle-même; il s'ensuit donc que le minéral est essentiellement incapable d'action *immanente*. Mais comme l'être organique, qui a des parties diverses, peut avec une de ses parties opérer sur l'autre, ainsi le minéral, être inorganique, pourra exercer sur une autre substance cette action transitive du mot latin *transiens*. Faisons ici une observation très-importante. Une chose opère proprement sur une autre, alors qu'elle y cause un vrai changement dans son être ou substantiel ou accidentel. Tendre vers une autre chose (*petere aliud;* de là *appetere, appetitus*), ce n'est pas, par cela même, la changer; ainsi l'agneau tend vers l'herbe, et l'on ne dira pas que, par cela même, il *opère* sur l'herbe. Or, comme nous l'avons expliqué ailleurs (trente-troisième leçon), la pesanteur s'exerce proprement, parce qu'un corps, par une tendance naturelle (*appetitu naturali*) va vers un autre (*petit aliud*); on voit qu'elle peut être considérée comme un *préambule* de l'opération, quand celle-ci a lieu. D'où il suit : 1° que deux substances inorganiques, ayant la même nature et étant égales aussi dans leur être accidentel, ne pourront, *tant qu'elles demeureront ainsi,* opérer l'une sur l'autre; et cela par ce qu'il n'y aurait point de raison suffisante, pour que l'une fût active, et l'autre passive. De cette observation dérive cet antique axiome, formulé par Aristote : *L'opération doit avoir lieu entre des êtres dissemblables ;* 2° qu'une substance minérale individuelle peut *aller* vers une autre, de la manière que nous l'avons expliqué (trente-troisième leçon), c'est-à-dire qu'entre les minéraux il peut y avoir attraction. Et puisque le concept le plus général de l'amour est *la tendance* vers l'objet aimé, on pourrait, dans un sens plus que métaphorique, appliquer même aux êtres inorganiques ou minéraux le principe de l'amour universel, puisqu'il y a réellement entre eux une vraie tendance mutuelle, comme l'expérience le démontre souvent.

Conclusion II°. — *Le minéral ne peut ni se perfectionner ni se détériorer lui-même.*

En effet, il ne peut se perfectionner lui-même, sans opérer sur lui-même; or, il ne peut opérer sur lui-même; donc, il ne peut se perfectionner lui-même. Par suite, abandonné à lui-même, le minéral conserve simplement la perfection dans laquelle il a été produit. S'il ne peut se perfectionner lui-même, il est clair que, par la même raison, il ne pourra se causer à lui-même aucun détriment.

Conclusion III°. — *La substance minérale individuelle, considérée indépendamment des autres, est physiquement incorruptible.*

La corruption d'une substance minérale peut avoir lieu en deux manières : 1° quand cette substance cesse d'avoir la forme *accidentelle* qu'elle avait, et en acquiert une nouvelle, c'est-à-dire quand elle est soumise à un changement dans l'être accidentel : c'est la corruption dite *accidentelle;* 2° quand la substance minérale cesse d'avoir la forme *substantielle* qu'elle avait, et en acquiert une nouvelle, c'est-à-dire quand elle est soumise à un changement dans l'être substantiel : c'est la corruption dite *substantielle.* Ceci posé, la corruption soit accidentelle, soit substantielle, arrive par un changement de l'être : ce changement est un effet qui demande absolument une cause. Or, la substance minérale individuelle, *laissée à elle-même,* ne peut être cause d'un changement quelconque en elle-même d'autre manière qu'en opérant sur elle-même. Mais il est impossible qu'elle opère sur elle-même; donc, il est clair qu'elle ne peut se causer aucun détriment, et, par suite, aucune corruption ni substantielle, ni accidentelle. Donc, une substance minérale, éloignée de tout rapport avec d'autres substances, demeurerait la même éternellement.

Conclusion IVe. — *Il y a plusieurs espèces de substances élémentaires.*

En effet : 1° Si toutes les substances élémentaires n'étaient que d'une seule et même espèce, elles seraient *homogènes* entre elles : donc, elles ne pourraient exercer ces opérations mutuelles qui réellement s'exercent entre toutes les substances corporelles ; puisque l'homogénéité est un obstacle aux opérations mutuelles des natures (conclusion Ire). 2° De plus, si toutes les substances élémentaires faisaient partie de la même espèce, elles ne pourraient constituer des substances composées, d'espèce différente, comme elles en constituent réellement ; s'il en était autrement, l'effet serait supérieur à la cause. 3° L'expérience même confirme notre *conclusion;* les nouvelles observations, faites par les sciences expérimentales, accroissent toujours le nombre des substances qu'on ne peut décomposer en d'autres d'espèce différente, et que, pour cela, on nomme avec raison : substances *élémentaires.*

Nous avons dit : *plusieurs*, parce que ce n'est pas au philosophe, mais bien au chimiste qu'il appartient d'en fixer le nombre.

Et on ne peut présenter comme de récente invention la manière par laquelle, au moyen de l'expérience, on parvient à déterminer les espèces des éléments : elle est ancienne puisque Aristote et S. Thomas l'ont indiquée : le cardinal Tolet, ancien et remarquable philosophe, disait : « On peut trouver les éléments de deux manières. La première est *l'analyse*. En effet, nous voyons que certains corps se décomposent en d'autres, comme les corps mixtes (ou *composés*), et que d'autres ne se décomposent pas en des substances diverses, mais se divisent en parties de même substance. Il est clair que ceux qui se décomposent sont composés de ceux dans lesquels ils se décomposent, et comme la décomposition à l'infini répugne, il faut en venir à des substances indécomposables qui sont les éléments.

« La seconde manière de reconnaître les éléments,

c'est la *synthèse*. Il est évident que beaucoup de corps naissent de la composition des autres corps, et, par suite, on doit admettre que ceux qui ne résultent pas de la combinaison d'autres substances sont des éléments (*L. II. de Gen., quæst.* 4). » Les modernes n'ont pas et ne peuvent avoir une règle différente de celle-ci pour reconnaître les espèces des substances élémentaires.

Si les anciens donnaient une très-exacte définition de l'élément (trentième leçon), s'ils assignaient des règles si justes pour reconnaître pratiquement les différentes espèces des éléments, devons-nous croire qu'ils admissent la terre, l'eau, l'air, le feu comme les quatre éléments, en signifiant par ces quatre mots ce qu'ordinairement nous voulons dire? C'est une question historique et non philosophique; mais il nous plaît de rapporter en ce point le sentiment de l'un des plus célèbres savants dans les sciences physiques parmi les contemporains. C'est le docteur Frédault. « Une autre doctrine, dit-il, qui plus tard reçut le nom de *péripatéticienne*, parce qu'elle fut rédigée en système par Aristote, bien qu'elle eût été enseignée avant lui, admettait quatre éléments, dont le monde était constitué : la terre, l'eau, l'air, le feu. Mais, il ne faut pas croire qu'en vertu de cette doctrine les anciens se figuraient la terre, l'eau, l'air, le feu, comme quatre corps *simples*, dont la combinaison aurait produit les corps composés. On sait ce qu'entendaient les anciens par ces éléments de formes élémentaires. La terre est *le principe solide;* l'eau, *le principe aqueux;* l'air, *le principe gazeux;* le feu, *le principe subtil* ou *le fluide impondérable*, comme on dit de nos jours. C'était une idée très-juste; et, vers la fin du siècle dernier, au moment où la chimie se compléta par la découverte des gaz, Macqué célébrait cette vérité antique. — On doit, dit-il, regarder comme désormais démontré, en vertu des expériences de Bécher et de Stahl, que l'eau, la terre, le feu entrent vraiment comme principes dans la composition des corps. Les expériences de Boyle, de Hales, de Priestley ont fait voir que l'air y entre aussi comme principe, et en grande quantité... On doit donc, avec grand étonnement, reconnaître que nous admettons à présent comme principe de toutes les substances composées, les quatre éléments : *le feu, l'air, la terre, l'eau* qu'Aristote avait indiqués si longtemps avant qu'on eût les connaissances nécessaires pour démontrer cette vérité. En effet, en quelque manière qu'on décompose les corps, on ne pourra jamais avoir que ces substances, qui, par suite, sont le terme dernier de l'analyse chimique (*Dictionn. de Chimie, art.* PRINCIPES). — Tout cela, continue Frédault, veut-il dire qu'il n'y a pas plusieurs substances solides, plusieurs éléments aqueux, gazeux, ou subtils? Non, certainement : mais cela signifie seulement que, si l'on combine ou qu'on décompose les corps autant qu'on voudra, on en vient toujours à un principe solide ou aqueux, ou gazeux ou subtil (*Physiologie générale, L.* II, *chap.* II). Et j'ajoute : Quand les anciens disaient de l'élément solide qu'il est froid dans la plus grande intensité ; de l'élément aqueux qu'il est froid avec moins d'intensité ; de l'élément gazeux qu'il est chaud dans un degré inférieur à l'élément igné ou éthéré, n'exprimaient-ils pas ce que nous affirmons en disant que le solide ne passe pas à l'état liquide *sans addition de chaleur* et qu'il faut une nouvelle chaleur pour que le liquide devienne gazeux, et que le gazeux devienne igné ou éthéré? Quittons nos préjugés, et rendons à la science de nos ancêtres l'honneur qui lui est dû. »

Conclusion V°. — *Le nombre des espèces des substances élémentaires est déterminé en lui-même.*

En effet, ou bien les substances élémentaires existent *formellement* en elles-mêmes c'est-à-dire avec leur forme substantielle propre : ou bien elles existent *virtuellement* dans les substances composées parce que leurs formes substantielles sont contenues virtuellement dans le composé, comme nous l'avons déjà expliqué (vingt-cinquième leçon). Le nombre de celles qui existent en elles-mêmes est certainement déterminé ; et par là même, précisément, que tous les composés, qui existent et peuvent être décomposés, sont en nombre déterminé, on devra dire également que le nombre des substances élémentaires, qui y sont virtuellement contenues, est déterminé. D'où il suit que le nombre des espèces des substances élémentaires ne peut, et ne pourra jamais augmenter, mais qu'il est, à cette heure, tel qu'il était au commencement du monde; toutefois, par rapport à notre connaissance, ce même nombre est très-variable; si bien que l'antiquité n'en a connu que très-peu, tandis qu'à présent on en connaît près de 70.

Conclusion VI°. — *Dans les êtres inorganiques il y a une différence essentielle entre les simples agrégats et les corps composés.*

1° En effet, il y a entre eux une différence totale dans l'origine, puisque les agrégats s'obtiennent par le simple mélange des corps de deux, de trois ou de plusieurs espèces diverses; les corps composés, au contraire, s'obtiennent par la combinaison chimique, qui, par une loi universelle, est binaire, c'est-à-dire *qu'immédiatement* elle résulte de l'union de substances de deux espèces seulement. Outre ce rapport à l'origine, les agrégats ne sont point sujets à toutes ces lois chimiques de proportion, etc., dont nous avons parlé plus haut (vingt-septième leçon). 2° De plus, dans les agrégats, les éléments ou les autres substances qui les constituent, sont contenues *formellement;* dans la substance composée, au contraire, elles ne sont contenues que *virtuellement* (vingt-cinquième leçon); par conséquent, les agrégats peuvent souvent se dissoudre par des procédés mécaniques, et rendre ainsi les substances dont il se composaient. Il n'en est pas ainsi des composés, qui ne restituent pas par des moyens mécaniques les éléments dont ils sont formés; mais il faut la décomposition chimique qui les change substantiellement et qui les résout en ces éléments qui y étaient virtuellement contenus. 3° Enfin le corps composé est *essentiellement un, il est une substance* continue; l'agrégat, au contraire, est une collection de plusieurs substances individuelles continues. J'ai dit : *essentiellement,* parce que autrement ce corps composé ne saurait avoir *l'unité de nature,* et, par conséquent, il ne serait plus *un* corps, mais *plusieurs corps* réunis ensemble. Observons que cette continuité, absolument requise pour l'unité de substance, n'exclut pas ce qu'on appelle ordinairement des *pores*, ou méats, parce qu'ils ne la séparent pas et ne la dispersent pas dans son tout, mais seulement çà et là dans quelques-unes de ses parties. C'est pourquoi, autres sont les pores *discontinuants*, autres les pores *non discontinuants*. Dans le système *mécanique*, *un* corps est un agrégat d'atomes, dont *chacun* est entouré de vide : les pores discontinuants sont précisément constitués par ce vide. Dans le système *physique* un corps est une substance continue dans laquelle çà et là se trouvent des interstices de formes différentes qui n'ôtent pas la continuité totale, bien qu'ils l'interrompent dans les endroits où ils sont. Ces interstices sont les pores non discontinuants.

Je ne puis, à cause de l'abondance et de la gravité des matières qui me restent à traiter, examiner en cette leçon les différentes espèces des opérations dans les êtres inorganiques. Que l'élève studieux s'en tienne aux principes généraux déjà démontrés, et, en les appliquant aux faits, il verra : 1° que *le mouvement*, par lequel les corps se rapprochent les uns des autres, et leur mutuel contact, ne sont que des préparations à leur action réciproque lorsqu'elle a lieu ; 2° que *leur action* apporte souvent dans les autres corps non-seulement ces changements d'où résultent les formes accidentelles, mais encore ceux d'où résultent les formes substantielles dans les substances inorganiques ou dans les minéraux.

TRENTE-SEPTIÈME LEÇON.

De l'extension diverse des minéraux.

Toutes les substances minérales d'espèce diverse, qui ont une égale quantité de matière, doivent-elles avoir la même extension?

Cette question est d'une grande importance, car, si on la comprend bien, on a la clef qui ouvre l'explication d'innombrables phénomènes de la nature, phénomènes qui, autrement, ne pourraient avoir aucune explication scientifique. Pour procéder avec clarté, je distingue tout d'abord le volume apparent du volume réel d'un corps. Le volume apparent est l'espace qui *paraît* à nos sens occupé par un corps ; le volume réel est l'espace que ce même corps occupe réellement par sa substance. Ainsi, par exemple, comme un grain de sable ne s'adapte pas parfaitement de tous côtés avec ses voisins, il peut arriver que, dans un mètre cube de sable (qui est le volume apparent), le sable n'occupe, en réalité, peut-être pas plus de huit dixièmes qui sont ici, précisément, *le volume réel*.

Ceci posé, considérons un mètre cube de platine et un mètre cube d'eau. Certainement, par rapport à nos sens, la platine est sans comparaison plus dense que l'eau, et pèse beaucoup plus qu'elle. Or, cette supériorité de densité et de poids vient-elle de ce que le mètre cube de platine contient beaucoup plus d'atomes que le mètre cube d'eau? Les mécanistes répondent affirmativement ; et c'est pourquoi ils disent que, sous un égal volume apparent, le volume réel d'un mètre cube de platine est beaucoup plus grand que n'est le volume réel occupé par un mètre cube d'eau. L'opinion des anciens était tout opposée : selon elle, la diversité de densité et de poids dépend de la nature intime des substances, qui, sous la même température, doivent être ainsi diversement dilatées. Donc, à égal volume *réel* de platine et d'eau, le platine est beaucoup plus dense et plus pesant que l'eau. Posons donc les conclusions suivantes :

Conclusion Ire. — *On ne peut admettre comme thèse que diverses substances sous un égal volume réel ont une égale quantité de matière.*

Par thèse, nous l'avons dit ailleurs, nous entendons une proposition démontrée par de solides arguments qui engendrent la certitude. Or, on n'apporte aucun argument solide pour soutenir cette opinion, à moins qu'on ne veuille recevoir comme arguments, certaines hypothèses, qui sont plus combattues et ont plus grand besoin de preuve que l'assertion qu'elles devraient prouver. Celui donc qui forge de telles hypothèses, tombe dans le sophisme qu'on appelle *pétition de principe*. Recourir ensuite à l'autorité de certains personnages, n'est pas d'un grand secours, vu qu'en cette matière, tant vaut la preuve qu'on apporte, tant vaut l'autorité : telle est la seule règle générale qu'on doit suivre en philosophie.

Conclusion IIe. — *On ne peut admettre comme hypothèse que diverses substances sous un égal volume réel aient une égale quantité de matière.*

On ne peut certes faire bon accueil à une hypothèse, suivant laquelle le platine est plus dense et plus pesant qu'un égal volume apparent d'eau seulement parce que les atomes homogènes, qui constituent ces deux substances, se trouvent entre eux beaucoup plus voisins dans la première que dans la seconde. En effet, cette hypothèse *a*) est contraire à la croyance universelle des hommes ; *b*) elle n'est point nécessaire à l'explication des phénomènes ; *c*) ou plutôt elle se prête si mal à cette explication qu'elle semble entièrement contraire aux faits. Or, telle est l'hypothèse que nous examinons.

a) En effet, qu'elle soit contraire au sentiment commun des hommes, on n'en peut pas douter, puisque tous universellement admettent la différence dans la quantité de matière sous un égal volume réel pour des substances diverses, et qu'ils seraient très-étonnés d'entendre dire que la substance de l'eau a *par elle-même* le même poids que celle du platine. On dira peut-être qu'en ces questions il faut suivre non l'opinion du vulgaire, mais plutôt celle des savants; mais nous disons que l'opinion *universelle* des hommes exige un grand respect, et ne doit pas être contredite par les savants *sans que tout d'abord on en ait montré la fausseté par de solides preuves.* Ce qui, dans le cas présent, n'a pas lieu, comme on le voit par la conclusion précédente.

b) En outre, elle n'est point nécessaire à l'explication des phénomènes ; puisque dans l'autre opinion ils sont beaucoup plus faciles à expliquer, sans recourir à des suppositions, qui semblent suggérées plutôt par l'imagination seule que par la raison.

c) Enfin, elle est si peu propre à expliquer les faits, qu'elle semble en tous points les contredire. Je pourrais ici apporter une centaine de faits ; mais, pour abréger, donnons-en un seul, dont l'exposition pourra apprendre à chacun, comment on peut de même raisonner sur beaucoup d'autres. Rappelons-nous d'abord que, à la même température, un volume d'hydrogène pèse 16 fois moins qu'un volume égal d'oxygène, c'est pourquoi nous avons dit que la proportion de ces deux éléments, propre à la production de l'eau, est sous le rapport du poids : $H : O = 1 : 8$; et sous le rapport du volume : $H : O = 2 : 1$. Ceci posé, supposons un instant qu'il y ait là deux vases de verre en forme de cloche ; dans leur partie inférieure il y a de l'eau ; dans la partie supérieure de l'une il y a un litre d'oxygène, et dans la partie supérieure de l'autre, un litre d'hydrogène. En outre, supposons que l'eau descende continuellement dans les vases d'un point plus élevé que leur sommet au moyen de petits tubes toujours ouverts qui entrent par leur base. L'hydrogène et l'oxygène empêchent l'eau de jaillir dans les vases, et la forcent de leur laisser l'espace qu'ils occupent.

Or, essayons de raisonner sur ce fait dans l'hypothèse que nous rejetons. Si chaque atome avait une égale quantité, et, par suite, un poids égal, il faudrait dire aussi que l'hydrogène, contenu dans l'espace d'un litre, occupe un volume *réel* 15 fois moindre que celui qui est occupé dans le même espace par un litre d'oxygène ; donc les atomes de l'hydrogène sont placés entre eux à des distances beaucoup plus grandes que ceux de l'oxygène qui, eux-mêmes, devraient être très-éloignés entre eux, puisque, pris ensemble, ils ont un volume *réel*, sans comparaison, moindre qu'un morceau de platine de même volume réel. Ceci posé, je demande : Qu'est-ce qu'il y a dans ces grands interstices des atomes de l'hydrogène, qui occupe la *moindre* partie de l'espace réel dans la partie supérieure du vase où il se trouve ? On ne peut dire qu'il y ait autre chose que l'éther (refuge général en toutes les difficultés semblables), ou même on dira que ces interstices sont absolument vides. Mais l'éther passe très-facilement à travers les parois du verre, et l'on ne peut l'empêcher d'entrer en des vases clos, fussent-ils formés de substances d'une densité plus grande encore; soit donc qu'on admette l'éther, soit qu'on admette le vide, l'eau qui descend de plus haut, devrait monter de manière à remplir tous les interstices laissés vides par la substance de l'hydrogène. Et pourtant l'hydrogène la contraint à s'arrêter au fond du vase comme s'il n'y avait aucun vide au-dessus. Nous disons donc : Il est faux qu'il y ait des interstices si larges; et, par suite, il reste vrai que l'hydrogène, sous un même volume réel que l'oxygène a beaucoup *moins* de matière que lui.

On pourrait imaginer, je ne l'ignore pas, que les atomes de l'hydrogène ou ceux de l'éther, sont agités par un mouvement très-rapide; mais, les atomes éthérés, avec tout leur mouvement, céderaient la place à l'eau, et sortiraient du vase par les parois, et, d'ailleurs, les atomes soit de l'hydrogène soit de l'éther, étant en contact avec les parois internes du vase et avec la surface de l'eau, leur communiqueraient *en peu de temps* leur mouvement, puisque l'échange du mouvement se fait par le contact jusqu'à ce que l'équilibre soit établi. Ainsi donc, quand même on admettrait encore cette hypothèse, la force de notre argument demeure intacte. Et puis, recourir à ce mouvement n'est-ce pas une vraie fiction? Quelle est la cause non-seulement de son existence, mais de ses directions ? Nous sommes donc en droit de dire que l'hypothèse, qui affirme l'égalité de la quantité de la matière en des volumes *réels* égaux, semble contraire aux faits.

Nombre et qualités des états où peut se trouver une même substance corporelle minérale.

Ces états sont au nombre de quatre, savoir 1° l'état solide; 2° l'état liquide; 3° l'état gazeux; 4° l'état éthéré, bien qu'on ne sache pas si ce dernier peut être pris pour plusieurs substances, ou s'il est la propriété d'une seule. Il y a deux opinions sur la diversité de ces états.

La première a pour fauteurs ceux qui croient que le changement d'état n'amène dans les corps aucun changement intrinsèque *réel*. En effet, disent-ils, le solide étant divisé en parties excessivement petites, ou les atomes s'éloignant davantage les uns des autres, au lieu de produire une poussière sèche (comme en suivant l'opinion générale on devrait le croire), produit un liquide qui peut vous mouiller, et, si les atomes s'éloignent de plus en plus, on aura la substance gazeuse, et, à une distance encore plus grande, on aura la substance éthérée. Car ils affirment « que tout corps est un agrégat de très-petites particules élémentaires qui échappent à nos sens et qu'on appelle atomes : on nomme *solides* les corps dont les atomes sont réunis ensemble de manière à exiger une force plus ou moins grande pour les séparer; *liquides* ceux dont les atomes sont tellement détachés entre eux qu'au moindre choc ils se séparent les uns des autres. Enfin les corps qui, outre qu'ils ont des atomes entièrement détachés, tendent encore à se répandre dans un espace toujours plus grand s'appellent corps *gazeux* ou *aériformes*. »

L'opinion que nous suivons, et c'est l'ancienne, consiste en ce que, dans ces différents états, il y a un *vrai* et *réel* changement dans la manière d'être de la substance corporelle, en vertu duquel elle reçoit : 1° une différente extension *réelle*, en sorte qu'une quantité déterminée de substance occupe un volume *réel* plus grand à l'état fluide qu'à l'état solide; 2° une opération diverse non essentiellement, mais accidentellement, puisque la nature ou l'être substantiel de la chose reste le même et que la diversité ne regarde que son état. Prouvons donc la conclusion suivante :

Conclusion III°. — *L'opinion de l'immutabilité de l'extension ou du volume réel, pour une même substance dans les divers états où elle peut se trouver, ne saurait être défendue comme thèse.*

La raison de cette conclusion, c'est qu'on n'a jamais apporté et qu'on n'apporte encore aucun argument solide pour soutenir cette opinion; et les hypothèses, qu'on donne pour des arguments (nous l'avons déjà dit en cas pareil), ont plus grand besoin de preuves que cette opinion elle-même, et, par conséquent, les apporter comme preuves, c'est tomber dans le sophisme de pétition de principe.

Conclusion IV°. — *Cette même opinion ne peut être admise comme une bonne hypothèse.*

Laissons de côté la contradiction où elle est avec

l'opinion universelle du genre humain; opinion, comme nous l'avons dit, dont on doit faire grand cas, et qui est même comme le fondement naturel de la philosophie. Mais si nous voulons raisonner sur les phénomènes de la nature, nous serons forcés de la rejeter et de nous confirmer dans l'opinion opposée que nous embrassons.

En effet, que devrait être l'éther au-dessus de l'atmosphère dans cette opinion? Une collection d'atomes, dont la distance mutuelle, si on la compare à leur diamètre, doit être étrangement grande; car c'est ce qu'exige, dans l'opinion que nous examinons, la condition de l'état éthéré dans lequel ces atomes se trouvent. Or, ceci posé, nous disons que la diffusion de la lumière dans le système des ondulations, admis maintenant par tout le monde, est entièrement impossible, sans admettre, par le choc mutuel des atomes, l'action à distance, qui répugne absolument. Nous avons dit *impossible,* parce que, dans le système reçu communément, les ondulations se font par l'oscillation des atomes et des plans *parallèles;* les atomes donc qui oscillent en un plan ne pourront jamais toucher ceux qui devraient osciller par le choc reçu dans un plan suivant. Cette impossibilité n'a plus lieu si l'on considère la masse éthérée comme une substance *continuée,* qui, dans un très-grand volume, a une très-petite quantité de matière, et qui, comme telle, peut remplir non-seulement les espaces célestes, mais encore les moindres interstices laissés vides par les autres substances terrestres.

Si, en admettant l'immutabilité de l'extension des substances dans leurs passages aux divers états, on admet d'ailleurs que la substance éthérée remplit *tous* les espaces laissés vides par les substances (et ceci doit être concédé et se prouve par la diffusion de la lumière dans le vide artificiel), qu'aurons-nous alors? Nous aurons : 1° manque de vide ; 2° une densité presque égale partout ; 3° enfin l'impossibilité du mouvement qui pourtant est un fait. En effet, les atomes d'une substance ou d'une autre (peu importe) rempliraient tout; et ces atomes ayant, sous un même volume *réel,* une même quantité de matière, il est évident qu'ils formeraient partout une égale densité, et ainsi disparaîtrait la possibilité de ce mouvement, que les fluides font si facilement dans toutes les directions. Comme cette hypothèse contredit les faits!

Pourquoi voyons-nous si souvent ces légers nuages qu'on nomme *cirrus*, s'élever à plusieurs kilomètres au-dessus du niveau de la mer, tandis que les *nimbus* orageux se tiennent si bas qu'on en a mesuré qui n'étaient qu'à 300 et même à 200 mètres seulement du sol? Pensons encore à cette variété de l'air qui a aussi son poids! Pourquoi le gaz gonfle-t-il un ballon de manière à ce qu'il puisse s'élever dans l'air à des hauteurs étonnantes à cause de sa pesanteur moindre que celle de l'air? Comment un gaz, qui remplit un vase et *en touche continuellement les parois,* conserve-t-il si longtemps sa force expansive? A ces questions et à tant d'autres, si l'on veut répondre que les atomes se tiennent entre eux à des distances plus ou moins grandes, et qu'on leur prête des mouvements variés, on se perd dans un labyrinthe d'hypothèses *sans aucun fondement,* et même d'hypothèses *qui se détruisent mutuellement.* Et, pour que l'élève studieux puisse avoir un chemin tracé pour raisonner juste sur les faits indiqués et sur beaucoup d'autres semblables, qu'il se dise à lui-même, en considérant, par exemple, un ballon gonflé d'hydrogène, se balancer et s'élever dans les airs : Si chaque atome d'hydrogène a la même quantité de matière qu'un atome de platine, et s'il l'avait encore à l'état liquide ou solide, en supposant qu'on pût y amener l'hydrogène (tout ceci est dans l'hypothèse rejetée par nous d'après laquelle l'eau serait un *agrégat* d'oxygène et d'hydrogène), il faut dire que l'hydrogène occupe un *très-petit* espace, c'est-à-dire qu'il a un très-petit volume *réel,* et que presque tout l'intérieur du globe est ou bien parfaitement vide ou bien rempli d'éther. Mais, dans cette hypothèse, le gonflement du ballon et la permanence de ce gonflement, malgré la pression atmosphérique, est inexplicable, puisque pour expliquer ce phénomène, il faudrait recourir à des tourbillons éthérés autour de chaque atome d'hydrogène que contient le ballon, agités d'un mouvement très-rapide et en toutes les directions, sans qu'on puisse assigner aucune cause *et de leur mouvement et de sa conservation*. En tout cas, il faudrait recourir à l'action *à une vraie distance*, et ce recours serait non-seulement tout à fait arbitraire, mais conduirait encore à des contradictions ouvertes.

Bien que nous ne prétendions pas expliquer d'un seul coup certains phénomènes de la nature, qui ont causé bien de la peine à des naturalistes très-habiles, toutefois, sans mettre la faux dans la moisson d'autrui, et en restant dans l'universalité scientifique des spéculations, nous disons que, si l'on admet la diversité de l'extension et du volume *réel* en toute substance qui change d'état, on est délivré des énormes difficultés qui accablent les partisans de l'opinion contraire, et nous croyons que la nôtre donne un moyen très-expéditif et très-commode pour expliquer les phénomènes eux-mêmes. Ainsi, par exemple, si nous admettons que l'hydrogène occupe *tout* l'intérieur du ballon (excepté quelque petit interstice qui peut facilement rester), mais que toutefois *dans un même volume réel* il ait beaucoup moins de matière que l'air, il est évident : 1° que l'hydrogène gonflera le ballon et le tiendra continuellement gonflé par sa force expansive, et que, par suite, il ne pourra être comprimé par l'air; 2° qu'il aura un poids beaucoup moindre que l'air, et qu'il y flottera naturellement. Que l'élève apprenne de l'explication de ce fait à en expliquer, au besoin, beaucoup d'autres qui, dans l'opinion contraire, sont tout à fait inexplicables (1).

---

(1) Le changement réel de l'extension que j'ai expliqué, était tombé dans un tel oubli, qu'avant d'avoir été remis au jour par moi, dans la première édition de mon cours de philosophie, je ne sache pas qu'aucun philosophe moderne en ait parlé. Et pourtant, c'est, à mon avis, le levier d'Archimède dans l'explication des faits de la nature. Dernièrement l'illustre professeur Augustin Riboldi, physicien très-renommé, l'a reproduite avec courage dans une dissertation publiée à Milan, par la *Scuola Cattolica* du 31 mars 1874. Il cite ce passage de S. Thomas : « Dans la grandeur corporelle, l'accroissement se fait de deux manières : la première a lieu quand un sujet s'unit à un autre sujet, comme il arrive dans l'augmentation des vivants ; la seconde se fait par l'intensité seulement (c'est-à-dire une vraie dilatation) sans aucune addition, comme dans les substances qui se raréfient (1, 2, 52, 2). » L'illustre professeur dit, en parlant de cette dernière :

TRENTE-HUITIÈME LEÇON.

Distinction entre la condensation et la compénétration. Production des cristaux.

Il est maintenant si généralement reçu dans le monde savant, surtout dans celui des sciences naturelles, que les corps sont de simples aggrégats d'atomes immuables dans leur extension, que l'on croit impossible toute autre condensation que celle qui se ferait par un rapprochement plus grand des atomes, et toute autre dilatation que celle qui pourrait résulter de leur mutuel éloignement. C'est ce qui nous fait croire que le lecteur sera facilement porté à penser que la condensation, dont nous avons déjà traité, doit entraîner avec elle une vraie compénétration, qui est rejetée comme absurde par beaucoup de savants. Il est donc utile d'aller plus à fond en cette manière, et c'est pourquoi j'établis la conclusion suivante :

Conclusion Ire. — *Le changement d'extension qu'éprouvent les substances en changeant d'état, c'est-à-dire la diminution de volume, n'entraîne pas avec soi la compénétration, mais seulement la condensation.*

Avant tout, il faut distinguer la compénétration de deux substances individuelles ou de deux corps, de la compénétration qu'une même substance individuelle ou un seul corps exerce sur lui-même. Pour la première, nous avons démontré (trente-quatrième leçon), que, si la compénétration des corps n'est pas naturelle, elle n'est pas cependant complétement impossible, elle pourrait avoir lieu par une action surnaturelle. Mais, à vrai dire, quand il s'agit d'une même substance individuelle, nous y voyons beaucoup moins de difficulté

« Ceci pourrait jeter de la lumière sur la continuité des gaz, sur la porosité des solides, plus grande que celle des liquides, sur la compressibilité presque nulle des liquides et sur mille autres phénomènes du même genre ; voilà pourquoi j'applaudis à l'idée du saint docteur. » L'illustre professeur cite un grand nombre de théories de physique expérimentale que nous a laissées S. Thomas, et il les admire comme pleines de sagesse et de vérité ; et, justement étonné, il prouve, avec les témoignages très-explicites du saint docteur (*Meter.*, II, *lect.* v, etc.), que la récente théorie de Maury, sur la circulation des vents avait été déjà plus que soupçonnée, par le grand philosophe italien tant de siècles à l'avance.

que lorsqu'il s'agit de corps distincts entre eux. La raison de cette différence dans notre manière de voir, c'est que, pour la compénétration de deux substances, il faut que toutes les deux, ou au moins que l'une d'elle, cesse d'avoir cette extension *extrinsèque relative ou locale*, dont nous avons déjà parlé, et, puisque cette extension leur est naturelle, il ne leur est pas naturel de la perdre, et, par suite, il ne leur est pas naturel de se compénétrer. Mais on ne peut raisonner de même d'une substance qui se compénétrerait elle-même; car, dans le second cas, la compénétration ne se ferait pas de manière que, *avant* la compénétration, une ou plusieurs parties de la substance perdissent l'extension relative et *locale*, et que, *après*, eût lieu la compénétration, mais plutôt, en vertu d'une cause extrinsèque; la compénétration de la substance *en elle-même* aurait lieu *tout d'abord*, et, *ensuite*, de là viendrait qu'elle ne demanderait plus la même extension relative et locale qu'elle exigeait d'abord, mais une extension moindre. Que le lecteur se rappelle ce que nous avons dit de la quantité; qu'il ait soin de bien pénétrer la raison que nous avons donnée, et il ne verra aucun obstacle à ce que, sous l'action de causes naturelles, une même substance soit soumise à une *vraie* compénétration. C'est pourquoi, si l'explication des phénomènes naturels l'exigeait, nous n'aurions aucune peine à l'admettre plutôt que de recourir à des explications absurdes et ridicules, telles que l'action à distance, le mouvement et son étonnante direction sans cause, les myriades de tourbillons qui s'entrelacent follement pour contenter le caprice de quiconque veut se guider dans l'étude de la nature plutôt par l'imagination que par la raison.

Mais, à proprement parler, dans le fait du changement des états, nous avons, il est vrai, besoin de la condensation; nous n'avons aucunement besoin de la compénétration. En effet, la compénétration signifie l'occupation simultanée d'un même espace par plusieurs corps, en sorte que chacun d'eux l'occupe tout entier; la condensation, au contraire, entraîne avec soi une simple *contraction*, et pour cela il suffit qu'un point du corps vienne occuper le lieu *laissé libre* par un autre point du même corps qui l'occupait auparavant. La compénétration et le rétrécissement diffèrent donc entre eux, comme le simultané du successif; et c'est pourquoi, si ce dernier a lieu dans la condensation, quand, par exemple, la *substance fluide* devient liquide, la compénétration n'a pas lieu pour cela. Et pour rendre cette conclusion comme sensible, considérons deux points a et b dans une substance *individuelle* (et par là même continue ou atome), et mettons ces deux points aussi rapprochés qu'on voudra. Supposons maintenant que la substance vienne à se contracter *graduellement*, a et b tendront à chaque instant à se rapprocher davantage, cela est clair; mais est-il possible que *par cela seul* ils arrivent enfin à se compénétrer? Non, certainement, à moins qu'on ne veuille dire que la substance en se condensant, non-seulement diminue dans son extension, mais la perd tout à fait par sa réduction en p à un point mathématique. Donc a et b n'arriveront jamais à se compénétrer en p : mais seulement à mesure que la matière se contractera, ils s'avanceront peu à peu à des distances $a'\ b'$, $a''\ b''$, $a'''\ b'''$... toujours plus rapprochées. Ce raisonnement s'appuie précisément sur ce principe que, comme une quantité peut se concevoir toujours croissante sans jamais être infinie, ainsi peut-on la concevoir toujours diminuée sans jamais être *détruite* ou réduite à un point mathématique. Or, bien que ce raisonnement porte directement sur la substance comprise entre les deux points a et b, on peut l'appliquer de la même manière à toute autre parcelle de substance continue, et démontrer ainsi qu'il peut y avoir contraction sans compénétration.

On peut de là facilement découvrir pourquoi beaucoup de gens confondent la condensation proprement dite avec la compénétration. Ils ne peuvent concevoir d'abord la *contraction* et ensuite le *transport local* (nous voulons dire priorité et postériorité de nature, et non de temps); mais, trompés par la fausse idée qu'ils ont des atomes, ils fixent leur esprit sur la dernière *seulement*. Ainsi, par exemple, ils se figureraient qu'une substance sphérique se condense de manière à ce que chacun des atomes, dont ils s'imaginent qu'elle est formée, *restant ce qu'il était,* se rapproche du centre où il se trouve avec les autres; mais, en cette hypothèse, il n'y aurait plus *contraction réelle,* ni cette condensation que nous avons expliquée; on aura seulement transposition de chacun des atomes : ce qui ne peut se faire sans une vraie compénétration de leur part.

Ce n'est pas sans raison que nous disons que cette hypothèse détruit toute *contraction réelle;* car, bien que la substance *paraisse* alors plus restreinte qu'auparavant, son entité ne s'est point condensée réellement, mais elle s'est seulement transportée, tout comme on ne diminue point la superficie réelle d'une feuille de papier (pour employer une comparaison sans parité), bien qu'à la plier et à la replier on en vienne à réduire la partie visible à des étendues de plus en plus petites. Donc, si chaque atome de la substance sphérique conserve son extension primitive, il ne peut se porter à son centre sans occuper le lieu de ceux qui y étaient, et, par conséquent, sans se compénétrer avec eux.

Mais telle n'est pas certainement l'idée de la vraie condensation qu'on admet suivant les principes du système physique. Dans ce système, chaque parcelle de l'entité de la substance sphérique *se contracte en elle-même entitativement,* et, par là même, toute son entité se restreint en même temps; et pour cela il n'est pas toujours nécessaire que dans l'acte du rétrécissement une parcelle quelconque de la superficie s'en détache, et *abandonne le tout pour se transporter ailleurs;* mais, comme partie d'une même substance, elle peut y demeurer toujours unie en persistant à former avec le tout une substance *continue* dans son extension décroissante; et ainsi elle abandonne seulement le point de l'espace qu'elle occupait d'abord et se rapproche du centre. C'est pourquoi, en concevant de la sorte, *d'abord* la contraction dans l'entité elle-même, *ensuite* la translation de chaque particule, il n'y a plus à craindre d'avoir à admettre une vraie compénétration. Si une comparaison peut éclaircir cette idée, on peut employer celle d'un objet qui, vu avec un microscope plus ou moins puissant, présente sa masse ou plus étendue sans désagrégation de ses parties, ou plus restreinte sans qu'elles se compénètrent. Donc, l'opinion qui affirme l'identité de la condensation et de la vraie compénétration dans la doctrine que nous embrassons, ne soutient pas l'examen, puisque, s'il en était besoin, nous pourrions, sans difficulté, admettre la compénétration elle-même, qui ne répugne pas entièrement de la manière que nous l'avons expliquée.

Difficulté que la doctrine de la porosité peut présenter contre notre conclusion.

Il nous reste à résoudre une difficulté tirée de la doctrine sur les pores, d'après laquelle les corps se condensent et se raréfient seulement suivant les différences des pores. Soit, disons-nous; la variété ou le changement des pores ou interstices peuvent expliquer les raréfactions ou les condensations des corps qui en possèdent; mais il ne suit pas de là, par une conséquence légitime, que *toutes* les condensations et raréfactions dépendent des pores. Nous accordons certainement que, entre *la condensation propre et la raréfaction propre*, qui est produite par un vrai changement d'extension dans la substance corporelle, il y a la condensation et la raréfaction improprement dite, que produit le changement des interstices appelés pores, distinction bien connue chez les scolastiques; car, suivant la remarque de Tolet, c'est par là que les anciens disciples de Démocrite et d'Epicure se distinguaient dès lors de ceux d'Aristote : « Les anciens, dit-il, ne connaissaient que la *condensation et la raréfaction* improprement dite, avec cette différence qu'ils mettaient dans les corps des pores vides, tandis que, de nos jours, on les croit pleins d'une substance plus subtile. Mais il y a une autre condensation et raréfaction *proprement dite;* elle ne se fait pas en repoussant ou en rapprochant une substance étrangère, mais plutôt en changeant cette substanc elle-même » (*In.* IV *Phys.*, c. IX, *quæst.* 2).

Afin de prévenir plusieurs difficultés, il est bon d'observer ici : 1° que l'expérience ne nous démontre point l'existence exclusive de corpuscules excessivement petits ou atomes entourés *tout à l'entour* de vide, ou d'éther ou de tout autre substance différente, et la raison est encore plus loin de confirmer cette doctrine; 2° qu'il n'y a aucune raison pour admettre la possibilité, et même l'existence de très-petites substances *continues* plus grandes; 3° de ce qu'un très-grand nombre de corps se laissent traverser par d'autres substances, on ne peut pas toujours logiquement inférer qu'avant leur passage il y eût dans ces corps perméables des interstices capables de contenir les substances qui les traversent. En effet, on peut très-bien concevoir une substance si peu consistante, qu'au plus léger contact elle perde sa propre continuité, et qu'en se restreignant en elle-même, par une vraie condensation, elle laisse libre accès aux corps qui tendent à la traverser. On connaît enfin comment l'expérience, qui ne démontre pas l'existence d'atomes très-petits et immuables dans leur extension, n'enseigne pas davantage que les corps à l'état fluide ne peuvent pas être réduits à former un corps vraiment *continu*, bien qu'elle ne rejette pas des pores qui se concilient très-bien avec la continuité. Aussi pouvons-nous affirmer en toute sûreté que notre doctrine 1° n'est pas contraire aux faits ni à la raison; 2° qu'elle sert beaucoup mieux que l'opinion opposée à l'explication des différents phénomènes de la nature; 3° de même que l'opinion contraire mène au système mécanique, ainsi la nôtre nous semble étroitement liée avec l'essence du système physique, qui est celui des anciens et le nôtre.

Description de la cristallisation.

Nous ne pouvons nous empêcher de dire quelque chose de cet étonnant phénomène, qui est intimement lié à la doctrine que nous avons exposée. Avant tout, observons que la cristallisation n'a pas lieu dans les fluides, tant qu'ils sont dans l'état de fluidité, ni dans les solides vivants, comme, par exemple, dans le bois et dans la chair vivante; sans doute, parce que le corps vivant, et le bois lui-même, sont des substances individuelles et, par suite, *continues*, et non un agrégat de corpuscules comme l'est un cristal. La cristallisation a lieu seulement dans les solides *inorganiques* non vivants, et peut se définir *une agrégation d'atomes symétriques qui constituent un tout symétrique*. Il ne nous appartient pas de décrire les différentes figures régulières que prennent les minéraux en se cristallisant; mais nous devons raisonner sur leur production.

Il convient cependant de présupposer que la cristallisation se forme dans le passage d'un fluide à l'état solide, c'est-à-dire qu'elle se fait par *condensation*. C'est ce qu'on voit dans les cristallisations artificielles, c'est-à-dire, quand on prépare au moyen de l'art les circonstances dans lesquelles un fluide se cristallise soit par *fusion*, soit par *solution*, soit par *évaporation*.

Conclusion IIe. — *Le cristal doit être formé par des atomes, qui ont une figure régulière déterminée.*

En effet, si cela n'était pas : ou bien, 1° le cristal serait un corps continu; ou bien, 2° il serait un agrégat très-bien ordonné dans sa figure *totale*, suivant l'un de ces nombreux systèmes réguliers de cristallisation qu'on observe; et cet agrégat devrait résulter d'une collection d'atomes de différentes figures *sans ordre*. La première hypothèse ne peut pas se soutenir parce qu'elle est contraire à l'expérience qui nous apprend qu'un cristal n'est pas une substance individuelle, mais un pur agrégat; ensuite, la seconde est contraire à la raison, puisque dans cette hypothèse les formes cristallines, si régulières, devraient être attribuées au hasard, qui est incapable de produire *constamment* un effet ordonné. Donc, les atomes qui s'aggrègent dans la formation du cristal, sont eux-mêmes symétriques, c'est-à-dire qu'ils ont certaines faces, certains angles déterminés, suivant que l'exige la forme totale du cristal.

Mais, comment se forment et s'unissent ces atomes pour former le cristal? Concevons une substance fluide *continue* cristallisable. Plaçons-là dans les conditions qui puissent déterminer sa condensation *vraie*, mais tranquillement, de manière que sa force agisse sans perturbation qui lui vienne du dehors. Comme nous l'avons déjà expliqué dans la vraie condensation, en chaque point physique de la substance se fait le rétrécissement ; on peut donc les considérer en elle comme d'innombrables centres de force condensatrice. Si cette force l'emporte sur la force qui unit toute la matière du corps fluide, cette matière se divisera nécessairement en un très-grand nombre de parties, et chacune d'elles sera solide. Mais, puisque le corps fluide cristallisable est homogène dans toute sa masse, et que, ne recevant du dehors aucune perturbation, la cause du rétrécisement opère sur lui (comme je le suppose) uniformément dans toutes ses parties, les *divisions* qui constituent les limites des atomes se feront, par là même, très-régulièrement, c'est-à-dire de même manière en chaque partie. On le voit donc, si, dans une même cristallisation soumise aux circonstances voulues, les *divisions* se fesaient de diverses manières, on aurait un effet sans raison suffisante. Il y a donc des atomes symétriques propres à la formation du cristal ; chacun de ces atomes est une substance composée de matière et de forme capable d'en attirer d'autres ou de graviter et d'opérer sur elles. Il est clair également que, suivant le mode différent dont se condensent les atomes, quand il dépend de circonstances extrinsèques, les divisions du continu, bien que régulières, peuvent se faire d'une manière différente, et que, par suite, les atomes peuvent revêtir d'autres figures symétriques.

Une fois que l'on connaît la production des atomes réguliers, il n'y a aucune difficulté pour concevoir comment ils s'agrègent avec cette admirable régularité qu'on découvre dans les cristaux. En effet, dans l'attraction mutuelle des atomes, la position mutuelle qu'ils prennent est déterminée par les centres de leurs attractions, et, par conséquent, cette position sera régulière. Et, si nous considérons que ce n'est pas seulement l'attraction de chaque atome sur un autre, mais encore l'attraction d'un grand nombre d'atomes réunis ensemble sur chacun et de chacun sur un grand nombre, nous aurons de quoi expliquer certains phénomènes que la simple attraction de chaque atome ne saurait expliquer facilement.

DEUXIÈME PARTIE — DES PLANTES

TRENTE-NEUVIÈME LEÇON.

Concept général de la vie.

Définition et division de la vie.
La vie *est l'opération immanente d'une substance que, pour cette raison on appelle vivante.* Pour bien comprendre cette définition, il faut distinguer trois sortes d'opérations. 1° La première est l'opération propre *de l'instrument.* Il faut noter ici que l'instrument peut opérer de deux façons : en tant qu'instrument, ou autrement. Prenons pour exemple le crayon d'un artiste. Il tombe sur une feuille de papier et y laisse à peine sa trace, alors il agit selon sa nature : mais si tantôt plus, tantôt moins appuyé sur le papier, il trace des lignes bien ordonnées, il opère en tant qu'instrument. D'où l'on peut conclure que l'instrument *a*), en tant qu'instrument, n'opère point par sa force propre; mais par la force ou vertu d'une cause principale qui le meut; *b*) que l'instrument n'a point en soi la forme de son opération, forme qui réside en l'intelligence de l'artiste; *c*) et, à plus forte raison, que l'instrument n'a point un principe *intrinsèque*, le portant à la fin que lui assigne l'artiste auquel il sert d'instrument; *d*) que, s'il opère, sous la main de l'artiste, en conformité avec sa nature, le mode de cette opération dépend en tout point de l'artiste; *e*) enfin, que la force imprimée à l'instrument par l'artiste, force qui lui fait produire un effet supérieur à sa nature, que cette force, dis-je, ne lui est point permanente, mais transitoire et accidentelle; donc, l'instrument réclame

toujours la motion de la cause principale pour produire cet effet supérieur à sa nature.

2° La deuxième sorte d'opération est propre aux substances non vivantes. Les substances ont réellement en elles, comme nous l'avons dit (trente-sixième leçon), un principe d'opération; mais elles ne peuvent se nourrir elles-mêmes, ni, parce qu'elles sont homogènes, opérer sur elles-mêmes. Mais, sans qu'une partie meuve l'autre, elles se transportent tout entières vers les autres substances; parvenues en contact avec ces dernières, elles opèrent sur elles, leur causant un changement accidentel ou substantiel. Ce mode d'opération est plus noble que celui de l'instrument, en tant qu'instrument; et, *par cette opération*, les êtres inorganiques agissent comme cause *principale*. A propos de cette seconde sorte d'opération, il est bon d'observer : *a*) que l'être agissant a, dans lui-même, *le principe* de son opération et de son mouvement, et, par conséquent, la forme de son opération; *b*) qu'il n'a point de lui-même acquis cette forme, mais qu'il la tient de la cause dont il dépend en son être : *c*) qu'il ne se meut point lui-même, qu'une de ses parties n'agit point sur l'autre, mais plutôt que le tout opère sur les autres objets; *d*) enfin, que, en vertu de cette forme dont nous parlions tout à l'heure, il tend à une *fin* à laquelle il ne se détermine pas seul, mais à laquelle il est déterminé par la cause supérieure dont il dépend dans son être. L'opération de ces êtres, comme nous l'avons indiqué plus haut, s'appelle *transitive*.

3° Plus parfaite est la troisième sorte d'opération, uniquement propre aux vivants, mais commune à tous les vivants : en celle-ci donc consiste *la vie*. Cette troisième sorte est l'action faite avec l'opération *immanente*. Dans cette opération, *a*) l'agent n'est plus instrument, mais cause principale; *b*) l'agent a en lui-même le principe de son opération, et, partant, la forme de son opération; *c*) et, le moins parfait, s'il appartient au même genre que le plus parfait, étant contenu dans celui-ci, l'être vivant opère aussi sur les autres substances d'une manière *transitive* comme l'être non vivant; *d*) mais, en outre, il se meut lui-même, opère sur lui-même, ou en *lui-même*, et c'est en cela que consiste proprement *l'immanence* de l'opération ; *e)* il n'est donc point comme l'être inanimé, qui ne peut se changer lui-même, ni en mieux, ni en pire, mais seulement peut causer à un autre, perfection ou dommage ; mais le vivant peut, d'un côté, causer perfection ou dommage à un autre être, par une action transitive, et, d'un autre côté, par une action immanente, produire sur soi le même effet. Observons ici que la nature ne tend *directement* qu'à la perfection des sujets ; donc, quand l'action immanente du sujet est *naturelle*, elle ne tend qu'à la perfection intrinsèque du vivant, bien que, auparavant, elle puisse n'aboutir qu'à son dommage ; *f)* le vivant tend à une *fin*, en vertu du principe d'opération qu'il a en lui, cette tendance étant déterminée ou non *par une cause extérieure*, selon les divers degrés de perfection propres aux vivants.

La vie est donc, comme on le dit communément, *l'opération immanente* : de là cette parole : *Vivere est agere*, quoiqu'on ne donne le nom de *vie* qu'à ce mode d'existence attribué aux substances capables de l'opération dont nous venons de parler. De là encore, cette expression très-employée : le vivant est l'être qui se *meut lui-même* ; et, par conséquent, la vie considérée non comme acte, mais comme principe, est définie aussi : *Principium motus ab intrinseco*. Nous appellerons donc substance vivante celle qui sera douée de la faculté de se mouvoir elle-même, substance non vivante, celle qui sera privée de cette même faculté ; un peu de réflexion suffira à chacun pour comprendre quand, et pourquoi, nous dirons d'un arbre, d'une brute, ou d'un homme, qu'ils sont vivants ou non. Le contraire de cette opération est la privation de la vie, qui n'est rien que *la privation de l'opération immanente*. Ce mot *privation*, comme nous l'avons dit ailleurs, indique l'absence d'une perfection convenable, ou due au sujet dont on l'affirme. Ainsi, l'on ne dira pas qu'une pierre est morte, car le manque d'opération immanente dans une pierre, bien qu'elle y soit un manque, n'y est pas une *privation*. Mais on dira bien la mort d'une plante, d'une brute, d'un homme, car en ces êtres, la vie ou l'opération est naturelle; le manque de vie est donc pour ces êtres une véritable *privation*.

Remarquons ici que, comme on appelle peintre, non pas tout homme, mais celui-là seul qui possède l'art de la peinture, bien qu'il ne l'exerce pas actuellement, ainsi l'on n'appelle pas vivantes toutes les substances douées d'une puissance éloignée à avoir la vie, comme l'aliment qui peut devenir substance vivante, mais celles qui ont actuellement une opération immanente, ou qui, du moins, ont actuellement en elles-mêmes le principe de l'opération immanente, bien qu'actuellement elles n'en fassent point usage. Nous ne voulons pas dire par là que le vivant puisse parfois demeurer sans aucune opération immanente; mais sans avoir l'intention de définir cette question, nous nous attachons à donner la stricte définition philosophique de l'être vivant.

Observons aussi, puisque l'occasion s'en présente, que, comme il y a trois vies, la végétative, la sensitive, et l'intellective, il y aura de même une triple mort, une triple privation de la vie, non-seulement en des sujets divers, mais aussi dans le même sujet. Ainsi, les hommes disent très-sagement d'un bras, privé de la vie sensitive, jouissant encore cependant de la vie végétative, que c'est un bras *mort*. De ce que nous venons de dire, on verra combien raisonnables, profondes et nobles, sont les expressions chrétiennes : la vie de la grâce dans le temps, la vie de la gloire dans l'éternité; la mort temporelle et la mort éternelle. La vie de la grâce, en effet, étant l'opération immanente surnaturelle, il est *vivant* l'être qui, informé par la grâce, peut exercer cette opération ; il est *mort*, au contraire, celui qui ne le peut. De même, la vie éternelle est l'opération immanente et perpétuelle dans laquelle ceux qui ont atteint le terme, voient l'essence divine, l'aiment et vivent de la vie qui, fortifiée par la lumière de la gloire, est le principe de cette opération; au contraire, il est mort celui qui, privé de la lumière de la gloire, ne peut exercer cette opération en laquelle consiste formellement la vie éternelle.

Conclusion Ire. — *L'unité substantielle est essentielle au vivant.*

En effet, l'essence de la vie consiste dans l'opération *immanente*, qui, naturellement, doit tendre à la perfection de l'être opérant. Donc, le principe d'où *procède* cette action, et le terme *qui la reçoit*, se doivent rencontrer dans l'être qu'on appelle vivant. Cette conclusion suit du concept de la vie exposé plus haut. Or, il est tout à fait impossible que cette opération ait lieu dans un être qui n'a pas l'unité de substance ; donc, cette unité est nécessaire au vivant d'une nécessité essentielle. Enlevez, en effet, l'unité substantielle, l'opération immanente appartiendrait évidemment à plusieurs substances, de telle sorte qu'elle procéderait de l'une comme de son principe, et serait reçue comme dans son terme par une autre. Mais il est clair qu'en cette hypothèse, elle cesserait d'être immanente, n'ayant plus son commencement ni son terme dans le même sujet, ne perfectionnant plus le sujet dont elle procède, mais bien un sujet tout différent.

Conclusion IIe. — *Un agrégat de plusieurs substances ne peut être vivant.*

Un agrégat n'a pas l'unité de substance, car il a autant de substances ou de natures, autant de suppôts qu'il a d'entités rassemblées avec ou sans ordre. Donc, il ne peut être vivant.

1er *Corollaire*. — Si une plante, une brute, un homme, sont regardés comme composés d'une multitude d'atomes, c'est-à-dire de corpuscules distincts les uns des autres, il répugne que ces êtres aient la vie, et, par conséquent, soient dits vivants. Car la vie se trouverait dans le tout, ou dans chacun des atomes du corps composé par agrégation. Mais elle ne peut se trouver dans le tout, car le tout n'est pas une substance, une nature, un principe unique d'opération, mais il y a, dans cette agrégat, autant de substances, de natures et de principes d'opération qu'il y a d'atomes. La vie ne peut être davantage en chacun des atomes, car chaque atome, étant homogène en soi, ne peut opérer sur lui-même, mais seulement sur les autres atomes ;

ils n'auront donc tous qu'une opération transitive; tous privés d'opération immanente, aucun n'aura la vie.

Mais, dira-t-on, les atomes peuvent se réunir par la puissance qu'ils ont de constituer une unité particulière. Comme on ne peut entendre par cette puissance des fluides qui soient répandus dans l'espace, cette explication ne signifie rien, ou signifie *a*) que tout atome, par sa propre puissance, tend à opérer vers un terme auquel tendent aussi les autres atomes; *b*) que chaque atome tend vers ceux qui l'entourent pour former une agrégation ordonnée d'atomes, comme il arrive dans les cristaux; ainsi, par exemple, l'organisme d'une plante ou d'un autre animal serait une simple cristallisation, *seulement d'un mode différent* de la cristallisation des minéraux. Mais on ne peut admettre ces deux façons d'expliquer l'union par la puissance dont nous parlons. Dans le premier cas, nous avons bien l'unité d'opération à l'égard du terme, mais non par rapport au principe; et c'est, précisément, ce rapport au principe que réclame l'unité d'opération, pour qu'il y ait unité de substance et nature vivante. On pourrait tout aussi bien dire que vingt chevaux, liés par le même trait, et tirant le même fardeau, forment une seule substance, une seule nature vivante, puisque, ici encore, l'opération est une par rapport au terme. Dans le second cas aussi, on retrouve la pluralité des substances qui restent aussi nombreuses qu'il y a d'atomes, puisqu'aucun ne reçoit une perfection *intrinsèque*, pour que tous réunis, ils puissent composer un objet ordonné. Dans ces deux cas, il manque une opération immanente, c'est-à-dire ayant son principe et son terme dans le même sujet. Nous ne pouvons considérer sans étonnement l'étrange façon dont les partisans des atomes conçoivent *l'organisme*. En effet, quelle est la véritable notion d'un organe? C'est, *dans une substance individuelle*, une partie qui, diversement conformée et disposée avec ordre, sert à cette substance d'instrument, pour opérer quelques-unes de ses opérations. Mais cet instrument, cet organe ne peut être *séparé*, ni divisé de la substance individuelle;

il doit, en toute manière, lui être *uni ;* autrement, l'opération qui s'exerce dans cet instrument, et par lui, ne serait point *immanente,* mais *transitive,* comme l'opération qu'un homme exerce avec un instrument séparé de sa substance, un bâton, par exemple, un scalpel, un pinceau.

On peut, outre tous ceux que nous avons apportés ailleurs, tirer de ce qui précède, un nouvel argument contre le système mécanique, argument dont on n'aurait pu sentir toute la valeur, alors que nous traitions ce sujet. Ce système en effet, et c'est le nouvel argument, nie l'existence de toute substance corporelle *vivante.* Cette négation suit *nécessairement* du système mécanique, qui ne peut du tout avoir d'opérations immanentes, tendant à la perfection du sujet même dont il procède.

2° *Corollaire.* — La substance corporelle vivante doit essentiellement être *organique.* En effet, la substance qui, étant une, n'aurait pas en elle-même des organes ou des parties diverses, cette substance serait homogène ; or, la substance homogène ne peut opérer sur elle-même, ou dans elle-même (trente-sixième leçon), comme le doit faire la substance vivante ; donc, la substance vivante doit être essentiellement organique.

3° *Corollaire.* — La substance corporelle vivante doit être *continue.* Cette proposition est évidente ; autrement, elle ne serait qu'un *agrégat* de substances *discrètes,* et cet agrégat (*Coroll.* 1), rend impossible l'opération immanente. Que si, par substance *atomique,* on entendait seulement, comme on le devrait en toute rigueur, la substance *continue,* on appellerait très-bien *une* plante, *une* brute, *un* homme des substances *atomiques,* sans pour cela en exclure les pores et les interstices qui, certes, n'empêchent en rien leur continuité. Toutefois, il ne convient pas de leur donner le nom *d'atomes,* car l'usage a prévalu que ce mot, pris substantiellement, signifie un tout petit corpuscule continu.

Mais, comment concevoir, dira-t-on, une substance d'une grande masse et *continue ?* Et moi, je vous demanderai : Pourquoi peut-on concevoir un corpuscule bien moindre et continu, que personne ne voit, que personne ne touche, et ne pourrait-on pas concevoir des corps continus d'une plus grande étendue, quand pourtant nous en sommes entourés de toutes parts? D'un autre côté, le plus et le moins ne changent pas l'espèce; si une petite substance peut être un atome, il en sera de même pour une grande et une très-grande. Il est vrai que les savants modernes n'ayant, presque tous, jamais pensé à autre chose, qu'aux atomes et à leur agrégation, trouvent une grande difficulté à concevoir un corps continu avec une plus grande masse ; cette difficulté à sa racine dans leur imagination, et ce préjugé, comme nous l'avons dit, doit se redresser par la raison sur l'argumentation précédente. Reconnaissons qu'il n'est pas plus difficile pour Dieu de créer une grande substance continue, que d'en créer une toute petite. Qu'il ait créé de telles substances, le fait de leur existence présente l'atteste, ainsi que les nombreuses substances qui, séparées d'abord, peuvent et doivent souvent se réunir pour en constituer de continues. Pour la difficulté, tirée de la structure des plantes et des animaux, difficulté, bien faible en vérité, qu'on pourrait objecter contre cette doctrine, nous la résoudrons en son lieu.

Il ne faut pas oublier qu'il s'agit ici des vivants, et que nous avons affirmé l'existence d'innombrables atomes d'une masse indéfiniment petite dans les minéraux qui constituent *les agrégats* inorganiques.

4ᵉ *Corollaire*. — De ces arguments il résulte encore que toutes ces substances, placées entre la superficie d'un corps vivant, mais non jointes à sa substance, comme les fluides, ne sont pas vivantes, ni parties intégrantes du vivant, bien que nécessaires en quelque sorte à sa conservation : ce n'est point non plus le sujet dont nous traitons à présent. La raison en est que ces substances sont seulement *réunies* au vivant; et, si elles peuvent être *le terme* de son opération, ou *le principe* d'une opération terminée au vivant, et en ces deux cas nous n'avons qu'une opération transitive, elles ne peuvent jamais former avec le vivant un principe *unique*, et un terme unique d'opération, c'est-à-dire ne peuvent participer à l'immanence des opérations propres aux substances vivantes.

QUARANTIÈME LEÇON.

Des divers degrés de la vie.

On appelle *degrés* les divers ordres de perfection qu'on trouve dans la vie, et, par conséquent, dans l'être des divers vivants. Cette perfection se prend de la vie, en tant que vie, et non de ce qui lui est extrinsèque. Mais la vie consiste dans l'opération immanente, c'est-à-dire dans la faculté de se mouvoir soi-même, faculté qui fait acquérir au vivant une perfection intrinsèque; d'où il suit que la plus grande ou la moindre perfection de cette opération immanente détermine les divers degrés de la vie.

Conclusion. — *Les degrés de la vie sont au nombre de cinq.*

Si, en effet, nous plaçons par ordre en notre esprit tout ce qui existe, nous voyons d'abord dans le dernier degré de l'être les substances inanimées; et, immédiatement au-dessus, ces vivants qui participent de la vie dans le degré le plus imparfait. Nous avons donc :

1° *Les plantes.* — La plante est une substance organique, composée, comme nous le verrons, de matière et de forme. Elle renferme le principe et le terme de son opération, et a, par conséquent, une opération *immanente* : elle vit et, vivant, tend à sa perfection et à la fin voulue par le Créateur. Toutefois, 1° elle ne peut jamais opérer en suivant, dans son opération, une forme ou exemplaire *acquis* par elle-même; 2° cette fin vers laquelle elle agit lui est complétement inconnue ; 3° quelque sage que soit son opération, et, bien qu'elle soit encore en grande partie ignorée de l'homme, la plante ne la connaît point, semblable à cette lame de cuivre où sont gravés les plus beaux dessins et qui, en vertu de la forme gravée sur elle-même, mais ignorée d'elle-même, imprime dans un bel ordre, sur le papier, d'élégantes figures.

2° — *Les brutes.* Celles-ci ont une opération immanente plus élevée que celle des plantes, mais, de plus, elles acquièrent, dans leur imagination, les *fantômes* des choses qui servent de forme à leur opération. Tandis que les plantes sont fixées au sol, elles peuvent changer de lieu pour chercher et se procurer ce qui leur est nécessaire ou leur convient; mais, comme elles ne se déterminent point à elles-mêmes la fin de leurs opérations, ce mouvement ne leur vient pas d'elles-mêmes, mais de l'instinct qui les y pousse et les y porte.

3° — *L'homme.* L'homme a toute la perfection des plantes, toute la perfection des brutes; mais son degré de vie est incomparablement plus parfait. Car *il n'acquiert* pas seulement les formes sensibles de ses opérations, mais aussi les formes immatérielles, idées exemplaires de ces mêmes opérations; de plus, il *se détermine* sa fin et y tend librement. Cependant, comme il est nécessairement déterminé à la vérité, il est aussi porté ou mu vers le bien en général par sa propre nature; tellement que, d'après saint Thomas, l'homme est déterminé au bien universel par une nécessité naturelle semblable à celle qui détermine les brutes aux biens particuliers. Le mouvement intrinsèque dans l'homme est donc beaucoup plus parfait que dans la plante et la brute; cependant, comme *il est mu par d'autres* d'une certaine façon, sa vie est encore bien imparfaite.

Si l'on considère le caractère de l'opération immanente, qui constitue le vivant dans un degré supérieur de vie, on comprendra comment la vie de l'homme surpasse en perfection les deux vies précédentes. Toute l'opération immanente de la plante, en effet, se rapporte à la nutrition, l'augmentation et la génération; la brute a, de plus, l'opération immanente des sens, opération sans doute déjà plus noble et plus parfaite que la première. Mais, s'élevant davantage, l'homme a l'opération immanente par laquelle il comprend et veut librement. C'est par cette opération qu'il s'approche des intelligences séparées de la matière, et qu'il est l'image de Dieu.

4° *Les intelligences séparées de la matière.* — Elles ont

une vie beaucoup plus parfaite, parce que leurs opérations immanentes intellectuelles ne sont point comme les nôtres, nous le verrons plus loin, mues en quelque sorte par les *fantômes*; mais elles reçoivent immédiatement de Dieu leurs espèces; elles n'ont donc point de raisonnement, mais l'intuition immédiate de la vérité. Cependant, même dans cette vie si parfaite, leur opération immanente s'accomplit par des espèces intellectives qui ne sont point leur propre science, mais y sont placées, en quelque sorte, par un principe extérieur. Tout en se mouvant elles-mêmes avec une souveraine perfection, ces substances sont donc mues encore par d'autres.

5° *Dieu*. — La vie la plus parfaite est celle dont vit Dieu. En effet, *a*) son opération immanente n'est pas réellement, comme dans les substances séparées et dans nous, distincte de sa nature, mais bien la nature même divine. Toutes les créatures *ont donc la vie de Dieu*, de qui seul on peut dire *qu'il est la vie*. *b*) Les opérations immanentes de toutes les créatures *procèdent* de la substance, et, pour cela, ne sont que des accidents : la vie des créatures n'est donc point une substance, mais un accident; au contraire, l'opération immanente, qui constitue la vie de Dieu, ne se distinguant pas réellement de la substance divine, est cette même substance, substance d'une perfection infinie. *c*) L'opération immanente ou vie des créatures est contingente, au lieu que la vie de Dieu, qui est Dieu même, est nécessaire et éternelle. C'est pourquoi Aristote comme l'a remarqué saint Thomas, de ce qu'il est démontré que Dieu est intelligent, affirme que sa vie doit être *immortelle et éternelle* (1). *d*) Enfin, dans les opérations intellectuelles les plus parfaites de l'homme et des intelligences séparées, les choses connues n'existent que dans leur seule image, et leur réalité n'y est contenue d'aucune manière. Mais, dans la vie de Dieu, qui est Dieu lui-même, substance infiniment parfaite, toutes les choses y sont contenues éminemment ; et, par consé-

(1) Unde philosophus in XII Metaphysicorum, ostenso quod Deus sit intelligens, concludit, quod habeat vitam perfectissimam et sempiternam, quia intellectus ejus est perfectissimus et semper in actu (*S. Th. Summ.* 1, 83, 3).

quent, toutes les choses existantes et possibles sont vie en Dieu et la vie même de Dieu.

Valeur du mot meut *dans la proposition :* Le vivant est celui qui se *meut* lui-même.

Né d'Epicure, et réparé par Descartes, le système mécanique a tellement envahi notre siècle que l'on n'entend plus dans les écoles le mot mouvement sans l'appliquer au mouvement local et *purement* local. Heureusement le langage, créé avec une souveraine sagesse et conservé par le peuple, corrige l'erreur des philosophes qui n'ont point su le comprendre. On dit universellement que la plante *se meut* quand, au printemps, elle donne les premiers signes de sa vie nouvelle ; et quand les cuisiniers font un peu cuire un poulet ou un poisson pour les conserver et les empêcher de se gâter, on dit qu'ils les *arrêtent* (*fermare*). On dit encore qu'un homme est mû par l'amour ou la haine quand son âme est sous l'empire de ces passions. En général, on peut dire qu'on applique ce mot *mû* aux opérations même immatérielles comme celles de l'intelligence ou de la volonté.

Le mouvement est donc, en général, le passage de la puissance à l'acte, comme nous l'avons démontré plus haut (trente-quatrième leçon) ; et, puisque toute opération est, en toute créature, un passage de la puissance à l'acte, toute opération est appelée *mouvement*. Mais ce passage de la puissance à l'acte est essentiellement divers dans les substances immatérielles comme dans l'âme humaine et les intelligences séparées. Dans les premières, mais non dans les secondes, toute opération est accompagnée d'un changement de lieu : dans les premières, la puissance est matière, et, par conséquent, l'acte est matériel ; dans les secondes, la puissance est esprit et l'acte est spirituel. Mais, partout, nous le répétons, l'opération se fait par le passage de la puissances à l'acte, et c'est ce qui se trouve encore dans l'opération immanente qui constitue la vie. Dans l'opération donc par laquelle le vivant *se meut lui-même*, nous avons : *a*) le moteur *d'où part* le mouvement ; *b*) le mû qui est le moteur même ; *c*) et le passage qui s'étend entre le repos précédent et l'acte ou la motion subséquente. De cette analyse il résulte: premièrement, que le vivant ne peut se mouvoir lui-même en tant qu'il est en puissance à être mû, mais plutôt en tant qu'il est en acte par rapport au mouvement (1); secondement, que dans l'être vivant créé il faut considérer, matériellement ou bien immatériellement, des parties distinctes, ou du moins des distinctions réelles, entre les différentes puissances et entre les puissances et les actes.

De toutes ces considérations on peut déduire que la vie de Dieu diffère non-seulement par le genre de celle des vivants créés, comme nous avons vu que diffère la vie des êtres matériels de celle des êtres immatériels, mais encore qu'elle est dans un ordre si supérieur que le mot *vie* ne se peut appliquer à Dieu qu'analogiquement. Car il n'y a point en Dieu de distinction entre les différentes puissances, ni entre la puissance et l'acte, mais il y a seulement un acte pur; ce serait donc folie que de lui attribuer le passage de la puissance à l'acte comme dans toutes les actions immanentes des vivants créés. Toutefois, ce n'est pas enlever à Dieu la raison de la vie, mais bien montrer sa souveraine et unique perfection, que de ne lui attribuer pas la vie d'une manière univoque à celle des autres vivants; de même que la sagesse, la bonté et la puissance sont attribuées à Dieu d'une manière analogique, si on les compare à celles des créatures.

QUARANTE-ET-UNIÈME LEÇON

Définition descriptive de la plante.

Définition de la plante.

On peut donner deux définitions de la plante: l'une *descriptive*; l'autre *philosophique:* la première définit la plante comme elle apparaît aux sens; la seconde en

---

(1) On regarde comme un axiome cette parole de S. Thomas, 1, 76, art. 1. « Nihil agit nisi secundum quod est actu: unde quo aliquid est actu, eo agit. » La forme substantielle, en raison de laquelle le composé est en acte, sera donc la forme *qua* agit. Conf. *Thesaurus Philosophorum*, axioma XVI; Paris, P. Lethielleux.

détermine la quiddité (le *quid est*) ou l'essence. Cette seconde définition doit être le fruit d'une rigoureuse démonstration; nous y parviendrons au moyen de la première qui nous fournira les éléments. De quelle manière ce vivant que nous appelons plante, commence-t-il à exister? Comment poursuit-il son existence? Comment la termine-t-il? A ses trois points de vue la plante diffère entièrement de tout être non vivant.

a) Génération de la plante. De quelle manière une goutte d'eau commence-t-elle sa vie. Un peu d'hydrogène se combine avec un peu d'oxygène, et tous deux, changeant de nature, forment d'eux-mêmes une goutte d'eau. Il n'en est point ainsi de la plante. Deux principes, l'un actif, l'autre passif, l'un fécondant, l'autre fécondé, s'uniront entre eux; ainsi unis ils feront cette semence parfaite de laquelle, placée dans les conditions voulues, germera la plante.

Le plus souvent ces deux principes sont fournis par le même individu, mais, souvent aussi, comme il arrive pour le palmier, une plante donne le principe actif; une autre, le principe passif (1). Le pollen, sorte de petite poussière jaune orange ou rougeâtre, est une collection de petits gains dont chacun est plein d'une humeur visqueuse qu'on appelle *fovilla.* En cette *fovilla* se trouvent des corpuscules oblongs, *toujours en mouvement;* quelques physiologues assimilent ce mouvement à celui des insectes infusoires. L'explication la plus raisonnable qu'on puisse donner du mouvement des corpuscules *fovillaires* dans le pollen de la plante, est de l'attribuer à la puissante *vertu* active, qui prend son origine dans la plante génératrice; nous parlerons plus tard de cette vertu. *La fovilla,* qui renferme

(1) C'est avec raison qu'aujourd'hui les naturalistes distinguent le sexe dans les plantes, quoique, en général, les deux sexes soient rassemblés dans le même individu. Mais, ce n'est pas au progrès moderne que nous devons cette doctrine; elle est très-ancienne, et S. Thomas l'exprimait parfaitement en ces paroles : « In his quæ habent vitam perfectam, distinguuntur agens et patiens in generatione propter perfectam generationem in eis. In plantis autem, quæ imperfectam vitam habent, est in eadem utraque virtus, activa scilicet et passiva : quamvis forte in una planta dominetur virtus activa, et in alia virtus passiva; propter quod dicitur etiam una planta masculina et alia feminina ». (3 *Dist.* 3, *Quæst.* 2, *art.* 1, *solut.*)

le principe actif ou fécondant, va au *stigmate*, puis à l'ovule et s'y arrête en cette partie qu'on nomme *micropyle*, où se trouve le principe passif. Là se fait la fécondation d'où résulte la *semence parfaite*. Cette semence ou ce germe n'est pas encore une plante ou un vivant en acte, mais plutôt en puissance. Il est le milieu entre la plante génératrice et la plante engendrée, qui a la même nature que la première. Il n'y a point de *vraie multiplication* dans les êtres inorganiques ; mais il y en a dans les vivants, tellement que d'un *seul germe* on peut concevoir des millions et des millions de plantes engendrées dans la suite des siècles sans jamais finir.

b) Augmentation de la plante. La goutte d'eau ne croît pas. Elle est incapable d'augmentation, bien qu'elle puisse s'unir à mille et mille autres et former ainsi une grande quantité du même liquide. On dit donc de la goutte d'eau qu'elle croit *appositione, non augmento :* la plante, au contraire, sortant du germe, ou mieux le germe se développant en plante, augmente continuellement, non par l'addition d'autres plantes homogènes, mais plutôt par une véritable augmentation de *sa substance même ;* il croît ainsi jusqu'à devenir un arbre élevé, capable de défier les plus violents aquilons.

Il est bon de remarquer ici que, tout en augmentant de cette façon, la plante ne perd rien de son individualité substantielle ni de son unité. Certaines plantes sont de telle nature qu'un rameau ou une partie séparée d'elles-mêmes ne peut, en aucune circonstance, conserver la vie, comme le froment ; tandis qu'il en est d'autres, au contraire, comme la vigne, dont les parties séparées peuvent, en des circonstances favorables, conserver la vie et croître ; aussi quelques-uns ont cru que les premières sont de véritables individus, et les secondes, des composés d'un *grand nombre* de plantes. Mais cette opinion est sans fondement, et n'est pas plus vraie que celle qui regarde un animal *annelé* comme plusieurs animaux, parce qu'on le peut diviser en plusieurs. La vérité est que chaque plante du premier ordre est un seul individu, et chaque plante du second, un individu aussi, comme celle du premier ; mais que la seconde, une *en acte*, est multiple *en puissance :* nous en donnerons la raison plus tard, en traitant ce sujet.

c) Nutrition de la plante. Comment se fait cette augmentation? La plante elle-même change en *sa propre substance* les diverses substances étrangères qui se trouvent en contact avec elle; toutefois, elle ne connaît pas leur nature, et ne peut se mouvoir d'un lieu à un autre pour aller les chercher. Le changement a reçu le nom d'*assimilation.* C'est en vain que l'on chercherait dans la substance de la plante vivante à retrouver, avec leur première nature, les substances dont elle fut nourrie. Il n'y reste, à proprement parler, que les éléments, non toutefois formellement, mais virtuellement, comme nous l'avons déjà expliqué. La plante se nourrit des sucs qui, absorbés par la racine et modifiés à l'intérieur de la plante elle-même, vont se répandre jusqu'à l'extrémité des feuilles où ils trouvent l'acide carbonique, c'est-à-dire une substance composée de carbone et d'oxygène. Ils se combinent alors avec le carbone, et abandonnent l'oxygène par une certaine opération qu'on pourrait fort bien appeler *respiration.*

Cette combinaison, réclamant l'action de la lumière, n'a pas lieu durant la nuit. La plante ne conserve pas en soi tous les sucs ni toutes les substances reçues de l'intérieur, mais elle garde ce qui est utile à sa conservation et laisse échapper le reste par d'innombrables pores.

La nutrition, d'où vient l'augmentation, se fait en deux manières dans la plante. La première a lieu quand la cellule, car le tissu de la plante est formé de cellules, *s'assimile* la substance non vivante, et, grâce à cette assimilation, devient plus longue, et se développe comme en deux cellules. La seconde, au dire des botanistes les plus experts, se fait quand, *à l'intérieur de la cellule,* s'en forme une nouvelle ; c'est ce qu'on appelle *formation libre.* Ce mot *libre* ne doit pas faire croire qu'une substance, partie vivante de la plante, en puisse demeurer *séparée.* Quand la particule de substance alimentaire est devenue substance vivante, elle est *unie le plus intimement possible* au

PHYSIQUE PARTICULIÈRE.   313

vivant, comme nous le verrons. Notons ici qu'en ne puisant pas dans une droite philosophie les principes de leur science, les botanistes modernes se heurtent à des mystères qui, peut-être, n'existent point, et s'ils ont une modestie égale à leur expérience dans les faits de la nature, ils sont nécessairement portés à cet aveu. « L'assimilation se fait sous l'influence de la vie et d'une manière en grande partie *mystérieuse*. Nous connaissons les faits qui en résultent, mais non la façon dont elle s'accomplit (1). » Si l'on reconnaît donc en la plante un vrai principe de vie, tout le reste venant des forces mécaniques et des agents chimiques, les opérations propres de la vie n'y seront pas plus inexplicables ni mystérieuses que ne le sont en nous-mêmes la circulation du sang et la digestion des aliments.

d) Organisme de la plante. La plante est une substance individuelle et une ; cependant, *l'entité* de ses parties n'est pas homogène, comme dans les êtres inorganiques, mais variée ; et la figure de ses divers membres, si je puis ainsi parler, est fort variée. Cela n'est point dû au hasard, mais à un ordre admirable et parfait au-dessus de toute expression, à un ordre d'après lequel tout concourt au même but. Les aliments sont distribués à toutes les parties et à chacune d'elles de telle sorte que chacune a l'aliment propre à sa nature. La structure des parties est adaptée aux fonctions de chacune, et toutes les parties, avec leurs multiples fonctions, sont disposées et ordonnées pour tendre à la perfection de tout l'individu *plante* et à la fin déterminée par le Créateur.

Il est bon ici de remarquer que la science moderne, malgré tous ses puissants moyens d'observation, n'est jamais parvenue à voir *une solution de continuité* dans la substance vivante de la plante ; son organisme est pourtant tout composé de cellules offrant, dans leur structure, des différences considérables. L'atomisme qui veut faire des plantes des *agrégats* d'atomes séparés entre eux, n'a pu les voir ainsi au moyen du

---

(1) Ainsi parle Coli dans son remarquable ouvrage sur la botanique (*Natrizione*, art. 5).

microscope. Comme ce point est de la plus haute importance pour l'unité substantielle de la plante, je vais rapporter un petit passage de l'ouvrage déjà cité du docteur Celi : « Les cellules, dit-il, ne sont point isolées mais réunies en masses plus ou moins compactes, appelées tissu cellulaire. La force avec laquelle elles adhèrent les unes aux autres est souvent très-grande. Il faut l'action *prolongée* du froid ou de l'eau bouillante, puis de l'acide nitrique bouillant aussi, pour séparer les cellules de certains tissus, et l'on n'y réussit souvent qu'à moitié ou même pas du tout. Aux points de contact les cellules sont tellement serrées qu'elles semblent avoir une seule paroi commune. Des observations attentives et des expériences répétées seraient nécessaires pour affirmer qu'en tout cas chaque cellule a sa paroi propre tout à fait indépendante de la paroi voisine. Quelle est donc la force qui tient si solidement unies les cellules constituant un tissu? C'est une nouvelle question sur laquelle les observateurs ne sont point d'accord (*Organographie*, § 3). » Pour nous, nous croyons qu'ils ne seront jamais d'accord tant qu'ils ne se préoccuperont pas de concilier leurs idées avec les données de la physique rationnelle; *une* plante, en effet, comme nous enseigne celle-ci, a un principe actif de vie dans sa forme substantielle; ainsi, elle doit avoir *la continuité* substantielle du tout : cette continuité ne s'oppose pas à la variété des organes, ni même à *la distinction* des cellules, mais seulement à leur *séparation actuelle*.

c) Durée de la plante. La plante n'a point, comme les substances inorganiques, une durée indéfinie dans son être; elle a la jeunesse, l'âge adulte et la vieillesse que suit la mort, c'est-à-dire la privation de la vie négative dont elle jouissait. Il y a même une certaine analogie avec le sommeil des animaux dans le repos des plantes pendant l'hiver; elles se réveillent ensuite et prennent une vigueur nouvelle aux premières chaleurs du printemps.

Ce que nous venons de dire suffit pour une définition descriptive de la plante; et nous laissons aux naturalistes la tâche de décrire plus en détail, en leurs *histoires naturelles*, ce que nous avons simplement effleuré. Maintenant, nous allons commencer à raisonner sur la plante, pour tirer des notions exposées la définition philosophique qui nous fasse connaître *son essence*.

QUARANTE-DEUXIÈME LEÇON.

De la substantialité et de l'unité de l'être vivant.

Concept de l'être vivant.

Nous avons ailleurs (trente-neuvième leçon) placé l'essence de la vie dans l'opération immanente; c'est-à-dire cette opération dont le principe et le terme sont dans le même être vivant, et qui est naturellement ordonnée à la perfection de l'être vivant. Donc, *la nutrition*, par laquelle la plante *s'assimile* des substances d'une nature étrangère à la sienne; *la croissance* par une véritable augmentation de sa propre substance; enfin, *la génération*, qui donne au pollen ou mieux à la fovilla et à l'ovule la merveilleuse puissance de former une autre plante de même nature, telles sont les trois opérations immanentes qui se manifestent dans la plante. Traitant donc ici de l'être vivant, nous traiterons de l'être par lequel les plantes ont ces trois opérations. Cela posé, nous avons deux choses à démontrer : 1° *la substantialité;* 2° *l'unité* de cet être.

Conclusion Ire. — *L'être vivant est une substance.*

En effet, l'existence des trois opérations dont nous venons de parler, c'est-à-dire de la nutrition, de l'augmentation et de la génération, est un fait hors de doute ; donc, à ces opérations il faut un principe. Or, ce principe sera accident ou substance. Il ne peut être accident, puisque l'accident n'opère pas par sa propre puissance; mais comme, dans son être il dépend de la substance à laquelle il est inhérent, dans son opération aussi il doit en dépendre. Donc, il sera substance.

Conclusion IIe. — *L'être vivant est une substance une.*

1° Il est clair que l'ordre, ne résultant point d'une disposition simple, uniforme et matérielle de divers objets réunis entre eux, mais formant un entrelacement de moyens variés et très-compliqués dans leur position et leurs opérations, il est clair, dis-je, que cet ordre est le produit d'un principe unique. Dans la cristallisation, par exemple, l'unité de principe n'est point nécessaire : plusieurs substances peuvent, en vertu de leurs forces attractives, s'équilibrant dans leurs centres de gravité respectifs, constituer cet ordre simple, uniforme et matériel que nous y voyons. Considérons, au contraire, *la Cène* peinte par Vinci. A-t-elle pu être peinte par plusieurs artistes? A la rigueur cela n'est pas impossible, mais, à condition que chacun ait connu l'idée des autres et les limites de son propre travail. Toutes les fois qu'il n'y aura pas eu d'abord cette union des intelligences, cela sera tout à fait impossible. Penser que chaque artiste, en peignant une petite partie de la toile, puisse, sans connaître le travail des autres, être, grâce au hasard, assez d'accord avec eux pour produire ce chef-d'œuvre étonnant de peinture, ce serait *folie*. Si plusieurs peintres ne pourraient, sans accord préalable, peindre en cette façon, les couleurs, aux particules desquelles nous concéderons tout ce qu'on voudra, figures, attractions, répulsions, les couleurs, dis-je, pourront-elles, en se réunissant, se disposant avec art, enfanter une telle œuvre? C'est ridicule de le penser! Car, pour ajuster leurs opérations dans un ordre *très-varié*, mais *un* pourtant, dans un ordre absolument nécessaire à la production d'un tel effet, ces couleurs doivent avoir nécessairement un principe unique, ou bien plusieurs principes, mais réunis dans un accord précédent, afin de travailler dans une commune pensée.

Maintenant, considérons la plante. On y trouve un ordre admirable qui ne ressemble en rien à la disposition symétrique de la cristallisation à laquelle plusieurs ont voulu à tort la comparer. Tout y est varié : la racine diffère de la tige; la tige, des feuilles ; les feuilles, des fleurs, des fruits et des graines ; mais tout s'y réunit dans l'unité d'une fin commune et très-élevée. Les opérations très-diverses que nous avons exposées plus haut conduisent à cette fin, et c'est à leur sujet que saint Thomas dit ainsi : « La première opération (*de l'être végétatif*) est la nutrition par laquelle il *conserve* son être dans l'état où il est. La seconde est l'augmentation, au moyen de laquelle il *accroit* sa perfection, par rapport à sa quantité et à sa puissance. La troisième, la plus parfaite et la fin de l'être végétatif, est la génération ; c'est par elle que l'être, déjà parfait en soi, *communique à d'autres l'être et la perfection qui lui est propre* (2 *de Anima*, *lect.* 9) ». Il n'y a pas une fibre dans la plante, pas une opération de n'importe quelle partie ordonnée uniquement à sa propre conservation et à sa propre perfection ; tout est ordonné au bien de *tout* le sujet *plante* et surtout à la conservation de l'espèce, fin dernière de la nature. On ne trouverait pas un chef-d'œuvre d'art libéral ou mécanique, quelqu'étonnant qu'il soit, qui puisse jamais, je ne dis pas surpasser, mais égaler l'admirable structure du dernier des végétaux.

Donc, ou le principe vital de la plante est un, ou bien il y en a plusieurs, et ceux-ci, par la communication de leurs pensées, s'uniront pour constituer et faire agir la plante telle qu'elle est et qu'elle agit. Or, on ne peut sérieusement défendre cette seconde hypothèse ; donc, il faut affirmer que ce principe est *un*.

2° La génération active de la plante prouve l'unité de la substance qui en est le principe. Du germe, en effet, de la plante génératrice sort une plante identique en nature avec la première. Donc, celle-ci tout entière concourt à la formation du germe. Si la substance à laquelle le germe est uni immédiatement, et de laquelle il se sépare, concourait seule à sa production, certainement le germe n'aurait pas le pouvoir d'engendrer toute la plante, mais cette seule substance. Si l'on supposait que la plante est un simple agrégat d'atomes, *sans aucune puissance spéciale*, tout comme un cristal, on ne mériterait pas une réfutation ; toutefois, même en l'admettant comme prouvé, on ne diminuerait point la force de l'argument. La nutrition et l'augmentation, ne tendant point au bien des parties où elles ont leur siége, mais à celui de toute la plante, pourraient encore fournir un argument semblable au précédent pour prouver notre *conclusion*.

3° Enfin la plante est : *a*) ou bien une substance vivante ; *b*) ou bien un agrégat de plusieurs substances vivantes ; *c*) ou bien un agrégat d'une substance vivante et d'une substance non vivante ; *d*) ou bien un agrégat de substances non vivantes. Dans le premier cas, le principe de vie est certainement un, puisque la substance d'où procèdent les opérations vitales est une. Dans le second cas aussi, le principe est unique ; puisque, malgré la pluralité des substances vivantes, *chacune* est un principe d'une vie qui *lui* appartient ; mais il faut, ce qui n'est pas raisonnable, admettre plusieurs plantes dans une seule, puisque la multiplicité est tout à fait contraire à cette unité de fin et à cet accord des moyens nécessaires à la plante, comme nous l'avons vu. Dans le troisième cas, les substances non vivantes n'y sont pas le principe de vie, mais seulement celle qui est vivante. Dans le quatrième cas, il est impossible de faire un être vivant d'un agrégat de plusieurs substances non vivantes ; car, par leurs mutuelles attractions ou cohésion, elles ne pourraient produire qu'un être semblable aux cristaux ou aux autres substances inorganiques, mais jamais un être qui en diffère en tout comme, avant cette *conclusion*, l'a montré notre définition descriptive. Donc, nous ne pouvons tirer qu'une conséquence de toutes ces raisons, c'est que le principe de la vie est une *substance* et une substance *unique*.

Tous ces raisonnements nous font apercevoir clairement la fausseté du concept du vivant exposé dans les systèmes mécanique et dynamique. Dans ces systèmes, en effet, *a*) le vivant est tout simplement un agrégat d'atomes ou de forces non vivantes ; *b*) le principe de vie n'est rien autre chose que les nombreux êtres qui, par leurs chocs réciproques, par leurs attractions et répulsions, opèrent vraiment à distance, ce qui est absurde, et produisent les phénomènes de la nutrition, de l'augmentation et de la génération ; *c*) la substance vivante n'est pas d'une autre nature que les substances non vivantes, celles-ci restant *telles qu'elles étaient* dans le vivant ; elles ne reçoivent alors qu'une nouvelle position, une nouvelle disposition et de nouvelles distances; *d*) les vivants n'ont point l'action *immanente,* et pourtant c'est en cette action que consiste proprement la vie ; mais, au lieu de cela, on n'a que des atomes qui s'attirent et se repoussent, des attractions et des répulsions de forces. Toutes ces hypothèses, affirmées sans preuves, demeurent réfutées par la *conclusion* démontrée plus haut, et, de plus, par l'examen de ces systèmes dans *la physique générale* (vingt-septième et trentième leçon); il n'est pas besoin d'employer plus de temps à d'inutiles discussions.

Cependant, nous ne pouvons laisser sans réponse une objection bien répandue de nos jours contre cette doctrine, et en laquelle sont profondément enracinés *les préjugés* de l'atomisme. Comment, dit-on, la substance d'une plante peut-elle être une? Déjà la porosité est un fait indubitable, et les patientes investigations des naturalistes ont prouvé que le tissu des plantes n'offre rien que des petites cellules, des molécules et des atomes divisés entre eux. Nous répondrons brièvement : 1° *La porosité bien entendue* n'enlève point la continuité (trente-huitième leçon). La porosité est un fait depuis longtemps connu; voilà quinze siècles passés que, parlant de la porosité des substances vivantes, Clément d'Alexandrie écrivait : « Les hommes, et même les plantes, quand ils sont dans l'eau, boivent non-seulement par la bouche, mais aussi par les *pores,* répandus sur tout leur corps. La preuve en est que ceux qui se mettent au bain avec la soif, ne la ressentent plus quand ils en sortent (*Pedag.,* III, 9). » Nous ne refusons donc point à la plante des myriades de pores, si on le veut. 2° Nous refusons seulement d'admettre cette porosité qui, pure *fiction* systématique, imprudemment affirmée sans reposer sur aucun fait, enlève la continuité de la substance, en admettant que les atomes sont *divisés et séparés entre eux dans toute leur étendue.* On doit donc blâmer hautement les philosophes qui, dans leurs traités sur les corps organiques des vivants, supposent comme un *postulatum* indubitable cette fausse et absurde hypothèse sur laquelle ils posent le fondement de leurs démonstrations. 3° Les investigations des naturalistes modernes ont bien trouvé des fibres et des cellules, mais jamais, on peut le voir par les témoignages rapportés plus haut, cette séparation intérieure qu'ils admettent. On n'a pas encore, et l'on ne pourra jamais démontrer par l'expérience qu'une substance vivante est seulement un agrégat d'atomes *actuellement* séparés entre eux. 4° Si dans la plante on trouvait des particules distinctes de la substance continue, nous dirions simplement que *ces particules* n'appartiennent point au vivant.

QUARANTE-TROISIÈME LEÇON.

Définition essentielle de la plante.

Dans la leçon précédente, nous avons déterminé l'unité de la substance, principe de la vie végétative en la plante, c'est-à-dire l'unité substantielle du vivant, car le vivant est le principe des opérations dans lesquelles consiste la vie. Il nous faut maintenant rechercher avec soin quelle est cette substance, pour que nous en puissions déterminer l'essence et en donner la définition philosophique ou *essentielle*.

Conclusion Ire. — *La substance, vivant de la vie végétative, n'est pas un esprit.*

Cette proposition est évidente. *L'opération suivant l'essence*, les opérations de l'esprit doivent aussi être spirituelles et non matérielles. Or, les opérations propres des végétaux ne sont pas spirituelles, mais toujours et entièrement matérielles; elles se réduisent, en effet, comme nous l'avons vu, à la nutrition, l'augmentation et la génération; donc, etc. De plus, l'esprit n'est en aucune façon divisible. Or, la plante est divisible. Donc, la substance, principe de la vie végétative, ne peut être esprit.

Si l'on voulait se figurer l'esprit comme distinct de la non-substance appelée vivante, de sorte qu'en agissant sur elle et la mouvant de diverses manières, il soit cause des opérations qui constituent la vie, on créerait une étrange et ridicule hypothèse et l'on tomberait dans une évidente contradiction. Car les opérations vitales sont essentiellement immanentes et ne peuvent procéder d'un principe extrinsèque, comme il arriverait dans ce cas. Dans cette hypothèse, nous aurions donc un vivant sans vie, ce qui est absurde.

Conclusion II*e*. — *La substance, vivant de la vie végétative, n'est pas seulement la matière première.*

Cela résulte clairement de ce que la matière première ne peut exister sans un acte substantiel quelconque, et, à plus forte raison, ne peut être le principe d'aucune opération, et encore moins de la vie.

Conclusion III*e*. — *La substance, vivant de la vie végétative, n'est pas seulement une forme matérielle.*

En effet, la forme matérielle, cet acte qui résulte du changement de la matière première, ne peut avoir un être propre et exister hors de la matière elle-même, et, par conséquent, opérer et être principe de sa vie.

Conclusion IV*e*. — *La substance vivant de la vie végétative, est une substance composée de matière première et d'une forme substantielle matérielle.*

On peut regarder cette conclusion comme un corollaires des précédentes. Les opérations vitales et immanentes doivent avoir une substance dont elles procèdent. Or, cette substance ne peut être un esprit, ni seulement la forme substantielle; donc, elle est une substance physiquement composée de matière première et d'une forme substantielle. Maintenant, ou cette forme substantielle sera immatérielle, c'est-à-dire ayant un être propre, et, par cela même, quelques facultés *propres*, et des opérations qui ne procèderont pas de la matière et de la forme, comme d'un principe *unique* d'opération; ou bien elle sera matérielle. Or, la plante n'a point de forme immatérielle, parce que sa forme n'a pas d'opérations propres, c'est-à-dire qui ne procèdent *aussi* de la matière constituant, avec la forme, un principe *unique* d'opération. Ces opérations, en effet, seraient les opérations immatérielles de l'intelligence ou de la volonté; et jamais on n'a pensé à les leur attribuer, si ce n'est par une fiction poétique; car la plante n'en a aucun vestige, et une chose qui lui serait naturelle n'aurait pu demeurer si longtemps cachée.

Or, si la forme substantielle de la plante n'a point d'opérations *propres*, elle n'aura pas davantage de facultés propres d'où ces opérations procèdent immédiatement, ni d'être propre d'où émanent ces facultés. Donc, la forme substantielle de la plante est matérielle, et, comme telle, constitue avec la matière un *seul* principe de vie, c'est-à-dire de toutes les opérations qui naissent des trois facultés de la plante, à savoir : la faculté nutritive, l'augmentative et la générative.

Conclusion V^e. *La forme substantielle de la plante diffère essentiellement de la forme substantielle des êtres inorganiques.*

1. Nous avons dit plus haut, en traitant, en général, de la forme substantielle, que toute diversité dans la forme substantielle entraîne avec soi diversité de nature dans le sujet composé de matière et de forme; il est donc clair que, si les substances corporelles diffèrent entre elles, n'importe par quelle diversité intrinsèque, leurs formes substantielles respectives différeront entre elles. D'où il est évident qu'une différence intrinsèque doit se trouver entre la forme substantielle de la plante et celle des êtres inorganiques.

2. Il nous faut expliquer en quoi diffèrent les plantes des êtres inorganiques. Les formes ne peuvent pas être connues en elles-mêmes; mais seulement par le moyen des opérations du composé qu'elles informent. Voici encore une fois ce qu'écrivait Dante (*Purg.*, XVIII) à ce sujet :

« Toute forme substantielle qui est distincte de la matière, mais unie avec elle, contient en soi une vertu spéciale.

« Cette vertu ne se sent et ne se démontre que par ses œuvres et par ses effets, comme la vie d'une plante par la verdure de ses feuilles (1). »

Toute forme substantielle unie à la matière, quoique distincte de celle-ci (*setta* vient de *secare*), perfectionne

---

(1) Ogni forma sostanziale che setta
È da materia, ed è con lei unita,
Specifica virtude ha in se colletta;
La qual senza operar non è sentita,
Nè si dimostra ma' che per effetto,
Come per verde fronda in pianta vita.

la matière et la place dans une espèce déterminée; et, en vertu de cette perfection, le composé qui en résulte, recueille (*colletta*), c'est-à-dire a en lui, sa puissance propre correspondant à son espèce propre, par laquelle il produit ses propres opérations. Cette forme néanmoins ne serait jamais sentie (*sentita*), c'est-à-dire connue, si elle ne l'était par ses effets; et, comme nous nous apercevons de la vie dans les plantes par la verdure de leurs feuilles, ainsi les opérations de tout autre composé nous font connaître la forme qui le constitue par son union avec la matière.

Maintenant, la forme substantielle de la plante, *a*) la perfectionne substantiellement; la plante vivante diffère donc *substantiellement*, et non accidentellement, de la plante non vivante; *b*) la forme donne à la matière le *premier* acte qu'elle peut recevoir, puisque l'être substantiel, dans lequel la matière est constituée par la forme substantielle, est le *premier*; au contraire, l'être accidentel du composé est *le second*; *c*) par la forme substantielle le composé est capable d'opérations immanentes, telles que la nutrition, l'augmentation et la génération : opérations qui constituent *la vie* de la plante et qui font dire de celle-ci qu'elle *se meut elle-même*; *d*) or, ces opérations, par lesquelles la plante se meut elle-même, exigent un organisme, comme nous l'avons dit plus haut, parce que l'organisme de la plante doit *précéder* les opérations, qui, à vrai dire, sont la vie elle-même de la plante; *e*) donc, la forme substantielle est dans la plante comme dans un corps *organique* dont elle est l'acte substantiel premier; *f*) en vertu de cette forme substantielle, le corps organique est apte, c'est-à-dire *en puissance*, à posséder les opérations qui constituent la vie; *g*) la forme substantielle de la plante peut donc se définir : l'acte *du corps organique qui est en puissance à avoir la vie;* *h*) et comme par cette forme la plante est vivante, c'est-à-dire a des opérations vitales, on peut encore la définir : *principe par lequel vit la plante*. En latin on la définirait : 1° *Actus primus corporis organici potentia vitam vegetativam habentis;* 2° *principium quo planta vivit*.

Ce n'est pas sans une intention particulière qu'on a dit *principium quo;* car il y a une grande différence entre le principe *quod, qui,* et le principe *quo, avec lequel.* Ainsi, le pinceau n'est pas le principe *qui* peint; mais le principe *avec lequel* l'artiste peint. Le principe *quod* est celui d'où procèdent les opérations comme d'une cause complète; or, il ne procède aucune opération dans la plante, seulement de la forme substantielle, mais toutes viennent de la matière et de la forme réunies, c'est-à-dire du composé. Pour que la comparaison précédente ne soit la cause d'aucune erreur, il faut remarquer que le pinceau est un instrument *séparé,* formant avec la cause principale, qui est le peintre, la cause complète de la peinture. Mais, quand nous disons que la plante opère par la forme comme principe *quo,* il ne faut pas entendre par là que la forme est l'instrument de la plante; on affirme tout simplement que la plante est l'individu, le suppôt, composé dans son essence physique de deux parties, la matière et la forme. Et, comme on attribue les actions aux suppôts, *actiones sunt suppositorum,* et, comme la partie avec laquelle, ou par laquelle, le suppôt opère s'appelle le principe *quo* de son opération, on doit dire que la plante opère par la forme et avec la forme comme par un principe ou avec un principe *quo* de son opération.

Corollaire. — Nous pouvons donc donner la définition essentielle et philosophique de la plante : c'est *une substance composée de matière organique et d'une forme substantielle qui est le principe de la vie végétative.* C'est ainsi que l'essence de la plante est déterminée.

De cette essence dérivent les trois puissances déjà si souvent mentionnées, et d'où leurs opérations respectives procèdent immédiatement. Comme nous l'avons dit ailleurs avec S. Thomas, toute forme, tant substantielle qu'accidentelle, est accompagnée d'une tendance déterminée, que la forme soit déposée dans l'être *ab extrinseco,* comme dans les êtres inorganiques et les plantes, ou qu'elle soit acquise par l'individu, comme dans les brutes, qui acquièrent les formes accidentelles sensitives, c'est-à-dire les *fantômes,* et dans les hommes, qui acquièrent, de plus, les formes accidentelles intellectives ; la plante a donc aussi ses tendances particulières, qui la portent à tous les objets qui lui conviennent, c'est-à-dire à ses opérations propres : de là, les attractions de différentes espèces dont nous avons parlé. (trente-troisième leçon). Quelle beauté, quelle efficacité merveilleuse dans les tendances que produit en l'être, la forme que lui a donnée la nature, et, par conséquent, Dieu ! On voit dans la plante des tendances invariables et puissantes vers les objets propres à lui faire atteindre la perfection, que produit en elle la triple opération de la nutrition, de l'augmentation et de la génération. Pour cette raison, elle attire les sucs qui lui sont nécessaires et les pousse par ses canaux internes à une telle hauteur et avec une telle force que c'est temps perdu que de chercher dans la capillarité, la pression atmosphérique, le vide, etc., la cause de cette *ascension*. Pour cette raison encore, les plantes dont les racines, attachées aux fentes des rochers, y trouvent peu d'humidité, étendent leurs racines loin de la roche et *les plient* tellement qu'elles parviennent à toucher et à pénétrer la terre la plus proche. De là vient encore, vers le soleil et sa lumière, cette inclinaison admirable de la plante qui *se tourne* de telle sorte que la partie supérieure soit éclairée d'une lumière plus vive, et, par là, plus vivifiante pour elle-même. De là, cette force prodigieuse de certaines racines qui, pour acquérir une augmentation convenable, brisent non-seulement les murailles les plus solides, mais aussi les rochers où elles sont renfermées. Par ces tendances encore, on voit le pollen se rapprocher de l'ovule pour produire une semence parfaite ; et certaines plantes aquatiques, *au moment* de la reproduction, s'élever au-dessus du niveau de l'eau, afin que le pollen tombant sur l'ovaire lui puisse apporter la fécondité ; ce résultat obtenu, elles se plongent de nouveau tout entières dans l'eau, où elles seraient demeurées à jamais stériles si elles n'en étaient sorties un instant.

On trouve mille autres tendances semblables dans la végétation. Elles révèlent, à qui sait les comprendre, une très-grande sagesse, non pas acquise par les plantes, mais plutôt déposées en elles-mêmes par la forme que leur donne la nature.

Si les simples tendances à ce qui convient à leurs opérations sont si admirables, que dire des *déterminations* avec lesquelles elle s'appliquent aux mêmes opérations? Pour en connaître la sagesse, il suffit d'observer l'ordre admirable des actions qui les suivent. L'ordre des fibres, des feuilles, des fleurs, etc., tout se réunissant dans l'unité de fin dont nous avons dit un mot, c'est une chose admirable, étonnante! Et tout cela leur vient de cette forme qui leur est naturelle, et dérive, dans sa substance, immédiatement ou médiatement de Dieu. Mais il est temps de clore ces considérations. Ce sujet, quelqu'agréable qu'il soit, doit faire place, en *des leçons de philosophie spéculative,* à des spéculations plus élevées.

QUARANTE-QUATRIÈME LEÇON.

Concept général de l'âme.

Signification primitive du mot âme.
Si nous consultons les dictionnaires, nous trouvons: *Anima,* ἄνεμος, *ventus, aer, a voce græca allata* (*Forcel.*). C'est ainsi qu'on voit dans Horace (*L.* IV., *Ode* 12).

> Jam veris comites, quæ mare temperant
> Impellunt ANIMÆ lintea Thraciæ.

Et dans Lucrèce (5, 23).

> Aurarumque leves ANIMÆ calidique vapores.

Du concept qui présente l'âme comme un principe de mouvement, sont venues ces manières diverses de s'exprimer. Ainsi Florus (IV, 3, 6) dit que l'empereur est *l'âme* de l'empire, et tous répètent que *l'argent* est l'âme des affaires, parce qu'il est le moyen le plus efficace pour les faire prospérer. Le mouvement immanent des plantes, des brutes et de l'homme étant très-évident et regardé aussi comme un indice assuré de la vie, on appela *âme* le principe par lequel le vivant se meut, à quelque espèce qu'il appartienne. Aussi Sénèque dit (*Epist.* 58) : *Sunt quædam, quæ animam habent, nec sunt animalia : placet enim satis et arbustis animam inesse; itaque et vivere illa et mori dicimus;* et Juvénal (15) distinguant *l'animam,* qu'il attribuait aux brutes, de *l'animus,* propre à l'homme seul, dit :

> Principio indulsit communis conditor illis
> Tantum animas, nobis animum quoque.

Définition rigoureusement philosophique de l'âme.

Aristote (II, *De Anima*) nous en a laissé deux belles définitions qui en déterminent philosophiquement l'essence. On peut considérer l'âme sous deux rapports : premièrement par rapport au sujet qu'on appelle animé; secondement en tant qu'elle est avec le sujet un principe d'opérations. L'une de ces définitions considère l'âme sous le premier rapport; et l'autre, sous le second.

Voici la première : *Anima est actus primus corporis naturalis organici potentia vitam habentis.*

Voici la seconde : *Anima est in quo vivimus et sentimus et movemur et intelligimus primo.*

Expliquons d'abord chaque mot de la première définition.

Acte premier. L'acte premier de la matière lui donne l'être spécifique et substantiel, et cet être, nous l'avons déjà dit, est le premier. L'acte second donne à la substance l'être accidentel, qui vient après l'être substantiel par une postériorité *de nature et de temps,* ou, au moins, par une postériorité de *nature.*

Du corps. Dans le corps seul, il y a une distinction entre la puissance à l'être substantiel et à l'acte substantiel, c'est-à-dire entre la matière et la forme. Cette distinction ne se trouve point dans l'esprit; et c'est la raison de l'immutabilité de l'esprit dans son être *substantiel.*

Naturel. Nous avons déjà distingué le corps en *naturel* et *artificiel :* celui-ci ne peut opérer que lorsqu'il est mû par un principe extrinsèque ; celui-là a un principe intrinsèque de son activité ; dans celui-ci, le mouvement est *violent* et la tendance au terme est déterminée par la forme existant dans l'intelligence de celui qui le meut ; dans celui-là, le mouvement est *naturel* et la tendance au terme déterminée par la forme existant dans le corps lui-même. Nous ne parlons point du corps *mathématique,* dont nous avons traité plus haut. Ce corps est évidemment distinct du corps naturel et du corps artificiel, puisqu'on considère l'être seulement *sous le rapport de la quantité.*

Organique. Le corps naturel se divise en corps homogène et hétérogène ou organique. Dans le corps homogène, toutes les parties ont la même nature ; dans l'autre, au contraire, les parties sont de natures variées et sont des instruments ordonnés, dans une sage disposition, à diverses opérations : par exemple, la feuille, la racine, etc., dans la plante ; l'œil, l'oreille, etc., dans l'animal.

Qui a la vie en puissance. Comme nous l'avons montré plus haut, la vie, dans la rigueur des termes, est l'opération immanente qui varie selon les divers degrés des vivants. Ce point a déjà été prouvé et Aristote a dit (*Metaph.*, XI) : *L'opération de l'intelligence est la vie ;* et autre part (*Ethic.*, IX) : « La vie consiste principalement dans la sensation et l'intelligence. » La substance doit donc être *constituée* dans son être propre avant que d'exercer ses opérations, qui, comme il arrive dans toute substance créée, se distinguent *réellement* de la substance elle-même. Cette *constitution* se fait précisément par l'acte premier réuni à la matière, c'est-à-dire par la réception de la forme substantielle dans la matière. La forme substantielle est dans l'acte premier du corps organique, qui est en puissance à produire les opérations immanentes dans lesquelles consiste la vie. Saint Thomas dit à ce sujet : « On dit qu'un être est en puissance de deux manières : il est en puissance de la première manière, quand il n'a pas encore le principe de son opération ; de la seconde, quand il l'a, mais n'opère pas encore avec lui. Cela posé, le corps, dont l'âme est l'acte, a en puissance la vie non de la première manière, mais de la seconde (1). »

Nous allons expliquer maintenant la seconde définition.

Principe premier. Aristote dit *principium quo vivimus... primo.* Pour comprendre ces mots, il faut observer que les opérations des vivants ont un principe premier et des principes subordonnés, et, par là même, non premiers. Ainsi, par exemple : L'animal voit. Quel est le principe premier de cet opération? C'est l'âme. Quel en est le principe immédiat, et, partant, non premier? C'est : a faculté de la vue. Donc, l'âme est le principe *premier*.

Par lequel ou avec lequel : quo. Ce mot exprime une idée d'une grande importance. Nous avons déjà distingué le *quod* du *quo;* nous avons vu que la forme substantielle n'est pas le principe d'où procède l'opération, mais elle est le principe avec lequel opère le vivant. On ajoute : *nous vivons;* ce mot s'étend non pas seulement à l'homme, mais à tout être vivant; car, *vivre* ce n'est pas autre chose que se mouvoir soi-même, c'est-à-dire avoir des opérations immanentes. Voici les paroles de saint Thomas à ce sujet : « On dit que l'âme est le premier principe de vie dans tous les êtres, qui vivent auprès de nous; car les êtres animés sont ceux qui ont la vie; les êtres inanimés, ceux qui ne l'ont pas (2). »

Nous sentons, nous nous mouvons et nous comprenons. On trouve exprimées dans ces mots, les autres espèces d'opérations immanentes qui existent tant dans les brutes que dans l'homme : la brute sent, en effet, et se meut; l'homme, de plus, comprend. Il n'est pas besoin de démontrer que la sensation et l'intelligence sont des opérations immanentes; mais, comment l'action de se mouvoir peut-elle être immanente? Si je pousse un corps, cette action n'est-elle pas transitive?

---

(1) « Dicitur aliquid esse in potentia dupliciter, uno modo cum non habet principium operationis : alio modo cum habet quidem, sed non operatur secundum ipsum : corpus autem cujus actus est anima, est habens vitam in potentia, non quidem primo modo, sed secundo (*De Anima*, II, lectione 2). »

(2) Anima dicitur esse primum principium vitæ in iis, quæ apud nos vivunt; animata enim viventia dicimus, res vero inanimatas vita carentes (*Summ.*, 1, 76, 1).»

Pour résoudre cette difficulté, il faut avoir soin de distinguer, quand je pousse un objet, l'opération faite par une partie de mon corps, mon cerveau, par exemple, de celle par laquelle je meus une autre partie de mon corps, c'est-à-dire mon bras. Il est clair que dans la première, j'ai en moi le principe et le terme de cette opération; elle est donc immanente. Le choc que mon bras fait supporter à l'objet a son principe dans ma main, mais le terme est dans l'objet : c'est donc là une opération *transitive*. Le mouvement local de l'animal, mouvement auquel Aristote fait ici principalement allusion, est une opération immanente, et par, conséquent vitale.

Ces deux définitions sont très-parfaites, chacune dans son ordre propre. Car, *a*) elles donnent de l'objet défini une connaissance distincte et claire autant que le permet la profondeur du sujet; *b*) elles sont applicables *à tout* être animé, aux plantes, aux brutes, à l'homme, comme nous le verrons en traitant de chacun d'eux en particulier ; *c*) elles sont applicables *au seul* être animé, et non aux intelligences séparées, ou aux esprits, et moins encore à Dieu; *d*) comme elles définissent parfaitement l'essence, elles sont convertibles; c'est-à-dire l'une suit l'autre. En effet, si l'âme est l'acte premier du corps naturel organique qui a la vie en puissance, il résulte qu'il est le principe *quo* de la vie et son premier principe, et réciproquement ; *c*) enfin, chacune d'elles est composée du genre prochain et de la différence spécifique de l'objet défini. La première, en effet, montre par ces mots : *actus primus corporis naturalis,* le genre de l'âme en tant que forme substantielle; et ce genre est commun aux autres formes substantielles des êtres inorganiques ; et, par ces mots : *organici potentia vitam habentis*, elle donne la différence spécifique des êtres animés. De même, la seconde expose le genre commun aux formes des êtres inorganiques, quand elle dit : *principium quo primo ;* la différence spécifique, quand elle dit : *vivimus, sentimus, movemur et intelligimus.* On doit donc regarder ces deux définitions comme parfaites. Il serait puéril de les rejeter uniquement parce qu'on ne comprend pas aussitôt les mots qui les expriment, et de s'attacher, comme on fait trop souvent à présent, à des définitions très-imparfaites, même radicalement fausses, pour la seule raison qu'elles sont faciles et claires. Il faut plutôt admirer la puissance de génie d'un homme qui a donné, sur les sujets les plus difficiles, les premières définitions, auxquelles plus de vingt siècles n'ont pu rien changer et que les savants admirent et se contentent de comprendre et exposer. A notre siècle appartient la gloire de les avoir rejetées parce qu'il n'a pas eu ou la patience de les étudier ou l'esprit assez élevé pour les comprendre.

QUARANTE-CINQUIÈME LEÇON.

L'âme des plantes.

La plante a une âme.

Il n'y a qu'un instant, Sénèque nous apprenait qu'autrefois on appelait animées les plantes, parce qu'elles sont vivantes; telle était aussi la doctrine d'Aristote et de son école. Saint Thomas distingue plusieurs espèces d'âmes et attribue aux plantes celle de la dernière espèce. La diversité des âmes, dit-il, se tire de la mesure diverse par laquelle l'opération d'une âme est supérieure à la nature des corps inorganiques. Donc, toute la nature de ceux-ci est soumise à l'âme et lui sert comme de matière ou d'instrument. On trouve dans l'âme une opération si élevée au-dessus de la nature corporelle qu'elle ne peut jamais s'exercer par un organe corporel; cette opération est celle de l'âme raisonnable. Après celle-là on en trouve une autre qui, à la vérité, se produit au moyen d'un organe corporel, mais non au moyen d'une qualité corporelle; c'est l'opération de l'âme sensitive. Si la chaleur ou son absence et l'humidité des parties corporelles sont nécessaires à l'opération des sens, ce n'est pas que l'opération de l'âme sensitive s'exerce au moyen de la puissance de ces qualités, mais c'est seulement qu'elles sont requises pour donner à l'organe une disposition convenable à son opération. La dernière des opérations de l'âme est celle qui se fait avec l'organe corporel et au moyen des qualités corporelles. Cependant cette opération est supérieure à l'opération naturelle des corps non vivants, puisque les mouvements de ces corps viennent d'un principe extrinsèque; tandis que les opérations de l'âme, même de la dernière (ce sont les opérations qui se rapportent à la végétation) proviennent d'un principe intrinsèque, ce qui est le caractère commun à toutes les opérations de l'âme même (*Summ.*, 1, 78, 1). »

La philosophie cartésienne, qui n'est après tout qu'un assemblage indigeste d'erreurs et d'hypothèses toujours arbitraires quand elles ne sont point ridicules, a cru trouver le vrai concept de l'âme dans celui-ci : L'âme est un esprit mouvant un corps auquel il n'est pas uni dans une unité substantielle, et appelé *forme assistante*, plutôt *qu'informante*. Cette dernière appellation, en effet, convient à l'âme unie à la matière dans une unité substantielle. Il n'est donc pas étonnant que les disciples de Descartes, qui, alla jusqu'à refuser une âme aux brutes, suivant les traces de leur maître, ne reconnaissent pas aux plantes une âme même de la dernière espèce, car ils n'osent pas leur attribuer un tel esprit, moteur extrinsèque. Mais, pour nous, il ne faut point prendre comme règle de notre philosophie cette crainte qui se fonde sur l'erreur. Etablissons donc, en toute sécurité, la proposition suivante.

Conclusion Ire. — *La plante a une âme.*

En effet, nous avons vu dans la quarante-quatrième leçon, qu'une plante est une substance corporelle vivante, composée de matière et d'une forme substantielle. Nous avons vu aussi (même leçon) que cette forme substantielle est dans la plante même : *Actus primus corporis naturalis organici potentia vitam vegetativam habentis;* elle est encore : *Principium primum quo planta vivit.* Or, ce sont, dans leurs termes mêmes, les définitions de l'âme considérée en général. Donc, on trouve dans les plantes une âme véritable; une âme, forme substantielle des plantes, leur donnant l'être spécifique (1).

(1) Suarez dit, à ce propos (*De Anima*, l. I, c. IV): « In theologia certum, et in philosophia evidens est, et plantas vivere et formam vegetativam esse veram

Ce serait un enfantillage de craindre qu'en attribuant une âme aux plantes, on n'accepte comme réelles les imaginations des poëtes, de Dante, par exemple, qui, imitant ce que son guide avait fait dans l'Enéide, dit de lui-même (*Enfer*, XIII) :

« Je cueillis un rameau d'un grand arbre épineux, et le tronc s'écria : « Pourquoi me brises-tu ? (1) »

Tout en admettant une âme dans les plantes, nous sommes aussi éloigné de les considérer comme des animaux sensitifs, ou comme des hommes, que nous le sommes de prendre l'homme pour Dieu, bien que nous reconnaissions dans l'homme, l'intelligence et l'amour.

Conclusion IIe. — *L'âme des plantes ne commence pas par création, et ne finit pas par annihilation.*

Créer, c'est, en l'absence de tout sujet, tirer une chose du néant. Il faut observer ici que toute cause créée tire toujours du néant ce qu'elle opère; mais ce n'est pas indépendamment de tout sujet. Si le ciseau d'un sculpteur fait une statue de Christophe Colomb, il produit un effet qui, certes, n'existait en aucune façon : il le tire donc vraiment du néant; mais cette statue a été produite dans un sujet, c'est-à-dire dans le marbre. On appellera donc cette opération, production de ce qui n'était pas, mais, production dans un sujet qui existait : on ne dira pas, si ce n'est par métaphore, que c'est une création. Nous aurions création si l'on avait tiré de rien non plus la statue de Colomb, mais le marbre lui-même. Les causes créées ne peuvent arriver jusque-là, car elles n'ont qu'une puissance *finie*. On doit raisonner de même au sujet de l'annihilation, dans laquelle, en effet, non-seulement une chose, mais aussi le sujet où elle était, sont réduits au néant. On voit par là que ce qui a un *être propre* peut seul être créé ou annihilé, tellement que les modes, les actuations, les actes, qui n'ont point d'être propre, ne sont capables ni d'être créés ni d'être annihilés; ainsi, la statue sculptée dans le marbre ne peut ni être créée

---

animam. Eamque ob rem in hac veritate asserenda omnes philosophi et theologi conveniunt. »

(1) E colsi un ramicello d' un gran pruno,
E' l tronco suo gridò : Perche mi schiante ?

ni être annihilée. Comme on ne demande pas ce qu'est devenue la statue quand le marbre est brisé, ainsi l'on ne doit point demander ce qu'est devenue l'âme de l'arbre quand l'arbre a été brûlé.

L'âme de la plante n'ayant aucune opération propre, comme nous l'avons déjà vu, par cela même n'a pas *d'être propre;* elle est une forme *matérielle*, qui ne commence d'exister que par le changement de la matière, et ne cesse d'exister que par un changement contraire de la même matière. Elle ne peut donc commencer par création, ni finir par annihilation. Il n'est donc pas moins insensé de demander, comme nous le disions tout à l'heure, où s'en va l'âme de la plante qui meurt, que de demander d'où elle est sortie quand elle a commencé à avoir la vie.

Nous ne laisserons point passer sous silence la mystérieuse différence qu'indiquent nos saints Livres entre l'origine de l'âme humaine et celle des plantes. La créature, comme nous l'avons dit, ne peut avoir la puissance créatrice : créer c'est l'opération *propre* du Tout-Puissant quand il opère en dehors de lui. Puisque donc, l'âme humaine, comme immatérielle, a son être propre, elle fut créée immédiatement par Dieu, ce que nous voyons dans ces mots sublimes : « *Formavit igitur Dominus Deus hominem de limo terræ,* ET INSPIRAVIT IN FACIEM EJUS SPIRACULUM VITÆ, *et factus est homo in animam viventem (Gen., c.* II). » La production de l'âme de la plante, au contraire, ne demande point une puissance infinie; comme cette âme ne doit point être le sujet ou le terme d'une création, la puissance de la mettre en acte peut être *communiquée* à la créature. Aussi Dieu dit : GERMINET *terra herbam virentem et facientem semen et lignum pomiferum faciens fructum juxta genus suum, cujus semen in semetipso sit super terram. Et factum est ita (Gen., c.* 1.)

Puisque le Créateur a communiqué à la créature *la puissance* d'engendrer la plante productrice d'elle-même, il est facile d'en tirer les corollaires suivants :

1ᵉʳ *Corollaire*. — Dans le germe de la plante se trouve cette puissance que le Créateur a déposée dans la substance corporelle la première fois qu'il lui donna l'être; cette puissance vient immédiatement de la plante génératrice, et médiatement de Dieu. Si un pinceau, dirigé par la main d'un Raphaël ou d'un Titien, a su produire des représentations si admirables des choses de la nature, que ne pourra faire cette *terre*, c'est-à-dire cette substance terrestre à qui le Tout-Puissant a dit : *germinet?* Que ne pourra pas faire la semence d'une plante qui transmet la même puissance à toutes les générations? *La parole* de Dieu n'est pas limitée à l'intérieur de son intelligence, mais elle agit *dans* les créatures et *par* les créatures. C'est la sublime pensée de saint Thomas : comme le pinceau ou le scalpel sont les instruments de l'ouvrier, ainsi toute la nature est un instrument manié par la puissance divine (*Sum.*, 1, 118, 2). Il serait *souverainement ridicule* de s'imaginer que la sagesse et la puissance divines ne peuvent s'étendre au delà des conceptions et de la puissance des architectes et des artisans humains; c'est-à-dire ne puisse faire autre chose que d'agglomérer et disposer, avec une certaine symétrie, une grande quantité de corpuscules, et de les faire mouvoir par un mouvement simplement mécanique. Cette erreur radicale des matérialistes de nos jours, vient de ce qu'ils supposent gratuitement que le monde fut établi de la manière qu'ils l'auraient établi eux-mêmes, avec les seuls moyens dont ils peuvent disposer en très-petite partie; car ils ne veulent pas donner au Créateur plus que le Créateur ne leur a donné à eux-mêmes. On ne sait trop si c'est l'orgueil ou l'ignorance qui domine dans ces imaginations.

2e *Corollaire.* — De la merveilleuse puissance que, par son *germinet,* Dieu donna à la terre de produire des plantes vivantes, il résulte que ce *germinet,* c'est-à-dire ce commandement, ne fut point borné à un espace de temps court et déterminé, mais fut donné pour tous les siècles à venir, quoiqu'il eût un rapport plus spécial à ces premiers temps de la création; la terre pourrait donc encore conserver çà et là quelques substances douées de cette puissance. Cette substance pourrait venir à l'acte, si elle se trouvait en des dispositions convenables eu égard à la chaleur ou à son absence, à l'humidité ou à la sécheresse; ce sont là, en effet, les quatre dispositions d'où dépend non-seulement la génération, mais aussi, comme l'expérience nous l'apprend, l'augmentation des vivants. Il ne serait pas plus impossible que cette puissance soit restée inactive des siècles et des siècles, qu'il ne l'est de voir des grains de froment, trouvés dans des tombes ou des pyramides égyptiennes, et confiés à la terre, donner, après un repos de plusieurs milliers d'années des épis magnifiques et très-abondants.

De nos jours, les savants discutent avec chaleur au sujet de *la génération spontanée*. La question est demeurée sans solution, soit parce que la légèreté de notre siècle a oublié les grands principes de philosophie qu'elle devrait suivre dans les choses physiques, soit par ce qu'on n'a pas cru avoir assez de données pour résoudre cette question. Cependant, on pourrait bien dire en parlant des plantes qu'il ne répugne pas d'admettre une génération, paraissant spontanée à nos sens, parce que la plante ainsi engendrée ne fut point précédée ni produite par d'autres plantes génératrices; mais, en réalité, elle ne serait point *spontanée*, puisqu'elle dépendrait de la puissance divine communiquée à certaines substances par le *germinet* primitif. Considérant que ce *germinet* appartient aux six jours de la création, saint Thomas dit (*Summ.*, 1, 73, 1) : « Depuis lors, Dieu n'a rien fait qui soit *totalement nouveau* (*totaliter novum*); c'est-à-dire rien qui ne soit en quelque manière contenu dans les œuvres des six jours. En effet, certaines choses ont préexisté matériellement; d'autres, matériellement et causalement, comme les individus, qui, maintenant engendrés, étaient dans les premiers individus de leurs espèces propres. *Si* quelques nouvelles espèces apparaissaient (*species novæ si quæ apparent*), elles auraient dû préexister dans les puissances actives d'où elles procèdent. Ainsi, *étant admis que de nouvelles espèces* (*etiamsi novæ species*) d'animaux puissent naître de la putréfaction (*et, si l'on comprend bien ces mots, le vivant nait toujours de la corruption*), ceux-ci seront engendrés par la puissance placée dès le principe, dans les éléments et les astres. »

Il ne faut pas s'étonner de trouver mentionnés les astres dans cette génération. Il n'est rien de mieux admis maintenant que l'influence exercée par la lune, le soleil et les autres corps célestes, dans la génération des vivants; et, à cause de la faible influence qui nous est connue, on devrait avoir la modestie de penser qu'ils en peuvent avoir une bien plus grande, non encore constatée. Ces choses, considérées abstractivement, prouvent la non-répugnance de cette opération que, *bien à tort* aujourd'hui, l'on appelle *spontanée*. Nous disons *à tort*, car ce mot exprime essentiellement l'indépendance d'une substance corporelle d'une cause principale dont elle aurait reçu la puissance génératrice. Pour ce qui regarde le fait, cette matière appartient entièrement à la physique expérimentale.

QUARANTE-SIXIÈME LEÇON.

De la génération des plantes

De la génération en général, et de la génération des plantes en particulier.

Il est assez facile de comprendre la nutrition et l'augmentation dont nous avons parlé plus haut; la génération des plantes est un peu plus difficile à comprendre. Le mot *génération*, il importe avant tout de le savoir, peut avoir deux significations : une générale, et une spécifique. Selon la première, on appelle génération tout changement dans l'être *substantiel:* l'eau et les autres substances inorganiques sont engendrées de cette manière. Dans une signification plus restreinte et spécifique, la génération est « l'origine d'un vivant d'un autre vivant comme d'un principe conjoint, avec ressemblance de nature » : *Generatio est origo viventis a vivente conjuncto in similitudinem naturæ*. Telle est la définition scolastique, la meilleure de celles qu'on a données depuis. Ainsi une plante *tire son origine* d'une autre plante puisque le pollen et l'ovule, où se trouvent les deux principes séminaux, l'actif et le passif, étaient conjoints à la plante génératrice, et que, du pollen, uni ensuite à l'ovule, est formé le germe parfait qui produit la plante *semblable en nature* à celle qui fournit les principes séminaux. Mais, comment une plante nouvelle peut-elle perpétuer l'espèce? C'est à cela que nous allons répondre.

Conclusion. — *La plante confère au germe, comme à son instrument, une puissance capable de produire, dans la matière, le changement d'où résulte la forme matérielle, qui est une âme végétative semblable à la sienne propre.*

Il faut d'abord observer que, dans tous les changements cosmiques, on rencontre un vestige de la Trinité créatrice. En effet, *a*) dans toute substance corporelle, on trouve : la matière ou le sujet en puissance; la forme ou l'acte, et le composé dérivant de l'union des deux autres. C'est pourquoi Platon, dans le *Timée*, parlait ainsi de la matière première, de la forme substantielle et du composé : « Il y a ici une *triade :* ce qui est produit; ce en quoi l'on produit; et ce qui est le principe efficient de la production. On peut donc comparer le produit à *l'enfant;* ce en quoi l'on produit, à *la mère;* et ce qui est le principe de la production au *père.* » Ce qui est plus admirable encore c'est que, comme dans la Trinité incréée, les trois personnes sont réellement distinctes entre elles, et sont cependant la même essence, la même nature et un seul principe d'opération à l'extérieur; ainsi, *dans toute* substance corporelle, ce composé est réellement distinct de la matière ou de la forme; la matière et la forme aussi sont distinctes entre elles, mais, réunies, elles sont l'essence même et la nature complète, principe unique d'opération. *b*) Dans les êtres inorganiques ou minéraux, cette loi, que les chimistes appellent loi de la combinaison *binaire* ou *dualisme,* est, à vrai dire, la loi cosmique du *trialisme,* s'il est permis de parler ainsi, puisqu'il y a toujours deux substances qui en engendrent une troisième, comme dans la combinaison de l'eau, par exemple, où l'oxygène et l'hydrogène forment l'eau, de sorte qu'on n'y trouve plus *qu'une seule* nature. *c*) De même, nous avons, dans toutes les substances corporelles vivantes, deux principes générateurs et le produit qui en résulte; celui-ci n'a pas, à la vérité, une même nature individuelle avec ses principes, mais une même nature spécifique.

On pourrait appliquer aussitôt à la production de tous les accidents cette loi mystérieuse de la production des substances ; cette loi, en effet, s'y trouve fidèlement observée et pas un acte accidentel n'est produit autrement que par deux principes. Mais ce serait trop nous éloigner du sujet ; laissant donc ce point à la méditation des élèves, nous revenons à la plante.

Il nous faut donc considérer dans la génération de la plante : *a*) le père; *b*) la mère; *c*) le produit. Quelques plantes présentent une séparation de suppôts entre les deux principes : une plante est alors le père; une autre la mère. Dans d'autres plantes, et ce sont les plus nombreuses, on ne voit point cette séparation des suppôts, mais seulement une séparation de parties : ainsi, une partie de la plante donne le principe actif, et, pour ainsi dire, paternel; l'autre donne le principe passif ou maternel. Le principe actif paternel est dans le pollen ; le principe maternel, dans l'ovule; c'est ce que rappelle cet antique axiome : *Omne vivum ab ovo*. Seule, la fovilla du pollen est incapable de produire ; de même, l'ovule seul ne pourrait engendrer un vivant : il faut que la fovilla s'unisse à l'ovule et le féconde ; celui-ci, ainsi fécondé, donnera le vivant.

Dans certains vivants la génération, c'est-à-dire la fécondation de l'ovule, s'opère au lieu où se fait ensuite le premier développement du vivant et sa naissance; il n'en est pas de même dans les autres, comme dans les plantes et tous les animaux qu'on appelle *ovipares*. Comme ces animaux, les plantes laissent se détacher d'elles-mêmes dans un germe parfait, par exemple dans un grain de froment ou de maïs, une fève ou un pois, l'ovule fécondé, qui, sous l'action de la terre, de l'eau, de l'air, de la chaleur, et sous les influences mystérieuses du soleil et de la lune (1), *s'actue* dans un être vivant de la nature même des principes engendrants. Il est impossibles qu'il *s'actue* dans

---

(1) La nécessité d'une certaine chaleur et l'influence du soleil et de la lune dans la génération des vivants, est le fait le plus universellement connu, non-seulement par les physiologistes, mais aussi par le peuple.

une autre nature, comme il est impossible qu'un sceau où se trouve une étoile, laisse dans la cire la trace d'une rose; de même, le pinceau ne pourra jamais peindre des objets autres que ceux qui sont comme archétypes dans l'esprit de l'artiste : d'autres objets demanderaient *d'autres mouvements* dans la main du peintre, et la main doit être guidée par la pensée. Nous verrons bientôt la raison de ces comparaisons.

Ceci posé, voici l'explication de notre *conclusion*. Le créateur donna à la plante le pouvoir de produire le pollen et, dans celui-ci, la fovilla, qui a une puissance fécondante dont, peut-être, est l'indice le mouvement perpétuel des corpuscules qu'elle renferme. Il a donné aussi à la même plante le pouvoir de produire l'ovule dont on voit une petite partie apte à recevoir la première puissance fécondante. Ainsi, d'après saint Thomas et aussi la physiologie moderne, le principe actif viendrait du père, le principe passif, de la mère. Ces deux principes sont réunis dans l'ovule fécondé que, dans les plantes, comme nous l'avons vu, on appelle *la semence parfaite*. On ne trouve point dans cette semence la plante vivante en acte, ni même l'organisme de la plante *au moment* où les deux principes productifs se réunissent; mais il y a en acte une puissance active qui procède de ces deux principes. C'est cette vertu qui, placée dans des circonstances convenables, change la matière pour la rendre organique et en faire résulter cette forme matérielle qui est l'âme de la plante engendrée(1). Alors commence à vivre le nouvel être.

Cette puissance qui est dans la semence parfaite, par exemple dans le cône de pin ou le gland, n'est pas la forme substantielle de la semence, encore moins une petite âme destinée à grandir plus tard jusqu'à former un pin ou un chêne. Quand l'art, en effet, pourrait produire un véritable ovule, comme il produit l'eau, en usant des forces qui sont dans les éléments, cet ovule égal, *dans*

---

(1) Voici ce que dit saint Thomas : « Materia transmutatur a virtute quæ est in semine, quousque perducatur in actum animæ, non ita, quod ipsamet vis quæ erat in semine, fiat anima, quia sic idem esset generans et generatum (*Summ.*, 1, 118, 1). »

ses éléments physiques, à l'ovule fécondé de la plante, serait toujours privé de cette puissance qui provient des deux principes générateurs et ne produirait jamais une plante vivante. Ce qui prouve la vérité de cet autre axiome : *Omne vivum ex vivo.* D'où l'on voit que la puissance génératrice est dans la semence, comme dans un *instrument,* et, pour employer la comparaison de saint Thomas, comme la puissance de l'artisan est dans le pinceau ou dans la hache; ou bien encore, l'âme de la plante engendrée est dans le germe, comme la figure d'un meuble dans l'outil du menuisier, comme la disposition des couleurs de la toile peinte dans les pinceaux de l'artiste. Il doit paraître raisonnable d'accorder à la puissance divine, et, par conséquent, aux forces de la nature, quelque chose de plus que ce qu'on accorde aux forces de l'art et à la puissance de l'ouvrier. Quoique l'artiste ne puisse faire demeurer dans le pinceau la puissance qui le meut actuellement pour peindre, mais doive le mouvoir continuellement, on peut cependant bien concevoir que, *par le moyen des plantes, Dieu* ait mis dans le germe, qui est un instrument, une puissance qui y *demeure* pour être activé toutes les fois que ce germe sera placé dans les conditions requises, quand même il se serait écoulé un long espace de temps depuis sa séparation de la plante génératrice.

Il est clair qu'on doit embrasser sans crainte la doctrine de la génération de la plante, expliquée ainsi selon notre *conclusion,* surtout 1° car cette *conclusion* fournit, mieux que tout autre système, une manière claire d'expliquer les phénomènes étonnants de la génération sans contredire aucun fait, mais plutôt en s'accordant parfaitement avec tous, et, autant que le permet une matière aussi ardue, en les expliquant tous. 2° On doit l'admettre d'autant plus volontiers que tout autre système est *absurde* en ce point. Si on la rejette, en effet, il faudra embrasser une des hypothèses suivantes :

a) Le germe serait une plante vivante, ou bien on trouverait dans le germe, la plante vivante avec tout son organisme. Mais quelle en a été la cause? On dira que cette toute petite plante dérive dans le germe de la plante qui l'a produit. Mais cette petite plante microscopique, que personne n'a jamais vue, *immédiatement* avant que d'être dans la semence parfaite ou l'ovule fécondé, sera dans le pollen, ou l'ovule non fécondé, ou bien à l'extrémité de l'un, ou à l'extrémité de l'autre. Ces opinions ne méritent même pas d'être réfutées, tant elles sont étranges et fausses eu égard à ce que l'expérience nous apprend touchant le pollen et l'ovule.

Mais supposons-les vraies un instant. Cette petite plante est dans le pollen, et, par cela même, la moindre particule de la plante engendrée est de même nature que le principe engendrant, puisque chaque molécule est fécondatrice. Dans cette hypothèse on est forcé de dire que la plante a eu le *pouvoir* de produire la petite plante dans chaque grain du pollen : on retomberait ainsi dans l'opinion que nous défendons, mais en la rendant moins conforme aux faits. Si l'on accorde au vivant le pouvoir de déposer une telle puissance dans le pollen placé au-dedans de lui, on n'a aucune raison de nier que le vivant la donne au même pollen avec le concours de l'ovule maternel. Pour le nier, il faudrait soutenir que dans une plante il y a en acte autant de millions de petites plantes entières qu'il y a de molécules de pollen dérivant de cette plante; et comme cette première plante fut aussi dans le germe qui lui donna naissance, celui-ci dut avoir aussi des millions de plantes vivantes, et ainsi de suite jusqu'à la plante dont toutes les autres sont nées. Et, puisque la génération, *considérée en elle-même,* peut se continuer dans une suite *indéfinie* de siècles, et, puisque aussi chaque plante donne une multitude incroyable de grains de pollen, il faudra dire qu'il existe, dans chaque germe, un nombre, réellement et dans toute la rigueur des termes, *infini,* de petites plantes; c'est là une chose tout à fait incroyable et ridicule. On doit donc absolument rejeter cette opinion comme fausse.

b) On pourrait peut-être imaginer une autre hypothèse. On dira que la petite plante ou l'être organique, *à l'instant* où l'ovule est fécondé, n'est pas encore dans le germe, mais que plutôt au commencement cet être est tout simplement une substance inorganique, autour de laquelle les substances extérieures viennent se disposer régulièrement ou par une simple agrégation, ou même par des combinaisons chimiques, jusqu'à ce qu'enfin on obtienne l'organisme et la nouvelle plante vivante (1). C'est ainsi que la chose arriverait sans la mystérieuse puissance que la plante génératrice transmet au germe. Il serait trop long de donner une réfutation complète de cette hypothèse; il nous suffira de faire les observations suivantes :

1° Cet argument des substances extérieures autour du germe est-il l'effet du hasard? Si l'on répond que oui, nous dirons : s'il est absurde de croire que le hasard puisse *une seule fois* disposer les atomes de telle sorte qu'ils produisent un agrégat ou un organisme d'une sagesse infinie, il répugne bien davantage qu'il puisse le faire dans tous les siècles, en opérant d'une manière toujours uniforme dans chacune des plantes des espèces les plus variées.

2° Il ne suffirait pas encore d'affirmer que cet agencement des atomes autour du germe et ces agrégations ou combinaisons pour produire l'organisme sont l'effet d'une détermination du mouvement donnée par Dieu aux atomes, au commencement même du monde. Le mouvement, en effet, dont il s'agit serait reçu *ab extrinseco* par les atomes, et, par conséquent, il serait impossible de supposer que, dans *le même lieu*, où l'on trouve les germes de plantes de diverses espèces, les atomes soient doués de mouvements divers, comme le réclame le mode divers d'agencement pour l'organisme des plantes de telle ou telle espèce. Si l'on ajoute à cela que la génération est toujours uniforme dans l'identité de l'espèce, la multiplicité de ces agrégations d'atomes devient entièrement impossible et incroyable.

(1) Dans l'opuscule « I sistemi meccanico e dinamico circa la costituzione delle sostanze corporee considerati rispetto alle scienze fisiche (Verone, 1864) »: *Le système mécanique et le système dynamique, sur la constitution des corps, considérés relativement aux sciences physiques*, j'ai démontré que le système mécanique et le système dynamique, ne peuvent s'accorder avec l'explication raisonnable des sciences physiques, et au chapitre V de la 1re partie, j'ai parlé un peu de la génération des vivants.

3° Enfin, à qui voudrait nous opposer *Deum ex machina*, en disant que Dieu fait immédiatement toute chose, nous répondrions qu'ainsi l'on détruit l'activité des causes secondes, ce qui est absurde, comme nous l'avons démontré; c'est aussi une affirmation déraisonnable, puisqu'on n'a aucune raison de nier que Dieu communique à ses créatures une puissance *finie*. D'un autre côté, cette communication paraît très-uniforme à la bonté et à la puissance infinies de Dieu; elle est démontrée par les faits et semble d'accord avec les pensées et le langage de tous les hommes.

On voit par là que notre *conclusion* est très-acceptable et très-vraie. Si nous avons parlé longuement de la génération des plantes, c'est que de là naissent les nombreuses et grossières erreurs des rationalistes modernes; c'est aussi pour cela que nous nous abstiendrons d'en parler quand nous traiterons des autres vivants.

QUARANTE-SEPTIÈME LEÇON.

De la mort des plantes : leurs divisions et leurs unions.

De la mort des plantes.

Toute substance corporelle a un commencement et une fin. Ce n'est, à proprement parler, *ni la conception, ni la naissance*, qui est le commencement de la vie, mais bien *l'animation;* par conséquent, la mort, qui est le contraire de la vie, puisqu'elle en est *la privation*, consiste dans l'absence de l'âme dans le vivant, c'est-à-dire dans la cessation de l'être *animé*. Et, pour ne rien laisser de côté dans une question aussi importante que celle qui nous occupe, nous dirons que la génération, dont nous avons donné plus haut la définition (précédente leçon), commence dans la plante par l'union des deux principes séminaux, l'actif et le passif, et se termine au moment où l'âme végétative de cette plante résulte du changement et de l'organisme produit par la puissance séminale. Le premier instant où commence la génération, c'est-à-dire le premier instant de l'union des deux principes engendrants, la fovilla et l'ovule, est *la conception; l'animation* est l'instant *où* elle s'accomplit par l'actuation de la nouvelle forme dans la plante vivante. C'est pourquoi S. Thomas considère la génération comme un mouvement ordonné en vue de l'acquisition de la forme, et il l'appelle : *motus ad formam*. Et, comme dans tout mouvement, les deux termes *a quo* et *ad quem* ne peuvent être réunis et se compénétrer dans un point indivisible, ainsi, pour la génération, il est impossible, du moins naturellement, que la conception et l'animation se fassent au même moment, car il faut un certain espace de temps pour la construction de l'organisme nécessaire *à l'existence* du vivant.

La conception de la plante se fait dans l'ovaire, c'est-à-dire dans la plante génératrice, où l'ovule est fécondé par la fovilla ; *l'animation* se fait en dehors de la plante, quand le germe se trouve dans les conditions requises. Le vivant engendré *dure*, mais cette durée a ses limites naturelles qui ne sont pas établies dans un terme fixe et immuable pour les plantes, et souvent encore la plante cesse de vivre avant ces limites. Pourquoi cela ? Parce que cette perfection ou forme substantielle, c'est-à-dire l'âme végétative qu'elle avait auparavant, cesse d'exister en elle. D'où l'on voit que, si le germe se corrompt *avant l'animation*, on pourra dire que la plante est avortée, mais non morte, puisque la mort est le propre des vivants, et que ceux qui ne sont point animés ne sont pas vivants.

Conclusion Ire. — *La cause qui produit dans la plante un changement essentiellement contraire au changement qui résultait de la puissance séminale, en détermine la mort.*

Ceci est évident ; en effet, l'âme végétative et la vie de la plante résultent du changement produit dans le germe par la vertu séminale avec le concours des agents extérieurs ; donc un changement essentiellement contraire à celui-là doit causer la privation de l'âme, et, par conséquent, la mort. De même, comme la puissance séminale produit l'organisme de la plante, et, dans l'organisme, des parties essentielles à son être *de vivant*, c'est-à-dire nécessaires pour qu'elle ait la vie, et des parties nécessaires non pas pour qu'elle soit, mais qu'elle *soit bien;* ainsi, toutes les fois qu'il y a dérangement dans l'organisme, il en résulte un dommage proportionné dans la vie. Si ce dommage est tel qu'il détruise les parties essentielles, la mort s'ensuivra nécessairement.

Conclusion IIe. — *L'âme végétative ne peut survivre à la plante.*

Si elle survivait, en effet, on en conclurait qu'elle a *une vie propre;* mais elle ne le peut, puisqu'elle n'a jamais eu un être propre, comme nous l'avons démontré. Donc, comme cette forme a commencé à exister par un changement opéré dans la matière, ainsi elle cesse d'exister par un changement contraire reçu dans la matière. Par exemple, la forme de pyramide cesse d'exister dans une pyramide de cire, lorsqu'on donne à la même cire la figure d'un cylindre ou d'un cône.

Conclusion IIIe. — *A la mort de la plante, la matière première ne demeure point privée de toute forme substantielle.*

C'est un fait palpable. Un cyprès meurt, et pourtant son tronc reste ainsi que ses racines, ses rameaux et ses feuilles. On n'y trouve plus la vie, puisque le principe de la vie n'y est plus; mais, cependant, la matière première n'y est pas privée de toute forme substantielle; dans ce cas elle ne pourrait être en aucune façon. Le fait est clair; comment peut-il s'expliquer?

Ceux qui affirment que la plante est un agrégat d'atomes symétriquement disposés et agités de divers mouvements, se tirent facilement de cette difficulté et de plusieurs autres, comme cet Amafanius dont parle Cicéron et que nous avons mentionné dans *notre Introduction.* Mais cette opinion est ridicule, et, en outre, entièrement fausse, comme nous l'avons prouvé.

D'autres pourraient croire que, outre l'âme, la plante et chacune de ses parties a d'autres formes substantielles, superposées les unes aux autres sans qu'aucune perde sa propre individualité. Mais ceux-là parleraient des formes substantielles du corps comme d'autant de petits esprits moteurs des corps sans faire avec eux une seule substance. Si plusieurs esprits meuvent un corps, l'un peut partir et l'autre rester, il n'y a rien à dire à cela. Mais si l'on entend la forme substantielle comme un acte de la matière première, on ne peut raisonner ainsi : nous l'avons démontré avec S. Thomas (vingt-cinquième leçon). Il est tout aussi impossible de trouver deux actes substantiels ou formes substantielles dans la même matière première, comme sujet, que de trouver ensemble deux actuations accidentelles du même genre dans la même matière seconde, c'est-à-dire que de voir en même temps la même cire être, par exemple, un cube et une sphère. Nous admettons dans la plante vivante une seule forme substantielle, qui est son âme végétative, conférant au tout, et à chaque partie, la nature, les propriétés, les modes de faire et de recevoir les actions, que nous y voyons. Quand arrive la mort *de toute* la plante, elle est *toute entière* changée substantiellement, et, comme nous l'apprend l'expérience, elle cesse tout à fait d'être vivante. Mais ce changement, faisant cesser l'actuation qu'elle avait en premier lieu, est en même temps la cause de la nouvelle actuation que nous voyons dans la plante après sa mort. Mais j'y vois encore, me dira-t-on, le bois et le feuillage! Très-bien; cela prouve seulement que la cause de la mort a produit *dans toute la matière* un changement d'où résulte l'être substantiel propre au bois mort et aux feuilles desséchées. Si c'est une cause plus puissante, le feu, par exemple, qui réduit en quelques instants la plante en cendres, le changement produit dans la matière sera aussi beaucoup plus grand, et, par conséquent, la forme, qui en résulte, différera davantage de celle qu'aurait produite l'action d'un agent plus faible.

Pour comprendre parfaitement cette doctrine, il faut considérer que les changements substantiels, qui s'opèrent *dans toute* la matière, admettent plusieurs degrés; d'où il arrive que, bien que *toute* la matière soit véritablement changée dans son être substantiel, parfois le sujet peut, après ce changement, conserver quelque chose de son être substantiel précédent : cela arrive quand l'agent de destruction est doué d'une puissance médiocre; s'il en a une grande, le nouvel être ne conservera presque rien du premier. Par exemple, si d'une figure circulaire, formée par une série de petits globes, on veut faire une figure elliptique, on ne le pourra pas sans donner une autre position à *tous* les petits globes; néanmoins, si l'ellipse qu'on veut faire est peu *prononcée*, c'est-à-dire a les *foyers* tout près du centre du cercle primitif, il paraîtra n'être survenu aucun changement dans les petits globes; pourtant il y a eu changement; le cercle est *mort* et l'ellipse l'a remplacé. Mais si, de ces petits globes, formant une circonférence, on veut figurer un triangle, on devra changer aussi la position de tous les petits globes, et ici l'on apercevra à première vue le changement notable apporté dans la disposition des globes. Il faut remarquer que l'on ne peut enlever à ces globes leur position respective sans leur en donner une autre. Il en est de même dans la mort de la plante; *toute* la matière est changée, et ce changement cause le départ de la forme précédente et l'arrivée de la suivante; mais le changement sera plus ou moins grand selon que l'opération de la cause qui apporte la mort, est plus ou moins puissante.

La plante morte peut s'appeler en quelque sorte un cadavre : voici à quoi se réduit, en dernière analyse, cette forme cadavérique dont nos philosophes modernes sont aussi épouvantés que les enfants du loup-garou. Cette forme n'est rien autre chose que la nouvelle actuation produite dans la plante, alors que la matière, ayant subi un changement *total*, cesse d'avoir la forme d'une substance vivante. Toutefois, la plante morte garde souvent la continuité, et, par cela même, on devrait dire que sa forme est *une* tant qu'elle la conserve. Mais, comme celle-ci, semblable en cela aux formes inorganiques, n'a plus de rapport au tout, ainsi que le faisait l'âme végétative, mais seulement aux parties, la plante morte n'a plus la puissance *unificatrice* qu'elle avait d'abord, et ne pourra désormais résister à l'activité des causes extrinsèques, qui pourront produire la dissolution. De même, la substance étant changée, et la forme de la plante morte n'ayant plus du tout, pour *qu'elle soit* et qu'elle *soit bien, la puissance* conservatrice qu'avait la première forme de la plante vivante, il suit qu'on ne retrouve plus dans la plante ces changements substantiels qu'elle avait d'abord, mais qui ne peuvent jamais avoir lieu hors des vivants. Aussi, les racines, le tronc et les rameaux n'opèrent plus comme auparavant et commencent à se corrompre, et les feuilles se flétrissent rapidement.

Mais la division de la plante ne devrait-elle point causer la mort? A première vue, on répondrait affirmativement, puisque la forme substantielle, qui est l'âme, ne paraît pas pouvoir être divisible, car la forme est simple. Mais cette opinion, outre qu'elle va contre l'expérience, ne peut soutenir l'examen. La forme substantielle, en effet, quoiqu'étant une âme, n'est point indivisible, généralement parlant, si elle n'est en même temps *immatérielle* et spirituelle, car alors elle a en elle-même un être propre, tandis que, bien qu'elles soient des âmes, les formes matérielles, qui résultent du changement de la matière, n'ont pas un être propre et peuvent être divisibles comme le composé où elles se trouvent.

Il faut, à ce sujet, distinguer : *a*) les formes matérielles qui actuent le tout comme chacune des parties; *b*) celles qui actuent le tout comme plusieurs parties; *c*) celles qui actuent le tout et les parties d'une manière différente. Les premières sont dans les êtres inorganiques et peuvent être divisées par chacune des divisions du composé dans les limites que nous avons indiquées en parlant de la quantité. Toute partie que l'ouvrier sépare d'un bloc de marbre, a la forme substantielle du marbre, aussi bien que tout le bloc. Il faut cependant observer que, dans ce cas, on dit que le composé est divisible *per se*, et sa forme, *per accidens*. Parlant de ces composés dont chacune des parties peut être un tout et en est un après sa séparation du tout, S. Thomas dit : « Il y a un tout qui se divise en parties *quantitatives*, comme une ligne. Cette sorte de totalité ne convient aux formes que *per accidens*, et à celles-là seulement qui ont un égal rapport au tout *quantitatif* et à ses parties; ainsi, la blancheur est ordonnée à toute une superficie, comme à chacune de ses parties. Et, par conséquent, si l'on divise une superficie, la blancheur est aussi divisée *per accidens* (*Summ.*, 1, 76, 8). » Cette comparaison est prise d'une forme accidentelle, mais on doit raisonner de même pour les formes substantielles des corps inorganiques ou homogènes : de l'or, par exemple, de l'eau, de la pierre, etc. « Il n'en est pas ainsi, continue S. Thomas, pour les deux autres espèces de formes, parce que la forme, qui requiert la diversité dans les parties, comme l'âme, et principalement celle des animaux parfaits, n'a point un rapport égal au tout et aux parties, et, par conséquent, ne se divise point *per accidens* dans la division du tout qu'elle informe (*l. c.*).» A ces deux espèces appartient la forme substantielle, qui est l'âme de la plante. Il y a donc des plantes dans lesquelles l'organisme du tout est égal à celui de plusieurs de ses parties. Si l'on enlève une de ces parties qui ait un organisme *essentiellement* parfait dans son espèce et égal à l'organisme du tout, cette partie séparée du tout pourra conserver sa forme substantielle, principe de vie végétative, et vivre. C'est pour cette raison que, dans un grand nombre de plantes, on coupe des rameaux, qui, plantés dans le sol, produisent d'autres plantes : il en est ainsi d'une certaine façon des *marcottes* de la vigne ; elles doivent cependant avoir un *nœud* pour contenir l'organisme du tout. Si l'organisme de toute la plante n'est commun à aucune partie, toute partie séparée du tout ne pourra jamais garder son être vital, mais, par cela même qu'elle est séparée du tout, elle mourra.

Il nous faut ici faire une remarque. Dans les formes immatérielles, toute division et toute réunion de plusieurs formes pour constituer un seul être *total*, sont impossibles ; au contraire, dans les formes matérielles des vivants, qui, étant plus imparfaits, ont un organisme plus simple, et, par conséquent, peuvent souffrir une division, la réunion, généralement parlant, est aussi possible. Comme la matière divisée peut, en se réunissant, constituer un être *continu*, ainsi plusieurs formes peuvent, par leur réunion, donner une seule forme pour ainsi dire *continuée*. C'est ce que nous voyons dans les greffes des plantes qui ont lieu lorsqu'il y a ressemblance d'organisme entre *l'ente* ou *l'anneau* que l'on insère dans la plante et la plante qui le reçoit. Le rameau inséré modifie selon son être propre les sucs qui viennent du rameau où il est inséré, et produit ensuite son propre fruit et non celui de la plante sur laquelle il a été inséré. Par ce moyen on peut faire porter à une plante plusieurs fruits différents ; il suffit pour cela que les bourgeons soient pris sur des plantes ayant un organisme semblable à celui de la plante sur laquelle on les insère. Ainsi, sur une plante produisant des fruits à noyaux, par exmple sur un amandier, on pourra greffer un rameau de cerisier ou de pêcher ou de toute autre plante ayant cette sorte de fruits ; mais on ne pourrait y enter les rameaux d'un pommier ou d'un poirier, qui réussiraient cependant sur un cognassier. Ce fait très-étonnant, n'est pas inexplicable. Car, dans ces plantes, la forme, c'est-à-dire l'âme végétative, est une *par continuation*, et cependant elle n'a pas le même rapport avec chaque partie de ces plantes, mais elle opère dans chacune des parties selon l'organisme qui est propre à cette partie.

TROISIÈME PARTIE — DES BRUTES.

QUARANTE-HUITIÈME LEÇON.

L'élève qui a bien médité ce que nous avons dit jusqu'ici, a dû remarquer comment nous nous sommes attachés à la méthode synthétique, la seule, avons-nous affirmé, dès le principe, qui soit propre à l'enseignement scientifique. Partant, en effet, dans *la philosophie première,* de ce qui a une plus grande extension et une moindre compréhension, nous avons traité successivement des êtres qui, progressivement, offrent une moindre extension et une plus grande compréhension. Nous continuerons à le faire, puisque, nous éloignant de l'être doué de la plus grande extension et de la moindre compréhension, nous arriverons à la contemplation de Dieu, l'être suprême, qui, *souverainement un* dans son essence, ne présente aucune extension dans son concept, mais la plus grande compréhension. Pour suivre cette méthode, il est vrai, nous nous sommes astreints à parler longuement des plantes, développant autant ce sujet qu'il était nécessaire pour nous former une pleine intelligence philosophique de la vie et des substances végétatives. Mais nous pourrons, en traitant de la brute et de l'homme, passer rapidement sur ce qui regarde ces êtres en tant que vivants et substances végétatives. Nous pourrons donc nous occuper avec plus de loisir de ce qui est propre à chacun *des sens* dans la brute; de *la raison* dans l'homme.

Description générale de l'animal.

Notion descriptive de la brute.
Pour avoir cette notion, il suffit de prendre un animal et de considérer ce qu'en disent les naturalistes

dans la *zoologie*. C'est une substance individuelle qui a un corps, végète et possède, comme la plante, les trois facultés de la nutrition, de l'augmentation et de la génération; elle ne diffère pas moins que la plante des êtres inorganiques, dans l'origine de son être, dans sa durée et dans sa fin. Mais, en outre, la brute a *en propre* la vie sensitive, c'est-à-dire les opérations immanentes qui ont pour objet la connaissance sensitive et l'appétit aussi sensitif. La brute se meut elle-même, comme la plante, mais son mouvement est dans un ordre bien supérieur au mouvement de celle-ci. A des opérations qui révèlent une grande sagesse ordonnatrice, la brute en joint d'autres qui prouvent évidemment en elle l'absence de la raison. On la peut quelquefois discipliner, mais on n'obtient d'elle que *l'imitation* de certaines opérations. Elle ne sait et ne saura jamais inventer. Les animaux, tout comme les plantes, ne constituent pas une seule espèce; il y en a d'innombrables. Les gradations sont souvent assez peu notables, et, de la dernière des brutes qui montre à peine dans son être quelque chose de supérieur à la plante, on monte, par une série de perfections toujours plus grande, aux animaux les plus parfaits : ainsi les plus imparfaits ne se meuvent pas d'un lieu à un autre et ont seulement le sens du toucher; d'autres manquent de la vue, d'autres de l'ouïe. Puis la structure des animaux ne diffère pas seulement notablement entre les principaux ordres, mais, dans le même ordre, elle est variée d'une manière incroyable.

Si nous considérons, en général, la structure *des animaux les plus parfaits*, nous y devons distinguer *six systèmes* distincts l'un de l'autre par leurs qualités et leurs destinations respectives. Ce sont les suivants :
1° *Le système osseux.* A ce système appartiennent toutes ces parties du corps de l'animal, vulgairement appelées os, qui, solides et dures, sont disposées avec un ordre admirable et destinées à soutenir toutes les autres parties de l'animal et à le mouvoir. Tous les os pris ensemble et dans leur position naturelle constituent le *squelette.* A ce système encore appartient, en raison de sa nature osseuse, la tête où est renfermé le

cerveau. On a fait sur la tête des animaux des observations attentives par rapport à ce qu'on appelle *l'angle facial*, parce qu'on a cru trouver je ne sais quelle relation entre la plus ou moins grande ouverture de cet angle et la plus ou moins grande puissance de connaissance des animaux. Ensuite on a comparé avec l'angle facial des hommes et des différentes races d'hommes, celui qu'on avait observé dans les différentes espèces de brutes. Pour former *cet angle facial*, on suppose une ligne tirée du conduit auditif-externe à la base des dents incisives de la mâchoire supérieure, et une autre qui descend de la partie la plus saillante du front jusqu'au mêmes dents incisives où elle se rencontre avec la première. A leur point de contact, les deux lignes font un angle; c'est *l'angle facial*. Quelques-uns, par une induction imparfaite et très-insuffisante, croient pouvoir, d'après cette méthode, fixer ces différences dans l'angle facial :

Pour la race blanche depuis 80° *jusqu'à* 90°
Pour la race cuivrée » 80° » 85°
Pour la race jaune » 76° » 85°
Pour la race noire » 61° » 75°

Ces chiffres répondent assez peu aux faits et nous trouvons des Américains de couleur cuivrée, des Chinois de couleur jaune, et des Ethiopiens de couleur noire qui ont un très-bel angle facial, plus ouvert que celui d'un nombre immense de blancs européens. Il n'est pas permis non plus en cela au philosophe d'accorder trop à la légère une grande confiance aux dessinateurs ou aux peintres.

Toutes les brutes ont un angle facial beaucoup plus aigu; celle qui, entre toutes, présente l'angle le plus grand, est l'orang-outang; et, toutefois, dans sa plus grande ouverture, il ne dépasse pas 60°. Cuvier comparant la surface du crâne à celle de la face, a trouvé entre elles les rapports suivants :

Dans le cheval comme 4 : 1
Dans le lièvre » 3 : 2
Dans le bœuf » 2 : 1
Dans l'homme » 1 : 4

2° *Le système musculaire.* A ce système appartiennent ce qu'on appelle vulgairement les chairs; elles sont rougeâtres dans les animaux à sang chaud, blanches dans les animaux à sang froid. Elles sont formées par des faisceaux de fibres composés à leur tour de filaments très-déliés, et sont unies généralement à des tendons plus compactes et plus solides; c'est ce qu'on appelle proprement *muscles*. Ces muscles par leurs dilatations ou contractions produisent les divers mouvements du corps de l'animal. Il y a des muscles qui, dans leurs contractions et leurs dilatations, obéissent au commandement de l'appétit animal; d'autres, au contraire, se dilatent et se contractent sous l'influence d'autres causes, opérant d'une certaine manière dans l'animal, sans l'animal; il y en a d'autres qui ont ensemble les deux modes de contraction et de dilatation; c'est dans ce troisième ordre, par exemple, que se rangent les muscles qui, par leurs mouvements, causent la respiration; et nous avons tous expérimenté que la respiration se fait *en nous, sans nous,* quoique nous puissions l'accélérer, même la suspendre pendant quelques instants. Le mouvement d'un lieu à un autre dépend aussi du système musculaire, et cette faculté locomotrice est propre aux seuls animaux, qui, pour le plus grand nombre, ne sont point attachés au sol, comme la plante, et n'en tirent point leur nourriture, et, par conséquent, doivent marcher çà et là pour la chercher et se l'approprier.

3° *Le système digestif.* A ce système appartiennent toutes les parties de l'animal, où commence et se termine la digestion, au moyen de laquelle les substances étrangères deviennent aliment, et s'assimilent à la substance même de l'animal. Il faut remarquer ici la transformation que subissent peu à peu les substances alimentaires, bien qu'elles soient diverses entre elles, jusqu'à ce qu'elles parviennent, dans l'espace d'environ quatre heures, à cet état d'aliment parfait connu sous le nom de *chyle* et qui se change en sang. Il est très-remarquable que le chyle du chien, qui *ne* se nourrit *pas* d'herbe, et celui du cheval, qui se nourrit *seulement* d'herbe, ont tous deux des éléments identiques et presque dans les mêmes proportions. Voici, en effet, comment on les compte :

Chyle du chien		Chyle du cheval	
Carbone	55, 2	*Carbone*	55, 0
Oxygène	25, 7	*Oxygène*	26, 8
Hydrogène	6, 6	*Hydrogène*	6, 7
Azote	11, 0	*Azote*	11, 0

4° *Le système respiratoire.* C'est dans ce système que viennent se ranger les organes qui concourent à la respiration, en vertu de laquelle l'animal attire au-dedans de lui une partie de l'air qui, parvenu dans les poumons, y modifie le sang. Un immense volume d'air enveloppe entièrement la terre jusqu'à la hauteur d'environ 72 kilomètres. Soumis à l'analyse chimique, l'air, sur cent parties, en donne 21 d'oxygène, 79 de nitrogène ou azote, en négligeant l'acide carbonique qui, dans les couches voisines de la terre, s'y trouve dans la proportion de 1/2,500, et tous les autres gaz ou vapeur qu'on peut y rencontrer seulement en très-petite quantité. Dans *l'inspiration,* l'oxygène et l'azote entrent dans l'animal ; à *l'expiration,* l'azote en sort tel qu'il y est entré. Maintenant, si nous considérons la respiration humaine, nous avons sur cent parties : 21 d'oxygène, 79 d'azote absorbées *à chaque inspiration;* et sur cent parties encore : 79 d'azote, 18 d'oxygène, 3 d'acide carbonique exhalées *à chaque expiration.* On a cru autrefois qu'au moment de *l'inspiration* l'oxygène se combinait avec le carbone dans les poumons et formait ainsi l'acide carbonique. Aujourd'hui, cependant, on a abandonné cette opinion, et l'on croit que *l'acide carbonique* déjà formé dans le sang est celui qui sort à chaque expiration, tandis que l'oxygène inspiré s'unit au sang lui-même. On compte comme il suit la quantité d'air qui entre dans les poumons de l'homme par la respiration :

Dans une minute	9 *décimètres cubes*
Dans une heure	551 *décimètres cubes*
Dans un jour	13 *mètres cubes*

Ainsi toutes ces proportions faites, environ trois mètres cubes d'oxygène entrent en un jour dans les poumons de l'homme. Dans la respiration, il se développe une chaleur qu'on appelle *vitale* ou *animale* dont l'expérience n'a pas encore appris la cause principale. Cette chaleur dans l'homme peut monter de 30° centigrades jusqu'à 40°; et le tissu adipeux et les vêtements s'opposent à sa déperdition. Ce n'est pas un moderne qui a découvert que les habits ne produisent point la chaleur, mais la conservent. « Un bon vêtement garde la chaleur de notre corps, dit Clément d'Alexandrie, non pas que le vêtement ait une chaleur propre et nous la communique; mais elle empêche celle que nous avons d'abandonner notre corps (*Ped.*, III, XI). »

5. *Le système sanguin.* A ce système appartiennent tous les organes, dans lesquels se forme ou circule le sang, comme le cœur, les artères et les veines. Par deux mouvements dont l'un s'appelle *diastole*, du grec διαστέλλω, *ouvrir*, et l'autre, *systole*, de συστέλλω, *contracter*, le cœur reçoit le sang et le refoule dans le corps en dilatant et en contractant ses ventricules. Le sang choque les parois des artères et produit ainsi ce que l'on nomme le pouls. Quand il est dans son état normal, il a un certain nombre de battements qui sont dans une minute :

Pour l'homme d'âge moyen au plus	»	75
Pour le vieillard	»	60
Pour les petits garçons	»	120
Pour les petites filles	»	*jusqu'à* 130

Le sang est chassé du cœur pour se purifier dans les poumons; quand il est purifié il se répand de ceux-ci dans toute les parties du corps, comme une substance préparée et apte à l'assimilation.

Le poids du sang, par rapport à celui de tout le corps, donne à peu près les proportions suivantes :

Dans le bœuf	1 : 12
Dans le chien	1 : 16
Dans le chat	1 : 23
Dans la colombe	1 : 30
Dans la poule	1 : 32

Haller croit que l'homme a ordinairement une trentaine de livres de sang. On trouve dans le sang, outre le sérum, des globules rouges qui, ordinairement, ont dans l'homme un poids dans le même rapport au poids total que 9 : 100 ou bien 12 : 100. On dit que le sang se coagule quand ces globules se réunissent; il en arrive ainsi, dit-on, dans l'apoplexie et le choléra asiatique.

6° *Le système nerveux.* A ce système appartient le cerveau qui en est, en quelque sorte, l'origine et le centre. De là, sous forme de grands faisceaux, partent les nerfs proprement dits, qui se répandent par tout le corps de l'animal comme un fin tissu ou une ramification intérieure qui le pénètre et le parcourt en tous sens. Le mouvement se communique aux muscles et à toute la matière du vivant par le moyen des nerfs; par les nerfs encore les sensations sont, aussitôt qu'elles sont produites, portées au cerveau. Bien que nous ayons des nerfs uniquement destinés à la première opération et d'autres uniquement à la seconde, il y en a aussi qui sont destinés à toutes les deux.

Nous avons jusqu'ici donné une connaissance générale et superficielle de la structure du corps vivant de la vie sensitive; nous avons surtout examiné les animaux les plus parfaits. Si nous y avons joint quelquefois des notions propres au corps de l'homme, c'est que, sur le point qui nous occupait, on a fait des expériences plus attentives sur l'homme.

Il n'appartient pas à la philosophie spéculative de traiter de la beauté, de la variété, de l'utilité des divers animaux. Quelques notions certaines lui suffisent par rapport aux faits. Ceux qui veulent avoir là-dessus des notions plus étendues, peuvent lire les traités d'histoire naturelle et particulièrement de zoologie et de physiologie.

QUARANTE-NEUVIÈME LEÇON

Définition essentielle de la brute.

Définition essentielle de la brute.
Nous allons rappeler en peu de mots les notions

exposées jusqu'ici, puis nous en tirerons la définition exacte de la brute. La brute est *une substance composée physiquement de matière et de forme animée sensitive.* Elle est un être vivant *en soi* et *par soi*, et, par conséquent, elle est *une substance;* mais elle est corps et doit par là-même être essentiellement *composée de matière première et d'une forme substantielle.* De plus, elle a la vie végétative; donc, elle est *animée*, mais en outre elle est *sensitive*, car nous y voyons les opérations des sens. On définit la forme substantielle, qui confère à la brute l'être de vivant sensitif : *Actus primus corporis organici potentia vitam vegetativam et sensitivam habentis;* et encore : *Principium quo brutum vivit et sentit primo.* On voit qu'à l'essence de la plante, dont nous avons déjà parlé, la brute joint un autre élément, celui du sens : c'est de celui-ci qu'il nous faut parler tout spécialement.

Conclusion 1re. *La brute a un principe de vie sensitive.*

Cette proposition est évidente, puisque la brute a les opérations immanentes qui constituent précisément la vie sensitive. On y trouve, sinon toutes, du moins quelques-unes des sensations de la vue, de l'ouïe, etc.; elle a la mémoire, l'imagination, l'appétit. La brute est semblable à l'homme par sa vie sensitive, et, par les opérations de l'ordre sensitif, elle règle beaucoup d'opérations de la vie végétative, comme la nutrition, l'augmentation et la génération. Ces *opérations* immanentes, si nombreuses, qui constituent la vie sensitive de la brute, doivent procéder d'un *principe opérant,* car il est impossible de trouver des opérations sans opérant. Donc, il y a dans la brute un principe de vie sensitive.

Conclusion IIe. — *Le principe de la vie sensitive de la brute n'est point une forme séparée et assistante.*

Pour comprendre cette *conclusion*, il faut savoir ce qu'on entend par forme séparée ou assistante. Les formes se distinguent en formes *informantes* et *assistantes*. C'est de la forme informante dont nous avons parlé jusqu'ici, celle qui est l'acte substantiel de la matière première soit organique, soit inorganique. La forme informante constitue avec la matière une seule substance ou nature, un seul suppôt; et, par conséquent, elles ne sont pas seulement un principe unique *d'attribution* auquel se rapportent les opérations, mais aussi un seul principe *physique* d'opération; puisque de la matière et de la forme réunies dérivent les opérations, *comme d'un principe unique*. Si la forme informante constitue avec la matière un seul principe physique d'opération, il est clair que l'opération, considérée comme une modification ou qualité de l'opérant, sera dans la matière informée et dans la forme informante comme dans *un seul sujet*.

La forme assistante est toute différente. Celle-ci est un esprit, qui *meut*, c'est-à-dire opère *sur* une substance quelconque, nature et suppôt. Puisque d'abord vient *l'être*, ensuite *l'opération* et *la réception de l'opération*, la substance devra être constituée dans sa nature propre avant de recevoir l'opération qui procède de la forme assistante; celle-ci, à son tour, doit aussi exister dans sa nature, avant que d'opérer sur cette substance. Il est donc impossible que la forme assistante constitue une seule substance ou nature avec l'être qu'elle *assiste*. Qu'on se le figure comme on voudra, il y aura toujours deux substances, une qui meut et l'autre qui est mue. Voici quelques comparaisons qu'on apporte ordinairement pour rendre plus clair ce sujet. La forme assistante, dit-on, est comme le pilote qui guide le navire, comme le peintre qui meut le pinceau, comme le conducteur d'une *locomotive* dans les chemins de fer, qui, réglant le mouvement, en détermine la direction. Mais, ces comparaisons sont défectueuses, et, par là, n'expliquent pas exactement la chose. Elles nous représentent, en effet, le pilote, le peintre, le conducteur, donnant ou dirigeant le mouvement, tout en demeurant *hors* des êtres qu'ils meuvent ou dirigent. La forme assistante, au contraire, étant un esprit, peut *pervadere* et *penetrare* la substance sur laquelle elle opère, et la compénétrer entièrement.

L'influence qu'est censée exercer la forme assistance sur la substance assistée, s'appelle *influx phy-*

sique, et nous croyons que cet influx existe réellement entre les anges, bons ou mauvais, et les hommes ; les anges alors seraient de véritables *formes assistantes.* Maintenant, nous allons démontrer que le principe de la vie sensitive ne peut être une forme assistante.

a) Si le principe de la vie sensitive était une forme assistante, nous demanderions : L'acte de sentir procède-t-il de la brute, comme de son principe, ou bien de la forme assistante, ou bien des deux comme un principe *unique?* Quel est donc l'être sentant? Est-ce la brute assistée? Est-ce la forme assistante? Le sont-elles toutes deux comme un sujet *unique?* Si l'on dit que la sensation procède de la brute, que la brute sent; dans ce cas, le principe de la sensation est dans la brute et dans la forme assistante. Si l'on disait que la sensation procède de la forme assistante et non de la brute, que la brute ne sent pas, mais que c'est la forme assistante qui sent, on dirait non-seulement une chose contraire à *l'expérience* et *au bon sens*, mais aussi une chose tout à fait absurde, puisque sentir est une opération organique, comme on le voit sans démonstration; la suite le rendra encore plus évident. Si l'on affirme que la sensation procède des deux comme d'un *seul* principe, alors la forme n'est plus assistante, mais informante ; car elle constitue avec la brute un *seul* principe d'opérations et c'est en cela, après tout, que consiste l'information substantielle.

b) De plus, l'être sentant n'est pas accidentel dans la brute, mais substantiel, puisqu'il appartient à l'essence même de la brute d'avoir le principe de la sensation. Or, si son principe de sensation était dans la brute une forme assistante, il lui serait accidentel, et n'appartiendrait point à son essence. En effet, la forme assistante ne constituerait point avec la brute une seule substance, elle ne lui donnerait point l'être essentiel; mais, opérant *sur* lui, elle le supposerait dans un acte parfait substantiel. Donc, le principe de la sensation ne peut être, en aucune façon, dans la brute, une forme assistante.

c) Enfin, si cette forme était assistante, non-seulement elle devrait opérer sur la brute, mais la brute, recevant une impression corporelle sur ce que nous appelons les sens, devrait *mouvoir* la forme même et agir sur elle; en d'autres termes, *l'influx physique* devrait être mutuel. Or, cela est impossible, car un corps ne peut opérer sur un esprit. Il n'est pas nécessaire de démontrer une vérité déjà rendue si évidente.

Conclusion IIIe. — *Le principe de la vie sensitive dans la brute n'est point subsistant.*

Cet adjectif *subsistant* s'attribue à l'être qui a, au moins, quelques opérations *propres*. Le mot lui-même le dit: *sub-sisto, se tenir sous;* c'est-à-dire être *seul* sujet au moins de quelques opérations. Ces opérations doivent donc procéder de l'être subsistant comme de *leur seul* principe. Nous démontrerons, en son lieu, que l'âme humaine est subsistante, précisément parce que l'intelligence et la volonté sont en elle *seule* comme en leur sujet et procèdent d'elle *seule* comme de leur principe, sans que la matière ou le corps humain y concoure ni comme sujet, ni comme principe.

Si le principe de la vie sensitive dans les brutes était subsistant, il aurait des opérations propres, c'est-à-dire s'exerçant indépendamment des organes matériels. Or, cela n'a point lieu dans les brutes. La raison et la volonté sont les seules opérations immatérielles; toutes celles des sens, nous le démontrerons plus tard, sont matérielles ou organiques. Donc, comme le principe de la vie sensitive ne donne pas à la brute les opérations de l'intelligence et de la volonté, mais seulement les opérations sensitives, on voit clairement que ce principe n'est pas subsistant.

Conclusion IVe. — *Le principe de la vie sensitive dans la brute est la forme substantielle de son être tout entier.*

Il nous faut ici rappeler l'importante distinction entre le principe *quod* et le principe *quo*. Le principe *quod sentit*, qui sent, est la brute, c'est-à-dire le composé de la matière première organique et de l'âme sensitive; mais nous disons que le principe, *quo brutum sentit*, est, dans la brute, la forme substantielle.

1° En effet, ce principe, *a*) ne peut être la matière

première qui, prise indépendamment de la forme, ne saurait être le principe d'aucune opération. *b*) Il ne peut être le composé de matière et forme, puisque celui-ci est le principe *quod*. *c*) Il ne peut être une forme accidentelle, puisque être principe de vie appartient à l'essence de la brute et en constitue l'être substantiel. *d*) Il ne peut être une forme assistante, car celle-ci ne pourrait mouvoir la substance que *ab extrinseco*; donc, il doit être une forme substantielle.

2º De plus, sa forme substantielle seule peut être le principe qui constitue la matière première dans une espèce déterminée; seule, elle peut être le principe qui la rende capable d'agir dans un ordre déterminé. Donc, si la matière première est déterminée dans la brute à l'espèce de l'être sensitif, si elle est rendue capable d'exercer les opérations sensitives, cela ne peut se faire que par une forme substantielle. Donc, on doit dire que ce principe, qui donne à la matière cette espèce de l'être sensitif et ces opérations sensitives, étant dans la brute le principe de la vie sensitive, est sa forme substantielle.

Conclusion V^e. — *L'âme sensitive de la brute ne diffère pas essentiellement de son âme végétative, et n'a avec elle dans la brute aucune autre forme substantielle.*

On pourrait regarder cette *conclusion* comme déjà prouvée par ce que nous avons dit, dans *la physique générale*, de *l'impossibilité de rencontrer plusieurs formes substantielles dans une même substance individuelle* (vingt-cinquième leçon), et parce que nous avons démontré l'absence de toute forme substantielle dans la plante, en dehors de l'âme végétative (quarante-septième leçon). L'impossibilité de trouver plusieurs formes substantielles dans un même être, en est la raison intrinsèque et philosophique, parce qu'elle s'appuie sur l'unité de l'être substantiel, qui serait détruite par la pluralité des formes substantielles. Nous ne devons cependant pas omettre les preuves tirées, soit de l'organe qui est le même pour la vie végétative et la vie sensitive; soit des opérations, de la nutrition, par exemple, qui appartient à la vie végétative, mais rend sensitive la substance *assimilée;* soit encore de la génération, qui est en elle-même une opération de l'ordre végétatif, mais qui, néanmoins, produit l'individu sensitif. La forme substantielle étant, dans la brute, le principe *quo*, par lequel elle sent, il en résulte que ce principe est le même que le principe de la vie végétative et toutes les autres formes substantielles qu'on pourrait concevoir dans la brute. On ne trouvera là aucune difficulté, si l'on réfléchit sur l'admirable doctrine de S. Thomas, d'après laquelle les formes supérieures contiennent les formes inférieures (vingt-cinquième leçon). Une forme supérieure matérielle *est du même genre* que l'inférieure, et en contient toutes les perfections, et quelque chose de plus qui lui est propre, et la rend supérieure. C'est pourquoi elle seule opère, dans tout l'être informé par elle, et dans toutes ses parties, bien que douées d'organismes différents : ce qu'auraient pu faire les formes inférieures, si elles avaient, *seules,* informé le même tout ou chacune des parties.

Conclusion VI°. — *L'âme de la brute est engendrée par la brute, comme l'âme de la plante, par la plante; et la première, tout aussi bien que la seconde, est intrinsèquement corruptible.*

Cette conclusion se déduit de ce que l'âme de la brute est *matérielle*. Il est, du reste, prouvé par *la conclusion* III° qu'elle est matérielle, car une forme *immatérielle* et une forme *subsistante* sont synonymes, comme une forme *matérielle* et non *subsistante*. Il est bon ici d'avertir qu'on ne doit point confondre *matériel* avec matière, car le matériel n'est pas la matière, mais la forme qui dépend de la matière, comme du *coprincipe* de ses opérations, et, par conséquent, dépend aussi dans son être de la matière, puisque : *Operari sequitur esse.*

L'âme de la brute est donc matérielle. Mais si elle est matérielle, elle ne peut commencer que par un changement de la matière première, et non pas par création, comme nous l'avons déjà prouvé en parlant, en général, des formes matérielles. Son commencement sera donc semblable à celui de l'âme de la plante, et tous les arguments apportés plus haut, pour prouver que la génération de la plante se fait par la puissance communiquée au germe par la plante génératrice, prouvent autant par rapport aux brutes (1).

Quant à ce qui regarde sa corruptibilité intrinsèque, l'élève doit se rappeler qu'une chose est dite corruptible *per se* ou bien *per accidens*. La véritable corruption ne consistant que dans la séparation de la forme avec la matière, il est évident que le seul composé de matière et de forme est corruptible *per se*. On appelle corruptible *per accidens* la forme accidentelle ou substantielle qui *cesse d'exister* par la corruption du composé. Cette corruption *per accidens* est propre aux formes matérielles qui, n'ayant pas d'être propre, ne peuvent exister hors de la matière. Ceci posé, il est évident que l'âme de la brute étant matérielle, comme elle a commencé à être en vertu de la puissance donnée au germe par le principe engendrant, ainsi elle n'a point d'être propre, et par cela même, l'individu se détruisant, c'est-à-dire la brute *mourant*, elle devra de toute nécessité cesser d'exister. Bref, il faut raisonner sur la mort de la brute comme nous avons raisonné sur celle des plantes.

Celui qui affirmerait que les âmes des brutes ont été *créées* au commencement de leur existence, ou qu'elles ont été *annihilées* à leur mort, montrerait qu'il en ignore radicalement l'essence. Elles sont matérielles; elles commencent et finissent par un changement de la matière. L'âme d'un oiseau finit donc d'exister quand l'oiseau est tué, comme l'âme de l'arbre, quand l'arbre est brûlé, comme, dans un ordre différent, mais tout à fait *analogue*, finit la figure sphérique, quand, d'une sphère de cire, on a fait une pyramide.

(1) Saint Thomas développe aussi cette sublime doctrine : « Corpora viventia agunt ad generandum sibi simile et sine medio et per medium : sine medio quidem in opere nutritionis, in quo caro generat carnem ; cum medio vero in actu generationis, quia ex anima generantis derivatur quædam virtus activa ad ipsum semen animalis, vel plantæ sicut et a principali agente derivatur quædam vis motiva ad instrumentum ; et sicut non refert dicere quod aliquid moveatur ab instrumento, vel a principali agente : ita non refert dicere quod anima generata causetur ab anima generantis, vel a virtute derivata ab ipsa ; quæ est in semine. *Summ.*, 1, 119. »

Qu'il me soit permis de terminer cette leçon par deux passages remarquables de la Bible. Voici le premier : *Et recordabor fœderis mei vobiscum et cum omni anima vivente quæ carnem vegetat (Genes.,* IX). Ces mots affirment que l'âme est le principe de la végétation, ce qui indique assez clairement l'identité par rapport *à l'essence* de l'âme sensitive et de l'âme végétative dans les brutes. L'autre passage est semblable à celui que nous avons cité déjà (quarante-cinquième leçon) pour démontrer la diversité entre l'origine de la plante et celle de l'homme. L'âme de l'homme est créée mais non celle des brutes; car celle-ci n'a pas d'être propre : c'est pourquoi le Créateur donne à l'eau et à la terre la puissance participée de produire les composés, où l'âme des brutes commence à exister. *Producant aquæ reptile animæ viventis et volatile... producat terra animam viventem in genere suo (Genes.,* I). Cette explication ne peut, il me semble, causer aucune difficulté si ce n'est à ceux qui, n'ayant pu se former l'idée véritable de la matière première et des formes substantielles qui y sont contenues en puissance, ne veulent admettre que des atomes inertes, des forces mécaniques et des formes assistantes.

De ce que nous avons apporté ici et à la fin de la quarante-cinquième leçon quelques textes de la sainte Ecriture, il ne faut pas se figurer que nous voulons prouver des doctrines philosophiques par l'autorité de la révélation. Les conclusions que, de temps en temps, nous confirmons ainsi, ont été démontrées par les plus solides arguments, tirés de la nature intime de la chose, comme il convient à des propositions spéculatives d'un ordre strictement scientifique. Cependant j'ai cru que les élèves chrétiens verraient avec satisfaction l'admirable harmonie des données philosophiques avec la révélation, et que ceux qui malheureusement ne sont pas chrétiens, trouveraient, dans ce même accord entre la raison et la foi, un nouvel et puissant motif de crédibilité à joindre aux autres motifs si nombreux déjà.

CINQUANTIÈME LEÇON.

De la connaissance en général.

La différence essentielle qui sépare l'animal peu raisonnable de la plante, consiste en ce que le premier, et non la seconde, est une substance *sensitive*, et, par là-même, atteint le premier et le plus imparfait degré de la connaissance. « La notion de l'animal, dit S. Thomas, consiste en ce qu'il est *sensitif;* cette notion le distingue de ce qui n'est pas animal. L'animal, en effet, occupe le dernier degré entre ceux qui connaissent (1). » C'est donc particulièrement sur l'être sensitif de la brute que nous devrons nous appuyer maintenant, puisque, en traitant des plantes, nous avons déjà parlé de ce que la brute a de commun avec les plantes. D'abord nous allons donner une notion claire et précise de la connaissance, et, puisque nous passons du concret à l'abstrait, nous commencerons par expliquer ce qu'est l'être connaissant.

Conclusion Ire. — *L'être non connaissant diffère de l'être connaissant en ce que celui-ci a seulement sa forme propre et celui-là l'aptitude à recevoir encore en soi les formes des autres.*

Pour bien comprendre cette *conclusion*, il faut bien observer qu'il y a une double existence dans les choses. La première se nomme *réelle*, la seconde *intentionnelle*. Par la première, elles existent en elles-mêmes; par la seconde, elles existent dans l'être connaissant : ce sont les anciens philosophes qui l'ont nommée ainsi. Il n'est personne qui ne puisse se convaincre, par sa propre expérience, que connaître une chose consiste vraiment dans une union spéciale de sa propre faculté connaissante avec la chose connue. Si vous connaissez un cheval, une rose, le cheval et la rose sont en vous, vous

---

(1) In hoc, quod est sensitivum esse, consistit ratio animalis, per quam animal a non animali distinguitur. Attingit enim animal ad intimum gradum cognoscentium. *De sensu et sensato, lect.* 4.

sont unis d'une certaine manière, sans quoi la connaissance deviendrait impossible.

Venons à notre conclusion.

L'être connaissant est tel, parce que, en connaissant, il devient, en quelque sorte, ce qu'il connaît. Or, il ne peut devenir ce qu'il connaît sans recevoir en soi un principe qui lui donne l'actuation de l'être connu; donc, il doit recevoir ce principe. Il est évident que, dans ce cas, l'être connaissant déterminable a la raison de *matière*, et le principe déterminant, celle de *forme*. Celle-ci peut s'appeler forme du connu, puisqu'elle donne à l'être connaissant l'être du connu.

Donc, on peut dire que l'être connaissant diffère de l'être non connaissant en ce que celui-ci a seulement sa forme propre, tandis que celui-là a aussi les formes des choses connues. Observons toutefois que le connu doit être le connaissant non pas selon l'être réel, mais plutôt selon l'être *intentionnel;* la forme du connu doit donc être dans le connaissant non *réellement,* mais *intentionnellement*. Ainsi le connaissant peut, dans le même temps, être *plusieurs,* ce qui serait impossible si la forme du connu devait se trouver en lui selon son être réel. C'est dans ce sens que les anciens ont dit : *Intus existens prohibet extraneum,* et une surface blanche ne peut devenir rouge sans que la blancheur disparaisse; mais on connaît au même instant le blanc, le rouge, le vert et le jaune, parce que la forme de ces couleurs se trouve en nous, non pas selon leur être propre, comme il arrive dans une surface, mais selon leur être intentionnel, ce qui ne peut avoir lieu que dans un être connaissant. En un mot, le non connaissant, ayant sa propre forme quidditative singulière, ne peut en recevoir une autre en aucune façon; qu'il soit bois, marbre ou or, il ne pourra jamais recevoir une autre forme que celle qu'il a, sans cesser d'être ce qu'il est. L'âme connaissante, au contraire, reçoit en elle un très-grand nombre de forme diverses et même contraires entre elles, devenant ainsi *intentionnellement* bois, marbre, or, rouge, blanche, chaude, froide, ronde, carrée, en un mot, tout ce qu'elle peut connaître. Si l'élève a peine à comprendre exactement la doctrine exposée dans cette *conclu-*

sion, il ne faut pas qu'il se trouble, il la comprendra plus tard en réfléchissant à tête reposée, surtout quand nous traiterons de la connaissance en particulier. Qu'il pèse en attendant ces belles paroles de S. Thomas :

« Les êtres qui connaissent se distinguent de ceux qui ne connaissent pas, en ce que ceux-ci n'ont en eux que leur forme propre (*qui les constitue dans leurs êtres individuels réels*); mais ceux-là sont ordonnés à avoir encore les formes des autres (*c'est-à-dire un principe formel qui les constitue dans l'être des choses connues*), parce que l'espèce (*c'est-à-dire l'image*) du connu est dans le connaissant. On voit de là que la nature du sujet qui ne connaît pas est plus restreinte, plus limitée que la nature de celui qui connaît; celui-ci, en effet, a une plus grande étendue, une plus grande extension ; c'est pourquoi Aristote a dit (III. *de Anima*, text. 27) que *l'âme est dans une certaine manière toutes les choses*. La limitation de la forme dépend de la matière. C'est pourquoi nous avons dit que, plus les formes sont immatérielles, plus elles acquièrent une espèce d'infinité. Il est donc certain que l'immatérialité de l'être est la raison par laquelle l'être est lui-même connaissant, et que le mode de sa connaissance suivra le mode de son immatérialité. C'est pour cela qu'il est dit dans le II. *de Anima*, que la plante ne connaît point, à cause de sa matérialité. Mais le sens est connaissant parce qu'il reçoit les espèces des choses, sans recevoir la matière en laquelle elles se trouvent; l'intelligence est plus connaissante parce qu'elle est plus séparée de la matière et moins embarrassée par elle, comme il a été dit dans le III. *de Anima*. Donc, Dieu, étant dans le degré le plus élevé d'immatérialité, est aussi dans le degré le plus élevé de la connaissance (*Summ.*, 1, 15, 1). »

Conclusion IIe. — *La connaissance se fait par une opération immanente.*

C'est évident, puisque la connaissance : *a*) procède du connaissant; *b*) se détermine dans le connaissant; *c*) opère *per se* la perfection du connaissant. Ce sont là les caractères essentiels et constitutifs de l'opération immanente.

Conclusion IIIe. — *La connaissance est une espèce de génération.*

En effet, d'un côté le connaissant en puissance est indéterminé à telle ou telle connaissance, et il n'a pas en lui une cause suffisante pour le faire sortir de cette indétermination; d'un autre côté, cet effet est produit par le connu qui, s'unissant ou immédiatement ou de toute autre manière au connu, le détermine à sa connaissance. Donc, il y a union entre les deux principes, *le connaissant en puissance* et *la chose connue* et de cette union la connaissance *est engendrée*. Cette connaissance, en tant qu'image, est semblable au connu, et en tant que modification et acte vital du connaissant, elle en montre la nature et la perfection. On trouve donc encore en toute connaissance cet admirable et mystérieux *trialisme,* que nous avons déjà remarqué dans les substances et les accidents : la connaissance est le produit; le connu est le père; la mère est la puissance connaissante.

Cette *conclusion* montre avec combien de sagesse on applique les termes de la génération dans le langage commun, à la connaissance non-seulement des facultés connaissantes créées, mais aussi à la connaissance de Dieu. Sa connaissance substantielle, en effet, et, ici, nous la prenons en tant qu'elle est terme, est le Verbe, qu'on dit engendré et Fils éternel du même Dieu. En général, la terminologie, relativement à la connaissance, est presque toute empruntée à la *génération*. Comprendre une chose vraie, c'est a *concevoir;* l'effet de cette opération s'appelle *conception* et les fruits de l'intelligence en sont nommés ordinairement les produits (*partus*). Ces mots, *connaître* et *connaissance* sont tirés du latin *nosco,* qui n'est autre que le γινώσκω des Grecs et se rattache évidemment à γίνομαι, *nascor*. La parenté étymologique de γίνομαι avec γινώσκω doit prendre origine de quelque mot ancien ; nous ne saurions dire si sa signification primitive se rapprochait plus d'engendrer que de connaître, mais certainement il a fourni aux deux familles de leurs dérivés les premiers éléments vocaux, γ, ν, qui restent communs à toutes les deux.

Conclusion IVe — *La connaissance admet les attributs tant du connaissant que du connu.*

Comme nous l'avons dit, la connaissance est le produit, le connu est le père, et le connaissant joue le rôle de mère. Maintenant le produit exprime la nature du père et de la mère, et le caractère de ceux-ci se retrouve en celui-là. C'est une chose si naturelle que, quand, par des circonstances extraordinaires, elle vient à manquer, nous n'avons qu'un cri : *Il ne paraît pas être son fils!* De là vient que nous *traitons* des connaissances, comme nous le ferions des connus; nous aimons les connus dans nos connaissances. C'est pourquoi lorsque nous disons : Rome est la reine du monde, l'iris nous montre sept couleurs graduées; dans ces jugements de notre intelligence nous voulons attribuer ces propriétés à des objets existant dans notre esprit, mais nous voulons, de plus, parler des choses connues elles-mêmes, comme elles existent hors de nous; si quelqu'un prétendait que ces jugements ne peuvent avoir rapport qu'aux seuls concepts de notre esprit, nous le prendrions, non-seulement pour le perturbateur de nos concepts, mais aussi pour le destructeur de l'ordre réel des choses considérées en elles-mêmes. Ainsi, nous disons que l'amour est le lien de la personne aimante avec la personne aimée : en effet, la personne aimée est souvent éloignée; souvent elle n'existe plus, mais qu'importe! elle est voisine, elle existe dans notre connaissance, et c'est là que se trouve ce lien appelé l'amour (1).

Puisque cette partie de la philosophie traite des animaux, il ne sera pas inopportun de donner des exemples touchant ce que nous disons dans l'ordre de la sensation de laquelle nous traiterons ensuite. Les partisans de Descartes ont cru trouver en défaut les disciples d'Aristote et de S. Thomas, quand ils attribuent les sensations subjectives aux choses senties : par exemple, *la douceur* au sucre, *l'amertume* à l'absinthe, en plaçant en ceci les qualités subjectives

---

(1) Le professeur dont les élèves n'auraient pas l'esprit assez pénétrant peut omettre *maintenant* l'explication de ce qui reste dans cette conclusion IV.

du *doux* et de *l'amer*. Mais dans cette accusation, ils se sont montrés d'une intelligence bien faible et incapables d'aucune investigation profonde, touchant l'essence intime de la connaissance que nous étudions ici. En tout cas, ils auraient dû respecter le sens commun et le langage universel des hommes, qui seraient tout étonnés d'apprendre que, pour les philosophes, le sucre n'est plus doux, ni l'absinthe amère.

. Bien que la connaissance sensitive soit au dernier degré des connaissances, elle ne laisse pas que d'être, en tant que connaissance, un produit de deux principes engendrants, le senti et le sentant. Le senti se joint au sentant : cela est *indispensable*. Le senti *imprime* dans *le sentant* une *forme* qui, reçue d'une manière vitale par le sentant même, le constitue *sentant en acte*. Cette forme procède de l'un, et est reçue par l'autre ; c'est elle précisément qui rend le senti *sensible en acte;* c'est elle qui fait sentir le sentant et celui-ci, *en la recevant, reçoit* la sensation. On peut donc attribuer la sensation au senti et alors il est *sensible en acte ;* on peut l'attribuer aussi au sentant et alors il est *le sens en acte*. C'est ainsi qu'on peut attribuer *la douceur* au sucre et au sens : *elle procède* du sucre, le sens *la reçoit*. Le commun des hommes ne fait point tous ces raisonnements; ils disent tout simplement : *Le sucre est doux;* et : Le goût *en sent* la douceur ; c'est l'affaire du philosophe de rechercher la raison intime de ces jugements, mais non de les nier uniquement parce qu'il ne les comprend pas.

Et puisque cette accusation contre ces grands philosophes se renouvelle de nos jours, il sera bon d'apporter à cette explication une confirmation qu'on pourrait dire en même temps d'Aristote et de S. Thomas. Celui-ci développe ainsi les pensées du premier : « Aristote démontre ici ce qui était supposé, c'est-à-dire que l'acte du sensible et l'acte du sentant, est *un même acte*, mais qu'ils diffèrent entre eux par une distinction de raison: il le démontre par ce qui a déjà été prouvé dans le III. *Physicorum*. On y a démontré que le mouvement, l'action et la passion sont en ce qui est mû, c'est-à-dire dans le mobile, ou encore le *patient*. Il est clair que l'ouïe est affectée (*patitur*) par le son, et, par conséquent, il est nécessaire que le son, selon son acte qu'on appelle *sonner*, et l'ouïe, selon son acte qu'on appelle *entendre* (*sonatio, auditio*), soient dans ce qui est en puissance, c'est-à-dire dans l'organe de l'ouïe. Et cela, parce que l'acte de l'être, actif et mouvant, se fait *dans le patient et non dans l'agent, ni dans le mouvant*. C'est là ce qui prouve que *tout* mouvant n'est pas nécessairement mû, puisque, en quelque être que vienne le mouvement, celui-là est mû. Donc, si le mouvement et l'opération, qui est un certain mouvement, étaient dans le mouvant, il en résulterait que le mouvant serait mû (*c'est ce qui arrive dans les vivants par rapport à l'opération immanente*). Et comme il a été dit (III. *Physic.*) que l'action (*notez bien : non le principe de l'action*) et la passion sont *un seul acte* du sujet, mais avec une différence de raison ; que cet acte, qui est un, s'appelle action en tant qu'il procède de l'agent, et *passion* en tant qu'il est reçu par le *patient :* ainsi l'on dit, pour la même raison, qu'il est dans le même *sujet* l'acte du sensible et du sentant, mais que cet acte, par une distinction de raison, se distingue en deux. De même que l'action et la passion sont dans le *patient* comme dans *un sujet*, et ne sont pas dans l'agent comme dans un sujet, mais seulement comme dans *un principe duquel* (*a quo*) ; ainsi et l'acte du sensible et l'acte du sensitif sont dans ce sensitif même comme dans leur sujet. Dans quelques sensibles et sensitifs, deux mots indiquent les deux rapports *au principe et au sujet ;* ainsi le son, *sonatio*, s'attribue au sensible et l'audition, *auditio*, au sensitif. D'autres n'ont pas ces deux mots pour exprimer ce double rapport, et l'acte prend la dénomination du seul sensitif. Ainsi, *la vision* est l'acte de la vue, mais cet acte n'a point de nom particulier en tant qu'acte de la couleur (*c'est la couleur qui, comme un agent, produit la vision*). Le goût, c'est-à-dire l'action de goûter, *gustatio*, est l'acte qui prend son nom du sens qui goûte, mais le grec (*ni le latin, ni l'italien*) n'a point de mot pour le désigner, en tant qu'acte de la saveur (*c'est de la saveur que procède le goût comme de l'agent In Arist. de Anima, lect.* 3). » Je concède volontiers que c'est là une philosophie profonde; mais les merveilles de la nature aussi sont profondes, ou plutôt les œuvres du Créateur sont très-admirables. Si la légèreté de notre siècle ne veut pas s'accommoder de ces nobles spéculations, a-t-elle pour cela le droit de les mépriser et de les falsifier?

Conclusion V^e. — *Les degrés de la connaissance sont au nombre de cinq.*

Le connaissant, nous l'avons dit, se distingue du non connaissant en ce que, étant un, il devient *plusieurs* par sa connaissance; il n'en est pas de même du connaissant. Donc, les degrés de la connaissance, plus ou moins parfaite, se mesureront à la perfection plus ou moins grande avec laquelle un connaissant devient plusieurs. Pour ne pas entrer dans une matière trop difficile à comprendre maintenant, il nous suffira des quelques mots suivants :

1° Le premier et plus imparfait degré de perfection dans la connaissance, est celui par lequel beaucoup d'êtres matériels sont dans un seul *successivement.* C'est la connaissance des sens externes. Car, grâce aux sens externes, on saisit *successivement* les choses matérielles, tellement que, la sensation passée, les sens externes ne conservent pas les images.

2° Le deuxième degré est celui par lequel un seul a beaucoup d'êtres matériels, qui, toutefois, restent dans leurs images matérielles aussi. Telle est la connaissance par *fantômes* qui conserve ensemble les images sensibles des objets matériels déjà perçus successivement.

3° Dans le troisième degré, un se fait plusieurs, ceux-ci existant en lui par leurs images immatérielles; mais, c'est là une modification immatérielle, et tirant son origine de la connaissance des êtres matériels. Cette connaissance est propre à l'intelligence humaine.

4° Dans le quatrième degré, un être un en contient *plusieurs* dans une seule image spirituelle, qui ne vient point de la connaissance des êtres matériels, mais d'autre part. Bien que cette image, en tant que spirituelle, soit plus noble que les êtres matériels, ou considérés comme tels, elle n'est cependant pas plus noble que ceux-ci, en tant que *substances*, et, à plus forte raison, elle n'est pas plus noble que les substances immatérielles. A ce degré appartient la connaissance des intelligences séparées de la matière, c'est-à-dire des anges dans leur manière naturelle de connaître.

5° Le cinquième et plus parfait degré de la connaissance est celui dans lequel l'être un est tous les êtres, parce que, en lui, se trouve *l'image* de tous, mais parce qu'en lui se trouve *l'idée* de tous. Et cette idée n'étant pas un accident, mais une substance, et une substance d'une perfection infinie, il en résulte qu'elle est plus parfaite non-seulement que chaque être, mais aussi que tous les êtres existants ou possibles, réunis ensemble. Ce degré est celui de la connaissance divine. Nous ne disons pas *image*, mais *idée*, parce qu'il est dans l'essence de l'image d'être tirée d'un autre, et dans celle de l'idée, d'être *exemplaire*. C'est pourquoi S. Augustin disait : « Le miroir présente l'image de l'homme, *parce qu'elle* en est *tirée(Lib.* 83, *quæst.* 74.) » S. Thomas affirme, à son tour, que l'image est proprement ce qui est fait à la ressemblance d'un autre. Celui-là, à la ressemblance duquel est faite une autre chose, s'appelle *proprement* exemplaire, *improprement* image (*Summ.*, 1, 354). » Donc, puisque toutes les choses sont une copie de l'intellect divin, celui-ci a non pas les images, mais les idées de toutes les choses.

On pourrait prendre sous d'autres points de vue la graduation de la connaissance, mais la division donnée suffit pour le moment.

CINQUANTE-ET-UNIÈME LEÇON.

Nature propre de la connaissance sensitive.

Définition du sens.
Ce mot sens (*Quodl.* 7, *art.* 4; *Summ.*, 1, 78, 1) se prend souvent pour signifier soit l'âme sensitive, soit

la nature de l'être sensitif, ou encore plus justement la puissance de connaître propre aux animaux, quelle que soit cette connaissance, quels que soient ces animaux. C'est dans cette dernière acception que nous la prendrons. Mais, puisque c'est là un point important, s'étendant jusqu'à l'homme, en tant que doué du sens, il nous faudra procéder graduellement et avec toutes les distinctions convenables.

Conclusion Ire. — *Le sens est la faculté ou la puissance de connaître les choses matérielles dans leur singularité par un changement provenant de ces choses, et reçu dans le sens.*

Il est clair que le sens est une faculté en puissance; c'est par lui que l'on connaît les objets sentis. Et puisque cette faculté se distingue par un acte, on doit donc la considérer dans son essence, non comme un acte, mais comme *capable* de la production d'un acte. On doit aussi la considérer comme capable de la production ou non-production du même acte, et de la production de tel ou tel autre acte; on l'appelle donc avec raison : *puissance*.

On ajoute : le sens est *la puissance de connaître*. En effet, *la connaissance* prise dans sa plus grande extension, ne requiert autre chose qu'une action vitale, par laquelle une chose est connue par le connaissant. Or, c'est ce qui arrive dans le sens. Donc, on le dira avec raison *la puissance de connaître*. Si l'on voulait nier au sens ce caractère d'être cognoscitif, par la seule raison que le coryphe de la nouvelle philosophie le lui a nié, je dirais qu'on doit préférer à l'autorité d'un autre la force de notre démonstration, surtout si notre façon de parler se trouve conforme au sentiment et au langage commun des hommes qui crient et disent : *Le chien connait son maître et l'hirondelle, son nid;* si, en outre, elle se trouve confirmée par une autorité plus imposante que celle qu'on nous oppose. Nous avons l'autorité non-seulement de S. Thomas qui mentionne la *cognitio sensus exterioris* (*Quodlibetum* 5, 9), mais aussi de la Bible même qui dit : Cognovit *bos possessorem suum et asinus præsepe domini sui* (*Isai.*, I, 3). La connaissance du sens est à coup sûr la plus imparfaite des connaissances; mais elle est une véritable connaissance, comme nous avons dit au sujet de l'âme de la plante qui, pour être très-imparfaite, ne laisse pas que de devoir être appelée âme.

On a dit ensuite : *les choses singulières et matérielles*, puisque par sens on entend cette faculté ou puissance que tous les hommes comprennent par ce mot. C'est donc celle au moyen de laquelle la brute voit de loin sa nourriture et court vers elle; entend la voix de son maître et lui obéit; sent le fouet et s'agite sous ses coups, etc. Mais si le sens connaît les choses matérielles, il ne les connaît que *dans leur matérialité singulière*. Car, bien que l'intellect aussi perçoive les choses matérielles, il les perçoit néanmoins dans leur être objectif qu'elles acquièrent en lui, il les universalise et leur donne une existence immatérielle, tellement que les choses, mêmes matérielles, sont en Dieu la vie de Dieu même (trente-neuvième leçon). Rien de semblable dans le sens, qui demeure dans la singularité et dans la matérialité des choses qui le frappent.

On a dit en quatrième lieu : *avec le secours d'un changement provenant de ces choses, et reçu dans le sens.* Il faut ici considérer qu'aucune puissance ne vient à l'acte, sans une forme qui *l'actue*. Le passage de la puissance à l'acte requiert *essentiellement* un changement causé pour la puissance par un être en acte; car il est impossible que la puissance, comme telle, se détermine d'elle-même à l'acte. Donc, si le sens est une puissance à qui l'acte ne soit pas essentiel, il doit nécessairement subir un changement qui le fasse être en acte. Ce caractère est propre, même à notre intelligence, parce qu'elle est puissance. Mais ce changement est produit, comme l'expérience nous le dit, par les êtres matériels; c'est donc un changement matériel. Sans ce changement, jamais le sens ne viendrait à l'acte de la sensation.

Maintenant doit-on appeler ce changement *passion*? Pour comprendre ce mot passion, il ne faut pas aller à l'aventure, mais procéder avec prudence et suivre l'usage général du peuple et des savants qui nous ont précédés. S. Thomas nous enseigne si, et jusqu'à quel point, on peut appliquer aux sens ce mot : *passion*. La passion, dit-il, est le mouvement du *patient* d'un terme à un autre. Il faut donc remarquer que tout mouvement n'est pas une passion ; mais plutôt, pour dire vrai, la passion est une altération, car, dans le mouvement de celle-ci, une chose se perd et une autre reste ; c'est en elle que consiste l'essence de la passion. Le mouvement local a rapport à ce qui est extrinsèque, c'est-à-dire au lieu : dans le mouvement d'augmentation, celui qui croît acquiert par la nourriture une plus grande quantité. Dans l'altération, il faut, du côté de l'altéré, que celui-ci ait un corps..., du côté des termes de l'altération, qu'une quantité étant perdue, une autre la remplace. De plus, l'essence de la passion exige *que la qualité introduite ne soit pas connaturelle; et que la qualité expulsée soit connaturelle;* car la passion a lieu par une certaine victoire de l'agent sur le *patient ;* le vaincu, alors tiré de ses termes propres, est placé dans des termes étrangers (3. *dist.* 15, *quæst.* 2, *art.* 1). » Donc, puisque ce changement, causé dans le sens par l'objet, est connaturel, on ne peut le dire avec une pleine justesse *passion,* à moins toutefois qu'il ne soit pas assez fort pour enlever à l'organe ce qui lui est naturel, et pour l'endommager. Ainsi, on ne se plaint pas de *souffrir* (pati) de la lumière ou du son, si ce n'est quand la lumière est si vive, le son si intense qu'ils gênent la vue ou l'ouïe.

Du reste, bien que dans la rigueur des termes on ne devrait pas appeler passion le changement produit par le sensible dans le sens, cependant on lui donne ce nom dans une signification plus large, et l'on dit souvent que : *Sensus patitur a suo objecto.*

Conclusion II°. — *Le sens est une puissance organique.*

Cette *conclusion* donne à entendre : *a)* que la puissance de sentir n'appartient pas seulement à la matière première ; *b)* qu'elle n'apartient pas seulement à la forme substantielle, c'est-à-dire à l'acte premier du corps organique, qui est l'âme de l'animal ; *c)* mais qu'elle appartient au composé organique, constitué par la matière et la forme.

En effet, il serait absurde d'attribuer cette puissance à la matière première; puisque, séparée de la forme, elle ne peut exister et, par conséquent, ne peut avoir ni puissances ni actes.

Il n'est pas moins absurde de l'attribuer à la seule forme substantielle. S'il en était ainsi, cette forme ayant des facultés propres, aurait des opérations propres, auxquelles la matière ne concourrait pas comme *co-principe*. Elle serait dans une forme immatérielle, qui ne peut commencer ni cesser d'exister par un changement de la matière, mais seulement par création et annihilation. Mais cette puissance se montre matérielle, puisque ces actes, qui sont les sensations, se rapportent au matériel. *a)* Le sens ne perçoit jamais, comme l'intellect qui est immatériel, ce qui est spirituel ou universel : la substance simple, Dieu, les esprits, l'ordre, la vérité, la vertu, l'honnête, le beau, etc.; mais *b)* il perçoit seulement les corps et ce qui est corporel dans sa matérialité singulière; *c)* le sens ne se réfléchit point sur lui-même; et c'est pour cela que l'animal, qui opère avec la plus grande sagesse dans tous ses instincts naturels, n'est pas capable d'un véritable progrès quand il est abandonné à lui-même; c'est le contraire pour l'intellect; *d)* le sens n'a point, par rapport aux choses matérielles, l'indépendance propre à la puissance immatérielle; donc, l'appétit sensitif n'a pas la liberté, mais il est *déterminé* par ses objets avec une nécessité physique; il se distingue par là de la volonté qui est une puissance immatérielle; *e)* une trop grande efficacité dans l'objet endommage le sens; la puissance immatérielle, au contraire, est d'autant plus parfaite que son objet est plus élevé; et l'intellect et la volonté trouvent leur souveraine perfection dans le vrai *infini* et le bien suprême. D'où l'on voit clairement que la puissance sensitive ne peut appartenir clairement à la forme, par cela même qu'elle est matérielle.

Il ne reste donc plus qu'une chose, c'est que le sens soit une puissance appartenant au composé de matière et de forme. C'est pourquoi S. Thomas dit : « *La sensation n'est propre ni à l'âme ni au corps, mais au composé.*

Donc, la puissance sensitive est dans le composé comme dans son sujet (Summ., 1, 77, 3) »; et ailleurs : « Toute puissance *(sensitive)* est l'acte d'un organe corporel *(Summ., 1, 12, 3).* »

1ᵉʳ *Corollaire.* — On voit clairement, par les notions exposées dans cette leçon, combien se trompent ceux qui croient que le corps de l'animal reçoit des corps externes une impression, puis opère sur l'âme, et qu'alors celle-ci sent véritablement. Outre que cette opinion a le grave inconvénient d'accorder au corps le pouvoir d'agir physiquement sur un esprit, elle attribue de plus la sensation à un être incorporel et immatériel, ce qui est absurde.

Cette erreur a son origine dans l'ignorance de la nature, et, plus encore, dans l'ignorance de la forme substantielle et de l'union de celle-ci avec la matière organique. Si l'on a une juste idée de l'âme de la brute, si on la considère comme un acte substantiel, naissant par le changement qu'opère dans la matière la puissance de la cause efficiente, on ne pourra jamais penser à une union qui consisterait seulement dans l'influx mutuel de la *passion* et de l'action, car ni l'âme de la brute ne peut opérer ou recevoir aucune opération étrangère sans la matière, ni la matière de la brute ne peut opérer sans la forme.

2ᵉ *Corollaire.* — Puisque la puissance sensitive est dans le composé, il est clair qu'il y a sensation là où se trouve le composé sensitif, recevant le changement dont nous avons parlé plus haut. Maintenant où est le composé et où reçoit-il ce changement? Evidemment dans l'organe de chaque sens. Il n'est personne qui doute que l'animal ne voie par ses yeux et n'entende par ses oreilles, tout en pensant que cette vision et cette audition se fait *par* le cerveau et *dans* le cerveau. *Le sujet de la sensation* est évidemment cette partie de l'organe animé dans laquelle a lieu le changement produit par la lumière, le son et tous les autres objets. On ne nous objectera pas que, si l'on empêche la communication d'un organe des sens avec le cerveau, cet organe n'a plus sa sensation particulière. Qu'est-ce que cela prouve, en effet? Tout au plus qu'il est nécessaire que du cerveau descende continuellement à l'organe le fluide requis à l'opération parfaite du sens. Puis, n'y a-t-il pas des brutes très-imparfaites qui manquent de cerveau, et pourtant ont quelques puissances sensitives? Mais, de plus, nous dirons une chose qui plus tard sera bien comprise. Dans le cerveau se trouve le siége de l'organe du sens commun qui fait percevoir à l'animal les changements, et, par conséquent, la douleur ou la *passion* des sens externes. On comprendra parfaitement que, la communication étant interrompue avec le cerveau, la sensation se fasse dans le sens: mais cette sensation ne sera point perçue dans le sens commun et, j'ajoute, s'il s'agit de l'homme, nous n'aurons pas *conscience* de cette sensation.

3° *Corollaire.* — Ce que nous avons dit a mis dans la plus grande évidence l'inutilité de nombreuses recherches faites par tant de philosophes modernes qui, pour expliquer le fameux *commerce* se sont mis à la recherche du *pont* tant désiré. Par ce mot *pont*, nous indiquons le moyen par lequel l'impression de la chose sentie peut passer à l'âme qu'ils disent être seule *sentante*. Les uns ont recours à l'action immédiate de Dieu, qui opérerait les sensations dans l'âme; d'autres, à une certaine *harmonie préétablie* entre le corps et l'âme, venant de ce que Dieu a créé une âme en laquelle doivent se dérouler nécessairement toutes les sensations dans le temps même où le corps à qui elle a été unie, doit recevoir des changements analogues; d'autres ont imaginé, comme je l'ai dit plus haut, que le corps influe physiquement sur l'âme, et réciproquement. C'est par de telles absurdités qu'on veut pallier l'absurdité suprême d'avoir scindé en deux parties l'unité substantielle de l'être animé et sensitif. C'est folie que de vouloir mettre un *pont* où il n'y a point de rivière divisant les deux rives, et c'est une folie que de chercher un *pont* entre l'âme et le corps qui, tous deux, forment une seule substance et une seule nature. Presque tous les philosophes, depuis Descartes, grâce à leur ignorance absolue de la nature corporelle, ont fait des âmes autant de *formes assistantes*. Séparant l'animal en deux parties complètes, ils ont dû chercher un *pont* pour passer de l'une à l'autre. Qu'ils continuent donc, à leur exemple, leurs recherches du *pont;* mais certes ils ne le trouveront jamais !

4e *Corollaire.* — Si la puissance sensitive est dans le composé comme dans son sujet, il résulte aussi qu'un esprit immatériel n'a pas *la puissance de sentir* propre à un être animal. Mais de cette incapacité naturelle à sentir, on ne peut rien conclure contre le dogme chrétien des princes de l'enfer, comme le démontre parfaitement S. Thomas (*De passionibus animæ, quæst., disp.* 26, *art.* 1, *et supplem.* 71, art. 3).

5e *Corollaire.* — On voit aussi la merveilleuse harmonie de toutes les choses dans la doctrine que nous suivons. L'opération d'un corps serait impossible dans le système de l'atomisme mécanique : il n'en est pas de même dans la philosophie scolastique. Le corps, qui est en dehors du sujet sentant, est un composé de matière et de forme substantielle, et peut très-bien, en conséquence, opérer sur un autre corps, composé aussi de matière et de forme substantielle : l'âme, prise en soi, ne pourrait recevoir aucune impression du corps, mais, unie par une union substantielle à la matière, elle peut donc, avec elle, recevoir toutes les impressions qui lui viennent du dehors. Aussi, la philosophie ne contredit pas le fait attesté par l'expérience, mais elle l'explique.

6e *Corollaire.* — Nous pouvons conclure, de ce qui a été dit, à la présence de l'âme dans tout le corps de l'animal. L'âme, étant la forme substantielle du vivant, doit se retrouver avec son essence partout où se trouve le vivant. Or, le vivant est là où il opère par une opération vitale, qui se fait *a*) dans l'ordre *végétatif; b*) dans l'ordre *sensitif.* Partout donc où l'animal végète, l'âme s'y trouve comme principe de la vie végétative ; partout où l'animal sent, l'âme est unie à l'organe du sens comme principe de la vie sensitive. Donc, comme l'une ou l'autre de ces deux fonctions s'accomplit dans toute partie vivante, l'âme est dans tout le corps vivant. Ceux qui la placent dans quelque endroit du cerveau, la conçoivent comme une forme assistante, plutôt qu'informante, et prouvent, une fois de plus, qu'ils ignorent le vrai *sujet* des puissances végétatives, et celui des puissances sensitives.

CINQUANTE-DEUXIÈME LEÇON.

Objets des sens externes; division des sens externes prise de leurs actes respectifs.

De l'objet du sens externe.

L'objet du sens externe est ce qui *se présente* (*objicitur*) à lui. Ce n'est donc pas la chose en elle-même, mais la chose en tant que, changeant la puissance sensible, elle se rend présente à elle. Un fruit odoriférant qui se présente à un aveugle, est *un objet* en tant qu'*odoriférant* et *savoureux,* mais non en tant que *coloré*. La conclusion suivante nous donnera une connaissance distincte des objets sensibles.

Conclusion Ire. — *L'objet des sens est triple : à savoir, propre, commun, et par concomitance.*

En effet, c'est le rôle de l'objet sensible d'apporter dans le sens un certain changement, une certaine *passion*. C'est de la manière diverse de causer ce changement, cette *passion,* qu'on doit tirer la différence de l'objet. Si nous considérons l'expérience, touchant la brute et l'homme, considéré comme animal, nous observerons facilement :

1° Que certains objets apportent à un sens déterminé, *dans l'ordre de la sensation,* un changement tel, qu'ils ne peuvent convenir à aucun autre sens. Ainsi, par exemple, la couleur apporte à la faculté de la vue un changement qui ne pourrait certainement avoir lieu dans la faculté de l'ouïe ou de l'odorat. On appelle donc cet objet *propre,* signifiant par là qu'il appartient tellement à un seul sens, qu'il ne peut appartenir à aucun autre.

2° L'objet, apportant un changement dans plusieurs sens, et pouvant ainsi être perçu par plus d'un sens, se nomme *commun :* par exemple, la figure d'un corps peut être perçue par l'œil et la main, avec la vue et le toucher, puisque cette figure meut non-seulement l'organe de la vue, mais aussi celui du toucher; on peut en dire autant de la distance, du mouvement et de tout ce qui peut être perçu par plusieurs sens.

3° Une chose n'est pas proprement l'objet du sens, quand cela ne lui cause aucun changement, bien qu'elle accompagne l'objet qui en cause un, c'est-à-dire qui se trouve en même temps que l'objet *propre* ou *commun*. Ainsi, la couleur du vêtement qui recouvre un homme, est l'objet *propre* de la vue; la grandeur de cet individu, sa figure et sa démarche, sont un objet commun à plusieurs sens; mais sa qualité d'ami ou de père, c'est l'objet qui *accompagne* l'objet propre commun, et qui n'apporte, *par lui-même*, aucun changement dans le sens, si ce n'est au moyen de l'objet *propre* ou *commun*. Cette concomitance suffit pour permettre de dire, en toute vérité, qu'on a vu dans un homme individuel *son ami ou son père*. C'est de là que naissent beaucoup d'erreurs non-seulement touchant ce qu'on appelle vulgairement *l'identité* d'un sujet, que l'on confond avec un autre, mais encore quand on affirme que *la cause* de tel ou tel phénomène, doit être connue des sens, quand cette cause qui n'opère sur le sens qu'au moyen de l'objet *propre* ou de l'objet *commun*, ne peut être connue que comme objet *par concomitance*. Mais nous avons déjà parlé de cela dans la logique.

Conclusion IIe. — Les puissances sensitives externes, c'est-à-dire les sens externes dans l'animal parfait, sont au nombre de cinq.

Nous ne parlons point de ces brutes qui, placées dans un degré inférieur de la vie sensitive, manquent tantôt d'un, tantôt de plusieurs sens : nous parlons des animaux les plus parfaits. Cette conclusion donc, comme plusieurs autres, dans le sujet qui nous occupe, doit encore regarder l'homme qui, en tant qu'animal, est le plus parfait de tous. On démontre ainsi que les sens sont au nombre de cinq : les puissances sont spécifiées par les actes que produit en eux une cause efficiente. C'est pourquoi nous disons que la matière première, comme première puissance, acquiert diverses espèces selon la diversité des actes premiers, c'est-à-dire substantiels, qui y sont produits par l'opération de la cause efficiente. Donc, les puissances sensitives externes, ou les sens externes se divisent en autant d'espèces que leurs actes respectifs. Pour connaître la diversité spécifique des actes, de laquelle on doit tirer leur division, nous pouvons procéder de deux manières :

1° Ces actes sont d'espèces diverses, qui ne diffèrent pas entre eux, en intensité ou en perfection, *c'est-à-dire dans le plus ou dans le moins, ou dans le plus ou moins parfait,* mais qui diffèrent totalement. Or, c'est ainsi que diffèrent les actes de la vue, de l'ouïe, du toucher, de l'odorat, du goût.

2° Un acte est spécifiquement différent d'un autre toutes les fois qu'il a un objet *propre*, c'est-à-dire un objet qui ne puisse affecter d'une égale manière un autre sens. Nous voyons que les objets propres sont au nombre de cinq, car la couleur ne peut être perçue par l'ouïe, ni le son par la vue, l'ouïe ne perçoit pas la saveur, et ainsi des autres. Les sens sont au nombre de cinq dans l'animal parfait : 1° la vue ; 2° l'ouïe ; 3° le toucher ; 4° l'odorat ; 5° le goût. S. Thomas dit à ce sujet : « La raison du nombre et de la distinction des sens externes, doit se prendre de ce qui appartient au sens *par soi et proprement*. Or, le sens est une certaine puissance passive, ordonnée à être changée par un sensible externe. Donc, ce qui change extérieurement, est par soi perçu par le sens : et c'est, par conséquent, selon la diversité de cela que les sens doivent se distinguer (*De Anima, art.* 13 ; *Summ.*, 1, 78, 3). » On comprendra encore mieux cette doctrine, quand on considérera que l'objet *concomitant* n'apporte au sens aucun changement ; l'objet *commun* en apporte à plusieurs sens ; l'objet *propre*, à un seul.

A cette division des cinq sens, on pourrait encore ajouter leur gradation, tirée de la propriété ou office qu'ils ont d'être instruments de connaissance ; cette propriété leur est essentielle. A ce point de vue, un instrument se distingue d'un autre par la plus ou moins grande perfection avec laquelle il a été travaillé ; par la fermeté, qui le préserve plus ou moins de la corruption, et, par conséquent, par sa qualité d'être inaltérable; par l'ampleur d'objet auquel il s'étend; enfin, par les avantages qu'en retire celui pour qui il fut confectionné.

Si l'on compare la structure plus ou moins parfaite des sens, on reconnaîtra que l'œil vient le premier, l'oreille ensuite; puis l'odorat, le goût, et enfin le toucher. Mais l'objet de l'œil est plus vaste que celui de tout autre sens; car, l'œil est comme un instrument par lequel l'animal amène, attire jusqu'à lui toutes les choses corporelles quelqu'éloignées, quelque difficiles à rapprocher qu'elles soient. L'animal, par son œil, participe en quelque sorte à l'immensité divine. C'est pourquoi, Aristote, au commencement de sa *Métaphysique*, croit trouver dans le désir naturel que les hommes ont de savoir, la cause de cet amour naturel aussi, que tous portent à leurs sens, comme aux instruments d'innombrables connaissances, et au principe nécessaire à toutes; il faut noter que l'œil, surpassant tous les autres sens, comme ministre de connaissances plus amples et plus variées, est aussi celui de tous qui nous est le plus cher; tellement que l'on dit d'une personne ou d'une chose très-chère : *Je l'aime comme mes yeux*. Si l'on considère le plus ou moins grand besoin que l'animal a d'un sens en comparaison d'un autre, il est évident que le toucher, puis le goût, sont plus nécessaires à la vie végétative. Mais, par rapport à la vie de l'intelligence, l'oreille surpasse tous les autres sens, puisque, nous mettant en communication d'idées avec nos semblables, elle est presque le moyen unique et la condition indispensable de toute éducation, et même de toute société humaine : c'est pour cela qu'Aristote, dans sa *Physique*, l'appelle par excellence le *sensus disciplinæ*. On observe, à ce propos, que la raison qui se développe parfaitement sans difficulté dans les aveugles-nés, n'est que d'un usage souverainement imparfait dans les sourds de naissance, qui sont muets par là même. Si l'on veut examiner le plus ou moins d'altération que supportent les sens, quand ils saisissent comme instruments leurs objets, il sera difficile de déterminer exactement la variété de l'altération à laquelle ils sont sujets;

cependant, on pourrait croire que le goût, et, en partie encore, l'odorat, qui s'unissent *matériellement* avec leurs objets, reçoivent un changement plus intime que les autres sens. Il est très-remarquable que l'œil, le sens le plus précieux par sa noblesse, et par l'étendue de son objet, est aussi, grâce peut-être à la délicatesse exquise de son organisme, le plus difficile à conserver.

1ᵉʳ *Corollaire*. — De la doctrine exposée ressort la distinction entre les objets *matériels* et *formels* des sens, en vertu de laquelle il arrive que, quand il y a une diversité spécifique ou générique dans l'objet matériel, il y a souvent une identité spécifique dans l'objet formel. L'objet formel est celui qui change, qui meut et détermine le sens à sentir; l'objet matériel est la chose considérée en elle-même, qui a la puissance de mouvoir le sens. Quelle plus grande différence peut-il y avoir que celle qui distingue l'homme de la pierre? Toutefois, en tant que visibles, c'est-à-dire en tant *qu'objets formels* de la vue, ils appartiennent à la même espèce. Donc, sous ce rapport, *la pierre* et *l'homme*, ont une différence accidentelle, tandis que le son et la saveur, qui ne sont que des accidents, diffèrent *per se* l'un de l'autre. « Bien que, dit S. Thomas, le son et la couleur soient des accidents divers, cependant ils diffèrent entre eux *per se*, par rapport au changement du sens; et l'homme diffère seulement *per accidens* de la pierre en tant qu'ils sont sentis, quoique comme substances, ils diffèrent *per se*. Il n'y a là aucune difficulté, puisqu'on peut très-bien trouver une différence qui, *per se*, à l'égard d'un genre, soit *per accidens* à l'égard d'un autre (*l. c.*). »

2ᵉ *Corollaire*. — Il est vrai que la différence spécifique des sens externes, doit se prendre de la différence spécifique des actes, et celle-ci de la différence de leurs objets respectifs; mais il est tout aussi vrai que, les objets étant perçus par des puissances sensitives diverses, on y trouve une distinction réelle qui s'étend jusqu'aux objets eux-mêmes, puisque, sans cette distinction réelle, toute puissance percevrait tous ces objets par un acte identique. Ainsi, le sens étant changé d'une manière diverse, par exemple, par le son et la couleur, il faut dire que le son et la couleur sont des choses différentes *en soi*. C'est pour cela que la providence a donné plusieurs sens à l'animal parfait, afin que la chose, en tant que matérielle, et opérant en dehors de lui, puisse être perçue sous tous ses aspects ou au moins sous ses principaux. Telle est la doctrine d'Aristote et de S. Thomas après lui (*De Anima*, III. *lect.* 1). »

Conclusion IIIe. — *Les qualités des choses corporelles sont les objets propres des sens.*

La brièveté que nous nous sommes imposé dans cette exposition philosophique des choses physiques, ne nous permet pas de considérer ce sujet avec toute l'étendue et la profondeur qu'il mérite pourtant. Nous dirons un mot cependant de ce qui nous paraît plus nécessaire et plus utile.

L'objet propre des sens externes, est ce qui cause immédiatement dans le sens un véritable changement. Or, ce sont les qualités des choses senties, qui causent ainsi immédiatement dans le sens, un véritable changement; donc, ces mêmes qualités sont l'objet propre des sens. En effet, ce changement qui a lieu dans le sens, est un effet qui procède de la chose sentie, comme de sa cause. Maintenant, cette cause change le sens, ou bien en tant qu'elle est, ou bien au moyen de ses qualités. Or, on ne peut, en aucune façon, admettre la première hypothèse : *a*) parce que la substance est une, et ne peut se présenter au sujet sentant d'une manière diverse comme il arrive par le fait; *b*) de plus, il n'est aucune substance créée qui puisse opérer de telle sorte que l'opération, par laquelle elle se manifeste au dehors, soit sa substance même; seule, l'opération divine est la substance même de Dieu; *c*) la substance est l'objet de l'intelligence, et ne peut être l'objet des sens que *par concomitance*. La sensation peut souvent avoir lieu, *de même façon après le changement de la substance* qui accompagne l'objet propre ou commun. Là se trouve une cause d'erreurs nombreuses. Par exemple, un homme de cire pourra exciter la même sensation qu'un homme réel. Donc, on ne sent pas la substance d'une chose, bien qu'elle soit unie avec ce qui cause proprement *un changement* dans le sens. Or, si ce n'est pas la substance, ce devra être l'accident, et cet accident qu'on appelle *quale*, c'est-à-dire la qualité. Dans une pomme, par exemple, l'essence et la substance sont une ; mais les qualités en sont variées, et c'est pour cela que, à cette demande, comment est-elle (*quale*) ? on répond : Elle est douce, rouge, tendre, savoureuse, odorante. Elle opère diversement hors d'elle-même selon ces qualités. Elle opère d'une manière comme rouge, d'une autre comme tendre, d'une autre comme odorante, et quand on la jette contre un mur, elle donne un son, et opère ainsi comme sonore. Je ne veux point traiter maintenant de l'essence intime de ces qualités ; il me faudrait trop de temps pour cela. Qu'il me suffise d'avoir averti que les changements divers dans les sens, ne procèdent pas immédiatement de l'essence ou de la substance des choses, mais bien de leurs qualités.

Conclusion IVe. — *Il y a une distinction réelle entre les qualités et l'essence de la substance de l'être senti.*

En effet, *a*) il y a la distinction que nous avons prouvée, dans *la philosophie première*, entre la substance et les accidents, car les qualités appartiennent au genre des accidents ; et cette distinction est réelle, comme nous l'avons aussi démontré. *b*) De plus, si cette distinction n'était pas réelle, il y aurait une *identité* réelle ; et, en ce cas, ce serait une substance qui affecterait tout sens ; ce qui, nous l'avons dit, est impossible.

Corollaire. — Quand la puissance divine, suppléant à la causalité de la substance, soutient, en place de celle-ci, les qualités avec lesquelles elle opère en dehors d'elle-même, sur les sens des animaux, le changement doit être, dans le sens, semblable à celui que la substance aurait fait au *moyen* de ses qualités. « Comme, dit S. Thomas, tout effet dépend plus de la cause première que de la cause seconde ; Dieu, cause première de la substance et des accidents, peut, par sa puissance infinie, conserver dans son être les accidents, sans le secours de la substance qui, en qualité de cause propre, les conserve dans son être ; de même que Dieu aussi peut produire d'autres effets sans les causes naturelles d'où ils procèdent (1). » On voit par là, qu'il n'est point contraire à la raison que Dieu, dans l'Eucharistie, lorsque la substance du pain a disparu, retienne dans leur être, les qualités qui étaient d'abord produites par cette substance. On voit aussi, combien est fausse et téméraire l'opinion de ceux qui nient la distiction réelle entre la substance et les accidents.

CINQUANTE-TROISIÈME LEÇON.

De la manière dont se fait la sensation externe.

Le changement (mutatio) reçu dans le sens, n'est pas la sensation.
L'objet du sens externe est ce que celui-ci perçoit quand il est affecté, dans la manière que nous avons dite, par un objet intrinsèque. On voit par là que le changement produit par une cause externe, n'est pas la perception du sens, c'est-à-dire la sensation. S'il en était ainsi, en effet, la sensation ne serait pas un *acte* vital, mais une pure *passion*. Dans la sensation externe, pour avoir un acte vital, il suffit de la perception active du sens, qui *se détermine* à percevoir l'objet qui l'affecte. On peut appeler d'une certaine façon image, espèce, vestige du sensible même, le changement qu'il reçoit, comme, par exemple, dans la cire, l'impression du sceau; mais, cependant, il ne faudrait pas croire que le sens externe, après avoir reçu ce changement du sensible, en produise, *per se*, une image *expresse* : c'est le propre des facultés cognoscitives supérieures. S. Thomas dit : « La connaissance du sens externe n'a lieu que par le changement du sens, fait par le sensible; donc, il sent par la forme que lui imprime le sensible et le sens externe n'exprime pas une autre forme sensible (*Quodlib.* 5., *art.* 9). » Mais si le chan-

---

(1) Cum effectus magis dependeat a causa prima quam a causa secunda : Deus qui est prima causa substantiæ, et accidentis, per suam infinitam virtutem conservare potest in esse accidens, subtracta substantia, per quam conservabatur in esse, sicut per propriam causam; sicut et alios effectus naturalium causarum potest producere sine naturalibus causis. *Summ.*, 3, 77, 1.

gement n'est pas la sensation, en est-il moins l'objet?

Conclusion Ire. — *Le sens externe ne perçoit pas dans sa sensation le changement ou l'espèce reçue de l'objet, mais l'objet même qui la produit.*

En effet, le sens est incapable de réfléchir sur lui-même. Or, si l'on n'admet pas ce que nous avons dit dans la *conclusion*, il se réfléchirait sur lui-même, car le sens devrait percevoir ce qui est en lui-même. Mais, pourquoi le sens ne peut-il se réfléchir sur lui-même? En voici la raison : aucun être corporel ne peut opérer sur lui-même, sans *a*) qu'il y ait une distinction des parties, *b*) et qu'une partie meuve l'autre *par un mouvement local*. C'est pourquoi une même puissance organique, qui est corporelle, ne peut se percevoir elle-même, ni ses actes ou ses *passions*, car cela supposerait une distinction des parties, dont une sentirait et l'autre serait sentie ; la première serait la puissance, la seconde l'objet, et il n'y aurait point de réflexion sur la même puissance. En outre, il est clair qu'une puissance corporelle identique ne peut se mouvoir par un mouvement local, comme un bras ne peut se frapper lui-même.

Ce qui arrive en nous, nous pouvons le rapporter à tous les animaux. Qu'est-ce que nous percevons par nos sens? Le changement ou ce qui le produit? L'expérience nous apprend que nous percevons ce qui produit le changement, ce sur quoi s'exerce notre connaissance directe ; nous avons la certitude touchant cela, mais non touchant le changement, qui, étant une modification subjective de notre sens, ne nous est connu que par une réflexion de notre intelligence.

Corollaire. — Il suit de ce qui précède, que, sans l'objet *externe* senti, la sensation est impossible. Dans cette affirmation, il faut distinguer l'imagination de l'objet senti par les sens externes, de la sensation externe. L'imagination, en effet, peut avoir lieu sans cet objet, comme nous le verrons, et l'on peut dans le délire, ou le sommeil, confondre l'objet imaginaire, c'est-à-dire l'objet présent à l'imagination, avec l'objet extérieur présent au sens. Mais, nous le répétons, la sensation qui n'est pas la perception du changement subjectif, mais la perception de l'objet, ne peut avoir lieu sans cet objet. Si donc un *esprit* opérait sur un sens comme y opèrent la couleur et le son, mais sans apporter devant le sens ni couleur ni son, on n'aurait certainement pas la sensation de ces qualités. Ce n'est pas une difficulté contre cette doctrine que, les yeux fermés, nous voyions des points lumineux marchant çà et là, des cercles de diverses couleurs, ou des globules rougeâtres, surtout lorsque nous avons fixé le soleil; car tout ce que nous apercevons dans ce cas, est *devant* la pupille, bien qu'il soit à l'intérieur de l'œil; il la change, et la pupille *animée* le saisit comme son véritable objet. On doit en dire autant de l'ouïe, qui garde parfois le retentissement, et comme l'écho des grands bruits entendus, mais qui ont cessé : ainsi, en est-il du piano qui, après avoir été frappé, continue quelques instants à résonner.

Conclusion IIe. — *Le sens externe perçoit certains objets immédiatement, et certains autres médiatement.*

Nous voulons dire par là que certains objets produisent dans le sens en s'unissant à lui, ces changements par lesquels ils sont sentis; d'autres restent éloignés et changent le sens à l'aide d'une substance intermédiaire.

L'expérience, en effet, nous apprend que les saveurs et les odeurs changent immédiatement les sens du goût et de l'odorat, et y produisent une véritable altération; le toucher est aussi modifié par la présence immédiate dans son objet, doux, tendre, ou autrement. La couleur et le son ne peuvent modifier la vue et l'ouïe que *par un moyen ;* tellement que leur contact immédiat avec le sens, rendrait impossible la sensation.

Il nous faut ici distinguer *le contact* des sensibles avec les facultés sensitives, du sens spécial du toucher. Puisque l'union de tout sensible avec la faculté sensitive est nécessaire pour la sensation, il faut que tout sensible se mette en contact avec elle. Donc, tout sensible, immédiatement ou médiatement, doit *toucher* sa faculté sensitive respective ; mais, toutes les facultés, autres que celle du toucher, sentent le sensible d'une manière toute différente de celle du toucher. La vue perçoit-elle quelque chose de la dureté de l'objet? l'ouïe, de *la mollesse* de l'air? Il ne leur appartient pas de percevoir ces qualités, qui sont l'objet propre du toucher.

Si le temps me le permettait, je voudrais m'arrêter dans le développement scientifique des divers objets des sens externes, avec le secours de l'admirable doctrine de S. Thomas; mais, puisque je n'en ai pas le loisir, j'exposerai, pour donner une idée du reste, ce qu'il dit de la lumière, et de sa diffusion. On verra que les spéculations de S. Thomas, bien que manquant dans son temps des expériences innombrables que l'on a faites depuis sur ce sujet, doivent encore maintenant, à qui sait les comprendre, paraître très-nobles; car, tout en n'ayant rien perdu de leur fraîcheur naturelle, elles peuvent bien être appelées anciennes; mais elles ne sont pas, et ne seront jamais vieillies.

Si l'on demande à S. Thomas ce qu'est la lumière, il nous répond : C'est *l'hypostase des couleurs*, ou bien ce en quoi sont fondées les couleurs : *est hypostasis coloris, quia in natura lucis omnes colores fundantur* (3 *dist.*, 23, 2, 1). » Mais il ne faut pas croire que, d'après S. Thomas, la lumière soit l'hypostase ou le support des couleurs, comme la toile est dans la peinture, mais plutôt comme le tout est aux parties, puisque, d'après lui, la couleur n'est rien autre chose qu'une lumière imparfaite, non complète, et comme obscurcie par les ténèbres : *Color nihil aliud est quam lux quædam quodammodo obscurata* (*De Anima*, II. *lect.* 14). »

La lumière, outre l'illumination, produit encore la chaleur, puisque toute la lumière, même la lumière faible et réfléchie, comme celle de la lune, apporte avec elle de la chaleur : *Lux, quantum est de se, semper est effectiva coloris, etiam lux lunæ* (2 *dist.* 15, 2, 5). En outre la lumière et la chaleur ne sont produites que par mouvement; et le soleil émet sa lumière et sa chaleur par un mouvement : *Sol est causa caliditatis per motum* (*de Potentia*, 5, 7, 19).

Dans la diffusion de la lumière, il faut distinguer la lumière de la clarté, du rayon et de la splendeur, car

« ces quatre choses : *la lumière, la clarté, le rayon et la splendeur* diffèrent entre elles. Le mot *lumière*, signifie celle qui est dans le corps lucide en acte ou lumineux, dont plusieurs autres corps sont illuminés, comme il arrive par rapport au soleil. *Clarté*, se dit du corps diaphane, illuminé. *Rayon*, de l'illumination même qui émane du corps lucide *en suivant une ligne droite ;* par conséquent, où est le rayon, là est la clarté, mais non réciproquement, car il peut y avoir clarté dans une maison, grâce à la réflexion des rayons du soleil, quoiqu'il n'y ait pas irradiation directe à cause d'un corps moyen qui s'y oppose. *La splendeur* a lieu quand un rayon venant se briser sur son corps net et poli, sur l'eau, par exemple, l'argent ou tout autre corps semblable, y rebondit et se disperse (*in qua reflexione radii projiciuntur*) (2 *dist.*, 13, 1, 3). »

Quand nous parlons des rayons qui se *transportent* ou *se réfléchissent*, on doit l'entendre métaphoriquement ; car la lumière n'est point émise du corps lumineux, mais se fait par ondulation. « Quand on dit que le rayon se meut ou descend, on ne le dit pas proprement, mais bien métaphoriquement ; cela signifie que l'illumination commence au-dessus de nous ; on pourrait dire de la même façon que *la chaleur* monte ou descend (2 *dist.*, 2, 7, 4). »

C'est aussi métaphoriquement qu'on parle de la répercussion de la lumière, comme on parle de sa descente ou de son ascension. On trouve en cela une grande ressemblance de la lumière avec le son. « Il en est du son comme de la lumière. La lumière est toujours *répercutée ;* mais, parfois, cette *répercussion* est visible, parfois, elle ne l'est pas. Elle est visible quand elle est faite par un corps réfléchissant. En ce cas, cette répercussion se fait avec une certaine clarté comme celle qui paraît à la première émission de la lumière elle-même. La répercussion de la lumière n'est pas visible, quand elle se fait sur un corps non réfléchissant ; la répercussion sur un corps non réfléchissant est, précisément, la raison qui l'empêche d'être visible : cette répercussion n'est pas accompagnée d'une clarté vive, ni de la splendeur des rayons, mais elle existe en réalité, car si les corps non réfléchissants ne renvoyaient pas les rayons solaires, il n'y aurait que ténèbres partout où ne pénétreraient pas les rayons solaires directs. Il y en a donc, mais pas autant que quand la lumière est réfléchie par les corps qui envoient la splendeur avec la diffusion des rayons (*De Anima*, II. *lect*. 16). »

Si *la lumière* et *la chaleur* se répandent par un mouvement ondulatoire, semblable à celui du son, et non par l'émission d'une substance envoyée par le corps lumineux, tellement que *la marche* des rayons ne puisse se dire que dans un sens métaphorique, c'est avec raison qu'Aristote condamnait comme erroné, le système de Démocrite qui, ne sachant pas concilier avec ses atomes la diffusion de la lumière, prétendait qu'ils étaient inutiles et même nuisibles à l'effet qu'on leur prêtait. « Aristote rejette cette erreur, en disant que Démocrite ne parlait pas avec exactitude, lorsqu'il jugeait que si le milieu entre l'œil et la chose vue était parfaitement vide, on pourrait apercevoir un très-petit objet à une grande distance, par exemple, une fourmi dans le ciel. Cela est tout à fait impossible. Car, pour qu'il voie, l'organe de la vue doit recevoir une impression de l'objet visible. Or, il a été démontré que l'œil ne reçoit pas cette impression immédiatement de l'objet visible externe; donc, il faut une substance intermédiaire entre le visible et la vue. Le vide, s'il existait, ne serait pas un milieu capable d'être changé (*en étant illuminé*), et de changer (*en illuminant*); donc, s'il n'y avait que le vide absolu, on ne pourrait voir. Démocrite est tombé dans cette erreur, parce qu'il croyait que la distance n'empêche la vision d'un objet, qu'en tant qu'un objet intermédiaire empêche l'opération du visible, mais c'est faux. La distance empêche la vue, seulement parce que l'on voit tout objet sous l'angle d'un certain triangle, ou mieux d'une pyramide, dont la base est dans l'objet vu, et le sommet dans l'œil qui voit : *Omne corpus videtur sub quodam angulo cujusdam trianguli, vel magis pyramidis, cujus basis est in re visa et angulus est in oculo videntis*. Donc, plus l'objet est grand, par rapport à la pupille, plus le changement, produit par l'objet visible dans l'œil, est grand, proportion gardée. Il est évident aussi que, plus les côtés du triangle ou de la pyramide sont longs, la base restant la même, plus est petit l'angle (*opposé à la base*). Donc, plus l'objet est éloigné, moins il se voit; et la distance peut être telle qu'il ne se voie plus du tout (*De Anima*, II. lect. 15). »

Si, d'après S. Thomas, la diffusion de la lumière et de la chaleur se fait par ondulation et non par une émission de matière, il est clair que la lumière ne sera jamais pour lui *un corps*. « Il est impossible, dit-il, que la lumière soit un corps » : *Impossibile est lumen esse corpus* (*Summ.*, 1, 67, 2). Elle doit pourtant être quelque chose. Que sera-t-elle? Un accident, ou bien une qualité du corps lumineux. Il croit, et cela semble bien conforme aux expériences faites sur la diversité de la lumière des étoiles, que les astres ont des influences diverses déterminées par leur nature (*radii diversarum stellarum habent diversos effectus, secundum diversas naturas corporum*); il enseigne ainsi que la lumière est une qualité des corps lumineux, inégale dans ces corps et différente selon leur nature.

Telle est, au sujet de la lumière, la doctrine que S. Thomas a trouvée explicitement enseignée par Aristote, ou qu'il a lui-même tirée de ses principes; et il est triste que notre siècle oublie et néglige les trésors de cette belle philosophie. Certes, nous avons, en ce qui regarde les faits d'expérience, je ne parle pas de l'essence, fait bien du progrès dans la connaissance de la lumière, mais il faut considérer que, depuis Aristote, plus de vingt-deux siècles se sont écoulés, et que l'on a bien pu, dans ce temps, augmenter le patrimoine des observations, et perfectionner les moyens d'expérience. Nous avons pu nous approprier toutes les connaissances qui, depuis Aristote jusqu'à nous, sont venues se joindre à ce qu'on savait alors. Le difficile est de trouver, mais ce résultat obtenu, *facile est inventis addere*. On ne méprisera donc pas Aristote qui a créé toutes les sciences, les a divisées, fixant à chacune son objet propre, et surtout établissant chacune d'elles sur un fondement tel qu'on ne le peut ébranler sans la faire crouler; pas plus que S. Thomas, le génie le plus merveilleux qui ait paru sous le ciel de l'Italie, et même, on peut le dire, de tout l'univers.

CINQUANTE-QUATRIÈME LEÇON.

Du sens interne commun.

Définition du sens commun.
Le sens commun, quoique par ce mot on entende quelquefois le bon sens naturel de l'homme, est une faculté ou puissance organique interne, au moyen de laquelle l'animal sent les sensations des cinq sens externes, qui tous viennent se réunir au sens commun comme *à leur centre*. Le sens commun est donc un dans son *essence*, et son organe est distinct de l'organe des cinq sens externes, mais il est *virtuellement* multiple, puisque tous les autres viennent s'y réunir. L'animal voit avec son œil; cette sensation est perçue par le sens commun qui fait *sentir*, qui fait *observer* à l'animal *qu'il voit ;* on en dirait autant des autres sens. C'est l'idée qu'Aristote donnait du sens commun; S. Thomas exposait ainsi cette même idée : « Le sens commun, qui est en son essence une puissance unique, est cependant en quelque sorte multiple dans son être, en tant qu'uni aux divers sens propres, comme un centre à plusieurs rayons. Donc, les changements de tous les sensibles se terminent et commencent au sens commun, comme les mouvements qui auraient lieu dans toute l'étendue des rayons d'un cercle, qui commenceraient dans le centre (*Quodlib.* 7, *art.* 2). »

Nous arrivons aux conclusions qui en établiront l'existence et la nature.

Conclusion Iʳᵉ. — *Le sens commun existe réellement dans les animaux.*

Comme je l'ai dit dans un autre endroit, je considère ici l'animal dans sa perfection, et je ne veux point dans *mes conclusions* comprendre tous les animaux, même ceux des dernières espèces. Il n'y a pas de raison, en effet, d'attribuer à ceux-ci le sens commun; il semble même qu'ils en sont entièrement privés.

L'animal a une faculté au moyen de laquelle il sent toutes les sensations des sens particuliers; or, cette faculté ne peut être que le sens commun. On ne peut douter que l'animal ait une telle faculté. Dans le même instant, en effet, le chien sent le goût d'un aliment qu'il mange, entend le sifflet de son maître qui l'appelle, montre la douleur qu'il ressent sous les coups, voit le chat son rival qui lui envie sa nourriture, et pour cela le regarde d'un œil irrité, et flaire l'odeur exhalée par la nourriture. Le chien peut éprouver *toutes* ces sensations dans le même instant; donc, il a la faculté de les sentir. Notez ici que l'animal ne les sent pas d'une manière telle quelle, et de telle sorte que l'une n'ait rien à faire avec l'autre; les faits rapportés nous montrent, en effet, un sujet commun qui perçoit dans un même instant des sensations diverses, *dont il préfère l'une à l'autre comme s'il les avait comparées entre elles.* On ne doit certainement pas admettre dans les brutes ce que la comparaison a de rationnel; mais il faut leur reconnaître, de toute nécessité, une faculté spéciale qui, pour être capable de distinguer une sensation de l'autre, doit les sentir *toutes les deux,* et, par conséquent, doit être distincte de chaque sens. Dans le lévrier, qui, à la vue du lièvre, abandonne sa nourriture, il doit y avoir un sens autre que le seul goût, autre que la seule vue, mais capable de l'un et de l'autre : cela est absolument requis à l'effet d'abandonner *l'un pour l'autre.*

Conclusion II° — *La faculté du sens commun est diverse des facultés sensitives particulières.*

En effet, s'il n'y avait que les facultés sensitives particulières, ou les sens particuliers, il faudrait dire ou que chaque sens perçoit sa sensation propre et celle de tous les autres sens, ou qu'un sens perçoit sa sensation propre et celle des autres sens qui ne perçoivent pas la leur. Dans le premier cas, la vue, par exemple, voit qu'elle voit; le goût goûte qu'il goûte; l'oreille entend qu'elle entend; et ainsi des autres. Dans le second cas, l'œil verrait qu'il voit et verrait le son, la saveur, etc.; l'ouïe entendrait la couleur, l'odeur, etc. Dans le troisième cas, l'œil *seul*, par exemple, verrait qu'il voit, verrait le son, l'odeur; mais l'ouïe n'entendrait pas la couleur, l'odeur et ainsi des autres sensations. Toutes ces hypothèses sont évidemment absurdes.

1° Toutes, en effet, elles donnent au sens, qui est une faculté organique, le pouvoir de se réfléchir sur son acte propre, ce qui est impossible comme nous l'avons démontré. Le sens, avons-nous dit, ne perçoit que la qualité, c'est-à-dire, la forme de l'être senti qui l'affecte. « Au sens commun, dit S. Thomas, se réfèrent comme à un terme commun, les perceptions de tous les sens; le sens commun aussi perçoit les opérations des sens eux-mêmes, comme il arrive quand la personne sent qu'elle voit. Cela ne peut se faire par le sens propre, qui ne connaît que la forme de l'être sensible qui le change, et c'est en ce changement que s'accomplit la vision; mais de ce premier changement il en résulte un autre dans le sens commun qui perçoit la la vision (*Summ.*, 1, 78, 2). »

2° Dans l'hypothèse du premier cas qui suppose une mutuelle indépendance des sens externes, il n'y a pas de centre *commun* de connaissance, ni de principe qui connaisse toutes les sensations; et, par conséquent, il serait impossible de distinguer l'une de l'autre. L'existence de ce centre *commun* est pourtant un fait. S. Thomas observe justement après Aristote qu'il arriverait pour les sens, en cette hypothèse, comme il en arrive pour plusieurs individus séparés, percevant des objets divers. Par exemple, un voyant le blanc, l'autre goûtant le doux, le troisième entendant un bruit. Y aurait-il jamais *entre ces individus mêmes* un principe qui puisse sentir et le doux et le blanc et le bruit, sentant que le blanc n'est pas le doux; que le bruit n'est pas le blanc ni le doux? Certainement non (*De Anima*, III. *lect.* 3).

3° Les deux autres hypothèses, déjà réfutées par le premier argument général, sont de plus complétement ridicules et ne peuvent s'appuyer d'aucune raison. L'organisme lui-même fait voir que tout sens a son opération *propre* et que, par conséquent, aucun des cinq sens ne peut avoir une aptitude quelconque à percevoir l'objet de la sensation des autres.

Nous avons dit qu'une puissance ne peut avoir, au même instant, deux actes numériquement distincts; mais cela n'apporte aucune difficulté à notre thèse, car le sens commun est *une* seule puissance à laquelle aboutissent toutes les sensations des sens externes. Car les sensations n'ont pas la raison d'*actes*, mais d'*objets* du sens commun, et, *comme objets* du sens commun, elles ne sont pas spécifiquement diverses, bien que spécifiquement diverses en elles-mêmes. Nous avons vu la même chose dans les objets des sens externes; ainsi, par exemple, l'homme et la pierre *en tant* qu'objets de la vue sont de la même espèce.

Conclusion IIIe. — *La faculté du sens commun ne peut être dans l'âme seulement comme dans son sujet.*

Il est bon ici de rappeler tout d'abord à l'élève la méthode synthétique que nous suivons dans notre philosophie. Nous avons parlé dans les plantes de la vie végétative; et, comme elle est commune aux brutes et à l'homme, il n'est pas nécessaire de nous en occuper en traitant de ceux-ci. Nous parlons donc ici de la vie animale ou sensitive; tout ce que nous disons ici peut donc s'appliquer aussi à l'homme; et il nous suffira, quand nous serons arrivés à l'homme, d'effleurer seulement ce qui regarde tant la vie végétative que la vie sensitive; car elles reçoivent certaines modifications de l'être rationnel, qui est l'homme même. Cependant, il faut bien se rappeler aussi que l'homme, en tant qu'être sensitif, a les mêmes facultés que les brutes parfaites, et, de même que les brutes, reçoit ses sensations des objets matériels.

Après cette observation, il faut savoir comment certains philosophes récents (1) veulent que la sensation soit le propre *de l'âme*, de l'homme aussi bien que de la brute : *pour ce qui regarde la sensation*, peu importe la différence. Je dirai donc : *a*) que l'âme *sent* tout le corps auquel elle est unie; *b*) que sentant tout le corps

---

(1) Parmi eux, Rosmini occupe le premier rang; il appelle le sens *fondamental* celui par lequel l'âme sent *tout* le corps humain.

elle le sent comme il est; donc, si dans une de ses parties, c'est-à-dire dans un de ses cinq sens, le corps reçoit une impression quelconque, l'âme ne peut sentir tout le corps, comme elle sentait auparavant cette partie, ce sens; et elle s'apercevra de ce changement ou de cette sensation : « Quand je tiens mes yeux, tout grand ouverts, dit un auteur moderne, pour voir une représentation théâtrale, qui se déroule devant moi, je ne change pas mon activité en regardant toujours l'endroit où se fait la représentation, et si je vois de nouvelles choses, c'est que l'objet a été changé sous mes yeux. De même l'acte de ma sensation est le même aussi bien dans le premier état de mon corps, que tous les états qui suivent, et dans toutes modifications partielles des organes sensitifs. » Et l'on dit aussi que ce *sens fondamental*, par lequel l'âme sentirait son corps, est le même que le sens commun d'Aristote. Mais nous, nous prétendons que cette doctrine est absurde en elle-même, et, *dans le fait*, diamétralement opposée à celle de S. Thomas et d'Aristote.

1. Et d'abord elle est absurde. En effet, l'âme sensitive est une *forme matérielle;* elle n'a donc ni être propre, ni facultés propres, ni opérations propres. Aucune opération de l'être sentant ne peut procéder de son âme, comme d'un seul principe d'opérations; et *seule*, l'âme de l'être sentant ne peut recevoir aucune *passion*. L'âme sensitive et la matière sont un seul principe d'opérations et de *passions*. Or, dans l'hypothèse exposée plus haut, on attribue à l'âme *seule* de sentir le corps, auquel je ne sais trop comment on la dit unie. Donc, cette hypothèse est entièrement contraire à la matérialité de l'âme sensitive; et, conséquemment, ceux qui la professent doivent dire que l'âme des brutes est immatérielle, comme celle qui ayant une opération propre, aura aussi une faculté propre et un être propre. Qu'on ne dise pas qu'elle dépend du corps en tant que le corps est *le terme*, c'est-à-dire le senti; car l'immatérialité de l'être ne consiste pas pour cet être dans l'indépendance du corps comme *d'un terme*, mais dans l'indépendance de la matière comme d'un *coprincipe* de ses opérations et de ses *pas-*

sions. Si l'âme était telle en son être sensitif que veut la faire l'opinion que nous combattons, elle serait une *forme assistante* mais non pas une *forme informante*.

2. Nous disons, en second lieu, qu'elle est *en fait* diamétralement opposée à la doctrine de S. Thomas et d'Aristote; car, d'après eux, le sens commun est une puissance organique et ne se trouve pas seulement dans l'âme comme dans son sujet, mais dans le composé.

Si l'on veut donner le nom de fondamental à quelque sens, on pourra le donner à celui qui, bien que distinct des autres, se retrouve par tout le corps, et, par conséquent même où sont les organes des autres sens. « Le sens du toucher, dit S. Thomas, étant comme *le fondement* des autres sens (*quasi fundamentum aliorum sensuum*), on ne trouve pas seulement, dans l'organe de chacun des sens, la *propriété* de ce même sens dont il est l'organe propre, mais on y trouve encore la propriété du toucher; ainsi, non-seulement l'organe de la vue sent le blanc et le noir, en tant qu'organe de la vue, mais il sent aussi le chaud et le froid, et leur action trop vive l'endommage en tant qu'organe du toucher (*Quæst., disp.,* 22. *De Veritate.,* 5). » Je voudrais ici que l'élève comprenne bien pourquoi S. Thomas dit que *l'organe sent*. Ce n'est donc pas l'âme qui sent? Non! On ne peut dire en aucune façon que l'âme sent, ni que l'organe reçoit le changement produit par les sens externes et qu'il le communique à l'âme. L'organe est animé et composé d'âme et de corps, et comme le composé opère par l'opération de l'organe, ainsi le composé supporte ou bien est changé quand l'organe supporte ou est changé. Un changement purement matériel, auquel l'âme ne participerait pas, est tout à fait impossible dans un organe *vivant*.

Conclusion IVe. — *La faculté du sens commun est organique, et réside dans le cerveau comme dans son organe propre.*

1° *Elle est organique.* La faculté qui perçoit ce qui est matériel et le perçoit dans sa matérialité singulière, est organique. Or, tel est le sens commun. On le prouve par cela qu'il perçoit les changements singuliers des sens externes qui sont matériels. Il faut remarquer dans cette perception que le sens est changé par ces mêmes changements singuliers et matériels du sens commun; c'est là un argument évident pour prouver que le sens commun n'est pas une puissance immatérielle et spirituelle, mais une puissance organique. C'est même la raison qui fait qu'on le trouve dans les brutes dont toutes les puissances sont organiques et matérielles.

2° *Elle réside dans le cerveau*. En effet, son organe doit communiquer avec tous les sens externes et chacun d'eux, puisque c'est à lui, comme à un centre commun, que doivent se rendre toutes les sensations des sens. Or il n'y a que le cerveau qui ait dans l'animal une semblable communication avec tous les sens externes. C'est l'argument de S. Thomas : « Il faut que ce principe sensitif commun ait un organe, puisqu'une partie sensitive ne peut avoir aucune opération sans organe. Or, l'organe du toucher étant répandu partout le corps, il semble nécessaire que l'organe de ce principe sensitif commun se trouve où l'on voit *la première racine de l'organe du toucher* (*De Anima.*, III, lect., 3). »

Cette opinion, qui place l'organe du sens commun dans le cerveau, est appuyée par les faits. Mais, avant que de le montrer, il est bon de se rappeler ce que nous avons dit au sujet de la réflexion. Elle consiste en ce que l'être opérant, non-seulement opère avec une puissance déterminée, mais aussi réfléchit avec cette puissance sur son opération même, *se retourne sur lui-même*, comme disait Dante : ce qui ne peut avoir lieu que dans la puissance immatérielle. Ainsi, l'intelligence pense, et, au même moment, elle sait qu'elle pense, c'est-à-dire, elle a conscience de son acte propre. Mais les puissances organiques ne peuvent réfléchir sur leur acte propre. Dans l'animal, dont toutes les puissances sont organiques, la nature a suppléé d'une manière admirable à cette réflexion. Elle lui a donné une autre puissance qui, remplaçant la réflexion des sens, perçoit *la passion* de ceux-ci, tellement que par elle l'animal connaît *la passion* des sens propres et en a une sorte de conscience en prenant ce mot dans son sens le plus large. Cette puissance, qui supplée à la réflexion dont les sens sont incapables, est *le sens commun* qui perçoit les sensations de chacun des sens. Ces sensations aboutissent à lui et en sont *l'objet propre*, bien que diverses entre elles. Et comme la différence essentielle entre l'arbre et l'homme n'empêche pas qu'ils ne soient tous deux l'objet propre de la vue, ainsi la différence entre le goût et la vue n'empêche pas que, tous deux, ils ne soient l'objet propre du sens commun.

Ceci étant établi, et étant admis que le siége de l'organe du sens commun se trouve dans le cerveau, ce que nous venons de prouver, qu'en arrivera-t-il? *a*) Si l'on empêche la communication d'un sens avec le cerveau, quoique ce sens demeure vivant, l'animal ne pourra saisir comme sienne la sensation que recevra ce sens. *b*) Si l'on rend en quelque manière le cerveau incapable de recevoir les impressions que les sens lui envoient par le moyen du système nerveux, l'animal ne pourra pas davantage avoir comme siennes les sensations des sens. *c*) Si l'organe du sens commun, qui est dans le cerveau, reçoit les changements que les sens ont coutume d'y faire par le moyen du système nerveux, l'animal percevra comme existant dans un sens *une passion* qui n'y est pas réellement. Or, c'est précisément ce qui arrive. *a*) Si, par une ligature ou par tout autre moyen, on interrompt la communication d'un membre avec le cerveau, il ne sent plus la douleur que lui devrait pourtant causer une opération chirurgicale dans ce même membre; *b*) l'éther insensibilise le cerveau pendant quelque temps, et alors il ne peut recevoir les changements qui viennent des sens; *c*) le pied ayant été récemment coupé, on attribue à ce pied une douleur qu'il ne peut plus ressentir depuis l'amputation. Il en arrive ainsi parce que les nerfs, à la limite du membre amputé, sont affectés comme ils l'étaient, quand le pied recevait une impression, et produisent dans le cerveau, la même immutation qu'auparavant. Ces faits, et beaucoup d'autres, confirment la doctrine qui enseigne que le véritable organe du sens commun est dans le cerveau.

Conclusion V^e. — *Le sens commun a une perception continuelle des immutations qui se produisent dans les sens.*

Cela est vrai si les sens reçoivent toujours des impressions. Or, il en est ainsi : la pesanteur, les diverses attractions, la circulation du sang, la digestion, l'électricité, la pression atmosphérique par laquelle le corps humain, dont la superficie est en moyenne de 15 pieds carrés, supporte un poids d'environ 32,505 livres, toutes ces causes, et d'autres semblables doivent continuellement agir sur les sens. Donc le sens commun percevra les immutations qui s'y produisent. Mais, comme elles sont continuelles et uniformes, cette perception n'est point accompagnée d'advertance : il y a toutefois advertance, quand il y a une notable différence en plus ou en moins. Et l'advertance, en ces circonstances, est un signe de l'existence habituelle de la sensation.

CINQUANTE-CINQUIÈME LEÇON.

Des sens internes : — De l'imagination et de l'estimative.

De l'imagination (*Phantasia*).

L'imagination est une puissance organique dans laquelle se conservent les espèces sensibles, c'est-à-dire les images des choses perçues par les sens externes; comme elle n'a pas d'autres fonctions que de s'occuper des images, cette faculté a reçu le nom *d'imagination* où *imaginative*.

Conclusion Ire. — *L'imagination est une des facultés de l'animal.*

L'animal parfait *a)* fait plus que de saisir par les sens les objets matériels qui s'unissent à ces mêmes sens médiatement ou immédiatement; *b)* il fait plus que de recevoir dans le sens commun, les impressions actuelles qui y sont produites par les sensations des sens internes; *c)* il *conserve* les images des choses senties par le moyen des sens externes. C'est un fait très-certain, qui a lieu chez les animaux parfaits. Ainsi, les brutes conservent les images de leur maître, de l'endroit où elles habitent, de leur nourriture, de leur boisson ; elles se servent de ces images comme de *formes* pour déterminer leurs opérations : elles tendent aux objets représentés par les images, même lorsqu'ils sont loin d'elles, ou n'existent plus. C'est ce qui prouve la vérité de la *conclusion*. Mais il faut faire ici quelques observations par rapport à cette puissance cognoscitive, la plus élevée de toutes les puissance sensitives.

Est-elle différente du sens commun ? Oui, sous ce seul rapport que le sens commun reçoit les images des sensations, au moment même où elles sont faites, et que l'imagination les conserve après qu'elles ont été faites. Il y a entre le sens commun et l'imagination la même différence qu'entre le passager et le permanent, entre le successif et le simultané. Voici ce que dit S. Thomas à ce propos : « Le sens propre, et le sens *commun* sont ordonnés pour *recevoir* les formes des choses : *l'imagination*, pour les *conserver*, et c'est comme un trésor où sont gardées les formes reçues par le moyen des sens. (*Summ*. 1, 78, 4). »

Pour bien comprendre cette doctrine, prenons, si vous le voulez bien, l'exemple de la photographie. Comme il répond bien à notre but, nous tâcherons de l'exposer bien exactement. 1° Voici un objet, soit un homme ; c'est ce qui sera saisi par l'animal, et qui sera le portrait photographique. 2° La première appréhension de l'homme se fait dans l'animal par la pupille de l'œil, où a lieu la sensation externe, et dans la photographie la première appréhension de l'homme se fait par la lentille dans la *chambre obscure*, à laquelle l'homme s'unit par le moyen de la lumière. 3° L'image de l'homme passe par la lentille, et va sur un verre préparé exprès avec du *collodion*, et là il se forme une impression correspondante à l'action de la lumière partie de l'homme et modifiée par son passage à travers la lentille. De même, la sensation externe de la pupille, par le moyen du système nerveux, va faire une impression sur le sens commun, aussi correspondante à l'action de la lumière, avec laquelle l'homme s'unit à la pupille *en tant que coloré,* action modifiée par l'organe de la vue, lorsqu'il l'envoie au sens commun. 4° Lorsqu'on soustrait le verre à l'action exercée par l'objet au moyen de la lentille, il conserve néanmoins *une disposition,* une *trace insensible* de l'objet même, mais l'image distincte ne paraît point encore : pour la faire paraître, il faut verser sur la feuille de verre une solution *d'acide gallique* ou *pyrogallique :* alors l'image sera parfaitement visible. Semblablement, quand l'homme n'est plus présent, la sensation de la vue n'existe plus : mais l'impression reçue dans le sens commun existe encore, et c'est l'image de l'homme. Elle reste, non pas toutefois claire et distincte, mais à l'état de *disposition habituelle,* ou de *trace.* Pour qu'elle devienne nette, il faut qu'une cause quelconque, soit extérieure, comme il arrive généralement dans l'état de veille, et quelquefois pendant le sommeil, soit intérieure, comme il arrive quelquefois dans l'état de veille et généralement pendant le sommeil, ravive cette disposition habituelle, ou cette trace, et l'élève à l'état d'image, comme lorsqu'elle était sous l'impression actuelle du sens externe. Et cette cause sera quelquefois si énergique que l'image dans l'imagination sera semblable à celle qui existait quand l'objet était présent et, parfois, la ressemblance peut être assez grande pour qu'on les confonde. Ainsi en est-il dans certaines hallucinations et certains songes que l'on prend pour la réalité. Or, cette disposition habituelle ou cette trace peut s'appeler l'image, *fantôme (phantasma)* rudimentaire ou incomplet; l'image distincte est le *fantôme parfait :* 5° Bien que l'acide ait rendu distincte l'image de l'homme, toutefois, elle n'y resterait pas longtemps, si on ne la *fixait,* suivant le terme employé, en plongeant le verre dans un bain *d'hyposulfite de soude.* Non-seulement l'image disparaîtrait, mais encore cette disposition habituelle ou cette trace s'effacerait aussi, si cette fixation n'avait pas lieu. Il en est de même pour l'imagination : si la cause qui, comme nous l'avons dit, fait passer le fantôme de l'état rudimentaire à l'état parfait et distinct, n'exerce pas son influence à plusieurs reprises, il s'évanouit. L'animal le ravive souvent par son action : les fous le maintiennent toujours vif et net, et en font la forme habituelle de leur connaissance sensible.

En outre, il arrive quelquefois que le fantôme à l'état rudimentaire ne peut devenir net et distinct ; et si l'organe est mal disposé pour retenir longtemps cette trace habituelle, c'est-à-dire le fantôme à l'état rudimentaire, il ne reste aucune impression des sensations qu'il a reçues : et c'est à cela qu'on doit attribuer cet *oubli*, si fréquent même dans l'ordre des connaissances sensibles.

Conclusion IIe — *L'imagination conserve les fantômes de toutes les choses sensibles, mais d'elles seulement.*

En effet, on appelle sensibles les choses qui se joignent médiatement ou immédiatement avec nos cinq sens externes. Mais *toutes* ces choses, et *elles seules*, produisent des fantômes, puisque ces derniers résultent des impressions qui viennent dans le sens commun de *tous* les sens externes, et des sens externes *seuls* ; donc, etc.

Par conséquent, il n'y a pas seulement dans l'imagination l'image de ce qui se présente à la vue, mais encore les images du plaisir et de la douleur sensible, du son, de l'odeur, de ce qui est doux ou dur au toucher. Les brutes, nous le voyons bien, ont la connaissance de toutes ces choses, même quand leurs objets sont éloignés ou passés. Mais, le beau, l'ordre, la vertu, et tout ce qui est immatériel ne peut se présenter aux sens comme doux au goût, comme coloré, comme odorant, comme sonore, comme doux au toucher : par conséquent, ces choses immatérielles ne peuvent avoir de fantômes qui les représentent. On ne dit pas pour cela que les *symboles* de ces choses ne puissent avoir de fantômes, par exemple, une statue qui représente la vertu, ou bien un acte de vertu, comme celui d'un homme, qui se jetterait à l'eau pour sauver quelqu'un; car ces faits tombent sous les sens, non pas en tant qu'ils expriment la vertu, ou qu'ils l'actuent dans un fait, mais en tant qu'ils sont colorés, figurés, ou se présentent aux sens sous un autre côté sensible ou matériel.

Voilà pourquoi S. Thomas dit : « Aristote montre ensuite l'affinité qu'il y a entre l'imagination et le sens, car, l'imagination ne peut pas actuer sans le sens, et se trouve seulement dans les êtres qui ont des sens, c'est-à-dire, dans les animaux (ainsi un aveugle-né n'aura jamais le fantôme de la lumière); et l'imagination ne s'exerce que sur les choses qui sont perçues par les sens. Les choses intelligibles ne sont pas l'objet de l'imagination. Puis, Aristote montre comment, de l'actuation du sens (la sensation), naît un certain mouvement. Et cela est manifeste d'après ce que nous avons dit, c'est-à-dire qu'une chose qui est en mouvement, en met une autre en mouvement. Le sens est actué parce qu'il est mû par les choses sensibles : aussi, du sens en acte procède un certain mouvement. Et, d'après cela, comme ce mouvement procède du sens en acte, il est également nécessaire qu'il ait de la ressemblance avec ce même sens, puisque celui qui opère tend toujours à faire quelque chose de semblable à lui. Voilà pourquoi ce qui meut, par cela qu'il est en mouvement (*in quantum movetur*), cause un mouvement semblable à celui qui l'anime lui-même. Et Aristote concluait de là que l'imagination est un certain mouvement causé par le sens en acte, et, par conséquent, ne peut exister sans les sens (*De Anima*, III, *lect.*, 6). » Il ne faut pas se tromper non plus sur l'usage que font Aristote et S. Thomas du mot *mouvement*. On a déjà vu par les leçons précédentes que chez eux, *mouvement* signifie toute espèce de changement, et que *toutes* les puissances sensitives, étant organiques et matérielles, ne peuvent être impressionnées et agir sans un vrai *mouvement local*.

En outre, il n'y a point de difficulté à ce que l'on admette dans l'organe de l'imagination d'innombrables fantômes *à l'état rudimentaire* et même *à l'état parfait*, pour la plupart, sans qu'ils se confondent et se détruisent les uns les autres. C'est un fait, et, *ab esse ad posse valet illatio*. Que l'on remarque, du reste, que cent mille hommes peuvent voir en même temps le même objet; et, s'ils étaient bien rangés sur d'amples collines en amphithéâtre autour d'une vallée, ils pourraient, avec des instruments puissants, entendre tous une harmonie compliquée. L'esprit a peine à penser quelles *trames infinies* doivent former les rayons lumineux pour porter l'objet tout entier *à chacune* des deux cent mille pupilles, et aussi *quelles trames infinies* doivent faire les ondes sonores pour porter distinctement l'harmonie à deux cent mille oreilles. Et cependant il en serait ainsi. Il ne faut donc pas s'étonner qu'un nombre infini de fantômes à l'état rudimentaire, puissent rester ensemble dans l'imagination, sans se détruire et se confondre. Cette confusion arrivera bien quelquefois, et, dans ce cas, le fantôme parfait que l'on voudra former, ne sera qu'une image confuse de plusieurs objets sensibles, comme les *songes du malade* dont parle Horace.

Conclusion IIIe. — *L'ordre dans la disposition des fantômes est l'effet d'une cause intelligente.*

Il est certain que tout effet doit avoir une cause qui lui soit proportionnée : et, en tant qu'effet, l'ordre qu'on remarque souvent dans la disposition des fantômes, doit en avoir une aussi. Si l'on parle de l'homme en tant qu'*animal*, on peut le considérer à l'état de veille ou pendant le sommeil. Dans l'état de veille, les causes de la disposition ordonnée des fantômes sont : 1° la raison humaine à laquelle, en la manière que nous dirons plus loin, l'imagination est soumise dans ses actuations successives ; 2° la disposition ordonnée des objets extérieurs, naturels ou artificiels, qui excitent les fantômes par l'intermédiaire des sens. Pendant le sommeil, l'ordre qui s'établit quelquefois dans les fantômes peut procéder en partie de l'opération de l'intelligence qui ne cesse pas complétement, et de ce que les fantômes se forment à l'état parfait, dans la disposition qu'ils avaient coutume de prendre pendant l'état de veille. Et il faut noter ici que, de même qu'une corde tendue à l'unisson avec une autre, la fait vibrer sans produire de vibrations dans les cordes intermédiaires, de même, quand une cause fait passer un fantôme de l'état rudimentaire à l'état parfait, elle en fait autant pour les fantômes *connexes*, qui sont souvent très-bien liés les uns aux autres. Et, si le temps le permettait, nous voudrions appliquer ces principes aux songes en général, et, en particulier, au *somniloquisme* et au *somnambulisme;* mais celui qui voudrait en savoir davantage a déjà en main tout ce qu'il lui faut pour raisonner par lui-même sur un de ces phénomènes.

Si l'homme parle de *l'animal sans raison*, on ne peut pas révoquer en doute la disposition ordonnée, et même très-ordonnée, qui règne souvent dans ses *fantômes*, et qui se manifeste à nous par ses opérations. C'est une conséquence du principe souverain : *Omnem formam sequitur aliqua inclinatio;* et cela veut dire, qu'à tout fantôme, qui est comme la forme ou le modèle de l'opération, correspond une inclination; et de celle-ci, si elle est forte, et si les organes sont prêts à agir, viennent les opérations, comme il arrive pour l'homme dans l'état de veille. Aussi, l'ordre admirable qui règne fréquemment dans les opérations de la brute, doit nous faire comprendre qu'il y a un ordre non moins admirable dans ses fantômes.

Quant aux causes de la disposition ordonnée des fantômes chez la brute, elles sont : 1° l'éducation que l'homme donne à l'animal, et le force à se servir de fantômes ordonnés, comme sont ordonnées elles-mêmes les opérations de l'homme par rapport à l'animal ; 2° souvent aussi, le spectacle très-ordonné de la nature, et l'ordre même dans lequel se présentent les causes provocatrices de ses fantômes; 3° enfin il y a une autre cause mystérieuse et étonnante qui dépasse la portée de notre intelligence. Pour la connaître, observons, en passant, que la forme immédiate de l'opération *matérielle* de l'homme, est le fantôme. Ainsi, quand j'écris ces mots, mon intelligence en a d'abord les concepts et l'ordre qu'ils ont entre eux : ensuite l'imagination produit les fantômes des symboles de ces concepts, c'est-à-dire des paroles prononcées ou écrites avec les caractères qui les représentent : elle produit encore le *fantôme* de *toutes* les opérations que je dois faire pour les tracer sur le papier, et ma force motrice, informée par ces fantômes, détermine l'écriture. Ceci posé, comment peut-on expliquer l'ordre des fantômes qui informent l'animal, quand il produit *naturellement* des œuvres où reluit une science merveilleuse? Comment l'araignée, sans qu'elle ait jamais vu travailler les autres, fait-elle si parfaitement sa toile? Comment l'abeille, qui n'a jamais appris la géométrie, construit-elle géométriquement ses cellules, et l'oiseau son nid où il couve ses œufs, sans jamais se lasser? Comment la brebis fuit-elle le loup, et la poule a-t-elle peur du vautour qu'elle aperçoit au loin, quand l'une et l'autre, jusque-là, n'ont rien souffert de ces animaux, leurs adversaires *naturels*? A cela nous répondrons par la conclusion suivante :

Conclusion IVe. — *Il faut admettre dans la brute une faculté spéciale que l'on appelle estimative.*

Qu'est-ce que c'est que cette estimative, et pourquoi faut-il l'admettre ? Si l'on découvre dans la brute des opérations qui ne peuvent en aucune manière procéder, ni des sens externes, ni du sens interne, ni de l'imagination, on doit y admettre une faculté spéciale qui en soit le principe. Et, parce que ces opérations existent, les anciens admirent cette faculté, et l'appelèrent : *estimative* (ab æstimando). Généralement, les modernes ne l'ont point admise : peut-être n'y ont-ils point pensé comme ils n'ont point pensé à beaucoup d'autres mystères de la nature. Voici ce que S. Thomas dit de cette faculté :

« Il faut bien considérer que, si l'animal devait seulement se mouvoir pour ce qui lui plaît ou lui déplaît quant aux sens, il n'y aurait pas besoin d'admettre en lui autre chose que l'appréhension de ces formes que perçoit le sens, et qui lui plaisent ou lui déplaisent. Mais il faut que l'animal recherche certaines choses et en fuie d'autres, non-seulement parce qu'elles conviennent ou ne conviennent pas aux sens, mais pour d'autres fins : ainsi, la brebis fuit à la vue du loup qui vient au devant d'elle, non pas parce qu'il a une couleur désagréable, ou une figure repoussante, mais parce que c'est son ennemi ; de même encore l'oiseau recueille des pailles, non pas parce qu'elles plaisent à ses sens, mais parce qu'elles lui sont utiles pour la construction de son nid. Il faut donc que l'animal perçoive certaines *intentions* que ne peut percevoir le sens externe, et l'on doit admettre un principe pour cette perception, car, la perception des formes sensibles s'obtient par une mutation sensible; mais il n'en est pas ainsi de la perception des *intentions* dont nous parlons. Aussi, pour la perception des *intentions* que ne peut recevoir le sens, les animaux ont la *force estimative* (vis æstimativa), et pour les conserver la *force mémorative* (vis memorativa), qui est comme le trésor où ces *intentions* se conservent (*Summ.*, 1, 78, 4). »

Si l'on n'admet pas cela, que devrons-nous dire? Que Dieu peut-être produit *immédiatement* dans l'imagination les formes des opérations ordonnées de la brute? Cela n'est guère philosophique, et souffre de graves inconvénients, que ce n'est pas ici le lieu d'énumérer. Voilà pourquoi nous dirons que cette force estimative a sa cause dans les sensations externes, et dans les dispositions organiques internes de l'animal. Elles offrent à l'imagination des choses singulières et matérielles; mais la faculté appréhensive de la brute a dû être disposée par le Créateur, de telle sorte que, devant tels objets sensibles, et dans telles circonstances, de froid, de chaleur, de douleur et autres, il se forme non-seulement le fantôme des objets sensibles singuliers, mais encore le fantôme d'objets sensibles *ordonnés*, sans que néanmoins il perçoive la raison de cet ordre, ce qui est le propre de l'intelligence. Ainsi, l'oiseau, dans ces circonstances, n'aura pas seulement le fantôme de la paille, mais celui de la paille tressée, tissée et placée en un certain lieu et d'une certaine manière, c'est-à-dire le fantôme de son propre nid : et ce fantôme, forme de son opération, sera accompagné d'une inclination pour l'exécuter, et s'il n'en est point empêché, il l'exécutera.

Cette explication ne sera pas à dédaigner, si l'on considère qu'elle est la seule philosophique que l'on puisse proposer, et si l'on réfléchit à la vérité de ce principe : *Quidquid recipitur, per modum recipientis recipitur*. La chaleur qui fait durcir les œufs, ramollit la cire; une mélodie qui nous ravit, épouvante certains animaux, est apprise par d'autres, comme les serins, et devient la forme de leur chant. Le Créateur a donné aux animaux une disposition naturelle, qui, en tant que cela leur est nécessaire ou utile, supplée au défaut de la raison : et c'est pourquoi, il les a faits de telle sorte qu'en telle ou telle circonstance, ils se forment en eux des fantômes, qui deviennent les formes très-bien ordonnées de leurs opérations. Et quand le philosophe voit que la sagesse infinie a posé une borne à ses spéculations, il se tait et il adore.

CINQUANTE-SIXIÈME LEÇON.

De l'appétit dans les animaux et de leur instincts.

De l'appétit.
L'appétit est une puissance qui incline l'individu vers le bien. Il est bon de considérer ici l'admirable disposition de la providence, qui a ordonné toutes les choses créées, de façon à ce que, par leur nature, elles tendent au bien général et à leur bien propre, et qui a si bien arrangé ces tendances, que tendre à leur bien propre, est en même temps tendre au bien général. Et par bien, nous entendons ici ce qui a rapport à la conservation et à la perfection de l'individu, à la multiplication de l'espèce, au développement de l'ordre du monde et à la manifestation des attributs divins. Mais, dans cette tendance universelle des êtres créés, on observe une différence essentielle entre les vivants et les non vivants, car ces derniers concourent au bien général par leurs opérations *transitives*, en agissant sur les autres et non sur eux-mêmes, et ils ne tendent en aucune manière à leur bien propre ; au contraire, les vivants, en opérant sur eux-mêmes par leurs opérations *immanentes*, tendent à leur bien propre, en tendant au bien commun. Parmi eux, il se rencontre encore une nouvelle différence : les uns, comme les plantes, tendent à un bien qu'ils ne connaissent pas; les autres, comme les brutes, tendent à un bien qu'elles connaissent, la vérité, mais non pas comme tel; enfin, les êtres raisonnables tendent à un bien qu'ils connaissent comme tel. Si nous n'étions pas pressés par

l'abondance et l'importance des matières qui nous restent à traiter, nous aimerions à donner des exemples de ces principes; mais l'homme studieux pourra se livrer lui-même à ces nobles spéculations.

Conclusion Ire. — *Il y a dans la brute six facultés appétitives.*

Comme il est évident, et comme nous l'avons dit ailleurs, la perfection des êtres créés est ainsi disposée, que depuis la plus infime nature élémentaire on monte degré par degré, de manière à ce que le suivant contienne la perfection du précédent et quelque chose de plus! Voilà pourquoi l'animal contient la perfection des minéraux, des plantes, et y ajoute la sienne propre. Ce progrès ne se fait pas par *agrégation*, mais par l'accroissement en perfections, en vertu des formes supérieures, qui dans leur unité contiennent virtuellement toute la perfection des formes inférieures. Autrement, il devrait résulter physiquement de cette nouvelle perfection un nouvel être, ce qui est impossible.

Le grand principe de la nature est celui-ci, que nous venons de citer avec S. Thomas : *Quamlibet formam sequitur aliqua inclinatio.*

A toute forme correspond une inclination ou un appétit. Considérant donc l'âme de la brute, qui est sa forme substantielle, nous trouverons qu'elle contient *virtuellement :* 1° la forme des minéraux ; 2° la forme de la plante : et, en tant qu'animal, elle contient *formellement ;* 3° les formes des sens externes, qui sont les sensations actuelles des objets extérieurs matériels ; 4° les formes imprimées par les mutations des sens externes dans le sens commun; 5° les formes qui restent dans l'imagination, même lorsque les objets dont elles sont sorties sont éloignés ou absents; 6° les formes de cette faculté supérieure que nous avons appelée estimative. Donc, il y a six différentes tendances ou sortes d'appétits, qui poussent l'animal à opérer, suivant les différentes formes dont il est doué.

Les faits confirment ce que le raisonnement découvre. 1° L'animal, ni plus ni moins que les autres corps, gravite vers les autres corps, en vertu d'attractions, soit générales, soit particulières : les parties vivantes elles-mêmes de l'animal tendent vers les substances voisines inorganiques, et se combinent avec elles : souvent même, l'organisme en est attaqué, et la mort s'ensuit, comme il arrive avec tant de poisons. Toutes ces inclinations sont comprises sous l'appellation commune aux inclinations des êtres inorganiques, *appetitus naturalis*. 2° L'animal tend, comme la plante, par une inclination propre aux êtres vivants, à la nutrition, à l'augmentation, à la génération. 3° Il tend aux objets extérieurs perçus par les sens externes, avec cet appétit, qui ne lui est pas commun avec la plante, dépourvue de sens. Pour cette tendance, il suffit souvent de la sensation externe : elle existe même chez les animaux qui n'auraient qu'un seul sens externe, quand il n'y aurait pas de signe de l'existence du sens commun et de l'imagination. 4° L'animal a des tendances déterminées par les formes imprimées dans son sens commun : par exemple, la perception de la douleur dans ses membres, perception qui se fait avec le sens commun, le pousse à agir. 5° L'animal est déterminé continuellement à agir par ses fantômes, qui sont les formes de l'imagination par lesquelles il tend aux objets qui ne tombent plus sous les sens : tel est le chien qui cherche son maître perdu. 6° Enfin, il est porté à ces œuvres très-bien ordonnées, par exemple, à bâtir sa propre demeure, à amasser des vivres pour l'hiver, à construire son nid, à faire du miel, de la soie, et tant d'autres choses. Elles ont pour principe les formes qui résident dans son *estimative*.

Bien que tous ces appétits se trouvent dans l'animal, on ne comprend cependant sous le nom *d'appétit animal* que les tendances qui lui appartiennent en tant qu'animal, c'est-à-dire les quatre dernières de notre énumération.

Les formes décrites ci-dessus sont *le principe quo*, avec lequel l'animal tend et opère : aussi ses opérations ne peuvent dépasser les limites qui sont indiquées par ces mêmes formes. Et comme l'animal *n'est pas libre*, en travaillant avec ces formes comme principe *quo*, il tendra à leur expression totale, et il réussira toujours bien, à moins qu'une cause extérieure ne lui crée des obstacles. Le principe *quo* d'un peintre, est la forme de son esprit, l'idée de ce qu'il peint : mais parce *qu'il est libre,* il exprime son idée en tout ou en partie, *indépendamment* encore des obstacles extrinsèques : car il en trouvera beaucoup venant de l'imperfection de la forme, et de la matière *qui reste sourde aux volontés de l'artiste* (1), comme dit Dante. Au contraire, une presse mécanique imprime sur le papier toute l'image qu'elle porte gravée, suivant la détermination qu'elle reçoit de la force qui la meut. De là vient cette *uniformité constante* dans les opérations de la brute : les araignées fabriquent leur toile la première fois aussi bien qu'après des siècles et des siècles : l'oiseau construit toujours son nid avec la même perfection. Ils tiennent *d'un autre* la forme de leur opération : aussi elle est toujours la même; l'homme agit de lui-même : elle varie continuellement.

Conclusion IIe. — *L'appétit animal est une puissance organique.*

Si elle ne l'était pas, ce serait une puissance qui résiderait dans l'âme seule de l'animal comme en *son sujet propre*. Mais cela est absurde : parce que l'âme de l'animal étant une forme substantielle matérielle, il est impossible qu'elle ait des facultés propres, et, par conséquent, des actes propres. Il faut donc que l'appétit animal réside comme en *son sujet propre,* en même temps dans l'âme et dans la matière : c'est donc une puissance organique, ou une puissance du composé (*conjuncti*).

En outre, on arrivera à la même conclusion, si l'on considère l'objet de cette puissance, car l'objet indique la nature de l'acte, comme l'acte indique la nature de la puissance. Cet objet est matériel et singulier dans sa matérialité, et, comme tel, il *meut* à la manière d'un actif, moteur de l'appétit qui est passif. Si tel est le moteur, le mobile doit lui être proportionné : car la matière ne peut en aucune sorte mouvoir directement une puissance immatérielle. C'est en quoi diffère l'ap-

---

(1) Sorda a rispondere alla intenzione dell' arte.

pétit animal de l'appétit rationnel, mû par l'immatériel et l'universel, et jamais *directement* par le singulier matériel. Aussi S. Thomas les plaçait dans deux espèces diverses et disait : « L'appétit intellectif (*la volonté*) diffère du sensitif (*appétit animal*). En effet, la puissance appétitive est une puissance passive, ordonnée à *être mue* par ce qui aura été saisi par les puissances appréhensives : aussi l'objet appétible connu est le moteur non mobile, et l'appétit est le moteur mobile, comme dit Aristote *in* III. *de Anima*. Or, ce qui est passif et mobile se distingue suivant la distinction de ce qui est actif et moteur : il faut donc que le moteur soit proportionné au mobile et l'actif au passif : et la puissance passive est déterminée dans son essence suivant le rapport qu'elle a avec le principe actif qui la meut. Puis donc que l'objet de l'intelligence et l'objet des sens sont de genres différents, l'appétit intellectif diffère du sensitif (*Summ.*, 1, 80, 2).

Conclusion IIIe. — *L'animal n'est pas libre.*

Cet agent seul est libre, qui peut se déterminer à lui-même la forme de sa propre opération. En cela consiste l'essence de la liberté. De là vient que l'être libre peut se déterminer à une opération aussi bien qu'à une autre, suivant son désir. Si un architecte n'avait et ne pouvait avoir qu'une seule forme pour bâtir un palais, serait-il jamais libre de choisir?

Il suit de ce principe général : 1° que les actions transitives des êtres inorganiques ne peuvent pas être libres, mais sont complétement nécessaires. Mis dans des circonstances propres à son opération, l'être inorganique ne pourra pas faire une autre opération que celle qu'il fait. La raison en est, qu'il n'y a en lui qu'une *seule* forme, avec laquelle il fait son opération transitive : cette forme, il ne l'a point acquise par lui-même, elle lui a été donnée par celui dont dépend son être.

2° La plante, bien qu'elle ait des opérations immanentes, ne possède aucune forme qu'elle ait acquise *par elle-même :* donc, elle n'est point libre, parce que, quand elle opère, elle n'a qu'une forme *singulière,* c'est-à-dire une forme qui a rapport à *une seule opéra-*

tion déterminée, et cette forme n'est pas en son pouvoir pour deux raisons. Premièrement, parce qu'elle est déterminée par sa nature, à acquérir, suivant les circonstances et les opérations des agents extérieurs sur elle, les seules formes singulières des objets matériels. Secondement, parce qu'elle ne peut rejeter cette forme par laquelle elle opère; car il n'y en a point qui lui plaise davantage, et il ne se présente pas à elle d'image d'un plus grand bien. L'homme est libre parce que, comme nous le verrons, il contemple une forme de bien universel qui seule pourrait épuiser la tendance de sa volonté, et qu'il peut rejeter toute forme de son opération qui lui présente un bien particulier.

Parfois on voit l'animal agir d'une manière si variée, *si prudente et si sage*, qu'il semble faire preuve de libre élection. C'est vrai : il y a dans l'animal un semblant de libre opération : mais la liberté est essentiellement opposée à sa nature. Ce semblant de liberté a souvent pour cause l'éducation qu'il reçoit de l'homme, éducation qui est l'expression de la prudence et de la sagesse humaine. L'animal paraît libre encore, parce que tout d'un coup il change d'opération, et va de l'une à l'autre. Cela dépend de la manière suivant laquelle vont et viennent en lui les formes qui sont le principe *quo* de ses appétitions. La forme qui est le principe *quo* de l'appétit naturel dans les êtres inorganiques et dans les plantes, est *stable* et *permanente* dans le *suppôt* où elle se trouve. Mais les formes qui sont le principe *quo* des opérations de l'animal en tant que sensitif, sont très-instables, et parce qu'elles sont déterminées par la présence des objets extérieurs, au moindre changement dans les choses qui entourent l'animal, ces formes changent. De là vient que quelquefois l'animal semble ne pas obéir à ses plus fortes inclinations, comme il devrait le faire, puisqu'il n'est point libre. En effet, si une cause ou une autre chasse de son imagination le fantôme qui le poussait fortement à agir, et en fait naître un autre; ou bien si l'objet qui l'attirait fortement disparaît à ses yeux, et qu'il s'en présente un autre qui l'entraîne moins vivement, il ne pourra pas tendre à la chose exprimée par le premier fantôme, ou au premier objet, parce qu'il n'a pas la forme de ces opérations : mais il tendra à l'autre chose dont il a le nouveau fantôme, ou à l'autre objet qui lui est présent. Aussi ceux qui veulent dresser les animaux, s'efforcent avant tout de trouver la manière de déterminer dans leur imagination certains fantômes, qui sont les formes de leur opération. Ainsi, par exemple, celui qui frappe un chien avec un bâton, produit dans son imagination un fantôme composé dont les éléments sont l'image du bâton, de la main qui le tient et le lève, de la sensation douloureuse du toucher causée par le coup; et c'est pourquoi la seule action de lever le bâton, réveillera suivant la manière que nous avons dit, dans son imagination, tout le fantôme composé; et par lui, comme forme de son opération, l'animal sera déterminé à la fuite ou à autre chose.

Mais ce en quoi l'animal montre qu'il possède quelque chose de semblable au libre arbitre humain, c'est dans un mode tout spécial d'opérations, auxquelles le pousse *l'instinct. L'instinct* est l'appétit de l'animal en tant qu'il suit les formes acquises par l'estimative. Dans ces circonstances il opère avec tant de sagesse et tant de prudence, que si l'on n'était certain par ailleurs que ce n'est pas son œuvre propre (pas plus que pour la planche, la gravure qu'elle représente et qu'elle exprime dans son effet, c'est-à-dire sur le papier), on devrait dire, en certains cas, que la sagesse et la prudence de l'animal s'élèvent beaucoup au-dessus de celle de l'homme. En un sens ce serait vrai, puisque c'est une sagesse qui vient du Créateur, tandis que celle de l'homme est acquise par l'homme lui-même. Quant à ce qui regarde les opérations que les animaux font par instinct, il n'y a rien de mieux à faire que de se rappeler ce que nous avons dit sur *l'estimative,* et de méditer sur ce beau passage de S. Thomas.

« Comme il a été dit par Aristote, *in* III. *Physicorum. Le mouvement est l'acte du mobile venant du moteur;* la force du moteur doit se montrer dans le mouvement du mobile : et pour cela, dans toutes les choses qui se meuvent par la raison, on voit *l'ordre* venant de la raison, bien que les choses qui sont mues par la raison ne la possèdent point en elles-mêmes. Ainsi la flèche tend directement au but par l'impulsion de celui qui la lance, comme si elle avait la raison pour se diriger. La même chose se trouve dans les mouvements des horloges (*in motibus horologiorum*) et dans toutes les machines, produits de l'art des hommes. Or, il y a le même rapport entre les produits de l'art et l'art humain, qu'entre les œuvres de la nature et l'art divin. C'est la raison pour laquelle l'ordre est si manifeste dans les opérations de ceux qui se meuvent suivant la nature, comme il est manifeste dans les choses mues par l'art, ainsi que dit Aristote *in* II. *Physicorum*. De là vient la prudence de certains animaux dans leurs opérations. Ils opèrent ainsi, parce qu'ils ont une inclination naturelle (*c'est l'instinct*) à une suite d'opérations très-bien ordonnées, parce qu'elles sont conduites par l'art divin. C'est pour cette raison que certains animaux sont dits prudents et sages, et non parce qu'ils ont en eux-mêmes la raison et l'élection : ce qui est prouvé encore par cela que la nature les pousse à agir toujours d'une manière déterminée (*Summ.*, 1, 2, 13, 2 *ad* 3.)

Conclusion IVe. — *La force ou la puissance de se mouvoir d'un lieu dans un autre est, chez la brute, une fonction de l'appétit sensitif.*

Lorsque l'animal tend par son appétit à l'objet de son inclination, il est clair que, s'il est à une certaine distance de lui, il ne pourra s'y unir sans aller vers cet objet. L'être naturel inorganique, homogène dans ses parties, *se transportera avec tout son être* là où il est attiré par un autre qui en a la force (trente-troisième leçon); mais l'être vivant, qui a une opération immanente, *se mettra en mouvement lui-même*, et conséquemment son mouvement commencera par une de ses parties, qui mettra les autres en mouvement. Et ce mouvement continuera jusqu'à ce que la forme, qui est le principe de l'opération soit complétement exprimée. Cela a lieu d'une manière restreinte, et très-imparfaite encore dans les plantes. Mais l'être vivant sensitif, qui reçoit de nouvelles formes par les sens externes, par le sens commun, et l'imagination, peut se mouvoir et passer avec lui-même tout entier d'un lieu dans un autre pour atteindre les objets qui répondent à ces formes. Il est poussé à ces mouvements vers les objets par l'appétit sensitif, et celui-ci est guidé par l'instinct.

Conclusion V°. — *La distinction de l'appétit sensitif en appétit concupiscible et en appétit irascible est très-fondée en raison.*

L'acte et l'objet de l'appétit concupiscible diffèrent de l'acte et de l'objet de l'appétit irascible : donc, les appétits diffèrent. En effet, l'appétit concupiscible est celui par lequel l'animal *tend* au bien que lui montrent ses facultés cognoscitives : tandis que l'appétit irascible est celui par lequel l'animal *éloigne* de lui-même, c'est-à-dire fait cesser tout ce qui nuit à son bien. Et que l'on ne dise pas qu'en agissant de cette seconde manière, il cède à une tendance vers le bien qu'on lui dispute, puisque *dans l'acte,* qui éloigne de lui l'obstacle, on ne trouvera jamais cette tendance ; car il ne peut être informé et mû dans le même instant par deux *formes* : et comme il est sous l'empire de la forme qui le porte à repousser l'obstacle, il ne peut avoir l'autre forme de la tendance au bien que l'on attaque.

Voici ce que dit à ce propos S. Thomas : « Les choses naturelles corruptibles ont besoin non-seulement d'une inclination pour tendre vers ce qui leur convient, et fuir ce qui peut leur nuire, il leur faut encore résister à ce qui menace de les détruire, ou qui les empêche d'atteindre ce qui leur convient, ou qui leur fait du mal..... C'est pourquoi, puisque l'appétit sensitif est une inclination qui suit l'appréhension sensitive, comme l'appétit naturel est l'inclination qui suit la forme naturelle, il doit y avoir dans la partie sensitive deux puissances appétitives. L'une, par laquelle l'âme est simplement inclinée à tendre vers les choses qui lui conviennent quant aux sens, et à fuir ce qui peut lui nuire : c'est l'appétit *concupiscible;* l'autre par laquelle l'animal résiste, à ce qui lui est contraire, à ce qui l'empêche d'atteindre ce qui lui convient, et veut lui faire du mal : cette force s'appelle l'appétit *irascible;*

son objet est *l'ardu*, parce qu'il doit surmonter les obstacles (*Summ.*, 1, 81, 2). »

A l'un et à l'autre de ces appétits appartiennent ce que l'on appelle *les passions*, qui ne sont autre chose que les tendances de l'appétit animal élevées à un degré d'énergie ou d'intensité, qui enlève à l'animal la disposition de son être convenable à sa propre perfection. Et, quoique la passion se rapporte proprement à l'acte, on la prend ordinairement par rapport à *l'habitude*, comme une disposition continuelle de l'animal à tendre de la manière indiquée plus haut. Mais il faut noter que l'animal, régi par ses instincts *naturels*, n'est point sujet, à proprement parler, aux passions; car ses tendances ne sont pas contraires à sa perfection.

TROISIÈME PARTIE — DE L'HOMME.

CINQUANTE-SEPTIÈME LEÇON.

Quiconque s'arrêtera un instant pour considérer le chemin que nous avons parcouru jusqu'ici, et le temps que nous avons mis à parler des minéraux, des plantes et des animaux sans raison, croira peut-être que le traité de l'homme que nous commençons sera encore beaucoup plus long, puisqu'il s'agit d'un sujet beaucoup plus élevé. Il n'en sera point ainsi, grâce à la méthode synthétique que nous avons employée dans notre philosophie, comme nous l'annoncions en Scommençant. Observons ce qui arrive en géométrie. ti, laissant de côté les traités préliminaires de la géomé rie, le mathématicien se lançait dans le traité du cercle et de tout ce qui s'y rapporte, il y mettrait, certes, beaucoup de temps, car il lui faudrait parler des figures inscrites et circonscrites, des triangles, des divers polygones, des angles, des droites, etc. Mais s'il suit la méthode synthétique, et commence par le point et la ligne, et procède graduellement, le traité du cercle ne sera pas long, parce que les plus simples propriétés de la ligne, des angles et des autres figures auront déjà été suffisamment démontrées. Nous nous trouvons dans le même cas.

Du concept de la substance, donné dans *la philosophie première*, nous sommes passés à celui de la substance corporelle, puis aux êtres organiques, aux plantes, aux brutes, et enfin nous sommes arrivés à l'homme. L'homme est un *microcosme*, un petit monde ; et comme un acte plus parfait renferme les moins parfaits, de même l'homme contient en lui tout ce qui a fait le sujet des précédentes spéculations. Aussi, en enlevant à cette *partie* qui traite de l'homme tout ce qui a été dit déjà sur les êtres organiques, les plantes et les brutes, c'est-à-dire tout le *commun*, et en arrêtant au *propre* seulement, la partie de la philosophie que nous commençons ne sera pas aussi longue que semblerait le demander son excellence. C'est de toute la *physique rationnelle* la partie la plus sublime et la plus importante, car toutes les autres y aboutissent, comme au cercle, toutes les autres figures. De même que dans la marche synthétique toutes les parties de la *physique* arrivent à ce terme, de même, dans la marche inverse, c'est-à-dire l'analytique, on peut déduire du traité de l'homme tout ce qu'il y a dans la *physique*. En outre, l'importance morale, pour ainsi dire, de ce sujet, n'est pas moindre que son importance scientifique; car il *nous* regarde *nous-mêmes,* et nous amène au γνῶτι σεαυτόν, *nosce teipsum,* premier précepte et but suprême de la sagesse antique. Et ce serait une bien pauvre philosophie que celle qui ne pourrait donner une juste idée de ce que c'est que l'homme, au moins dans l'ordre physique. Comment les nouvelles philosophies ont-elles rempli ce devoir capital? Elles le savent bien, les quatre générations, ou à peu près, qui n'ont connu qu'elles. C'est notre tâche de montrer comment il l'avait été, par la philosophie ancienne, par Aristote et les scolastiques; et c'est sur ce chapitre, peut-être plus que sur tout autre, que l'on peut le mieux mesurer l'immense faute, et l'immense perte que l'on a faite en la soustrayant à l'étude, nous allions dire à la mémoire des hommes. Certainement le chemin où nous entrons sera très-agréable à ceux qui aiment à s'enfoncer dans la contemplation de la vérité : si le jeune homme, qui a tant de peine à fixer son esprit sur des raisonnements parfois un peu arides, y trouvait quelques difficultés, nous lui dirions avec notre grand poëte philosophe : « Maintenant il faut que toi aussi tu secoues ta paresse, dit le maître; ce n'est point en restant mollement assis sur la plume ou couché sous l'édredon, qu'on arrive à la gloire (*Enfer,* XXVII) (1). »

(1) Omai convien che tu così ti spoltre,
Disse il maestro; chè seggendo in piuma
In fama non si vien nè sotto coltre.

Définition descriptive et essentielle de l'homme.

Définition descriptive de l'homme.
Quel est cet être qui, le front haut, s'avance librement à la face du soleil, et au pied duquel tout animal se courbe humblement? Quel est cet être que toutes les choses corporelles servent comme le maître et le roi de la nature, dont la pensée franchit les siècles passés et pénètre dans les siècles à venir ; qui sonde les mystères les plus profonds des choses naturelles ; qui n'aurait point assez de millions de volumes pour renfermer ses conceptions? Voyez : une montagne l'arrête-t-elle ? Il la perce ou l'abat; un fleuve? Il le détourne ; la mer? Il la traverse avec la même assurance que s'il se promenait sur ses rivages. Il coupe les isthmes pour arriver plus vite à des contrées lointaines; il prend la force du feu, et l'emploie comme l'oiseau emploie ses ailes : il le défie dans son vol, et, voulant communiquer sans aucun retard à ses semblables, ses œuvres et ses pensées, il emprunte à la foudre sa rapidité; il s'en sert pour envoyer ses paroles aux extrémités du monde avec l'instantanéité de l'éclair, à travers les mers, les fleuves et les montagnes. Voyez encore cet homme : il arrête la foudre et la rend docile à ses volontés, et il ne peut mettre un frein à ses passions; dans son dépit de ne point trouver ici-bas ce bien suprême et cette paix, qui peuvent venir de l'infini seulement, il bouleverse tout, il se réjouit dans la guerre, il triomphe dans le carnage, il écoute immobile les gémissements de ses frères, il voit leurs larmes d'un œil sec, il semble qu'il voudrait s'enivrer de leur sang. Quel est donc cet être qui ne voit rien au-dessus de lui sur la scène du monde sensitif, et dont la marche est aussi triste que majestueuse, qui ressemble à un roi détrôné jeté dans la vallée de l'exil et le royaume de la douleur?

A cette demande, le troupeau des matérialistes, qui empeste les chaires de notre belle patrie, nous répond avec Épicure : Cet être, que l'on prendrait pour un dieu descendu sur la terre, n'est autre chose, en fin de compte, qu'un agrégat de petits corps ou atomes qui, emportés par on ne sait quels tourbillons, ont formé cet être fantastique, appelé homme, de la même manière que, sur les bords de la mer ou des fleuves, les grains de sable forment des monticules que soulèvent les vents et les vagues; et comme ces monticules changent de figure, aussi l'homme change avec les positions et les mouvements atomiques, au point que, *par cette mutation perpétuelle*, non seulement il peut se changer en singe, puisque, selon eux, le singe peut se changer en homme, mais encore en bœuf, en âne, en plante, en tout autre être animé. Atomes, mouvements et hasard : voilà les producteurs de l'homme et du palais qu'il habite, c'est-à-dire de l'univers. Mais laissons-les dans leurs fabriques d'abject empirisme, étudier, avec de plus forts microscopes, les atomes et leurs tourbillons, en attendant ce bienheureux temps où nous aurons des instruments assez délicats, pour faire, non-seulement de l'or et des pierres précieuses, mais des plantes, des animaux, et enfin, *si superis placet!* des hommes. Tournons-nous vers de plus nobles penseurs, qui n'ont peut-être pas eu toujours le bonheur de comprendre la nature humaine, mais qui, du moins, n'ont point aspiré à l'indigne honneur de l'avilir.

Platon (1) nous dira que l'homme est un esprit, qui, pour des fautes commises autrefois dans la région des intelligences séparées de la matière, a été condamné à tourner cette roue qui est le corps humain, si même, pour des fautes plus graves, il n'est pas forcé de donner le mouvement à la matière plus grossière qui compose le corps de la bête. Les platoniciens, avec la foule des cartésiens, qui pourtant n'admettent pas la préexistence de l'homme-esprit, diront, en cachant souvent leurs pensées sous des paroles ambiguës et trompeuses, que l'homme est le composé d'un *moteur*, qui est l'esprit,

---

(1) On croit généralement, que Platon a défini l'homme *un animal bipède et sans plumes*. Comment peut se concilier cette opinion avec la doctrine de Platon, qui enseigne que l'âme est le moteur du corps humain? Il veut même que l'homme soit l'âme seule. Ainsi, dans le dialogue entre Socrate et Alcibiade (*In Alcib.*) il fait dire à Socrate : « Cum vero nec corpus nec simul utrumque sit homo, restat, ut arbitror, aut nihil omnino hominem esse, aut, si quid est, nihil aliud, quam Animam esse. Animam igitur nosse jubet, qui præcipit nosse teipsum. Quicumque igitur corpus cognoscit, sua quidem, non seipsum noscit. »

et d'un grand nombre de *mobiles*, qui sont cette infinité d'atomes disposés de manière à former le corps, appelé corps humain.

Si vous interrogez Aristote, il affirmera que l'homme est l'être intermédiaire entre la terre et le ciel, l'anneau de jonction entre les choses matérielles et les intelligences immatérielles : il est *l'animal raisonnable*, le premier parmi les substances corporelles, le dernier des substances intellectuelles, par son âme ; c'est pour cela qu'il est du même genre que celles-là, et qu'il participe au premier degré des perfections de celle-ci. L'homme est un petit monde, *microscome*, comme nous disions plus haut, car il contient les choses terrestres dans un degré supérieur, et les choses célestes dans un degré inférieur ; il est comme un acte parfait, qui contient les perfections des substances terrestres, brutes, plantes et minéraux, comme autant d'actes imparfaits, bien qu'il soit imparfait lui-même par rapport aux esprits immatériels. Par conséquent, l'âme qui informe l'homme, qui en constitue l'essence, qui le détermine dans son espèce, est la plus parfaite des formes substantielles matérielles, et en même temps la moins parfaite des formes immatérielles. S. Thomas, disciple du grand Aristote, donne de l'homme une idée grandiose, en réunissant, dans une admirable synthèse, tout ce que nous avons dit jusqu'ici dans la *physique*, et tout ce que nous aurons à dire encore. Aussi, nous allons citer en entier ce texte important :

« Donc, les formes substantielles sont comme les nombres dont les espèces résultent de ce que le plus grand nombre ajoute une unité au plus petit. Comme les divers nombres sont les uns par rapport aux autres suivant la progression qui part de l'unité, ainsi les formes matérielles se mesurent par leur éloignement plus ou moins grand de la matière première. C'est pourquoi les formes élémentaires sont les plus voisines de la matière première, et, conséquemment, les plus imparfaites. Aussi, les corps élémentaires sont appelés les premières substances corporelles, car elles sont constituées seulement de la matière première et de la forme élémentaire, sans rien de plus. Après elles, les formes des corps composés s'éloignent davantage de l'imperfection et de la potentialité de la matière première, parce qu'ils contiennent en eux-mêmes tout ce que possèdent les formes des éléments et quelque chose de plus. On trouve la même différence entre les plantes et les êtres inanimés, si on les compare entre eux; les formes des plantes surpassent celles des êtres inanimés : en vertu de cette supériorité les plantes ont en elles-mêmes le principe du mouvement par lequel elles se meuvent elles-mêmes, comme il arrive dans la nutrition et l'augmentation ; ce qui n'appartient à aucun être inanimé. Semblablement, les formes des animaux s'élèvent au-dessus des formes des plantes, et s'éloignent davantage de la potentialité de la matière, parce que, non-seulement elles ont en elles-mêmes le principe du mouvement par lequel elles se meuvent, mais encore la connaissance des autres choses. Mais l'âme humaine est la plus parfaite de toutes les formes que la matière est susceptible de recevoir. Aussi, l'âme humaine n'est pas seulement le principe de la connaissance qui se fait au moyen d'un organe corporel, mais, parce qu'elle est élevée au-dessus de la matière, elle a naturellement une connaissance et un entendement séparé de la matière. De là vient *qu'elle est immortelle*, comme le dit Aristote (*Métaph.*, XII), parce que, seule entre toutes les formes, elle survit à la dissolution du composé. Etant donc la plus parfaite de toutes les formes matérielles, et contenant *virtuellement* l'âme végétative des plantes et l'âme sensitive des brutes, il est nécessaire qu'elle contienne virtuellement toutes les autres formes matérielles. Et ainsi, *pour ce qui a rapport à cela*, elle est la perfection du corps (*est perfectio corporis*), et elle se trouve *dans le même genre* que les autres formes corporelles et matérielles (*Opusc.* 45, *de pluralitate formarum*). »

Voilà l'homme de la vraie philosophie ! Ce n'est plus l'esprit condamné pour ses fautes, à tourner la meule du corps, comme l'a imaginé Platon ; ce n'est plus la poussière atomique, agitée *par le vent*, suivant les rêveries d'Epicure et des matérialistes modernes qui l'ont stupidement suivi. Il est l'admirable et mystérieux accord de la matière et de l'esprit, de la terre et du ciel; et c'est ce qui rend insupportable l'orgueil *du ver de terre*, qui se redresse sur sa poussière, et non moins abominable l'abjection de celui qui, content d'être ver de terre, oublie la noblesse de son origine et de ses destinées. C'est pourquoi, nous disons avec Dante (*Purg.*, X) à ces modernes philosophes, qui, parmi les trésors de science et de sagesse légués par les anciens, au milieu de ces splendeurs de la vérité, d'autant plus évidentes qu'elles sont défendues par la doctrine révélée, ignorent ce qu'ils sont et pourquoi ils sont, se laissent emporter par les délires de l'orgueil, ou s'abrutissent dans leur dégradation : « O chrétiens orgueilleux, misérables et faibles, dont les yeux sont obscurcis, et qui vous enorgueillissez de votre faux progrès, ne savez-vous pas que nous sommes des vers de terre appelés à former l'angélique chrysalide, de laquelle nous nous envolerons sans défense vers le Juge suprême. De quoi se vante votre esprit? Vous n'êtes que des insectes manqués, des vers qui ne se sont pas métamorphosés (1). »

Définition essentielle de l'homme.

C'est *un animal raisonnable*. Son essence est ainsi définie : car le genre prochain est exprimé par le mot *animal*, et la différence dernière, par le mot *raisonnable* : cette définition convient à tout homme, et à l'homme seul. Qu'est-ce que c'est *qu'un animal?* Dans *l'arbre de la substance* (cinquième leçon), en descendant du genre suprême, nous apprenons que l'animal est une substance composée, animée, *sensitive*. Or, nous avons parlé de la *substance* dans *la philosophie première;* de *la substance composée*, dans *la physique générale;* de ses propriétés, dans *la physique particulière*

---

(1) O superbi cristian, miseri, lassi,
Che della vista della mente infermi,
Fidanza avete ne' ritrosi passi;
Non v'accorgete voi che noi siam vermi
Nati a formar l'angelica farfalla,
Che vola alla giustizia senza schermi?
Di che l'animo vostro in alto galla?
Voi siete quasi entomato in difetto,
Sì come verme in cui formazion falla.

en parlant des minéraux ; *de la substance animée*, en parlant de plantes ; *de la substance sensitive*, en parlant des brutes. Nous avons donc épuisé tout ce que l'homme a de commun avec les êtres inférieurs, et, arrivés à l'étude particulière de l'homme, nous n'avons plus qu'à traiter de sa différence spécifique, c'est-à-dire *de la raison*. Nous le ferons en étudiant cette noble différence dans son *être* et dans *ses facultés*.

Comme notre but est d'offrir en ces leçons, un cours de philosophie, et non une histoire de la philosophie, nous nous abstiendrons de faire l'énumération complète de tant de systèmes embrouillés et souvent insensés, qui ont été inventés par rapport à l'essence de l'homme, et spécialement à la manière dont s'opère en lui la connaissance intellectuelle. Nous aurons plus de temps pour démontrer la vérité : sa connaissance est plus utile aux jeunes gens que celle des erreurs si nombreuses où les hommes sont tombés. Elles seront cependant réfutées, parce que nous en dirons ce qui est nécessaire, et parce que nous croyons que, pour dissiper les ténèbres de l'erreur, il n'y a pas de moyen plus sûr et plus prompt, que celui de présenter la lumière de la vérité.

CINQUANTE-HUITIÈME LEÇON.

De l'immatérialité de l'âme intellective.

Définition de la vie intellective.

Nous avons déjà dit en quoi consiste l'essence de la vie : elle consiste dans *une opération immanente*, c'est-à-dire qui a son principe et son terme dans l'agent lui-même, et qui le perfectionne. Le premier degré des opérations immanentes se trouve dans la nutrition, l'augmentation et la génération ; le second dans les diverses sensations ; le troisième, dans ce que l'on appelle les opérations intellectuelles. Ces dernières nous sont connues par notre expérience intime : nous savons qu'il y a en nous, non-seulement les opérations du premier et du second degré, mais encore les connaissances immatérielles et les actes libres de la volonté. Avec mon esprit, je pense à Dieu, aux intelligences séparées de la matière, à la vertu, à l'ordre, au beau, au vrai, au sublime, au bien : et, comme toutes ces choses ne sont ni colorées, ni triangulaires, ni douces, ni dures, etc., elles ne peuvent être l'objet des sens, et la brute ne peut *les sentir*. Quand je connais ces choses, il est certain que j'opère au-dedans de moi; et ces opérations immanentes que je fais, sont d'un ordre beaucoup plus élevé que la connaissance sensible de l'animal. De même, l'animal est *déterminé* nécessairement à opérer, parce que, comme nous l'avons dit ailleurs, il ne peut se donner à volonté *la forme*, principe *quo* de ses opérations. Au contraire, moi, non-seulement, je me sens incliné au bien *en général* par une nécessité de nature, mais je choisis à volonté la forme de mon opération; je puis laisser celle que j'allais suivre pour m'unir à un bien aussi attrayant que possible, et en préférer une autre qui me conduit à un bien égal au premier, ou même inférieur. L'opération de l'appétit de la brute est nécessitée parce que la forme cognoscitive en elle est singulière; en moi l'appétition est libre, parce que les formes de mes opérations sont universelles. L'oiseau qui fait son nid ne choisit pas son mode de construction, il le fait toujours comme il l'a fait la première fois, parce qu'il est déterminé par son instinct, qui agit suivant une *forme singulière*, tandis que l'architecte peut choisir, entre mille idées, celle qui lui plaît davantage pour représenter la maison ou le palais qu'il veut bâtir. Les actes de volonté qui sont en moi, les actes d'intelligence qui me font penser, juger, raisonner, sont les actes immanents qui constituent la vie intellectuelle dont nous parlons.

Conclusion Ire. — *Il y a dans l'homme un principe de vie intellective.*

Il est certain que j'ai en moi la vie intellective : c'est un effet, le résultat d'un principe; donc, je dois avoir en moi la cause, le principe.

Conclusion IIe. — *Le principe de la vie intellectuelle ne peut être une puissance organique.*

Nous avons déjà vu que la vie végétative et la vie sensitive procèdent, comme de leur principe, en même temps de l'âme et de la matière, c'est-à-dire de puissances organiques : mais nous nions qu'il puisse en être ainsi de la vie intellectuelle. Que l'on réfléchisse sérieusement à la doctrine de Suarez sur ce sujet : « L'opération ne peut être dans un ordre différent de celui où se trouve la puissance dont elle dérive. En effet, la puissance est spécifiée par l'acte, et en sens inverse, l'acte reçoit de la puissance, sa dignité et son excellence. Dans le cas présent, l'opération est un *acte immanent*, reçu dans la puissance même qui le produit (*a qua elicitur*) ; si donc, elle est spirituelle, elle ne peut être reçue que par une puissance spirituelle (*De Anima*, 20). »

Cette vérité étant admise, de ce que les actes de la vie intellective sont immatériels, on peut conclure légitimement que leur principe, c'est-à-dire la puissance, est immatériel aussi. Mais, comme la vérité de cette grave *conclusion* dépend du fait de l'immatérialité des actes intellectifs, il faut prouver cette immatérialité par de solides arguments. Voici les principaux : on fera bien de les pénétrer, et, en les pénétrant, de les posséder complétement.

1° L'opération matérielle, précisément parce qu'elle est un accident inhérent à la puissance dont elle émane, puissance organique, c'est-à-dire composée de matière et de forme, est revêtue des conditions de son principe, d'après l'axiome indiscutable : *Operatio sequitur esse*. Et d'abord, dans l'ordre cognoscitif, la connaissance matérielle, qui se fait par *une image*, sera semblable, bien que dans des proportions moindres, à une image peinte sur la toile, et exprimant une *chose singulière*. C'est ce qui arrive dans la connaissance des brutes. En outre, comme elle a lieu dans un organe qui est *quantum*, ce doit être un accident d'une certaine façon *quantitatif*, et voilà pourquoi elle ne pourra jamais représenter ce qui est absolument abstrait et indépendent de la quantité.

Observons maintenant ce qui a lieu dans notre opération intellectuelle. Je pense à l'homme en général, à la vertu également en général ; et nous avons prouvé dans *la philosophie première* l'universalité de nos connaissances intellectuelles. En outre, j'ai les notions *d'affirmation*, de *négation*, de *cause*, *d'effet*, *d'ordre*, *d'esprit*, de *Dieu* : c'est-à-dire qu'il y a dans ma connaissance, des images de choses complétement abstraites de la matière et indépendantes de la quantité. Donc, l'opération par laquelle je comprends ces objets n'a point les caractères d'une opération matérielle, mais ceux d'une opération immatérielle ; par conséquent, l'opération étant immatérielle, la puissance dont elle dérive, sera aussi immatérielle, comme on l'a démontré en commençant.

2° Une puissance organique est toujours également changée par l'opération matérielle du principe actif ; ainsi, sur le verre préparé pour recevoir un portrait photographique viendront se peindre les images des objets qui sont devant lui : si l'on change les objets, il y aura d'autres images. C'est ce qui arrive chez l'animal, mais non chez l'homme. C'est pourquoi, si je dis : *Jehovah*, *Elohim*, Θεός, *Deus*, *Dio*, *Dieu*, *Gott*, *God*, celui qui connaît toutes ces langues, recevra des impressions différentes, et même très-différentes dans la puissance organique de l'ouïe : de même les mutations produites dans son sens commun, seront différentes et très-différentes, aussi bien que les fantômes qui se formeront. Et, cependant, il ne se formera qu'un seul concept : *Dieu*. Donc, le principe générateur de ce concept, qui est le principe de la vie intellectuelle, n'est point soumis aux conditions essentielles d'une puissance organique, et, par conséquent, il n'est pas une puissance organique.

3° De plus, il est évident qu'aucune puissance organique ne peut avoir une connaissance quelconque, si elle n'est pas mue matériellement, et avec un vrai mouvement local, par ce qui est immédiatement, ou médiatement, l'objet de sa connaissance. Cela a été démontré lorsque nous avons parlé de la connaissance sensible. Mais il y a une infinité d'objets connus par l'intelligence, qui ne peuvent, en aucune manière, mouvoir avec un vrai mouvement local : tels sont, Dieu, la vertu, et tout ce qui n'a pas de quantité. Donc, l'intelligence n'est pas une faculté organique.

4° On ne peut appeler organique une puissance qui, dans l'acte de la connaissance, s'oppose aux perceptions de la puissance sensitive organique, et les corrige. Ainsi, par exemple, la puissance organique du sens regarde la lame plongée dans l'eau comme brisée; elle regarde le soleil, la lune et les étoiles comme ayant de petites dimensions; et, cependant, l'intellect corrige ces perceptions. Il voit bien que les sens doivent percevoir de cette manière : mais lui, dont la règle est la vérité, tire des perceptions des sens ce qu'il y a de vrai dans les choses, et qui n'est point perçu par les sens : il rejette ce qu'ils lui montrent de faux.

5° Les puissances organiques, comme nous l'avons noté ailleurs, ne peuvent percevoir autre chose que la qualité des choses, ou les accidents par lesquels on répond à la question : *Quel* est-il (*qualis*). Et, parce que nulle chose n'opère par son essence, cette dernière ne peut être l'objet des sens, ou de n'importe quelle puissance organique. Or, cependant, les essences sont l'objet de l'intelligence. Donc, sa manière d'opérer est diamétralement opposée à celle des puissances organiques.

6° On peut encore apporter, comme preuve de cette vérité, le pouvoir qu'a l'intelligence de réfléchir sur ses propres actes. Et d'abord, il faut distinguer *la réflexion subjective*, de *la réflexion objective*. La première consiste en cela que l'intelligence, en comprenant, sait qu'elle comprend, c'est-à-dire que, au moment même où elle comprend, elle a conscience de sa propre compréhension. Leur réflexion objective consiste en cela qu'elle prend la première connaissance pour objet de la seconde. Lorsqu'on dit à quelqu'un : « *Agissez avec réflexion* », on fait allusion à la première réflexion; et quand on dit : « *Examinez votre raisonnement mental pour en connaître la vérité* », on parle de la seconde. Or, une puissance organique, comme nous l'avons démontré ailleurs, est incapable de l'une et de l'autre réflexion : l'expérience nous montre que les animaux en manquent complétement. Aussi, l'intelligence, par cela seul qu'elle a le pouvoir de réfléchir subjectivement et objectivement, prouve qu'elle n'est pas une substance organique.

7° De plus, si l'on observe le rapport de la faculté organique à son objet, on verra qu'elle souffre, et peut même périr, si la vivacité de son objet est trop grande. Une lumière trop vive, aveugle : un bruit très-grand, surtout s'il est subit et prolongé, rend sourd, et ainsi du reste. Il ne peut pas en être autrement, parce que l'objet agissant sur la puissance organique avec un véritable mouvement local, y produit une véritable altération. En outre, cette faculté est composée de matière et de forme, et corruptible intrinsèquement, c'est-à-dire par la séparation de ces deux principes, et l'énergie de l'action, dont l'objet est le principe, la dispose, en l'altérant, à cette corruption. Il n'en est point ainsi de la faculté intellective : plus son objet est sublime, comme la beauté, la vertu, la vérité, plus le sujet connaissant est heureux et actif, plus il se perfectionne, et il trouvera sa paix et sa félicité parfaite dans la vérité suprême et la connaissance de l'infini. Aussi Aristote disait que la béatitude de l'homme devait consister dans son acte le plus parfait, qui est la connaissance.

Jusqu'ici, nous avons prouvé par les opérations intellectuelles l'immatérialité de leur principe. Si nous considérons maintenant, la manière dont opère la volonté qui est, dans l'homme, la puissance appétitive supérieure, nous verrons qu'elle est complétement opposée à celle dont opère la faculté organique des brutes.

8° En effet, comme *l'opération suit l'être,* ainsi l'inclination, qui vient de la faculté appétitive, doit nécessairement être revêtue des caractères de celle-ci. Or, si l'on considère l'inclination *subjectivement,* c'est une modification de la faculté : tellement que, si cette dernière est matérielle et organique, la première aussi sera matérielle. D'où il suit que l'objet lui-même sera matériel, puisque l'acte correspond à l'objet, et l'objet à l'acte. C'est ce que l'on voit chez les brutes qui, avec leur appétit, ne tendent qu'aux objets matériels en tant que matériels : et jamais on n'a vu un chat prendre plaisir à voir une broderie, si bien faite qu'elle soit, ni un chien regarder un tableau, si beau qu'on le suppose. Au contraire, l'appétit supérieur, que nous appelons volonté, tend aux objets immatériels, et se plaît dans l'ordre, dans la vertu, en Dieu : même dans les objets matériels, il cherche et aime quelque chose qui n'est point matériel : la symétrie, le beau, l'élégance, toutes choses qui viennent de relations complexes non perçues par les sens. Il en est ainsi, et dans les choses matérielles nous tendons toujours à ce qui est d'un ordre supérieur à la matière. L'élégance, la bienséance, la sagesse, la probité, la beauté que nous aimons dans les hommes, et qui entraînent nos cœurs, ne sont pas des choses matérielles. Il n'y a rien de matériel non plus dans cette beauté et dans cet ordre qui nous plaisent dans les jardins, dans les palais, dans les vêtements : jusque dans la nourriture, dans les instruments dont nous nous servons, dans nos actions les plus communes, nous voulons la symétrie et l'élégance. Le chant d'une voix suave, et le son d'une harpe harmonieuse, sont insupportables, s'ils ne sont point d'accord ; or, l'accord, qui n'est qu'une affaire de proportions, est bien supérieur à la matière et aux sens.

9° En outre, la faculté appétitive organique tend aux objets singuliers, c'est-à-dire à ceux qui sont déterminés *hic et nunc*, à un instant de la durée, et à un point de l'espace. C'est pourquoi, il est nécessaire que l'objet de l'appétit *l'attire par le plaisir* pour l'amener à soi : car il est impossible de tendre à un objet sans recevoir une attraction préalable qui parle de cet objet, comme nous l'avons vu en traitant des attractions en général (trente-troisième leçon). Or, il n'y a que ce qui est *hic et nunc*, qui puisse attirer une puissance organique. Car il faut pour cela que l'objet *opère* ; et s'il n'est pas dans le temps, et dans l'espace, il ne pourra opérer, et, en opérant, se rendre présent à la puissance. C'est toute autre chose pour la volonté. Elle est attirée par ce qui est au-dessus de l'*hic et nunc :* elle veut l'universel, elle désire l'infini, et la racine de sa liberté consiste, précisément, dans sa tendance au bien en général, car elle ne peut être nécessitée par les biens singuliers finis, qui nécessitent les brutes et les déterminent à agir.

10° La liberté nous fournit un autre argument. Comme nous l'avons remarqué plus haut, il doit toujours y avoir, dans les puissances organiques, *parce qu'elles sont matérielles*, une relation entre l'agent et le patient : et il suit de là que ce qui opère plus fortement sur un animal, en l'attirant davantage, l'amènera à soi, plutôt que ce qui opère moins fortement, en l'attirant moins vivement. C'est une espèce de loi universelle et certaine pour les attractions et les tendances des êtres sensitifs. Mais il n'en est point ainsi chez l'homme. Lorsqu'il a devant lui deux biens, l'un beaucoup plus grand, et l'autre moindre, il peut rejeter le plus grand, et s'attacher au moindre; et un homme (nous parlons du pouvoir physique et non dans l'ordre la convenance, et de l'honnêteté morale), peut défier n'importe qui de lui proposer une opération déterminée, sans qu'il soit libre de faire le contraire. Cela indique qu'*il ne dépend point* de ce qui opère sur lui en l'attirant, ce qui est impossible à des puissances organiques et matérielles.

11° Du reste, l'immatérialité de la volonté peut être considérée comme un simple corollaire de ce que nous avons dit de la puissance intellective, dans les arguments rapportés, en premier lieu. En effet, quoique la puissance cognoscitive soit réellement distincte de la puissance volitive, toutefois, elles sont tellement enchaînées entre elles et tellement subordonnées l'une à l'autre, que la cognoscitive *donne la forme* par laquelle opère l'appétitive, puisque celle-ci tend à ce que lui propose celle-là. Donc elles sont du même ordre ; et l'appétitive, dans les brutes, étant organique, puisque les formes de son opération (fantômes, sensations) sont matérielles, il en résulte, que, les formes de la faculté cognoscitive étant immatérielles, et la volonté opérant avec ces formes, la volonté sera immatérielle aussi bien que l'intelligence.

Nous pourrions donner encore beaucoup d'autres arguments pour démontrer la même *conclusion;* mais ceux-ci suffisent : peut être même sembleront-ils trop nombreux à quiconque ne considère point la portée de cette *conclusion*. C'est de sa vérité que dépend, non-seulement la réfutation du matérialisme, mais encore l'existence même de tout ordre moral. Si le principe de la vie intellective en l'homme était organique, l'homme n'aurait point de fin au-delà de la tombe : comme les brutes, il se trainerait tout entier vers les éléments dont serait composé l'organisme matériel de son corps. Tout le monde peut-être ne verra pas du premier coup quelle sont les conséquences pratiques d'une erreur si pernicieuse, pour la ruine de tout ordre et de toute beauté dans la société humaine : mais elles ne sont pourtant que trop visibles aujourd'hui, et ceux même qui les voient le moins les trouvent effrayantes.

1ᵉʳ *Corollaire*. — Si le principe de la vie intellective, c'est-à-dire celui d'où viennent les opérations immanentes de l'intellection et de la volition, n'est pas organique, il est clair que ce n'est pas *un corps*, ou une partie de corps vivant. De là vient l'impossibilité qu'un corps *pense*, si par ce mot penser on entend les opérations de la vie intellective. Mais si, par extraordinaire, par penser, on entend *sentir*, bien loin qu'il répugne qu'un corps pense, il est absolument nécessaire que le principe de cette pensée soit un corps animé, c'est-à-dire une puissance organique, et par conséquent corporelle, comme nous l'avons dit des brutes : car il est absurde de prétendre que l'âme seule *sente*, comme de soutenir que la matière seule peut sentir. Les philosophes qui ont posé cette question : *la matière peut elle penser?* » ont-ils défini ce qu'ils entendaient par *penser*, et ce qu'ils entendaient, ou mieux ce qu'ils devaient entendre *par matière ?* Nous ne le croyons pas. La matière ne peut exister sans forme substantielle, à plus forte raison penser ; et l'âme, qui est une forme substantielle non subsistante, comme celle des brutes, ne peut également ni exister, ni percevoir, ni agir, sans la matière dont elle est la forme. Celui qui dit le contraire ne va pas seulement contre S. Thomas : il va contre la vérité.

2ᵉ *Corollaire*. — Le principe de la vie intellective est subsistant, précisément parcequ'il est immatériel. En effet : *a)* étant le principe d'opérations, il est substance *(substat)* : *b)* ayant des opérations propres, auxquelles ne participe point la matière, comme *coprincipe*, il est subsistant, *(sub-sistit)*, en désignant par ce mot l'être qui a *des opérations propres*.

CINQUANTE-NEUVIÈME LEÇON.

L'âme intellectuelle est la forme substantielle du corps humain.

Ce que l'on entend en disant que l'âme intellectuelle est la forme substantielle du corps humain.
En disant que l'âme intellectuelle est la forme substantielle du corps humain, on entend ce qui a été dit dans la *physique générale* de l'être des formes, et ce qui a été appliqué jusqu'ici, dans la *physique particulière*, aux divers êtres inorganiques et vivants. La forme substantielle est l'*actus primus corporis*, c'est-à-dire cet acte qui le constitue dans son être substantiel de corps, par lequel, et avec lequel elle le fait être le telle ou telle espèce. Maintenant, en appliquant le concept de la forme substantielle à l'âme intellective de l'homme, et en nous servant de la définition de l'âme que nous à laissée Aristote, et que nous avons déjà donnée plus haut, nous dirons que l'âme intellective *est actus primus corporis organici humani potentia vitam habentis ;* et encore qu'elle est : *principium quo vivimus, sentimus. et intelligimus primo*.

Conclusion. — *L'âme intellective est la forme substantielle du corps humain.*
1° En effet, dans l'homme, il y a l'âme végétative, comme dans les plantes, et dans les brutes, mais plus parfaite : elle est en lui le principe *quo* de la nutrition, de l'augmentation et de la génération ; il y a l'âme sensitive, qui est le principe *quo* de la sensation par les sens externes, le sens commun et l'imagination, comme nous l'avons démontré, en parlant de l'animal: et dans cette démonstration nous comprenons expressément l'homme, en tant qu'animal. Mais nous avons

démontré aussi que, dans l'animal, l'âme végétative et l'âme sensitive sont essentiellement *une* et précisément la forme substantielle, ou *l'actus primus*, le *principium quo* dont nous parlons plus haut. Donc, dans l'homme, l'âme végétative est la même que l'âme sensitive, et cette âme *unique* est la forme substantielle du corps humain. Mais le principe de la vie intellectuelle est en nous, dans son essence, le même que le principe de la vie sensitive : donc ce principe, c'est-à-dire l'âme intellectuelle, est dans son essence la forme substantielle du corps humain. Quand nous disons qu'il est *le même*, nous voulons dire : 1° Dans l'homme il y a une seule âme ; c'est le principe de la vie intellective, qui est une substance. 2° Les opérations de la vie végétative de l'homme émanent du composé, c'est-à-dire du corps informé par l'âme, comme d'un seul principe. 3° Les opérations de la vie sensitive de l'homme émanent également du composé, à savoir, de la matière informée par la même âme, comme d'un seul principe. 4° Il n'en est point ainsi des opérations de l'âme intellective, qui émanent de l'âme intellective *seule*, sans que la matière informée par elle y concoure comme *coprincipe*. 5° Par conséquent, ce que l'on a démontré par rapport à la plante et à la brute, à savoir, qu'il n'y a pas en elles d'autres formes substantielles en dehors de l'âme, qui contient *virtuellement* les formes inférieures, est également vrai de l'homme. 6° Quand nous disons *l'âme intellective*, nous ne le disons point *reduplicativè*, c'est-à-dire en tant qu'elle est intellective, car elle n'est pas forme substantielle du corps en tant qu'elle produit les opérations immatérielles de l'intelligence : nous voulons dire seulement, que cette substance, qui est le principe de la vie intellective est *la même forme*, qui est le principe de la vie sensitive et de la vie végétative. 7° Pour cela, la même âme, en tant que principe de vie végétative et sensitive et équivalente aux formes inférieures, est matérielle ; elle est, comme le dit S. Thomas, *dans le même genre* que l'âme végétative des plantes, l'âme sensitive des brutes, et les formes substantielles des êtres inorganiques ; mais, en tant que principe de vie intellective, elle est dans un genre supérieur et *propre,* par lequel elle touche au dernier degré des intelligences séparées de la matière (1).

Donc, comme nous avons déjà démontré que l'âme végétative-sensitive est la forme substantielle de l'animal, on aura prouvé la *conclusion,* quand on aura démontré que l'âme intellective est la même, sous le rapport de l'essence, que la sensitive. La démonstration de cette importante vérité sera aussi courte qu'elle est évidente.

a). En effet, par la conscience intime, je sais que *c'est moi* qui sens et qui comprends. Ce n'est pas certes que je comprends qu'*un autre* veut. Non : c'est moi, moi-même, qui entends la voix de celui qui me parle, et qui comprends la vérité de ce qu'il dit. Douter de cette identité du principe sentant et pensant dans l'homme ne serait pas seulement contraire à la ferme persuation du genre humain, ce serait une folie capable de renverser l'économie, non-seulement de la raison, mais de la nature humaine toute entière. Et celui qui soutiendrait le contraire mériterait de recevoir une bonne bastonnade, et qu'on lui refusât après cela *le droit* de s'en plaindre et d'en *demander raison,* car le sujet qui se prévaut d'un droit, et demande raison, ne peut pas être le même sujet que celui qui *a senti* la douleur du coup. Par cela seul, l'identité substantielle du principe sensitif et intellectif est prouvée jusqu'à l'évidence, et celui qui en doute ne pourra jamais être certain d'aucune vérité.

Mais, s'il est clair et facile de comprendre que cette identité *est,* on n'en dira peut être pas autant, s'il s'agit de savoir *comment elle est.* En effet, comment cette identité a-t-elle lieu ? Ce n'est pas que les deux âmes se servent du même instrument, l'une pour sentir, l'autre pour comprendre, parce que : 1° l'identité de l'instrument n'entraîne point avec lui l'identité du

---

(1) Il sera bon de relire le beau texte de S. Thomas, rapporté par nous dans la *définition descriptive et essentielle de l'homme* : on verra l'exposition explicite de notre doctrine ; aussi celui qui la rejette, ne peut pas se vanter de suivre S. Thomas sur cette question, la plus importante peut-être de toute la philosophie.

principe ; si, par exemple, deux personnes jouent ensemble du même piano, l'une ne croira pas pour cela qu'elle est l'autre ; et 2°, bien que l'âme humaine en tant qu'elle est sensitive, ait des puissances organiques et à cause de cela, se serve d'instruments, la même âme, en tant qu'elle est intellective, ne se sert point d'organes ni d'instruments corporels, et, si elle dépend des choses matérielles en tant qu'elles sont *objets* de ses opérations, comme nous le verrons plus loin, il répugne qu'elle en dépende comme si elles étaient les *coprincipes* de ses opérations. Donc ; l'identité est placée dans la substance même de l'âme.

b). Cette identité est encore admirablement démontrée dans cette preuve proposée par S. Thomas et par Dante. Voici l'argumentation du premier : Des forces diverses, qui ne viennent point du même principe *(non radicantur in eodem principio)* ne se gênent point mutuellement dans leurs opérations, à moins que ces opérations ne soient contraires l'une à l'autre, ce qui n'a pas lieu dans le cas présent. Or, nous voyons que beaucoup d'opérations diverses, que nous rapportons à l'âme, se gênent mutuellement, de telle sorte que, si l'une est intense, l'autre est faible. Il est donc nécessaire que ces opérations et les formes qui en sont les principes prochains, se ramènent à un principe *unique*. Mais ce principe ne peut pas être le corps, car il y a une opération à laquelle le corps ne communique point, c'est l'intellection ; et, en outre, si le principe de ces forces et de ces opérations était le corps, *en tant que corps,* elle se retrouveraient dans tous les corps, ce qui est évidemment faux : il est donc clair que ce principe doit être une forme déterminée par laquelle le corps est *tel corps*, et cette forme est l'âme. Il est donc démontré que toutes les opérations qui, en nous, émanent d'une âme, tirent leur origine de la même âme intellective : et, par conséquent, il n'y a point en nous plusieurs âmes. »

Rien de plus vrai que ce raisonnement de S. Thomas sur les obstacles mutuels que se créent les diverses opérations de l'âme. L'intelligence de celui qui s'abandonne aux plaisir de la vie peut-elle parcourir librement le champ immense de la vérité ? Au contraire, une trop grande application à l'étude affaiblit l'homme, et sa vie végétative en souffre. La nouvelle imprévue d'une calamité féconde en conséquences désastreuses, (et pourtant, il faut bien le remarquer, les sens et les facultés végétatives ne raisonnent point), cause quelquefois une telle perturbation *de la vie végétative*, qu'il peut en résulter des maladies et même la mort. Qu'est-ce que cela veut dire ? Cela veut dire que l'âme est *une* ; et, parce que sa force est finie, lorsqu'elle dépense plus d'énergie dans l'exercice d'une puissance, elle en a moins, ou même il ne lui en reste point, pour l'exercice des autres. C'est comme un cours d'eau d'une quantité bien déterminée : s'il en donne trop à un canal, les autres en recevront moins.

Il faut confirmer encore cette vérité par le sommeil, nécessité imposée par la nature à tous les animaux sans exception. Cette espèce de suspension absolue, périodique, et assez longue, de la vie sensitive, et chez l'homme de la vie intellective elle-même, ne peut se justifier et s'expliquer, comme l'a remarqué Aristote (*Lib. de Somno et vigilia*), que par le besoin de concentrer toutes les forces de l'âme dans les seules fonctions de la vie végétative. Lorsqu'une puissance agit avec plus de force, il faut que les autres cessent d'agir. C'est pourquoi les enfants dorment plus que les vieillards : parce que chez ceux-ci la vie végétative est faible, tandis qu'elle est plus active chez ceux-là, à cause de l'augmentation qu'elle doit produire. Est-il un argument plus pressant pour prouver l'unité de principe de toutes les facultés qui opèrent dans l'homme ?

Dante l'a revêtu d'une forme poétique splendide, comme lui seul savait le faire, afin de réfuter l'erreur de ceux qui prétendaient que l'âme sensitive se joignait à la végétative, et qu'à ce système venait s'ajouter un troisième lien, l'intellective, tellement qu'il n'y avait pas moins de trois âmes dans l'homme (*Purg.*, IV) :

« Quand le plaisir ou la douleur s'empare d'une de nos puissances, l'âme se replie tout entière sur cette puissance,

« Et il semble qu'elle ne s'occupe plus des autres, preuve qu'ils se trompent ceux qui prétendent qu'une âme chez nous s'ajoute à l'autre.

« C'est pour cela que, quand on entend ou que l'on voit une chose qui saisit l'âme et la tend fortement, les heures passent inaperçues;

« Car, autre est la puissance qui écoute, et autre celle de l'âme entière : celle-ci est comme liée et l'autre agit (1).

Après avoir démontré ainsi jusqu'à l'évidence l'identité de l'âme intellective, sensitive et végétative, nous pouvons en tirer comme conséquence nécessaire que l'âme intellective est *la forme substantielle* du corps humain, puisque, comme nous l'avons démontré en parlant des plantes et des brutes, il en est ainsi de l'âme végétative et de l'âme sensitive. De plus, il ne peut y avoir dans l'homme d'autre forme substantielle que l'âme intellective, puisque l'âme elle-même est forme substantielle. Mais cette doctrine est si importante que nous regardons comme nécessaire d'y rester un peu plus longtemps, non pas pour rendre la démonstration plus solide, mais pour l'expliquer et en donner une intelligence pleine et entière.

2º Avant d'arriver à la démonstration de notre *conclusion*, S. Thomas exposait cette doctrine : « Pour qu'une chose soit forme substantielle, il faut deux choses : la première, que ce qu'on appelle forme soit le principe de l'être substantiel dans l'être dont il est la forme. Je dis principe non pas efficient, mais formel (2) par lequel (*quo*) la chose est et est appelée être

---

(1) Quando per dilettanza, ovver per doglie
Che alcuna virtù nostra comprenda,
L' anima bene ad essa si raccoglie,
  Par ch' a nulla potenzia più intenda;
E questo è contro quell' error che crede
Ch' un' anima sopr' altra in noi s' accenda.
  E però quando s' ode cosa o vede
Che tenga forte a sè l' anima volta,
Vassene il tempo, e l' uom non se n' avvede;
  Ch' altra potenzia è quella che l' ascolta,
Ed altra è quella che ha l' anima intera :
  Questa è quasi legata, e quella è sciolta.

(2) On voit d'après cela, que ceux qui affirment que l'âme exerce sur la matière, non pas une causalité formelle, mais une causalité efficiente, sont diamétrale-

(*quo aliquod est et denominatur ens*). De là vient l'autre propriété de la forme substantielle : c'est que la matière et la forme coparticipent du même être, ce qui n'arrive point quand il s'agit du principe efficient par rapport à la chose à laquelle il donne l'être. Et cet être *coparticipé*, est celui par lequel subsiste la substance composée, qui est une seule substance composée de matière et de forme (*Contra Gentes*, II, LXVIII). Or, nous disons maintenant : l'âme intellective de l'homme est : 1° le principe de l'être substantiel du corps humain ; 2° elle n'en est pas le principe efficient, mais formel, par lequel le corps humain est et s'appelle *homme;* 3° et il suit de là, que l'âme intellective et le corps humain se réunissent et coparticipent à l'être de l'homme dans lequel subsiste la substance composée qui est *l'homme*, substance seule et unique, constituée par l'âme et le corps. Donc, selon la vraie doctrine de la forme substantielle donnée par S. Thomas, l'âme intellective est la forme substantielle du corps humain. Démontrons, à présent, les trois affirmations contenues dans l'antécédent ci-dessus :

a) Nous le demandons : l'être végétant, l'être sentant, l'être raisonnable, est-il un être substantiel ou accidentel? Si l'on dit que c'est un être accidentel, il faudra admettre cette absurdité, qu'il n'y a qu'une différence *accidentelle* entre une plante et une brute, entre une brute et l'homme. Mais, parce que ce sont des substances d'essence et d'espèce diverses, on est obligé de dire que cet être n'est pas accidentel. Donc, l'âme intellective, qui est dans l'homme le principe de la vie végétative, de la vie sensitive et de la vie intellective, lui confère un être substantiel.

b) L'âme humaine n'est point la cause efficiente du corps humain, ni de la matière première qui est en lui. Donc, elle n'est pas le principe *efficient* de l'être substantiel de l'homme, mais elle n'est que son principe formel : c'est-à-dire qu'elle n'est pas le principe *quod efficit hominem*, mais le principe *quo homo est homo*. A plus forte raison on ne peut pas dire que l'âme est

---

ment opposés à la doctrine de S. Thomas sur la question de l'union de l'âme et du corps dans l'homme.

le seul principe qui exerce *efficienter* sa causalité sur le corps, en tant qu'elle produit en lui les opérations vitales végétatives qui sont un mouvement corporel, car ces opérations ne sont pas seulement un mouvement, et ne peuvent provenir de l'âme seule ou du corps seul, comme d'un principe séparé, mais doivent procéder des deux *déjà réunis*, et c'est pourquoi on les appelle *operationes conjuncti vel compositi*. Donc, l'union doit *précéder* les opérations vitales, et doit être une union *formelle*, comme celle de la matière et de la forme.

c) Enfin, il est clair que l'âme et les corps sont aussi nécessaires l'un que l'autre à la constitution de l'homme, et aussi bien l'un que l'autre, ils *coparticipent* à l'être *homme*.

Donc, l'âme intellective est la forme substantielle du corps humain. Mais ajoutons une dernière démonstration :

3° L'âme dans l'homme est : *a*) ou une forme accidentelle ; *b*) ou une forme assistante ; *c*) ou une forme substantielle. On ne peut pas concevoir une autre forme qui ne se ramène à l'un des membres compris dans la division précédente. Quelques-uns ont bien parlé d'une *forme naturelle*, ou par amour de la nouveauté, ou pour cacher certaines doctrines opposées à celle de S. Thomas. Mais la forme naturelle doit être elle-même accidentelle ou substantielle ; et, comme nous le verrons, elle ne peut constituer une seule nature avec l'être informé, sans qu'elle en soit la forme substantielle. Mais, avançons.

a) L'âme ne peut pas être une forme *accidentelle*. Car celle-ci est un accident qui donne à la substance, déjà complète dans son être substantiel, un être ultérieur accidentel. Mais, au contraire l'âme intellective est une substance, et donne comme nous l'avons dit, l'être substantiel.

b) Elle ne peut pas être une forme *assistante*. En effet, la forme assistante ne constitue pas avec l'être qu'elle assiste *une nature individuelle* : mais l'âme intellective constitue avec la matière du corps humain *une nature individuelle*. Et cela est évident, puisque, la nature étant le principe physique des opérations, si l'âme intellective ne constituait pas avec la matière du corps humain une nature individuelle, il n'y aurait aucune opération qui pût dériver des deux, comme *d'un seul* principe physique. Et, cependant, il y a beaucoup de ces sortes d'opérations : telles sont toutes celles dans lesquelles consiste la vie végétative et la vie sensitive; car il serait absurde de dire que ces opérations dérivent de l'âme seule ou du corps, ainsi que nous l'avons déjà démontré. En effet, il est impossible que l'opération, *qui est une relativement à la nature,* dérive d'une forme assistante et de l'être qu'elle assiste : S. Thomas l'a très-bien prouvé de cette manière : « Il est impossible que l'opération qui dérive de choses qui ont un être différent soit *une*. Je dis *une*, non pas relativement à son terme, mais en tant qu'elle procède de l'agent. Ainsi plusieurs hommes qui tirent un bateau, font une opération *une* par rapport à l'effet qui est un : mais, par rapport aux agents, ils font des opérations *multiples,* car il y a diverses tractions pour tirer le bateau. Et, parce que l'opération suit la forme et la puissance, il est nécessaire que, là où il y a des formes et des puissances diverses, là aussi il y ait des opérations diverses. Et, quoique l'âme ait des opérations propres à elle, auxquelles ne communique point le corps, telle que l'intellection, il y en a d'autres communes à l'âme et au corps, comme craindre, se mettre en colère, sentir et autres choses semblables : en effet, ces choses arrivent avec la mutation d'une partie déterminée du corps : signe que ce sont des opérations de l'âme et du corps. Donc, il est nécessaire que l'âme et le corps constituent *un seul être,* et qu'ils ne soient point différents relativement à *l'être (Contra Gentes,* II, LVII.)

Mais en voilà suffisamment sur ce sujet, la conclusion est démontrée avec une évidence presque mathématique. Nous prévoyons bien toutefois que beaucoup ne pourront se rendre compte de la manière dont se fait cette union, et, comment, de la matière et de l'âme, il peut résulter une nouvelle substance qui est l'homme. Mais la difficulté, à notre avis, vient plutôt de l'imagination que de la raison : et, en tout cas, on doit admettre une vérité bien démontrée, quand bien même on ne comprendrait pas pleinement comment elle a lieu. Du reste, il faudrait toujours bien se rappeler ces deux choses : premièrement, que nous ne connaissons les essences des choses qu'avec l'intelligence, et non avec l'imagination, et seulement par leurs opérations : aussi, nous n'en avons qu'une connaissance imparfaite et toujours obscurcie par quelques nuages : deuxièmement, que la toute-puissance et la sagesse du Créateur surpassent infiniment la force et l'art de l'homme. Si nous avons quelquefois de la peine à saisir le mécanisme d'une horloge ou d'une *locomotive*, comment voulons-nous comprendre pleinement et tout d'un coup la plus admirable de toutes les œuvres sensibles qui soit sortie des mains du Créateur ? Ce sera beaucoup d'arriver à y entrevoir quelque chose. Au contraire, la facilité et la désinvolture avec lesquelles certains hommes promettent de nous l'expliquer toute, en quelques mots, doit être pour nous la preuve que dans ce cas nous avons affaire plutôt à un charlatan qu'à un philosophe.

SOIXANTIÈME LEÇON.

Doctrines qui sont les conséquences de l'unité substantielle de l'homme.

De la doctrine que nous venons d'exposer sur l'unité substantielle de l'homme, en démontrant qu'il est une *substance* et une *nature* constituée par la matière première disposée en un organisme déterminé, et par l'âme, de cette doctrine, disons-nous, dérivent certaines vérités très-importantes touchant le même sujet. Et, bien qu'on doive les regarder comme des corollaires, puisque toutes sont une simple déduction logique de la doctrine précédente, toutefois, il est bon de les présenter comme des *conclusions*, vu leur grande importance, et la nécessité pour chacun, non pas seulement d'en être convaincu, mais de la posséder parfaitement.

Conclusion Ire. — *L'union de l'âme humaine et du corps humain ne peut s'appeler seulement une union hypostatique.*

Autre est l'union que l'on appelle *seulement* hypostatique, autre est l'union que l'on appelle substantielle et de nature. Il y a union hypostatique, et union *seulement* hypostatique entre deux substances ou deux natures qui, *avant* l'union, sont complètes, et, *après* l'union, sont encore complètes chacune de son côté : aussi, par cette union, si étroite qu'on la suppose, elles ne constitueront jamais une seule nature ou une seule substance complète et composée des deux. A vrai dire, nous n'avons point d'exemple d'union seulement hypostatique dans l'ordre naturel, et, peut-être, sans la révélation, n'aurait-on même pas le concept de sa possibilité. Mais la foi chrétienne nous en offre un seul exemple dans le Christ, en qui étaient et sont toujours la nature humaine et la nature divine, unies hypostatiquement dans l'unité de la personne divine.

Donc, dans l'union hypostatique, les deux natures ne constituent point un seul principe physique d'opérations, mais seulement un principe éthique, c'est-à-dire un seul principe d'attributions pour les deux natures, et, dans ce sens, l'axiome : *Actiones sunt suppositorum,* est toujours vrai. Au contraire, l'union de nature demande, ou bien que toutes les opérations procèdent des natures ainsi conjointes, comme d'un seul principe, ainsi qu'il arrive dans les êtres inorganiques, dans les plantes, et dans les brutes, chez lesquels toutes les opérations procèdent en même temps de la forme et de la matière : ou bien qu'elles en procèdent au moins en partie, ainsi qu'il arrive pour l'homme, chez qui toutes les opérations, excepté celles de l'intelligence et de la volonté, viennent en même temps de la matière et de l'âme qui l'informe.

Ceci posé, il est évident que l'âme intellective étant la forme substantielle du corps humain, son union avec lui est une unité de nature, et non pas seulement de personne, comme le veut dire le mot *hypostatique.* Nous avons dit : et *non pas seulement,* car il est certain que, si l'union hypostatique n'entraîne pas avec elle l'union de nature, l'union de nature est toujours accompagnée de l'unité de personne. Aussi S. Thomas disait : « L'union de l'âme et du corps en chacun de nous constitue une double unité, l'unité de nature et l'unité de personne : l'unité de nature, parce que l'âme s'unit au corps comme forme, qui perfectionne le corps de telle façon que des *deux résulte une seule nature, comme de l'acte et de la puissance, ou bien de la matière et de la forme;* l'unité de personne est constituée par les mêmes éléments, en tant que le corps et l'âme constituent *un seul subsistant* (*Summ.*, 3, 2., 1). »

Conclusion II°. — *L'union de l'âme avec le corps est immédiate.*

L'âme n'est-elle pas la forme substantielle du corps humain ? Elle l'est certainement : donc, son union est immédiate; car il est évident que « la forme, suivant l'enseignement de S. Thomas, met *par elle-même* la chose en acte, puisqu'elle est *par son essence* l'acte, et elle ne donne pas l'être par un intermédiaire. Et il n'y a rien autre chose pour unir, sinon la cause efficiente, qui confère à la matière l'actuation (*Summ.*, 1, 76, 7). » Et, à ce propos, il rappporte l'exemple des formes accidentelles donné par Aristote : « On ne doit pas plus demander si l'âme est unie avec le corps, que l'on ne demande si la cire est une seule chose avec sa figure (*De Anima*, II, *lect.* 7). »

D'où il suit qu'on ne peut pas dire que l'âme humaine s'unit au corps moyennant je ne sais quel fluide, pas plus que moyennant un acte qu'elle fait. Parce qu'il est clair que, dans cette hypothèse, ce serait une forme assistante et non pas une forme informante. Ainsi s'écroulent tous les systèmes qui nient l'union physique de l'âme et du corps, soit qu'ils donnent au corps le pouvoir d'agir sur l'âme, soit qu'ils le lui refusent. Et sur ce point important nous nous croyons obligé d'avertir le lecteur que tous ceux qui s'écartent de la doctrine d'Aristote et de S. Thomas, par rapport au système scolastique de la matière et de la forme démontrée dans la physique générale, tombent malheureusement dans cette erreur et font de l'âme humaine une forme assistante. Cette erreur est d'autant plus dangereuse pour les lecteurs et les élèves inexpérimentés, qu'elle est déguisée sous de chaudes professions de foi pour la doctrine de l'union substantielle de l'âme et du corps humain.

Conclusion III*ᵉ*. — *Si le corps humain était une aggrégation d'atomes formellement ou virtuellement étendus, demeurant tels qu'ils étaient avant d'entrer dans la constitution du corps, et que l'âme, en les compénétrant, les ordonnât et les unit, on n'aurait, en aucune manière, l'union de nature que nous venons de démontrer.*

Cette conclusion est mise sous une forme hypothétique; car elle a déjà été rejetée dans l'examen du système mécanique. Mais, maintenant, en considérant cette doctrine relativement à la vraie union de l'âme et du corps, il est bon de démontrer qu'elle est impossible à soutenir à ce point de vue spécial. Et, avant tout, il est certain qu'un être ne peut changer sa propre essence, en restant intrinsèquement ce qu'il était avant ce changement. Or, l'âme étant la forme, c'est-à-dire une partie de l'essence du corps humain (l'autre partie en cette fausse hypothèse, seraient les atomes formellement ou virtuellement unis), il est nécessaire que les atomes qui constituent le corps humain, subissent un changement *véritable et intrinsèque*. Nous disons *véritable et intrinsèque;* car il est impossible de dire que l'âme informe des atomes qui restent *ce qu'ils étaient* auparavant. Dire qu'elle les pénètre, les meut, en unissant sa force à la leur, c'est multiplier les mots fort inutilement sur ce sujet, puisqu'il n'y aurait là qu'un moteur extrinsèque ou une force assistante. Dans cette opinion, on pourrait dire, *avec plus de raison*, que Dieu est la forme substantielle de toutes les choses créées, ce qui est évidemment absurde.

En cette erreur tombent aussi ceux qui, sans motif cependant de raison ou d'expérience, ainsi que nous l'avons démontré, veulent que le corps humain soit une aggrégation d'atomes élémentaires : hydrogène, oxygène, carbone, azote et autres, qui conservent leur nature sans la changer, et sont divisés entre eux. Mais il est évident que, dans cette hypothèse : *a)* il n'y a plus dans l'être vivant d'opération immanente (trente-neuvième leçon); *b*) il n'y a plus d'unité substantielle pour l'être (leçon citée); *c*) on nie cette union véritable en une seule nature complète, constituée par deux natures incomplètes, telles que sont la matière corporelle et l'âme intellective. Nous avons dit *deux;* parce que, bien que celle-ci ait des actes propres, les actes intellectifs, elle ne peut, toutefois, avoir par elle-même la vie sensitive et la vie végétative ; et cependant elle est ordonnée, par son essence même, à les avoir. En outre, d'une certaine manière extrinsèque, comme nous le verrons, l'âme dépend du corps pour que ses facultés intellectives soient mises en actes.

Pour reconnaître toutes les erreurs répandues sur ce point, il faut toujours avoir présente à la mémoire cette pensée si juste de S. Thomas : « On ne peut pas avoir une seule nature comme résultat de deux natures qui restent telles après l'union, parce que la nature est un tout, et ces choses, qui en constituent une autre, sont des parties d'un tout. Donc, puisque, par la réunion de l'âme et du corps, une seule chose est constituée, on ne peut appeler nature dans le sens que nous disons maintenant, ni le corps ni l'âme ; parce qu'aucun des deux n'est une espèce complète, mais l'une et l'autre sont parties d'une même nature (1). »

Conclusion IVe. — *L'âme est toute dans tout le corps vivant de l'homme et toute dans chacune de ses parties.*

S'il y a eu des opinions erronées sur ce point dans l'antiquité, il y en a eu beaucoup plus encore depuis l'abandon de la philosophie aristotélicienne, commencé par Luther chez les hérétiques, et introduit par Descartes chez les catholiques. De nos jours, excepté les rares amis de la vraie philosophie scolastique, il y a une diversité d'opinions, et une confusion d'idées inexprimables. Les uns, mettent l'âme dans le cerveau, ou dans le cervelet, sans songer qu'il est né des acé-

---

(1) « Numquam invenitur ex duabus naturis *manentibus* fieri unam, eo quod quælibet natura est quoddam totum, ea vero ex quibus aliquid constituitur cadunt in ratione partis. Unde, cum ex anima et corpore fiat unum, neque corpus neque anima *natura* dici potest, sicut nunc loquimur de natura : quia *neutrum habet speciem completam*, sed utrumque est pars unius naturæ. *Contra Gent.* IV, 35. »

phales (sans tête), animés malgré cela : d'autres, la mettent dans l'épine dorsale ou dans un point de celle-ci ; dautres, dans la *glande pinéale ;* d'autres, au contraire, soutenant en quelque sorte que l'âme est la forme du corps, disent, par une évidenie contradiction, qu'elle n'enferme point toute la substance vivante *du corps humain*, mais seulement le fluide nerveux. C'est vraiment perdre du temps que de s'arrêter à toutes les aberrations qui se sont produites sur ce point : c'est déjà trop d'en rappeler quelques-unes. Il vaut mieux se demander comment jamais on a pu mettre en avant des opinions si étranges. S. Thomas en donne précisément la raison dans ce passage : « La raison de cette opinion (que l'âme n'est point dans tout le corps humain) tient à deux erreurs. La première, qui croit que l'âme est dans le corps comme *moteur*, tel que le rameur sur un bateau, et non comme forme. La seconde, qui s'imagine que la simplicité de l'âme est comme celle *d'un point*, et, que, par conséquent elle est quelque chose d'indivisible qui occupe une position indivisible. Et, dans un cas comme dans l'autre, c'est de la folie (*et utrumque horum stultum est*). » (*Dist.* 8. *Quæst.* 5, *art.* 3).

D'ailleurs, la *conclusion* que nous venons d'établir, est un simple corollaire de l'union substantielle de l'âme et du corps déjà démontrée. En effet, si l'âme est la forme substantielle, elle doit donner à l'informé l'être qu'il a dans toutes ses parties et dans chacune d'elles. C'est pourquoi, partout où il y a une parcelle du corps humain, qu'elle ait la vie sensitive, ou seulement la vie végétative, pour qu'elle appartienne au corps d'une manière quelconque, comme partie intégrale, l'âme sera en cette parcelle, ou, pour mieux dire, cette parcelle sera informée par l'âme. Qu'une forme substantielle puisse informer ce qui serait séparé et distant d'elle, c'est aussi impossible qu'il le serait que la figure sphérique puisse informer la cire en restant séparée d'elle.

C'est ce qui fait comprendre comment la matière informée par l'âme peut changer successivement : car il est certain que l'homme perd de sa substance, et transforme en toute réalité les aliments en cette même substance, c'est-à-dire *en sa nature humaine individuelle*, par l'opération que l'on appelle *nutrition* ou *assimilation*.

Et c'est ici le lieu de dire un mot de cette *identité* personnelle, que quelques-uns, quoiqu'en dise leur conscience, s'imaginent être détruite, par cela que la matière du corps change successivement. Quelle est donc la racine du principe de cette identité? Il a une double origine : il vient premièrement de l'identité de l'âme humaine qui subsiste toujours ; secondement, de ce que toute la matière ne périt pas tout d'un coup, remplacée par une matière nouvelle. Et comme c'est une doctrine capitale, nous l'expliquerons par la parole même de S. Thomas : « La vérité de la nature humaine et de toute autre chose, vient de son espèce. Or, comme tout ce qui se rapporte à l'espèce, dans l'homme, demeure, bien que la matière ne demeure pas, on dit néanmoins que la nature humaine demeure suivant toute la vérité. L'homme ne cesse pas non plus d'être *le même numériquement parlant* (*idem numero*) par le changement de matière. Elle n'est pas soustraite tout d'un coup et tout entière à la forme (l'âme), et une autre ne commence pas tout d'un coup et toute entière à être informée.....; mais une partie de la matière est consumée, et une autre se substitue à sa place, qui *s'unifie* à celle qui préexistait, par cela même qu'elle s'unit à l'être informé par la même forme, celle du corps humain (*quæ efficitur una materia, per hoc quod ei adjungitur ad sustinendam eamdem formam humani corporis*) » (*Quod, l.* 8, *art.* 5).

Mais, bien que l'âme humaine soit unie à tout le corps humain, non pas par un de ses actes, mais immédiatement par son être substantiel, et que, par conséquent, on doive dire qu'elle est toute dans tout le corps ; cependant, comme le corps informé par elle est *organique*, elle n'est pas dans tout le corps le principe d'opérations semblables, parce que la vertu opérative de l'âme se diversifie, selon la diversité des organes informés par elle. A ce propos, il faut remarquer que les puissances immatérielles, comme l'intelligence et la volonté, ne dépendent pas, dans leurs actes, d'un organe corporel; mais les puissances matérielles qui regardent la vie sensitive et la vie végétative, ont divers rapports avec divers organes, comme nous l'avons dit en parlant des plantes et des brutes.

Il suit de cette doctrine que l'âme humaine est toute entière dans chaque partie du corps, en ce qui regarde *son essence,* parce que, partout où l'âme est, elle est avec toute son essence; il en est ainsi, du reste, même pour les êtres inorganiques; dans une goutte d'eau, aussi bien que dans tout l'océan, est *toute l'essence* de l'eau. Mais l'âme n'est pas toute dans tout le corps relativement à toutes les parties du corps, en ce qui regarde la communication de ses puissances, et l'exercice de ses opérations; ce que l'on exprime par cette formule : *est tota in singulis partibus totalitate essentiæ, non totalitate virtutis.* Votre âme est dans votre main avec toute son essence, mais elle ne peut y déployer toutes ses puissances; vous ne pouvez pas, par exemple, voir et entendre avec la main. Pour cela l'âme a besoin de ses organes respectifs qui, pour les puissances visives et auditives, ne se trouvent que dans l'œil et dans l'oreille. C'est absolument comme un musicien instrumentiste, qui ne peut, si savant qu'il soit, exercer son art partout où il se trouve de sa personne, mais là seulement où il a son instrument sous la main; bien que, dans cet exemple du musicien, il s'agisse d'un instrument *séparé* et non *conjoint,* comme quand il est question de l'organe animé par rapport à l'âme.

Conclusion V°. — *L'union du corps et de l'âme ne ressemble nullement à l'union des éléments dans le corps composé.*

1° En effet, aucun des éléments, par exemple, l'hydrogène et l'oxygène, qui s'unissent, n'est la forme substantielle de l'autre; ce sont diverses substances qui ont chacune leur propre forme substantielle.

2° En outre, dans le composé chimique, les éléments n'existent plus formellement, mais virtuellement; tandis que la matière et l'âme existent de leur être respectif propre, bien qu'unis dans une seule nature et une seule substance complète.

PHYSIQUE PARTICULIÈRE. 457

Cette comparaison tirée de la composition des autres corps, est d'autant moins appropriée au sujet auquel on veut l'appliquer, que ceux qui la présentent nient l'union substantielle des éléments, et le changement intrinsèque qu'ils doivent subir pour devenir d'autres substances ; dans ce cas, en effet, il semblerait que l'âme fût une forme assistante et non informante. Que l'on apprenne donc ici, que, quand on présente des comparaisons, il faut en mesurer avec soin la portée, suivant l'intention de celui qui les présente.

APPENDICE A LA SOIXANTIÈME LEÇON.

Synthèse de toutes les doctrines catholiques exposées ci-dessus dans un seul texte de S. Thomas. — Doctrine catholique. — Analyse des rapports entre l'homme et toutes les substances terrestres.

L'abondance de ces doctrines, aussi nobles et profondes qu'elles sont nécessaires, nous force de laisser à l'étude privée de chacun, tout ce que nous allons indiquer dans cet *Appendice*.

1° *Tableau synthétique de la doctrine d'Aristote et de S. Thomas, par rapport à l'union de l'âme et du corps dans l'homme.* — Voici ce qu'en dit S. Thomas, tirant tous les principes de sa démonstration de la sublime philosophie d'Aristote, dans le III° livre *de Anima*. « Dans toutes les choses, l'être est ce qui leur convient le plus immédiatement et le plus intimement ; aussi, il faut que, la matière étant actuée par la forme, on conçoive cette dernière comme arrivant à la matière en premier lieu, et comme lui étant plus intime que tout autre chose. C'est donc le propre de la forme *substantielle* de constituer la matière dans son être premier, *puisque la forme est ce par quoi une chose est ce qu'elle est;* les formes accidentelles ne donnent point l'être absolument, mais relativement, comme la grandeur, la couleur et autres semblables. Aussi, la forme qui ne donne point l'être absolument à la matière, mais lui *survient*, alors qu'elle est déjà en acte par une forme quelconque, n'est pas la forme substantielle. D'où l'on voit évidemment qu'entre les formes substantielles, il y a un ordre des diverses formes, parallèle à l'ordre des divers genres placés les uns sous les autres. C'est comme si l'on disait, par exemple, que la matière reçoit d'une forme, l'être de substance en acte, d'une autre, l'être de substance corporelle, d'une troisième, l'être de substance animée, et ainsi de suite. Mais, en prenant cette supposition dans toute sa vigueur, la seule forme qui donnera l'être de substance en acte, sera substantielle, et toutes les autres seront accidentelles, car la forme substantielle est ce qui constitue l'être déterminé, comme nous l'avons déjà remarqué. On doit donc dire que c'est la même forme par laquelle une chose est une substance déterminée, et déterminée jusque dans sa dernière espèce : tellement que, par cette forme, on trouve, dans tous les genres intermédiaires, *ce par quoi*, par exemple, *l'homme est homme, animal vivant, substance corporelle.*

Il faut donc conclure que les formes des choses matérielles sont à l'instar des nombres, entre lesquels la différence spécifique est l'addition ou la soustraction d'une unité, qu'elles sont aussi différentes les unes des autres et constituent la matière en différentes espèces. Cela vient de ce qu'une perfection s'ajoute à la forme inférieure. Ainsi, supposez qu'une forme constitue seulement la matière dans l'être de corps : une autre, plus parfaite, la constitue dans un autre, en y ajoutant l'être de vivant : une autre plus parfaite encore ajoute à l'être de corps et de vivant celui de sensitif, et ainsi des autres. Toutefois, il faut considérer que la forme plus parfaite, prise seulement en tant qu'elle constitue la matière dans un degré inférieur, produit avec cette matière un composé, qui joue le rôle de matière (*qui n'est plus matière première, mais est considéré comme présuppôt ou matière*) pour un perfectionnement ultérieur, et ainsi de suite. De cette manière, la matière première en tant qu'elle est déjà constituée dans l'être de corps, se comporte comme matière pour la perfection supérieure qui est dans la vie : d'où, *logiquement*, le corps est le genre du corps vivant (*voilà la raison de l'arbre des genres donné dans la cinquième leçon*), et l'animé ou le vivant en est la différence : attendu que le genre est comme la matière, et la différence comme la forme. Aussi, une même forme, en tant qu'elle actue la matière (*ici c'est la matière première*) dans un degré inférieur, *est intermédiaire entre la matière et elle-même*, en tant qu'elle actue cette matière dans un degré supérieur. Maintenant, la matière, en tant qu'on la considère comme constituée dans une perfection inférieure, peut ainsi se considérer comme sujet des accidents, qui, selon ce degré, lui *sont propres et nécessaires*. Ainsi, quand on dit que l'homme est une substance corporelle, vivante, sensitive, rationnelle, on ne veut pas faire entendre qu'il est constitué dans ces degrés divers par des formes *diverses*, mais on veut dire que cette même forme parfaite, qui est l'âme et le fait raisonnable, le fait aussi substance sensitive, vivante, corporelle. »

Avant de passer outre, il est bon d'observer que cette doctrine explique et justifie pleinement cette manière de parler si fréquente *que l'homme est composé de deux substances, d'une âme rationnelle et d'un corps*, en entendant par corps, non pas la matière première, mais cette partie de nous qui végète et qui sent ; de sorte que celui-ci a des opérations propres, non-seulement distinctes, mais contraires à celles de l'âme intellective. C'est ainsi que Salluste dit, au commencement de son *Catilina* : *Nous sommes composés d'une âme et d'un corps : à celle-là de commander, à celui-ci d'obéir*. Mais, il est difficile de commander, car celui qui devrait servir, résiste : de là cette lutte entre la partie supérieure et la partie inférieure, dont parlent les moralistes, les écrivains ascétiques et l'Ecriture sainte elle-même. Tout cela est très-vrai et très-philosophique, car c'est une conséquence de la doctrine de l'âme, forme substantielle du corps. Nous l'avons entendu plus haut : *La forme plus parfaite, prise seulement en tant qu'elle constitue la matière dans un degré inférieur, produit un composé qui joue le rôle de matière pour une perfection ultérieure*. Voilà le corps distinct de l'esprit. On peut donc dire, en toute sûreté, que la chair combat l'esprit qui doit la refréner ; mais que l'on sache bien que la chair est constituée dans son être par l'esprit lui-même, en tant qu'il est le principe de la vie sensitive et de la vie végétative. Aussi, ceux qui disent que la matière est constituée, par exemple, *chair*, par une forme propre, et que ce composé est une matière informée par l'âme humaine, non-seulement disent une chose fausse en affirmant implicitement que l'âme est une forme accidentelle et non substantielle, mais ils vont directement contre la doctrine de S. Thomas. Quant à ceux qui affirment que la matière est informée *seulement* par la forme de corporéité, qui la constitue *seulement* dans le genre de corps, puisque celui-ci est ensuite informé par l'âme et spécifié par elle, ils ne savent ce qu'ils disent. Car, comme il est impossible de trouver un corps qui opère seulement comme corps, sans être dans une espèce déterminée, il est de même impossible de trouver une forme substantielle de corporéité qui donne à la matière (vingt-sixième leçon) l'être seul de corps, sans le mettre dans une espèce déterminée. S. Thomas va maintenant continuer à nous instruire :

« Tout degré supérieur présuppose l'inférieur : et ainsi, par exemple, l'âme constituant le degré traditionnel, se présuppose elle-même constituant le degré sensitif, c'est-à-dire l'être sensitif *avec ses accidents et ses qualités,* et ainsi des autres. Mais, comme l'âme de l'homme est une forme substantielle qui met l'homme dans une espèce déterminée, elle n'admet aucune autre forme substantielle entre elle et la matière première qu'elle informe ; mais elle seule confère à l'homme les divers degrés de perfection, par lesquels il a un corps, la vie, le sens et la raison. D'ailleurs, que l'on réfléchisse que la matière, en tant qu'on la considère, recevant de cette âme les perfections inférieures, comme celles de corps, d'animé, de sensitif, doit présupposer en soi les dispositions convenables pour la rendre propre à la dernière perfection de celle-ci, en tant qu'elle est rationnelle. Néanmoins, il n'y a rien d'intermédiaire entre la matière première et l'âme, en tant qu'elle est la forme constitutive de l'être. D'où cette forme, qui constitue la matière dans l'être, est encore le principe d'opérations, car toute chose opère en tant qu'elle est en acte ;

donc, il est nécessaire que l'âme et toutes les autres formes, soient principe d'opération.

« De plus, il faut considérer qu'au degré des formes, suivant la perfection de l'être, répond, en elles, le degré de puissance dans l'opération, puisque l'opération vient de ce qui est déjà actué dans son être. De là, plus une forme est parfaite pour constituer l'être, plus elle aura de puissance pour opérer : de là aussi, les formes plus parfaites auront des opérations plus nombreuses et plus différentes entre elles, que les formes moins parfaites. D'où il arrive que, dans les choses moins parfaites, la seule diversité des accidents est la source d'opérations diverses, tandis que, dans les plus parfaites, il faut, en outre, la diversité *des parties,* diversité d'autant plus grande que la forme est plus parfaite. Ainsi nous voyons que le feu a diverses opérations, selon la diversité de ses accidents, telles que monter à cause de sa légèreté (*la substance ignée étant plus dilatée et, par conséquent, moins pesante*), réchauffer par sa chaleur, et ainsi de suite : toutefois, chacune de ses opérations lui convient selon toutes ses parties. Au contraire, dans les corps animés, qui ont des formes plus nobles, il y a des parties diverses destinées, à diverses opérations, comme dans les plantes il y a l'opération de la racine, celle du tronc et celle des branches, qui diffèrent entre elles. Et, plus les corps animés sont parfaits, plus il est nécessaires qu'il y ait des parties diverses. Donc, l'âme rationnelle étant la plus parfaite des formes naturelles, elle trouve dans l'homme la plus grande distinction dans les parties, pour la diversité de ses opérations.

« L'âme donne l'être substantiel aux parties suivant la manière qui leur convient par rapport à leurs opérations. Ce qui le montre, c'est que, quand l'âme les a quittés, la chair et l'œil ne s'appellent plus *de la véritable chair ou un véritable œil,* mais seulement d'une manière équivoque. Or, l'ordre des instruments devant correspondre à l'ordre des opérations, et les diverses opérations qui viennent de l'âme, se précédant naturellement l'une l'autre, il est nécessaire qu'une partie du corps soit mue par l'opération de l'autre : et ainsi, entre l'âme, en tant qu'elle est moteur et principe d'opérations, et le corps, il y a quelque chose d'intermédiaire. En effet, l'âme, moyennant une partie qu'elle meut d'abord, meut les autres pour leurs opérations ; c'est le cœur qui meut les autres membres pour les opérations vitales. Mais, en tant que l'âme constitue le corps dans son être, elle donne immédiatement à toutes les parties l'être substantiel et spécifique. De là vient que beaucoup disent qu'elle s'unit au corps comme forme sans intermédiaire, et comme moteur, avec un intermédiaire : doctrine conforme à celle d'Aristote qui enseigne que l'âme est la forme substantielle du corps. Mais quelques-uns, voulant suivre l'enseignement de Platon, que l'âme soit unie au coprs comme une substance est unie à une autre (c'est-à-dire sans qu'il en résulte une seule substance complète et parfaite), ils ont dû trouver un intermédiaire, au moyen duquel elle s'unit au corps; car, des substances diverses et séparées ne s'unissent point, sans quelque chose qui les réunisse. Ainsi, quelques-uns ont dit que l'intermédiaire qui unissait l'âme au corps était un fluide, d'autres la lumière, les puissances de l'âme elle-même ou quelque chose de semblable. Mais si l'âme est la forme du corps, rien de cela n'est nécessaire; car toute chose, en tant qu'elle est être, est *une* : et de même que la forme constitue par elle-même la matière dans l'être, de même encore elle s'unit par elle-même à la matière première, sans autre lien de n'importe quelle matière. » En voilà assez pour la question qui nous occupe : remarquons seulement la sécurité et la hauteur de vue de la philosophie que S. Thomas a faite par les principes d'Aristote. Nous arrivons à la seconde question que nous nous proposons de traiter dans cet appendice.

2. *Doctrine catholique sur l'union de l'âme et du corps de l'homme.* Il y a un grand nombre de vérités philosophiques, qui sont intimement liées avec les vérités théologiques; et l'une des principales est l'union de l'âme et du corps. Aussi, l'Eglise catholique a toujours été attentive à écarter toute erreur sur ce point, en définissant clairement la vérité, pour fermer la porte à

toute doctrine pernicieuse. Mais, avant tout, nous nous croyons obligé de déclarer que nous adoptons pleinement cette maxime importante et très-sage de S. Thomas, qui, écrivant à Jean de Verceil, et lui proposant divers points à définir (*Opusc.* 4, *præf.*), s'exprimait ainsi : « Plusieurs de ces articles n'ont point rapport à la foi, mais plutôt aux vérités philosophiques. Il est très-nuisible *d'affirmer ou de nier* qu'une chose appartient à la foi, quand elle n'est pas nécessaire à la piété. » D'où l'on voit que S. Thomas dit, non-seulement *affirmer*, mais encore *nier*, pour montrer avec quelle prudence on doit traiter les questions qui ne sont pas définies par l'Eglise. Ce n'est pas notre intention d'entrer dans des controverses théologiques, et encore moins de qualifier d'une censure théologique, telle ou telle doctrine philosophique : nous voulons simplement *exposer*, comme d'une manière historique, quelques définitions ou doctrines catholiques, pour que chacun soit prudent dans ses opinions philosophiques. Cette prudence est plus nécessaire qu'on ne le croit ; car, bien que Luther ait dit faussement qu'une chose pouvait être vraie en théologie et fausse en philosophie (1), rien n'est plus certain que ce qu'enseignait S. Thomas, et ce que dit Pie IX dans le Bref rapporté plus haut. Entre la théologie et la vraie philosophie, il ne peut y avoir d'opposition réelle, parce que la raison et la foi sont deux rayons qui partent l'un comme l'autre de la face de Dieu. Aussi, bien que la raison ne puisse s'élever jusqu'à la hauteur des vérités de la foi, cependant elle ne peut en démontrer la fausseté ; et elle peut et doit même les défendre contre les attaques des sophistes (G. G. IV). C'est la tâche que s'est proposée *la théologie scolastique*, que l'on peut appeler *la philosophie de la théologie :* c'est l'alliance entre la raison et la révéla-

---

(1) Dans les discussions soutenues par lui en l'an 1543, on trouve : « In theologia verum est Verbum esse carnem factum ; in philosophia simpliciter impossibile et absurdum. Sorbona mater errorum pessime definivit idem esse verum in philosophia et theologia. Sunt logomachiæ. Ratio extinguenda est cum sua luce et sapientia. Error est universa mathematica ipsaque fortiter crucifigenda ». Parler ainsi, c'est le fait non-seulement d'un impie et d'un bouffon, mais d'un fou.

tion que S. Thomas a réalisée dans ses écrits immortels.

Voici donc en quels termes cette doctrine a été définie dans le concile œcuménique de Vienne, sous Clément V, en 1311 : « Doctrinam omnem seu positionem temere asserentem aut vertentem in dubium, quod *substantia* animæ rationalis seu intellectivæ *vere ac per se humani corporis non sit forma,* velut erroneam ac inimicam veritati catholicæ fidei, prædicto sacro approbante Concilio, reprobamus ; definientes, ut cunctis nota sit fidei sincera veritas ac præcludatur universis erroribus aditus ne subintrent, quod quisquis deinceps asserere, defendere, seu tenere pertinaciter præsumpserit, quod anima rationalis seu intellectiva non sit forma corporis humani *per se* et *essentialiter*, tamquam hæreticus sit censendus. »

Un autre concile œcuménique, celui de Latran, sous Léon X, définit ainsi cette même doctrine : « Cum itaque diebus nostris zizaniæ seminator, antiquus humani generis hostis, nonnullos perniciosissimos errores a fidelibus semper explosos in agro Domini superseminare et augere sit ausus, de natura præsertim animæ rationalis, quod scilicet mortalis sit, aut unica in cunctis hominibus ; et nonnulli *temere philosophantes,* secundum saltem philosophiam verum id esse asseverent ; contra hujusmodi pestem opportuna remedia adhibere cupientes, hoc sacro approbante Concilio, damnamus et reprobamus omnes asserentes animam intellectivam mortalem esse, aut unicam in cunctis hominibus, et hæc in dubium vertentes ; cum illa non solum *vere, per se et essentialiter* humani corporis forma existat, sicut in Canone felicis recordationis Clementis Papæ V prædecessoris nostri in generali Viennensi Concilio edito continetur ; verum et immortalis, et pro corporum, quibus infunditur, multitudine singulariter multiplicabilis et multiplicata, et multiplicanda sit. Cumque verum vero minime contradicat, omnem assertionem veritati illuminatæ fidei contrariam omnino falsam esse definimus ; et ut aliter dogmatizare non liceat districtius inhibemus, omnesque hujusmodi erroris assertionibus inhærentes, veluti damnatissimas hæreses seminantes, per omnia, ut detestabiles et abominabiles hæreticos et infideles, catholicam fidem labefactantes, vitandos et puniendos esse decernimus. »

De nos jours, Pie IX, glorieusement régnant, censurant les doctrines de Günther, écrivait à l'évêque de Cologne (13 juin 1857) : « Novimus iisdem libris lædi catholicam sententiam ac doctrinam de homine, qui corpore et anima ita absolvatur, ut anima eaque rationalis sit *vera, per se* atque *immediata* corporis forma. »

Au sujet des doctrines de Baltzer (*Ad Episc. Wratislav.* 31 avril 1860), il disait : « Notatum præterea est, Baltzerum in illo suo libello, cum omnem controversiam ad hoc revocasset, sitne corpori vitæ principium ab anima rationali reipsa discretum, eo temeritatis progressum esse, ut oppositam sententiam et appellaret hæreticam, et pro tali habendam esse multis verbis argueret. Quod quidem non possumus non vehementer improbare, considerantes hanc sententiam, quæ unum in homine ponit vitæ principium, animam scilicet rationalem, a qua corpus quoque *et motum et vitam omnem et sensum* accipiat, in Dei Ecclesia esse communissimam *atque doctoribus plerisque et probatissimis quidem maxime,* cum Ecclesiæ dogmata ita videri conjunctam, ut hujus sit *legitima solaque vera interpretatio,* nec proinde sine errore in fide possit negari. »

Le même Souverain Pontife, voyant la conformité de la doctrine définie par les Conciles avec la doctrine de S. Thomas, disait dans le *Bref* au commencement de la physique générale : « Libentius etiam videmus vos, proposito vestro fideles, eos tantum sodales vobis adsciscere constituisse, qui teneant et propugnaturi sint doctrinas a sacris Conciliis et hac sancta Sede propositas, ac nominatim Angelici doctoris principia de animæ humanæ intellectivæ unione cum corpore humano, deque substantiali forma et materia prima. »

Les écoles divisaient alors vulgairement les formes en : 1° formes substantielles, 2° formes assistantes, et 3° formes accidentelles. Or, tous, aussi bien les ennemis de l'Eglise que les docteurs catholiques, admirent que les définitions du Concile avaient trait à la forme substantielle, et condamnaient l'opinion qui faisait de l'âme une forme assistante. Luther lui-même écrivait : « Permitto tamen quod Papa condat articulos suæ fidei suis fidelibus : quales sunt, panem et vinum transubstantiari in Sacramento : essentiam Dei nec generare nec generari : animam esse formam *substantialem* corporis humani : animam esse immortalem... » (*In assertione artic. damn. a Leone art.* 27. Voir *Valentia, de Anima, disp.* 6, *quæst.* 1). » Parmi les docteurs catholiques, Suarez écrivait : « Dicendum est principium intelligendi, quo homo principaliter intelligit, et quod est proprium principium et subjectum intellectivæ potentiæ humanæ esse veram, substantialem et essentialem corporis humani formam, tam secundum catholicam fidem, quam secundum rationem et demonstrationem naturalem, Aristoteli et non paucis aliis philosophis notam (*De Anima,* I. 12). » C'est ce qu'on regardait comme un argument très-fort en faveur de la vérité de cette doctrine : car elle avait pour elle la raison humaine représentée par Aristote, et la foi manifestée par les Conciles et les Souverains Pontifes.

Et comme les partisans de la philosophie d'Aristote et de S. Thomas croyaient qu'on ne pouvait en aucune façon donner le nom de substantielle à la forme qui pouvait tolérer avec elle, dans le même sujet informé par elle, toute autre forme substantielle, pour cette raison, ils croyaient aussi que toute l'essence du système que nous avons appelé physique, et qui consiste à regarder toute substance corporelle comme composée de matière première et de forme substantielle, que toute l'essence de ce système, disons-nous, trouvait un fondement solide dans la doctrine définie par l'Eglise. Aussi Suarez disait : « Dicendum est, omnes res naturales seu corporeas constare forma substantiali, præter materiam, tamquam principio intrinseco et causa formali. Hæc est sententia Aristotelis innumeris in locis, qui sæpe reprehendit veteres philosophos (*c'est-à-dire les Epicuriens*), quod fere, prætermissa substantiali forma, omnem inquisitionem circa materiam adhibuerint. Non tamen fuit Aristoteles hujus veritatis inventor, nam ante eum substantialem formam agnovit Plato. Et ante Platonem nonnulli e philosophis creduntur substantiales formas attigisse. Jam vero hoc dogma ita receptum est in philosophia, ut sine magna ignorantia id negari non possit : estque ita consentaneum veritati fidei christianæ, ut ejus certitudo non parum inde augeatur : quare placet hujus veritatis probationem a quodam principio *fide certo, et lumine naturali evidenti inchoare*. Prima igitur ratio sit: homo constat forma substantiali ut intrinseca causa; ergo et res omnes naturales (*Metaph., disp.* 15, *sect.* 1). »

Que le philosophe catholique sache donc bien que les Conciles ont défini les points suivants :

1° La forme du corps humain est *substantia animæ rationalis*.

2° L'âme raisonnable est *vraiment* la forme, c'est-à-dire *absolument*, et non *d'une manière apparente*, ou *empirique*, dans le sens donné par certains philosophes modernes au mot empirique, pour qui la mutation de forme empirique est celle qui n'est point vraie en soi, mais qui paraît seulement pour les sens, ou tombe sous l'expérience.

3° Elle est forme *per se*, et non, par conséquent, par l'intermédiaire de ses actes.

4° Elle est forme *essentialiter*.

5° Elle n'est point *unica in cunctis hominibus*.

6° Mais *pro corporum quibus infunditur multitudine, multiplicabilis, et multiplicata et multiplicanda est*.

7° Elle est *immortalis*.

Que le lecteur observe encore si les systèmes modernes sont conformes à ce que dit Pie IX qui, dans ses diverses lettres, expose la doctrine de l'union de l'âme et du corps.

1° Il affirme que c'est la doctrine catholique de dire explicitement que l'âme est *immediata corporis forma*.

2° Il soutient que cette doctrine est *in Ecclesia Dei communissima*, et regardée par les auteurs les plus autorisés comme tellement unie à la foi que, *sine errore in fide nec possit negari : a*) qu'il y ait dans l'homme *unum vitæ principium; b*) que de lui le corps reçoive *omnem vitam; c*) *sensum; d*) *motum*.

3° Il loue formellement et explicitement ceux qui

suivent *doctrinas a sacris Conciliis et sancta Sede propositas, ac nominatim Angelici doctoris principia : a) de animæ intellectivæ unione cum corpore humano; b) deque substantiali forma et materia prima,* et blâme, par conséquent, ceux qui suivent des doctrines opposées.

Or ceux qui suivent des doctrines opposées sont :

1° Ceux qui nient que la substance de l'âme intellective soit la forme du corps humain, *per se, vera, immediata,* etc., ou ceux qui veulent que l'union se fasse au moyen des opérations ou d'un fluide.

2° Ceux qui nient que la vie végétative vienne de l'âme.

3° Ceux qui disent que la faculté de sentir réside dans l'âme seule comme sujet, tellement que *l'organe non accipiat sensum* de l'âme elle-même.

4° Ceux qui nient que le mouvement dérive de l'âme dans le corps humain.

5° Ceux qui nient l'union substantielle de l'âme et du corps, et se contentent d'une compénétration, d'une action réciproque ou même non réciproque : ou bien ceux qui font consister l'union dans l'influx physique de l'âme sur le corps seulement, ou même du corps sur l'âme.

6° Les partisans du système mécanique et dynamique qui nient la matière et la forme, ou les accordent seulement *dans les mots,* sont aussi opposés à ces doctrines, soit qu'ils admettent les atomes formellement ou seulement virtuellement étendus; parce que, dans ces systèmes, après l'union de l'âme et du corps, les atomes ou les forces n'ont point changé leur nature ou leur être substantiel, et, par conséquent, cette union ne peut s'appeler naturelle ou substantielle.

7° Enfin, tous ceux qui n'admettent pas la doctrine de S. Thomas sur l'union de l'âme et du corps, et les doctrines qui s'y rattachent *essentiellement*.

Nous ne voulons pas maintenant décider quelles doctrines doivent être regardées comme définies dogmatiquement, et quelles autres sont seulement louées et recommandées; nous ne voulons pas non plus infliger de censure à aucune; nous parlons en philosophe, et nous nous contentons de dire que quiconque suivra toutes ces doctrines possédera la vérité et sera loin de l'erreur, comme nous l'avons démontré d'une manière philosophique. Ce serait une chose déplorable que les enseignements du Saint-Siége ne soient pas connus dans les séminaires, ou soient négligés comme des doctrines de peu d'importance. Mais les évêques veillent avec une tendre sollicitude sur ces maisons d'éducation; et ils empêcheront certainement qu'au lieu de la vérité, on leur propose un venin funeste, et que, tout en combattant d'une manière réelle la doctrine de S. Thomas, louée par le Saint-Siége, on emploie un art perfide pour déguiser l'erreur sous des termes mensongers.

3° Déductions analytiques de l'union de l'âme et du corps dans l'homme, pour déterminer l'essence de chacune des espèces des substances corporelles.

Faisant donc abstraction de la foi, et considérant seulement *le lien* logique que nous a montré Suarez, il nous semble qu'on peut raisonner ainsi :

a) Appuyés seulement sur le sens intime, nous connaissons que l'âme intellective est la même que l'âme sensitive.

b) Par la nature de la sensation, nous connaissons que le principe de celle-ci est une puissance organique qui appartient comme telle à une substance organique. De cette substance organique, *comme d'un seul principe,* vient la sensation.

c) Si une substance sent, cela ne peut pas venir seulement de ce qu'elle est matérielle, autrement toutes les substances matérielles sentiraient. Il y a donc une détermination en vertu de laquelle la substance peut sentir. Donc, dans le principe de la sensation, c'est-à-dire dans la substance humaine sentante, il y a le déterminable, qui est la matière, et ce qui la détermine à sentir c'est la forme. Et comme la perfection d'être sentant est essentielle et substantielle, la forme aussi sera substantielle, parce qu'une forme accidentelle ou un accident ne peut donner à une chose l'être essentiel ou substantiel. D'autre part, ayant déjà établi qu'elle est dans son essence la même que l'âme intellective qui est une substance, nous arrivons à la même conclusion, à savoir, que la forme par laquelle l'homme sent est substantielle : car il est impossible qu'une substance soit la forme accidentelle d'une chose.

d) Nous disons donc que l'âme intellective sensitive de l'homme est forme substantielle.

e) Mais si elle est forme substantielle, il ne doit y avoir qu'elle de substantielle : parce que la forme substantielle actue la matière première, comme son sujet.

f) Donc, si l'âme intellectivo-sensitive est la forme substantielle de la matière du corps humain, et s'il répugne que dans *la même* matière, informée par elle, il y ait une autre forme substantielle; si c'est, par conséquent, l'âme végétative qui donne à *cette même matière* l'être *substantiel de vivant*, et qui en est pour cela la forme substantielle, elle sera *dans sa substance* la même que l'intellective et la sensitive. Aussi elle contiendra virtuellement comme le plus parfait contient les imparfaits, non-seulement l'âme végétative, mais toutes les formes substantielles inférieures qui peuvent se montrer dans le corps humain par quelque opération.

g) Ainsi l'hydrogène, l'oxygène etc., ne conserveront pas formellement dans l'homme *leur nature* primitive : ils seront seulement contenus virtuellement dans le corps. Ces principes posés, arrivons aux corollaires :

1ᵉʳ *Corollaire*. — *Les brutes*. Dans l'homme il n'y a qu'une âme : en sorte que chez lui, l'âme sensitive est la même que l'âme végétative : ce sera la même chose chez les brutes. Mais dans l'homme, l'âme est la seule forme substantielle : il en sera de même dans les brutes. Donc, elles sont composées de matière et de forme.

2ᵉ *Corollaire*. — *Les plantes*. Dans l'homme et dans les brutes, le principe spécifique qui leur donne l'être végétatif, est une forme substantielle unique : il en sera de même encore pour les plantes, et elles seront aussi composées de matière et de forme.

3ᵉ *Corollaire*. — *Les minéraux*. Ils entrent dans la constitution de l'homme, de la brute et de la plante.

Et, parce que dans les vivants, les minéraux ne conservent pas *formellement* leur nature, mais acquièrent la nature de l'homme, de la brute ou de la plante, il faut dire que, quand l'oxygène, par exemple, entre dans l'organisme pour devenir chair vivante, il n'a plus ce qui *le déterminait* à être oxygène. Et quand de chair vivante, il redevient oxygène, il faut qu'il laisse ce qui le déterminait à être chair vivante, et qu'il reprenne ce qui le détermine à être oxygène. Donc, l'oxygène résulte de deux parties : *le déterminable*, qui reste dans le changement, et ce qui les détermine à *l'être substantiel* d'oxygène, qui périt dans le changement. Or, celui-là est *la matière première*, et celui-ci *la forme substantielle*, et ce que nous disons de l'oxygène peut se dire aussi de tous les autres minéraux. Il y a donc un lien logique dans cet argument : *L'homme est composé* de matière première et de forme substantielle ; donc, toute substance corporelle est constituée de la même manière. Et, comme on peut démontrer l'antécédent *par lui-même*, il s'ensuit que vous tombez dans le sophisme du cercle vicieux ; on peut, avec l'analyse, refaire par une marche inverse le chemin fait avec la synthèse, et l'on arrivera des deux côtés à la même conclusion.

Donc, Suarez raisonnait très-juste, quand, de ce que l'homme est composé de matière première et de forme substantielle, il concluait, que toutes les substances corporelles en étaient aussi composées. « *Homo constat forma substantiali ut intrinseca causa ; ergo et omnes res naturales,* » et un grand nombre de philosophes feraient mieux d'étudier la logique pour eux-mêmes, plutôt que de vouloir l'enseigner à Suarez, un des plus grands génies qui aient jamais fleuri sur la terre.

Et ici nous croyons opportun de remarquer que la grande question scolastique de la matière et de la forme regarde les substances corporelles en elles-mêmes, et non dans leurs apparences : celui qui dit le contraire, montre bien qu'il ne l'a jamais, nous ne dirons pas comprise, mais étudiée. C'est à la doctrine scolastique ainsi entendue que se rapportent les approbations du Siége apostolique mentionnées plus haut. Aussi le désaccord entre S. Thomas et les modernes partisans du système mécanique ou du système dynamique, est un désaccord entier et réel. En effet, S. Thomas nous enseigne que la substance corporelle prise *absolument* et en elle-même, est composée de puissance et d'acte, c'est-à-dire de matière et de forme substantielle, et les systèmes susdits affirment que la substance corporelle, absolument et en elle-même, n'est pas composée de puissance et d'acte, c'est-à-dire, de matière et de forme substantielle. Donc, le partisan de S. Thomas soutient que le changement des substances corporelles est réel et *absolu* : le partisan des systèmes ci-dessus soutient qu'il est seulement apparent ou empirique, en tant qu'il paraît pour les sens, et tombe sous l'expérience externe, et il nie complétement que, dans les changements substantiels, la matière première reste, comme sujet de ces mutations, et que de nouvelles formes substantielles s'introduisent dans le sens que nous avons expliqué d'après S. Thomas.

SOIXANTE-ET-UNIÈME LEÇON.

De l'origine de l'âme humaine.

Ce qu'on entend par ORIGINE *de l'âme humaine.*
On entend par *origine* le principe ou la cause efficiente d'où procède l'âme au commencement de son existence. Sur ce sujet il est bon d'avoir toujours devant les yeux ce que nous avons démontré par rapport à la matérialité de l'âme des brutes, et à l'immatérialité de celle de l'homme.

Conclusion Ire. — *L'âme humaine ne peut pas commencer à exister par le changement de la matière, ainsi que commencent les âmes des brutes et des plantes, et toutes les formes substantielles matérielles.*

Les âmes qui ont cette origine n'ont point d'être propre, point de facultés propres, point d'opérations propres, et elles sont matérielles précisément parce qu'elles sont tirées *ex potentia materiæ*, suivant la manière expliquée plus haut. Mais l'âme humaine est une substance qui a des opérations propres, des facultés propres, par conséquent un être propre : elle est donc *immatérielle*, et ne peut arriver à l'existence de la manière que nous venons de dire.

Corollaire. — Donc, on ne peut pas dire, comme on doit le dire de l'âme des brutes, que l'âme humaine résulte d'un changement opéré dans la matière par la génération.

Conclusion II°. — *L'âme humaine ne peut pas être une parcelle de l'âme des parents.*

On peut renverser cette étrange hypothèse par un grand nombre d'arguments évidents, mais, pour être court, nous nous contenterons de dire qu'une substance *indivisible*, comme l'âme des parents, parce qu'elle est une substance immatérielle, ne peut pas donner à d'autres une parcelle d'elle-même.

Conclusion. III°. — *L'âme humaine ne peut pas être une parcelle séparée de la substance divine.*

Cela est très-évident, à cause de la simplicité, et de l'indivisibilité absolue de la substance divine. Dieu cesserait d'être, s'il était divisible.

Conclusion IV°. — *L'âme humaine n'est point la substance divine elle-même indivisée.*

Cela répugne manifestement à la perfection et à l'unité de l'essence divine : mais c'est aussi contraire à la conscience que chacun a de son individualité. Si toutes les âmes des hommes étaient l'essence divine elle-même, il n'y aurait qu'un principe de vie pour tous les hommes, et les opérations de chacun devraient s'attribuer à tous les autres. On ne peut rien imaginer de plus insensé. C'est pour nous un plaisir de citer ici S. Augustin, qui, en quelques mots, réunit de très-fortes preuves pour notre conclusion : « L'âme n'est pas une partie de Dieu lui-même. Si elle l'était, elle ne dégénérerait jamais, pas plus qu'elle ne croîtrait en perfection : elle ne pourrait pas commencer à avoir en elle-même ce qu'elle n'avait pas, ou laisser ce qu'elle a pour prendre ce qui lui plaît. Pour prouver le contraire, il n'est besoin d'aucun témoignage. Chacun, a conscience de son intérieur et se connaît soi-même. Donc, ce n'est point une nature immuable, celle qui peut changer de quelque manière, pour quelque raison, de quelque côté. Et il est absurde de penser que Dieu n'est pas souverainement immuable. Donc, l'âme n'est pas une partie de Dieu (*Contra Fortunatum manichæum, disp.* 1). » Et ailleurs : « Si notre âme était la substance même de Dieu, la substance de Dieu pourrait pécher, être souillée et trompée? Peut-on rien trouver de plus absurde ? » (*Epist.* 166, 3.)

Conclusion V^e. — *L'âme humaine intellective ne devient pas telle, parce que l'être idéal se présente à elle, ou par une illustration divine.*

De nos jours, une erreur si monstrueuse a fait son chemin et a trouvé des partisans. Il y en a parmi les philosophes modernes qui ont dit que l'âme humaine était produite ni plus ni moins comme celle des plantes et des brutes, par la génération, et qu'elle était seulement sensitive en commençant. Mais quoi ! L'être idéal se présente à elle, et la voilà intellective : son regard dans l'être idéal l'a créée. Celui qui a mis cette doctrine en circulation n'avait pas le mérite de l'avoir inventée : c'est une pauvre opinion que S. Thomas, il y a six siècles, a exposée et réfutée. Voici ses paroles : « D'autres disent que l'âme, qui au commencement était seulement végétative, puis ensuite, par la vertu séminale, est amenée à l'état sensitif, devient enfin *elle-même* intellective, non pas par l'action de la vertu séminale, mais par la vertu d'un agent supérieur, c'est-à-dire de Dieu, qui l'illumine extrinsèquement, *per virtutem superioris agentis, Dei scilicet foris illustrantis* (*Summ.*, 1, 118, 2). » Et la réfutation qu'il en donne peut se résumer ainsi. Ou bien l'on dit que par cette manifestation divine (ou par la manifestation de l'être idéal) une substance immatérielle est créée, *ex nihilo sui et subjecti ;* ou bien l'on veut dire que l'âme sensitive reçoit une modification, et s'unit à un nouvel objet de sa connaissance. Dans la première hypothèse on dit une chose vraie : mais que, *outre* l'âme intellective créée, la sensitive reste dans l'homme, et que nous ayons deux âmes, c'est une chose impossible comme nous l'avons déjà démontré. Dans la seconde hypothèse, il y a une répugnance intrinsèque. En effet, l'âme sensitive *est essentiellement* matérielle, et il est impossible que, par une chose qui lui est intrinsèque, elle change en une substance immatérielle. Et puis, comme nous l'avons démontré aussi, il répugne à l'être même de la forme matérielle d'avoir un acte propre, ou une connaissance propre : aussi, quand bien même l'être idéal se présenterait à elle, elle ne pourrait en avoir une connaissance quelconque.

Enfin cette doctrine admet que *la substance* de l'âme intellective tire son origine des parents : aussi elle tombe sous le coup d'un argument très-solide de S. Thomas. « De la même façon, l'âme intellective, par cela même qu'elle a des opérations vitales sans le corps, est subsistante : elle a donc un être propre, et doit être produite *en elle-même*; et comme c'est *une substance* immortelle, elle ne peut venir de la génération, mais seulement procéder de Dieu *par création*. Donc, prétendre que l'âme intellective est produite par la génération, n'est autre chose que dire qu'elle n'est point subsistante et, conséquemment qu'elle est corruptible comme le corps. C'est donc une hérésie de dire que l'âme intellective est produite par la vertu séminale (*Summ.*, 1, 118, 2). »

Conclusion VI. — *L'âme humaine intellective ne peut avoir d'autre principe, qu'un acte créateur de la part de Dieu.*

Les choses peuvent avoir deux origines : 1° le changement; 2° la création. Dans le changement, le sujet passe de la puissance à l'acte. D'où la cause efficiente qui opère en changeant, ne fait autre chose que de mettre en acte, dans ce sujet, ce qui y était seulement en puissance. Les causes secondes peuvent faire cela, mais cela seulement. Dans la création, il n'y a pas de sujet, mais tout l'être qui n'existait point commence à exister : aussi, comme nous l'avons dit ailleurs : *Creatio est eductio rei ex nihilo sui et subjecti.*

Ceci posé, il faut considérer que toutes les choses matérielles, étant composées de matière, comme sujet, et de forme, comme acte, peuvent venir à l'existence par changement. Mais une substance *immatérielle* n'est pas en puissance dans la matière, et ne peut en être tirée comme de son sujet. Donc, si elle peut commencer à exister, cela ne peut avoir lieu autrement qu'en venant à l'existence, *ex nihilo sui et subjecti*, c'est-à-dire par création. Or, ce mode d'opérer ne peut convenir aux causes secondes, mais à Dieu seul. Aussi S. Thomas refusait aux anges eux-mêmes le pouvoir de créer les âmes, en vertu d'une puissance qui leur aurait été communiquée par Dieu. « Quelques-uns se sont imaginé que les anges, comme ministres de la puissance divine, peuvent créer les âmes rationnelles. Mais c'est une chose qui *est impossible* et qui va contre la foi. En effet, l'âme rationnelle ne peut venir à l'existence autrement que par la création. Or, Dieu seul peut créer, parce que c'est *le propre* du premier agent d'agir sans aucune chose que l'on puisse présupposer à son opération (*nullo præsupposito*), tandis que l'agent second doit toujours présupposer quelque chose qui dérive du premier, comme nous l'avons déjà démontré : par conséquent, rien n'agit autrement qu'en changeant, et Dieu seul en créant. Et, parce que l'âme rationnelle ne peut être produite par le changement d'aucune matière, elle ne peut être produite autrement que par Dieu (*Summ.*, 1, 90, 3). »

Conclusion VIIe. — *Chaque homme reçoit une âme intellective qui lui est propre.*

C'était une erreur déjà ancienne, décrite et réfutée par S. Thomas (*Summ.*, 1, 76, 2), que celle qui prétendait que le principe de l'intelligence ou l'âme intellective, était seul et unique pour tous les hommes. En chaque homme, disait-elle, il y avait une âme sensitive avec ses fantômes, et l'intellective devait, pour ainsi dire, se multiplier ou s'individuer en percevant le fantôme de chaque homme. Erreur évidente, car :

1° La conscience de tout homme lui atteste qu'il a une âme numériquement distincte de l'âme de tout autre homme, l'âme étant le *principe* des opérations *singulières* de chacun.

2° L'âme intellective, comme forme substantielle (cinquante-neuvième leçon), donne l'être à l'homme, et avec l'être, elle lui confère aussi cette unité qui le distingue de tout autre homme, parce qu'il est constitué *un être*. Donc, si c'est par l'âme que l'homme a l'unité de son être, elle ne peut être commune à plusieurs.

3° Dans l'hypothèse, mentionnée plus haut, des fantômes en chaque homme, il faut observer que ces fantômes seraient *l'objet* de la connaissance, et non le principe connaissant. Et comme, pour connaître plusieurs objets, je ne me multiplie jamais dans mon principe connaissant, de même l'âme intellective ne pourrait pas se multiplier, en ayant comme objet les fantômes de chaque homme.

Conclusion VIII°. — *L'homme ne peut pas tirer son origine des brutes par la génération.*

Cette erreur, aussi absurde qu'abjecte, s'est répandue de nos jours, et la ferveur avec laquelle elle a été accueillie et enseignée dans les chaires publiques, est un signe évident de la monstrueuse ignorance de tant de prétendus savants, et du manque absolu de philosophie qui caractérise le monde scientifique moderne, sans parler de l'effroyable perversion morale dont cette faveur est l'indice et l'effet. On enseigne donc qu'une brute imparfaite pouvant en engendrer une plus parfaite, peu à peu les perfections ont augmenté, et l'homme enfin est venu. On comprend que cette doctrine a pour fondement l'atomisne mécanique et le plus pur matérialisme. Plusieurs naturalistes ont déjà réfuté cette erreur par la considération des divers organismes dans les différentes espèces, et les historiens pourraient arriver au même résultat par le seul fait que, depuis soixante siècles, le genre humain ne s'est jamais aperçu de transformations si surprenantes (1). Notre philosophie spéculative suit une autre marche ; nous argumentons avec des principes universels tirés de la nature intime des choses,

1° Avant tout nous disons aux partisans de ces étranges transformations que le système atomico-mécanique, sur lequel ils s'appuient, ne se trouve que dans leur imagination. Nous croyons l'avoir démontré

---

(1) Il faut lire tout ce qu'a dit, tout récemment, à ce sujet, Albéri dans son bel ouvrage, où brillent un jugement très-sûr et une érudition profonde : *Le problème de la destinée humaine (livre* I, chap. III, § 2, *pag.* 63) et consulter aussi le magnifique travail de M. Maschi : *Réfutation de la doctrine des transformations.* — Parme, Fiaccadori, 1874.

par de solides arguments soit dans la *physique générale* (vingt-huitième et vingt-neuvième leçons), soit lorsque, dans la *physique particulière*, nous avons parlé de la vie et du vivant en général. Aussi le fondement de leur doctrine manquant, elle s'écroule nécessairement avec lui.

2° Le perfectionnement de la race humaine, rêvé par ces matérialistes, les empêche d'admettre dans l'homme une âme venant de Dieu par création. Mais l'âme humaine, étant immatérielle, doit être créée par Dieu, et il répugne qu'elle dérive de l'homme par la voie de la génération, et bien plus encore qu'elle dérive des brutes. Donc, leur doctrine est absurde,

3° Il répugne que l'effet surpasse en perfection la cause *relativement à l'essence même* de l'être : mais si l'homme (même en faisant abstraction de son âme *immatérielle*) tirait son origine des brutes, cette répugnance n'existerait point. Nous avons dit *relativement à son essence;* car, relativement aux accidents, à l'existence desquels concourent souvent comme cause les agents externes, il peut y avoir des exceptions. Le conséquent est évident : car l'homme étant, *par son essence* et non *par l'éducation*, d'une espèce plus parfaite que tous les animaux, il ne pourra jamais être produit par eux, qui ont une espèce et, par conséquent, une essence, sans comparaison, d'une perfection inférieure à la sienne. Dans la production des choses créées, une cause parfaite peut souvent, à la vérité, produire un effet qui lui soit très-inférieur. Mais, si l'effet était plus parfait que la cause de la manière que nous disions, il y aurait un être sans cause, ce qui est impossible.

Mais si, laissant l'homme de côté, on parle des autres vivants, c'est-à-dire des plantes et des brutes, que dire de l'opinion qui admet ces transformations ? Nous dirons qu'en parlant des autres vivants il faut raisonner d'une manière essentiellement différente de celle dont on se sert en parlant de l'homme. En effet, l'âme humaine doit nécessairement être créée par Dieu, tandis que l'âme de *tous* les autres vivants ne procède point par voie de création, mais par voie de génération.

Et, faisant abstraction des faits et raisonnant avec les seuls principes philosophiques, on peut dire des autres vivants :

1° L'engendré n'est jamais dans son essence plus parfait que les engendrants : donc, ceux-ci différant entre eux par une perfection *essentielle et spécifique*, l'engendré aura une perfection *intermédiaire*. C'est la conséquence du principe de causalité expliqué plus haut : et c'est aussi ce que l'expérience de tous les siècles a rendu évident. Donc, le seul *perfectionnement* dans la multiplication des espèces inférieures à l'homme, qui, supposé gratuitement, a donné occasion à l'ignorance présomptueuse de l'appliquer à l'homme, ce seul perfectionnement, disons-nous est impossible, comme on peut l'inférer en toute logique du principe de causalité.

2° Si les études géologiques démontraient *d'une manière évidente* qu'il s'est trouvé une époque dans laquelle il n'y avait nulle part sur la terre des espèces de plantes ou d'animaux plus parfaits, qui s'y sont trouvés plus tard, alors il serait absolument nécessaire de supposer une intervention *successive* de la toute-puissance créatrice, comme nous l'avons dit en parlant des prétendues générations spontanées. On peut regarder cette affirmation comme le corollaire de l'argument précédent, parce que, si l'on n'admet pas cela, il faut dire qu'il y a des effets sans cause proportionnée. Notre raisonnement est hypothétique, car il est certain que toutes les études faites de nos jours n'ont jamais pu relever l'existence d'une seule espèce d'animaux ou de plantes qui n'existât pas depuis les temps les plus reculés. Aussi, les soi-disant transformistes raisonnent comme des insensés, sans la preuve d'un seul fait, sans l'appui d'un seul argument.

3° La dégénérescence et le perfectionnement, par rapport à l'espèce *ou à l'essence*, est impossible dans la génération successive d'individus de la même espèce, mais non par rapport à leurs conditions accidentelles qui peuvent être plus ou moins favorables. Ce qui le prouve, c'est que la génération est une œuvre de nature, et que la puissance génératrice, venant originairement du Créateur, ne peut être changée en aucune façon, pas plus que celles qui appartiennent à l'essence de l'espèce. Ce qui n'empêche pas, toutefois, que cette puissance, pour bien des raisons, ne puisse être accidentellement modifiée, augmentée, diminuée, et même complétement éteinte.

4° De même que, dans les êtres inorganiques, la diversité de l'espèce et de l'essence se reconnaît très-bien par leur composition et leurs combinaisons chimiques, de la manière qui convient aux êtres inorganiques, quand on n'a pas d'arguments tirés de leur mode ordinaire d'appréciations; de même, pour les vivants, quand, de leur mode d'opérer, on ne peut pas tirer un argument certain de leur diversité spécifique, on pourra la reconnaître par la génération. Comme l'espèce est essentiellement ordonnée pour se multiplier dans les individus, on pourra conclure *a*) que deux êtres appartiennent à des espèces diverses, quand, à raison de leur nature, et non pas pour des causes accidentelles, ils ne sont pas féconds; *b*) et que, si le produit engendré est infécond, également par sa nature, et non pour des raisons individuelles, ce n'est qu'un monstre, et non la souche d'une espèce nouvelle. Donc, pour être vrai, il faut dire que, si la multiplication des diverses familles est possible dans la même espèce par divers *croisements,* comme on dit, entre les différents individus de celle-ci, toutefois, la multiplication véritable des espèces est impossible. Les faits, du reste, confirment cette théorie. C'est assez discourir des êtres vivants irrationnels et insensitifs : notre but principal est de parler de la génération humaine. Or, d'après ce que nous avons dit, il est clair que l'homme ne peut pas être engendré par les brutes, soit parce que le système mécanique, sur lequel s'appuient ces abjectes rêveries, est faux, soit parce qu'il répugne complétement que l'âme humaine vienne d'un autre que Dieu, et d'une autre manière que par la création, soit parce que le principe de causalité en serait blessé.

SOIXANTE-DEUXIÈME LEÇON.

De l'instant où l'âme humaine s'unit au corps.

Après avoir démontré que l'âme de l'homme a pour origine un acte de la part de Dieu, cherchons, sans plus tarder, à quel moment elle est créée et s'unit au corps humain.

Conclusion Ire. — *L'âme humaine est créée par Dieu au moment où elle s'unit avec le corps.*

C'est le concept que nous donne la Bible de la création de l'âme humaine, puisqu'elle nous dit que le Créateur créa l'âme raisonnable, et en la créant la mit dans le corps, où elle se montre comme principe, *a quo corpus et motum et vitam omnem et sensum accipiat*, comme l'a dit le Souverain Pontife Pie IX (appendice à la soixante-et-unième leçon). Dieu forma l'homme du limon de la terre, et lui communiqua *l'esprit de vie*, et l'homme eut une âme principe de vie. *Formavit igitur Dominus Deus hominem de limo terræ, et inspiravit in faciem ejus spiraculum vitæ, et factus est homo in animam viventem* (*Gen.*, II). Quand bien même nous n'aurions point cette autorité divine, notre *conclusion* n'en serait pas moins vraie, puisqu'on peut la démontrer rigoureusement avec la philosophie humaine, pourvu qu'elle soit de bon aloi.

L'union de l'âme et du corps est naturelle : donc, Dieu ne crée pas l'âme avant de l'unir au corps. Ce mot *avant* se rapporte à n'importe quelle priorité de temps. La vérité de l'antécédent est évidente, puisque l'âme humaine est la forme substantielle du corps humain, ordonnée pour constituer avec lui une seule nature complète. D'où l'image des facultés immatérielles elles-mêmes dépend naturellement du corps, non pas en tant que *coprincipe*, mais d'une autre façon, comme nous le verrons en son lieu. C'est pourquoi, l'union du corps avec l'âme étant naturelle, on ne peut croire que Dieu ait agit contre la nature des choses elles-mêmes, en la créant en dehors du corps.

C'est ainsi qu'on réfute l'erreur des platoniciens,

prétendaient que l'âme avait été créée depuis un grand nombre de siècles, puis enfermée, on ne sait pour quelles fautes, comme dans une prison (*qu'elle aime pourtant beaucoup et craint tant de laisser!*); et nous ne croyons pas nécessaire de nous y arrêter plus longtemps. Il vaut mieux, pour comprendre la doctrine que nous exposons, citer ces belles paroles de S. Thomas. « Comme la forme n'est pas pour la matière, mais plutôt la matière pour la forme, c'est de la forme qu'il faut tirer la raison pour laquelle la matière est telle et non autrement. Or, l'âme intellective, comme nous l'avons dit, selon l'ordre de la nature, occupe le dernier rang parmi les substances intellectives. Et, précisément à cause de cela, elle n'a point la connaissance de la vérité innée en elle-même, comme les anges, il faut qu'elle la tire des choses visibles, au moyen des sens, comme le dit S. Denis (I. *de div. Nom*). Mais la nature ne manque jamais de donner à chaque chose ce qui lui est nécessaire (*natura nulli deest in necessariis*); il était donc nécessaire que l'âme intellective eût, non-seulement le pouvoir de comprendre, mais encore celui de sentir. Or, l'opération sensitive ne peut pas se faire sans un instrument corporel; il était, par conséquent, nécessaire que l'âme fût unie à un corps, comme organe disposé pour la sensation. Mais tous les sens sont fondés sur le tact : donc, plus la complexion de l'organe du tact sera parfaite, plus il sera propre à ses perceptions. De plus, l'âme intellective a une puissance sensitive très-parfaite, parce que tout ce qui est dans l'inférieur est contenu d'une façon plus profonde dans le supérieur. Voilà pourquoi il a été nécessaire que le corps, auquel l'âme intellective a été unie, fût un corps mixte, et, plus que tous les autres, jouissant d'une complexion parfaite. Ainsi, l'homme a un tact plus parfait que celui de tous les animaux. Chez les hommes eux-mêmes, ceux en qui il est le plus exquis ont une plus grande capacité intellectuelle; la preuve de cela, c'est que, généralement, ceux dont l'organisation est délicate, ont une grande pénétration, comme l'expérience nous l'enseigne (*Summ.*, 1, 7, 6, 5). »

Et que l'on ne dise pas que, de même que l'âme peut

subsister seule après la mort de l'homme, de même elle peut exister sans lui avant la naissance : car, comme nous le démontrerons dans l'éthique, la vie présente est le moyen d'obtenir cette félicité que l'âme unie au corps ne peut avoir ici-bas. Au contraire, l'âme étant forme substantielle du corps humain, cette dépendance où elle se trouve vis-à-vis du corps pour commencer une vie intellectuelle, lui est parfaitement *naturelle*; et, si elle lui est naturelle, on ne peut dire qu'il lui est naturel d'avoir eu une préexistence dans laquelle elle a pu avoir, indépendamment du corps, et le commencement et le développement de sa vie intellectuelle. Et il faut bien remarquer que nous n'entrons pas ici dans la question de savoir si cette préexistence est intrinsèquement impossible, et que nous ne disons point qu'elle répugne comme le cercle carré; mais, nous dirons seulement que commencer dans le corps *lui est naturel*, et l'auteur de *la nature*, en suivant les lois de celle-ci, n'a pu faire autrement que de la créer dans le corps.

Quant à l'erreur de *la métempsycose*, ou la prétendue transmigration d'une âme dans le corps d'un autre, nous avons déjà dit tout ce qu'il faut pour réfuter une rêverie si bizarre, du reste, en soi, et offrant tant de côtés vulnérables, qu'il n'est pas difficile de la réduire à néant (*Voir S. Thomas*, 1, *dist*. 32, *quæst*. 2, *art*. 2).

Conclusion IIe. — *L'âme humaine intellective est créée et mise dans le corps à la fin de la génération humaine.*

Comme nous l'avons expliqué en parlant des plantes, le terme *a quo, duquel*, de la génération, est la conception; le terme *ad quem, vers lequel*, est l'animation : et entre l'un et l'autre terme se trouve donc ce *motus ad formam*, que l'on a appelé aussi génération, en prenant ce mot non pas *activement*, en tant qu'il procède de l'engendrant, mais passivement, en tant qu'on le considère dans l'engendré. Et, comme nous l'avons remarqué, il est absurde de confondre le terme *a quo* avec le terme *ad quem* : de plus, entre l'un et l'autre, il faut, d'une nécessité *non pas essentielle*, mais naturelle, un certain temps qu'il n'appartient point au philosophe de déterminer. La philosophie si profonde de S. Thomas, nous dit (append. à la soixantième leçon) que, pour l'introduction ou l'existence d'une forme parfaite dans la matière, il faut que cette dernière y soit préparée ; il faut donc que la matière première ait déjà une forme inférieure avant d'avoir une forme supérieure. Or, comme l'expérience montre que les genres des substances corporelles sont échelonnés de manière à ce que le dernier degré soit occupé par les êtres inorganiques, pour que l'on arrive aux plantes, ensuite à l'animal, ou au vivant sensitif, et enfin, à l'homme, il est clair qu'il y aura d'abord chez lui la matière inorganique, qui, après avoir reçu une disposition organique, deviendra plante : puis la matière informée déjà par l'âme de la plante, sera préparée à être informée par l'âme sensitive, et informée par celle-ci, elle sera informée par l'âme rationnelle. C'est pourquoi, dans la génération de la brute, l'embryon sera d'abord animé par l'âme végétative, puis surviendra l'âme sensitive, non pas *en se superposant* à la première, mais comme un acte plus parfait par rapport à un moins parfait, en la suppléant, et en la contenant virtuellement ; et, dans la génération de l'homme, l'embryon aura d'abord une âme végétative seulement, puis une âme sensitive (1). Là s'arrête l'œuvre des causes secondes, mais elle va jusque-là ; car, étant posé ce principe, *in necessariis, data causa, datur effectus*, et l'ordre de la génération étant le même dans l'homme que dans les autres animaux, il faut accorder à celle-là ce qui est concédé à celle-ci par tous les philosophes. Nous dirons donc qu'avant que la génération ne soit complète, il y a d'abord une âme végétative, puis une âme sensitive : la première disparaît quand arrive la seconde, et toutes deux sont des formes matérielles ; mais, quand l'organisation des principales parties est complète, Dieu crée l'âme intellective, et l'unit comme

---

(1) Cette doctrine est d'une grande importance, surtout pour la théologie. Elle m'a permis de montrer dans un opuscule la conformité de la doctrine de S. Thomas avec le dogme catholique, dans la question de l'Immaculée-Conception de la mère du Rédempteur. Le lecteur peut voir cet opuscule imprimé à la fin des œuvres de S. Thomas de l'édition Fiaccadori de Parme.

forme substantielle à l'embryon, déjà complet dans ses parties essentielles comme corps humain. Et, parce que l'âme intellective est plus parfaite que l'âme sensitive et l'âme végétative, elle continuera à donner les deux actuations qui avaient été successivement données par les deux âmes inférieures. Ainsi s'explique très-bien la conformité qu'il y a entre les enfants et les parents : en effet, bien que les enfants aient une âme intellective *créée* par Dieu, toutefois, celle-ci, en tant qu'elle est sensitive et végétative, conserve en eux l'actuation qui existait avant qu'elle ne vînt; et cette actuation venait des principes générateurs.

Après avoir ainsi développé *la conclusion*, résumons la démonstration. Dans la génération de l'homme : 1° on doit accorder aux causes secondes, ou aux principes générateurs, tout ce qu'on leur accorde dans la génération des autres vivants; 2° il faut donc admettre que c'est seulement à *la fin* de la génération qu'est introduite, comme forme substantielle, l'âme intellective créée par Dieu ; 3° la pluralité *actuelle* des âmes est absurde, puisque chacune est forme substantielle, et qu'une plus parfaite peut suppléer aux autres, en les contenant virtuellement : il faut donc admettre qu'avant l'information par l'âme intellective, il y avait une âme végétative, qui a disparu et a été remplacée par une âme sensitive, tirant son origine de la puissance générative, et, en outre, que l'âme intellective supplée à la sensitive ainsi engendrée, et reste seule, dans l'homme, principe unique de sa triple vie.

C'est la doctrine de S. Thomas, qui s'exprime ainsi : « Il faut donc dire que, de même que la génération de l'un emporte toujours la corruption de l'autre (c'est-à-dire du précédent), il est nécessaire que, dans l'homme, comme dans les autres animaux, quand la forme plus parfaite entre, il y ait corruption de la forme précédente, de manière cependant à ce que la forme suivante ait tout ce qu'avait la précédente, et encore plus : et ainsi, par une suite de générations et de corruptions, on arrive à la dernière forme substantielle, dans l'homme comme dans les autres animaux..... Donc, on doit dire que l'âme intellective *est créée* par Dieu *à la fin* de la génération humaine, et que cette âme est ensemble et sensitive et nutritive, puisque les formes précédentes ont disparu (*Summ.*, 1, 117, 2) ». Nous avons démontré, jusqu'à la dernière évidence, cette théorie *pour les formes accidentelles elles-mêmes de même genre, informant un même sujet.* Il y a un accord merveilleux entre Dante, S. Thomas, et la grande école chrétienne. Dans son *Purgatoire* (chant XXV), il met en scène Stace, qui lui explique la génération humaine, et l'on ne saurait dire si c'est la profondeur de la science, ou la richesse de la poésie qui domine dans le langage qu'il lui prête : mais il prouve évidemment qu'il est le seul grand poëte de notre littérature, et a peu d'égaux chez les autres peuples. Voici ces vers admirables (1) :

« La force active devient une âme semblable à celle de la plante, avec cette différence que l'une est en route, et l'autre est déjà arrivée au port.

« L'une se perfectionne, et déjà elle se meut et sent, comme l'éponge marine, et elle commence à organiser les puissances dont elle est l'origine.....

« Mais tu ne sais pas encore comment l'animal devient homme : c'est un point qui a déjà trompé un plus savant que toi,

« Parce que dans sa doctrine il sépare de l'âme l'in-

---

(1) Anima fatta la virtute attiva,
Qual d' una pianta, in tanto differente,
   Che questa è in via, e quella è già a riva ;
    Tanto ovra poi, che già si muove e sente,
Come fungo marino ; ed indi imprende
Ad organar le posse, ond' è semente.
. . . .
    Ma come d' animal divenga fante,
Non vedi tu ancor : quest' è tal punto
Che più savio di te già fece errante.
    Si, che per sua dottrina fè disgiunto
Dall' anima il possibile intelletto,
Perchè da lui non vide organo assunto.
    Apri alla verità che viene, il petto,
E sappi che si tosto come al feto
L' articolar del cerebro è perfetto,
    Lo Motor primo a lui si volge lieto,
Sovra tanta arte di natura, e spira
Spirito novo di virtù repleto,
    Che ciò, che trova attivo quivi, tira
In sua sustanzia, e fassi un'alma sola,
Che vive e sente, e sè in sè rigira.

tellect possible, ne lui voyant point d'organe où il puisse agir.

« Ouvre ton cœur à la vérité, et sache qu'aussitôt que le fœtus à un cerveau organisé,

« Le moteur premier se tourne vers lui, heureux de voir l'œuvre admirable de la nature, et il lui inspire un esprit nouveau plein de force,

« Qui prend dans sa substance tout ce qu'il trouve d'actif, et il n'y a plus qu'une âme unique, qui vit, qui sent, et se replie en elle-même. »

Bien qu'il soit facile de trouver le sens complet et précis de ces vers, pour celui qui a bien réfléchi à ce que nous avons dit dans la leçon précédente, cependant, pour écarter toute difficulté, il faut remarquer : *a*) que *la force active* signifie ici la forme substantielle de *l'être organique*, qui disparaît et cède la place à l'âme végétative : et c'est conforme à ce que nous avons dit en parlant des plantes (quarante-sixième leçon, note) ; *b*) l'âme végétative dans l'embryon de l'homme est *en voie* de devenir sensitive, tandis que l'âme végétative de la plante est déjà *arrivée au port*, c'est-à-dire à son terme : elle n'est point faite pour céder la place à une forme plus parfaite ; *c*) *l'éponge marine* est, d'après Dante, l'animal de l'espèce la plus infime ; *d*) *organiser la puissance* veut dire composer les organes des facultés ou puissances ; *e*) il dit ici de *l'intellect possible* ce que nous avons dit nous-même dans *la conclusion* VIIe ; *f*) *l'œuvre admirable de la nature*, parce que l'action des causes secondes va jusque-là ; *g*) *il prend dans sa substance*, c'est-à-dire par sa substance il joue le rôle de tout principe actif précédent : *h*) *qui se replie en elle-même ;* on indique ici la faculté de *réfléchir* sur son acte *particulier* et c'est *le propre* de la puissance intellective toute seule.

SOIXANTE-TROISIÈME LEÇON.

De l'incorruptibilité et de l'immortalité de l'âme humaine

Différence entre l'incorruptibilité et l'immortalité. Une chose *incorruptible* est celle qui n'est pas sujette à la corruption : une chose *immortelle* est celle qui ne peut mourir ; donc, la corruption et la mort sont les principes de leur distinction. De cette manière, il y a deux générations (ici le mot *génération* est pris dans son sens le plus large), et il y a aussi deux corruptions différentes. La première est la génération accidentelle, qui arrive quand la substance acquiert un accident qu'elle n'avait point auparavant ; la seconde est la génération substantielle, qui a lieu quand la matière première, laissant une forme substantielle, est activée par une autre forme. De là, la corruption accidentelle *propre* est la séparation de la substance et de l'accident ; et la corruption substantielle *propre* est la séparation de la forme substantielle et de la matière première, qui en acquiert une autre. Et le mot latin, *corrumpere*, indique clairement qu'il y a séparation de choses qui étaient réunies (cum-rumpo). On voit donc que *la corruption* se rapporte au *composé*, soit accidentel, soit *substantiel*, et non pas à la matière seule ou à la forme seule. Toutefois, quand la corruption du composé a lieu, la forme accidentelle ou substantielle *cesse* d'être, et cette *cessation* s'appelle aussi corruption *impropre* ou indirecte : les scolastiques disaient encore que, dans ce cas, la forme se corrompait *per accidens*, tandis que le composé se corrompait *per se*. Ainsi, par exemple, lorsque quelqu'un tombe malade, la forme accidentelle de la santé cesse d'être en lui. Où va-t-elle ? Nulle part, parce que la santé n'a pas *d'être propre*. Cette cessation est une corruption impropre. De même, lorsque l'eau se change en une autre substance, la forme substantielle de l'eau cesse ; et comme cette forme n'a pas *d'être propre*, elle n'a pas non plus d'existence propre : il y a, par conséquent, une corruption *impropre de la forme*.

Le concept de la mort est différent et nous en avons déjà parlé quand nous avons commencé à parler des vivants. La mort est la privation de la vie. Et parce que la vie consiste dans une opération immanente, toutes les fois que, non-seulement elle n'a pas lieu dans le sujet, mais encore *ne peut plus y avoir lieu*, la mort arrive, et, par elle, la substance cesse d'être appelée vivante et est dite morte. Il est bien vrai que la mort est en elle-même une corruption substantielle, parce qu'elle ne peut arriver que par la cessation de cette forme substantielle, qui est le principe de la vie, et que dans les substances corporelles on appelle âme. Mais, de même que ces formes ont reçu le nom plus noble d'*âme*, de même, la corruption substantielle des substances animées a reçu aussi un nom particulier et plus noble, le nom de *mort*.

Incorruptibilité et immortalité de l'âme humaine.

Par ces deux mots, on veut dire : 1° que l'âme humaine ne peut, en aucune façon, être soumise à la corruption soit accidentelle, soit substantielle, soit propre, soit impropre; 2° que le principe de la vie duquel dérivent ou peuvent dériver les opérations immanentes, ne peut jamais périr en elle. Périr, pour le principe de la vie, peut s'entendre de deux manières : la première, quand l'âme, restant dans son être, perd le principe de sa vie : la seconde, quand ce principe cesse, parce que l'âme est détruite. Si l'âme, restant dans son être, ne peut pas être dépouillée du principe de sa vie, on dira qu'elle est immortelle intrinsèquement ou *ab intrinseco*; si elle ne peut pas être détruite par qui que ce soit, on dira qu'elle est immortelle extrinsèquement ou *ab extrinseco*. Et l'âme humaine est certainement immortelle de l'une et de l'autre façon.

Conclusion Ire. — *L'âme humaine ne peut être sujette à aucune corruption propre ni substantielle, ni accidentelle.*

Cette corruption ne peut avoir lieu que dans un être composé de matière et de forme, parce qu'elle consiste précisément dans la dissolution du composé. Or, l'âme humaine est seulement forme; donc, elle ne peut être sujette à cette corruption. C'est à cette corruption que se rapportent ces belles paroles de Cicéron : « In animi cognitione dubitare non possumus, nisi plane *plumbei simus* (que les matérialistes prennent ceci pour eux), quin nihil sit animus admixtum, nihil concretum, nihil copulatum, nihil coagmentatum, nihil duplex. Quod cum ita sit, certe nec secerni, nec dividi, nec discerpi, nec distrahi potest; nec interire igitur ; est enim interitus quasi discessus, et secretio, ac diremptio earum partium, quæ ante interitum junctione aliqua tenebantur (*Tusc., l.* I). »

Conclusion IIe. — *L'âme humaine ne peut pas être sujette à la corruption proprement dite.*

A cette corruption sont sujettes les formes qui cessent d'exister par les désordres produits dans le composé, ou en vertu des changements que reçoit la substance, si ce sont des formes accidentelles, ou la matière première, si ce sont des formes substantielles. La cause de cette *cessation* est que l'être ne leur est point *propre*, mais dépendant de la matière, et, comme elles ont commencé par une mutation de celle-ci, elles finissent par une mutation contraire.

Mais on ne peut pas dire cela de l'âme humaine : 1° c'est une substance et une forme substantielle: donc, elle ne peut cesser à la manière des formes accidentelles ; 2° elle ne commence point par une mutation de la matière ; donc, elle ne peut cesser par une mutation contraire de cette même matière. Elle a un être propre, immédiatement créé par Dieu, comme nous l'avons vu; donc, elle ne peut pas être sujette à cette corruption impropre, à laquelle sont nécessairement soumises les formes matérielles. D'où l'on voit que la *simplicité* de l'âme humaine et son *immatérialité* sont la cause totale de son incorruptibilité.

1er *Corollaire.* — L'âme humaine survit à la corruption, nous voulons dire à la mort de l'homme. D'où l'on conclut que quand l'homme, c'est-à-dire *la nature complète* et composée de la matière et de la forme substantielle, qui est l'âme raisonnable, se dissout, *cette dissolution* n'empêche point l'âme humaine d'exister, comme cessent d'exister toutes les formes *substantielles* matérielles des autres substances corporelles, mais que, nécessairement, elle reste dans son être.

2e *Corollaire.* — Comme l'âme rationnelle active le corps humain, de la même manière que l'âme végétative et l'âme sensitive activent les corps de la brute et de la plante, il s'ensuit que, quand l'âme humaine cessera d'informer le corps, il arrivera dans ce dernier ni plus ni moins que ce qui arrive dans le corps de la brute ou de la plante quand l'âme est partie. Dans l'un et l'autre cas, la matière première ne reste pas sans une actuation quelconque. Que l'âme des brutes et des plantes cesse d'exister à leur mort, tandis que l'âme humaine survit, c'est une chose complétement indépendante de l'état où se trouvera plus tard la matière corporelle. Du reste, que le lecteur se souvienne de tout ce que nous avons dit sur ce point philosophique par rapport aux plantes.

Conclusion III° — *L'âme humaine est immortelle intrinsèquement* (ab intrinseco).

L'âme humaine est une substance immatérielle, forme du corps, dans laquelle résident, comme dans leur sujet propre, la faculté de comprendre et de vouloir, et de celles-ci dérivent les actes immatériels immanents qui leur sont propres. Si donc l'essence même de l'âme humaine est le principe de la vie, elle ne pourra pas perdre ce principe, ni se séparer de lui, sans se perdre elle-même et se séparer d'elle-même. Or, cela est impossible parce qu'aucune chose ne peut se séparer d'elle-même ; donc, l'âme est immortelle *ab intrinseco*.

Mais, après avoir démontré l'immortalité intrinsèque de l'âme, parce qu'elle est essentiellement principe de vie, ne pourra-t-on pas dire qu'elle ne peut plus avoir d'opérations vitales, puisque, pour elles, elle dépend du corps ? Nullement : il est incontestable que la connaissance intellectuelle ici-bas, tant que l'âme est unie au corps, dépend des *fantômes*, de la manière que nous expliquerons plus loin ; mais, puisque l'âme est intrinsèquement principe de vie et incorruptible, elle aura une manière différente de connaître, c'est-à-dire, indépendamment des *fantômes*. C'est l'enseignement de S. Thomas. « Connaître par les *fantômes* est le mode d'opérer propre à l'âme, en tant qu'elle est unie au corps. Mais, séparée du corps, elle aura un autre mode de connaître, semblable à celui des autres substances séparées des corps, comme nous le démontrerons ailleurs (*Summ.*, 1, 75, 6). »

Mais l'âme humaine n'est-elle pas aussi sensitive? L'âme sensitive des brutes ne cesse-t-elle pas d'exister par la dissolution du composé? Il en sera donc de même pour l'âme humaine.

La conséquence serait juste si l'âme humaine était *seulement* sensitive : elle ne l'est plus, mais, si c'est une substance intellective et virtuellement sensitive, cette différence est cause que, tandis que l'âme des brutes est matérielle, l'âme de l'homme ne l'est point; aussi S. Thomas dit : « L'âme sensitive des brutes se tire de la puissance de la matière, mais non la nôtre, qui est créée, parce que l'essence de notre âme sensitive est l'essence même de notre âme rationnelle. » D'où il argumentait ainsi : « Bien que l'âme sensitive nous soit commune avec les brutes pour ce qui a rapport *au genre*, néanmoins, pour ce qui a rapport *à l'espèce*, elle n'est pas la même dans l'homme que dans les brutes. Par conséquent, si dans les brutes elle est tirée de la puissance de la matière, il ne s'ensuit pas qu'il en soit ainsi dans l'homme, parce que dans celui-ci elle est d'une espèce plus haute, et vient d'une création (*Quodlib.* 2, *art.* 5). »

Corollaire. L'essence de l'âme étant une, on doit certainement dire qu'elle est immortelle en tant qu'elle est intellective, mais on peut dire aussi en tant qu'elle est sensitive et végétative, parce que cet *en tant que* se rapporte à l'essence proprement dite, et non aux deux autres puissances inférieures. Les puissances végétatives et sensitives n'étant pas dans l'âme seule, comme dans leur sujet, mais dans le composé (*in conjuncto*), parce qu'elles sont organiques, il est bien clair que ces puissances ne se trouvent point dans l'âme séparée du corps. On dit alors qu'elles sont dans l'âme *comme dans leur racine*, attendu que l'âme séparée pourrait, de nouveau, s'unir au corps et réacquérir avec lui les puissances matérielles. Or, comme la vie végétative et la vie sensitive sont de vraies *vies*, et qu'elles viennent encore de l'âme, comme de la forme substantielle du composé, on peut dire aussi que l'âme humaine, en tant qu'elle est végétative et sensitive, est mortelle et, par conséquent, corruptible, parce que dans l'âme séparée, le principe de ces deux vies n'est pas *complet*. Donc, à des points de vue divers, on peut très-bien dire que l'âme humaine est immortelle et mortelle, incorruptible et corruptible.

Conclusion IVe. — *L'âme humaine est immortelle extrinsèquement,* ab extrinseco, *relativement à toute puissance créée.*

L'âme humaine ne peut avoir d'autre principe que la création; son être ne peut donc avoir d'autre fin que l'annihilation. Or, aucune créature n'a le pouvoir de la créer; donc, aucune n'aura le pouvoir de l'annihiler. C'est ce qui ressort évidemment de la conclusion précédente, et c'est ce qu'enseigne S. Thomas : « Les choses qui ont un commencement et une fin tiennent l'une et l'autre d'une puissance égale, parce que la puissance qui donne l'être doit égaler celle qui l'enlève. Mais, les substances intellectuelles ne peuvent pas commencer à être autrement que par la puissance du premier agent, parce qu'elles ne sont pas tirées d'une matière que l'on puisse présupposer; donc, en dehors du premier agent, il n'y a pas de puissance qui puisse les réduire au non-être (*Contra Gentes,* II, xxxv). »

Conclusion V^e. — *L'âme humaine n'est point immortelle* ab extrinseco, *relativement à la puissance* ABSOLUE *de Dieu.*

Quand on parle de la puissance *absolue* de Dieu, c'est qu'on la considère indépendamment de sa sagesse, de sa bonté, et de n'importe quel autre attribut divin. *a)* Or, la puissance divine, ainsi entendue, s'étend à tout ce qui n'implique pas contradiction, c'est-à-dire à tout ce qui n'amènerait pas l'être et le non-être sous le même rapport. Or, l'annihilation de l'âme humaine n'implique point contradiction; donc, elle est possible à la puissance divine. *b)* En outre, on peut arriver au même but par les contraires : Dieu peut créer l'âme; donc, la puissance avec laquelle il la tire du néant peut aussi l'annihiler. C'est pourquoi la *conclusion* est évidente : car, en venant d'être, elle cesserait d'avoir la vie, et, par conséquent, serait mortelle.

Conclusion VIe. — *L'âme humaine est immortelle* ab extrinseco, *relativement à la puissance* ORDONNÉE *de Dieu.*

Quand on parle de la puissance *ordonnée* de Dieu,

c'est qu'on ne la considère pas isolément, mais avec sa sagesse, sa bonté, et les autres attributs divins. Ainsi, s'il est évident que Dieu *ne veut pas* faire une chose, il sera évident aussi, qu'il ne pourra pas la faire de puissance *ordonnée*, parce que, comme il ne peut la faire sans la vouloir, il la voudrait et ne la voudrait pas dans le même temps, ce qui est contradictoire. Voici donc comment nous raisonnons :

1° De puissance ordonnée, Dieu ne peut pas annihiler l'âme humaine, s'il est évident qu'il y a en lui une volonté contraire. Or, il en est véritablement ainsi. En effet, de quelle manière le philossphe arrive-t-il à connaître la volonté du Créateur? Par les essences mêmes des choses créées. Donc, si Dieu a créé une essence intrinsèquement immortelle (comme est celle de l'âme humaine), et l'a faite telle qu'elle tend à une vie impérissable ou éternelle, il *veut* qu'elle conserve cette vie; donc, on ne peut pas penser qu'il y ait en Dieu un acte contraire de volonté par lequel il veuille qu'il n'en soit pas ainsi.

2° Toute forme naturelle est accompagnée d'une inclination *naturelle* à sa propre existence. Mais, comme la connaissance de la brute est restreinte à ce qui est dans l'espace et dans le temps, *hic et nunc,* ainsi l'inclination de la brute est restreinte à l'existence, *hic et nunc*. Il en est autrement de l'homme. Sa connaissance s'étend à l'universel et à l'éternel, et, par conséquent, son *inclination naturelle,* à une vie future éternelle. Quand bien même on n'en trouverait pas la raison dans la nature même de l'homme, on devrait l'admettre comme un fait universel et dont tout homme a conscience. Or, la voix de la nature est la voix de Dieu : et cette *inclination naturelle* à une existence sans fin, nous manifeste la volonté de Dieu, qui veut que l'âme demeure dans son être. Donc, on ne peut pas sans contradiction admettre en Dieu la volonté contraire de vouloir annihiler l'âme humaine. Et que l'on observe bien que l'argument n'est pas tiré du désir de la *félicité* éternelle, mais bien de l'être éternel. Et voici ce que disait S. Thomas : « Toute chose, à sa manière, désire d'être. Mais le désir dans les êtres connaissants est proportionné à cette connaissance. Le sens ne connaît que ce qui est, *hic et nunc*. Mais l'intelligence connaît l'être absolument, et sans distinction de temps. Donc, tout ce qui a l'intelligence désire être *toujours*. Or, le désir naturel ne peut être frustré (*Summ.*, 1, 75,6). »

3° Il n'y a pas seulement dans l'homme le désir naturel d'être toujours, mais encore celui d'être dans un état de félicité perpétuelle. La raison et tout le genre humain ont toujours regardé la possession de cette félicité comme la récompense de l'observation de l'ordre moral, et la privation de ce bonheur comme la punition de la violation de l'ordre moral pendant la vie présente. Or, ce désir de la félicité peut-il être frustré dans ceux qui ont observé l'ordre? Sera-t-elle vaine la crainte de ceux qui le foulent aux pieds, et passent dans la rébellion à la volonté divine cette vie, qui n'est *qu'un moyen* d'arriver à la vie sans fin qui suit la mort. Cela serait contraire à la sagesse divine, et à tout ce que demande l'attribut divin de souverain législateur. Et, en effet, *a*) si l'homme dont la connaissance n'est bornée que par l'éternel et l'infini ne voyait point l'observation de l'ordre moral récompensé par la possession d'une félicité éternelle, ni sa violation punie par la privation de ce bonheur, lui qui n'est déterminé à opérer que par le bien, et qui s'occupe peu de tout bien limité dans l'être ou la durée, parce qu'il se sent attiré vers l'infini ne serait point convenablement excité à l'observation de l'ordre. *b*) En outre, si l'âme humaine, parvenue à la félicité, n'était pas affranchie de la crainte de la perdre, elle serait malheureuse, parce que, pour une âme immortelle, la crainte de perdre, n'importe quand, son bien, serait d'autant plus douloureuse, que ce bien serait plus grand, et que la perte en serait moins réparable. Aussi Cicéron disait : « Si amitti vita beata potest, beata esse non potest. Quis enim confidit sibi semper illud stabile et firmum permansurum, quod fragile et caducum sit? Qui autem diffidit perpetuitati bonorum suorum, timeat necesse est ne aliquando, amissis illis, sit miser. Beatus autem esse in maximarum rerum timore nemo potest (*De finibus*, II, 27). » Il n'appartient pas à la *philosophie spéculative*, mais à la *philosophie pratique*, de traiter, *ex professo*, la question du bonheur ou du malheur futur, lorsqu'elle recherche et détermine la fin dernière de l'homme. Ce que nous avons à faire ici, c'est de conclure de notre raisonnement, que l'annihilation de l'âme humaine étant contraire à la sagesse divine, Dieu ne peut l'annihiler *de puissance ordonnée*.

Ce sujet est suffisamment exposé : car nous laissons aux recherches particulières du lecteur les arguments tirés du consentement universel des peuples et des autres sources, comme extrinsèques à notre philosophie, qui tire ses preuves de la nature intime des choses.

APPENDICE A LA SOIXANTE-TROISIÈME LEÇON.

De la résurrection des corps.

Nous aimerions, sans doute, à traiter ici de la résurrection des corps, pour déterminer, si, et en quelle mesure, on peut la considérer comme objet de la philosophie : ce qui dépend de savoir si elle est *d'ordre naturel* ou *d'ordre surnaturel*. Nous n'aimons pas toutefois à y entrer, à cause de l'abondance des matières qui nous restent à traiter, ce qui ne nous laisse pas de temps pour les choses moins nécessaires. Nous voulons cependant rapporter ici l'argumentation de S. Thomas, qui raisonne sur ce sujet d'une manière digne de lui, en se servant des principes tirés de la philosophie naturelle. Il dit dans le *livre* IV, *chapitre* LXXIX de sa *Somme contre les Gentils :*

1° « Si l'on suppose les choses que nous avons démontrées plus haut, on peut trouver une preuve évidente en faveur de la résurrection des corps. En effet, on a démontré dans le *livre second* que les âmes des hommes sont immortelles. Donc, quand elles quittent leurs corps, elles en restent privées. De plus, il est évident, par ce que nous avons dit dans le même livre, que l'âme est unie naturellement au corps, puisque, par son essence, elle est la forme du corps. Il est donc contre la nature de l'âme d'être sans le corps. Or, rien de ce qui est contre la nature ne peut être perpétuel ; donc, l'âme ne sera point perpétuellement sans le corps. Car elle subsiste toujours : elle devra donc de nouveau s'unir au corps, ce qui demande la résurrection. D'où il suit que l'immortalité de l'âme semble demander la résurrection des corps.

2º « En outre, il a été démontré plus haut que le désir naturel de l'homme tend à la félicité, et la félicité est la dernière perfection de l'homme heureux. Or, celui qui manque d'une partie de la perfection, n'aura jamais une félicité parfaite, parce que son désir n'est pas encore complétement satisfait, l'être imparfait espérant naturellement à la possession de sa perfection. Or, l'âme, séparée du corps, est *en quelque sorte imparfaite*, comme l'est toute partie qui se trouve en dehors de son tout, l'âme étant naturellement partie de la nature humaine. Donc, l'homme ne peut pas arriver à la félicité suprême, si l'âme ne se réunit de nouveau au corps ; car il a été démontré par ailleurs que l'homme, en cette vie, ne pouvait arriver à la félicité suprême. »

Il importe beaucoup que le lecteur catholique ne tire pas, des expressions de l'argument de S. Thomas, une idée peu juste sur la félicité présente des âmes bienheureuses, qui ne sont pas encore réunies à leurs corps. L'essence de leur félicité surnaturelle consiste dans la vision intellectuelle immédiate de Dieu, et dans l'amour qui l'accompagne. Cette possession leur cause une telle félicité qu'elle comprend *virtuellement* la joie elle-même qu'elles auront quand elles se réuniront avec leur corps. Ce n'est donc pas pour elles le moindre sujet de douleur d'être dépouillées de leurs membres ; mais cela n'empêche pas qu'après la résurrection leur félicité ne croisse, non pas *essentiellement* mais *accidentellement*, et la peine des réprouvés croîtra de la même manière. Dante suit cette doctrine, en parlant des deux états contraires des corps ressuscités. Et, pour ce qui a rapport à la *nation maudite*, il dit qu'*après la grande sentence*, la personne humaine se trouvera complète par la réunion de l'âme et du corps, et, par conséquent, sujette à plus de souffrances (*Enf.*, VI).

« Et mon guide me dit : Il ne se réveillera plus qu'au
« son de la trompette angélique, quand viendra le juge
« que redoutent les méchants.

« Chacun regagnera sa demeure funèbre, reprendra
« sa chair et sa figure, et entendra l'arrêt qui retentira
« dans l'éternité.

« Nous marchions à travers cet affreux mélange
« d'ombre et de pluie, à pas lents, en disant quelques
« mots de la vie future.

« Et je lui dis : Maître, ces tourments croîtront-ils
« après la grande sentence, diminueront-ils, ou reste-
« ront-ils seulement aussi cuisants?

« Et il me répondit : Interroge ta science qui veut
« que plus un être est parfait, mieux il ressent le
« plaisir et la douleur.

« Or, quoique cette nation maudite ne parvienne
« jamais à une vraie perfection, elle sera plus parfaite
« avant qu'après le jugement (1). »

Les bienheureux, au contraire, auront une plus grande perfection quand leur personne sera complète.

---

(1) E' l Duca disse a me : Più non si desta
Di qua dal suon dell' angelica tromba,
Quando verrà lor nimica podesta.
Ciascun ritroverà la trista tomba,
Ripiglierà sua carne e sua figura,
Udirà quel che in eterno rimbomba.
Sì trapassammo per sopra mistura
Dell' ombre e della pioggia, a passi lenti,
Toccando un poco della vita futura;
Perch' io dissi : Maestro, esti tormenti
Cresceranno ei dopo la gran sentenza,
O sien minori, o saràn sì cocenti!
Ed egli a me; Ritorna a tua scienza
Che vuol quanto la cosa è più perfetta,
Più senta 'l bene e così la doglienza,
Tuttochè questa gente maledetta
In vera periezion giammai non vada
Di là, più di qua essere aspetta.

et, par conséquent, un accroissement de leur gloire accidentelle (*Parad.*, XIV).

« Quand nous aurons revêtu notre chair glorieuse et
« sainte, notre personne sera plus heureuse, parce
« qu'elle sera complète.
« C'est pour cela que s'accroîtra cette lumière que
« daigne nous accorder le nouveau bien, et qui nous
« rend capable de le voir.
« La vision sera plus parfaite, l'amour qui s'y allume
« plus ardent, le rayon qui s'en échappe, plus bril-
« lant (1). »

Maintenant S. Thomas reprend :
3° « Pareillement, comme nous l'avons démontré dans le *troisième livre,* il faut que la divine providence punisse les coupables et récompense les bons. Or, dans la vie présente, les hommes souffrent et font le bien pendant qu'ils sont composés d'un corps et d'une âme. Donc, ils doivent être récompensés dans leur âme et dans leur corps. Or, il est évident aussi, d'après ce que nous avons démontré dans le *livre troisième,* qu'ils ne peuvent, en cette vie, recevoir la récompense de la félicité éternelle, et que souvent même ces fautes ne sont point punies : il est donc nécessaire d'admettre que l'âme se réunit de nouveau au corps, afin que *l'homme* puisse être puni ou récompensé dans son corps et dans son âme. » Nous n'ajoutons rien à ces preuves de S. Thomas. Nous remarquerons seulement qu'à cause de la disposition *naturelle* qu'a l'âme d'informer le corps, on ne peut pas dire qu'elle est absolument complète ; par conséquent, à parler rigoureusement, le nom de *personne,* que nous trouvons dans le vers cité plus haut, ne lui convient point dans toute la force du terme.

(1) Come la carne gloriosa e santa
Fia rivestita, la nostra persona
Più grata fia, per esser tutta quanta:
 Perchè s' accrescerà ciò che ne dona
Di gratuito lume il sommo Bene,
Lume che a lui veder ne condiziona.
 Onde la vision crescer conviene,
Crescer l' ardor, che di quella s' accende,
Crescer lo raggio, che da esso viene.

SOIXANTE-QUATRIÈME LEÇON.

Des puissances intellectives; de l'intellect possible; de la connaissance concrète et abstraite.

Division générale des puissances humaines.
Tout ce que nous avons dit jusqu'à présent se rapporte à l'essence de l'homme, et à l'essence de cette âme immatérielle, dont il est doué, et par laquelle il se distingue des brutes comme il se distingue des esprits purs, par la matière dont l'âme est la forme substantielle. Il nous faut maintenant parler de ses puissances. On peut dire, comme nous l'avons remarqué plus haut, que toutes les puissances résident dans l'âme, comme dans leur *principe;* mais elles n'y sont pas toutes, comme dans leur *sujet*. En effet, les puissances dont l'homme est pourvu sont de deux sortes : les puissances organiques qui ne sont pas dans l'âme seule, comme dans leur *sujet,* mais bien dans le composé; et les puissances immatérielles, qui sont dans l'âme seule comme dans leur sujet. Et, parce que l'homme est un *animal raisonnable,* il ne diffère point, pour les puissances qui sont dans le composé comme dans leur sujet, des brutes les plus parfaites, excepté pour l'estimative, qui n'existe pas en lui, précisément parce qu'il est raisonnable; et en sa place, il a l'intellect pratique qui lui fournit les formes de ses opérations. Le Créateur a donné aux brutes *l'estimative,* précisément parce que, n'ayant pas la raison, elles doivent être dirigées dans leurs opérations aux fins très-vaguement ordonnées de sa providence. C'est aussi à cause de l'estimative, et principalement à cause d'elle, que, pendant que l'homme, par sa raison pratique, *ducit se in finem,* les animaux sans raison *in finem ducuntur*.

Et parce que, en suivant fidèlement notre méthode synthétique, nous avons traité en parlant des plantes de tout ce qui appartient au vivant, en tant que végétatif, et en parlant des brutes de tout ce qui appartient au vivant, en tant que sensitif, il est clair que nous sommes dispensé ici de traiter des puissances végétatives et sensitives de l'homme, et que nous renvoyons le lecteur aux endroits indiqués. Nous n'avons donc plus à traiter de l'homme, qu'en tant qu'il est raisonnable, différence spécifique de sa définition essentielle : par conséquent, nous ne parlerons que des puissances qui lui appartiennent comme tel, et qui sont dans l'âme, non-seulement comme dans leur principe, mais encore comme dans leur sujet.

Conclusion Ire. — *L'essence de l'âme humaine n'est pas sa puissance.*

Voici les raisons très-profondes par lesquelles S. Thomas démontre cette conclusion : « *Il est impossible* que l'essence de l'âme soit sa puissance : *a*) Premièrement, parce que, l'être se divisant en puissance et en acte, tout genre d'être se divisera de la même façon; donc, l'acte et la puissance se rapporteront au même genre, et, par conséquent, si l'acte n'est pas dans le genre substance, la puissance, qui se rapporte à lui, ne peut être dans le même genre. Or, l'opération de l'âme n'est pas dans le genre substance : seule, l'opération de Dieu est dans le genre substance : donc, la puissance de Dieu, qui est le principe de son opération, est l'essence même de Dieu; mais il n'en est pas ainsi de l'âme de n'importe quelle autre créature. *b*) Secondement, c'est une chose impossible pour l'âme, parce que dans son essence l'âme est acte. Donc, si son essence était le principe immédiat de son opération, celui qui a toujours son âme aurait toujours les opérations de sa vie, de même qu'il vit toujours, celui qui a toujours son âme : parce que, en tant qu'elle est forme, elle n'est pas un acte ordonné à un acte ultérieur, mais elle est le dernier terme de la génération. Aussi, qu'elle soit en puissance à un autre acte, cela lui convient, non pas selon son essence, en tant qu'elle est forme, mais selon sa puissance, et cela s'appelle ACTE PREMIER ordonné à l'ACTE SECOND (*Summ.*, 1, 77). »

Nous avons voulu rapporter les propres termes de l'argument de S. Thomas, parce qu'on y trouve exprimée une des plus hautes et des plus fécondes pensées de la philosophie. Nous croyons que le lecteur en aura compris la force, mais nous ajouterons ces paroles pour l'expliquer complétement. Quand on dit qu'une chose est puissance, cela veut dire qu'elle est un être potentiel, qui aura l'être que lui donnera l'acte. C'est ce que nous disons de la matière première, que l'on peut ainsi définir : *Ce qui est or, bois*, etc., *en puissance*. Ces actes étant substantiels, la matière première est constituée par une substance de l'une ou de l'autre espèce. Après cette observation sur la matière première, considérons quels sont les actes qui actuent l'âme intellective. Ce sont les *intellections* et les *volitions*. Donc, si l'essence de l'âme était un être potentiel, elle serait actuée dans l'être *substance déterminée*, par l'intellection et la volition ; mais celles-ci ne peuvent pas donner une actuation substantielle sans être dans le genre substance : or, elles n'y sont point, puisque ce sont des accidents; donc, il reste prouvé que l'essence de l'âme n'est pas un être puissance, c'est-à-dire un être potentiel.

1*er Corollaire*. — Donc, les puissances immatérielles, n'étant pas l'essence de l'âme, sont dans l'âme comme dans leur sujet. Ainsi la puissance d'être cubique n'est point la cire elle-même, mais elle est dans la cire *comme dans son sujet*. Si c'était la cire, elle deviendrait la figure cubique, en l'acquérant, c'est-à-dire que la substance se changerait en accident, ce qui est absurde. Nous savons qu'il pourra s'en trouver quelques-uns qui auront de la peine à pénétrer ce raisonnement ; mais nous sommes certain, par ailleurs, que cette difficulté provient de ce qu'on considère la puissance comme un réceptacle, et l'acte comme une chose qui lui est extrinsèque : si, par conséquent ils se rappelaient le concept philosophique de la puissance et de l'acte, que nous avons donné dans la *philosophie première*, en l'appliquant et la développant dans plusieurs endroits de la *physique*, ils verraient s'évanouir d'elles-mêmes toutes les difficultés.

2*e Corollaire*. — Les puissances de l'âme sont des accidents de l'âme elle-même. C'est clair; car autrement elles seraient la substance même de l'âme.

Quelles sont les puissances immatérielles qui sont dans l'âme comme dans leur sujet ?

On peut les ramener à la faculté de comprendre et à la faculté de vouloir. Avec celle-là, l'âme, connaissant les choses, devient *intentionnellement* les choses elles-mêmes, comme nous l'avons dit de *la connaissance en général*, en parlant des brutes. Avec celle-ci, l'âme, tendant vers les choses et s'unissant à elles, se revêt, pour ainsi dire, de leur dignité. Et c'est pourquoi nous avons dit que les choses connues acquièrent la noblesse du sujet connaissant, et que toutes les choses créées en Dieu, sont la vie de Dieu et Dieu lui-même. Au contraire, les choses voulues ou aimées, confèrent d'une certaine manière leur propriété à la volonté qui les veut et les aime. D'où il arrive que connaître le mal ne rend pas mauvais celui qui le connaît; mais le vouloir rend mauvais celui qui le veut. De même, vouloir le bien, rend la volonté vertueuse, rien que pour le vouloir : elle s'ennoblit ou dégénère suivant le degré de perfection où se trouve l'objet aimé. Mais nous reviendrons plus tard sur la volonté.

Conclusion IIe. — *L'intellect humain doit être appelé intellect possible.*

Nous disons ici possible, non pas dans le sens de la possibilité logique, qui consiste, pour une chose, dans les non-répugnances à être, quoiqu'elle ne soit pas encore; ainsi dit-on d'une montagne d'or, qu'elle est possible. Nous voulons parler de cette possibilité que l'on trouve dans l'être potentiel, ou dans la puissance relativement à un acte. Ainsi l'on dit, en ce sens, que le bois est *possible* à devenir charbon, ou la cire, à devenir sphérique.

Maintenant, pour comprendre exactement la démonstration, il faut considérer que l'intellect, qui est déjà en acte relativement à tout son objet, n'est point *possible*. Et quel est l'objet de l'intelligence? *L'Être*, parce que l'être, en tant qu'il est *dans l'intelligence* est le vrai. En sorte que l'intelligence, en connaissant tout être, devient tout être et tout vrai. C'est l'intelligence divine qui seule peut le faire, parce qu'elle est essentiellement en acte par rapport à tout être ; de telle façon que tout être est en Dieu comme connu et comme vrai, et l'intellect divin est essentiellement, mais éminemment, tout être et tout vrai ; de manière que Dieu peut être appelé LA VÉRITÉ par essence.

Descendant de l'intelligence divine par une série très-nombreuse d'intelligences séparées, nous arrivons à *la dernière* des intelligences, qui est celle de l'homme : et la différence qu'il y a entre la matière première qui est un être potentiel, et n'est aucune substance en acte, et l'essence divine, qui est un acte pur, et est éminemment tout être, cette différence, disons-nous, existe aussi entre l'intellect humain et l'intellect divin ; car, tandis que l'intellect divin est un acte pur et connaît tout l'être, l'intellect humain est une pure puissance et ne connaît rien *essentiellement*. Par conséquent, si l'intellect divin est éminemment toute chose en acte, l'intellect humain est toute chose en puissance, selon la parole profonde d'Aristote : *Potens omnia fieri*.

Les faits confirmeront ce que le raisonnement nous enseigne. La connaissance de l'intelligence se fait par *un verbe*, qui, comme nous l'avons dit dans la logique, s'il est complexe, *affirme* (comme qui dirait *arrête* en soi, *lie* à soi) la quiddidé des choses, en disant par exemple homme, plante, or, etc.; s'il est complexe, il affirme ou nie *en jugeant* l'identité de ce qui est signifié par le sujet avec ce qui est exprimé par l'attribut, par exemple : *Pierre est homme; l'âme raisonnable n'est pas mortelle*. Et comme l'intelligence connaît peu à peu, elle va aussi à la recherche du vrai, et *court* çà et là après lui (*dis-currit*) ; c'est-à-dire qu'elle s'efforce de faire venir l'être en elle, ou, ce qui revient au même, elle cherche *à se faire l'être lui-même* en le connaissant. Cette poursuite, cette course pour *apprendre* (comme qui dirait prendre ou tirer à soi) l'être, c'est-à-dire le vrai, afin de se l'identifier *intentionnellement*, est ce que nous appelons *discursus, raisonnement*. Ce discursus s'appelle ainsi parce que c'est comme un mouvement de l'intelligence qui, dans ce cas, s'appelle *raison* : et son expression intrinsèque la plus exacte est le syllogisme.

Maintenant n'est-ce-pas un fait, qu'au commencement de notre existence, notre intelligence ne disait aucun verbe mental, et ne courait point ainsi à la recherche de la vérité ? N'est-ce pas un fait qu'à présent nous passons d'un verbe à un autre, pour nous emparer mentalement, tantôt d'une vérité, tantôt d'une autre, n'ayant pas la force, comme Dieu, de connaître tout le vrai par un seul verbe? N'est-il pas vrai que l'intelligence n'est pas l'essence de l'âme, et que, par conséquent, la connaissance est un accident? Tout cela est un fait de conscience et d'expérience. Donc, non-seulement notre intelligence a été *en puissance*, c'est-à-dire a été *possible* au commencement de l'existence de l'âme, mais elle est continuellement dans une puissance ou *possibilité essentielle*, précisément parce qu'elle ne peut s'emparer de tout l'être, *et devenir tout être*, par un seul verbe, et que l'intelligence n'est pas son essence. Et Dante a dit bien justement de l'âme intellective à peine sortie des mains du Créateur, qu'elle était (1) « une âme toute simple et ne sachant rien (*Purg.*, XVI). » Ce beau vers exprime la même chose que la *table rase* des anciens, en puissance à recevoir toute écriture, mais sur laquelle, de fait, il n'y en a aucune.

Conclusion IIIe. — *La connaissance intellectuelle concrète, et la connaissance intellectuelle abstraite sont différentes entre elles.*

L'essence de la connaissance consiste en ceci, que l'intelligence devient la chose connue, de manière que le connu devienne aussi la forme du connaissant, et de la sorte se vérifie ce principe profond : *Intellectus in actu fit intellectum actu*. Donc, il est clair, qu'entre la chose que l'intelligence connaît, et l'intelligence elle-même, il doit y avoir union. Mais, deux choses, qui sont distantes entre elles, ou par le lieu ou par l'essence, de façon à ce qu'elles ne soient point proportionnées à cette union, ne peuvent pas s'unir *par elles-mêmes :* et cette disproportion pourra être absolue ou essentielle, et par là même irrémédiable, ou telle qu'elle puisse disparaître d'une façon ou d'une autre. Et comme en philosophie, la profondeur nous plaît autant que l'obscurité nous déplaît, nous allons donner divers exemples de cette vérité. Si vous avez un habit à votre

---

(1) L' anima semplicetta che sa nulla.

maison de campagne pouvez-vous le revêtir, sans vous y transporter, ou sans qu'on vous l'apporte ? L'approchement mutuel est nécessaire. Si le papier est couvert d'huile, puis-je, en écrivant, y tracer mes caractères? Mais prenons un exemple plus approprié encore à notre sujet. Puis-je voir avec mon œil un palais bâti en Amérique ? Certes, tant que je resterai ici, je ne le verrai jamais. Transportons-nous en Amérique, et mettons-nous en face de cet édifice : mon œil, par cela seul, sera-t-il en état de le voir? Pas encore *par lui-même*. Pour y être complétement proportionné, il faudra que la lumière illumine le palais, et en apporte l'image à ma pupille.

Il en est de même pour l'intelligence. S'il y a des choses qui, en raison de leur nature immatérielle, peuvent *immédiatement* s'unir à l'intelligence, celle-ci, informée par elles, pourra les connaître : et cette connaissance s'appelle *concrète*. Mais si la chose, à raison de sa nature matérielle, ne peut immédiatement s'unir à l'intelligence, elle pourra cependant lui envoyer, pour ainsi dire, son portrait, sa ressemblance, son *espèce* qui *joue son rôle* (voilà la *species intelligibilis vicaria objecti*); et alors l'intelligence, informée, non par la chose, mais par l'espèce de la chose, la connaîtra. Mais comment fera la chose pour envoyer son portrait ou son espèce intelligible à l'intelligence? Les corps envoient leur portrait à l'œil au moyen de la lumière, qui, les enveloppant, pour ainsi dire, extrait leur image, et la porte à la pupille. On doit en dire autant de l'intelligence, pour laquelle il doit y avoir aussi quelque chose qui, comme la lumière, *extrait* les images des choses matérielles et les porte à l'intelligence, qui aura alors des choses matérielles une connaissance *abstraite* (*abstracta*, tirée de).

Mais il peut y avoir des objets immatériels tels, par leur perfection, que l'intelligence, quand bien même, relativement à l'espace, elle leur serait présente, cependant en serait séparée par la puissance compréhensive. Et ces êtres sont, dans la vie présente, Dieu et les intelligences séparées, qui, relativement à l'espace, sont bien présents à l'intelligence humaine, mais cependant en sont loin relativement à notre puissance intellectuelle. Voilà pourquoi notre intelligence ne peut être leur sujet, et que, présentement, ils ne peuvent devenir directement ses objets.

Conclusion IVe. — *L'intellect possible a besoin des espèces intelligibles pour produire les verbes des choses connues.*

L'intelligence est en puissance, et, par conséquent, est indifférente *en soi* à la production du verbe d'une chose, ou à sa non-production : elle est aussi indifférente *en soi* à la production du verbe de telle ou telle chose. Maintenant vous pensez à une chose déterminée, mais vous pouviez penser à une autre, et, par conséquent, produire le verbe de celle-ci, plutôt que de celle-là. Or, ce qui est en puissance ne peut pas être mis en acte, sans qu'il y ait une raison et pour se mettre en acte, et pour s'y mettre d'une manière plutôt que d'une autre. C'est pourquoi, comme il s'agit de la connaissance, ou cette raison est tirée de l'union immédiate de la chose avec l'intelligence, par laquelle l'intelligence engendre le verbe de la chose elle-même, comme, par exemple, l'union d'une joie intime de l'âme, qui détermine l'intelligence au verbe, *je me réjouis* : ou bien la raison sera prise de ce qui joue *le rôle* de la chose elle-même.

Mais, dans la vie présente, les substances spirituelles ne sont pas les objets immédiats de notre connaissance : et celles qui entrent en communication avec nous, sont les choses matérielles. Celles-ci, comme telles, ne peuvent pas s'unir *immédiatement* avec l'intelligence ; donc, elles devront s'unir avec elle, par *une espèce intelligible* intermédiaire : et l'intelligence, informée par cette espèce, aura d'elles une connaissance *abstraite*.

SOIXANTE-CINQUIÈME LEÇON.

L'Intellect agent, ou la lumière de la raison.

Depuis que les philosophes modernes, après Descartes, ont divisé en deux la nature humaine, et d'une seule substance complète en ont fait autant qu'il y a d'atomes séparés composant le corps suivant leur imagination, et réunis par un esprit ou une forme assistante qui s'occupe de cet amas d'atomes, ils ont bien vu qu'ils avaient besoin *de ponts* pour réunir les choses séparées. Et nous avons déjà dit en parlant des brutes, comment ils sont allés à la recherche d'un *pont* pour transporter les impressions produites dans cet agrégat d'atomes, qui, d'après eux, est le corps humain, à l'âme, afin d'en avoir les sensations et sans songer (oubli impardonnable!) à chercher *des ponts* pour passer d'un atome à un autre, ils sont allés à la recherche d'un autre *pont* pour transporter les sensations à l'intelligence, et en faire les connaissances immatérielles. Mais ils n'ont pu trouver *ces ponts* : et, au lieu de corriger les erreurs de leur imagination et d'observer que la substance et la nature étant *une*, il n'y avait point de fleuve à traverser, ils se sont mis à fabriquer de nouvelles hypothèses aussi fantastiques que les premières. Il n'ont pas réussi, et ils ont commencé à s'écrier : L'homme est le plus grand des mystères, la philosophie est un songe. L'un a nié l'existence de l'intelligence et a fait de l'homme une brute ; l'autre a dit que le fleuve était infranchissable, mais que Dieu y suppléait, en agissant immédiatement sur l'âme. En somme, la controverse *du pont* a fait des philosophies modernes une véritable Babel d'une confusion indéfinissable. Pour nous, nous laissons rêver les songeurs et les poëtes, et nous nous en tenons à l'antique sagesse qui raisonne philosophiquement.

Afin que le lecteur comprenne bien la marche que suit l'intellect agent dans son opération intellectuelle, avant d'arriver aux *conclusions,* il faut bien expliquer la doctrine que nous proposerons et que nous aurons à démontrer. Et pour cela nous prendrons l'exemple d'un tableau offert à nos regards. Le voici devant nous, mais nous ne le verrons point, si d'abord la lumière, en le revêtant, ne l'illuminait par elle-même, *ne formait en elle-même* l'image de ce tableau et ne l'imprimait dans l'œil. Cette lumière va au tableau, et du tableau à la pupille, parce qu'elle est envoyée par le soleil ou par une lampe. Mais supposez que votre œil, comme cela a lieu d'une certaine façon en quelques animaux, envoie lui-même la lumière sur le tableau et l'illumine; en cette hypothèse votre œil verra le tableau que lui-même illuminera.

De même que le tableau est sur la toile, de même nous avons le *fantôme*, image sensible des choses corporelles qui se trouve dans l'imagination. Mais cette *même âme*, qui forme et retient le *fantôme* dans l'organe corporel, est aussi celle qui comprend, puisque l'âme sensitive est *la même* que l'intellective. Donc, on peut bien dire que le fantôme *est dans l'âme intellective elle-même*. Mais il ne peut pas, en cet état, servir de principe *quo, par lequel* l'intelligence engendre le verbe, parce que le fantôme est matériel, et que l'intelligence est immatérielle, comme, sans la lumière, le tableau qui est sur la toile, ne peut pas être principe et objet de vision. Ce tableau, dans l'obscurité, est invisible *actu in se*, mais il est visible *en puissance* et le sera aussi en acte, quand la lumière, en le revêtant, l'illuminera tout entier. Semblablement, le *fantôme* est inintelligible en acte, et intelligible en puissance ; et il le sera aussi en acte, quand une lumière intellectuelle, en l'illuminant, le *vivifiera* en elle-même, et le présentera ainsi à l'intelligence. Or, toute l'économie de cette opération, la plus parfaite de toutes les opérations humaines, consiste en ceci, que la lumière intellectuelle ne vient pas d'en dehors de l'âme, mais est dans l'âme elle-même; et, comme le fantôme se trouve dans l'âme, qui le produit au moyen d'un organe, il se trouve déjà environné de cette lumière intellectuelle, qui, l'éclairant de ses rayons, en forme ce que l'on appelle *l'espèce intelligible*. Celle-ci sera le principe *quo*, c'est-à-dire *par lequel* l'intelligence engendrera le verbe de la chose représentée par ce fantôme. Donc, le fantôme, considéré en lui-même, est inintelligible, mais *il passe* à l'état d'intelligible quand il est, comme nous l'avons dit, revêtu de la lumière intellectuelle. On peut donc dire que la lumière intellectuelle est ce qui rend le fantôme intelligible *en acte*, d'intelligible *seulement en puissance* qu'il était auparavant. Or, cette lumière intellectuelle est précisément ce que tous les hommes appellent *LUMIÈRE de la raison*, et c'est aussi l'*intellect agent*. *Intellect*, parce qu'il pose le principe de la génération du verbe, en préparant ces espèces intelligibles qui sont *le principe* QUO, *par lequel* le verbe est engendré par l'intelligence *agent*, parce que son office est d'illuminer et *de faire* ces espèces que l'intelligence reçoit. Par conséquent, comme il y a une différence entre *faire et recevoir*, et comme on a coutume de distinguer les puissances par leurs actes, ainsi l'on appelle *intellect agent* celui qui *fait* les espèces intelligibles : et l'on nomme *intellect possible* cette puissance qui les reçoit, et qui, après les avoir reçues, les met en œuvre comme principe *quo* de ses connaissances. Cet admirable travail a été décrit par Dante, suivant sa coutume, de main de maître, dans ces deux vers, où il dit (*Parad.*, IV) : « que notre esprit retire seulement de ce qu'il a appris par les sens, ce qu'il rend digne de l'intelligence (1). »

Tirer de ce qui a été connu par les sens ce qui devient ensuite digne de l'intelligence, signifie précisément cette opération par laquelle l'intellect agent, illuminant le *fantôme* de sa propre lumière, y fait briller l'espèce intelligible.

Et parce que le point que nous traitons est d'une importance majeure, il est bon de faire voir comment se sont rencontrés, dans cette explication de la doctrine aristotélicienne, les deux plus grands penseurs italiens qui, les premiers de tous, l'ont développée et appliquée, c'est-à-dire S. Thomas et S. Bonaventure. Voici ce que dit le premier, en exposant la doctrine d'Aristote. (*Quæst. disp.*, *de Anima*, *art.* 5) : « L'intellect possible est en puissance à tous les intelligibles : mais il est déterminé à tel ou tel, par les espèces abstraites *des fantômes*. Et il y a dans l'âme une puissance active immatérielle, qui dépouille *les fantômes* de leurs conditions matérielles. Cette puissance est l'intellect agent, de manière que cet intellect agent est une certaine puis-

---

(1) . . . . . Solo da sensato apprende
Ciò, che fa poscia d' intelletto degno.

sance participée d'une substance supérieure, c'est-à-dire de Dieu. Aussi Aristote dit que l'intellect agent est une espèce d'*habitus* (III. *de Anima*) (1) et de *lumière* : et, dans le Psaume IV, on dit : *Signatum est super nos lumen vultus tui, Domine*. Nous en trouvons une espèce d'image en certains animaux qui voient la nuit : leurs pupilles sont en puissance à recevoir toutes les couleurs, en tant qu'en eux-mêmes il n'y en a pas une de déterminée en acte, et, par une lumière innée en eux, il rendent les couleurs visibles en acte. » Et ailleurs : « On en trouverait une image dans un corps qui serait en puissance à recevoir toutes les couleurs, qui pût envoyer *de lui-même* la lumière, et illuminer les couleurs, comme cela paraît en quelque façon dans l'œil de certains animaux (*De spirit. creat.*, *art.* 10). »

S. Bonaventure est du même avis : « Il est vrai, d'après S. Denis, que les substances intellectuelles, par cela même qu'elles sont intellectuelles, sont des lumières (*lumina sunt*) : et c'est pour cela que la perfection de la substance spirituelle est la lumière spirituelle. Donc, cette puissance, qui est dans l'âme en tant qu'elle est intellective, est une certaine lumière allumée en elle, de laquelle on peut entendre cette parole du Psalmiste : *Signatum est super nos lumen vultus tui, Domine*. Et il semble qu'Aristote a donné bien justement à cette lumière le nom d'intellect agent. En effet, il dit que cet intellect, dont l'office est de tout faire (*omnia facere*), est une espèce d'*habitus* et de lumière (l'intellect possible est celui qui doit *omnia fieri*. Et l'on trouve quelque chose de semblable dans les yeux de certains animaux, qui ont non-seulement la puissance de recevoir en eux l'espèce au moyen du corps diaphane qui la leur apporte, mais peuvent encore créer l'espèce elle-même en vertu de la lumière spéciale qu'ils possèdent naturellement (*Lib.* II, *dist.* 24, p. I, *art.* 2). »

(1) S. Thomas fait remarquer que, sous la plume d'Aristote, *habitus* ne veut pas dire une chose qui survient après la constitution de l'être, mais ce qui en fait partie : « Habitus hic accipitur secundum quod Philosophus frequenter consuevit nominare omnem formam et naturam, prouti distinguitur contra privationem et potentiam. » In *l. c.*

Voilà comment s'accordent parfaitement entre eux, et avec Aristote, ces deux génies, sur le point même où les philosophes modernes disent qu'ils sont en désaccord complet. Mais il est temps de passer de l'explication à la démonstration.

Conclusion. — *On doit admettre l'existence de l'intellect agent.*

On peut voir le sens de cette conclusion par les choses que nous avons dites jusqu'ici. En effet, sous le nom d'intellect agent on entend une puissance intellectuelle, qui est véritablement une lumière intellectuelle, parce qu'elle a la propriété générale de la lumière, qui est de *manifester à la puissance cognoscitive* les objets qui, sans elle, ne pourraient être perçus. Ainsi cet intellect agent illumine *les fantômes* de la manière dont la lumière corporelle illumine les couleurs : et, de même que celle-ci, en rendant visibles les couleurs à la pupille, les manifeste, de même, celle-là, en rendant *les fantômes* intelligibles à l'intellect possible, les lui présente. Et, de même encore que l'usage de la couleur, faite par la lumière et reçue par la pupille, est le principe *quo,* par lequel l'œil voit, de même, l'espèce intelligible abstraite du *fantôme* par l'intellect agent, et reçue dans l'intellect possible, est le principe *quo,* par lequel celui-ci comprend, en engendrant le verbe de la chose dont c'est l'espèce intelligible. *Cet intellect agent* est nécessaire, et nous allons le démontrer.

Si on ne l'admet pas, on devra dire : 1° ou bien qu'il n'y a pas d'espèces intelligibles dans l'intelligence, qui soient le principe de la connaissance intellectuelle, de telle façon que l'intelligence comprenne immédiatement par elle-même, c'est-à-dire par son essence; 2° ou bien que les espèces intelligibles sont innées ou infuses dans l'âme par Dieu au moment de la création; 3° ou bien que les idées de toutes les choses sont subsistantes, et que, séparées entre elles et de notre intelligence, elles impriment dans notre esprit leur espèce; 4° ou bien qu'une intelligence séparée, à la présentation successive des corps, et au changement nécessaire des sensations et des *fantômes,* les produit dans l'intellect possible; 5° ou bien que l'essence divine, en tant qu'elle est idée archétype de toutes les choses existantes et possibles, se manifeste à notre intelligence, et par cela même imprime ces mêmes espèces ; 6° ou bien que les fantômes eux-mêmes sont les espèces et le principe *quo*, par lequel l'intellect engendre les verbes ; 7° ou bien qu'il y a en nous une puissance productive de ces espèces, *indépendamment* des fantômes; 8° ou enfin que cette puissance *dépend* des fantômes, et est sous un autre nom *l'intellect agent*. Cette énumération comprend tout ce que l'on a proposé sur la question appelée *origine des idées*, terme assez improprement employé dans la connaissance spéculative, au lieu d'espèces intelligibles. Nous ne parlons point de la première opinion, bien qu'elle ait été mentionnée par S. Thomas, parce qu'elle n'est professée, que nous sachions, par aucun philosophe marquant; la 2ᵉ est le cartésianisme; la 3ᵉ le platonisme; la 4ᵉ l'erreur d'Avicenne; la 5ᵉ l'ontologisme; la 6ᵉ le sensisme; la 7ᵉ a été ajoutée pour que la proposition disjonctive fût adéquate; dans la 8ᵉ se trouve notre conclusion en propres termes. Nous allons maintenant examiner les sept autres.

1° S'il n'y a pas d'espèce intelligible de la chose dont l'intellect engendre le verbe, ou cette génération se fera *au hasard et sans principe*, ou bien l'essence même de l'âme tiendra lieu d'espèce. La première chose est évidemment absurde; la seconde, impossible. Parce que *a*) l'essence de l'âme ne peut tenir lieu d'espèce intelligible si les choses connues ne se trouvent pas dans cette essence même, ou formellement, ou éminemment; donc, dans cette hypothèse, en connaissant les corps, les intelligences séparées et Dieu, il faudrait nécessairement que toutes ces choses soient contenues dans l'âme. Mais cela ne peut pas être, car c'est le propre de Dieu seul de contenir éminemment en soi toutes les choses, et ce serait une contradiction inconcevable de prétendre que l'essence même de l'âme est formellement toutes les choses. *b*) Si l'essence même de l'âme joue le rôle des autres choses, elle sera seule le principe de sa connaissance. Mais il n'en est pas ainsi, et c'est de là que viennent ces erreurs si nombreuses sur l'essence de l'âme humaine. *c*) De plus, l'amour de l'âme et du corps ne serait pas *naturel* : il ne servirait de rien à l'âme : car, si son essence était le principe suffisant et adéquat de toute connaissance, le corps ne serait pour l'âme qu'un obstacle qui empêcherait l'actuation parfaite de cette connaissance. *d*) En outre, il y a toujours ce défaut de raison suffisante pour expliquer pourquoi l'essence se fait à ce moment principe de la connaissance, par exemple, de l'homme, pendant que je vois Pierre; et à un autre moment principe de la connaissance d'une pierre, si ma vue s'y porte. Pour trouver cette raison suffisante il faut nous montrer ce fameux *pont* pour passer du sens à l'esprit. *d*) Enfin, il est clair que cela n'expliquerait même pas la dépendance complète, qu'il y a entre l'intellect et le sens, les mille états divers de l'homme, tels que le passage d'une pensée à une autre, d'une volonté à une autre volonté, la folie, le sommeil, etc.

2° Quant à l'infusion au moment de la naissance des espèces intelligibles, nous avertissons d'abord qu'elle ne répugne point intrinsèquement, mais nous soutenons qu'elle est contraire à la condition naturelle de l'âme humaine. En effet, *a*) si les idées innées des choses étaient le principe de la connaissance, c'est-à-dire de la production de tel ou tel verbe mental, par lequel l'intelligence affirme telle ou telle chose, la correspondance entre l'ordre idéal et l'ordre réel serait inexplicable. Pourquoi, maintenant, l'espèce innée de la vertu est-elle le principe de ma connaissance, pendant que je vois un acte de vertu, ou que je l'entends raconter, et n'est-ce pas l'idée innée de n'importe quel autre objet? Il faut bien qu'il procède quelque chose du sens et du *fantôme* dans l'intelligence; et où est *le pont* dans ce système? Si l'on dit que l'intelligence peut avoir pour objet *le fantôme, les espèces innées* sont inutiles. *b*) Dans ce système aussi, l'union de l'âme et du corps ne serait *point* naturelle, parce que l'âme sans le corps pourrait très-bien développer ses facultés, et arriver à sa propre perfection.

Dire que certaines idées sont innées comme les plus universelles, et d'autres, non, comme les moins universelles serait une affirmation gratuite; car, comme nous l'avons démontré dans la philosophie première, l'acquisition des idées universelles est plus facile, et même elle est nécessaire.

Il y en a qui affirment que S. Thomas n'est pas contraire à la théorie qui admet que *les idées* les plus universelles sont innées, telles que l'idée de l'être indéterminé, de l'unité, etc. Toutefois, nous sommes obligé de dire que, dans toutes les œuvres de S. Thomas, que nous connaissons assez, nous n'avons pas trouvé *un seul* fondement où puisse s'appuyer cette affirmation, et il est manifeste qu'en dehors de l'intellect agent et de l'intellect possible, le Docteur angélique n'admet rien d'inné.

Avant tout, il faut observer que ce mot *idée* n'a jamais été employé dans ce sens par S. Thomas, qui n'aimait point à dire, idée de l'être, pas plus *qu'idée de Dieu;* car, d'après lui, *l'idée* était l'exemplaire d'une chose qui pouvait être faite par une cause efficiente, et *l'être*, en général, ne peut se faire, pas plus que Dieu. C'est pourquoi il dit : « *L'idée se rapporte à la connaissance pratique, la raison* (ratio) *à la connaissance spéculative et à la connaissance pratique.* Et ailleurs : « *L'idée est la forme imitée par une chose* »; et encore : « *Voici, selon nous, la définition de l'idée :* « *L'idée est la « forme suivant laquelle une chose est faite par celui qui « se détermine à lui-même la fin de sa propre opération* (*De Veritate, quæst.* 3, *art.* 1). »

Comme nous l'avons dit ailleurs, dans l'esprit humain il n'y a que deux choses : la première est *l'espèce intelligible;* la seconde, *le verbe :* la première est le principe *quo* de notre connaissance; le second est le principe *in quo*, dans lequel nous connaissons : le verbe lui-même devient ensuite *idée* dans la connaissance pratique.

Que S. Thomas n'ait jamais admis aucun *verbe inné* dans notre esprit, la chose est si évidente qu'il n'y a personne à la révoquer en doute. Mais quelques-uns, confondant l'idée avec l'espèce, prétendent que S. Thomas a regardé comme innée, l'idée de l'être, ou l'espèce intelligible par laquelle se produit *le verbe* qui nous donne la connaissance de l'être en général ou transcendental.

Ceci est faux. Car on connaît assez les paroles d'Aristote rapportées par S. Thomas et par les scolastiques : L'intellect possible est *tanquam tabula rasa in qua nihil est scriptum*. Celui qui écrit est l'intellect agent, et ce qu'il écrit, ce sont les espèces intelligibles des choses. Nous pouvons encore regarder comme *écriture* de l'intelligence les verbes, qui sont ou des idées, s'ils se rapportent à la connaissance pratique, ou des *raisons* (rationes), s'ils se rapportent à la connaissance spéculative. Par sa nature, et au commencement de son existence, l'intelligence n'a aucune de ces *écritures*, d'après le Docteur angélique.

« L'intelligence humaine, dit-il, la dernière dans la série des intelligences, est la plus éloignée de la perfection de l'intellect divin : elle est en puissance relativement *aux intelligibles*, et, au commencement, elle est comme une *table rase* sur laquelle il n'y a rien d'écrit, comme le dit Aristote (*In* III. *de Anima*). Et cela est évident, parce que dans les commencements nous sommes seulement intelligents *en puissance*, et ensuite nous devenons intelligents *en acte* (1, 79, art. 2.). »

Et dans les Questions disputées (*Quæst.* 10, *de Veritate*, art. 8, *ad* 1), il dit : « Notre intelligence ne peut *rien* comprendre en acte, avant de l'avoir abstrait des *fantômes* (*nihil actu potest intelligere antequam a phantasmatibus abstrahat*). »

Aussi il dit : « L'intelligence, par laquelle l'âme comprend, n'a aucune espèce innée par nature : mais, au commencement, elle est en puissance à toutes les espèces (1, 84, 3). » Ailleurs il affirme que quelques germes des sciences, c'est-à-dire les premiers concepts de l'intelligence, préexistent en nous : ils sont connus tout d'un coup, *moyennant les espèces abstraites des choses sensibles*, et ils sont, ou complexes comme les axiomes, ou incomplexes, comme *ratio entis et unius et hujusmodi* (*De magistro*, art. 1.).

Les concepts sont les verbes, et, par conséquent, le

concept ou le verbe de l'être, de l'un, etc., bien qu'il se fasse en nous spontanément et *natura duce,* est engendré par l'intelligence informée par l'espèce de l'être, *tirée des choses sensibles,* et parce que ces premiers concepts très-universels se font *natura duce,* et non par l'étude particulière, ils sont attribués par S. Thomas à l'auteur même de la nature, ou au divin magistère de Dieu qui imprime en nous la lumière qui les forme naturellement.

Nous nous arrêterions ici si les défenseurs de l'idée de l'être ne revenaient pas sans cesse faire des subtilités sur la pensée de S. Thomas. Mais, puisqu'il en est ainsi, nous rapporterons dans l'original latin un long passage du saint docteur. S. Thomas, démontrant quelles sont *les premières choses connues* (primo nota), dit en commentant Boëce (*De Trin., quæst.* 1, *art.* 3) :
« Quidam dixerunt quod primum quod a mente humana cognoscitur etiam in hac vita, est ipse Deus, qui est veritas prima et per hunc omnia alia cognoscuntur. Sed hoc aperte est falsum... Unde alii dicunt, quod divina essentia non est primum cognitum a nobis in via, sed influentia luminis ipsius : et secundum hoc Deus est primum quod a nobis cognoscitur. Sed hoc etiam stare non potest : quia prima lux influxa divinitus in mentem est lux naturalis, per quam constituitur vis intellectiva. Hæc autem lux non est primum cognita a mente, neque cognitione qua scitur de ea *quid est,* cum multa inquisitione indigeat ad cognoscendum quid est intellectus; neque cognitione qua cognoscitur *an est,* quia intellectum nos habere non percipimus, nisi in quantum percipimus nos intelligere. Nullus autem intelligit se aliquid intelligere, nisi in quantum intelligit aliquod intelligibile. Ex quo patet quod cognitio alicujus intelligibilis præcedit cognitionem qua quis cognoscit se intelligere, et per consequens cognitionem qua quis cognoscit se habere intellectum, et sic influentia lucis intelligibilis naturalis, non potest esse primum cognitum a nobis, et multo minus quælibet alia influentia lucis. Et ideo dicendum quod primo cognitum homini potest accipi dupliciter : aut secundum ordinem diversarum poten-

tiarum, aut secundum ordinem objectorum in una potentia. Primo quidem modo, cum cognitio intellectus nostri TOTA DERIVATUR a sensu, id quod cognoscibile est a nobis a sensu, est primum notum nobis quam id quod est cognoscibile ab intellectu, scilicet singulare, vel sensibile intelligibili (vid. quam intelligibile). Alio modo, scilicet secundum ordinem objectorum in una potentia : cuilibet potentiæ est cognoscibile primo suum proprium objectum. Cum autem in intellectu humano sit potentia activa et passiva, objectum potentiæ passivæ, scilicet intellectus possibilis, erit id quod est actu per potentiam activam, scilicet intellectum agentem : quia potentiæ passivæ debet respondere suum activum. Intellectus autem agens non facit intelligibiles formas separatas, quæ sunt ex seipsis intelligibiles, *sed formas quas abstrahit a phantasmatibus;* et ideo hujusmodi sunt quæ prius intellectus noster intelligit. Et inter hæc *illa sunt priora, quæ intellectum abstrahenti primo occurrunt.* Hæc autem sunt quæ plura comprehendunt, vel per modum totius universalis, vel per modum totius integralis; et ideo *magis universalia sunt primo nota intellectui* et composita componentibus, ut definitum partibus definitionis. Et secundum hoc *quædam imitatio* intellectus in sensu est, qui etiam *quodammodo* abstracta a materia recipit. Etiam apud sensum singularia *magis communia* sunt nota primo, ut hoc corpus quam hoc animal. » Et, expliquant ensuite quelles sont ces choses plus universelles, il se propose cette difficulté. « In omni cognitione, in qua ea quæ sunt *priora et simpliciora* prius cognoscuntur, id quod est *primum et simplicissimum, primo cognoscitur.* Sed in cognitione humana ea quæ prius occurrunt, sunt priora et simpliciora, ut videtur, *quia ens* est illud quod primo cadit in conceptione humana; esse autem, est primum inter creata. Ergo et cognitioni humanæ primo occurrit Deus, qui est simpliciter primum, et simplicissimum. » A cette difficulté il répond : « Quamvis illa quæ sunt prima in genere eorum *quæ intellectus abstrahit a phantasmatibus,* sint prima cognita a nobis ut ENS et unum; non tamen oportet quod illa quæ sunt prima *simpliciter,* quæ non continentur in genere proprii objecti, sicut et ista (videlicet sint primo cognita). »

Il est donc évident que S. Thomas n'admet aucune connaissance indépendamment des *fantômes ;* ni *verbe,* ni espèce intelligible, serait-ce la plus universelle et la plus indéterminée. — Mais réfutons la troisième hypothèse.

3° La troisième hypothèse est une modification du système de Platon, qui admettait la subsistance de chaque idée, et disait que l'âme avant de s'unir au corps avait reçu leurs impressions, et avec elles les principes de ses connaissances. Mais cette hypothèse *a)* est absurde, parce que les idées ne sont point des substances : par conséquent, elles ne peuvent être subsistantes, puisqu'il n'y a que les substances à être subsistantes ; *b)* il y a toujours la même nécessité, mentionnée plus haut, de trouver une raison suffisante pourquoi tantôt une idée, tantôt l'autre, se présente à moi pour produire les verbes ; *c)* dire que l'intelligence s'unit à des idées qui sont en dehors d'elle, pendant que le corps s'unit aux êtres matériels, conduit facilement à admettre, comme, du reste, l'a fait Platon, que l'âme était simplement une forme assistante ; car il dit que l'âme humaine était un esprit condamné à mouvoir un corps, en punition d'anciennes fautes, dont, par bonheur, il a complétement perdu la mémoire. Et cela implique que l'union du corps et de l'âme n'est point *naturelle.*

4° Si, comme le veut la quatrième hypothèse, il y a une substance séparée intelligente, qui nous fournit successivement le principe de notre connaissance : *a)* il dépendrait de sa liberté et non de la nôtre, que nous connaissions ceci ou cela, et pourtant nous pensons, comme nous voulons, à ce que nous voulons, et pendant le temps que nous voulons : *b)* l'opération de comprendre ne nous serait point *naturelle,* puisqu'elle dépendrait de ce principe *extrinsèque :* si cela lui plaisait, nous n'aurions plus la puissance de comprendre : *c)* et comment pourrions-nous nous assurer si les choses sont hors de nous telles que nous les connaissons ? Il faudrait que les intelligences séparées nous eussent révélé qu'elles sont fidèles à nous donner le principe de la connaissance, suivant que le demande la réalité des choses qui se présentent successivement à nos sens.

5° Quant à la cinquième hypothèse, il faut, avec S. Thomas, distinguer en Dieu deux êtres : l'être *réel*, c'est quand on considère Dieu en lui-même ; l'être *idéal*, quand on le considère comme l'idée archétype, c'est-à-dire l'exemplaire de toutes choses.

Voici ses propres paroles : « Cum ipse Deus sit similitudo et species omnium rerum, duplex conversio intellectus potest fieri in ipsum, vel absolute, secundum quod est *res* quædam, vel in quantum est *similitudo* omnium rerum : et utroque modo seipsum Deus cognoscit, et supra se convertitur, quamvis non diversa, sed *una* operatione (1, *dist.* 27, *art.* 3). » Et il dit ailleurs : « Sic igitur in quantum Deus cognoscit suam essentiam ut sic *imitabilem* a tali creatura, cognoscit eam ut propriam rationem et *ideam* hujus creaturæ ; et similiter de aliis. Et sic patet quod Deus intelligit plures rationes proprias plurium rerum quæ sunt plures ideæ. » Il est donc manifeste que la distinction en Dieu de *l'être réel,* et de *l'être idéal,* n'est pas une découverte récente de Rosmini, mais qu'elle est très-ancienne, et que S. Thomas l'avait très-bien expliquée. Toutefois, il n'a jamais dit que nous puissions acquérir *les espèces intelligibles* des choses (appelées improprement *idées*), en voyant Dieu seulement en tant qu'il est *l'être idéal,* ou comme dit Rosmini, en tant *qu'être* idéal, sans le voir en tant *qu'être réel*. Cette doctrine soutenue par Malebranche et par des philosophes modernes est absurde, parce que *a*) il est impossible que nous ayons la vue de Dieu comme idée, sans que nous le voyions comme être réel ; or, Dieu, tel qu'il est, ne peut être dans la vie présente l'objet immédiat de notre intuition, parce que, dans ce cas, nous aurions une connaissance parfaite de son essence, et nous serions parfaitement heureux, car, en possédant Dieu de cette façon avec notre intelligence, nous posséderions tous les biens qu'il contient éminemment en lui ! Mais il est loin d'en être ainsi ! Nous sommes bien éloignés de la félicité; à peine avons-nous de Dieu une pâle et pauvre connaissance que nous tirons, au moyen de notre raison, du spectacle de la nature et de nous-mêmes. *b*) Dans cette hypothèse aussi nous devrions nous contenter d'admirer un ordre *idéal,* car l'essence divine est l'idée de toutes choses, indépendamment de leur existence, comme *l'idée exemplaire,* dans l'esprit de l'artiste, reste la même, que l'œuvre soit mise en acte ou ne le soit pas. Et si l'on répond que nous voyons non-seulement Dieu comme idée de telle ou telle chose, mais encore, comme le pensait Gioberti, que nous le voyons dans l'acte créateur par lequel il la met dans l'être et l'y conserve, il sera encore plus vrai que nous devons voir l'être de Dieu, chose impossible ici-bas, et contraire à l'expérience, comme nous l'avons dit. *c*) Enfin, pour la raison alléguée plus haut par rapport aux autres hypothèses, l'union de l'âme et du corps ne serait pas plus naturelle en celle-ci, et, sans une révélation divine expresse, nous ne pourrions savoir si l'ordre idéal que Dieu nous manifeste, répond à l'ordre réel que nous percevons.

Ceux qui s'imaginent que S. Thomas n'est pas contraire à cette hypothèse, doivent remarquer comment il dit qu'il est impossible de connaître en Dieu l'être idéal, sans connaître son être réel, et sans le contempler comme l'objet de la béatitude. Le nom des adversaires que nous combattons nous oblige à citer les paroles de S. Thomas : « Fuerunt autem quidam qui cognitionem propheticam a cognitione beatorum distinguere volentes, dixerunt quod prophetæ vident ipsam divinam essentiam, quam vocant *speculum æternitatis,* non tamen secundum quod est objectum beatorum; sed secundum quod sunt in ea *ratione* futurorum eventuum. Quod quidem est *omnino impossibile.* Deus enim est objectum beatitudinis secundum ipsam sui essentiam : secundum illud quod Augustinus dicit in V. *Confess., c.* IV : *Beatus est qui te scit, etiam si illa* (id est creaturas) *nesciat.* Non est autem possibile quod aliquis videat rationes creaturarum in ipsa divina essentia, ita quod eam non videat. Tum quia ipsa divina essentia est ratio omnium eorum quæ fiunt; ratio autem idealis non addit supra divinam essentiam nisi respectum ad creaturam : tunc etiam quia prius est cognoscere aliquid in se, quod est cognoscere Deum ut est objectum beatitudinis, quam cognoscere illud per comparationem ad alterum, quod est cognoscere Deum secundum rationes rerum in ipso existentes. Et ideo non potest esse quod prophetæ videant Deum secundum rationes creaturarum, et non prout est objectum beatitudinis. Et ideo dicendum est quod visio prophetica non est visio ipsius divinæ essentiæ, neque in ipsa divina essentia vident ea quæ vident, sed in quibusdam similitudinibus, secundum illustrationem divini luminis (2, 2, 173, *art.* 1). » Qui ne voit que ce passage renferme une démonstration indiscutable qui renverse la cinquième hypothèse, c'est-à-dire l'ontologisme ?

6° Dans la sixième hypothèse, *a)* le verbe immatériel, qui est l'effet, serait d'un ordre de perfection bien supérieur au *fantôme matériel* son principe, ce qui est absurde. *b)* Nous n'aurions point la connaissance des choses spirituelles ou universelles, car *le fantôme* ne peut venir nécessairement que du matériel et du singulier.

7° La production des espèces dans la septième hypothèse *a)* serait certainement sans raison suffisante, si l'on regarde l'ordre dans lequel elles sont produites, et les choses dont elles sont les espèces. D'où cette indépendance, vis-à-vis des *fantômes,* ne peut s'admettre en aucune manière. *b)* De plus, nous ne saurions point encore si, et en quelle mesure, l'ordre idéal répondrait au réel.

8° Il ne reste donc plus que la doctrine énoncée en dernier lieu : l'intellect agent, dépendant des *fantômes,* forme les espèces intelligibles des choses senties : ce sont les *formes* avec l'aide desquelles l'intellect possible engendre les verbes. Cette doctrine *a)* est la seule qui reste possible, puisque les autres sont renversées : et ces autres devraient plutôt s'appeler des songes plus ou moins beaux, peut-être pardonnables, à cause de l'extrême difficulté de la matière pour celui qui, sorti du seul vrai chemin, n'est pas capable d'y rentrer par lui-même. *b)* Elle sauve parfaitement l'unité de la nature humaine que les autres attaquent d'une manière ou d'une autre. *c*) Elle est parfaitement d'accord avec les faits qu'elle explique mieux que toutes les autres, ou plutôt qu'elle est la seule à expliquer. Enfin, *d*) elle reste inébranlable et irréfutable devant les adversaires si nombreux de la scolastique, tandis que les autres s'écroulent les unes après les autres, et, bien qu'elles remplissent *l'histoire de la philosophie*, elles n'ont jamais eu, pendant longtemps, une *école de philosophie*.

Maintenant il est bon d'expliquer, par les paroles mêmes de S. Thomas (C. G. 1, 53), comment, lorsque les espèces des choses senties ont été formées par l'intellect agent, ou lumière intellectuelle, l'intelligence procède à la connaissance des choses représentées par ces mêmes espèces : « Considerandum est quod res exterior intellecta a nobis, in intellectu nostro non existit secundum propriam naturam ; sed oportet quod species ejus sit in intellectu nostro, per quam fit *intellectus in actu* : existens autem in actu, per hujusmodi speciem, sicut per propriam formam, *intelligit rem ipsam*, non autem ita quod ipsum intelligere sit actio transiens in rem intellectam, sicut calefactio transit in calefactum ; sed manet in ipso intelligente, et habet rationem ad rem quæ intelligitur, ex eo quod species prædicta, quæ est principium intellectualis operationis, ut forma, est similitudo illius.

« Ulterius autem considerandum est, quod intellectus per speciem rei formatus, intelligendo format quamdam intentionem rei intellectæ, quæ est ratio ipsius, quam significat definitio. » Ainsi, par exemple, quand une couleur rouge particulière se présente à l'œil, *le fantôme* de cette même couleur rouge se forme dans l'imagination, et l'intellect agent, illuminant tout d'un coup *le fantôme*, forme l'espèce intelligible de la couleur rouge, et l'intellect possible, informé par elle, produit le verbe mental par lequel il dit *couleur rouge* : et dans ce verbe est exprimée la quiddité de cette couleur, quiddité qui, énoncée en paroles, est *la définition* de cette même couleur.

« Et hoc quidem necessarium est, » poursuit S. Thomas,

« eo quod intellectus intelligit indifferentem rem absentem et præsentem, in quo cum intellectu imaginatio convenit (parce que, de même que les espèces, principes *quo* de la génération des verbes, se conservent dans l'intellect possible, de même *les fantômes* se conservent dans l'imagination, comme nous l'avons dit en son lieu); sed intellectus hoc amplius habet, quod etiam intelligit rem ut separatam a conditionibus materialibus, sine quibus in rerum natura non existit : et hoc non posset esse, nisi intellectus intentionem sibi prædictam formaret. » Ainsi, par exemple, quand un corps se présente à l'œil et que son *fantôme* est formé, son espèce intelligible se forme aussi. Avec celle-ci, l'intellect peut produire un verbe par lequel il dit *corps* ou même simplement *quantité,* quoique la quantité soit naturellement dans le corps. De plus, l'intellect, par son verbe, dit corps, en faisant abstraction de l'existence de ce corps, de son *hic et nunc,* c'est-à-dire du lieu et du temps, et de ce qui le rend individu, toutes choses sans lesquelles un corps ne peut exister.

« Hæc autem », continue le Docteur angélique, « intentio intellecta, quum sit quasi terminus intelligibilis, est aliud a specie intelligibili, quæ facit intellectum in actu : quam oportet considerari ut intelligibilis operationis principium, licet utrumque sit rei intellectæ *similitudo.* Per hoc enim quod species intelligibilis, quæ est forma intellectus et intelligendi principium, est similitudo rei exterioris; sequitur quod intellectus intentionem formet illi rei similem ; quia quale est unumquodque, talia operatur : et ex hoc intentio intellecta est similis alicui rei, sequitur quod intellectus formando hujusmodi intentionem, rem illam intelligat. Intellectus autem divinus nulla alia specie intelligit quam essentia sua, sed essentia sua est similitudo omnium rerum. Per hoc ergo sequitur quod conceptio intellectus divini (qui correspond à notre *intentio*) prout semetipsum intelligit, quæ est verbum ipsius, non solum sit similitudo ipsius Dei intellecti, sed etiam omnium, quorum est divina essentia similitudo. Sic igitur per *unam speciem intelligibilem,* quæ est divina essentia, et per *unam intentionem intellectam,* quod est verbum divinum, multa possunt a Deo intelligi. » Voilà la beauté de la doctrine scolastique sur la connaissance humaine : voilà la clarté de l'enseignement de S. Thomas.

APPENDICE A LA SOIXANTE-CINQUIÈME LEÇON.

S. Augustin, S. Bonaventure, S. Thomas, et l'ontologisme.

Comme nous l'avons déjà dit, l'ontologisme est exprimé dans le 5° membre de la proposition disjonctive énoncée dans *la leçon* précédente : et nous avons déjà démontré qu'il ne pouvait en aucune façon résister à l'examen. A diverses époques, il y a eu de ontologistes, et, de nos jours, on a restauré les erreurs anciennes. Nous qui ne faisons point l'histoire de la philosophie, et encore moins des controverses historiques, nous ne nous arrêterons point à rapporter ce qu'ils appellent leurs systèmes, et nous ne voulons pas davantage citer le nom des personnes vivantes. Nous ne le voulons pas, parce que nous croyons qu'il faut proposer aux jeunes gens la vérité, sans remplir leur tête des rêveries des autres : nous ne le voulons pas, pour ne point soulever de controverses personnelles. Mais les faibles cherchent toujours la protection des forts : et les ontologistes ont voulu couvrir leur doctrine de l'autorité de S. Augustin et de S. Bonaventure, au grand scandale des petits. Il nous a donc paru opportun de montrer, dans un appendice qui n'est pas destiné à l'enseignement, par les paroles mêmes de ces deux génies, qu'ils ne sont pas plus ontologistes que S. Thomas. On verra par des preuves évidentes qu'ils ont toujours nié que l'intuition des archétypes divins puisse être naturelle à l'homme *ici-bas*. Mais nous ne citerons qu'un passage de chacun.

S. Augustin dit donc : « Sunt ideæ principales formæ quædam vel rationes rerum stabiles atque incommutabiles, quæ ipsæ formatæ non sunt, ac per hoc æternæ ac semper eodem modo sese habentes, quæ in divina intelligentia continentur. Et cum ipsæ neque oriantur neque intereant, secundum eas tamen formari dicitur omne quod oriri et interire potest, et omne quod oritur et interit. Anima vero negatur eas intueri posse, nisi rationalis, ea sui parte qua excellit, id est, ipsa mente atque ratione, quasi quadam facie vel oculo suo interiore atque intelligibili. Et ea quidem rationalis anima NON OMNIS ET QUÆLIBET SANCTA ET PURA FUERIT, HÆC ASSERITUR ILLI VISIONI ESSE IDONEA : id est quæ illum ipsum oculum quo videntur ista, sanum et sincerum et serenum et similem his rebus, quas videri intendit, habuerit. Sed anima rationalis inter eas res, quæ sunt a Deo conditæ, omnia superat et Deo proxima est, quando pura est, eique in quantum caritate cohæserit, in tantum ab eo, lumine illo intelligibili, perfusa quodammodo et illustrata cernit non per corporeos oculos, sed per ipsius sui principale, quo excellit, id est, per intelligentiam suam istas rationes QUARUM VISIONE FIT BEATISSIMA. Quas rationes, ut dictum est, sive ideas, sive formas, sive species, sive rationes licet vocare, et multis conceditur appellare quod libet, sed PAUCISSIMIS videre quod verum est (1). » (*Lib*. 83, *qq*. 46.) Arrivons à S. Bonaventure.

Voici ce qu'il dit : « Philosophi posuerunt animam rationalem illustrari a decima intelligentia (c'est le 4ᵉ membre de la disjonction de la leçon précédente), et perfici ex conjunctione sui ad illam : sed iste modus dicendi est falsus et erroneus, sicut supra improbatum est. Nulla enim substantia creata potentiam habet illuminandi et perficiendi animam, proprie intelligendo : immo secundum mentem debet a Deo illuminari, sicut in multis locis Augustinus ostendit. Alius modus intelligendi est, quod intellectus agens esset ipse Deus, intellectus vero possibilis esset noster animus. Et iste modus dicendi super verba Augustini est fundatus, qui in plurimis locis dicit et ostendit quod *Lux*, quæ nos illuminat, *Magister* qui nos docet, *Veritas* quæ nos dirigit, Deus est : juxta illud Joannis : *Erat lux vera quæ illuminat omnem hominem venientem in hunc mundum*. Iste autem modus dicendi etsi

---

(1) Dans une défense de *l'ontologisme*, faite par un philosophe célèbre, nous avons lu ce texte de S. Augustin ; mais on avait laissé de côté les passages dans lesquels il dit que l'intuition des idées divines n'est point *commune* à tous les hommes, passages essentiellement opposés à la doctrine de *l'ontologisme*.

verum ponat, et fidei catholicæ consonum, nihil tamen est ad propositum : quia cum animæ nostræ data sit potentia ad intelligendum sicut aliis creaturis data est potentia ad alios actus, sic Deus, quamvis sit principalis operans in operatione cujuslibet creaturæ, *dedit tamen cuilibet vim activam*, per quam exiret in operationem propriam : sic credendum est *indubitanter*, quod humanæ animæ non tantummodo dederit intellectum possibilem, sed *etiam agentem*, ita quod uterque *esset aliquid ipsius animæ*. Et ideo primus modus assignandi differentiam, tamquam ad propositum impertinens, omittendus est, quo scilicet dicitur quod intellectus agens et possibilis differunt sicut duæ substantiæ (2, *dist.* 24, *quæst.* 4). »

Il est donc évident que S. Augustin, n'accordant pas *à tous* les hommes l'intuition des idées divines, est opposé à l'ontologisme, et, en admettant que *la charité parfaite* était nécessaire pour cette intuition, et que son effet était *la béatitude*, il faisait assez entendre que ce n'était point une propriété de la vie présente (1). Semblablement, S. Bonaventure veut absolument que l'on dise que l'intellect agent est dans l'âme, comme une puissance intime ; il était donc diamétralement opposé à l'ontologisme, qui ne veut pas que l'on dise un mot d'intellect agent. Mais, comment conciliera-t-on avec cette doctrine un grand nombre d'expressions de S. Augustin, qui affirme que nous voyons tout en Dieu ? De quelle manière faudra-t-il interpréter les phrases de S. Augustin, ainsi que celles de S. Bonaventure et des autres anciens docteurs, dans lesquels on trouve ces mots : *Si nous observons les œuvres de la nature, nous y voyons la main de Dieu et la sagesse de Dieu; la lumière de la raison qui nous guide, est divine : c'est Dieu qui nous instruit au dedans de nous-mêmes ;* et autres semblables ? — N'en est-il pas de même des œuvres humaines ? En voyant une toile peinte par

---

(1) Voir ce que nous avons écrit sur l'ontologisme et la censure dont il a été l'objet à Rome, dans *le Thesaurus Philosophorum* (Paris, librairie P. Lethielleux, 2ᵉ édition). — Nous recommandons beaucoup aux lecteurs ce petit travail, parce que, en expliquant les DISTINCTIONS et les AXIOMES philosophiques, il les aidera beaucoup à soutenir la vérité et à combattre l'erreur. Ce qui se rapporte à l'ontologisme se trouve dans *la scolie* ajoutée au § 25 *des distinctions*.

Raphaël ou le Titien, nous disons : *Voici Raphaël, voici le Titien.* Ne dit-on pas aussi : *J'ai acheté un Raphaël, j'ai vu un Titien ?* C'est que nous donnons aux effets les noms que nous devrions donner aux causes. Et S. Thomas nous fournit la clef des expressions de S. Augustin en cette matière difficile, et celles des autres docteurs dans le passage suivant.

« Lorsqu'on demande si l'âme humaine connaît toutes les choses dans les raisons éternelles, il faut répondre que l'on dit qu'une chose est connue dans une autre de deux façons. La première comme dans *l'objet connu :* ainsi l'on voit dans le miroir les choses dont les images se réfléchissent sur le miroir lui-même : et, de cette façon, l'âme, dans l'état de la vie présente, ne peut pas voir toutes les choses dans les raisons éternelles (c'est-à-dire dans les idées exemplaires des choses) : mais les bienheureux connaissent aussi toute chose dans les idées éternelles, parce qu'ils voient Dieu et toute chose en lui. » Voilà l'ontologisme rejeté.

D'une autre manière, on dit que l'on connaît une chose dans une autre, comme dans *le principe de la connaissance :* aussi nous pouvons dire que nous voyons dans le soleil les choses que le soleil nous fait voir. Et, dans ce sens, il est nécessaire de dire que l'âme humaine voit toutes les choses dans les raisons éternelles par la participation desquelles nous connaissons tout ce que nous connaissons. En effet, la lumière intellectuelle (*c'est l'intellect agent*), qui est en nous, n'est pas autre chose qu'une similitude participée de la lumière incréée dans laquelle sont contenues les raisons éternelles. Aussi, dans le Psaume IX, on dit : *Multi dicunt : Quis ostendit nobis bona ?* Et à cette question le Psalmiste répond en disant : *Signatum est super nos lumen vultus tui, Domine;* comme s'il disait : Toutes les choses nous sont montrées par une impression divine (*quasi dicat per ipsam sigillationem divini luminis in nobis omnia demonstrantur*). Et, parce qu'il ne nous suffit pas d'avoir la lumière intellectuelle, si nous n'avons pas encore les espèces intelligibles tirées des choses pour avoir la science des choses matérielles, par conséquent, la seule participation des raisons éternelles ne nous suffit pas pour avoir la connaissance des choses matérielles, comme le pensaient les platoniciens : car, d'après eux, la participation des idées suffisait pour avoir la science. Aussi S. Augustin dit (IV. *de Trinit*) : *Est-ce, peut-être, parce que les philosophes nous convainquent par des preuves évidentes que toutes les choses temporelles sont faites suivant les raisons éternelles, qu'ils ont pu pour cela voir dans les raisons elles-mêmes ou tirer d'elles quels sont les genres des animaux, et ceux des principes premiers? Ou, plutôt, n'est-ce point qu'ils ont cherché ces choses dans l'histoire des lieux et des temps?* Mais, que S. Augustin n'ait point entendu que l'on connût toutes les choses dans les raisons éternelles ou dans la vérité immuable, *comme si l'on voyait les raisons éternelles elles-mêmes*, cela est certain, parce qu'il le dit lui-même dans son livre des *Quatre-vingt-quatre questions*, à savoir : *que toute âme rationnelle n'est pas propre à cette vision des raisons éternelles, mais seulement celle qui est sainte et pure,* comme les âmes des bienheureux (*Summ.*, 1, 84, 5).

Cette manière de voir de S. Augustin, qui lui est commune, sous ce rapport, avec les plus grands docteurs que l'on connaisse, nous montre que l'on peut regarder comme faite sous la conduite de Dieu lui-même, l'opération intellectuelle faite ou réglée par la lumière intellectuelle. Et, parce que les pensées du saint docteur sont pleines de vérités, nous noterons ici les principales.

1° Pour ce qui a rapport *à la certitude de la science*, il l'attribue à ce que nous sommes guidés par la lumière de la raison, ce qui revient à voir les choses dans les raisons éternelles. « Il n'y a pas grande différence à dire que les intelligibles nous sont communiqués par Dieu, ou qu'il nous communique cette lumière qui les rend intelligibles (*De spirit. creat.*, 10 *ad* 9). »

2° Nous sommes créés à l'image de la Trinité et nous discernons le vrai du faux. « *Faisons l'homme à notre image et à notre ressemblance* », c'est-à-dire à celle de la Trinité et non pas à l'image des anges.

Voilà pourquoi nous disons que la lumière intellectuelle dont parle Aristote est imprimée en nous immédiatement par Dieu, et c'est d'après cette lumière que nous discernons le vrai du faux, le bien du mal (*l. c.*). »

3° Dieu est l'unique SOLEIL intellectuel appelé pour cela par Dante : « *la lumière intellectuelle pleine d'amour* (*Parad.*, XXX) », et l'intellect agent est un rayon de cette lumière unique. « Ce qui rend l'intelligible en acte, et opère à la manière d'une lumière participée, est quelque chose de l'âme (*est aliquid animæ*), et est multiplié selon le nombre des âmes et des hommes. Mais ce qui rend les choses intelligibles, comme *soleil illuminant*, est séparé, et c'est Dieu (*l. c.*). » Que la raison s'élance tout d'un coup vers les premiers principes, c'est une œuvre de nature, et, par conséquent, de Dieu ; aussi c'est à l'unité de *ce soleil illuminant* qu'il faut attribuer *l'unité* que l'on remarque dans tous les êtres doués de raison pour admettre les premiers principes comme des vérités immuables. — Cette uniformité que l'on voit dans tous les hommes par rapport aux premiers intelligibles démontre bien l'unité de l'intellect séparé que Platon compare au soleil, mais ne démontre pas l'unité de l'intellect agent, comparé par Aristote à la lumière (*Summ.*, 1, 79, 3).

4° Enfin, bien que l'homme, au moyen des sens, fournisse à l'intelligence les *fantômes*, toutefois, le maître, qui dévoile intérieurement la vérité, est Dieu seul, qui opère dans l'intellect agent, et celui-ci est la lumière de la raison qui dérive de lui. « De même que le médecin, bien qu'il opère à l'extérieur, est regardé comme produisant la santé, qui, pourtant, est produite à l'intérieur par la nature toute seule, de même, on dit que l'homme enseigne la vérité, bien qu'il l'annonce seulement à l'extérieur, tandis que Dieu instruit à l'intérieur (*De magistro, art.* 1). » Et c'est sur cette lumière qu'est fondée la certitude de la science sous le magistère divin. « Si nous savons quelque chose avec certitude, cela vient de la lumière de la raison, imprimée divinement en nous, par laquelle Dieu parle en nous (*quo in nobis loquitur Deus*), et cela ne vient pas de l'homme qui nous instruit à l'extérieur (*l. c*, *art.* 4) (1). »

Et voilà comment S. Thomas et Aristote, bien qu'ils reconnaissent que l'intellect possible est une *tabula rasa, in qua nihil est scriptum*, au commencement de son existence, y joignent toutefois l'intellect agent qui est l'instrument de Dieu lui-même, éternelle vérité, instrument capable d'y écrire toute chose. Donc, la doctrine d'Aristote et de S. Thomas est la seule qui, en reconnaissant la pauvreté native de la nature humaine, fait cependant briller d'un éclat très-pur tout ce qu'elle a de noble et de vraiment grandiose.

SOIXANTE-SIXIÈME LEÇON.

De la manière dont se développe la connaissance de l'homme par rapport à son objet adéquat, et aux êtres matériels.

Après avoir déterminé la nature de l'intellect agent et de l'intellect possible, il nous faut traiter des diverses manières dont se fait la connaissance. Si l'on nous demande pourquoi nous n'avons pas parlé, à part, de la *mémoire*, nous répondrons que ce n'est point une puissance distincte de l'intellect possible pas plus que la raison, mais que la mémoire est l'intellect possible, en tant qu'elle conserve les espèces intelligibles des choses et des verbes produits par lui, et la raison est le même intellect possible en tant qu'il *court* (discurrit) à la recherche de la vérité.

Conclusion Ire. — *L'objet de l'intelligence humaine est l'être*.

Cette *conclusion* veut dire que, aussi loin que s'étend la notion de l'être, aussi loin s'étend aussi la puissance intellective de l'homme. L'objet de l'intelligence humaine est l'être ; et il est certain que tout ce qu'elle perçoit, elle le perçoit en tant qu'être, c'est-à-dire avec cette notion que nous avons appelée transcendentale :

---

(1) Le lecteur pourra juger de la profondeur et de la noblesse de la doctrine de S. Thomas, par rapport au magistère divin, par ce que nous avons dit dans *le Thesaurus Philosophorum*, dont nous avons parlé plus haut. C'est dans *la scolie* ajoutée au § 142 *des axiomes*, où il est question de cet axiome : *Verum vero non est contrarium*.

rien ne la limite à la perception des couleurs, des sons, ou à n'importe quelle autre espèce ou genre de choses. Donc, son objet sera tout ce qui est compris sous la raison transcendentale de l'être; donc, son objet *adéquat* sera précisément l'être. Pour expliquer cette démonstration, il faut expliquer comment, par un acte seul, on peut connaître l'objet *adéquat* de *toute* puissance. Par exemple : qu'est-ce que je perçois toujours avec la vue? Le coloré. Donc, le coloré sera *per se* son objet adéquat. Nous disons *per se*, car, *per accidens*, c'est-à-dire non en tant que vue, mais en tant que vue défectueuse, elle pourra percevoir imparfaitement, ou aussi ne point percevoir un objet particulier contenu dans la sphère de son objet adéquat.

Et, par rapport à l'intelligence, il faut considérer que la connaissance *propre* n'est pas la même chose que la connaissance *analogique :* et, de même que l'être, comme nous le disions dans la philosophie première, s'attribue à certaines choses, non pas d'une manière *univoque* mais d'une manière *analogique*, de même en est-il dans la connaissance intellective. Il y a attribution *univoque* quand des choses de même essence sont exprimées par un nom univoque : il y a attribution *analogique* si l'essence est diverse. Après cette observation, remarquons que l'intelligence a une connaissance propre des choses dont elle a *une espèce intelligible propre :* par conséquent, elle en connaît la quiddité et en est la vraie science. Dans cette connaissance, le verbe mental est *propre* à cette chose. Au contraire, quand elle n'aura point d'espèce intelligible propre d'une chose, elle n'en aura qu'une connaissance *analogique*, et son verbe sera *analogique*, comme celui qui est exprimé par une espèce diverse. Ainsi, par exemple, quand Pierre se trouve devant moi, le *fantôme* en forme l'image, et la lumière intellectuelle, c'est-à-dire l'intellect agent en rend l'espèce intelligible. Avec celle-ci, l'intellect possible engendre son verbe proportionné, c'est-à-dire qu'il produit *l'homme intentionnel*. Ce verbe donne une connaissance *propre*. Mais Dieu ne peut pas présenter à mon sens, ni avoir un *fantôme* qui résulte dans mon imagination de l'union de Dieu avec le sens, comme en résultait le *fantôme* de Pierre. Dieu ne se présente donc point immédiatement à mon intellect possible, et il ne peut s'unir avec elle ici-bas comme espèce intelligible; par conséquent, je ne puis produire le verbe par lequel je dis — *Dieu* — sans me servir des espèces intelligibles prises des créatures. Aussi, le verbe produit ne me donnera pas une connaissance *propre* mais *analogique*. Par conséquent, il nous est impossible de bien saisir la quiddité des êtres immatériels, et d'en avoir une science parfaite.

Ceci posé, bien que le véritable objet adéquat de l'intelligence soit l'être, toutefois, tel être sera l'objet d'une connaissance *propre*, et tel autre d'une connaissance *analogique*.

Conclusion IIe. — *L'intelligence connaît les choses matérielles d'une manière abstraite.*

De fait, l'opération vient de l'être; donc, *operatio sequitur esse*, c'est-à-dire que la nature de l'être doit paraître dans son opération. Donc, *a*) une puissance cognoscitive, qui est l'acte d'un organe matériel, doit montrer cette nature matérielle dans son opération. Il en est ainsi du sens qui, parce qu'il est matériel, ne peut être affecté que par les choses corporelles existantes et singulières qui le meuvent avec un mouvement local. *b*) Une puissance cognoscitive complétement séparée de la matière, qui n'est point l'acte d'un organe, et qui n'est pas davantage une substance, forme substantielle de la matière, connaîtra les choses avec une indépendance totale de la matière; *c*) mais une puissance cognoscitive qui, bien qu'immatérielle, parce qu'elle n'est pas l'acte d'un organe corporel, n'est néanmoins pas complétement indépendante de la matière, comme la puissance de l'ange, mais est dans un état intermédiaire, aura aussi un mode particulier d'opérer intermédiaire. L'intelligence humaine n'est point une puissance organique, mais ce n'est point non plus la puissance d'un esprit : c'est la puissance d'une âme, forme substantielle de la matière du corps. Cette intelligence devra donc montrer, en même temps, dans son opération, une dépendance et une indépendance de la matière. Et, par le fait, elle les montre toutes les deux : sa dépendance, en tant qu'elle doit recevoir des *fantômes,* comme nous l'avons démontré, les espèces intelligibles, et, par conséquent, la connaissance humaine prend sa source dans les choses corporelles, productrices des *fantômes;* son indépendance, parce que, *n'étant pas* une puissance *organique,* les espèces intelligibles doivent être immatérielles, et, par conséquent, ne donneront point la chose dans sa *singularité matérielle*. Tout cela peut faire comprendre au lecteur la différence qu'il y a entre *sentir les choses matérielles, et les comprendre.*

Conclusion IIIe. — *La connaissance intellectuelle n'a pas pour object direct le singulier matériel.*

Il est important de bien comprendre tout ce qui se rapporte à cette *conclusion* parce que beaucoup, à notre avis, ont attaqué la doctrine de S. Thomas, sur ce point, pour ne l'avoir pas suffisamment comprise. Commençons par l'explication d'une doctrine très-élevée, mais non très-difficile à comprendre. La connaissance de toutes les choses possibles n'existe-t-elle pas en Dieu? Certes, elle y est, et d'une manière immuable. En appelant à l'être chaque chose singulière, en un lieu déterminé et en un temps déterminé, c'est-à-dire dans *le hic* et dans *le nunc,* il ne fait autre chose que *d'actuer* hors de soi, et s'il m'est permis d'employer ce mot, de *copier* l'idée archétype de son esprit divin. Dans *cette idée* est représentée, par exemple, une chose matérielle : la terre avec ses montagnes, ses vallées, ses mers et toutes les choses corporelles qui y sont ; et ce n'est pas tout : dans cette idée, la terre est encore représentée comme existante pendant tant de siècles, et en tel temps, c'est-à-dire que la terre est représentée même par rapport à son *hic et nunc :* mais ce *hic et nunc* est *exemplairement* dans l'idée. Cette idée était avant la création de la terre qui n'en est que l'expression, et c'est pourquoi, sans cette idée qui se rapportait *à tout* ce que nous avons dit, même au *hic et nunc,* Dieu ne pouvait se déterminer à créer. Or, nous le demandons, Dieu connaissait-il le *singulier matériel* avec cette seule idée? Si, par le singulier, on entend *l'existant hic et nunc*, comme on doit l'entendre, et comme nous l'entendons dans *la conclusion* proposée, nous répondrons absolument que non; mais si, par singulier, on entend, au contraire, *tout ce qui se rapporte au singulier* ABSTRAIT *de l'existence singulière hic et nunc*, alors nous répondrons que oui. Mais qu'est-ce que c'est donc que ce singulier abstrait de l'existence singulière *hic et nunc?* Ce n'est pas le singulier, mais c'est l'abstrait du singulier, qui appartient, par conséquent, à l'ordre des universaux, et, par conséquent, de cette idée seule, on ne pourra jamais conclure l'existence de ce qu'elle représente.

Si Dieu prononce un *fiat* créateur par sa volonté toute-puissante, en ce cas, cet *acte* de volonté créatrice, joint à l'idée archétype de la terre, produira en Dieu la science du singulier existant *hic et nunc*, appelée science de *vision*. Or, qu'est-ce que cela veut dire, sinon que l'intellect divin *seul* n'offre point la connaissance du singulier, et qu'il faut encore la volonté créatrice?

De même, l'idée qu'a le peintre ou l'architecte du tableau à peindre, ou du palais à bâtir, nous donnera bien ce qu'il y aura dans leurs œuvres singulières, mais ne nous dira jamais si elles existent *hic et nunc*. L'intelligence même des artistes ne leur donne point *directement* la connaissance des œuvres singulières, c'est-à-dire des choses existantes *hic et nunc :* elle la leur donnera indirectement quand elles auront été actuées, en tant que l'intelligence connaîtra *l'acte de la puissance opératrice* des artistes qui auront exprimé *hic et nunc* leur idée du singulier, c'est-à-dire après le travail, en observant avec le sens l'œuvre faite, et en réfléchissant intellectuellement à l'origine concrète de cette connaissance.

Donc, dans notre conclusion nous ne voulons pas dire *a)* que l'intelligence n'a en aucune manière la connaissance *de ce qui appartient* au singulier : elle l'a et doit l'avoir, *b)* mais nous disons que l'intelligence ne connaît point les singuliers matériels, qui, précisément parce qu'ils sont singuliers, existent, ont existé, ou existeront dans le *hic et nunc :* elle ne les connaît point, nous le répétons, *directement*, mais indirectement, en tant qu'elle se tourne, pour être instruite de leur existence, vers une autre puissance qui peut l'en instruire.

En effet, si le singulier matériel s'unissait à la puissance cognoscitive intellectuelle, comme les objets corporels *existants* s'unissent aux sens, il est certain que l'intelligence connaîtrait le singulier matériel, c'est-à-dire, le matériel non abstrait du *hic et nunc*, mais existant dans le *hic et nunc*. En ce cas, la connaissance intellective serait *concrète et non abstraite*, comme nous l'avons dit plus haut. Mais le matériel existant ne peut pas s'unir à l'intelligence, et former avec lui un seul principe générateur du verbe; en effet, il y a à sa place une espèce intelligible, qui représente *ce qui* se rapporte au singulier, relativement même à son *hic et nunc*, mais dans sa quiddité abstraite. Aussi, bien que cette espèce, s'unissant à l'intellect sensible, engendre un verbe qui exprime la *quiddité* du singulier, toutefois, elle n'exprime point son *existence* singulière. Et voilà pourquoi l'intelligence n'a pas du singulier une connaissance *directe*.

Il y a une double manière d'arriver à la connaissance intellectuelle du singulier, c'est-à-dire de cet être matériel *qui existe dans le hic et nunc*, pendant qu'il s'agit de la connaissance pratique ou de la connaissance spéculative. Pour nous faire mieux comprendre, nous donnerons un exemple de l'un et de l'autre cas. *Pierre* s'offre à ma vue; la sensation se produit dans mon œil, puis *le fantôme* de *Pierre :* puis l'espèce intelligible de ce qu'il y avait dans *le fantôme*, c'est-à-dire l'espèce intelligible qui donne seulement ce que le sens a vu dans *Pierre*, cette espèce intelligible s'unit à l'intellect possible, et ce dernier, avec celle-là, comme principe *quo*, produit le verbe par lequel est exprimé *Pierre*. Mais comment l'intelligence saura-t-elle jamais que *Pierre existe ?* Ce ne sera pas parce que son verbe exprime *parfaitement Pierre*, même comme existant en un certain lieu, et dans un certain temps (que l'on se rappelle ce que nous avons dit de l'idée archétype divine), mais ce sera parce que l'intelligence, réfléchissant sur l'origine de sa connaissance, vient à savoir qu'il y a eu la sensation de Pierre, et que celle-ci ne peut venir que de sa présence. Cette manière de connaître le singulier s'appelle manière *indirecte*. En voilà assez pour la connaissance spéculative. Seulement nous croyons bon d'avertir qu'il faut prendre tout ce que nous avons dit de l'idée archétype divine, relativement au singulier, ainsi que nous l'avons noté expressément, comme une comparaison, et non comme une parité; car, l'idée archétype divine exprime *tout* le singulier, parce qu'elle est, avec la volonté divine, la cause de *tout*, tandis que notre verbe, engendré par une espèce intelligible abstraite, exprime, quidditativement et idéalement, *seulement* ce qui tombe sous les sens, et ce que représentait *le fantôme*.

La seconde manière se rapporte à la connaissance pratique. L'artiste produit un verbe, qui est *l'idée* d'une statue; il ne connaît pourtant pas la statue dans le singulier, comme existant *hic et nunc:* il la connaîtra ainsi, quand, par sa puissance opérative, il la mettra en acte: et l'intelligence, connaissant l'opération de la volonté, et des autres puissances exécutrices, connaîtra la statue dans son être singulier. Il aura donc du singulier une connaissance *indirecte*. Mais, par cette connaissance indirecte, il connaîtra *seulement* ce qui est produit par l'artiste selon l'idée exemplaire de son opération.

SCOLIE.

Après avoir exposé la doctrine par rapport à la connaissance des singuliers, il est bon de rapporter ici quelques textes de S. Thomas, pour montrer que nous sommes bien d'accord avec lui. Premièrement, remarquons tout ce que dit S. Thomas sur l'abstraction dans la question 85° de la 1ʳᵉ partie de la *Somme:* « Dicendum quod abstrahere contingit dupliciter: uno modo per modum compositionis et divisionis; sicut cum intelligimus aliquid non esse in alio, vel esse separatum ab eo. Alio modo per modum simplicitatis; sicut cum intelligimus unum, nihil considerando de alio. Abstrahere igitur per intellectum ea quæ secundum rem non sunt abstracta, secundum primum modum abstrahendi, non est absque falsitate : sed secundo modo abstrahere per intellectum quæ non sunt abstracta secundum rem, non habet falsitatem; ut in sensibus manifeste apparet. Si enim intelligamus vel dicamus colorem non inesse corpori colorato, vel esse separatum ab eo, erit falsitas in opinione, vel in oratione. Si vero consideremus colorem et proprietatem ejus, nihil considerantes de pomo colorato, vel si quod intelligimus, voce exprimamus, erit absque falsitate opinionis et orationis. Pomum enim non est de ratione coloris : et ideo nihil prohibet colorem intelligi, nihil intelligendo de pomo. Similiter dico quod ea quæ pertinent ad rationem speciei cujuslibet rei materialis, puta lapidis aut hominis aut equi, possunt considerari *sine principiis individualibus,* quæ non sunt de ratione speciei : *et hoc est abstrahere universale a particulari, vel, speciem intelligibilem a phantasmatibus,* considerare, scilicet, naturam speciei absque consideratione individualium principiorum, quæ per phantasmata repræsentantur. » Et, après avoir affirmé que dans cette abstraction il n'y a point d'erreur, il conclut en disant : « Intellectum est in intelligente *immaterialiter* per modum intellectus; non autem materialiter, per modum rei materialis. » Il ne faut pas croire après cela que, *aussitôt* qu'un objet se présente à nos sens, nous en percevions l'essence **intime**, de manière à pouvoir en donner *la définition spécifique*. Aussi, à la seule présence de l'homme, l'enfant n'en comprend pas *l'essence*, c'est-à-dire que c'est un composé de matière première, et d'une âme immatérielle comme principe de sa triple vie, selon sa définition spécifique *animal rationale*. S'il en était ainsi, on ne verrait pas tant de controverses sur l'essence de l'homme : elle serait évidente pour tout le monde. Aussi, la connaissance intellectuelle des essences se fait dans l'ordre des plus universels ou moins universels, comme nous l'indiquerons dans la *conclusion* suivante.

En second lieu, le Docteur Angélique dit que, dans la

connaissance des choses matérielles, nous percevons encore *intellectuellement la matière en général.* « Quidam putaverunt quod species rei naturalis sit forma solum, et quod materia non sit pars speciei. Sed secundum hoc in definitionibus rerum naturalium non poneretur materia. Et ideo aliter dicendum est quod materia est duplex : scilicet *communis* quidem, ut *caro et os :* individualis autem, ut *hæ carnes, et hæc ossa.* Intellectus igitur abstrahit speciem rei naturalis a materia sensibili communi, sicut speciem hominis abstrahit ab *his carnibus* et *his ossibus,* quæ non sunt de ratione speciei, sed partes individui, ut dicitur in VII. *Metaph :* et ideo sine eis considerari potest. Sed species hominis non potest abstrahi per intellectum a carnibus et ossibus (*l. c.*). » Ce texte montre bien que ce qu'on appelle *parties individuantes,* ce n'est point, par exemple, la chair, les os, pas plus que les oreilles, le nez, la bouche, la figure, la voix, etc., mais bien *ces* chairs, *ces* os, *ces* oreilles, *ce* nez, *cette* bouche, *cette* figure, *cette* voix, etc. C'est pourquoi *chaque* partie de l'homme, et des autres choses, peut être soumise à l'abstraction, et l'intelligence peut en connaître la *quiddité.*

En troisième lieu, S. Thomas enseigne que le singulier matériel ne peut être connu par l'intelligence que d'une manière indirecte comme nous l'avons dit plus haut. « Singulare in rebus materialibus intellectus noster directe et primo cognoscere non potest. Cujus ratio est, quia principium singularitatis, in rebus materialibus, est materia individualis. Intellectus autem noster intelligit abstrahendo speciem intelligibilem ab hujusmodi materia : quod autem a materia individuali abstrahitur, est universale : unde intellectus noster *directe* non est cognoscitivus nisi universalium. Indirecte autem, et quasi per quamdam reflexionem, potest cognoscere singulare : quia etiam postquam species intelligibiles abstraxerit, non potest secundum eas actu intelligere, nisi convertendo se ad phantasmata, in quibus species intelligibiles intelligit. Sic igitur ipsum universale per speciem intelligibilem *directe* intelligit; indirecte autem singularia, quorum sunt phantasmata : et hoc modo format hanc propositionem : *Socrates est homo* (1, 86, 1). » On voit donc bien que la cause pourquoi l'intelligence ne peut connaître le singulier matériel, n'est pas sa singularité, mais sa matérialité. C'est cette matérialité qui empêche la chose de s'unir à l'intellect possible comme coprincipe générateur du verbe intellectuel, de même qu'en s'unissant au sens, elle produit le *fantôme*, qui, par conséquent, est matériel. Voilà pourquoi il dit plus bas : « Singulare non repugnat intelligi, in quantum est singulare, sed in quantum est materiale : quia nihil intelligitur nisi immaterialiter : et ideo si sit aliquid singulare et immateriale, sicut est intellectus, hoc non repugnat intelligi. »

En quatrième et dernier lieu, considérons jusqu'où s'étend la connaissance de l'intelligence : « Virtus superior potest illud quod virtus inferior, sed eminentiori modo. Unde *id* quod cognoscit sensus *materialiter* et *concrete* (quod est cognoscere singulare directe) hoc cognoscit intellectus immaterialiter et abstracte; quod est cognoscere universale (*art. c. ad* 4.) » Donc, tout ce qui, d'une manière ou d'une autre, tombe sous les sens et peut produire un *fantôme*, peut être soumis à l'abstraction intellective, parce que toute chose a sa propre quiddité. On ne peut donc pas dire que nous avons seulement la connaissance d'un tout, et non celle de chacune de ses parties matérielles. En effet, chacune d'elles peut être l'objet du sens; on peut en former l'espèce intelligible abstraite : par conséquent, non-seulement on pourra connaître l'homme d'une manière abstraite, mais on connaîtra de la même manière sa bouche, son pied, son œil, sa figure, etc.

En un mot, tout ce qui tombe sous les sens peut aussi arriver jusqu'à l'intelligence au moyen de l'espèce intelligible abstraite, et de cette façon l'intelligence connaît directement la quiddité de la chose, et *indirectement* son existence de la manière que nous avons dit plus haut.

Conclusion IVe. — *La connaissance intellectuelle a son principe dans ce qu'il y a de plus universel.*

Il faut observer, avant tout, que nous disons *intelle-*

ctuelle, car la connaissance dérivant du sens dans l'intelligence, il est clair que la connaissance sensible est la première ; or, elle s'exerce sur les objets singuliers ; donc, en général, la connaissance du singulier précède celle de l'universel.

Mais, s'il est question de la connaissance intellectuelle, il faut observer que notre intellect va de la puissance à l'acte, et c'est pour cela qu'il s'appelle possible ; or, tout ce qui va de la puissance à l'acte va d'abord à un acte imparfait, et successivement à un acte plus parfait. C'est ce que nous avons dit de la matière première, relativement aux actes substantiels ; elle ne peut recevoir *l'être* de brute, sans passer graduellement par un grand nombre d'actes de plus en plus parfaits. D'un autre côté, l'acte parfait de notre intelligence est la connaissance parfaite ou la science, par laquelle les choses sont connues clairement et distinctement ; donc, l'acte imparfait sera la connaissance qui montrera les choses d'une manière confuse et indistincte. Et il doit en être ainsi : car il est clair que celui qui connaît la chose d'une manière confuse et indistincte, est encore *en puissance* à la connaître sous de nouveaux rapports : et il est certain que, connaissant la chose confusément et indistinctement dans la connaissance universelle, on la connaîtra imparfaitement. Ainsi, par exemple, je connaîtrai imparfaitement l'homme, quand j'en aurai la connaissance en tant qu'*animal,* où il s'est compris d'une manière confuse et indistincte. C'est pourquoi cette connaissance imparfaite existera avant celle qui est plus parfaite et par laquelle je le connais comme homme. Et, puisque plus nous montons dans les universaux jusqu'à l'être transcendental, plus la quotité des choses est connue d'une manière confuse et indistincte, notre connaissance commence par le transcendental, précisément parce que, allant de la puissance à l'acte, celui-ci, pour être le premier, doit être plus imparfait que les suivants. Tout ceci est conforme à ce que nous avons dit dans la *philosophie première,* en parlant du concept universel de l'être.

Nous en pouvons trouver un exemple dans la connaissance sensible. Le sens étant une puissance qui passe à l'acte, son premier acte sera aussi imparfait. Ainsi, de loin, l'œil voit un être : il le distingue mieux et voit un animal qui se meut; plus près, il voit un homme, plus près encore, il reconnaît un ami. En entrant dans une maison, nous voyons confusément chaque objet, en regardant à la fois l'appartement tout entier. Et il en est de même des autres sens.

Si nous parlons maintenant de la connaissance des singuliers qui a lieu dans l'intelligence, il est clair que, étant *indirecte,* elle sera postérieure à celle des universaux, qui est *directe*. Mais que l'on ne s'imagine pas que ce soit toujours une *priorité ou une postériorité* de temps; elles sont toujours, au moins, d'ordre ou de nature.

1er *Corollaire*. — De ce que nous venons de dire dans la leçon précédente, on voit qu'il y a bien réellement un lien très-étroit entre l'imagination et l'intelligence quand celle-ci conçoit les espèces intelligibles et s'en sert pour produire les verbes dont elle fait usage dans ses raisonnements. Aussi, l'intellect lui-même pourra être troublé ou empêché dans son travail mental par l'imagination ou par le sens. De là les songes, de là la folie, et la plus ou moins grande aptitude aux travaux intellectuels : de là vient aussi qu'une certaine configuration cérébrale, qui empêche le développement voulu des sensations et des *fantômes,* a une grande influence sur l'intelligence. Aussi, bien que la *phrénologie,* qui étudie la construction du crâne humain, soit une folie, entendue dans le sens des matérialistes, toutefois elle a un fondement réel, et peut fournir des conjectures raisonnables, même sur les dispositions intellectuelles et morales de la personne, pourvu qu'on en use modérément et conformément à la doctrine suivante, aussi vraie qu'inattendue, probablement pour quelques-uns. Parce que *omnis essentialis mutatio in forma mutat speciem,* tous les hommes, en tant qu'ils appartiennent à la même espèce, ont des âmes absolument égales, si on les considère dans leur *essence :* c'est pourquoi, dans son *essence,* l'âme d'un homme stupide ou d'un fou est égale à celle d'Aristote, de S. Augustin ou de S. Thomas. La différence qui s'y manifeste ne vient que du corps, de la différence de perfection dans les puissances organiques, et de l'usage divers que les hommes en font, ainsi que des facultés supérieures.

2º Corollaire. — On voit encore que les philosophes modernes, qui font tant de bruit dans leurs recherches sur la manière dont on peut avoir les idées universelles, montrent bien qu'ils ne connaissent pas plus la nature de l'homme, que celle de son intelligence. En effet, la première fois que l'intelligence connaît un lieu, elle peut en avoir la notion générique, la notion spécifique et la notion transcendentale. S'il y a quelque difficulté, c'est dans la manière de connaître les singuliers et non les universaux, dont nous avons parlé au commencement de la *philosophie première.*

SOIXANTE-SEPTIÈME LEÇON.

De la manière dont se développe la connaissance humaine par rapport aux actes et aux objets immatériels.

Après avoir parlé de l'objet adéquat de la connaissance humaine, et de ses objets matériels, il faut maintenant nous occuper de ses actes et de ses objets immatériels.

Conclusion Iʳᵉ. — *L'espèce intelligible n'est pas le principe* QUOD, *mais le principe* QUO *dans la génération du verbe mental.*

L'union de l'espèce intelligible avec l'intellect possible, est, à dire vrai, la *conception* mentale ou le principe *a quo* de la génération. Le terme *ad quem* de cette même génération est le verbe. Nous nous sommes déjà servi d'expressions semblables en parlant de la génération des vivants, à propos des plantes, et nous avons fait remarquer que, entre la génération et la connaissance, il y avait une très-grande analogie, dont on voyait les marques évidentes dans le langage (cinquantième leçon). Nous disons maintenant que l'espèce intelligible est comme un principe séminal, par lequel (*quo*) l'intelligence engendre le verbe.

Et, en effet, de même que dans l'action transitive, la

similitude de l'effet, la similitude du tableau, par exemple, qui est l'idée dans le peintre, se rapporte à l'action transitive elle-même, de même, la similitude de l'objet, qui est l'espèce intelligible, se rapporte, dans l'action immanente de la génération du verbe mental, à la génération du verbe lui-même. Or, cette similitude n'est point celle *qui* est faite par l'artiste, ni celle *qui* produit l'effet, mais celle par laquelle (*quo*) l'artiste produit l'effet ; donc, l'espèce intelligible n'est pas engendrée par l'intellect possible, et n'engendrera pas le verbe; mais, c'est *par elle* (*principium quo*) que l'intelligence engendre le verbe mental.

1er *Corollaire*. — Donc, ce que l'intelligence comprend en premier lieu, est la chose qu'elle engendre mentalement dans le verbe, dans lequel s'achève sa connaissance : l'intelligence connaîtra l'espèce intelligible par une connaissance réflexe, c'est-à-dire, en réfléchissant sur sa propre connaissance.

2e *Corollaire*. — Il s'ensuit que l'intelligence peut véritablement connaître plusieurs choses; mais, si l'on parle du même instant, elle ne peut les connaître que par une seule espèce ou un seul verbe. La raison en est que l'espèce est le principe *quo*, et que le verbe est l'engendré. Celle-là est comme la forme qui informe l'intelligence, et celui-ci, c'est-à-dire le verbe, est le nouvel être mental, à savoir la chose, prise *intentionnellement*, qui en résulte. Or, un être ne peut avoir en même temps deux formes *du même genre*, comme nous l'avons prouvé dans la *physique générale*, en démontrant que la matière première ne peut avoir plusieurs formes substantielles en même temps. Voilà pourquoi une *seule* espèce peut être assez parfaite pour engendrer un verbe exprimant plusieurs choses; mais, *plusieurs* espèces, numériquement prises, ne pourront jamais être en même temps le principe *quo*, par lequel l'intelligence produise un verbe. En Dieu, il n'y a qu'une seule espèce, et, parce que c'est l'essence infinie de Dieu lui-même, elle est le principe par lequel est engendré un verbe, qui exprime substantiellement Dieu, et toutes les choses créées. Si, de Dieu, nous descendons à notre nature imparfaite, nous aurons des espèces qui ne représenteront que quelques choses à la fois : aussi, il nous faut produire successivement plusieurs verbes, parce que, par un seul, nous ne pouvons nous revêtir de l'être idéal de toutes les choses que nous connaissons successivement.

3e *Corollaire*. — Si l'espèce intelligible est le principe *quo*, il suit de là que l'intellect ne fait pas le verbe, comme en regardant l'espèce, et en l'imitant dans la génération de celui-ci. C'est ce que S. Thomas prouve d'une manière très-claire : « Une seule chose résulte de l'union de l'intelligence et de l'espèce (*unum constituitur ex intellectu et specie*), laquelle espèce est le principe de l'opération de l'intelligence, à qui appartient l'opération. Ainsi l'espèce est le principe *quo*, par lequel se fait l'opération, et non pas selon lequel, ou à l'instar duquel se fait l'opération, car ce n'est pas en regardant l'espèce, comme modèle, que notre intelligence produit le verbe. S'il en était ainsi, l'espèce et l'intelligence ne seraient point une seule chose, et pourtant l'intelligence ne comprend pas si elle ne devient pas un seul principe avec l'espèce. Voilà pourquoi l'intellect, informé par l'espèce, opère comme *par* quelque chose de lui-même, sans que, dans cette opération, il dépasse les limites de l'espèce. Et il n'est pas nécessaire que l'intellect générateur du verbe regarde la chose, et ensuite, à son image, forme le verbe ou l'image de la chose, parce que, avoir l'espèce de la chose lui tient lieu de la vue du modèle. Et les artistes, quand ils regardent leurs modèles, ne font pas autre chose que d'imprimer en eux-mêmes l'espèce de ces mêmes modèles. Et l'espèce qui est dans l'intelligence, lui vient de la chose : mais ce n'est pas l'intelligence qui a vu la chose, c'est le sens (*Opusc. De natura verbi intellectus*). »

4e *Corollaire*. — Il en résulte que, *par lui-même*, le verbe ne se fait pas par une connaissance réflexe, comme le dit S. Thomas (*Opusc. cit.*), parce que, l'espèce, avec l'intellect, engendre directement le verbe, bien qu'il puisse ensuite réfléchir sur ce verbe par une connaissance réflexe.

5e *Corollaire*. — L'intelligence, informée par l'espèce comme par un principe *quo*, parle, *et se manifeste à elle-même* la chose que cette espèce représente, et, en *se parlant* à elle-même, elle engendre la parole de la chose elle-même. Aussi S. Thomas fait cette remarque : « *Comprendre pour nous*, à parler rigoureusement, c'est DIRE (*Quæst. disp. De veritate*, 4, 2 ad 5). » D'où le même docteur aime mieux que la manifestation *externe* que Dieu fait de soi par les choses, à l'imitation de son verbe interne, s'appelle plutôt voix que verbe : « La créature ne peut pas, à proprement parler, s'appeler verbe, mais voix plutôt du verbe. Parce que de même que la voix manifeste la parole *interne*, de même la créature manifeste l'art divin : aussi les saints Pères affirment que Dieu, avec un seul verbe, dit toute créature, et, par conséquent, toutes les créatures sont autant de voix qui expriment un seul verbe divin (1, *dist.* 27, 2, *solut.* 2). »

6° *Corollaire*. — Enfin par le modèle de la génération du verbe mental, nous voyons qu'il est essentiellement *image*, ou, au dire de S. Thomas, *imago proprie dicitur quod ad alterius imitationem est* (2, *dist.* 16, *q.* 1, *art* 1). A ce propos, il convient de remarquer que le verbe est l'image de la chose, par l'espèce de laquelle il est produit, et non pas de celui qui le produit, à moins, pourtant, que l'intellect, par cette production, *ne se dise soi-même* (S. Th., *Op. cit.*). Mais le verbe image peut devenir idée exemplaire de ce que l'être intelligent fait en dehors de lui-même. Et voilà pourquoi le verbe de Dieu est *l'image* substantielle de Dieu lui-même, et, en même temps, l'idée archétype par laquelle Dieu a fait toute chose. Ces deux notions *d'image et d'exemplaire*, ou *idée*, sont diamétralement opposées, et les philosophes modernes ont tort de les confondre en une, en transportant dans la science spéculative le mot idée dès le commencement de leur logique. Dans le langage commun, le peuple ne le confond point, et, quand on dit : *Je vais m'en faire une idée ; Quelle belle idée !* on veut toujours parler de se faire mentalement *l'exemplaire* de l'œuvre ou approuver *l'exemplaire* que l'artiste a exprimé dans son tableau. C'était tellement reçu chez les plus célèbres docteurs de l'antiquité, qu'ils n'employaient, généralement, le mot *idée* qu'en parlant des choses qui pouvaient se faire absolument : et jamais S. Thomas n'a dit *l'idée de Dieu*, comme cela se dit vulgairement aujourd'hui par les philosophes modernes.

Conclusion IIe. — *L'intellect possible a besoin de verbes incomplexes et de verbes complexes pour connaître les choses*.

Le verbe incomplexe dit la quiddité de la chose, le complexe *compose ou divise*, c'est-à-dire qu'il fait le jugement affirmatif ou négatif, comme nous l'avons dit dans la logique.

Notre intelligence va de la puissance à l'acte, elle va donc, comme nous l'avons remarqué dans la leçon précédente, de la connaissance plus imparfaite, à la moins imparfaite. C'est pour cela qu'elle connaîtra d'abord quelque chose de son objet, par exemple sa quiddité générique ou spécifique : elle en connaîtra ensuite les attributs, et, en unissant ces choses, *elle composera*, c'est-à-dire elle engendrera un verbe complexe, qui exprimera d'une manière plus parfaite l'objet connu. Si notre intelligence n'avait pas besoin d'aller au parfait, au moyen de l'imparfait, elle ne composerait point et ne diviserait point : mais, par un seul verbe incomplexe, elle exprimerait toute chose, ce qui convient seulement à Dieu.

Corollaire. — De là vient en nous la possibilité de l'erreur. L'espèce intelligible ne peut pas offrir autre chose que ce qu'elle représente : l'intelligence, informée par elle, engendre le verbe, et, dans cette simple génération, il n'y a point matière à erreur. Par conséquent, il n'y aura pas d'erreur dans les verbes *incomplexes* et même dans les complexes *immédiats* qui, sans étude et naturellement, sont produits parfaits *du premier coup*, tels que les principes ou axiomes. Mais elle peut bien exister toutes les fois qu'il y a un *travail*, une succession de verbes, par lesquels on compose ou l'on divise, en appliquant à chacun les définitions ou les attributs. Mais, comme nous l'avons dit en logique, c'est la volonté qui a la part principale dans nos erreurs. On en doit conclure que, dans l'intelligence, où il n'y a ni composition ni division, l'erreur est impossible.

Conclusion III*e*. *Notre intelligence peut d'une certaine manière connaître les futurs.*

On peut considérer les futurs comme existants : *a*) en eux-mêmes, dans le temps où ils arriveront ; *b*) dans les causes qui les produiront.

a) Nous ne pouvons pas connaître les futurs en eux-mêmes. En effet, l'intelligence ne connaît que par les espèces intelligibles tirées des sens. Or, le futur n'a pas d'espèce propre, parce que, n'étant pas en acte, il ne peut être cause de sensation, ni, par conséquent, produire un *fantôme*.

b) L'intelligence humaine peut très-bien connaître les futurs dans leurs causes, si ces causes, comme telles, peuvent donner à l'intelligence leurs espèces sensibles. Et la connaissance sera certaine ou conjecturale, selon la manière dont les futurs sont contenus dans leurs causes ; c'est-à-dire, suivant que le lien entre les effets et leurs causes, est nécessaire ou contingent.

Conclusion IV*e*. — *L'âme humaine ne se connait point elle-même dans son essence.*

Le sens de cette *conclusion* est que l'âme humaine ne comprend pas sa propre essence, dépouillée de l'acte intellectuel. Si cela se pouvait, l'essence de l'âme tiendrait lieu d'espèce intelligible, et le verbe engendré manifesterait ou dirait l'essence de l'âme elle-même. Or, il est bien évident qu'il n'en est pas ainsi, puisque, autrement, la connaissance de l'essence de notre âme serait, non-seulement naturelle, mais très-évidente et très-parfaite pour tout le monde. Mais c'est tout le contraire. Les erreurs, par rapport à l'essence de l'âme, ont été, et sont très-multiples et très-diverses ; et tout ce que nous savons d'elle, nous le savons en raisonnant sur ses opérations. La raison en est que l'essence de l'âme a bien la puissance de comprendre, mais n'en a pas nécessairement l'acte ; si son essence lui suffisait pour se comprendre, nécessairement elle aurait été toujours dans l'acte de cette connaissance.

Nous connaissons notre âme par ses actes ou dans ses actes, et, par conséquent, la connaissance que nous en avons est double. L'une est la connaissance vulgaire, et consiste à conclure, des actes de l'âme, son existence; l'autre est plus difficile et consiste à déterminer la nature de l'âme, par la considération attentive de ses actes. C'est l'œuvre de la philosophie.

Conclusion V^e. — *L'intelligence humaine connaît son acte propre.*

Cet acte est présent à l'intelligence et est cognoscible. Donc, l'intelligence pourra le connaître, et, dans ce cas, l'acte lui-même de l'intelligence jouera le rôle d'espèce intelligible. Il faut, toutefois, observer que la connaissance de cet acte n'est pas directe, mais plutôt indirecte, ou mieux, réflexe. Car le mode naturel de la connaissance humaine est qu'en présence du *fantôme* se produit l'espèce intelligible de la chose qu'il représente. Cette espèce intelligible informe l'intelligence, qui, ainsi informée, engendre *directement* le verbe, par lequel *il dit cette chose*. Donc, l'intelligence *se réfléchit*, se replie (*re-flectit*) sur son acte pour considérer le verbe, l'espèce et la marche de son opération.

Conclusion VIe. — *L'intelligence humaine connaît l'acte de la volonté.*

L'acte de la volonté est une inclination qui suit la forme intellectuelle, comme l'acte de l'appétit sensible est l'inclination qui suit la forme sensible. *Actus voluntatis nihil aliud est, quam inclinatio quædam consequens formam intellectam* (*Summ.*, 1, 87, 4).

Or, l'inclination a la nature du sujet dans lequel elle se trouve; et, de même qu'elle est sensible dans l'animal, elle est intellective dans l'âme intellective : elle peut tenir lieu d'espèce intelligible, et engendrer avec l'intelligence un verbe qui l'exprime. Là aussi, il y a une connaissance vulgaire qui se contente de conclure de cette inclination à l'existence de l'appétit dont elle dérive : il y en a une autre plus haute et plus philosophique par laquelle, étudiant la nature de l'acte, on détermine la nature de l'appétit lui-même.

Conclusion VIIe. — *L'intelligence humaine dans la vie présente ne peut avoir une connaissance propre des intelligences séparées.*

Nous avons déjà distingué dans la *conclusion* précédente la connaissance propre de l'analogique. Dans celle-ci, le verbe est engendré par l'espèce intelligible de la chose connue, s'il s'agit de la connaissance abstraite ; s'il s'agit de la connaissance concrète, le verbe sera engendré par la chose elle-même qui tient lieu d'espèce, si elle est immatérielle et s'unit à l'intellect possible. Or, nous avons déjà démontré que, précisément parce que l'intelligence est immatérielle, et réside dans une âme, forme substantielle de la matière du corps, sa connaissance naturelle est celle qui se fait par les espèces intelligibles, tirées des *fantômes*, tellement que, la connaissance même qu'il a de ses propres actes, connaissance réflexe d'une certaine manière, vient aussi de ces espèces. Donc, il ne pourra avoir une connaissance propre des esprits, à moins que l'on ne dise, et ce serait absurde, que l'esprit n'ait une espèce intelligible commune avec les choses qui sont inférieures dans leur essence, de telle sorte que cette espèce donne la quiddité de celui-ci et de celles-là. Toutefois, on peut avoir une connaissance analogique des intelligences séparées, tirée de la connaissance propre que nous avons des choses inférieures, et notamment de notre âme.

Conclusion VIIIe. — *L'intelligence humaine ne peut pas, dans la vie présente, avoir une connaissance propre de Dieu.*

Nous avons dit dans la vie présente, car dans la félicité surnaturelle, qui nous est promise pour l'autre vie par la foi chrétienne, l'essence même de Dieu tiendra lieu d'espèce intelligible, et, alors, notre connaissance de la divinité ne sera plus abstraite, mais concrète et pleine.

Ainsi restreinte, cette *conclusion* est évidemment prouvée par les principes contenus dans la précédente, qui sont encore plus vrais pour la présente. Nous ne pouvons donc, en aucune manière, avoir une connaissance propre de Dieu, mais seulement une connaissance analogique, c'est-à-dire, en remontant des créatures au Créateur. Il ne faut pas confondre cette connaissance analogique avec l'image symbolique dont nous nous servons, quand nous avons formé, pour ainsi dire, à notre manière, les images symboliques des es prits et de Dieu lui-même. Notre concept de Dieu est celui de cause première, d'être qui, dans sa perfection, n'a point les limites qu'on trouve dans toutes les créatures : notre concept des anges nous les représente incorporels, dans une jeunesse perpétuelle, actifs, légers comme le vent, et c'est de là qu'il tirent leur nom *d'esprits*. C'est pourquoi nous savons bien distinguer ces concepts des symboles, qui nous aident pourtant à l'exprimer en cette vie, où nous ne pouvons avoir une connaissance *propre* des intelligences séparées et de Dieu. Aussi, Dante, faisant allusion à ce que nous tirons des *fantômes* nos espèces intelligibles, justifiait ainsi ce symbolisme (1) :

« Il faut parler ainsi à cause de votre nature qui prend seulement dans ce qu'elle a senti, ce qu'elle rend digne ensuite de l'intelligence.

« C'est pour cela que l'Ecriture s'accommode à votre faiblesse, donne à Dieu des pieds et des mains, et entend toute autre chose.

« Et l'Eglise vous représente Gabriel et Michel comme des hommes, ainsi que celui qui guérit Tobie. »

Et nous voulons terminer notre leçon par une admirable doctrine de S. Thomas. C'est que, toutes les créatures étant des effets produits par Dieu, elles doivent, d'une certaine manière, l'exprimer, l'imiter, c'est-à-dire, être des similitudes de Dieu lui-même, très-défectueuses et très-imparfaites, sans doute, qui, réunies comme séparées, ne sont pas capables d'exprimer son infinie perfection. Toutefois, comme ce sont des similitudes, la connaissance que nous avons de Dieu, par leur moyen, ne peut être erronée. « Les perfections des choses créées ressemblent à Dieu suivant son essence unique et simple. Et notre intellect, qui connaît par les

---

(1) Cosi parlar conviensi al vostro ingegno,
Perocchè solo da sensato apprende
Ciò, che fa poscia d'intelletto degno.
Per questo la Scrittura condiscende
A vostra facultate, e piedi e mano
Attribuisce a Dio, ed altro intende.
E santa Chiesa con aspetto umano
Gabriel e Michel vi rappresenta,
E l'altro che Tobia rifece sano.

choses créées, est informé par les similitudes des perfections qu'il trouve dans les créatures, comme la sagesse, la vertu, la bonté, etc. Donc, de même que les choses créées en vertu de leurs perfections, ressemblent à Dieu d'une certaine manière, de même notre intelligence, informée par ces perfections, ressemble aussi à Dieu. Or, toutes les fois que l'intelligence, par sa forme intelligible, ressemble à une chose, ce qu'elle conçoit ou énonce, en vertu de cette espèce, se vérifie de la chose à laquelle elle ressemble par cette espèce ; car la science est l'assimilation de l'intelligence à la chose connue (*assimilatio intellectus ad rem notam*). De là vient que tout ce que l'intelligence, informée par l'espèce des perfections des choses, pense ou énonce de Dieu, existe véritablement en Dieu, qui répond aux perfections représentées par les espèces, puisque ces perfections sont semblables à lui. Et si l'espèce par laquelle notre intelligence comprend, était adéquate à l'essence divine comme image, l'intelligence comprendrait Dieu, et la conception de l'intelligence serait la notion parfaite de Dieu (*esset perfecta Dei ratio*). Mais cette espèce n'est point adéquate, comme nous l'avons dit (*De potentia*, 7, art. 5). » Et Dante, en parlant de l'essence divine, dit très-bien (*Par.*, XXIII) : « que chaque bien que l'on trouve en dehors de lui, n'est autre chose qu'un rayon de sa lumière (1). »

Et, sur ce que notre intelligence considère nécessairement et continuellement les *similitudes* de Dieu, S. Thomas fait une très-belle observation : de même que celui qui contemple continuellement le portrait d'une personne peut dire qu'il la contemple toujours, bien qu'elle ne soit représentée *qu'analogiquement*, de même notre intelligence voit toujours Dieu dans ses images et dans ses similitudes, quoique ce soit d'une manière indistincte et indéterminée. *Anima semper intelligit Deum indeterminate* (1, *dist.* 3, 4, 5). »

Et, pour reprendre la comparaison de Dante, de même qu'un mince faisceau lumineux, passant par une ou-

---

(1) Che ciascun ben che fuor di lei si truova
Altro non è che di suo lume un raggio.

verture étroite, qu'elle soit circulaire, triangulaire, etc., donne toujours à l'endroit où il est, l'image *ronde* du soleil, de même en toute créature on voit Dieu, dont cette créature est la similitude ou l'image plus ou moins belle, suivant sa perfection intrinsèque.

Mais il faut citer tout ce passage du Docteur angélique. « On doit dire, d'après S. Augustin, qu'il y a une différence entre *cogitare, discernere* et *intelligere. Discernere* est connaître une chose, en tant qu'elle diffère des autres. *Cogitare* est considérer la chose suivant ses parties et ses propriétés. *Intelligere* ne signifie autre chose qu'un simple regard de l'intelligence sur ce qui se présente à elle et est intelligible. Je dis donc que notre âme ne *pense* (*cogitat*) et ne *discerne* (*discernit*) pas toujours Dieu et elle-même : car, s'il en était ainsi, chacun connaîtrait naturellement toute la nature de son âme, à la connaissance de laquelle on arrive à peine par de grandes études, et, pour cela, il ne suffit pas que la chose soit présente de n'importe QUELLE MANIÈRE (*quolibet modo*) : mais il faut qu'elle soit présente comme objet (*in ratione objecti*), et il faut que le connaissant tende par un acte à la chose elle-même (*exigitur intentio cognoscentis*). Mais, en tant que comprendre (*intelligere*) ne signifie autre chose qu'un regard, qui n'indique qu'une personne telle quelle de l'intelligible devant l'intelligence (*nihil aliud est quam præsentia intelligibilis ad intellectus* QUOCUMQUE MODO), de cette façon, l'âme se comprend toujours elle-même et Dieu D'UNE MANIÈRE INDÉTERMINÉE (*indeterminate*). »

Il est évident que les mots *quolibet modo* et *indeterminate* indiquent non pas une intuition directe comme l'ont rêvé les ontologistes, mais cette connaissance dont parle S. Thomas dans le texte précédent, en démontrant que Dieu est en toute chose comme dans son image.

SOIXANTE-HUITIÈME LEÇON.

De la volonté et de son objet.

Définition de la volonté.
Après avoir achevé le traité des puissances intellectives considérées dans leur essence, dans leurs opérations et dans leurs objets, parlons maintenant de la faculté appétitive de l'homme, faculté, qui, eu égard à sa puissance souveraine, domine noblement en lui comme une reine. C'est la volonté, *l'appétit rationnel,* c'est-à-dire l'appétit, qui tire la forme de son opération de l'intelligence, ou, ce qui revient au même, de la raison.

Conclusion Ire. — *Il y a dans l'homme un appétit rationnel, c'est-à-dire la volonté.*

Il résulte du grand axiome cité plusieurs fois : *Quamlibet formam sequitur aliqua inclinatio,* que les facultés ou puissances d'où dérivent ces actes que l'on appelle *inclinations,* sont spécifiquement diverses, suivant que les formes qui en déterminent les objets et, par conséquent, les actes sont aussi spécifiquement diverses. Or, outre les formes naturelles des êtres inorganiques, il y a des formes de la connaissance sensible des brutes et aussi de l'homme, et de plus les formes immatérielles de l'intelligence, dont nous avons assez longuement parlé. Mais ces formes sont spécifiquement diverses. Donc, outre l'appétit naturel qui se trouve dans les êtres inorganiques, dans les brutes et dans l'homme, outre l'appétit animal ou sensitif, qui est dans les brutes et dans l'homme, il y aura dans l'homme seul l'appétit rationnel spécifiquement divers des précédents, parce qu'il y a en lui la connaissance intellectuelle spécifiquement diverse de la connaissance sensitive.

Et il faut observer ici que plus une créature s'approche de Dieu, pour ainsi dire par son être, plus beau et plus sublime resplendit en elle le reflet de la majesté divine. Or, la souveraine majesté de Dieu brille surtout en ce qu'il meut, qu'il attire, et qu'il dirige toute chose, tandis qu'il n'est mû, attiré ou dirigé par rien. Donc, plus une créature par son être se trouve près de Dieu, ou, pour mieux dire, se trouve moins loin de lui, plus elle participe de la ressemblance divine, en cela que Dieu lui-même la pousse moins à ses opérations, qu'elle a plus de liberté d'action pour se mouvoir, se conduire et se diriger elle-même. La créature qui ne se meut pas et ne se dirige point elle-même vers *une fin*, bien qu'il y ait en elle, en vertu de sa forme substantielle, le principe des inclinations à cette même fin, cette créature, disons-nous, est très-éloignée de Dieu. La créature sensitive s'en rapproche davantage, car elle se dirige elle-même vers une fin connue, et se propose, par le sens, le but de son appétition; toutefois, il ne dépend pas de l'élection de l'animal de se porter à tel ou tel but : il y est nécessité par sa nature et par la nature de sa connaissance, qui ne s'occupe que des *singuliers*. Et, en vertu de cette nécessité, on dit vulgairement que, *bruta moventur in finem*. Mais la créature rationnelle, comme l'homme, a, non-seulement toutes les inclinations naturelles des créatures inférieures et tous leurs appétits, mais elle a en son pouvoir les inclinations elles-mêmes, comme nous le verrons. Elle les a, en tant que raisonnable, et c'est pour cela que l'image de Dieu brille en elle d'une manière plus parfaite. C'est de cette façon que S. Thomas (*Quæst. disp.* 22. *De volunt.*, art. 4) célèbre la haute dignité de l'homme qu'il trouve principalement dans sa volonté.

Bien que l'on doive distinguer dans l'homme ces trois appétits : l'appétit naturel, l'appétit sensitif, et l'appétit rationel que l'on appelle volonté, toutefois il va sans dire que nous ne traiterons que du troisième, car nous avons déjà parlé du premier à propos des êtres inorganiques et des plantes, et du second à propos des brutes.

Conclusion IIe. — *Leur volonté est une puissance inorganique.*

Et d'abord, *a*) il est évident que la puissance qui est ordonnée à l'opération par une forme immatérielle, doit être elle-même immatérielle, puisqu'il s'agit, bien

entendu, d'une forme intrinsèque et non pas extrinsèque. Donc, si, de ce que la forme sensitive, qui détermine à l'opération l'appétit des brutes, est matérielle, nous concluions que cet appétit lui-même est une puissance organique, nous devrions aussi conclure que les formes par lesquelles opère la volonté étant immatérielles, celle-ci est une puissance inorganique.
b) C'est ce qui devient manifeste par ses actes et par ses objets : et nous n'avons pas besoin de nous y arrêter, car nous l'avons démontré plus que suffisamment, en parlant de l'immatérialité de l'âme intellective.

Conclusion III°. — *La volonté est une puissance distincte de l'intelligence.*

La différence des puissances se tire de la différence des actes, et celle-ci de la différence des objets. Or, l'appréhension de l'être diffère de l'inclination à l'être, et engendrer le verbe mental par lequel l'intelligence acquiert l'être intentionnel de la chose connue, n'est pas la même chose qu'aimer son objet propre et se réunir à lui. Ensuite, la distinction des objets ne suppose pas une distinction et moins encore une diversité entre les choses qui sont objets, considérées en elles-mêmes, mais seulement une distinction des mêmes choses *en tant qu'elles sont objets de* facultés respectives. Voici comment S. Thomas parle de cette distinction : « On dit qu'une chose est *objet* de l'âme, quand elle a quelque rapport avec l'âme. Donc, si ces rapports avec l'âme ont différentes raisons, il y a une différence entre les objets : différence qui montre que les puissances sont dans un genre divers. Or, une chose peut avoir un double rapport avec l'âme : le premier, suivant lequel elle est dans l'âme à la manière de l'âme elle-même (*est in anima per modum animæ et non per modum sui*); le second, suivant lequel l'âme est comparée à la chose existante dans son être (*anima comparatur ad rem in suo esse existentem*). Et ainsi une chose est objet de l'âme d'une double manière : la première, en tant qu'elle est ordonnée à être dans l'âme, non pas selon son être propre, mais selon le mode de l'âme elle-même, c'est-à-dire spirituellement : et c'est la manière du cognoscible en tant que cognoscible. La seconde, c'est quand l'âme est attirée et ordonnée vers une chose, suivant la manière dont cette chose existe en soi, et c'est la manière de l'appétible en tant qu'appétible. Donc, le cognoscible et l'appétible déterminent différents genres de puissances. Et comme le cognoscible appartient à l'intelligence, on doit dire que la volonté et l'intelligence appartiennent à des genres divers (*De volunt.*, 22. 10). »

Conclusion IV°. — *A divers points de vue, l'intelligence et la volonté sont des puissances plus ou moins nobles l'une que l'autre.*

On doit juger ici du degré de noblesse, non pas par ce qui est accidentel, mais par ce qui est essentiel ou naturel ou propre aux puissances elles-mêmes. Autrement on devrait dire que certains animaux sont d'un degré supérieur à l'homme, parce qu'ils le surpassent sous certains rapports, par exemple, le lion pour la force, le chien pour la finesse de l'odorat, l'aigle pour la puissance de la vue. Or, il faut savoir que la dignité naturelle de l'intelligence consiste en ceci qu'elle prend l'être de la chose, non pas dans la chose elle-même, mais dans l'espèce intelligible, et qu'elle engendre par elle le verbe. Au contraire, la noblesse de la volonté consiste en ce que, par son acte propre, elle s'incline vers l'être de la chose considérée en elle-même, comme nous l'avons dit dans la conclusion précédente. Et, généralement parlant, il vaut mieux avoir en soi la noblesse de la chose qui est en dehors de la puissance, que d'être ordonné à la chose considérée en elle-même ; donc, si l'on compare absolument et généralement ces deux puissances, l'intelligence paraît plus noble que la volonté. Mais il est bon d'observer que les choses peuvent avoir une dignité par rapport à l'âme intellective : aussi les choses matérielles sont au-dessous d'elle, mais Dieu est infiniment au-dessus. Aussi, l'intelligence en leur donnant l'être intentionnel, les ennoblit : et l'être idéal des choses matérielles est beaucoup plus noble que l'être réel qu'elles ont en elles-mêmes, et vers lequel s'incline la volonté. Donc, relativement à ces choses, la noblesse de l'intelligence est plus grande que celle de la volonté. Mais il n'en est pas ainsi par rapport à Dieu, et l'acte de la volonté, par lequel elle tend à Dieu, considéré en lui-même, est plus noble que celui de l'intelligence dans laquelle il existe intentionnellement.

Conclusion V^e. — *L'objet adéquat de la volonté est le bien*.

On sait ce que nous voulons dire par ces mots, *objet adéquat*. Le coloré est l'objet adéquat de la vue : aussi elle s'étend à tout coloré : de même, le bien est l'objet adéquat de la volonté, parce qu'elle s'étend à tout bien. Or, le bien et l'être sont convertibles : et le bien est l'être comparé à la volonté, comme nous l'avons démontré dans la *philosophie première ;* car le bien, le vrai, et l'unité constituent les trois attributs transcendentaux de l'être. Par conséquent, de même que l'extension de l'être est infinie, de même aussi celle du bien est infinie : ce qui signifie qu'on ne peut assigner de limites en dedans desquelles le bien soit contenu, de même que l'être n'a point non plus de terme qui l'arrête.

Maintenant, après le principe, *quamlibet formam sequitur aliqua inclinatio*, on doit dire que l'inclination de la volonté se porte à l'objet qui est dans la forme intellectuelle, et que l'objet adéquat de la volonté sera déterminé par la forme adéquate de l'intelligence. Or, l'objet de l'intelligence est l'être, et l'être en tant que forme de l'intelligence, s'appelle le vrai, car le *vrai*, en fin de compte, n'est que *l'être connu*. L'objet adéquat de l'intelligence n'est point limité à l'être d'une espèce ou d'un genre ; il s'étend à tout être : tout être, proprement ou analogiquement, peut être connu, comme nous l'avons dit en parlant de l'intelligence ; et l'être est conçu en tout verbe engendré par l'intelligence, comme nous l'avons aussi démontré dans la *philosophie première*. Donc, si l'objet de l'intelligence est l'être conçu, c'est-à-dire, si l'intelligence est ordonnée par sa nature *à devenir tout être* (*pertinet ad intellectum possibilem omnia fieri*), en recevant *en soi* intentionnellement tout être, il s'ensuit que l'objet vers lequel la volonté sera inclinée, sera l'être (*ens*) dans son être (*esse*) réel, c'est-à-dire, selon l'existence qu'il a en lui-même, comme nous l'avons démontré dans les *conclusions* précédentes : et par conséquent l'objet adéquat de la volonté sera *tout être*, considéré en lui-même. Donc, comme il doit y avoir proportion entre ces deux puissances, de même que le fini n'est point l'objet adéquat de l'intelligence, il ne le sera pas plus de la volonté : l'infini sera l'objet adéquat des deux. Et, en effet, que l'on multiplie tant que l'on voudra les êtres finis, ils ne donneront jamais l'infini, comme nous l'avons démontré dans la *philosophie première :* et, par conséquent, bien que l'intelligence devienne *eux tous,* en les connaissant, et la volonté tende à tous en les embrassant tous dans son amour, elles ne pourront jamais ni l'une ni l'autre être complétement satisfaites, parce que tous ces êtres finis ensemble ne sont point leur objet adéquat.

Et, de même que l'intelligence, dont la propriété essentielle est d'universaliser dans ses concepts, en concevant toute chose, conçoit l'être auquel elle se rapporte comme à son transcendental, de même, dans toute inclination de la volonté, on trouvera transcendentalement l'inclination au bien. De même encore que le motif pour lequel l'intelligence conçoit toute espèce particulière d'être (*ens*), et parce qu'elle est être (*ens*), c'est-à-dire qu'elle *participe de la raison d'être* (*esse*) (1), de même, le motif par lequel la volonté tend à tout bien particulier sera qu'elle est déterminée dans son inclination au bien conçu dans sa plus grande universalité.

Mais la volonté ne peut-elle pas tendre au mal ? Comme nous l'avons démontré dans *la philosophie première,* le mal est dans le bien, comme dans son sujet ; car le mal n'est autre chose que la privation du bien ; or, *la privation* ne peut pas avoir d'être propre. Le mal, par conséquent, diffère du bien, comme *le privatif* diffère du *négatif,* de telle sorte que le mal pourrait s'appeler *le rien privatif :* tandis que *le rien négatif,* ne s'appelle pas mal, mais simplement *rien.* Il y a

---

(1) Observons d'ailleurs que *esse* se dit au mode infinitif, précisément, parce que, dans son concept, il n'a point de limites, et que *ens* est un participe, qui indique une participation de l'infini.

donc une opposition totale entre l'être et le néant, et la langue italienne, véritablement philosophique, appelle le rien *niente* (néant), c'est-à-dire *non ente (non étant)*, ou privation de l'être. Si l'être seul, comme vrai, peut être objet de l'intelligence, et l'être seul, comme bien, objet de la volonté, il s'ensuit que le rien, *par lui-même*, ne pourra être l'objet ni de l'une ni de l'autre, et, de même que l'intelligence ne peut intentionnellement *devenir rien*, de même la volonté par son inclination ne peut pas tendre *à rien*.

Mais on ne peut pas en dire autant du sujet où le mal se trouve. Ce sujet est un bien, quoique défectueux ; il a la raison d'être, et il peut être connu ; il a aussi la raison de bien, et il peut être aimé. Et, parce qu'on ne peut pas aller au terme *ad quem* sans s'éloigner du terme *a quo*, aller au bien qui est l'être, est la même chose que s'éloigner du mal qui est le non-être, et réciproquement : par conséquent, la volonté pourra s'exercer à fuir le mal et à poursuivre le bien. Mais il est bien certain que, de même que l'œil ne voit point les ténèbres, qui sont une pure privation de son objet, la lumière, de même la volonté ne peut aimer le mal pur, qui est la privation de son objet. Avec ces principes on peut résoudre toutes les difficultés que l'on a coutume de faire sur ce point. Remarquons seulement que, quand on prend le bien pour ce qui a rapport à la perfection de l'homme, il faut considérer que *bonum est ex integra causa, malum ex quocumque defectu :* et, par conséquent, c'est *de l'homme tout entier* qu'il faut tirer les raisons pour déterminer quel est son bien, et non pas seulement de son être particulier, ou naturel, ou sensitif, ou même intellectuel, car il peut souvent arriver qu'une chose soit bien sous un rapport, et mal sous un autre. Donc, son bien absolu, et sous tous les rapports, sera seulement celui-là qui le dispose à l'acquisition de ce bien suprême, dans lequel doit être placée sa fin dernière. Mais c'est *l'éthique* qui doit s'occuper de toutes ces choses : nous ne faisons ici qu'établir les principes généraux.

SOIXANTE-NEUVIÈME LEÇON.

Division des actes de la volonté. — Sa liberté.

Du nom des actes de la volonté.

Il faut d'abord bien considérer qu'il y a une grande différence entre ce qui procède de la volonté de n'importe quelle manière, et ce qui est son *objet* propre. En effet, bien que tout ce qui procède d'elle puisse être considéré comme son acte, toutefois ce mot a une signification particulière. Ce qui procède d'une façon quelconque de la volonté s'appelle *volontaire :* ce qui est l'objet de son acte propre, s'appelle *voulu*. L'affection que l'on a pour son ami est *volontaire :* si l'homme meut les pieds et marche, la marche est *volontaire;* il se nourrit et la nutrition est *volontaire*. Mais le père veut que ses fils lui obéissent; et l'obéissance des fils n'est point, relativement au père volontaire, elle est plutôt *voulue*. Telle est la distinction qu'on fait dans les écoles entre *le voluntarium et le volitum*.

En second lieu, il faut observer que, autre est l'acte qui émane *immédiatement* de la volonté, et autre celui qui en émane *médiatement*. La volonté étant comme une reine dans l'homme, elle meut les autres puissances, non-seulement les inférieures, mais encore l'intelligence, en la déterminant à l'exercice de ses actes. Les actes qui émanent immédiatement de la volonté, s'appellent *élicites ;* ceux qui émanent immédiatement des autres puissances, sur lesquelles la volonté commande en les mouvant, et, par conséquent, sont des actes qui, quant à leur existence, procèdent médiatement de la volonté, on les nomme *impérés*. Par conséquent, si la volonté meut le bras pour frapper quelqu'un, elle le fera par deux actes : l'un *élicite*, c'est celui qui procède de la volonté mouvant le bras, l'autre *impéré*, et c'est le mouvement du bras *mû* par la volonté.

En troisième lieu, on doit distinguer l'acte par lequel la volonté tend à son objet adéquat, des actes par lesquels elle tend aux objets qui sont contenus dans les limites de son objet adéquat. Nous avons déjà vu que l'être sans limites, qui, possédé par l'intelligence, se nomme vrai, étant l'objet adéquat de l'intelligence elle-même, il s'ensuit que le même être sans limites, sous la raison de *bien*, est l'objet adéquat de la volonté. La volonté y est déterminée par sa nature, et elle ne peut s'en détacher d'aucune façon : quant aux objets qui sont au-dessous de ce bien adéquat, elle y sera portée non par sa nature, mais par élection. Si la volonté possédait ce qui répond à son objet adéquat, elle serait tranquille et satisfaite, et cette tranquillité s'appelle béatitude ou félicité. Voilà pourquoi en tendant aux objets particuliers, qui sont au-dessous de son objet adéquat, elle est toujours mue par sa tendance naturelle vers ce dernier, et l'on dit, avec raison, que la volonté tend toujours implicitement à sa félicité. De là vient que, comme il n'y a rien, au delà de l'objet adéquat vers lequel la volonté puisse tendre, cet objet a absolument et pleinement la raison *de fin*, et tous les autres qui sont inférieurs à lui, et vers lesquels la volonté tend, mue par sa tendance au bien adéquat, ont simplement la raison *de moyens*. Donc, elle est déterminée par nature à sa fin, comme nous le verrons bientôt, mais elle se détermine aux moyens d'elle-même et par libre élection.

Et, parce que la volonté, tendant aux biens particuliers, tend *implicitement* au bien universel, son objet adéquat, on pourra dire que ce qui meut la volonté vers les biens singuliers, est la tendance naturelle qu'elle a au bien universel, qui ne se trouve concrètement que dans l'être infini de Dieu. On doit donc dire que Dieu a mis dans la volonté une tendance qui l'incline toujours implicitement vers lui, sa fin dernière. Cela est vrai, même quand la volonté s'égare vers le crime; car, en ce cas, elle se trompe en embrassant, comme bien *réel*, ce qui n'est qu'un bien *apparent* ; toutefois, dans la faute prise comme bien, se trouve cette tendance générale et naturelle vers son bien adéquat, qui, concrètement, est sa fin dernière et Dieu lui même.

C'est la belle doctrine de S. Thomas : « Il est nécessaire que tout ce que l'homme recherche, il le recherche à cause de sa fin dernière, et cela pour deux raisons. La première, c'est que tout ce que l'homme recherche, il le recherche sous la raison de bien : et si un bien quelconque n'est point recherché comme bien parfait qui est la fin dernière, il est nécessaire qu'il soit recherché comme tendant au bien parfait : car, toujours le commencement d'une chose est ordonné à la consommation ou perfection de cette même chose, comme cela est évident aussi bien dans les produits de la nature, que dans ceux de l'art. Et, par conséquent, tout commencement de perfection est ordonné à la perfection consommée, qui se trouve dans la fin dernière. La seconde raison est que la fin dernière, quant à ce qui est de mouvoir l'appétit, a des rapports semblables à ceux du premier moteur vis-à-vis des autres mouvements. Or, il est manifeste que les causes secondes qui meuvent, ne meuvent qu'en tant qu'elles sont mues par le premier moteur : par conséquent, les choses qui sont appétibles, d'une appétibilité participée, ne meuvent que d'une manière subordonnée au premier appétible, dont elles reçoivent leur appétibilité... Et il n'est pas nécessaire pour cela que la personne pense toujours à la fin dernière, toutes les fois qu'elle recherche quelque chose, ou qu'elle opère : mais l'influence de la première intention à la fin reste dans l'appétition de toute chose, bien qu'on ne pense point explicitement à la fin dernière, de même qu'il n'est point nécessaire que celui qui marche dans une route, pense explicitement à chaque pas au but vers lequel sont dirigés ses pas (*Summ.*, 1, 2, 1, 6). »

Or, pour tous les objets, qui se présentent à la volonté, comme *insuffisants* sous le rapport de bien, et qui, par cela même, ne s'offrent point à elle comme son objet adéquat, elle est *libre*. D'où l'on voit que la liberté n'est point une faculté différente de la volonté, mais un mode particulier de la volonté dans ses tendances à ses objets inadéquats, vis-à-vis desquels l'homme est tellement maître de ses actes, qu'il ne peut y être forcé par aucune puissance. Considérée sous ce rapport, la liberté est la plus magnifique et la plus terrible faculté des êtres intelligents, car c'est la source de la vertu et du vice, du mérite et du démérite : de la liberté vient tout ce qui honore ou déshonore, ce qui désole ou console l'individu aussi bien que la société humaine : par elle les créatures intellectuelles deviennent capables de rendre au Créateur l'hommage qui est la fin même de la création. Tout cela est dit par la mystique Béatrix au grand poëte dans ces vers admirables (*Parad.*, V) :

« Le plus grand don, que Dieu dans sa munificence fit à la créature, le plus conforme à sa bonté, celui qu'il apprécie le plus,

« Est la liberté de la volonté dont toutes les créatures intelligentes, mais elles seules, ont été et sont douées (1). »

Et, précisément parce que c'est *le plus grand don*, Dieu a voulu le faire, bien qu'il prévît l'incroyable abus que l'on en ferait. Il l'a permis, en l'ordonnant à des biens supérieurs, et à la manifestation diverse de ses attributs, c'est-à-dire à l'acquisition de sa gloire extrinsèque. Mais, au lieu d'admirer les harmonies providentielles, par lesquelles le libre arbitre créé se lie à toute la création, il nous faut étudier sa nature intime.

Le mot de liberté se prend en deux sens, en laissant de côté les sens impropres ou de peu d'importance. Dans un sens *moral*, et il indique alors l'exemption de la loi : il en est question dans *l'éthique*. Il se prend aussi dans un sens *physique*, et il indique *l'exemption d'une forme cognoscitive par laquelle la volonté soit déterminée à une tendance*. Et, bien que ce soit là la définition strictement philosophique de la liberté physique, on a coutume de la définir vulgairement : *Une propriété de la volonté humaine par laquelle, étant*

---

(1) Lo maggior don, che Dio per sua larghezza
Fesse creando, e alla sua bontate
Più conformato, et quel ch' ei più apprezza,
   Fù della volontà la libertate,
Di che le creature intelligenti,
E tutte e sole furo e son dotate.

posé tout ce qui est nécessaire à son opération, elle peut agir, ou ne pas agir, ou agir d'une autre manière, quand bien même des biens égaux, ou plus grands les uns que les autres, s'offriraient à elle.

Conclusion Ire. — *Pour l'essence de la liberté, il suffit de l'indifférence objective et de l'indifférence formelle : l'indifférence morale, et les indifférences de contradiction et de spécification réunies, ne sont pas nécessaires*.

Pour qu'une opération puisse être dite libre, il suffit qu'elle soit au pouvoir de l'opérant, de telle sorte qu'il ait pu, *à son gré*, ne pas la faire. Quand cela a lieu dans chaque opération, l'essence de la liberté est sauve. Et c'est de cette essence que nous parlons, en faisant abstraction de ce qui arrive en fait ordinairement et *naturellement* parmi les hommes.

1° L'indifférence *objective* consiste en ce que l'objet ne se présente point comme bon *sous tous les rapports*, que l'on voit bien qu'il *ne suffit pas* pour être l'objet adéquat de la volonté, et qu'il n'apparaît pas comme *évidemment lié* avec ce même objet adéquat. Cela est clair, parce que, dans ce cas, la volonté ne pourra pas le rejeter car elle y est déterminée, non par élection, mais par *nature*. De là vient que, lorsque l'existence même, ou l'exercice de la religion ne se présente point à quelqu'un comme *nécessairement et évidemment* liée avec la possession de son objet adéquat, il pourra terminer sa vie par le suicide, et laisser de côté toute religion. Dieu lui-même, ne se présentant point immédiatement et évidemment comme bien infini à notre esprit, et, par conséquent, comme son bien adéquat *in concreto*, la volonté pourra lui refuser son amour et lui préférer les biens présents. Nous avons dit : *ne se présente pas*, et nous n'avons pas dit, *n'est pas*, car le bien ne meut pas la volonté en tant qu'il est *l'objet de la volonté*, c'est-à-dire en tant qu'il se présente à la volonté, et, d'après cette distinction, une chose peut parfaitement se présenter comme bien, quand *en soi elle est* réunie avec un mal, et même avec le plus grand mal.

2° L'indifférence *formelle* consiste en ce que la tendance de la volonté à ce qui n'est pas son objet adéquat n'est *pas nécessaire*. Il est clair qu'elle est absolument requise, car, sans elle, la volonté ne pourrait pas ne point embrasser le bien, quand bien même il ne serait point son objet adéquat.

3° L'indifférence *morale* consiste en ce que la volonté puisse choisir le bien moral, c'est-à-dire ce qui a rapport à la vertu, et le mal moral, c'est-à-dire la faute. Cette indifférence n'est nullement nécessaire à la liberté. En effet, l'essence de la liberté consiste à pouvoir, à son gré, prendre ou refuser un bien qui n'est pas l'objet adéquat de la volonté, mais qui lui apparaît comme ordonné à lui, tel qu'un moyen à une fin, ainsi que nous l'avons dit plus haut avec S. Thomas. Mais c'est une imperfection très-grande que la volonté puisse rechercher ce qui n'est point véritablement un bien, parce qu'il n'est pas ordonné à son objet adéquat. Or, le bien dans lequel se trouve la faute n'est point véritablement un bien, puisqu'il n'est pas ordonné au souverain bien, mais plutôt s'y oppose. Donc, l'indifférence morale, loin d'appartenir à l'essence de la liberté, en est une véritable et très-grande imperfection, quoique ce soit une imperfection inhérente à la nature humaine, ou plutôt à la créature intellectuelle, qui n'est point encore arrivée à sa fin dernière.

4° L'indifférence *de contradiction* consiste *dans l'exercice*, c'est-à-dire à faire ou à ne pas faire l'opération : celle *de spécification* consiste à faire cette opération ou celle-là, en embrassant cet objet ou cet autre objet. Il est clair que ces deux manières se rencontrent universellement ; toutefois, l'une des deux suffit pour que l'on puisse dire que l'opération était au *pouvoir* de l'opérant.

Conclusion II°. — *La volonté humaine est libre dans ses actes élicites : elle a, par conséquent, l'élection vis-à-vis de ses objets inadéquats, c'est-à-dire les biens particuliers et finis.*

1° Un moyen infaillible de connaître la vérité, c'est de consulter notre propre conscience. Or, elle nous manifeste que nous tendons librement, c'est-à-dire de façon à ce que nous pouvons ne pas y tendre, aux biens finis, objets inadéquats de notre volonté, qu'ils soient différents ou égaux, ou qu'ils se présentent comme plus grand, l'un que l'autre. C'est encore la conscience qui nous montre comme diamétralement opposée la manière dont arrive une opération nécessaire, par exemple, tomber d'une échelle, être mouillé par la pluie, à la manière dont arrive une opération libre, comme manger, marcher, parler ou opérer autrement à son gré. Donc, le fait prouve que la volonté humaine est libre.

2° On peut invoquer le consentement universel de tous les hommes. Dans tous les temps, dans tous les lieux, on a regardé comme certain que l'homme était *physiquement* libre : mais un tel consentement est impossible pour une erreur; donc, etc. La majeure est certaine par cela seul que chez tous les hommes il y a eu, et il y a encore des récompenses, des châtiments, des conseils, des lois, des avertissements, des exhortations : toutes choses qui supposent la conviction intime de l'existence de la liberté humaine. La mineure est aussi évidente, car, un effet universel, uniforme et constant suppose *une cause proportionnée*, et, par conséquent, *universelle, uniforme et constante*. Or, les préjugés, l'éducation et tout ce que l'on peut dire, ne peuvent avoir ces caractères propres seulement à la vérité. Donc, les hommes n'ont admis la liberté humaine comme un fait, que parce que la vérité de ce fait leur était évidente.

3° Si je n'étais point libre, je ne pourrais pas promettre en toute sûreté de faire ceci ou cela, ou le contraire de ce qu'on veut de moi, attendu que, s'il y avait une nécessité physique de faire ce que je fais, je serais fou de promettre ce qu'il n'est pas en mon pouvoir physique de faire ou de ne pas faire. Et, pourtant, à chaque instant les hommes se font des promesses réciproques ; donc, etc.

4° S'il n'y avait point de liberté, il faudrait admettre fréquemment des effets sans cause. En effet, l'homme se déterminant à son gré entre des biens égaux, et préférant le plus petit au plus grand, on ne peut assigner de cause suffisante à cette élection en dehors de la liberté.

5° De même, si l'homme n'avait point de liberté, les

opérations qu'il fait ne lui seraient pas imputables. En effet, c'est grâce à la liberté seulement qu'une action est attribuée à son auteur, de manière qu'on suppose qu'il était complétement *en son pouvoir* de la faire ou de ne la pas faire. De là ce dilemme : ou nier l'existence du mal moral, c'est-à-dire des fautes : ou les attribuer à Dieu qui, comme auteur de la nature, le serait aussi de la nécessité de nos opérations. Le premier est absurde ; le second joint le blasphème à l'absurdité.

Mais voilà assez d'arguments *a posteriori* : démontrons maintenant l'existence de la liberté *a priori*.

1° Mettons en premier lieu cet argument par lequel S. Thomas montre la convenance de la liberté, à cause de l'harmonie qui en résulte parmi les divers opérants que l'on rencontre dans l'univers. « Il y a un être qui opère sur le rien, et non par nécessité, et c'est Dieu. Il y a d'autres êtres qui opèrent non pas sur le rien, mais sur un sujet, et par nécessité, et ce sont les êtres naturels (*minéraux, plantes, brutes*). Entre ces deux extrêmes, il n'y a place que pour deux êtres intermédiaires : le premier qui opérerait sur le rien, et par nécessité, ce qui est absurde ; il ne reste donc plus que le second, c'est-à-dire l'être qui opère sur un sujet, et non par nécessité : c'est la nature intellective, qui opère en présupposant le sujet de ses opérations, mais jouit de la liberté (*Quæst. disp.*, 24, 1). »

2° Le rapport qu'il y a entre l'intelligence et le premier principe, que nous avons appelé en logique *critérium de vérité*, et les conséquences qui en découlent, doit se trouver aussi entre la volonté et sa fin dernière, c'est-à-dire son objet adéquat que l'on pourrait appeler *critérium de bonté*, et les moyens qui s'y rapportent, c'est-à-dire ses objets inadéquats. Mais l'intelligence est entraînée *nécessairement* par ce principe, de telle façon qu'elle ne peut pas ne point l'admettre. La même nécessité le contraint à embrasser les conséquences qui, niées, le feraient nier aussi, mais non pas celles qui ne sont point liées si étroitement à lui. De la même manière la volonté sera nécessitée par son objet adéquat, qui est sa fin dernière ; mais non par ses objets adéquats, qui ne sont que des moyens :

excepté le cas où un moyen lui paraîtrait évidemment et nécessairement lié avec sa fin. Alors la volonté, relativement à ce moyen, ne serait pas plus libre que l'intelligence, relativement aux conséquences nécessaires dérivées du premier principe.

3° Telle est la nature de la volonté, que, si elle n'était point libre, elle ne pourrait jamais opérer. Par le fait, tout objet inadéquat se présente à elle d'un côté comme n'étant point ce bien suprême qui est son objet adéquat. Sous le premier rapport, elle serait donc déterminée à l'embrasser; mais, sous le second, cela lui serait impossible. Donc, si son acte n'est pas en son pouvoir pour tendre à cet objet, ou le repousser, elle ne pourra opérer en aucune façon.

4° Enfin, et cet argument est tiré de la nature intime de la chose, la forme intellective doit être, par essence, la racine de la liberté. En effet, dans la connaissance de la brute, les formes sont singulières, et, comme elles sont le principe *quo* de l'opération de la brute, elle sera déterminée *ad unum*. Mais, dans l'intelligence, la forme de l'opération est *universelle*, et dans son domaine, il y en a un nombre indéfini de comprises. Donc, la volonté qui opère par les formes intellectuelles, comme principe *quo*, ne pourra faire autre chose que d'en choisir à son gré *une*, car il répugne que dans son opération elle mette en acte *l'universel*. Il en résulte que la volonté *se choisit, à son gré, la forme* de son opération. C'est le profond enseignement de S. Thomas : « La forme comprise (*intellecta*, c'est-à-dire prise par l'intelligence) est universelle, et elle en renferme un grand nombre d'autres; or, comme l'acte se rapporte aux singuliers, parmi lesquels il n'y en a aucun qui égale l'universel, l'inclination de la volonté reste indéterminée relativement à un grand nombre (*De electione humana, artic. unic.*). »

1er *Corollaire.* — La volonté s'établit à elle-même *la forme* de son opération, et c'est en cela que consiste l'essence de la liberté : mais le dernier jugement pratique n'est autre chose que la forme de l'opération qui précède *immédiatement* l'action; donc, il est libre, et en tant que *pratique,* et en tant que *dernier*. En tant que pratique, parce que la volonté pouvait ne pas l'ordonner à sa propre opération ; en tant que dernier, parce que la volonté pouvait choisir une autre forme de son opération, et, dans ce cas, il n'aurait plus été le dernier.

2ᵉ *Corollaire*. — Tout objet inadéquat de la volonté a comme deux faces : sous l'une, il a la raison de bien; sous l'autre, celle de non-bien. En tant que bien, l'objet attire et meut la volonté; mais, en tant que *non-bien*, il ne l'attire point et ne la meut point, parce que *sous ce rapport*, il n'est pas son objet, comme les ténèbres ne sont pas l'objet de la vue. Si la volonté l'embrasse, c'est qu'elle le regarde sous le premier aspect, et qu'ainsi elle *se laisse attirer;* si elle le rejette, c'est parce qu'elle le regarde sous l'autre aspect. A ce propos, S. Thomas dit très-bien : « Dans *le mouvement* que toute puissance reçoit de son objet, il faut considérer la raison suivant laquelle l'objet la meut. Ainsi, le visible meut la vue par la raison de couleur visible en acte. Si donc, la couleur se présente à la vue, elle *la meut* nécessairement, pourvu que la personne ne tourne pas ses regards d'un autre côté : ce qui se rapporte à l'exercice de l'acte. Et s'il y avait devant la vue un objet en partie coloré, et en partie non coloré, il ne serait point vu nécessairement, car la vue peut porter sur la partie où il n'est pas coloré, et alors l'œil ne le verrait pas.

Or, de même que le coloré est l'objet de la vue, de même le bien est l'objet de la volonté : donc, s'il se présente à la volonté un objet qui soit bien absolument, c'est-à-dire bien sous tous les rapports, la volonté y tend nécessairement, si elle se met en acte, *parce qu'elle ne peut le rejeter*. S'il se présente un objet qui ne soit pas bon sous tous les rapports, la volonté ne sera point nécessitée à l'embrasser. Et, parce que ce manque de bonté ultérieure peut être considéré comme *non-bien*, le seul bien parfait, à qui rien ne manque, est le seul bien que la volonté ne peut ne pas vouloir. Les autres biens particuliers, *en tant qu'ils sont insuffisants, peuvent se prendre comme non-biens, et, sous ce rapport, peuvent être rejetés* (*Summ.*, 1, 2, 10, 2). » De cette doctrine découle une conséquence fort inattendue peut-être pour beaucoup. C'est qu'il est impossible de supposer que la volonté rejette un objet, tant que, le regardant sous l'aspect de bien, elle se laisse attirer vers lui ; pour qu'elle puisse le rejeter *il doit se présenter* sous l'aspect de non-bien : dans ce seul cas, il ne sera pas *moteur* de la volonté. Par conséquent, étant donnée l'hypothèse que la volonté ait devant elle deux objets *sous le seul aspect* de bien, et, par conséquent, sous l'aspect de biens *égaux*, car le moindre apparaîtrait *non-bien* sous un certain rapport, dans cette hypothèse, disons-nous, la volonté ne pourra agir ; elle restera immobile, et, alors seulement, elle pourra prendre l'un et laisser l'autre, quand considérant l'un d'eux, comme *insuffisant*, il cessera de la mouvoir. C'est de cette philosophie profonde que s'inspirait Dante quand il disait (*Par.*, IV) :

« Entre deux pains également distants, et l'attirant d'une même manière, l'homme, malgré sa liberté, mourrait plutôt de faim que de porter l'un ou l'autre à sa bouche.

« Ainsi un agneau tremblerait également entre deux loups féroces : ainsi resterait immobile un chien entre deux daims (1). »

Tant que les deux pains *attireront de la même manière*, il est certain que *l'homme, malgré sa liberté, mourra de faim :* car il n'y aurait aucun motif qui le ferait *porter à sa bouche* un pain plutôt que l'autre ; mais, précisément parce qu'il est libre, il a le pouvoir *de se faire attirer* par l'un plutôt que par l'autre, en appliquant l'intelligence à considérer dans l'un des deux quelque raison qui le lui fasse préférer ou laisser de côté. Une raison objective n'est point nécessaire : le seul exercice de sa liberté suffit : *Stat pro ratione voluntas*. Il n'en est point ainsi de *l'agneau entre deux*

---

(1) Intra duo cibi distanti e moventi
D' un modo, prima si morria di fame,
Che liber' uomo l' un recasse a' denti.
Sì si starebbe un agno intra due brame
Di fieri lupi, ugualmente temendo,
Sì si starebbe un cane intra due dame.

loups, et du *chien entre deux daims;* pour eux, s'il ne leur arrive pas *du dehors un fantôme* pour les déterminer, il est indubitable que par eux-mêmes ils ne le feront jamais. Celui qui a osé dire que par ces vers, Dante avait nié le libre arbitre de l'homme aurait dû connaître cette philosophie. Mais ce n'est pas le seul endroit de *la Divine Comédie,* sur lequel on ait outragé et calomnié le poëte, pour n'avoir point compris en lui le philosophe : et l'on ne peut pas comprendre Dante comme philosophe, si l'on ne connaît pas bien la philosophie de S. Thomas aux sources pures de laquelle il a puisé cette doctrine qui lui a mérité *le titre de divin.*

MÉTAPHYSIQUE

Deuxième partie. — Voir plus haut, page 110.

PREMIÈRE PARTIE

DES INTELLIGENCES SÉPARÉES (1).

SOIXANTE-DIXIÈME LEÇON.

Tout ce qui est renfermé dans la notion transcendentale de l'être, et, par conséquent, tout ce qui a ou peut avoir la raison d'être, se divise en deux grands ordres de choses : l'un inférieur, l'autre supérieur, l'un corporel, l'autre incorporel, ou, philosophiquement parlant, l'un *physique*, l'autre *super-physique*, ou *métaphysique (au-dessus des choses naturelles)*. La philosophie, de son regard, les embrasse tous les deux; mais, de même que, dans toutes les choses naturelles ou artificielles, on va du plus imparfait au moins imparfait, et de degré en degré jusqu'au plus parfait, de même la contemplation des choses physiques est par elle-même, et, par conséquent, dans l'esprit du philosophe, ordonnée à la contemplation des choses métaphysiques. Or, elles se divisent en deux classes : l'une contient *l'être métaphysique idéal;* l'autre, *l'être métaphysique réel.* Le premier appartient à la *philosophie première* qui a pour objet *les universaux* dans l'ordre idéal; le second, à la

---

(1) On ne traite pas d'habitude ce sujet, au moins d'une manière expresse, dans les cours ordinaires : et nous ne condamnons pas cet usage. Toutefois, il nous a paru bon de ne point le passer, tant pour l'intégrité de la doctrine que pour donner une nouvelle preuve de la fécondité avec laquelle notre philosophie peut raisonner, rien qu'avec les principes naturels, sur un sujet si difficile et *si éloigné de notre vue*. Toutefois, si cette leçon et les deux suivantes paraissaient dans les cours, peu proportionnées à la capacité des jeunes gens, on pourrait les laisser de côté sans inconvénient : le reste n'en souffrirait pas.

philosophie que l'on appelait autrefois *divine*, e qui a pour objet *les intelligences séparées, et Dieu*. Pour nous, nous avons d'abord étudié *la logique*, qui, *tanquam instrumentum sciendi*, nous enseigne à raisonner : puis, comme le demandaient la science et notre désir de la brièveté, nous avons suivi la méthode synthétique, et commencé la *philosophie* par la *philosophie première*, qui se rapporte toute entière aux concepts universels, et constitue la première partie de la *métaphysique*. Ensuite, abordant *la physique*, nous avons, d'un coup d'œil sûr, mesuré la profondeur et l'étendue de la nature corporelle dans la *physique générale* : après cela, nous avons traité chacune de ses parties, dans la *physique particulière*, en parlant successivement des *êtres inorganiques, des plantes, des brutes* et de *l'homme*. Maintenant, quittons les choses matérielles et terrestres, élevons-nous jusqu'à l'immatériel, non-seulement dans son concept, mais encore dans son être, et entrons dans cette seconde partie de la *métaphysique*, qui sera le digne couronnement de toute la *philosophie spéculative*. La brièveté du temps consacré à ces études, nous oblige à restreindre, le plus que nous le pourrons, nos spéculations ; mais nous sommes certain que le peu que nous en dirons, suffira pour engager le lecteur à en faire, selon son pouvoir, l'objet de ses études privées.

Essence et existence des intelligences séparées.

Notion générale des intelligences séparées.
Un profond penseur de l'antiquité voulait que notre esprit s'élevât au-dessus des choses physiques vers les métaphysiques, par une triple voie. Il les appelait *aphérétique, analogique* et *énergique*, empruntant à la langue grecque ces mots qui indiquent les voies de *rémotion*, de *proportion*, *d'opération*. Ce profond penseur était S. Denis l'Aréopagite, qui nous a tracé ces voies dans un ouvrage sublime (*De div. Nom.*, c. VII).

Si nous voulons marcher par la première, c'est-à-dire par *l'aphérétique*, considérons que, si c'est une grande imperfection que celle de l'accident, qui, dans son être, dépend de la substance, son sujet, c'est aussi une grande imperfection que celle des formes substantielles matérielles qui résultent du changement de la matière, car ces formes n'ont pas d'être propre, ni d'opérations propres, et, comme elles ont commencé par la constitution du composé, elles finissent par sa dissolution. Il est bien vrai que la forme qui a un être propre, et qui, tirée du néant, est immortelle, est plus parfaite que les précédentes. Toutefois, c'est une grande imperfection pour elle de ne pouvoir commencer à exister que dans la matière, et de trouver dans son essence même une relation à exister en unité de nature avec la matière elle-même. Cette forme est l'âme humaine. *Enlevons* maintenant, *écartons* toutes ces imperfections, nous aurons une forme créée par Dieu, incorruptible, n'ayant aucun rapport avec la matière, telles que sont les intelligences séparées, les esprits, ou les purs esprits, comme on les appelle encore.

Par la voie *analogique* ou des proportions, nous raisonnons d'après ce que nous savons de la spiritualité et de l'immortalité de notre âme, et nous arrivons à nous former le concept d'une substance qui subsiste toujours en elle-même, en dehors de la matière. Nous étions sur le point de dire que, supposé la connaissance élémentaire de l'âme humaine, il est moins difficile de concevoir un esprit pur que de bien comprendre la nature de l'âme elle-même, vu les divers rapports qu'elle a avec le corps, et pour l'être et pour les opérations. De même qu'il nous est facile de voir combien notre âme surpasse en perfection les formes des substances inférieures, de même nous pouvons nous faire une idée de la perfection d'une forme séparée, en réfléchissant qu'elle est de beaucoup supérieure à celle de notre âme.

Si nous voulons suivre la voie *énergique*, nous disons que, parmi les opérations les plus parfaites, sont les opérations immanentes ou vitales, et, parmi celles-ci, les plus parfaites sont les intellectives, qui se divisent en opérations de l'intelligence et en opérations de la volonté. Mais, bien que les opérations intellectives de notre âme en émanent, comme de leur principe, et soient en elle comme dans leur sujet, toutefois, elles ne sont pas complétement indépendantes de la matière, puisqu'elles dépendent *des fantômes*. Il est vrai que cette dépendance est comme extrinsèque, parce que le *fantôme* ne concourt pas comme principe dans l'opération intellectuelle ; mais cela n'empêche pas que l'intelligence en dépend *comme de son objet*. De là vient pour notre intelligence la nécessité d'engendrer *seulement* et *successivement* les verbes des choses qui lui sont apportées par *les fantômes* ou images sensibles de celles-ci. Par conséquent, elle ne peut saisir le vrai par une simple vision, c'est-à-dire, par un acte de pure intelligence : il faut qu'elle *raisonne*, et elle ne peut avoir des substances séparées qu'une connaissance analogique. Par là nous pouvons très-bien concevoir des substances complétement séparées de la matière, douées de la vie la plus parfaite, c'est-à-dire de l'intellectuelle, et, par conséquent, d'intelligence et de volonté, mais complétement indépendantes des *fantômes*, et n'étant pas obligées de chercher peu à peu et successivement le vrai. Or, tel est le concept des intelligences séparées.

Donc, les voies *aphérétique, analogique et énergique*, nous conduisent à la notion des intelligences séparées, et nous les montrent comme des substances incorporelles, non composées de matière et de forme, mais comme des formes séparées et subsistantes en elles-mêmes, douées d'une intelligence ordonnée à la connaissance du vrai, d'une volonté ordonnée à la possession du bien, comme des substances incorruptibles et immortelles.

Conclusion. — *Il existe des intelligences séparées.*
1° Nous voulons donner en premier lieu la démonstration de S. Thomas, qui, supposé que le monde doive être parfait, en tant qu'il contienne tous les ordres de créatures, en conclut qu'on ne peut pas ne pas admettre l'existence de créatures purement spirituelles ; autrement le monde ne serait point parfait. Que l'on remarque bien, toutefois, que cette supposition, par rapport à la perfection du monde, n'a rien à voir avec l'étrange et absurde opinion de ceux qui voulaient que Dieu *fût forcé* de créer le monde, non-seulement avec

tous les degrés d'êtres divers, mais encore absolument *parfait*, tellement qu'il fût impossible d'avoir un monde meilleur que le monde actuel, qu'ils appelaient *le meilleur des mondes* sous tous les rapports. Mais écoutons S. Thomas : « Il est nécessaire d'admettre qu'il y a des substances incorporelles. En effet, ce que Dieu a surtout en vue dans les choses créées, c'est la bonté, et il arrive à ce but en imprimant sa ressemblance dans la créature. Or, il y a une ressemblance parfaite entre l'effet et la cause, quand l'effet imite la cause précisément en ce par quoi elle produit l'effet : comme ce qui est chaud, en tant que tel, produit la chaleur. Or, Dieu produit les créatures avec l'intelligence et la volonté. Donc, pour la perfection de l'univers, il est nécessaire qu'il y ait des créatures intellectuelles. Car, comprendre ne peut pas être l'acte du corps, ni d'une puissance organique, parce que tout corps est déterminé au *hic et nunc*. Donc, il est nécessaire d'admettre, pour que l'on puisse dire que l'univers est parfait, qu'il y a une créature incorporelle. Les anciens, qui ignoraient la force de l'intelligence, et ne mettaient point de distinction entre elle et le sens, croyaient qu'il n'y avait rien autre chose au monde que ce qui pouvait être saisi par le sens et l'imagination. Et, comme l'imagination n'est frappée que par ce qui est corporel, ils croyaient que tout était corporel, ainsi que le remarque Aristote (*Phys.*, IV). De là l'erreur des Sadducéens, qui disaient qu'il n'y avait point d'esprits. Mais, par cela même que l'intelligence est plus élevée que le sens, le raisonnement nous fait conclure qu'il y a des substances incorporelles, que l'intelligence seule peut saisir (*Summ.*, 1, 50, 1). » Au premier abord, il semble qu'on peut seulement en inférer l'existence de nos âmes qui sont immatérielles. Mais, pour qui comprend bien toute la force du raisonnement, on doit conclure que, de même que la cause veut s'exprimer parfaitement dans l'effet, de même, on peut dire, avec raison, que Dieu s'est représenté lui-même, non-seulement en créant des âmes immatérielles intellectives, mais encore de purs esprits comme lui :

2° Cette raison de convenance devient plus forte

encore, quand on considère la gradation des êtres corporels. Depuis les éléments premiers jusqu'à l'homme, il y a une multitude inconcevable d'espèces : et les corps organiques vont en augmentant graduellement de perfection, depuis les plus infimes jusqu'à la dernière espèce des végétaux, qui, quoique *essentiellement* diverse du degré suprême des êtres inorganiques, semble toutefois montrer à peine le signe de cette divinité. Depuis les algues, les mousses et les plantes parasites, on monte, par une gradation admirable et non interrompue, jusqu'aux cèdres et aux palmiers. On peut en dire autant des animaux, depuis les mollusques qui semblent à peine vivants, jusqu'à l'homme. Si, délimitant à grands traits les substances corporelles, nous les divisons en quatre espèces, les êtres inorganiques, les plantes, les êtres sensitifs irrationnels et l'homme, toutefois, en parlant rigoureusement, les trois premières espèces sont plutôt des genres qui renferment d'innombrables espèces. Dans l'homme seul, l'espèce se confond avec le genre ; et dans le langage commun on dit avec autant de raison, *l'espèce humaine* que le *genre humain*. La raison de ceci, c'est que toutes les différences entre les familles humaines sont *accidentelles,* et ne touchent point l'essence. Or, quand le spectacle de la nature nous montre cette gradation aussi infinie dans les détails que gigantesque dans son ensemble, nous prétendrions que l'homme est la créature la plus parfaite, et qu'il n'y a plus rien après elle jusqu'à Dieu ! Loin de nous cette pensée ! Nous savons que l'âme humaine est, dans l'ordre des formes substantielles, la seule *créée* dans son être propre : et cela nous montre qu'à partir de l'homme, degré suprême des êtres corporels, commence une série de formes et d'intelligences supérieures, qui, en croissant dans leurs perfections *essentielles,* donneront certainement un aussi grand nombre d'espèces qu'il y en a dans les substances corporelles. Ainsi, nous avons devant nous deux mondes : le sensible et l'intelligible, celui des corps et celui des esprits, et Dieu, auteur suprême des deux, qui les embrasse, les gouverne, et y fait régner un ordre et une harmonie admirable.

3° Ce sont là des arguments de convenance, qui sont sans doute probables, mais, néanmoins, ne sont pas convaincants. Toutefois, sur ce sujet, nous ne croyons pas qu'il puisse y en avoir de meilleurs tirés de la nature intime de la chose. Cependant, nous soutenons que l'existence des intelligences séparées est un fait indiscutable, démontré par le consentement de tous les peuples et de tous les siècles. Chez tous les peuples de toute religion, de toute civilisation, on a toujours cru à l'existence des esprits bons ou mauvais, peu importe. Mais, comme nous l'avons dit en parlant de la liberté humaine, un effet universel et constant demande une cause proportionnée, universelle et constante. Or, cette fois encore, la croyance constante et universelle dont nous parlons, ne peut avoir une autre cause revêtue de tels caractères que la *vérité*. Il est vrai que, sur ce point, il a dû y avoir de nombreuses et graves erreurs, mais le faux, de sa nature, est postérieur au vrai, tellement qu'il est impossible de penser qu'il court de la fausse monnaie, dans un endroit où il n'y en a jamais eu de vraie.

4° Du reste, notre siècle, qui prétend ne croire ni à Dieu, ni à l'âme humaine, avec une incohérence digne de lui, nous fournit des preuves très-solides de l'existence des esprits. Avant tout, rappelons ce principe indiscutable : tout effet suppose une cause proportionnée. Or, considérons les deux espèces de phénomènes que l'on désigne sous le nom de *magnétisme et de spiritisme*. Nous le répétons encore, il y a eu de nombreuses impostures, mais on ne saurait croire que tous ces phénomènes sont des artifices d'habiles charlatans pour voler l'argent des gens simples : il y a pour un grand nombre de ces faits trop de preuves, et des preuves d'un trop grand poids.

1° LE MAGNÉTISME. Nous voyons le magnétiseur, sans aucun signe externe, et même en dehors de la portée des sens par lesquels il peut entrer en communication avec le magnétisé, lui faire connaître ses pensées et ses volontés. Nous voyons le magnétisé qui connaît les maladies des personnes éloignées, qui voit les choses séparées de lui par la distance, l'avenir, qui parle des langues qu'il n'a jamais apprises. Ces phénomènes ne sauraient avoir de cause en dehors des esprits. Donc, si les faits sont vrais, il faut en conclure l'existence des esprits.

Et, en effet, l'âme est la forme substantielle du corps humain; toutes ses puissances *sensitives* sont organiques : l'intelligence ne peut penser, sans recevoir des sens la matière de ses pensées : la volonté par elle-même ne peut mouvoir aucun corps extérieur, aucune partie de son propre corps, sans la force motrice qui est une fonction de l'appétit sensitif. Tout cela a été démontré dans notre traité de l'homme. Donc, la communication *directe* des pensées et des volontés entre les âmes humaines est impossible : il faut nécessairement que les pensées et les volontés soient manifestées par un *signe* déjà connu et reçu *comme signe*, la parole, par exemple, un geste déterminé de la main, un mouvement de la figure ou autres choses semblables. Nous avons dit qu'il doit être connu d'avance *comme signe*, autrement on ne pourrait arriver à connaître la chose signifiée. Ainsi, la mère, en montrant à son enfant une chose, et en y ajoutant une parole, lui enseigne que celle-ci est le signe de celui-là : si l'enfant ne voyait point la chose, il ne comprendrait point la valeur du signe. Donc, puisqu'il n'y a pas dans les communications magnétiques, des signes extérieurs des pensées et des volontés, il faut nécessairement dire qu'un esprit quelconque prend les pensées et les volontés du magnétiseur, et les manifeste au magnétisé, de la manière que nous expliquerons plus bas.

Mais l'intelligence et la volonté du magnétiseur ne peuvent-elles pas imprimer leurs pensées et leurs volontés dans le fluide éthéré, et, par ce moyen, les envoyer directement à l'intelligence et à la volonté du magnétisé? Non; car cela est contraire aux lois physiques. 1° Le fluide est un corps irrationel, bien plus, inanimé, incapable de recevoir les ordres de l'esprit et de les porter à son gré d'un côté plutôt que de l'autre. 2° La pensée et la volonté ne peuvent agir immédiatement sur un fluide corporel, précisément parce que ce sont les actes immatériels d'une âme, qui, en tant que forme substantielle du corps, ne peut agir sur les corps externes qu'au moyen des puissances sensitives organiques. 3° Et, quand bien même on accorderait cette impression dans le fluide, comment jamais, quand il l'aurait reçue, pourrait-on savoir qu'elle est le signe d'une pensée plutôt que d'une autre, de cette volonté, plutôt que de celle-là. Il faudrait un long apprentissage, dont on n'a pas vu d'exemple, et qui est impossible. Donc, l'hypothèse du fluide est non-seulement étrange, mais insuffisante et absurde, et il est certain que ces communications ne peuvent avoir lieu que par l'intervention d'intelligences séparées.

A plus forte raison la perception des objets, séparés par le temps et le lieu, est impossible. Car, comme nous l'avons démontré, la nature humaine est ainsi faite, qu'un objet extérieur ne peut être perçu sans qu'il s'unisse médiatement ou immédiatement aux sens externes : puis la sensation doit être transportée au sens commun, et à l'imagination : l'intelligence illumine ses *fantômes*, en forme les espèces intelligibles, et engendre le verbe de la chose, d'où est venue la connaissance sensitive. Voilà pourquoi un objet qui, par le lieu ou par le temps, est hors de la portée des sens, ne peut être connu en aucune façon, à moins qu'un esprit ne le connaisse, et n'en apporte invisiblement à un autre la connaissance.

C'est aussi un effet sans cause que la manifestation d'une science où d'une connaissance quelconque acquise sans étude, si elle n'est pas suggérée intérieurement par des esprits invisibles. Cela est évident par la doctrine déjà démontrée qu'il n'y a point de connaissances innées, et qu'elle s'engendrent successivement en nous, au moyen de *fantômes*, comme nous l'avons dit.

D'après tout ceci, on voit que, dans les phénomènes indiqués, il faut l'intervention d'intelligences séparées, quand ce n'est pas une fourberie bien combinée, ce qui arrive souvent.

2° LE SPIRITISME. Ce mot indique un mode de communication avec les esprits, au moyen d'objets inanimés, de trépieds, de tables : on en reçoit des réponses au moyen de coups, de tournoiements, et d'un grand nombre d'autres signes. Si nous avions le temps, nous pourrions démontrer que tous les mouvements physiques, qui se produisent dans les corps inanimés, pendant ces communications, ne peuvent avoir de cause adéquate dans les agents naturels ordinaires; mais, puisque le temps ne nous le permet pas, examinons-en seulement quelques-uns. Toutes les fois que, sous le seul empire de la volonté humaine, un corps se meut, il faut l'intervention d'un opérateur intelligent, qui ne peut pas être l'homme lui-même : par conséquent, ce sera un esprit. En effet, l'homme, naturellement, ne peut remuer son corps qu'en lui imprimant un mouvement, avec sa puissance locomotrice organique : la volonté seule ne peut agir en dehors de l'homme. Même sans cela, toutes ces réponses qui sont des signes de jugements et de concepts, et qui, en général, renferment une affirmation, ou une négation à des demandes précises, ne peuvent venir que d'un esprit dans lequel existent ces pensées, ces jugements, ces affirmations et ces négations. Cet esprit n'est certainement pas l'esprit de celui qui provoque les réponses; donc, il faut admettre une intelligence séparée, qui entend les interrogations, et qui, se servant des choses inanimées comme instruments de signes convenus, donne les réponses demandées.

Donc, les phénomènes du magnétisme et du spiritisme prouvent l'existence des intelligences séparées.

On pourait essayer de répondre à ces arguments, qu'il faut, sans doute, l'intervention d'une substance immatérielle, mais que ce peut être Dieu lui-même, ou les âmes des morts, puisqu'elles sont immortelles, comme nous l'avons démontré. Toutefois, pour ne pas donner d'autres raisons, l'intervention divine est incompatible avec l'immoralité qui règne trop souvent dans ces phénomènes, et l'intervention des âmes des morts ne peut pas être admise pour les raisons que nous rapporterons plus bas.

Dans un discours sur le magnétisme animal (1) nous

---

(1) Ce discours a été prononcé et publié à Rome, puis imprimé avec d'autres discours de l'auteur à Parme. — Fiaccadori, 1875.

développions ainsi cet argument : « Je vous ai fait d'abord admettre la vérité de ce principe, que tout effet doit avoir une cause proportionnée, et vous êtes convaincus que toujours, dans nos actions et nos paroles, nous reconnaissons la vérité de ce principe. Appliquons-le aux phénomènes magnétiques. C'est un fait que la somnambule connaît ce que pense le magnétiseur, bien qu'il soit éloigné d'elle. Où en est la cause ? Laissant de côté les ridicules rêveries des partisans de la puissance magnétique naturelle, nous n'avons plus que cette réponse : la cause est dans le magnétiseur qui, au moyen d'un fluide très-léger, parle à la magnétisée ; elle comprend, et de même elle parle avec les personnes éloignées d'elle, au moyen de ce fluide. Messieurs, cette raison est plus légère encore que le fluide imaginaire. Mais accordons l'existence et le mouvement de ce fluide : voyez si nous sommes accommodant! Dans ce cas, il faut admettre que le magnétiseur ne peut parler à la magnétisée sans communiquer sa pensée au fluide lui-même, et sans que le fluide la porte à la magnétisée. Mais la pensée, qui est spirituelle, ne peut s'imprimer dans un fluide matériel : il faudrait donc imprimer dans le fluide un *signe* matériel de la pensée spirituelle. Ainsi, quand je vous parle, j'imprime dans l'air en y produisant un son, un signe de pensées que je veux vous communiquer : de même quand j'écris une lettre, je trace sur le papier, le signe des pensées que j'ai l'intention de communiquer à l'ami auquel j'écris : de même, quand j'expédie un télégramme par le fil électrique, j'envoie le signe de mes paroles. La communication des pensées entre les hommes est impossible sans l'usage des signes : elle ne peut se faire qu'avec les signes de ces pensées. Or, quand la communication des pensées se fait par signes, avant d'entrer en communication, il faut d'abord apprendre la valeur des signes eux-mêmes. Supposez le cas où j'écrive une lettre à quelqu'un qui ne sait pas lire : je lui manifeste mes pensées, mais il ne peut les connaître : il faut d'abord qu'il apprenne à lire, c'est-à-dire qu'il connaisse la valeur des signes conventionnels de l'écriture. Si je parle italien à un Chinois, il ne comprendra pas les pensées que ma voix exprime, avant de connaître la valeur des signes de la parole. Mon télégramme ne sera pas compris, si celui qui le reçoit ne connaît point la valeur des signes que je lui envoie au moyen de l'électricité. De même, supposé que le magnétiseur puisse imprimer dans le fluide le signe de ses pensées, la personne magnétisée, bien qu'elle reçoive des impressions internes, ne pourra rien comprendre, si elle n'a point étudié la valeur des signes qui lui parviennent : étude que jamais magnétisée n'a faite, et ne peut faire. Cette raison qui montre l'impossibilité naturelle, absolue, de la communication des pensées et du discours mental, entre le magnétiseur et la magnétisée, montre aussi l'impossibilité, d'une semblable communication avec les autres personnes, avec lesquelles on prétend qu'elle peut entrer en communication au moyen du fluide.

« Mais non-seulement la communication des pensées et des raisonnements est naturellement impossible, toute autre communication entre des lieux séparés est aussi impossible, malgré la croyance générale. On dit qu'il suffit *du commandement de la volonté :* par elle, le fluide est envoyé, mis en mouvement, et va trouver la personne éloignée, la frappe, l'endort, ou produit en elle diverses affections. Je vous dirai, messieurs, que le fluide, si subtil qu'on le suppose, n'est pas un esprit, mais un corps inanimé, et un corps inanimé *n'obéit pas, ne peut pas exécuter avec connaissance les ordres reçus.* Si le fluide était intelligent, il pourrait recevoir un ordre et le transporter, par exemple, à Milan, chercher par les diverses maisons, et par les différentes chambres d'une maison telle dame, et, après l'avoir trouvée, s'acquitter de son ambassade auprès d'elle; mais il n'est pas intelligent, et s'il est mû, c'est d'après les lois auxquelle la matière est sujette. Aussi, quand j'expédie un télégramme, au moyen du fluide électrique, il me faut d'abord donner au courant une puissance en rapport avec la distance, et ensuite *l'enchaîner* à un fil qui va au terme fixé. Donc, si le magnétiseur ou la magnétisée veulent envoyer le fluide, ou son mouvement, supposé qu'il puissent le faire, ce qui est ridicule, ils devraient connaître le lieu précis où se trouve la personne et la voie directe pour lui envoyer le fluide, et le lui envoyer de façon à ce qu'il ne s'égare pas en chemin. Mais, en fait, on ne demande point, et l'on ne peut avoir cette connaissance, ni imprimer cette direction. Donc, non-seulement la communication des pensées et des jugements est impossible : mais toute autre communication entre des personnes éloignées au moyen de ce fluide imaginaire, est également impossible. Donc, ou cette communication est un songe, ou, si elle est vraie, il faut dire qu'un esprit, déterminé par la volonté du magnétiseur, parle à l'esprit de la personne magnétisée, en lui communiquant les pensées du premier, et parle aussi à l'esprit de ceux avec lesquels la magnétisée se prétend en communication directe.

« Mais, arrivons à un autre argument plus général. Les phénomènes magnétiques dont nous parlons, ne sont point dus à ces impressions mécaniques ou physiques, naturelles et nécessaires, que l'on reçoit des objets, même lorsqu'ils sont éloignés, comme il arrive, par exemple, quand une femme s'évanouit à la vue d'un meurtre, ou qu'un petit animal reste immobile à la vue du serpent qui le guette, ou que tout votre système nerveux est agité par l'abondance ou la rareté relative de l'électricité extérieure. Il n'est pas difficile de donner une explication scientifique de ces faits et autres semblables. Les phénomènes dont nous parlons sont d'un genre absolument différent, et c'est seulement par ignorance, ou par mauvaise foi, que les partisans du magnétisme naturel les confondent. Une femme magnétisée acquiert, dans l'état de somnambulisme, une connaissance anatomique et médicale qu'elle n'avait point auparavant : une table, ou un objet quelconque inanimé, parle ordinairement avec des signes de convention, comme on dit. Ce sont des effets qui dénotent de l'intelligence : ils doivent donc avoir une cause proportionnée. Mais la cause ne serait point proportionnée, si elle n'était point intelligente; donc, la cause de ces effets doit être intelligente. Qui donne la science à la magnétisée?

— Le magnétiseur? Pas le moins du monde : car il n'a point cette science et n'a recours à la magnétisée, que parce qu'il ne l'a point.—Les cheveux du malade que l'on met dans la main de la somnambule? Mais un cheveu peut-il être un livre, où il y ait un traité d'anatomie, un traité de l'efficacité médicale des herbes et des minéraux, une histoire qui raconte le commencement et la marche de la maladie, un livre tel qu'on puisse le lire d'un seul coup d'œil! Sérieusement on ne peut pas le dire, et, si on le dit sérieusement, on fera rire les pierres elles-mêmes. Mais accordons encore — et voyez de combien de manières nous réduisons en poudre cette vaine idole, — accordons que tout cheveu soit un livre aussi merveilleux, et que, pour toute maladie, pour toute origine diverse, ou développement divers de maladie, il reçoive une modification différente, accordons encore que cette modification est perçue en un instant par la magnétisée. Qu'y a-t-il pour cela? Quand bien même cela serait, la connaissance de cette modification ne pourrait faire connaître la maladie, son origine, et sa marche, sans la connaissance préalablement acquise du lien qu'il y a entre les modifications supposées du cheveu, et la maladie. De même que le médecin par le pouls, par la lividité des chairs, et par les autres signes, que le malade offre extérieurement, ne peut connaître sa maladie interne, s'il ne sait d'avance qu'à telles modifications externes, et à tels phénomènes, répond telle maladie externe : de même, la clairvoyante ne peut pas connaître une maladie par un cheveu, en admettant cette absurdité qu'un cheveu exprime tout, si elle n'a d'abord acquis cette science, qu'à telle modification du cheveu, répond telle maladie, de telle origine, de telle intensité, guérissable par tels remèdes. Or, la magnétisée n'a point cette science préalable. Donc, nous devons dire encore que la science de cette magnétisée, et, à plus forte raison, la science de celles qui sont encore plus extraordinaires, est une jonglerie, ou qu'il y a un esprit qui l'instruit, et lui manifeste les maladies et les remèdes.

« Avec autant de raison, messieurs, avec plus de raison, nous devons en dire autant des tables, et des objets inanimés, qui, par leurs signes conventionnels, montrent de la science. Qui leur communique cette science ? Aucun des assistants, car ils sont instruits de ce qu'ils ignorent. Donc, ici encore, nous devons dire qu'il y a tromperie, ou que les tables, et les autres objets sont mus par des esprits, et que ces êtres intelligents peuvent produire dans les corps des effets où l'on voit les marques de l'intelligence.

« Les jongleurs, messieurs, sont en grand nombre, pour cette raison, passée en proverbe, que: *Vulgus vult decipi*. Et, à ce propos, je vous raconterai une petite historiette assez amusante. Sur une place d'une de nos principales villes d'Italie, un charlatan faisait avaler au peuple, réuni autour de lui, les inventions les plus incroyables sur l'efficacité de ses remèdes. Pendant qu'il débitait ainsi un beau morceau d'éloquence charlatanesque, un professeur très-célèbre de cette ville vient à passer près de lui. Il suspend sa harangue, et, se tournant vers le professeur, il s'écrie : « N'est-il pas vrai, illustre professeur, que: *Vulgus vult decipi?* Et le professeur lui répondit : « C'est très-vrai, très-vrai, et le fait présent nous en donne la preuve. » Alors, comme s'il avait eu une éclatante confirmation de ce qu'il faisait, il se tourne vers la foule qui ne comprenait pas le latin, et lui dit : « Avez-vous entendu ? Avez-vous entendu? Ce grand homme vient de confirmer mes paroles. » Et la foule satisfaite se mit à acheter le remède à beaux deniers comptants. Ce fait se renouvelle assez souvent. Mais où il y a de la monnaie fausse, il y en a aussi de vraie; et les preuves que j'ai rapportées plus haut montrent que si, assez souvent, il y a du charlatanisme dans les faits merveilleux, soi-disant magnétiques, ils sont parfois et doivent être vrais. Laissons donc de côté les noms inventés par l'ignorance, ou employés pour cacher une odieuse réalité, et, au lieu des mots de magnétisme, de *clairvoyance* magnétique, d'expérience électromagnétique, mettons les vrais noms. Quand il y a de la tromperie, disons que ce sont des jeux de charlatans : quand c'est vrai, disons nettement qu'il y a communication avec les esprits, avec quels esprits? Les anges, ou les démons! »

SOIXANTE-ET-ONZIÈME LEÇON.

Diversité spécifique des intelligences séparées : leurs facultés intellectives.

Comment les intelligences séparées diffèrent entre elles.

Les choses peuvent différer de deux manières : par leur essence, ou par leurs accidents. Il est évident que les intelligences séparées doivent différer par leurs accidents, car, leurs opérations n'étant point leur essence, ne peuvent être que des accidents. Mais n'y a-t-il point peut-être une autre différence par rapport à l'essence ?

*Conclusion I*ʳᵉ. — *Les intelligences séparées sont spécifiquement diverses entre elles, et il y a autant d'espèces qu'il y a d'individus.*

1° La première partie est clairement démontrée par ce que nous avons dit, dans la leçon précédente, de la haute convenance qu'il y a à reconnaître un grand nombre d'espèces dans les intelligences au-dessus de l'homme, comme il y en a un grand nombre dans les êtres corporels au-dessous de l'homme, limite commune des deux mondes, et anneau de jonction entre les deux.

2° S. Thomas démontre aussi la seconde partie : « Les choses qui se distinguent numériquement, bien qu'elles soient de la même espèce, ont néanmoins la même forme, et ne diffèrent que par la matière. Donc, si les esprits ne sont pas composés de matière et de forme (*et ils ne le sont point, puisque ce sont des intelligences separées de la matière*), il s'ensuit qu'il est impossible qu'il y ait deux esprits de la même espèce : comme il est absurde de dire qu'il y a plusieurs blancheurs séparées (*à savoir, du sujet blanc*), ou plusieurs humanités : car il n'y a pas plusieurs blancheurs, sinon parce qu'elles se trouvent en plusieurs substances...... Les animaux irrationnels diffèrent spécifiquement, à raison des divers degrés de la nature sensitive, et tous les esprits diffèrent spécifiquement, suivant les divers degrés de la nature intellective (*Summ.*, 1, 50, 4). »

Nous n'ignorons point que des docteurs assez renommés pour leur science, sont d'un sentiment contraire, non pas qu'il regardent la doctrine de S. Thomas comme erronée, mais plutôt comme peu intelligible et peu probable.

Toutefois, les contradicteurs de S. Thomas n'apportent aucune bonne raison pour combattre sa thèse. Les uns ont confondu l'individuation, avec la simple distinction numérique, comme si cette doctrine prétendait qu'il ne peut pas y avoir d'individuation sans matière. Il y a certes une individuation : mais elle est telle que l'espèce se confond avec l'individu, comme dans l'homme l'espèce se confond avec le genre. Donc, nous disons que toute intelligence séparée a, dans sa propre essence individuelle, quelque chose qui la distingue de toutes les autres. Pour développer l'argument apporté par S. Thomas, considérons comment tout homme participe à l'essence humaine, aucun ne peut donc dire qu'il est *l'humanité*, pas plus qu'il ne peut dire qu'il est *plus homme* qu'un autre, sinon par métaphore, pour marquer la supériorité des facultés humaines proprement dites. L'humanité est l'espèce toute entière. Dieu peut-il exprimer hors de lui l'idée archétype de cette humanité ? S'il la pouvait exprimer dans un individu, cette expression *totale* serait possible. Mais s'il ne peut pas l'exprimer en un individu, l'expression n'en sera jamais que partielle et elle serait toujours partielle en chaque homme, quand bien même il y en aurait un *nombre* infini. Mais pourquoi l'humanité ne peut-elle pas être exprimée en un seul individu ? Parce qu'elle est participée dans la matière. C'est la même chose pour l'empreinte du cachet, qui se multiplie, parce qu'elle est reçue par des cires diverses. Et si, pour ainsi parler, tout ce qu'il y a d'expressible dans ce cachet, s'exprimait sur une seule cire, il n'y aurait qu'une seule expression du cachet. Mais si l'on répétait les expressions extrinsèques totales ? C'est impossible, si elles sont vraiment totales, parce que s'il y en a plusieurs, aucune ne l'exprimera autant qu'il est expressible. C'est de là que S. Thomas tire la raison pour laquelle les âmes humaines se multiplient à l'infini, sans constituer d'espèces diverses. Cette raison est, que Dieu les crée forme substantielle du corps humain, et principe, non-seulement de la vie intellective, mais encore de la vie sensitive et de la vie végétative : pour cette double vie, elles sont du genre de l'âme des brutes, et du genre de l'âme des plantes. Mais, lorsqu'elles sont séparées, elles conservent toujours une relation naturelle avec les corps qu'elles ont déjà informés.

Pour qui pénètre bien cette doctrine, il s'ensuit que, dans la pensée de S. Thomas, toute intelligence séparée, *épuisant pleinement, et totalement, son idée archétype spécifique,* devra avoir une espèce d'infinité, très-difficile à saisir pour nous, parce que nous avons beaucoup de peine à nous élever au-dessus de notre manière habituelle de comprendre. Cela n'a point échappé à l'esprit pénétrant de S. Thomas, qui disait : « Toute créature est finie, en toute rigueur d'expression : parce que son être n'est pas subsistant sans aucune limitation, mais qu'il est limité par sa propre nature particulière. Toutefois, il n'y a rien d'absurde à dire qu'une créature est, sous un certain rapport, infinie. Les créatures matérielles ont une sorte d'infinité, du côté de la matière (*qui est en soi très-indéterminée, et capable de recevoir un nombre indéfini de formes*), et elles sont finies du côté de la forme, qui se limite elle-même, parce qu'elle est reçue dans la matière. Mais les substances immatérielles créées sont finies dans leur être, et infinies en ce que leur être n'est point reçu dans une autre chose : comme si l'on disait que la blancheur, existant séparément (*c'est-à-dire, en dehors de la quantité*), est infinie sous la raison de blancheur, parce qu'elle n'est point attachée à un sujet particulier ; car alors son être serait fini en tant que déterminé dans les limites d'une nature particulière (*Summ.*, 1, 50, 2). »

Faisons observer à ceux qui, accoutumés à ne regarder comme vrai que ce dont ils peuvent, en quelque sorte, se former les fantômes dans leur imagination, rejettent cette doctrine de S. Thomas, et d'autres aussi élevées, faisons-leur observer, disons-nous, que si la raison ne peut aller au delà des sens, elle aura les ailes coupées, et sera forcée d'aller terre à terre. Même quand elle déploie ses ailes pour s'élever au-dessus des choses matérielles, elle sent qu'elles sont bien courtes : que sera-ce si elle ne les déploie même pas? Nous avouons, toutefois, que la question présente est difficile, et à ceux qui s'étonnent de la doctrine de S. Thomas, nous adressons ces vers de Dante (*Par.*, II) :

« Elle sourit un peu, et me dit : « Si l'opinion des hommes, se trompe dans les choses que la clef des sens n'ouvre pas,

« Il n'y a certes rien qui doive t'étonner, car la raison a les ailes trop courtes pour s'élever beaucoup au-dessus des sens (1). »

Conclusion II. — *Les intelligences séparées sont par elles-mêmes dans l'espace de l'univers, mais elles ne sont point dans le lieu corporel.*

1° La première partie est évidente, parce que sans cela elles n'existeraient point. Et comme l'immensité est une perfection *infinie*, et par cela même *propre* à Dieu seul, nous devons dire encore qu'elles ne sont point partout, mais dans un certain *espace*, d'une manière qui leur est toute particulière, à savoir : qu'elles sont terminées (*definitæ*) de telle sorte qu'elles ne sont point en dehors d'elles, mais non pas cependant comme les corps, dont une partie de la substance est dans une partie de l'espace, et dont toute la substance est dans tout l'espace occupé. Cette manière d'exister dans l'espace, propre au corps, s'appelle *circumscriptiva*. Voilà pourquoi l'on dit que les intelligences séparées sont dans l'espace *definitive*, et non *circumscriptive*.

2° Les intelligences ne peuvent pas être par elles-mêmes dans le lieu corporel, ou quantitatif, et, pour ainsi dire, matériellement *mesurable*; autrement elles

---

(1) Ella sorrise alquanto; e poi: S' egli erra
L' opinion, mi disse, de' mortali
Dove chiave di senso non disserra,
  Certo non ti dovrien punger gli strali
D' ammirazione omai; poi dietro a' sensi
Vedi che la ragione ha corte l' ali.

seraient mesurables et sujettes aux mêmes propriétés, que la quantité corporelle. Elles y sont seulement d'une manière *virtuelle,* c'est-à-dire par l'application de leurs puissances, et si, par exemple, une intelligence produit un effet dans un corps de deux mètres, nous pouvons dire que, relativement à son opération, elle est mesurée par deux mètres.

1ᵉʳ *Corollaire.* — S'il est question de la première manière d'exister dans l'espace pour les intelligences, il est clair qu'il peut y en avoir un grand nombre dans le même espace. Cela est vrai, avons-nous dit, des corps dépouillés de leur quantité intrinsèque : à plus forte raison, cela est vrai des intelligences. Mais, s'il est question de la seconde manière d'exister, lorsqu'un esprit est cause totale et adéquate de l'opération produite, il est certain qu'il ne peut pas y en avoir un autre en ce lieu. En effet, il ne peut y avoir deux causes adéquates et immédiates d'un même effet : et c'est ce que disait S. Thomas (*Summ.,* 1, 52, 3).

2ᵉ *Corollaire.* — Relativement au premier mode d'existence, les intelligences ne peuvent aller d'un point à un autre sans passer par l'intervalle qui les sépare : mais elles le peuvent relativement au second mode. Il suffit pour cela qu'elles cessent d'opérer dans l'intervalle, et c'est seulement ce qu'entendait S. Thomas (*Summ.,* 1, 53, 2). qui disait : « Elle peut, à son gré (*l'intelligence séparée*), *appliquer* sa puissance au lieu, avec ou sans intervalle. »

3ᵉ *Corollaire.* — L'intelligence séparée peut opérer en divers lieux, sans opérer dans les lieux intermédiaires; et comme l'opération, en tant qu'elle procède de l'opérant, ne peut pas se séparer de la substance, on doit dire que l'intelligence séparée peut être, avec sa substance, en plusieurs lieux. Mais, comme elle n'est pas immense, la distance des lieux où elle pourra se trouver doit être limitée.

Conclusion IIIᵉ. — *Relativement à ses facultés intellectives, l'intelligence séparée diffère essentiellement de l'âme humaine.*

L'opération suit l'être; or, ici, les êtres sont essentiellement différents. En effet, l'âme humaine est la forme substantielle du corps, et, par conséquent, l'intellect humain est obligé de tirer des *fantômes*, les espèces intelligibles, qui sont les formes par lesquelles il engendre les verbes. Au contraire, les intelligences sont comme des formes séparées de la matière ; donc, leur intellect ne pourra pas tirer les espèces des *fantômes*, puisqu'il n'en a point. Et voici les différences qui en résultent ; bien que, comme intelligences, les esprits aient, dans leur manière de comprendre, beaucoup de ressemblance avec l'âme intellective.

1ᵉʳ *Corollaire*. — Dans les intelligences séparées, il n'y a pas d'intellect *agent*, car celui-ci est la puissance qui abstrait les espèces des *fantômes*. Dans l'esprit pur, cette abstraction n'existe pas ; *l'agent* n'existe donc pas non plus. Mais, relativement à la fonction d'engendrer les verbes et d'illuminer, l'intellect des esprits a quelque ressemblance avec l'intellect possible, et l'intellect *agent*.

2ᵉ *Corollaire*. — Précisément parce que *l'intellect possible* dépend des *fantômes*, il ne peut pas engendrer un verbe, par lequel *il dise directement* l'essence de l'âme : au contraire, l'intellect de l'intelligence séparée peut engendrer un verbe, par lequel il dit sa propre essence. Et, comme elle lui est toujours présente, elle lui tiendra lieu d'espèce intelligible, tellement que, depuis le commencement de son existence, le pur esprit est continuellement en acte, relativement à lui-même.

3ᵉ *Corollaire*. — Dans toutes les espèces des choses, nous avons vu que le supérieur contient la perfection de l'inférieur et *quelque chose de plus*. Aussi l'homme a toute la connaissance des brutes, et, de plus, la connaissance intellectuelle ; par conséquent, on ne peut refuser à l'esprit la connaissance des choses matérielles que l'homme connaît. Mais les connaîtra-t-il en les tirant des *fantômes* ? Cela répugne, comme nous l'avons dit. Donc, il faut admettre que le Créateur, au commencement de l'existence de l'intelligence séparée, lui a donné les espèces intelligibles infuses des choses, à la connaissance desquelles elle est naturellement ordonnée. L'étude de la nature de l'âme humaine nous a obligé à lui refuser ce que l'on appelle *les idées innées :* l'étude de la nature des intelligences séparées nous contraint à les leur accorder. Ce serait, toutefois, une grande imperfection pour cette nature supérieure que d'avoir des espèces intelligibles, qui lui montreraient les choses matérielles indépendemment du lieu ou du temps de leur existence. Donc, les espèces qui leur sont connaturelles devront représenter aussi ces circonstances. Par conséquent, de même que nous avons les espèces intelligibles des choses passées, avec lesquelles nous engendrons les verbes, et nous disons, par exemple : *Telle chose est arrivée tel jour, en tel lieu;* de même, les esprits ont des espèces déterminées, avec lesquelles ils disent, par exemple : *Pierre est dans tel ou tel lieu, et fait telle ou telle chose.*

Il n'est pas difficile de comprendre cette infusion d'espèces déterminées, quand on considère que, *supposé la création,* il y a en Dieu une science déterminée des choses présentes et futures, et, par conséquent, Dieu pourra exprimer dans ces esprits une partie de cette même science ; et l'impression, en tant que reçue, sera l'espèce innée, ou immatérielle, dont nous parlons. C'est la sublime doctrine de S. Augustin et de S. Thomas. Ce dernier dit : « Suivant S. Augustin (II. *Super Genes. ad lit.,* c. VIII), les choses qui ont préexisté dans le verbe de Dieu *ab æterno* sont émanées de lui de deux manières : la première, dans l'intellect angélique, la seconde, de façon à subsister dans leurs propres natures. Elles sont émanées dans l'intellect angélique de telle sorte que Dieu y a imprimé les similitudes des choses qu'il produit dans leur être naturel. Dans le Verbe divin (*dans lequel tout a été dit et sera dit*) ont existé *ab æterno,* non-seulement *les raisons* des choses corporelles, mais encore *les raisons* des créatures spirituelles. Donc, les raisons des choses spirituelles et corporelles ont été imprimées en chacune des créatures spirituelles par le Verbe de Dieu : de telle sorte qu'en chaque esprit est imprimée *la raison* de sa propre espèce, selon son être, être naturel et intellectuel, tellement qu'il subsiste dans la nature de sa propre espèce, et se comprend par elle. Mais les raisons des autres choses spirituelles et corporelles, n'ont été imprimées que suivant leur être intellectuel : et c'est par ces espèces infuses qu'il connaît les choses corporelles aussi bien que les spirituelles (*Summ.*, 1, 56, 2). » On voit par là comment l'intelligence séparée peut connaître non-seulement les choses matérielles comme existantes, mais encore les immatérielles.

Mais comment pourra t-elle connaître Dieu naturellement? Nous, comme nous l'avons dit, nous ne pouvons le connaître, que par la voie analogique, parce que nous ne pouvons pas en avoir une espèce *propre*, et que l'instruction immédiate de l'essence divine surpasse notre puissance naturelle. Nous devons en dire autant de l'intelligence séparée. Néanmoins, comme elle est beaucoup plus parfaite, elle pourra se servir d'une image de la beauté divine, beaucoup plus belle que nous, et les choses qui nous entourent. « Parce que l'image de Dieu est imprimée dans la nature de l'ange, l'ange, au moyen de sa propre essence, en tant qu'elle est similitude de Dieu, pourra le connaître (*Summ.*, 1, 56, 3). »

On pourrait demander ici : Dans cette impression des espèces faite par Dieu dans l'intelligence séparée, doit-on comprendre aussi celles qui peuvent lui donner la connaissance des actes libres de la volonté humaine, et des opérations intellectuelles qui en dépendent? S. Thomas le nie; et, bien qu'il accorde aux esprits la connaissance de ce que la volonté a déjà *manifesté au dehors d'elle*, toutefois Dieu, respectant aussi la liberté intérieure de l'homme, leur a refusé les espèces qui leur feraient connaître nos actes intérieurs, *malgré notre volonté*. Et l'on doit en dire autant, relativement aux intelligences entre elles. Et l'on voit bien la convenance naturelle de cette doctrine.

4° *Corollaire*. — Nous n'avons pas l'intuition immédiate des choses, pour deux raisons : la première, parce que nous tirons successivement les espèces de *fantômes*, et que nous devons toujours les employer dans la génération des verbes par lesquels nous connaissons les choses; il nous faut donc composer, raisonner, c'est-à-dire, faire des jugements, tantôt affirmatifs, tantôt négatifs, et argumenter *pour chercher* la vérité : et la seconde raison, est que nous connaissons les essences par les *phénomènes*, qui, seuls, nous sont présentés par les *fantômes*. Il n'en est point ainsi de l'intelligence séparée. D'un seul regard, pour ainsi dire, elle verra, au moyen d'espèces intelligibles parfaites, toute l'essence de la chose, et se la dira toute entière par un seul verbe. Il n'y a donc pas en elle de raisonnement. Et, de même qu'en nous l'erreur est impossible, quand il y a un pur acte d'intuition, de même les purs esprits ne peuvent se tromper. De là vient *l'immobilité* des actes de leur volonté.

5° *Corollaire.* — Dans les intelligences séparées, précisément en tant que telles, il y aura un appétit intellectuel dont l'objet adéquat sera *le bien :* il y aura aussi, par conséquent, la liberté vis-à-vis des objets inadéquats. Mais il faut considérer ce que nous avons dit, dans la dernière leçon, sur l'homme : à savoir qu'avant l'élection, il doit y avoir une *attraction* de la part de l'objet, à laquelle la volonté peut céder ou ne pas céder. Cette attraction provient de ce que l'objet se présente comme bien. Or, lorsqu'une intelligence qui embrasse *l'objet* d'un seul regard, sans raisonnement, se laisse entraîner par le bien et l'embrasse, sa détermination est irrévocable (*naturellement*), cela s'entend, et en faisant abstraction d'une opération divine, surnaturelle), car il n'y a *aucun côté de l'objet qui n'ait point été vu*, et qui, en se présentant, puisse l'amener à ne plus vouloir ce qu'elle voulait d'abord. C'est la doctrine de S. Thomas : « La puissance appétitive est dans tous les êtres, proportionnée à la puissance appréhensive, par laquelle elle est mue, comme le mobile par le moteur. Ainsi l'appétit sensitif va au bien particulier, la volonté au bien universel, de même que le sens saisit le singulier, et l'intellect l'universel. Mais la puissance appréhensive de l'ange, diffère de la puissance appréhensive de l'homme, en ce que l'ange comprend *d'une manière immobile* par son intelligence, comme nous comprenons les premiers principes : et l'homme comprend les choses *d'une manière mobile,* en allant de l'une à l'autre, et il peut aller aux contraires. Voilà pourquoi la volonté de l'homme adhère aux choses *d'une manière mobile*, et reste en puissance de s'en détacher pour adhérer aux choses contraires : mais la volonté de l'ange s'attache aux choses d'une manière fixe et immobile. Si donc on le considère avant l'adhésion, il peut librement adhérer à une chose ou à son opposée, quand ce sont des choses auxquelles il n'est pas naturellement ordonné : mais, après l'adhésion, la détermination est irrévocable (*Summ.*, 1, 64, 2). » Nous voyons quelque chose de semblable dans les hommes : plus l'esprit est pénétrant et les connaissances développées, plus il y a de fermeté dans les délibérations : les femmes sont moins fermes, les enfants très-mobiles, les brutes très-instables, car elles changent avec les *fantômes* et les sensations des objets singuliers.

SOIXANTE-DOUZIÈME LEÇON.

De la manière dont les intelligences séparées opèrent dans la nature corporelle.

Après avoir déterminé l'essence, l'existence, la différence mutuelle des intelligences séparées, et leurs facultés intellectives, examinons maintenant la manière dont elles peuvent opérer dans la nature corporelle.

Conclusion Ire. — *L'intelligence séparée peut opérer dans le monde corporel, en donnant aux corps un mouvement local.*

1º Nous dirons d'abord *qu'elle peut produire des mouvements locaux dans le monde corporel*. Raisonnons, sur ce point, d'après ce que nous savons sur notre âme. Elle a la puissance de mouvoir les corps. Mais, *a*) en informant notre corps, elle peut mouvoir, avec une de ses parties, les autres parties : *b*) bien qu'elle soit unie immédiatement à toutes les parties du vivant, elle ne peut pas, cependant, les mouvoir immédiatement : aussi l'âme ne peut mouvoir les parties privées de leurs nerfs locomoteurs, bien que ces parties végètent, comme on le voit chez les paralytiques. D'où S. Thomas concluait qu'après la mort de l'homme, l'âme n'avait pas, *naturellement*, la faculté de mouvoir les corps. « L'âme séparée n'a pas, naturellement, le pouvoir de mouvoir les corps. En effet, il est manifeste que, quand l'âme est unie au corps, elle ne meut point le corps, s'il n'est vivifié : et si un membre quelconque du corps vient à mourir (*comme dans la paralysie*), il n'obéit plus à l'âme, sous le rapport du mouvement. Or, aucun corps n'est vivifié par l'âme séparée, et, par conséquent, aucun corps ne lui obéit, sous le rapport du mouvement local. Mais nous ne parlons ici que de sa puissance naturelle, à laquelle la puissance divine peut ajouter une force supérieure (*Summ.*, 1, 117, 4). » Il résulte de cette doctrine, que les manifestations que l'on attribue aux âmes des morts, ne sont, en règle générale, que des manifestations d'esprit, à moins que les âmes n'agissent d'une manière surnaturelle : c'est la pensée du même docteur, qui dit que les esprits mauvais « *simulant se esse animas mortuorum, ad confirmandum gentilium errorum qui hoc credebant (l. c.).* »

2° L'intelligence séparée doit avoir une plus grande puissance que l'âme humaine, par cela même qu'elle est d'une espèce supérieure. Elle a donc la puissance de mouvoir les corps, et plus encore que l'âme humaine : et nous avons dit que ce mouvement était une preuve certaine de leur existence. S. Thomas cite cette parole sublime de S. Denis : « Suivant S. Denis (*De. div. Nom.* 7), *la sagesse divine réunit la fin des premiers au commencement des seconds*. D'où l'on voit que la nature inférieure, touche par son sommet à la base de la nature supérieure. Mais la nature corporelle est au-dessous de la nature spirituelle. Après cette observation, il faut considérer que, parmi tous les mouvements corporels, le plus parfait est le mouvement local, comme cela est démontré dans le VIII. *Phys*. Et la raison en est, que le mobile, relativement au lieu, est en puissance, non pas à quelque chose d'intrinsèque, en tant que tel, mais à ce qui est extrinsèque, c'est-à-dire au lieu. Par conséquent, la nature corporelle est ordonnée à être mue immédiatement, relativement au lieu, par la substance spirituelle (*Summ.*, 1, 110, 4). »

Comme nous l'avons démontré dans la philosophie

première, la compénétration du terme *a quo* avec le terme *ad quem* n'est pas possible dans le mouvement corporel : par conséquent, bien que les intelligences séparées puissent, eu égard à leur puissance, mouvoir et transporter très-rapidement les corps, cette translation ne peut pas se faire *instantanément,* parce qu'ils vont d'un lieu à un autre avec un vrai mouvement.

Et, parce que ces intelligences peuvent transporter et mouvoir les corps avec une très-grande rapidité, et une non moins grande habileté, il s'ensuit qu'ils peuvent opérer des changements accidentels, ou substantiels, en appliquant les principes actifs de la nature aux principes passifs, avec beaucoup plus de perfection que l'homme ne le peut faire.

Conclusion II°. — *Les intelligences séparées peuvent agir dans l'homme et sur l'homme.*

D'après ce que nous avons vu, en parlant de la nature humaine, il est évident que le commencement de toute opération dans l'homme vient de la partie sensitive. Par conséquent, bien que les intelligences séparées ne puissent agir *immédiatement,* sur l'intelligence et sur la volonté, elles peuvent néanmoins agir sur elles *médiatement,* c'est-à-dire, au moyen des puissances végétatives et sensitives. En effet, il est prouvé que les purs esprits peuvent produire divers mouvements locaux ; or, au moyen de ces mouvements *a*) ils peuvent changer, ou modifier d'une manière quelconque les puissances végétatives de la nutrition, de l'augmentation, et de la génération, qui sont essentiellement organiques : *b*) ils peuvent, pour la même raison, changer les puissances sensitives, de diverses manières.

Donc, ils peuvent présenter aux yeux, ou aux autres sens, divers objets sensibles, en les amenant d'ailleurs ; ils peuvent encore produire des changements, ou des altérations dans les sens externes, et par là produire des changements dans le sens commun : ils peuvent mettre dans l'imagination des *fantômes,* et, par toutes ces choses, exciter de diverses manières les passions humaines, qui tiennent toutes à la partie animale concupiscible et irascible.

Jusqu'à présent, leur action est immédiate. Toutefois, il est clair que les actes de l'intelligence sont occasionnés par les opérations et les passions des puissances inférieures. Donc, par leur intermédiaire, les intelligences séparées pourront faire naître dans l'intelligence diverses pensées, et offrir à la volonté des objets attrayants, ou repoussants, et ainsi, ils pourront mouvoir la volonté elle-même. Mais comme elle ne peut être nécessitée que par son objet adéquat, auquel elle tend, non par élection, mais par nature, elle restera toujours *libre*, sous l'influence des bons ou des mauvais esprits, tant que l'usage de la raison ne sera pas détruit, condition nécessaire à l'usage de la liberté. Cette manière de mouvoir la volonté, que les intelligences séparées peuvent employer, est aussi expliquée par S. Thomas : « La volonté peut être changée de deux manières. Premièrement à l'intérieur : et comme le mouvement de la volonté n'est autre chose que l'inclination de la volonté elle-même vers la chose voulue, Dieu seul peut la changer, parce que Dieu seul est cause de la puissance de l'inclination, qui est dans la nature rationnelle. Et, de même que l'inclination naturelle vient uniquement de l'auteur de la nature, de même l'inclination de la volonté ne peut tirer son origine que de Dieu, cause de la volonté. La volonté peut être mue d'une autre manière par ce qui lui est extérieur. Par l'ange, cela ne peut arriver que d'une seule façon, c'est-à-dire, qu'il n'est mû que par le bien saisi par l'intelligence : par conséquent, celui-là est dit mouvoir la volonté, qui est cause qu'un objet quelconque est saisi par l'intelligence, en tant qu'appétible. Et ainsi, Dieu seul peut mouvoir *efficacement* la volonté, l'ange et l'homme, seulement en invitant, comme nous l'avons dit plus haut (*Quæst.*, 106, 2, *où S. Th. montre que Dieu peut ainsi mouvoir la volonté comme objet adéquat*). Mais la volonté humaine peut encore être mue d'une autre façon, par un principe externe, à savoir, au moyen de la passion de la faculté appétitive sensitive, comme qui dirait, que l'excitation de la concupiscence ou de la colère incline la volonté à vouloir quelque chose. Et ainsi les esprits, qui peuvent exciter ces passions, peuvent aussi mouvoir la volonté, mais non pas la nécessiter, car elle reste toujours libre de consentir, ou de résister aux excitations de la passion (*Summ.*, 1, 111, 3,). »

Si l'on se rappelle ce que nous avons dit sur la différence qu'il y a entre la forme *assistante* et la forme *informante*, on comprendra que les intelligences séparées peuvent parfois jouer le rôle des formes existantes, non-seulement vis-à-vis des objets inanimés, mais encore vis-à-vis de l'homme, envahir et *pénétrer* l'homme tout entier, l'agiter de façon à le troubler, non-seulement dans quelques-uns de ses actes, mais à le rendre même frénétique ou furieux. Dans ce cas, l'homme sera *possédé*.

En tout cela, nous raisonnons, pour ainsi dire, *à priori*, en supposant seulement l'existence des intelligences séparées. Ces faits sont-ils arrivés, ou arriveront-ils jamais? Ce n'est point au philosophe à entrer dans la discussion des faits : c'est le devoir de l'historien et du critique. Nous nous contentons de dire que les preuves qui nous ont convaincu de l'existence des intelligences séparées, peuvent aussi nous convaincre que notre philosophie ne reste pas dans le domaine de l'abstraction, mais que très-fréquemment elle est prouvée par les faits.

Conclusion III°. — *Les intelligences séparées peuvent prendre des apparences corporelles.*

Puisqu'elles peuvent mouvoir les corps, on peut légitimement en conclure qu'elles peuvent, avec diverses matières, se former un corps inorganique, ou organique, ou même humain, et qu'elles peuvent apparaître aux hommes dans ces corps. Que l'on se rappelle ici ce que nous avons dit en parlant des puissances sensitives. Sans la chose sensible extérieure, il ne peut y avoir en aucune façon de sensation *externe*, car avec celle-ci on saisit *immédiatement* l'objet, ou tel qu'il est en soi, ou tel qu'il existe dans son milieu, comme il arrive pour la vue et pour l'ouïe. Les sens externes pourront, à vrai dire, être changés, sans le sensible externe, et porter leurs affections au sens commun et à l'imagination : et, par conséquent, un esprit, pourra nous prendre au corps, produire des sensations dans le sens commun, et des *fantômes :* mais avec tout cela, l'homme ne saisira jamais rien d'extérieur. Donc, pour que l'on puisse sentir extérieurement une intelligence séparée, il faut *qu'elle revête un corps quelconque*.

Nous disons, *qu'elle revête :* car en lui, elle sera comme une forme assistante, *mouvant* un corps, et *signifiée* relativement à sa présence par le corps qu'elle meut, mais ne sera jamais une forme informante. La raison en est que l'esprit n'est pas par son essence *une vraie forme,* et qu'il est dans sa propre essence un être complet. Mais la substance, qui est la forme substantielle d'un corps, doit être une vraie forme, et ne peut avoir par elle-même un être complet. Cette raison a été exposée par Suarez (*De angelis, l.* IV, *c.* 36) : « Hinc ergo fit, ut prorsus repugnet angelum substantialiter informare corpus, quod assumit. Tum quia causa formalis adeo est intrinseca, ut suppleri non possit per aliquid quod ex natura sua forma non sit : et ideo neque Deus ipse potest supplere vicem causæ formalis; sed substantia angeli ex natura sua non est *vera* forma, immo neque ullam formam substantialem eminenter continet : ergo nullo modo potest materiam substantialiter informare. Tum etiam quia angelus est substantia completa, et similiter ejus natura est completa essentia substantialis ; ergo non potest per se uniri materiæ ad componendam, cum illa, novam naturam substantialem, per se unam : unde non minus repugnat angelo similis informatio, quam naturæ integræ ligni, aut lapidis, vel similibus, quia tam completa est, in suo esse simplici, substantia angelica, quam est quælibet substantia composita in esse suo. »

Conclusion IV°. — *Les intelligences séparées n'ont pas d'opérations vitales dans les corps qu'elles peuvent prendre.*

1° Et, en effet, dans ce cas, elles sont formes existantes, et peuvent agir *sur* le corps ; mais non constituer avec lui *une seule nature,* ni *un seul principe* d'opération. Or, les opérations vitales doivent procéder *d'un seul principe* conjoint, c'est-à-dire en même temps du corps, et de la forme substantielle qui l'informe. Donc, les esprits dans les corps qu'ils ont pris, ne peuvent avoir d'opérations vitales.

2° Les opérations vitales sont immanentes ; or les opérations des intelligences séparées, sur le corps qu'elles ont pris, sont transitives ; donc, on ne doit pas les regarder comme des opérations vitales.

Toutefois, l'homme fait beaucoup d'opérations qui sont en même temps immanentes et transitives, comme nous l'avons dit ailleurs. Ainsi, quand je frappe une pierre avec la main, il y a une opération immanente ; c'est celle par laquelle une partie du corps vivant meut la main : il y a une opération transitive, par laquelle la main elle-même frappe les pierres. Toutes ces opérations sont artificiellement imitables *en tant qu'elles sont transitoires,* par les intelligences séparées dans les corps qu'elles ont pris : c'est ainsi qu'elles peuvent mouvoir ce corps comme un instrument, non pas *conjoint* dans la même nature, mais séparé, et faire croire extérieurement qu'elles ont des opérations vitales. Mais elles n'en ont que les apparences, car les opérations vitales ne peuvent avoir lieu dans ces conditions.

On voit donc bien qu'il ne répugne pas qu'une intelligence séparée prenne un cadavre humain, le fasse parler et agir, à la manière de celui à qui il appartenait pendant la vie, de façon à tromper les hommes, et à faire croire qu'il est véritablement cet individu.

D'après ce que nous avons vu jusqu'ici, on comprend que, si l'on accorde aux intelligences séparées la faculté de mouvoir les corps, on doit leur accorder aussi, par une conséquence légitime, une puissance très-étendue sur les éléments de la nature : et le philosophe ne peut regarder comme absurde la doctrine qui prétend qu'elles peuvent exciter des tempêtes sur la mer, et des perturbations dans l'atmosphère : opérations d'un ordre très-inférieur à celles qu'elles peuvent faire sur les hommes. Mais le sage doit reconnaître une providence divine contre les volontés de laquelle les intelligences séparées ne peuvent rien : il n'admet pas non plus l'intervention extraordinaire des esprits, toutes les fois que les causes naturelles ordinaires peuvent raisonnablement donner l'explication des phénomènes que l'on voudrait leur attribuer.

DEUXIÈME PARTIE

DE DIEU

SOIXANTE-TREIZIÈME LEÇON.

Il y a deux manières de raisonner dans la physique et la métaphysique, c'est-à-dire dans l'étude des choses corporelles et des choses incorporelles : par voie *d'inquisition*, et par voie de *démonstration*. Quelque grand que soit le génie d'un homme, et quelque assidues que soient ses études, il ignorera toujours un nombre infini de choses : et si l'insensé, *de sa vue longue d'un empan* (1), croit avoir compris toute vérité, parce qu'il en connaît un petit nombre, comme l'enfant qui croit qu'on peut toucher le ciel du haut d'une montagne élevée, le sage fait tout le contraire ; plus il s'élève dans la contemplation du vrai, plus il voit s'ouvrir devant lui de nouveaux et plus vastes horizons, et peu s'en faut qu'il ne s'en attriste. Aussi, de même que l'orgueil est familier aux insensés, un sentiment de modestie naturelle est le propre du sage, qui, en étudiant, *cherche* à connaître ce qu'il ignore. Et, quand il a trouvé la vérité, il cesse de la chercher, et il fait comme l'homme qui, après avoir trouvé le trésor après lequel il soupirait, s'arrête dans ses recherches, et se plaît à le montrer aux autres, et se prépare à le défendre courageusement, si on veut le lui ravir. C'est ainsi qu'agit le philosophe, qui, à la voie *d'inquisition*, par laquelle il cherche et trouve le vrai, fait succéder la voie de démonstration, par laquelle il se confirme lui-même dans la possession de la vérité, la communique aux autres et la met à l'abri des embûches et des assauts de ceux qui voudraient la combattre.

Il y a bien des vérités dans les deux ordres physique

---

(1) Colla veduta corta di una spanna (*Parad.*, XIX, 79).

et métaphysique desquelles nous sommes certains. Et ce serait une folie de chercher ces vérités, d'employer pour les trouver, la méthode *d'inquisition;* car, il n'y a rien à faire autre chose que *de les démontrer.* Et, si en parlant des choses physiques, nous avons trouvé beaucoup de vérités de cette sorte, comme l'existence de l'âme humaine, son immatérialité, son immortalité, etc., il y en a aussi dans l'ordre métaphysique, non pas seulement dans l'ordre des concepts, comme nous l'avons vu dans la première partie de la métaphysique, c'est-à-dire dans *la philosophie première*, mais encore dans l'ordre de la réalité, comme nous l'avons déjà vu plus haut, en parlant des intelligences séparées, et comme nous le verrons en parlant de Dieu. Et qui peut douter qu'il y ait un Etre suprême? Qui peut douter de sa perfection, de sa sagesse, de sa puissance et de sa bonté? Personne, pourvu que l'on ait encore une lueur d'intelligence. Le devoir du philosophe est donc ici de démontrer en possédant, et non pas de rechercher *en doutant*, afin de *posséder*. Les preuves, loin d'en être affaiblies, seront d'autant plus fortes et plus précises, que les adversaires de ces vérités sont plus rebelles à se rendre à la raison, et que le temps qui nous reste pour traiter ces matières si élevées, est plus restreint. Les raisons en quelque sorte *condensées* paraîtront plus efficaces.

Ce sujet mérite bien qu'on s'y applique, par sa hauteur et par son utilité; et il ne nous reste plus, à ce terme de notre route, qu'à faire cette prière de Dante (*Par.*, XXXIII) :

« O Lumière souveraine, qui surpassez tellement les pensées humaines, faites que mon esprit vous revoie un instant telle que vous m'êtes apparue;

« Faites que ma langue soit capable de laisser aux générations futures, au moins une étincelle de votre gloire (1). »

---

(1) O somma Luce, che tanto ti levi
Da' concetti mortali, alla mia mente
Ripresta un poco di quel che parevi;
  E fa la lingua mia tanto possente,
Ch' una favilla sol della tua gloria
Possa lasciare alla futura gente.

Dieu est.

Pourquoi l'on dit : DIEU EST, *plutôt que :* DIEU EXISTE.
La raison en est *qu'exister*, par son étymologie et par l'usage que les plus grands philosophes en ont fait, signifie émanation dans l'être par une cause, comme l'indiquent les mots *ex-sistere, se tenir de* ou *par*. Voilà pourquoi, dans le langage strictement philosophique on dit mieux *être, qu'exister*, en parlant de Dieu. Et c'est ainsi que les anciens ne mettaient pas en tête de ce traité : *Utrum Deus existat*, mais : *Utrum Deus sit*. Et S. Thomas qui refusait à l'homme une connaissance *propre* de Dieu, et lui concédait seulement une connaissance *analogique*, pour les raisons que nous avons données plus haut, disait, en parlant de cette connaissance : « Toute connaissance *propre*, se termine *à l'existant* (*terminatur ad existens*), c'est-à-dire à quelque nature qui reçoive l'être *participé :* mais Dieu est l'être lui-même non pas par participation, mais auteur de la participation : voilà pourquoi Dieu est *inconnu* (*Sup. ep. ad Col.* I, I, 4). »

Définition de Dieu.
Si nous voulons démontrer que Dieu est, il faut nécessairement déterminer ce qu'il est : de même que, si je veux démontrer qu'il y a un lion en ce pays, il faut que je commence par sa définition. Elle ne sera point *réelle* avant la démonstration ; elle sera plutôt *nominale :* puis elle se changera en réelle. Nous disons donc que Dieu est *l'Être très-parfait*, c'est-à-dire tel qu'on ne peut en concevoir un plus parfait. Être, dont les perfections sont sans limites.

Conclusion. — *L'Être infiniment parfait est.*
1° Il y a un être non produit, nécessaire, cause première : or, l'être non produit, nécessaire, cause première est infiniment parfait : donc, l'Être infiniment parfait est. Ici, tout est à prouver : commençons par la proposition que nous avons mise à la place de la majeure, bien que ce ne soit pas une *majeure*.

a) Il y a un être non produit. Ou toutes les choses qui existent sont produites, ou il y a *au moins* un être non produit ; or, il est absurde de dire que toutes les choses soient produites ; donc, il y a au moins un être non produit. En effet, *le produit*, qui est relatif, demande nécessairement quelque chose avec lequel il soit en relation, c'est-à-dire, le produisant : et si celui-ci est lui-même produit, la même question se renouvellera. Que l'on admette, si l'on veut, une série infinie dans les productions, pour le moment présent, peu importe. En effet, puisque toute la série sera constituée de termes qui seront des êtres produits, le besoin d'admettre un être non produit n'en existera pas moins et sera même infiniment plus grand : car, toute la série sera un relatif qui demandera essentiellement quelque chose avec lequel il soit en relation. De plus, nous avons dit *au moins* un, parce que dans cette leçon, nous faisons abstraction de *l'unité* de l'Etre parfait, c'est-à-dire de Dieu.

b) Il y a un être nécessaire. Ou toutes les choses qui existent sont contingentes, ou il y a *au moins* un être nécessaire ; or, il est absurde de dire que toutes les choses sont contingentes ; donc, il y a au moins un être nécessaire. Et, en effet, le contingent est ce qui n'est pas déterminé à exister par sa propre essence, et, par conséquent, n'a pas en soi la raison suffisante de son existence. Le nécessaire, au contraire, est ce qui est déterminé à être par sa propre essence, et, par conséquent, a en soi la raison suffisante de son être propre. Or, le principe *Nihil est sine ratione sufficienti, rien n'est sans une raison suffisante de son être*, est très-certain et très-évident. Si ce qui est n'avait pas de raison suffisante, ce qui est ne serait point : et si l'on veut à toute force qu'il soit, il faudra dire en même temps qu'il est et qu'il n'est pas : et cela entraîne la violation du principe de contradiction, *critérium* de toute vérité. Mais revenons à notre argument. Il est absurde que toutes les choses soient contingentes, car, si toutes étaient contingentes, ni chacune, ni toutes n'auraient de raison suffisante d'exister, et, par conséquent, ne pourraient exister. Or, c'est un fait qu'elles existent ; donc, on doit en trouver la raison dans un être non contingent et nécessaire. Ici encore, le recours puéril à une série infinie ne diminue pas, mais augmente infiniment la nécessité d'un être dans lequel on trouve la raison suffisante de l'existence des contingents. Sans doute, un contingent peut avoir la raison suffisante immédiate de son existence dans un autre contingent, celui-ci dans un autre, et ainsi de suite : mais, ou bien il faudra reconnaître l'être nécessaire, dans lequel se trouve la raison suffisante de toute la série, ou bien celle-ci sera comme une immense pyramide sans fondement, qui, par conséquent, ne pourra se tenir debout.

c) Il y a une cause première. Ou toutes les choses qui existent sont des causes causées, et, conséquemment, causes et effets en même temps, ou il y a au moins une cause non causée, c'est-à-dire une cause qui n'est pas un effet ; or, il répugne absolument que toutes les choses existantes soient des causes causées ; donc, il faut reconnaître au moins une cause non causée, qui, par cela même, s'appelle cause première. Les précédents arguments peuvent servir de modèle pour développer celui-ci, et montrer qu'il est inutile de recourir à une série de causes causées, parce que cette série supposée augmente infiniment la nécessité d'une cause non causée.

Donc, la première proposition est démontrée avec une rigueur philosophique aussi grande que possible : de sorte que personne ne peut révoquer en doute qu'il y ait un être *non produit, nécessaire,* et *cause première.* Mais, quel sera-t-il? Pour le déterminer, arrivons à la démonstration de la proposition qui tient lieu de mineure dans l'argument proposé au commencement. Elle était ainsi exprimée : *L'être non produit, nécessaire et cause première est l'Être très-parfait*

a) L'être limité dans ses perfections, doit être *produit, contingent, effet ;* donc, *le non produit, le nécessaire, la cause première,* n'est pas limité dans ses perfections, et, conséquemment, est très-parfait. En effet, où il y a des limites, on doit reconnaître une cause *limitante :* autrement, ces limites, déterminées de telle ou telle sorte, seraient sans raison suffisante : ce qui est absurde. Or, les limites sont *les modes* de l'être limité dans une essence spéciale ; donc, ce qui est la raison suffisante des limites, doit être la raison suffisante de l'être lui-même dans son essence déterminée. Prenons un exemple : L'âme humaine est un être intelligent limité dans sa perfection *essentielle*. Les limites qui la déterminent, doivent avoir une raison suffisante : et où la trouveront-elles? Dans l'essence d'être intelligent? Nullement : car si cela était, un être intelligent d'une plus rare perfection répugnerait. L'âme s'est-elle posée à elle-même les limites de son être? Ce serait absurde de le dire. Car elle aurait agi avant d'exister : elle aurait, par son opération, opéré sur la constitution première de son essence : ce qui renferme une contradiction évidente. Donc, il est nécessaire de dire que celui qui a limité les perfections de l'être de l'âme, est celui qui a produit l'être lui-même, c'est-à-dire que l'âme, *parce qu'elle est limitée dans son être*, doit être produite dans son être, et, par conséquent, n'est pas cause première. Et l'on devra en dire autant de tout être limité dans la perfection de son être. Donc, il faut admettre comme vraie, la conséquence où nous disions que le *non produit, le nécessaire, la cause première*, ne peut en aucune façon être limité dans la perfection de son être, et, par conséquent, est très-parfait.

b) Le concept du non produit, du nécessaire, de la cause première, doit renfermer idéalement son actuation; or, le concept de l'être limité ne renferme pas son actuation ni son existence; donc, nous ne pouvons, en aucune façon, dire que le non produit, le nécessaire, la cause première soit limité dans son être. Il est certain qu'il faut raisonner de l'ordre idéal, comme de l'ordre réel. Après cette observation, nous dirons que si le concept de l'être non produit, nécessaire et cause première, ne renfermait pas l'actuation existante en lui, il n'y aurait pas de raison suffisante de sa propre actuation réelle, et, cette raison suffisante manquant, il serait, comme il est clair, un être produit contingent et nullement cause première. La majeure est donc vraie: la mineure ne l'est pas moins. Car, on peut parfaitement concevoir le limité comme non existant, en le concevant comme possible, sans que, pour cela, ce concept soit absurde, ou que l'essence du limité ne soit pas conçue. Donc, le limité, qui existe, ne peut avoir en soi la raison suffisante de sa propre existence. De là, la conséquence déduite : le non produit, le nécessaire, la cause première est, dans la perfection de son être, sans limites, c'est-à-dire très-parfait.

Toutefois, il faut observer que, bien que nous ne parlions pas encore de l'unité de l'être très-parfait, il est cependant clair qu'un être non produit sera, par cela même, nécessaire, et sera aussi une cause non causée, c'est-à-dire première. En effet, s'il était contingent, il serait *produit* par cela même. On peut en dire autant des deux autres termes *nécessaire* et *cause première :* car, un être ne peut pas être nécessaire sans être non produit, et ainsi de suite. Il est donc évidemment démontré, qu'il y a un être qui est en même temps, non produit, nécessaire, cause première, et, par cela même, très-parfait, c'est-à-dire sans limite dans ses perfections, de telle sorte que l'intelligence ne peut en concevoir un plus excellent. Or, c'est la définition de Dieu ; donc, DIEU EST.

2° Cette vérité est très-rigoureusement confirmée par l'existence des trois ordres, logique, physique et moral. Tout ordre demande une cause ordonnatrice supérieure à l'ordre lui-même, et que l'on peut appeler *premier moteur :* et c'est ce que l'on voit en toute chose.

a) L'existence de Dieu, une fois admise, il est facile d'expliquer l'existence de cet ordre logique par lequel toutes les créatures rationnelles se réunissent dans la même vérité, de façon à ce que le jugement de chacune relativement aux vérités nécessaires, soit et doive être conforme aux jugements de toutes les autres. Si l'on admet que cet ordre provient d'un *moteur* premier et universel, qui communique sa propre lumière à toutes les créatures rationnelles ; et, par un magistère naturel, leur fait admettre les mêmes principes, on donne une raison très-suffisante de cet ordre. Au contraire, sans Dieu et sans moteur universel, l'ordre logique n'est qu'une vaine supposition, un mystère inexplicable, et même une absurdité.

b) En outre, si comme l'enseigne la raison, on admet

Dieu comme législateur suprême, et moteur universel de l'ordre moral de toutes les créatures rationnelles, cet ordre a un véritable et solide fondement : et l'on a la raison suffisante des remords de l'âme coupable, de la tranquille sécurité, de la bonne conscience, des préceptes et des lois humaines, des récompenses et des châtiments, et de la distinction entre la vertu et le vice. Si, dans cette vie, les rapports entre la vertu et le vice paraissent mal entendus, c'est une chose qui, loin de l'affaiblir, confirme la persuasion générale que ce législateur souverain s'est réservé de les rétablir dans une autre vie, relativement à laquelle la présente n'est qu'une épreuve. Mais, sans Dieu, cet ordre disparaît ; le monde moral ne nous apparaît plus que comme une tyrannie, un mensonge, une illusion perpétuelle, sans but et sans nom.

c) Enfin, si l'on admet un premier moteur de l'ordre physique, très-parfait, et, par conséquent, très-rare et très-puissant, on peut, sans grande difficulté, expliquer, comment dérivent de lui, tous les genres et toutes les espèces des vivants, tous les changements divers des êtres corporels, et cet enchaînement admirable par lequel tout l'univers ressemble à une lyre bien accordée, qui chante un hymne perpétuel de louange à celui qui en a harmonisé les cordes avec tant de sagesse. Et là-dessus il faut remarquer *a*) que la cause première de cet ordre harmonieux, résulte des *natures* elles-mêmes de chaque individu, et, par conséquent, doit être cherchée dans l'auteur de ces natures : *b*) qu'il doit y avoir un moteur commun, car toute chose a son existence et ses opérations liées avec l'existence et les opérations des autres ; ainsi, par exemple, celui qui a fait la lumière doit être le même que celui qui a donné l'être aux plantes, et formé les yeux des animaux, car les premières n'auraient point la vie, et l'organisme des seconds serait sans but, si la lumière n'existait pas. Et l'on peut en dire autant de toutes les choses créées.

Quand bien même il n'y aurait que cela, il faudrait donc admettre Dieu comme un *postulatum* à concéder, pourvu qu'on en comprenne les termes ; autrement il faudrait déterminer les trois ordres logique, moral et physique.

3° Voilà pourquoi le genre humain tout entier a toujours été unanime dans sa croyance à la divinité, bien qu'un grand nombre de peuples l'aient diversement altérée, surtout par le polythéisme. Ce consentement universel de tous les hommes et de tous les siècles doit être regardé comme une preuve certaine de la vérité, car il peut provenir seulement de la connaissance de la vérité, et non pas de causes particulières, ainsi que nous l'avons prouvé ailleurs : à moins que l'on admette cette absurdité qu'un effet universel peut dériver d'une cause particulière.

SOIXANTE-QUATORZIÈME LEÇON.

Des attributs absolus de Dieu.
Son unité et sa simplicité : nom propre de la divinité.

Définition et division des attributs de Dieu.
Les *attributs* sont ces perfections qui sont *attribuées* à Dieu comme lui étant propres, et que, pour cette raison, on appelle aussi *propriétés* divines. Cette distinction des attributs en Dieu résulte de la faiblesse de l'intellect créé, et particulièrement de l'intellect humain, qui, ne pouvant pas par un seul concept embrasser l'être très-parfait, s'en forme plusieurs concepts divers inadéquats, par lesquels il exprime telle ou telle perfection divine. Parmi ces attributs, les uns n'ont point de rapports avec les choses qui existent ou peuvent exister hors de Dieu, et s'appellent *attributs absolus :* les autres y ont rapport, et s'appellent *relatifs*. Commençons par les premiers.

Conclusion Ire. — *Dieu est un.*
S'il y avait plusieurs Dieux, ou ils seraient inégaux en perfections dans leur être, ou ils seraient égaux. S'ils sont inégaux, ou bien aucun d'eux ne pourra être appelé Dieu, parce qu'aucun ne sera très-parfait, et tel qu'on ne puisse pas en concevoir un plus excellent : ou bien on appellera Dieu, celui-là seul qui sera aussi très-parfait. S'ils sont égaux, ils seront comme autant

d'individus subordonnés à la même espèce, c'est-à-dire que l'essence divine serait participée par des êtres numériquement et substantiellement distincts, comme il arrive, par exemple, dans les hommes individus, qui participent tous à la même nature ou à la même essence humaine. Mais si l'on parle de la véritable essence divine qui est en soi très-parfaite, comme nous l'avons démontré dans la leçon précédente, cette pluralité est absurde. En effet :

1° Comme les individus que l'on appellerait dieux auraient une perfection *égale très-simple*, il est évident que, pris ensemble, ils donneraient le concept d'une perfection plus grande que celle qu'ils peuvent donner, pris séparément les uns des autres. Donc, on pourrait concevoir un être beaucoup plus parfait que chacun d'eux, qui embrasserait en lui seul la perfection de tous les autres. Ainsi, dans cette hypothèse, on devrait dire qu'ils sont très-parfaits pris séparément : et notre argument nous force à dire qu'ils ne le sont pas. Donc, l'hypothèse est absurde.

On n'infirme point la valeur de cet argument en disant que la pluralité de ces individus qui ont une perfection *égale*, ne donne point un concept de perfection plus grande que celle de chacun d'eux, comme les choses finies, ajoutées dans notre concept à l'être très-parfait de Dieu, n'en augmentent pas la perfection. Précisément, parce que ces êtres sont supposés égaux, la comparaison ne vaut rien. En effet, puisque Dieu est cause première et très-parfaite, il contient en soi, dans un degré très-éminent, toutes les choses existantes et possibles. Or, celles-ci, si nombreuses et si élevées en perfection qu'on les suppose, sont toujours limitées. Donc, de même qu'entre le fini et l'infini, la distance est *infinie*, de même entre l'un et l'autre, il n'y a aucune proportion d'état, et l'accident est beaucoup plus parfait comparé à la substance, que ne le sont toutes les choses contingentes comparées à Dieu. Il n'est donc pas étonnant que S. Thomas ait fait cette comparaison. « Le bien créé est, relativement au bien incréé, comme le point relativement à la ligne, entre lequel il n'y a point de proportion d'état. Donc, de même que par l'addition d'un point, la ligne ne s'allonge pas, de même si l'on conçoit le bien créé ajouté au bien incréé, celui-ci ne devient pas plus grand qu'il n'était avant cette addition. Et il faut encore observer que toute raison de bien qui se rencontre en tous les biens, est en Dieu : voilà pourquoi l'on dit que Dieu est *tout bien*. Aussi l'on ne peut concevoir aucun bien à lui ajouter qui ne soit pas en lui (III. *Sent.*, *dist.* 6, *quæst.* 22, *art.* 3). » Mais on ne peut en dire autant des dieux supposés dont chacun aurait une perfection *égale* à celle de l'autre, et qui, pour cela, donneraient, pris ensemble, le concept d'une perfection plus grande.

2° En outre, si plusieurs avaient la même essence divine, aucun d'eux ne l'exprimerait pleinement et totalement : parce que chacun en aurait *une participation*. Par conséquent, aucun ne serait vraiment Dieu.

3° Quand l'essence s'individue *par elle-même*, de même qu'elle est une, de même son individuation sera aussi une : par conséquent, on ne peut pas concevoir que l'essence divine, qui est individuée *par elle-même*, puisse être actuée en plusieurs individus. Si l'on dit que l'essence divine n'est pas individuée par elle-même, il faudra chercher une cause qui puisse l'individuer en l'actuant : et, conséquemment, ce ne sera plus l'essence du non produit, du nécessaire, de la cause première, tel qu'est Dieu.

4° De plus, ou l'essence divine est individuelle, et, par conséquent, Dieu est un, ou l'essence divine est actuée dans un nombre infini, rigoureusement parlant. Donc, ou il n'y a qu'un seul Dieu, ou il y en a un nombre infini : mais cela est absurde, car le nombre infini répugne en toute chose, et plus encore en parlant de la Divinité. Notre disjonction est vraie : car l'essence divine n'étant point individuée par une cause extrinsèque, mais par elle-même, si elle ne demande pas une individuation unique, il n'y a pas de raison de mettre une limite au nombre de ses autres individuations. Aussi, par exemple, si les causes extrinsèques ne produisaient pas les individuations de l'essence humaine dans la matière, mais qu'elle s'individuât nécessairement par elle-même, il y aurait autant d'hommes existants qu'il y en a de possibles *successivement*, c'est-à-dire un nombre infini.

Donc, on doit dire que *Dieu est un*. Et après avoir donné cette preuve strictement démonstrative, nous laissons au lecteur le soin de considérer les autres qui peuvent se tirer soit de l'unité de l'ordre cosmique, qui demande une cause unique, ou de l'impossibilité des dépendances mutuelles entre plusieurs dieux.

Il est bon de remarquer ici que les païens n'admettaient généralement point la pluralité des dieux, suivant la définition stricte que nous avons donnée : ils appelaient dieux beaucoup d'êtres qui n'étaient pas souverainement parfaits, et leur accordaient les honneurs divins. Au-dessus de ceux-ci ils reconnaissaient toujours un dieu suprême, *Jupiter*, le

... *Pater hominumque Deûmque*

Conclusion IIe. — *Dieu est simple.*

Il l'est, s'il n'y a dans son essence aucune composition réelle.

a) On ne trouve pas en lui la composition physique, qui existe entre la matière et la forme substantielle. Car l'une et l'autre croissent en perfection par cette union. Si donc, la perfection des deux peut croître, elle est limitée, et le corps qu'elles constituent sera toujours d'une perfection finie. Or, Dieu est très-parfait et infini.

b) On ne trouve point en Dieu la composition qu'il y a entre la substance, et les accidents qui augmentent la perfection de la substance. En effet, l'essence ou la substance divine est très-parfaite, et, par conséquent, ne peut avoir d'accidents.

c) On ne trouve point en Dieu la composition du genre et de la différence, parce que dans ce cas on devrait distinguer deux parties dans l'essence divine, l'une déterminable, l'autre déterminante, qui perfectionnerait la première. Et ainsi, bien que dans l'homme il n'y ait qu'une âme, on peut considérer logiquement en lui l'être animal, perfectionné par l'être rationnel, qui le détermine comme différence. Ce manque de perfection qu'il y a dans le genre, et cet accroissement qu'il reçoit par la différence, montre que l'essence ainsi composée, n'est pas infiniment parfaite.

d) Enfin, il faut considérer une autre composition, celle de l'essence et de l'être, qui actue l'essence. Et comme elle touche à un point très-important en philosophie, il sera bon de la méditer attentivement. *L'essence*, comme on l'a démontré dans la *philosophie première* est exprimée dans la définition par laquelle on répond au quid est? de la chose; *l'être* est l'acte de cette même essence. Ainsi nous avons en Pierre l'humanité *actuée,* c'est-à-dire l'essence existant dans une actuation individuelle. On conçoit donc que dans la production des choses, les essences *sont actuées* : et, par conséquent, elles sont considérées comme *des puissances* qui reçoivent l'acte de l'être. Cet être, infini dans son concept, vient, pour ainsi dire, se restreindre plus ou moins, suivant la perfection plus ou moins grande de l'essence dans laquelle il est reçu. Après cette considération générale, remarquons comment on doit concevoir dans un individu *existant* l'essence *réellement distincte* (mais non séparée ou divine) de l'être de cet individu.

Voyez un enfant : il croît et devient homme. Est-ce que l'essence humaine n'était pas, et n'est pas toujours en lui? Certainement que oui : autrement il ne serait pas un homme. L'essence humaine croît-elle avec les années? Certainement que non : parce que toute augmentation ou toute diminution dans l'essence changerait l'espèce. En cet individu l'essence reste toujours la même. Or, nous le demandons : l'être est-il resté toujours le même? Non; l'être par lequel l'essence est actuée, s'est accru, et peu nous importe qu'il ne se soit pas accru du côté de l'âme, puisque le corps lui-même. actue l'essence humaine. Donc, il n'y a pas d'identité réelle absolue entre l'essence et l'être, quand nous voyons celle-là rester, et celui-ci changer. Par conséquent, dans les existants l'être se distingue réellement de l'essence, attendu que, si l'on ne peut faire pour tous le même raisonnement, la raison intrinsèque milite également pour tous : en tous l'essence doit être considérée comme puissance, et l'être comme acte, de telle sorte que quand la puissance reste, l'acte change, comme on le voit dans toutes les choses, où l'on distingue puissance et acte.

De cette potentialité de l'essence des choses créées, on conclut que toutes ont en elles-mêmes le caractère de leur propre contingence. Et certainement si l'essence des êtres contingents doit être considérée comme puissance, cette essence ne pourra pas devenir cause de son être ou de son acte, car aucune puissance ne peut par elle-même se réduire à l'acte. Par conséquent, il doit y avoir une cause qui actue les essences des êtres contingents, en leur donnant l'être. Et ainsi, avant cette actuation, ces essences n'avaient pas l'être : par conséquent, il faut une cause *opératrice de l'être,* c'est-à-dire une cause *créatrice,* qui donne à toutes les essences l'être qu'elles n'avaient point auparavant.

D'où il suit que Dieu étant non produit, nécessaire et cause première, il ne peut avoir une essence qui se distingue réellement de son être propre, parce que si cela était, son être serait *créé,* et son essence serait actuée par lui. Et qu'il nous soit permis de noter ici un défaut de logique chez ceux qui, niant avec raison en Dieu la distinction réelle entre l'essence et l'être, veulent également la nier dans les êtres contingents. Ils disent qu'avec cette distinction, Dieu ne serait pas un être *par soi* et nécessaire. Donc, même pour eux, le caractère qui distingue l'être nécessaire du contingent, est celui-ci : dans le premier, l'être ne se distingue pas réellement de l'essence, et dans l'autre il s'en distingue. Donc, en niant cette distinction dans les créatures, ils en font autant d'êtres nécessaires, ce qui est absurde. Et remarquons bien qu'il ne s'agit pas ici des essences des choses en tant qu'abstraites de leur être. Mais, de même que, relativement à Dieu, la question est posée *in concreto,* de même c'est ainsi qu'elle se pose et doit être posée relativement aux choses contingentes. Après tous ces préambules, nous croyons que le lecteur sera maintenant en mesure de comprendre l'argumentation de S. Thomas, que nous rapporterons *in extenso*, vu l'élévation de ces matières.

« Tout ce qu'il y a dans un individu et qui n'est pas sa propre essence, doit être causé en lui ou par les principes de cette même essence, comme le sont les accidents *propres* qui suivent l'espèce, par exemple, la faculté de rire, relativement à l'homme (*parce qu'elle suppose la raison*), qui est causée par les principes essentiels de l'espèce : ou bien encore doit être causé par quelque principe extrinsèque, comme la chaleur dans l'eau est causée par le feu. Or, si l'être de la chose se distingue réellement de son essence (*c'est ainsi que nous traduisons : sit aliud ab ejus essentia*), il est nécessaire que l'être de cette chose soit causé par quelque principe extrinsèque, ou par les principes essentiels de la chose elle-même. Or, il est impossible que l'être soit causé par les seuls principes essentiels de la chose qui est, parce qu'aucune chose n'a le pouvoir de devenir par soi-même cause d'être, si cet être est causé. Donc, il est nécessaire de dire que ce qui a l'être réellement distinct de son essence, a son propre être causé par un autre. Or, on peut ne pas penser que cela ait lieu en Dieu, parce qu'il est la première cause efficiente. Donc, il est impossible qu'en Dieu l'être se distingue réellement de l'essence.

« Secondement, l'être est l'actualité de toute forme ou nature (*ou essence*) : aussi, par exemple, la *bonté*, *l'humanité* n'indiquent point d'actualité, si nous ne les considérons point en tant qu'elles ont l'être. Il faut donc que l'être vienne se réunir à l'essence qui se distingue réellement de lui, comme l'acte par rapport à la puissance. Mais, en Dieu, on ne peut admettre rien de potentiel, c'est-à-dire rien qui ne soit compris dans sa propre essence. Donc, en Dieu, l'essence ne se distingue pas réellement de l'être : donc, son essence est son être.

« Troisièmement, de même que ce qui est *en feu n'est pas le feu*, mais est enflammé par participation, de même ce qui a l'être et n'est pas l'être, est être par participation : mais Dieu est son essence, et, par conséquent, s'il n'est pas son être, il aura l'être par participation et non par essence; donc, il ne sera pas l'être premier, ce qui est absurde. Donc, Dieu est son essence et son être (*Summ.*, 1, 3, 4). » Il est certain que cette doctrine n'est pas facile à comprendre et c'est la raison pour laquelle nous ne l'avons pas traitée dans la *philosophie première*, où était sa place naturelle; nous avons voulu attendre que l'esprit du jeune homme fût plus habitué à la discussion des questions subtiles et ardues. Mais que chacun fasse son possible pour la comprendre; elle est plus importante qu'elle ne paraît, surtout pour se débarrasser des sophismes panthéistiques.

Corollaire. — Si l'on réfléchit à ces trois choses : *a*) l'être qui n'est pas son essence, et qui, pour ainsi dire, est reçu par elle, est limité par les limites de son essence même; *b*) en Dieu seul il n'y a pas de distinction entre l'être et l'essence; *c*) précisément pour cela son essence est infinie et très-parfaite, on verra combien S. Thomas et les autres grands docteurs ont eu raison d'appeler Dieu IPSUM ESSE, en disant que c'était son nom *propre*, et par là même incommunicable à toute créature, et le nom qui exprime l'essence de Dieu, de la manière que nous pouvons l'exprimer en cette vie mortelle.

Au point de vue philologique, nous verrons que dans les verbes, l'infinitif est ainsi nommé, parce qu'il exclut toute limite : le participe marque la participation de l'acte indiqué par l'infinitif sans aucune limitation : et le passé, le présent, le futur, indiquent la participation de l'être suivant les diverses parties de la durée. Ainsi *être* indique un acte substantiel, et voilà pourquoi on l'appelle verbe substantif : *étant* (ens) indique celui qui participe à cet acte; *qui est, qui fut, qui sera*, indiquent, pris séparément, la participation suivant la durée diverse de l'être. Et, parce que Dieu ne participe pas à l'acte substantiel de l'être, on ne doit pas l'appeler *l'étant* (ens), mais bien *l'être :* et l'on ne pourra pas dire qui est, qui fut, qui sera, en prenant *séparément* ces mots : il faut les prendre conjointement parce que *l'être*, étant infini, embrasse toute durée et toute réalité. S. Thomas qui appelle souvent Dieu *ipsum esse*, ne l'appelle jamais *ens* (étant), comme le font certains modernes qui confondent à tort *esse* et *ens*. De plus, on ne peut pas dire que *l'Être* soit la collection de toutes les choses contingentes, que l'on devrait alors considérer comme faisant partie de Dieu, lorsqu'on l'appelle *Être*, parce que ce n'est qu'une collection *d'étant* (*entia*), qui, multipliés à l'infini tant que l'on voudra, ne seront jamais que des *participations*, et, par suite, infiniment distants de cet acte unique et infini, exprimé par le mot *Être*.

En Dieu, qui est *l'Être*, sont contenus tous les êtres possibles, mais non leur réalité *défective*, et bien plutôt comme des actes imparfaits sont contenus dans l'acte parfait : ce qui signifie que toutes les choses sont en Dieu non-seulement *d'une manière virtuelle*, parce qu'elles peuvent être produites par lui, comme par leur cause, mais encore *éminemment*, parce que la perfection infinie de *l'Être* contient en soi la perfection de tous les êtres participés et possibles. Donc, comme nous l'avons dit plus haut, Dieu est l'objet *adéquat* de la volonté humaine, et si elle le voit d'une manière intuitive, elle n'est pas libre de ne point l'aimer. Dante a ainsi exprimé cette sublime vérité (*Par.*, XXXIII).

« Ainsi mon âme toute entière admirait suspendue,
« fixe, immobile et attentive, et s'enflammait de plus
« en plus dans son admiration.

« Devant cette lumière on devient tel qu'il est im-
« possible de consentir jamais à détourner les yeux
« pour regarder autre chose;

« Car le bien, qui est l'objet de la volonté, est tout
« entier en elle, et, en dehors d'elle, tout ce qu'il y a
« de parfait ici-bas n'est que pure imperfection (1). »

---

(1) Così la mente mia tutta sospesa
Mirava fissa, immobile ed attenta
E sempre nel mirar faccasi accesa.
 A quella luce cotal si diventa,
Che volgersi da lei per altro aspetto
È impossibil che mai si consenta;
 Perocchè 'l ben, ch' è del volere obbietto,
Tutto s' accoglie in lei, e *fuor di quella*
È *difettivo* ciò ch' è lì *perfetto*

APPENDICE.

Ce serait ici le lieu de dire un mot de la simplicité divine relativement à la nature et à la personne. Mais la théologie nous enseignant que la même nature divine ne subsiste pas en une seule, mais en trois hypostases ou personnes, ce sujet dépasse de beaucoup la portée de la philosophie, quoiqu'il n'y soit pas opposé. Qu'il nous suffise de savoir qu'entre la nature divine, et les personnes divines, il ne peut y avoir de distinction réelle.

Si le Verbe divin n'avait pas pris la nature humaine dans le Christ, on n'aurait jamais songé à se demander aussi pour l'homme, si la nature est réellement distincte de la personne. Mais depuis que nous savons qu'il y a dans le Christ la nature humaine parfaite, bien que la personne humaine n'y soit point, on pose cette question de savoir, si en tout homme la nature humaine est ou n'est pas *réellement* distincte de l'hypostase, c'est-à-dire de la personne humaine. Question ardue, difficile à comprendre, et occasion d'un grand nombre d'équivoques diverses. Nous ne voulons pas la traiter, mais citer seulement quelques textes pour ceux de nos lecteurs qui ont étudié, au moins quelque peu, la théologie. Le docte Suarez dit, *Disp.*, 34, *sect.*, 2 :

« Prima sententia est natura et suppositum sola ratione distingui ex modo concipiendi nostro in abstracto vel in concreto... Sed hæc sententia, quamvis fortasse sola ratione naturali non possit convinci falsitatis, tamen supposito Incarnationis mysterio defendi nullo modo potest, quia secundum fidem in re ipsa humanitas singularis fuit assumpta, et unita hypostatice Verbo divino : non fuit autem assumptum suppositum creatum et humanum : ergo *necesse est ut in re* aliqua intercedat distinctio inter hanc humanitatem et proprium suppositum ejus, quando quidem illa manet in Christo, hoc autem minime, eadem autem est ratio de illa humanitate et de omnibus creaturis, præsertim materialibus. Item hæc humanitas, quæ est in Christo, est singularis natura et non est suppositum creatum : ergo aliquid illi deest, quod suppositum addit ultra naturam singularem. »

Suarez dit ensuite que cette distinction réelle est seulement modale « Id quod suppositum creatum addit supra naturam, distinguitur quidem in re ab ipsa natura, non tamen omnino realiter tanquam *res a re*, sed modaliter ut modus rei a re. Hæc distinctio sufficit ad salvandum omnia et maxime ea quæ fides docet de mysterio Incarnationis, propter quæ præcipue introducta est hæc distinctio. »

S. Thomas, *quodlib*. 2, *art*. 4. dit : « In Deo est omnino idem suppositum et natura. In angelo autem non est omnino idem... Manifestum est quod suppositum et natura non sunt omnino idem in quibuscumque res non est *suum esse*. »

Mais rappelons-nous que cet *in Deo est omnino idem, exclut la distinction réelle* mais non la distinction *de raison*.

En outre S. Thomas dit que par cela même que la nature humaine n'a pas la personalité humaine, elle n'est pas privée d'une perfection naturelle : « Naturæ assumptæ non deest propria personalitas propter defectum alicujus quod ad perfectionem humanæ naturæ pertineat, sed propter *additionem* alicujus, quod est supra humanam naturam, quod est unio ad divinam personam. »

Et il dit encore « Persona divina sua unione *impedivit* ne humana natura propriam personalitatem haberet (3, 4, 3). » D'où l'on peut conclure ce qu'il dit ailleurs (3 *dist*., 5, 3, 3, 3) : « Separatio dat utrique partium *totalitatem*, et in continuis dat etiam utrique esse in actu : unde supposito quod hominem deponeret (scil : Verbum divinum), subsisteret homo ille per se in natura rationali, *et ex hoc ipso acciperet rationem personæ*. » Un *tout* cesse d'avoir *la modalité de tout* quand il s'unit à autre chose pour former un tout nouveau ; et ainsi, la nature humaine individuelle, parce qu'elle subsiste en soi, est un tout et a la raison de personne ou d'hypostase, mais elle ne l'a pas *hoc ipsa* qu'elle est conjointe à la personne divine. Donc, si nous parlons d'après les définitions données dans la *philosophie première*, il nous semble qu'on doit dire qu'il y a entre la nature humaine et la personne humaine une distinction réelle, puisque celle-là peut se trouver sans celle-ci : ce qui n'aurait pas lieu s'il y avait seulement une distinction de raison.

SOIXANTE-QUINZIÈME LEÇON.

Dieu est intelligence, amour, vie : il est immuable, éternel, et immense.

Nous allons continuer à traiter des attributs divins *absolus*, et il faut remarquer que dorénavant en parlant de Dieu, nous l'appellerons désormais avec S. Thomas, *Ipsum Esse*, l'Être par essence, et nous prendrons ces deux mots dans la signification que nous avons indiquée à la fin de la leçon précédente.

Conclusion Ire. — *Dieu est intelligence.*

Il est évident qu'il y a en Dieu intellect et volonté, car *a*) les facultés immatérielles de l'intelligence et de la volonté se trouvent dans les créatures, qui sont des effets, et doivent se trouver en Dieu, qui est leur cause; *b*) l'ordre très-sage de choses créées, et leurs essences supposent les idées archétypes d'un intellect suprême, et l'existence de cet ordre et de ses essences supposent une volonté qui actue, c'est-à-dire productrice et ordonnatrice. Cependant, en disant que Dieu est *intelligence* nous voulons dire : 1° que son intellect est essentiellement en acte ; 2° que cet acte est une *compréhension* infinie de Dieu lui-même; 3° que cet acte est son essence elle-même.

1° Il est clair que l'intellect divin ne peut pas être actué en recevant de ce qui lui est extrinsèque ses espèces intelligibles : car toutes les choses doivent être faites par Dieu, et, par conséquent, connues avant d'être faites. Donc, l'essence même de Dieu sert d'espèce intelligible, avec laquelle Dieu engendre le verbe intellectuel, terme de la connaissance par laquelle il se connaît lui-même. Mais *a*) l'essence de Dieu est son être, et, par suite, elle est toujours présente à l'intelli gence et cognoscible : et *b*) parce que ce serait une imperfection de passer de la puissance de se comprendre à l'acte, il faut dire que l'intellect divin est toujours essentiellement en acte.

2° La connaissance est d'autant plus parfaite que *a*) l'espèce intelligible représente mieux la chose que l'on connaît, et *b*) que la puissance cognoscitive est plus parfaite. Mais ici, il n'y a point d'espèce intelligible ; c'est l'essence qui en tient lieu, et la puissance cognoscitive est proportionnée à l'être divin, et, par conséquent, infinie, puisque cet être est infini. Donc, Dieu se connaît lui-même autant qu'il est cognoscible : donc, il se comprendra lui-même. Et déjà, en parlant de la connaissance des intellects créés, nous avons dit qu'elle se fait *essentiellement* par la génération d'un verbe qui est l'image de la chose connue ; et, de même que la chose connue est *exprimée* dans son image, de même le verbe mental est une *expression* intellectuelle de la chose connue. Mais, en parlant de la connaissance en général, et de l'intellective en particulier, nous avons démontré que le connaissant, par la génération du verbe, devient la chose connue, qui est immatériellement dans le verbe : et conséquemment, au moyen du verbe par lequel le connaissant se connaît lui-même, il se double, pour ainsi dire, et se donne à lui-même, pris réellement, une nouvelle existence intentionnelle en soi-même. Après ces observations nous dirons que Dieu le Verbe, par lequel Dieu connaissant se dit lui-même, est l'image adéquate de lui-même, précisément parce que Dieu se comprend lui-même. Mais dans l'essence divine, comme *Cause première* et *Être infini*, toutes les choses sont contenues éminemment ; donc, le verbe par lequel Dieu se connaît lui-même, et se dit lui-même, est le Verbe par lequel Dieu connaît *toutes les choses* et dit toutes les choses. L'esprit humain sur les ailes de sa puissance naturelle peut aller jusque-là mais il ne lui est pas donné de s'avancer plus loin. Il ne fait que balbutier, pour ainsi dire, si l'on compare ce qu'il comprend aux enseignements de la révélation sur ce même Verbe. Devant cette lumière éclatante et inaccessible, le philosophe ferme les yeux et cesse un instant d'être philosophe ; il ne raisonne plus, il croit, et il arrive au sommet de la grande et véritable philosophie.

3° Nous disons, enfin, que l'acte par lequel Dieu se connaît, est son essence même : autrement ce serait un être potentiel qui se perfectionnerait par l'acte et il ne serait point *l'Ipsum Esse* dont nous parlions ; donc, nous pouvons dire : Dieu *est intelligence*, c'est plus vrai que de dire : *Dieu a l'intelligence*.

Conclusion IIe. — *Dieu est amour*.

Nous supposons, d'après ce que nous avons dit dans la *conclusion* précédente, la volonté divine, et nous voulons dire : 1° que l'amour est essentiel en Dieu ; 2° que cet amour est infini ; 3° qu'il est l'essence divine elle-même.

1° Il est *essentiel*, parce que l'objet aimable, qui est l'essence divine, est essentiellement présent à sa volonté, et que Dieu ne peut pas aller de la puissance à l'acte. 2° Il est *infini*, parce que la puissance d'aimer est proportionnée : *a*) à la puissance de connaître ; *b*) à l'objet aimable connu. Or, la puissance est infinie, et l'objet est infini et infiniment compris ; donc, cette puissance d'aimer sera infinie, et son acte sera aussi infini. 3° *Il est l'essence divine elle-même*, autrement celle-ci n'étant pas son acte serait en puissance à cet acte, et ne serait point *l'Ipsum Esse*. Donc, Dieu est amour. Mais ici il faut observer : 1° que, de même que Dieu, en engendrant son verbe, se connaît lui-même et connaît toute chose, de même, en s'aimant, il aime en soi et avec soi toutes choses ; 2° que l'amour étant une tendance à ce qui est connu, suppose essentiellement la génération du verbe par lequel se fait la connaissance ; 3° que Dieu étant connu, comme nous l'avons dit dans le Verbe, qui a la réalité de l'essence divine elle-même, il faut nécessairement admettre que l'amour procède non-seulement de Dieu connaissant, mais encore du Verbe dans lequel il est connu (1).

---

(1) Que l'on ne s'imagine pas que nous veuillions expliquer par là le mystère de la Trinité, que la foi nous enseigne. Les pensées les plus élevées de la philosophie ne sont qu'un pâle rayon, en comparaison de cette lumière inaccessible

Corollaire. — De ce que l'acte cognoscitif et l'amour divin sont infinis, et de ce qu'ils s'identifient avec son essence, il suit que Dieu a un seul Verbe et un seul amour : avec celui-là, il se connaît lui-même, et toutes les choses ; avec celui-ci, il s'aime lui-même et toutes les choses, et ce Verbe est Dieu, et cet amour est Dieu. Il est clair aussi, d'après ce que nous avons dit sur la liberté de l'homme, que Dieu étant l'objet adéquat de la volonté divine, l'amour par lequel il s'aime lui-même n'est pas libre, mais nécessaire.

Conclusion III°. — *Dieu est vie.*

La vie, comme nous l'avons démontré ailleurs, est l'opération immanente ; or, en Dieu, il y a l'opération immanente de l'intellection et de la volition ; donc, il y a la vie en lui. Mais quelle est l'opération immanente de l'intellect et de la volonté? L'intelligence qui est Dieu, l'amour qui est Dieu ; donc, l'intelligence et l'amour en Dieu étant son essence même, on devra dire non pas que Dieu vit, mais qu'il est la vie elle-même.

Conclusion IV°. — *Dieu est immuable.*

S'il ne l'était point, il ne serait pas Dieu. En effet :

1° Précisément parce que Dieu est très-parfait et *l'Ipsum Esse*, il ne peut pas y avoir en lui de puissance, mais c'est un acte très-pur. S'il changeait, il y aurait en lui la puissance d'être ce qu'il n'était point avant ce changement. 2° Il est évident que la mutation demanderait quelque chose de substantiel ou d'accidentel : alors il n'aurait plus cette simplicité dont nous avons démontré la nécessité. 3° Il est infini ; donc il ne peut rien acquérir qu'il n'ait ; rien perdre, parce qu'il cesserait d'être infini.

Corollaire. — Donc, tout acte que l'on conçoit en Dieu relativement aux créatures, de connaissance, de puissance, d'amour, ou autre, ne lui ajoute rien de réel, mais peut seulement résulter d'un nouveau rapport que les créatures prennent vis-à-vis de lui. Voilà pour-

---

de la révélation ; et il est vrai cependant que, sans la révélation, la philosophie ne s'élèverait pas si haut. En tout cas, ce qui constitue proprement ce mystère est la substantialité des trois personnes distinctes. Or, c'est une chose que l'intellect créé, non-seulement ne peut pas démontrer, mais qu'il ne peut même pas soupçonner *par lui-même*.

quoi les relations des créatures, vis-à-vis de Dieu, sont réelles : celles de Dieu vis-à-vis des créatures sont *de raison,* parce qu'en Dieu, il n'y a pas un fondement *distinct, propre, et réel* de la relation vis-à-vis des créatures (1). Et pour nous servir d'une comparaison, sur ce sujet si extraordinaire, supposons que je voie une muraille tout entière, je verrai sans un nouvel acte de vision les objets qui se rangeront successivement devant cette muraille. Il est certain que ce que nous disions tout à l'heure de Dieu dépasse notre raison, mais il doit nous suffire de l'admettre *en vertu* de la démonstration que nous avons faite.

Conclusion V^e. — *Dieu est éternel*. On doit s'élever, par la connaissance analogique, des choses contingentes et terrestres aux choses éternelles et célestes. C'est ainsi que pour avoir le concept de l'éternité il faut le tirer du temps. Comme nous l'avons dit dans la philosophie première, le temps est *le nombre du mouvement sous le rapport de l'antériorité et de la postériorité : numerus motus secundum prius et posterius*. Dans le mouvement il y a deux termes, le terme *a quo* et le terme *ad quem :* entre les deux est le passage, ou le changement de l'un à l'autre. Enlevons les termes, enlevons la succession, retenons cependant le concept de durée, et nous aurons une notion imparfaite, mais cependant juste, de l'éternité. Aussi, comme l'éternité ne peut se trouver qu'en Dieu, Boèce l'a bien définie en disant : *Æternitas est interminabilis vitæ tota simul et perfecta possessio* (III. *de Consol. philos., pros.* 2). L'Etre nécessaire, *l'Ipsum Esse* ne peut avoir de terme *a quo,* par lequel il commence à être, ni de terme *ad quem,* dans lequel son être cesse ou peut cesser : l'être immuable ne peut avoir de succession dans son être; donc, il est éternel, et *totus simul.*

Corollaire. — On voit bien, d'après cela, que c'est

---

(1) « Relationes quæ dicuntur de Deo ex tempore, non sunt in ipso realiter, sed solum secundum rationem. Ibi enim est relatio ubi realiter aliquid dependet ab altero, vel simpliciter, vel secundum quid. Et ideo cum Deus ab altero nullo dependeat, sed e converso omnia ab ipso dependeant, in rebus aliis sunt relationes ad Deum reales, in ipso autem ad res secundum rationem tantum, prout intellectus non potest intelligere relationem hujus ad illud, nisi e converso intelligat relationem illius ad hoc. » (S. Th., Quæst. disp. 7, de simpl., art. 1.)

improprement qu'on dit de la durée qu'elle est *éternelle* en parlant des créatures. Premièrement, parce que toute créature a un commencement et dépend dans son être de la cause première, que cet être finit ou peut finir. En effet, bien que les substances séparées de la matière soient incorruptibles, toutefois il ne répugne pas *intrinsèquement* qu'elles soient annihilées par la puissance divine considérée *absolument*, ainsi que nous l'avons dit en parlant de l'immortalité de l'âme. A propos de ces substances et des âmes humaines, il faut se rappeler ce que nous avons dit de la puissance *absolue*, et de la puissance *ordonnée* de Dieu. De plus, les créatures corruptibles changent dans leur être, et les créatures incorruptibles comme les intelligences séparées et les âmes humaines, après qu'elles ont quitté leur corps, ont des changements et des successions dans leurs actes. Dieu seul est le *moteur universel immobile*, comme S. Thomas l'a dit d'après Aristote.

Conclusion VI°. — *Dieu est immense.*

Immense, d'après l'étymologie du mot, veut dire, *non mesuré*, ou non mesurable. Cet attribut indique donc une propriété qu'a l'être divin de n'être circonscrit dans aucun lieu, ni par aucune limite, tellement qu'il se trouve dans toute partie assignable de l'espace, de façon à ce qu'il est *tout entier* partout, et *tout entier* dans chaque partie de l'espace.

1° C'est une perfection de se trouver ainsi dans tous les points assignables de l'espace ; donc, elle doit se trouver en Dieu qui est très-parfait.

2° Si Dieu n'était pas immense, son essence serait déterminée à être entre certaines limites : mais cette détermination répugne. En effet : *a*) ou elle provient en Dieu d'une cause extrinsèque, mais on ne peut pas l'admettre, vu son indépendance essentielle, et la dépendance essentielle de toutes les choses à son égard ; *b*) ou elle provient de son essence même, mais cela est absurde, puisque cette essence, qui est l'*Ipsum Esse*, ne peut pas se poser à elle-même des limites.

Et, bien qu'en parlant de l'âme humaine, nous ayons expliqué comment elle peut être toute en chaque partie du corps, et que l'on voie suffisamment comment il faut concevoir l'immensité divine, toutefois il est bon de traiter ce point de nouveau, en donnant exactement la doctrine de S. Thomas : « Le tout se dit par rapport aux parties. Or, il faut observer, qu'il y a deux espèces de parties : il y a les parties de l'essence, comme la forme, et la matière, qui s'appellent parties du composé, et comme le genre et la différence, qui s'appellent parties de l'espèce ; et il y a les parties de la quantité, en lesquelles se divisent un corps quantitatif quelconque. Ce qui est dans un lieu avec une totalité de quantité, ne peut pas être hors de ce lieu, parce que la quantité de la chose, qui est dans le lieu, est commensurée à la quantité du lieu, et, par conséquent, il n'y a pas de totalité de quantité, s'il n'y a pas de totalité de lieu. Mais la totalité d'essence n'est pas commensurée à la totalité du lieu. Donc, il n'est pas nécessaire que ce qui est tout d'une totalité d'essence, en un lieu quelconque, ne soit point en dehors de ce lieu. Et c'est ce qu'on voit même dans les formes accidentelles, qui ont accidentellement la quantité : ainsi la blancheur est toute entière dans chaque partie de la surface blanche, relativement à la totalité de l'essence, parce qu'elle se trouve en chaque partie de la surface, selon la raison parfaite de son espèce. Mais si l'on considère la totalité, suivant la quantité, que cette blancheur a *per accidens*, en ce cas, elle n'est pas toute en chaque partie de la surface. Mais, dans les substances incorporelles, il n'y a ni *per se*, ni *per accidens*, d'autre totalité que celle de l'essence. Par conséquent, de même que nous avons dit que l'âme humaine est toute en chaque partie du corps, de même nous disons que Dieu est tout en toutes choses et en chaque chose (*Summ.*, 1, 8, 2). » Dieu est donc immense : il se trouve substantiellement dans tout point assignable de l'espace, qu'il y ait, ou qu'il n'y ait pas en ce point, des créatures corporelles ou incorporelles. D'où l'on voit que l'immensité divine est un attribut absolu, et, conséquemment, avant la création du monde, Dieu n'était pas dans le monde, mais de toute éternité il etait immense, et il était en lui-même.

SOIXANTE-SEIZIÈME LEÇON.

Des attributs relatifs de Dieu. — Dieu est Idée, lumière, et vie de toute chose; il est libre; Créateur; tout-puissant.

Définition des attributs relatifs.

Ce sont les propriétés divines qui se rapportent aux créatures produites par Dieu en dehors de lui. Il faut bien se rappeler ce que nous avons dit dans la leçon précédente, que toute relation de Dieu, à l'égard des choses qui sont, ou peuvent être hors de lui, est seulement *de raison*, bien qu'elle soit réelle du côté des choses à l'égard de Dieu. La première relation que l'on peut considérer en Dieu, relativement aux choses qui sont, ou peuvent être en dehors de lui, se trouve en ce qu'il est *l'Idée* ou l'exemplaire de tout être.

Conclusion Ire. — *Dieu est l'Idée.*

Et, en effet, l'idée est le modèle qui se trouve dans l'esprit de l'opérateur, et qu'il exprime dans son opération. Mais Dieu est essentiellement exemplaire universel de tout ce qui est, ou peut être; or, toutes les choses sont des *entia*, ou des participations de *l'Etre* très-pur et substantiel (soixante-treizième leçon); donc, chacune d'elles exprime l'être sous un certain rapport, et, par conséquent, est la copie : *l'Etre* est l'exemplaire.

Conclusion IIe. — *L'essence divine, en tant que connue comme imitable, est l'Idée.*

En effet, l'intellect divin connaît l'essence divine, et la comprend, et, par cette connaissance, engendre le Verbe. Mais, comme nous l'avons déjà dit, toutes les choses sont éminemment comprises dans l'essence divine, qui est *l'Ipsum Esse:* par conséquent, l'intellect divin le connaît en tant qu'elle est éminemment toute chose, et, par cela même, en tant qu'elle est imitable par toutes les choses, c'est-à-dire, idée de ces choses; « Dieu étant, dit S. Thomas, la similitude et l'espèce de toute chose, il peut faire sur lui-même une double conversion de l'intelligence, ou absolument, en tant qu'il est une réalité, ou relativement, en tant qu' il est similitude de toute chose. Et Dieu se connaît des deux manières indiquées, et réfléchit en lui-même, bien que ce ne soit pas par une opération différente, mais par une seule (1 *Dist.*, *art.* 3).

Conclusion III*ᵉ*. — *Le Verbe-Dieu est l'Idée.*

Dieu en tant que connu comme imitable est l'Idée; mais Dieu, en tant que connu, absolument et relativement, est dans son Verbe: donc, on doit dire que l'Idée est dans le Verbe. Or, nous avons démontré (soixante-quatorzième leçon) que le Verbe est Dieu; donc, le Verbe-Dieu est l'Idée. Voici comment S. Thomas s'exprime à ce sujet : « Le verbe, conçu dans l'esprit, représente tout ce que l'on comprend actuellement. Aussi il y a en nous plusieurs verbes, suivant les choses divines que nous comprenons. Mais, parce que Dieu, par un seul acte, se comprend lui-même, et comprend toute chose, il s'ensuit que son Verbe unique représente et celui qui l'engendre, et toutes les créatures (*Summ.*, 1, 34, 3). »

Conclusion IV*ᵉ*. — *Bien que Dieu soit l'Idée, on peut dire toutefois qu'il est plusieurs idées, ou qu'il y a plusieurs idées en Dieu.*

1° Nous disons premièrement, que Dieu est une seule Idée, et qu'à parler de l'Idée *comme elle est en Dieu*, on doit dire qu'il y a en Dieu une seule idée. Nous avons déjà vu que le Verbe, par lequel Dieu se connaît, en tant qu'il est similitude des choses, est l'Idée : mais le Verbe est un en Dieu, et il est Dieu comme nous l'avons démontré : donc, en Dieu il y a une Idée unique, et cette Idée est Dieu lui-même.

2° Nous disons en second lieu qu'on peut affirmer, que *Dieu est plusieurs idées*, ou *qu'il y a en Dieu plusieurs idées*. Pour le comprendre, il faut considérer comment et pourquoi il y a en nous plusieurs idées. Notre connaissance venant des *fantômes*, il faut supposer que l'espèce intelligible, tirée du *fantôme*, représente la quiddité de cela seulement qui est donné par le *fantôme*. Par conséquent, l'intelligence se servant de l'espèce intelligible, comme de principe *quo* dans la génération du verbe, il s'ensuit que le verbe sera l'image de tout ce qui est en elle, mais non d'autre chose. Donc, pour connaître plusieurs choses, il nous faut engendrer plusieurs verbes *successifs*, et *numériquement* distincts les uns des autres, de même que les *fantômes* requis pour les opérations intellectuelles succesives sont numériquement distincts. Or, le verbe engendré, qui est essentiellement image de ce qui est représenté par l'espèce intelligible, peut souvent devenir, à son tour, idée; car la chose connue peut être considérée absolument en elle-même, ou relativement en tant qu'elle est similitude d'autres choses possibles. Donc, en nous, les idées sont multiples, et numériquement distinctes, parce que cette distinction numérique doit avoir lieu dans les verbes engendrés par notre intelligence. Mais nous pouvons considérer un verbe qui soit l'exemplaire d'un être d'une grande perfection. Ce verbe sera une idée unique relativement à l'être parfait : mais il sera plusieurs idées relativement aux êtres imparfaits, qui sont contenus dans le parfait, et que l'on peut considérer comme des copies de cette idée. Supposons, par exemple, qu'il y ait dans un verbe l'idée de l'homme. Relativement à l'homme, elle est unique : mais on peut aussi la considérer relativement à tout ce qu'il y a dans l'homme : par conséquent, dans l'idée de l'homme, on peut considérer un grand nombre d'idées, par exemple, l'idée de la brute, l'idée de la plante, l'idée du corps, l'idée de la substance, l'idée de l'accident, l'idée de la matière, l'idée de la forme, et ainsi de suite. De même donc, qu'un acte parfait, sans perdre de son unité, peut être considéré comme contenant en soi les actes imparfaits, de même une idée plus parfaite peut être considérée comme contenant plusieurs idées moins parfaites.

La pluralité des idées, entendue de la première manière, avec une distinction numérique, ne peut se trouver en Dieu : mais on doit l'y trouver, entendue de la seconde manière. C'est l'enseignement de S. Thomas : « Il y a deux sortes de pluralité, l'une est la pluralité *des choses*, et, suivant celle-là, il n'y a pas en Dieu *plusieurs idées*. Car l'idée est la forme exemplaire, ou l'essence divine, que toutes les choses imitent en tant qu'elles sont, et sont bonnes. L'autre pluralité se rapporte à la manière de comprendre, et, à ce point de vue, il y a plusieurs idées. Car, bien que toutes les choses, en tant qu'elles sont, imitent l'essence divine, elles ne l'imitent point d'une manière semblable, mais différente, et dans des degrés divers. C'est pourquoi l'essence divine, en tant qu'elle est imitable de telle façon, par telle créature, est la propre cause, ou idée de cette créature elle-même ; on peut en dire autant de toutes les autres, et voilà pourquoi, nous disons qu'il y a en Dieu plusieurs idées, à savoir en tant que nous concevons l'essence divine sous les divers rapports que les choses ont à son égard, en l'imitant de diverses manières (*Quodlib.* 4, *art.* 1). »

Conclusion V^e. — *Toutes les choses en Dieu sont la vie de Dieu, la lumière, et cette lumière, qui illumine toute créature raisonnable.*

Il faut encore considérer une autre des nombreuses différences qu'il y a entre les idées qui sont en nous, et celles qui sont en Dieu. De même qu'en nous les idées sont dans les verbes engendrés, et que ceux-ci, pris subjectivement, sont des modifications accidentelles de notre âme, de même, les idées en nous sont les accidents d'une substance qui est l'âme. Mais, comme nous l'avons vu, les idées en Dieu sont le Verbe lui-même, dans lequel Dieu est connu absolument, et relativement : par conséquent, les idées en Dieu sont l'essence même de Dieu.

Or, qu'est-ce que c'est que le Verbe de Dieu ? Nous l'avons vu, c'est la vie, et la lumière intellectuelle de Dieu lui-même, dans laquelle il se voit et voit toute chose. Donc les idées de toutes les choses sont la *vie* et la *lumière* divine. Mais toutes les choses sont éminemment comprises en cette suprême idée qui est Dieu : donc, elles sont en Dieu *sa vie* et *sa lumière*, et, par suite, elles ont en Dieu un être infiniment plus parfait que celui qu'elles ont en elles-mêmes.

Mais nous avons déjà vu que la lumière de la raison, qui est en nous l'intellect agent, est *essentiellement* un rayonnement de cette lumière suprême dans laquelle sont les idées archétypes de toutes les choses : nous avons vu aussi que de cette lumière descendent les espèces intelligibles innées dans les intelligences séparées. Donc, cette lumière divine est la lumière de toutes les créatures raisonnables. Mais, de même que l'intellect agent et les espèces intelligibles sont, dans la créature raisonnable, le principe intime de la vie intellective : de même cette lumière divine, qui est le Verbe de Dieu, est non-seulement la lumière illuminatrice des intelligences créées, mais encore leur vie.

Ensuite Dieu, qui est intelligence et amour (soixante-quatorzième leçon), n'imprime pas seulement la lumière intellectuelle dans les esprits créés, en les faisant, par cela même, ses images relativement à l'intelligence, mais, en tant qu'il est amour, il imprime en elle une inclination à ce vrai, qui est manifesté dans la lumière intellectuelle, et qui, comme objet de l'inclination elle-même, s'appelle *bien*, et ainsi les créatures intellectives deviennent aussi ses images dans leur volonté. Donc, puisque notre lumière intellectuelle est l'image de la lumière infinie de Dieu, il s'ensuit que l'objet adéquat de notre intellect est infini : et, puisque l'inclination naturelle de notre volonté est l'image de l'amour infini de Dieu, il s'ensuit que l'objet adéquat de notre volonté est le bien infini. Enfin, puisque cette intelligence divine et cet amour divin impriment leur image en toutes les créatures spirituelles, bien qu'à des degrés divers, il s'ensuit que toutes tendent naturellement au même vrai, et au même bien.

Conclusion VIe. — *La volonté de Dieu est libre relativement aux choses contingentes.*

1° Dans les créatures intellectuelles il y a cette perfection qui les fait tendre naturellement et nécessairement à leur objet adéquat, et qui les laisse libres néanmoins relativement aux objets inadéquats, qui ne sont pas nécessaires à l'acquisition du premier, ou ne se montrent pas évidemment comme tels. Donc, cette perfection doit se trouver aussi dans la volonté divine. Or, quel est l'objet adéquat qui la nécessite, et où elle se repose tranquillement comme dans sa fin ? C'est l'essence divine connue, c'est-à-dire l'ensemble des perfections divines, qui, en tant qu'objet de l'intellect divin, s'appellent *vérité suprême*, et en tant qu'objet de la volonté divine, *bonté suprême*. Aucune chose contingente n'est infiniment parfaite, et même toutes ensemble sont infiniment éloignées de la suprême vérité et de la suprême bonté : aussi tous les choses contingentes sont les objets inadéquats de la volonté divine, et, par conséquent, elle sera libre à leur égard.

2° Il faut ensuite considérer que les contingents ont une double existence : celle qu'ils ont en Dieu, et celle qu'ils ont en eux-mêmes. Dans la première existence, ils sont Dieu, comme nous l'avons vu, et sont avec Dieu, et en Dieu nécessairement aimés par la volonté divine. Mais relativement à l'autre existence ils sont *termes* de la volonté divine plutôt que ses objets, et avant que la volonté divine leur donne l'être, ils ne sont rien. Or, la volonté divine peut-elle être nécessitée par le rien ? De même un peintre ne sera jamais forcé par la peinture elle-même à peindre un tableau, qui n'aura l'être que quand il l'aura peint, bien qu'il puisse être poussé à peindre par le désir de s'acquérir de la renommée, et qu'il se détermine à peindre, en voyant que c'est un moyen d'arriver à cette *fin*. La fin de la volonté divine est le repos dans l'amour infini de l'essence divine ; et l'on ne peut considérer l'existence d'aucune créature, comme un moyen nécessaire d'arriver à cette fin : donc, la volonté divine ne peut être nécessitée par les contingents, et, par conséquent, elle les veut librement.

Et il faut bien noter ici que la volonté divine *a*) se divise en *antécédente*, et en *conséquente*. On conçoit la première comme un décret porté, en faisant abstraction de toute opération de la créature : la seconde suppose une opération, ou un fait. En outre, *b*) on la divise encore en volonté absolue, et en volonté conditionnelle : la première est considérée indépendamment de toute hypothèse ; c'est le contraire pour la seconde. Mais comme on le voit, cette distinction ne fait qu'indiquer diverses relations *avec les termes* de la volonté divine. Ainsi cette volonté veut que tous les hommes tendent à leur fin suprême *antécédemment* à leurs opérations, et, suivant qu'ils auront bien agi, récompenser les hommes *conséquemment* à leurs opérations.

Corollaire. — Comme il est impossible qu'une créature ressemble adéquatement à Dieu, c'est-à-dire que la bonté divine soit exprimée en dehors de Dieu, de façon à ce qu'elle ne puisse pas être exprimée d'une manière plus parfaite ; de même, la volonté ne peut pas créer un monde qui soit *absolument* le meilleur, parce que ce monde répugne.

Conclusion VIIe. — *L'immortalité de Dieu n'est pas opposé à sa liberté.*

Il n'y aurait opposition entre ces deux attributs divins, qu'en tant que la liberté demanderait en Dieu des actes entitativement distincts, qui changent successivement, ou, au moins, peuvent changer. Dans le cas où ils changeraient, Dieu serait changé de fait : s'ils pouvaient seulement changer, Dieu serait *muable*. Mais cette distinction d'actes est complétement impossible : car, l'acte de la volonté divine, par lequel Dieu aime, étant *infini*, exclut nécessairement la possibilité d'autres actes, bien qu'il n'exclue pas la possibilité de divers rapports à un *terme* ou à un autre. Par conséquent, quand Dieu crée le monde, ou veut telle ou telle chose, il le fait par le même acte infini avec lequel il s'aime, *en terminant* cet acte à tel ou tel terme, et, par suite, il ne peut y avoir en Dieu aucun changement.

Conclusion VIIIe. — *Dieu est Créateur.*

Qu'est-ce que la création ? Voici les deux caractères par lesquels S. Thomas distingue la création des autres productions : « Le premier, c'est que l'on ne présuppose rien dans la chose qu'on dit être créée. La causalité productrice ou altératrice ne s'étend pas à tout ce qui est dans la chose ; elle touche seulement à la forme qui, de la puissance, passe à l'acte : au contraire, la causalité créatrice s'étend à tout ce qui est dans la chose : et c'est pour cela qu'on dit que la création se fait *de rien*, parce que rien ne préexiste à la création, comme non créé. Le second caractère, c'est que, dans les choses que l'on dit être créées, le non-être soit avant l'être : non pas qu'il faille absolument *une priorité de temps ou de durée*, tellement qu'il y ait eu d'abord un temps où elle n'était pas, puis ensuite un temps où elle est : non, il suffit d'une *propriété de nature*, de telle sorte que, la chose créée, considérée en elle-même. serait toujours restée dans le non-être, parce qu'elle n'a l'être que par l'opération de la cause suprême. Et la raison en est, qu'à chaque chose appartient d'abord, naturellement, ce qu'elle ne tient point d'autrui, puis ce qu'elle reçoit d'autrui (2. *dist.*, 1, 1, 2). »

On voit, d'après cette doctrine, ce qui est essentiel à la création, et ce qui ne l'est pas, bien que cela ait lieu cependant : *a*) il est essentiel à la création qu'il y ait production d'une chose sans qu'elle existe d'abord elle-même, et sans qu'il y ait de sujet préexistant, *eductio rei ex nihilo sui et subjecti; b*) il n'est pas nécessaire qu'il y ait eu *un temps* antérieur à l'éduction de la chose du néant. S. Thomas dit que les philosophes, indépendamment de la foi, ont connu la première chose, mais ils n'ont pas pu démontrer avec leur raison que la création avait été faite dans le temps *comme nous l'enseigne la foi* (*l. c.*). Puis, traitant ce point dans la *Somme*, il dit qu'on ne peut pas démontrer apodictiquement par la raison que la création à été faite dans le temps. Mais, arrivons à la démonstration.

1° Il y a un univers que nous pouvons appeler un ensemble très-bien ordonné de substances produites et contingentes; donc, il est absolument requis que cet être unique, improduit, nécessaire, qui est cause première, leur ait donné l'être par la création. S'il n'en était pas ainsi, et qu'il les eût tirées d'un sujet préexistant, comme le sculpteur tire la statue du marbre, ce sujet premier serait en même temps infini, improduit et nécessaire, ce qui implique contradiction, comme nous l'avons démontré.

2° Si nous analysons toutes les choses qui composent l'univers, nous trouverons : *a*) les substances corporelles, composées de matière et de forme, corruptibles, de façon à ce que l'univers soit comme un théâtre, où l'on voit nécessairement des changements substantiels dans la nature des choses. A ce genre de substances se ramènent les êtres inorganiques, les plantes, les brutes, et l'homme lui-même en partie. De plus, bien que ces substances soient toutes finies, il n'est pas nécessaire pour cela qu'elles aient été créées par Dieu, *dans l'état actuel où elles se trouvent :* parce que, comme nous l'avons démontré, les formes matérielles étant tirées de la potentialité de la matière, l'œuvre *immédiate* de la création n'est pas nécessaire pour la génération des êtres inorganiques des plantes et des brutes. Ce qui est nécessaire, c'est la création de la matière première actuée par les formes substantielles dans lesquelles était en germe le développement successif de l'univers matériel. Et nous disons que la création de la matière première est nécessaire, car sa perfection étant finie, son être doit être créé. Nous disons *actuée*, parce qu'elle ne peut exister sous une forme substantielle quelconque. Enfin, nous disons encore qu'elle a dû être actuée par les formes qui contenaient en germes l'ordre cosmique ; autrement celui-ci serait un effet sans cause proportionnée.

b) Nous trouverons encore les substances immatérielles, c'est-à-dire les âmes humaines et les intelligences séparées, qui, toutes, doivent être tirées immédiatement du néant, comme contingentes (d'une perfection finie), et comme immatérielles.

1ᵉʳ *Corollaire.* — C'est ce qui prouve la fausseté radicale du panthéisme, qui, par un délire insensé, dit que toute chose est Dieu. Le panthéisme admet : *a)* ou bien l'émanation substantielle, c'est-à-dire que toutes les substances soient comme des parcelles séparées de la Divinité, ce qui explique la doctrine absurde de la divisibilité de la substance divine immatérielle ; *b)* ou bien qu'il n'y a qu'une seule substance divine qui se manifeste de toutes les manières que nous voyons dans l'univers : et il n'y a pas de rêverie plus ridicule, tellement est certaine la multiplicité numérique des substances contingentes, comme nous l'avons dit plusieurs fois ; *c)* ou bien que tout est la pensée, et cette doctrine est si folle qu'elle détruit toute réalité et toute certitude, en sorte qu'elle mérite plutôt être méprisée que réfutée. En général, nous pouvons dire que le panthéisme n'est qu'un pur athéisme, parce que Dieu ne peut pas être ce qui répugne absolument à sa définition.

2° *Corollaire.* — S'il n'y a pas, et s'il ne peut pas y avoir autre chose que *l'Être* nécessaire et unique, non produit et premier principe de toutes les choses, qui tiennent leur être de lui, il est évident que l'ancien système des deux principes éternels, nécessaires et indépendants, le bien et le mal, est un système faux et absurde, surtout, parce que le mal qui devrait être le principe de tous les maux qui sont dans le monde, devrait être le mal, par hypothèse, et, en même temps souverain bien, comme improduit, et, par conséquent, infini en perfections.

Conclusion IX°. *Dieu est tout-puissant.*

La toute-puissance divine consiste en ce qu'il peut produire tout ce qui ne répugne pas intrinsèquement, soit dans l'ordre physique, soit dans l'ordre moral. Or, il n'y a à répugner intrinsèquement que ce qui en même temps *est et n'est pas :* comme, par exemple, que l'homme soit un arbre ; que le passé ne soit point passé ; que Dieu, vérité infinie, puisse mentir, etc. d'où l'on voit que l'objet de la toute-puissance divine est *l'être :* et l'être n'ayant point de limites, la puissance qui s'y rapporte doit être *infinie.*

1° La vertu ou puissance de l'agent est en rapport avec la perfection de son essence ; or, la perfection de l'essence divine est infinie ; donc, sa puissance doit aussi être infinie ; or, si elle était limitée dans son opération, elle ne serait pas infinie ; donc, elle s'étend a tout ce qui a raison d'être ; donc, Dieu est tout-puissant.

2° Il faut absolument reconnaître à Dieu la puissance créative ; autrement, il y aurait un nombre infini d'êtres qui, par leur essence, devraient être contingents et produits, et cependant, de fait, devraient être regardés comme nécessaires et improduits. Or, la puissance créative est infinie. En effet, il y a plus de distance entre le néant et le moindre être, qu'entre le moindre être et la plus parfaite créature : celui donc, qui a la puissance de tirer du néant un atome, peut aussi créer les plus parfaites créatures. Donc, Dieu peut tout faire, et, par conséquent, il est tout-puissant.

3° En appelant les choses du néant à l'être, la puissance divine se montre capable de produire l'effet le plus universel qu'il y ait, c'est-à-dire *l'être*, sous lequel *tout* est compris. Dieu donc, qui tire du néant, se montre par cela même tout-puissant. « Il faut, observe S. Thomas, rapporter à des causes qui ont la puissance la plus universelle, les effets les plus universels ; or, l'effet le plus universel *est l'être*. Donc, il est nécessaire qu'il soit l'effet propre de la cause première et la plus universelle qui est Dieu. Mais, produire *l'être* absolument, et non pas seulement en tant qu'il est *tel ou tel être*, appartient à l'essence de la création. Donc, la création est le propre de Dieu (*Summ.*, 1, 44, 5). » Si elle est *propre* à Dieu, la puissance créatrice est infinie : et, par conséquent, Dieu est tout-puissant.

Qu'il nous soit permis maintenant de citer ce que dit S. Thomas sur l'impossibilité de l'intervention *d'un instrument* dans la création, car c'est une doctrine très-élevée et d'une application très-étendue. « La cause seconde instrumentale ne participe à l'action de la cause supérieure qu'en tant que, *avec une chose qui lui est propre,* elle opère, en *préparant* la production de l'effet de l'agent principal (*dispositive operatur ad effectum principalis agentis*); si donc elle ne faisait rien en ce qui lui est propre, son concours serait inutile. Ainsi, quand la hache taille le bois, ce qui lui est propre, vu sa forme, produit la figure d'un escabeau, effet de l'agent principal. Mais l'effet propre de Dieu créant est celui qui se présuppose à tous les autres effets, parce que c'est l'être absolument tel. Donc, il n'y a rien qui puisse opérer dispositivement et instrumentalement à cet effet, puisque la création ne se fait pas sur un sujet présupposé que l'action de l'instrument puisse disposer. Donc, il est impossible qu'une créature puisse créer ou par sa vertu propre, ou par sa vertu instrumentale (*l. c.*). »

SOIXANTE-DIX-SEPTIÈME LEÇON.

De la science que Dieu a de toutes les choses.

Ce que l'on entend par le mot SCIENCE, *en l'appliquant à Dieu.*

On entend ce que nous avons exposé en donnant la définition de la science dans *la logique,* mais de la manière la plus élevée et la plus parfaite qu'il soit possible. *La science* est la connaissance des choses par leurs causes : par conséquent, en attribuant à Dieu la science, nous disons qu'il a la connaissance de *toutes* les choses, prises par leur cause première, universelle, suprême, et la plus parfaite, qui est Dieu lui-même. Ces choses se divisent en divers ordres. Le premier est celui des possibles ; le second, des existants qui, par rapport à nous, sont passés, présents, ou futurs ; le troisième, des choses qui, à vrai dire, ne sortent point de la possibilité, mais sont considérées dans une existence conditionnelle : on les appelle, et elles sont, en effet, les choses qui arriveraient, si une condition ou nécessaire ou libre était posée ; mais, comme cette condition n'aura jamais d'existence actuelle, les choses elles-mêmes n'existeront jamais.

Conclusion Ire. — *Dieu a la science de toutes les choses.*

1° C'est une perfection ; donc, l'Etre infiniment parfait doit l'avoir.

2° Toute la perfection, qui est dans l'effet, doit se trouver dans la cause ; autrement, elle ne serait pas proportionnée à la production de l'effet ; or, dans les créatures rationnelles, on trouve la science ; donc, elle doit se trouver aussi dans leur Créateur. Et ces deux sciences doivent différer, en ce que, dans les créatures, elle est finie, parce que la perfection de leur être est finie, et en Dieu elle est infinie, parce que son essence est infinie comme acte très-pur, et *Ipsum Esse.*

3° L'artiste connaît l'essence de son effet, au moyen de l'idée qu'il en a ; il en connaît aussi l'existence singulière dans *le hic et nunc,* par l'acte de sa puissance opérative qui lui communique l'être ; mais en Dieu est l'idée de toutes les choses, et rien ne peut être qui n'existe, *ab æterno,* dans l'Idée divine : tellement que toutes les choses dépendent dans leur être de Dieu ou de la divine puissance, précisément par cela que tout *être* est contingent, et doit être causé immédiatement ou médiatement par la cause première. Donc, Dieu connaît toute chose.

Conclusion II°. — *La science de Dieu est cause de toutes les choses.*

Le rapport qui se trouve entre la science de l'artiste et son œuvre doit se trouver aussi entre la science de Dieu et toutes les créatures ; or, la science est la cause de l'œuvre de l'artiste ; donc, la science divine sera aussi la cause de toutes les choses.

Mais il faut observer que la science *seule,* séparée de la volonté, ne peut pas être *cause ;* car, autrement, *a)* par cela seul que les choses sont comprises dans la science, elles existeraient dans *le hic et nunc ; b)* on aurait aussi, pour cette raison, par la science *seule,* la connaissance des singuliers, c'est-à-dire des existants de fait dans *le hic et nunc :* or, ces deux propositions sont absurdes, comme nous l'avons démontré ailleurs. Donc, il faut que la volonté soit réunie à la science pour donner l'être aux choses, de façon à ce que la science soit comme *la forme, librement choisie par la volonté* pour son opération. Cela est nécessaire, d'après ce que nous avons dit, en parlant de la liberté humaine, qui, chose essentielle pour la liberté, *constituit sibi formam operandi*.

Si l'on comprend bien l'essence de l'intellect et de la volonté, on voit que de celui-là, comme cause idéale, dépend l'essence de la chose ; et de celle-là, comme cause opérative, dépend, l'actualité, la singularité, en un mot, *l'être* de cette chose. C'est ce que l'on exprime ainsi : *Dieu en créant actue, ou donne l'être aux essences des choses.*

Conclusion III°. — *Dieu connaît toutes les choses par une connaissance propre, et les voit toutes en elles-mêmes.*

Pour peu qu'on ait bien compris ce que nous avons

dit de la connaissance humaine, on sera en état de comprendre ce que nous allons dire ici.

Il y a non-seulement connaissance propre, quand la chose considérée en elle-même s'unit à l'intelligence, qui en engendre le verbe, grâce auquel il *la dit* en lui-même, et, en la disant, la connaît ; il y a encore connaissance propre d'une chose, quand elle a une espèce intelligible *propre* qui en exprime la quiddité, espèce par laquelle l'intellect engendre le verbe de cette chose. Avec cette connaissance, on dit que les choses sont *vues en elles-mêmes*. Prenons un exemple. Un homme, matériel en soi, est un objet si imparfait qu'il ne peut pas s'unir *immédiatement* dans son être à mon intelligence, bien qu'il puisse s'unir, par la lumière, au sens de la vue : mais, comme j'ai *son espèce intelligible propre,* qui m'en donne *la quiddité,* je dis que j'en ai la connaissance propre, et que *je le vois en lui-même*. Après cette observation, élevons-nous vers Dieu. Toutes les choses, relativement à cet intellect très-parfait, sont beaucoup plus disproportionnées que ne le sont les choses matérielles relativement au nôtre ; et, supposer qu'elles peuvent s'unir dans leur être à l'intellect divin, et devenir aussi avec lui le principe *quo* de la génération du verbe, ce serait le comble de l'absurdité ; et, pour être bref, nous n'en disons pas davantage : mais le lecteur, déjà habitué à de hautes spéculations, le voit bien par lui-même. Il faut donc que toutes les choses aient leurs espèces intelligibles, pour qu'avec elles l'intellect divin engendre le verbe des choses elles-mêmes. Mais ce serait une manière très-imparfaite de connaître, si ces espèces étaient numériquement divisées et successives, quand il suffirait d'une seule espèce, assez parfaite, pour les comprendre toutes en elles-mêmes. Or, cette espèce est, comme nous l'avons expliqué, l'essence divine, qui est une espèce intelligible d'une perfection infinie, avec laquelle l'intellect divin engendre un seul verbe, par lequel Dieu est dit, et par lequel, en même temps, toutes les choses le sont aussi. Et, par suite, on peut dire, en toute rigueur, que Dieu a une connaissance *propre* de toutes les choses, et les voit toutes en elles-mêmes.

Conclusion IVᵉ. — *Dieu connaît tous les possibles.*

La possibilité *intrinsèque* des choses dépend de l'intellect divin, en tant que toute chose possible doit être un être qui imite, d'une certaine manière, l'essence divine connue dans le Verbe; leur possibilité *extrinsèque* dépend de la volonté divine, comme source suprême de tout l'être actuel : il est donc évident que Dieu, se connaissant adéquatement lui-même, voit tout ce qui est possible intrinsèquement et extrinsèquement, c'est-à-dire tous les possibles. Et comme on n'en peut fixer le chiffre, on peut bien dire que Dieu connaît une infinité de choses. Ce qui n'entraîne point l'existence du nombre infini, parce que, *a) a parte rei,* les possibles passés en acte seront toujours finis, bien qu'ils soient infinis *en puissance;* b) parce que les espèces intelligibles par lesquelles Dieu les connaît, sont l'essence divine elle-même, unique et très-simple.

Conclusion Vᵉ. — *Dieu connaît le mal.*

Le mal se divise *en mal métaphysique, physique, et moral;* et, comme nous l'avons dit dans la *Philosophie première,* il n'a point l'existence *en lui-même,* mais dans le sujet bien, dont le mal métaphysique est la *négation* (aussi l'appelle-t-on très-improprement mal); tandis que le mal physique et le mal moral en sont des privations. D'où il suit que le mal n'ayant point en lui-même d'être propre, n'a point d'espèce intelligible propre : il existe dans un bien, comme dans son sujet, et n'est connu que par l'espèce intelligible du sujet où il se trouve. Connaître un mal, n'est donc autre chose que de connaître un bien *manquant* (*deficiens*). Mais l'essence divine sert d'espèce intelligible à tout être même *manquant;* donc, Dieu, en engendrant le Verbe, par lequel il connaît l'essence divine, connaît tous les êtres *manquants,* et, par conséquent, tous les maux.

Conclusion VIᵉ. — *Dieu connaît les futurs nécessaires, les futurs libres, et les choses qui peuvent être futures, c'est-à-dire, les futurs conditionnels, nécessaires ou libres.*

1° Il est clair que celui qui connaît la cause, doit connaître tout ce qui est nécessairement lié avec elle, comme effet ou conséquence nécessaire. Or, Dieu connaît l'acte créateur de sa volonté avec lequel sont liés, comme effets plus ou moins médiats, ou comme conséquences nécessaires, ce que l'on appelle les futurs nécessaires ; donc, Dieu connaît les futurs nécessaires.

2° Tout ce qui existe a un acte propre ; or, tout ce qui a un acte propre peut-être connu, et quant à ce qui se rapporte à la nature de l'acte, et quant à ce qui se rapporte au lieu, au temps, à la manière, etc. ; donc, tout ce qui existe peut-être connu. Or, un intellect d'une puissance infinie, comme l'intellect divin, connaît tout ce qui peut être connu ; donc, il connaîtra tout ce qui existe, en n'importe quel temps. Or, les futurs libres existent dans un temps quelconque : par conséquent, Dieu les connaît. Et nous ne devons pas dire seulement qu'il les connaît mais qu'il les a connus pendant toute son éternité, dans laquelle se réunissent, comme en un point, tous les temps, et la succession des choses et des opérations. Autrement la science divine serait changeante et imparfaite : ce qui est absurde.

3° Les futurs conditionnels *nécessaires* sont liés par un lien nécessaire à une cause que Dieu connaît parfaitement ; donc, il importe peu qu'ils n'existent point, car il est impossible de connaître la cause sans connaître les effets. Cette connaissance, quoique peu étendue et imparfaite, se trouve dans l'homme lui-même. Qu'y a-t-il de plus certain pour un astronome, que de savoir que si la terre se trouve en telle position relativement au soleil et à la lune, il y aura éclipse à telle ou telle minute ?

4° Enfin, on doit dire que Dieu connaît aussi les futurs conditionnels libres. En effet, *a*) toute proposition qui énonce un futur conditionnel libre, a une vérité déterminée ; or, toute proposition, qui a une vérité déterminée, peut être connue, et, par conséquent, est connue de Dieu ; donc, Dieu connaît toute proposition qui énonce un futur conditionnel libre. Prenons cette proposition : « *Si Attila n'avait pas rencontré le pape Léon dans les environs de Mantoue, il serait allé saccager Rome.* Il est évident que la condition ne s'étant point vérifiée, la proposition énonce seulement une chose *qui pourrait être (futuribile)* ; or, la proposition contradictoire est : « *Si Attila n'avait pas rencontré le pape Léon dans les environs de Mantoue, il ne serait pas allé saccager Rome*. Mais il est logiquement nécessaire que de deux propositions contradictoires, il y en ait une de vraie. Par conséquent, Dieu doit connaître laquelle des deux est vraie.

b) Si Dieu n'avait point cette science des futurs libres, il n'aurait pas la connaissance nécessaire à sa Providence. Dieu, en opérant, et en donnant à toutes les créatures les moyens de tendre à leur fin, *irait au hasard*, comme vont souvent les prévisions humaines, précisément parce qu'elles manquent de cette connaissance préalable. Il devrait créer les hommes, sans savoir ce qu'ils feront, s'ils seront mis au monde en telle ou telle circonstance : il leur donnerait des secours, et des moyens pour faire le bien, sans savoir, avec certitude, quel usage ils en feront. Or, une Providence aveugle comme celle-là est absurde ; donc, avant de décréter, pour ainsi dire, la création, il doit savoir ce que feront les créatures raisonnables et libres et si elles seront créées et se trouveront en telle ou telle circonstance. Donc, Dieu a la connaissance des futurs libres.

c) Supposons qu'on interroge Dieu de cette façon : *Si cet homme cruel et orgueilleux tombait dans le malheur, que ferait-il ?* Dieu devrait certainement se trouver dans un de ces trois cas : 1° ou l'ignorer complétement ; 2° ou conjecturer qu'il se convertira ; 3° être certain de cela, ou du contraire. Qui peut supposer la première réponse, quand l'homme lui-même peut en avoir quelquefois la probabilité, et même la certitude *morale ?* Admettre la seconde, ce serait dire que la science de Dieu n'est pas supérieure à la science des créatures raisonnables. Donc, il faut admettre la troisième.

Mais s'il est facile de démontrer la nécessité de cette science relativement eux futurs libres, il est très-difficile de déterminer exactement le moyen par lequel Dieu les connaît. Les théologiens traitent longuement cette question fort ardue, quand ils parlent de la prédestination et de la grâce, et nous ne voulons pas entrer dans une controverse peu utile pour les jeunes gens et très-embrouillée.

Conclusion VIIe. — *Dieu n'a point la science des singuliers comme existant dans un temps quelconque, indépendamment de sa volonté.*

Rappelons ici ce que nous avons dit, à ce sujet, en parlant de la connaissance des singuliers, relativement à l'intellect humain. Autre chose est d'avoir l'idée du singulier ou la connaissance quidditative du singulier, abstraction faite du *hic et nunc*; autre chose est de le connaître comme existant dans le *hic et nunc*: cette dernière seule est la connaissance des singuliers, dont nous parlons ici, et tout le monde voit que ces deux connaissances sont bien différentes entre elles. Ainsi, par exemple, vous pouvez penser maintenant à un magnifique cheval bai de huit ans, richement enharnaché, tenu par un palefrenier vêtu à l'africaine, et attendant un jeune seigneur sur la grande place de Florence. Avez-vous pour cela la connaissance du singulier dans sa singularité ? Pas le moins du monde. Vous en avez seulement la connaissance, abstraction faite de l'existence des choses pensées dans le *hic et nunc*: et il serait étrange que, de cette pensée, vous concluiiez *l'existence actuelle de ces choses*. Donc, nous disons qu'en *faisant abstraction* de la volonté divine, Dieu connaît des singuliers tout ce qui peut-être connu, *abstraction faite* de leur actuation ou de leur existence dans le *hic et nunc*.

Et, à la vérité, si l'intellect divin, indépendamment de la volonté divine, offrait à Dieu la science des singuliers actués dans leur existence, celle-ci ne dépendrait point de la volonté divine; or, cela est absurde; donc, la connaissance des singuliers est en Dieu, en tant que la science est cause des êtres contingents : mais elle est cause, en tant qu'elle est jointe à l'acte de la volonté, comme nous l'avons dit ailleurs.

Comment on peut concevoir la manière dont Dieu connaît les possibles, les existants, et les futurs libres.

Avant tout, il faut rapeler ce que nous avons dit en

parlant de la manière dont l'intellect humain connaît Dieu. Nous voulons dire que nous ne pouvons avoir de Dieu et de ses attributs qu'une connaissance propre, mais seulement analogique : et parce qu'elle est analogique, elle est très-imparfaite. Combien serait imparfaite la connaissance qu'on aurait d'un cèdre ou d'un lion, si l'on ne pouvait les connaître autrement qu'en les voyant en peinture? Nous sommes dans le même cas, relativement à la connaissance de Dieu, car nous n'avons point *d'espèce propre* des choses divines, et il faut que nous nous servions de celles que nous avons tirées des choses créées. Nous avons à notre service les espèces de ce qui est dans le temps, et dans l'espace, et des opérations qui se font sur les différents objets; nous avons les espèces successivement acquises au contact des choses sensibles, mais nous n'avons pas d'espèce intelligible propre de l'éternité, de l'immensité, de la création, de la connaissance déterminée par l'essence même du connaissant, etc. Aussi, lorsque nous pensons à ces choses en raisonnant sur Dieu, nous faisons de grands efforts, et l'œil de notre esprit, comme l'a remarqué Aristote, est, relativement à Dieu, plus faible que l'œil d'un oiseau de nuit mis en face du soleil. Aussi il n'est pas étonnant que S. Augustin, cet aigle de génie, ait dit : *Non audeam dicere quomodo Deus noscit. Hoc solum dico : Non sic cognoscit ut homo ; non sic cognoscit ut angeli ; at quomodo cognoscit, dicere non audeo, quoniam et scire non possum* (*In Psal.* XLIX).

Donc, l'essence divine, de toute éternité et nécessairement, a été connue par l'intellect divin d'une double connaissance, comme disait S. Thomas, cité plus haut : l'une absolue, et l'autre relative. Dans cette dernière, l'essence divine est l'idée de tout être possible, et offre, comme dans un archétype, toutes les combinaisons possibles de tous les êtres possibles, et, par conséquent, une innombrable multitude de mondes différents entre eux. Entre ces mondes se trouvait aussi celui qui a été créé : il était idéalement dans le Verbe divin, tel qu'il est maintenant, avec toutes les créatures singulières, suivant leurs espèces diverses, et agissant, les unes librement d'une manière ou d'une autre comme il arrive en fait, les autres nécessairement. Il y avait donc dans ce monde idéal, par exemple, l'idée d'Alexandre le Grand, qui, *agissant librement,* conduisait ses armées en Asie : il y avait l'idée de César qui commandait *librement* le passage du Rubicon : il y avait l'idée de chaque homme *faisant librement* le bien ou le mal. On ne voyait dans ce monde idéal, ni plus ni moins que ce qui est arrivé plus tard, arrive, ou arrivera dans son expression réelle, c'est-à-dire dans sa représentation, notre monde actuel. Par conséquent, Dieu, dans ce monde idéal, voyait Alexandre, César, chaque être raisonnable en particulier, agissant en certaines circonstances d'une manière déterminée : et ces êtres, dans un autre monde idéal, en d'autres circonstances, sont connus agissant librement d'une autre manière.

Jusqu'à présent nous sommes dans le domaine des possibles. Mais la volonté divine se complaît *dans cet archétype,* et prononce *le fiat* tout-puissant, par lequel le monde idéal, que nous avons décrit précédemment avec Alexandre et César, passe à l'état d'existence réelle, en cette manière et cet ordre de temps, de lieu, d'individus, d'opérations, ni plus ni moins, qu'il avait idéalement. Pour prendre une comparaison, c'est comme un général en chef, à qui l'on présenterait divers plans pour une longue guerre, et qui, après les avoir considérés, dirait : *Que l'on exécute celui-ci de préférence à tous les autres.* Mais la volonté de l'homme peut trouver des obstacles à son exécution ; la volonté de Dieu n'en trouve jamais. Par conséquent, la science qui était *avant* l'acte créateur, science de *simple intelligence,* parce qu'elle se rapportait seulement à un monde possible, devient par l'acte créateur, science *d'approbation* ou *pratique,* et cause du monde parce qu'elle est la forme de l'opération divine : *après* l'acte créateur elle devient *science* de *vision,* parce que les possibles, qui étaient ses objets, deviennent *vus,* c'est-à-dire sont vus comme présents, quel que soit le temps dans lequel ils doivent exister réellement. On comprend bien que cet *avant* et cet *après,* en parlant de Dieu, n'indique pas une distinction de temps, ou une différence d'actes, mais seulement une réalité très-simple et immuable, équivalant à ces différences, qui servent à nous la faire concevoir. En effet, dans ce Verbe infini, immuable et éternel, dans lequel l'essence divine est dite, comme nous l'avons démontré, toutes les choses possibles sont dites aussi : et ainsi elle est l'Idée de toutes : et dans cet amour infini, immuable, et éternel, par lequel Dieu s'aime, en engendrant le Verbe, il aime encore avec prédilection ce monde idéal, dont celui où nous vivons est la copie : de telle sorte que cet amour de prédilection est l'acte créateur qui donne l'être à toutes les choses. Et voilà comment Dieu, par la science *de simple intelligence* connaît les possibles, et même les futurs de toute sorte, relativement auxquels on l'a appelée science *moyenne :* par la science *pratique*, il crée les individus existants, et par la science de *vision,* il les connaît et les comprend tous.

SOIXANTE-DIX-HUITIÈME LEÇON.

De la conservation, de la motion, et du concours.

Que l'on ait bien présent à la mémoire ce que nous avons dit, dans la dernière *Conclusion* de la leçon précédente, sur la manière dont Dieu connaît les choses, parce que l'explication que nous avons donnée pourra nous aider à avoir une connaissance suffisante de ce que nous allons dire dans la leçon présente.

Conclusion Ire. — *Dieu est le conservateur positif, direct, et immédiat de toutes les choses.*

Pour comprendre cette *Conclusion,* il faut observer avant tout qu'une chose peut être conservée, de même que produite par une autre, de diverses façons. Il y a des choses qui, une fois faites, demeurent dans un être et ne dépendent plus de la cause qui les a produites, sinon en ce qu'elle éloigne ce qui peut les détruire. Le peintre fait un tableau : il dépend du peintre seulement *in fieri :* et tout au plus le peintre pourra-t-il quelquefois éloigner les causes qui peuvent l'endommager ou le détruire. Mais la lumière, qui éclaire le mur, est produite par le soleil, et dépend toujours du soleil, parce qu'elle est *toujours in fieri*. Nous appellerons donc *indirecte* la conservation qui consiste à *removere prohibens*, et *directe*, celle qui tend à la continuation de l'effet considéré en lui-même; cette dernière conservation est dite immédiate quand elle n'emploie pas de moyens pour arriver à son but. Et si quelqu'un peut détruire une chose, et ne la détruit pas, on dira qu'il la conserve *négativement*, mais non *positivement*.

Après ces observations, voici comment nous argumentons. En dehors de Dieu, *tout être*, substance ou *accident*, en tout lieu et en tout temps, est contingent par essence. Donc, son existence doit continuellement dépendre de l'Etre nécessaire, qui est Dieu. Et l'on ne peut pas dire qu'il en dépendait au commencement de son existence et que maintenant il n'en a plus besoin; car ce n'est pas seulement *la création* qui dépend de Dieu mais *l'être lui-même*, précisément parce qu'il est contingent : tellement qu'on peut affirmer que la continuation dans l'être est plus nécessaire que le commencement. C'est la doctrine de S. Thomas : « Toute créature est relativement à Dieu, comme l'air relativement au soleil qui l'illumine. De même que le soleil est lumineux par nature, et l'air en participant à la lumière du soleil, mais non à sa nature, de même Dieu seul est être par son essence, parce que son essence est son être, tandis que toute créature est être *par participation*, et son essence n'est pas son être. C'est pourquoi S. Augustin dit (IV *Gen., ad litt.*) : *Si la puissance de Dieu cessait un seul instant de soutenir les choses créées, elles retomberaient toutes dans le néant, et le monde n'existerait plus;* et ailleurs (VIII *lib*) : De même que l'air, par la présence de la lumière, devient lumineux, de même l'homme est illuminé par la présence de Dieu : si Dieu s'éloigne, il devient aussitôt ténèbres (*Summ.*, 1, 104, 1). »

Cela ne semblera pas difficile à comprendre, si l'on se reporte à la doctrine démontrée dans la leçon précédente. Toutes les choses existantes étant représentées dans le monde idéal avec leurs opérations, leur durée, leurs lieux, et leurs rapports réciproques, si l'acte créateur ne les atteignait toutes, ces choses, ces opérations, ces durées, etc., ne pourraient pas arriver à *l'être :* car le passage de tout archétype à son type, dépend essentiellement de la volonté divine. Cet acte créateur est *unique :* et, en tant qu'on le considère par rapport à l'archétype qui contient l'idée de la durée des choses singulières dans leur être, on l'appelle *acte conservateur*. C'est donc avec raison que l'on dit que, relativement à Dieu, la création est la même chose que la conservation : il n'en est pas ainsi, relativement aux choses, car on les dit *créées*, en tant qu'elles sont le terme de l'acte créateur au commencement de leur être, et *conservées*, en tant qu'elles sont le terme de l'acte créateur, et que, par lui, elles persévèrent dans leur être. D'où l'on voit que la conservation est positive, directe, immédiate, comme nous l'avons dit dans la conclusion.

Corollaire. — Voici comment il faut entendre l'annihilation d'une chose quelconque. L'acte créateur a été et est la cause suffisante et indispensable pour le commencement de l'être des choses et pour leur durée: si l'on pouvait concevoir que cette cause, c'est-à-dire ce même acte, puisse *cesser*, la chose qui en est le terme, retomberait dans le néant ; de même, si l'on enlève la raison suffisante d'un effet, cet effet, qui en dépend toujours, cesse aussitôt: par exemple, il suffit d'éteindre la lampe, pour que la clarté, qu'elle répandait autour d'elle, cesse à l'instant. Mais cette *cessation* ne peut se concevoir qu'en tant que l'acte créateur se tourne vers un archétype, où la chose est représentée avec une durée moindre, plutôt que vers un autre, où elle serait représentée avec une durée plus grande.

Conclusion IIe. — *Dieu meut toutes choses à ses opérations*.

Pour bien comprendre cette *Conclusion*, il faut distinguer plusieurs choses. *a*) Donner l'être et la puissance d'agir à une chose puis l'abandonner à elle-même pour qu'elle agisse. Ainsi fait une plante relativement à sa semence, à laquelle elle a donné la puissance germinative, et la semence, séparée de la plante dont elle a reçu la puissance, opère suivant les différentes circonstances où elle se trouve. *b*) *Mouvoir* quelqu'un *à* opérer peut s'appeler *prémouvoir;* de même ce que le sujet mû ou *prémû*, reçoit comme excitation à opérer, peut s'appeler *motion* ou *prémotion*. La particule *pré* indique que la motion précède l'opération du sujet mû. Cette motion peut être *morale* ou *physique*, quand il s'agit des créatures raisonnables. Ainsi, par exemple, la cause qui fait naître en mon intelligence l'image d'un bien, présente par cette image à ma volonté un *objet* qui l'attire : mais, comme c'est un bien qui ne lui est pas adéquat, ma volonté n'est pas déterminée ou nécessitée. La prémotion qui se fait ainsi, en présentant *l'objet* à atteindre, s'appelle prémotion *morale*. Mais si Dieu, Créateur de l'être des choses, et, par conséquent, de la nature et de *l'inclination naturelle* qui en résulte en opérant dans *la nature elle-même*, lui donne une certaine inclination vers un objet, inclination qu'elle n'avait pas auparavant, où qu'elle n'avait pas *ainsi*, alors on a ce que l'on appelle la *prémotion physique*. Quand cette prémotion donne une inclination telle, qu'elle nécessite l'agent à opérer, c'est-à-dire à embrasser l'objet proposé, elle pourrait s'appeler prédétermination physique, en prenant le mot prédétermination suivant sa signification étymologique et rigoureuse, comme on l'entend communément, et non dans le sens plus large que lui ont donné beaucoup de philosophes, d'après lesquels il n'indique pas de nécessité.

Après cette distinction, il est facile de démontrer comment Dieu meut physiquement toutes les choses créées. Et, en effet, celui qui donne l'être, donne aussi l'inclination qui provient de l'être, et par laquelle précisément, comme nous l'avons dit ailleurs, l'essence prend le nom de *nature*. Or, toutes les opérations de tous les êtres sans exception ne sont autre chose que des applications singulières de cette inclination *primitive ;* donc, Dieu meut toutes les créatures sans exception à toutes leurs opérations. J'ai dit que toutes les opérations sont des applications singulières de cette inclination primitive, car, autrement, elles ne dériveraient pas de la nature, et, par conséquent, elles auraient un principe extrinsèque à l'agent, et seraient *violentes*.

L'inclination qui provient de l'être, et dérive de Dieu, varie suivant les différents êtres. Dans les êtres inorganiques et ceux qui n'ont que la vie végétative, elle ne tend pas vers un objet connu, et elle est *nécessaire*. Dans les brutes elle tend vers un objet connu par les facultés sensitives, mais comme ces facultés ne leur offrent que le singulier, leur inclination est aussi déterminée au singulier. Et l'on peut bien dire que Dieu en donnant cette inclination aux êtres inorganiques, aux plantes, et aux brutes, les *prédétermine* physiquement, en les portant nécessairement à leurs opérations singulières.

Il n'en est pas ainsi pour l'homme. En effet, de même que l'intelligence a pour objet adéquat le vrai sans limite, de même la volonté a pour objet adéquat le bien sans limite. Dieu a donc donné à l'âme une inclination naturelle vers le bien comme objet adéquat: c'est la volonté *en tant qu'acte;* et cette inclination portera l'homme vers son objet adéquat, c'est-à-dire vers le bien qui se présente à lui sans limite, et qui l'attire *nécessairement*. Par conséquent, on peut dire en toute rigueur que Dieu *prédétermine* la volonté au bien *illimité;* tellement qu'elle ne pourra pas le refuser, s'il se présente à elle dans sa plénitude ; et elle ne pourra pas tendre à une chose qui ne sera pas une participation quelconque de ce bien. On peut donc encore dire que la volonté est prédéterminée au bien, dans toutes ses opérations en général et en particulier. Mais, bien que la volonté doive être considérée comme *acte* relativement au bien en général, toutefois on doit la regarder comme *puissance* relativement à tel ou tel bien en particulier, parce que si la volonté n'est pas en puissance relativement au bien et au mal, elle est en puissance relativement à ce bien-ci, ou à cet autre. Cette distinction de la volonté comme acte et comme puissance est de S. Thomas (*Summ.*, 1, 11, 8, 2).

Donc, la volonté, prédéterminée au bien, pourra s'incliner à son gré à tel ou tel bien en particulier; et relativement à *telle ou telle inclination particulière*, la volonté libre est *mue*, mais non prédéterminée. En effet, la motion, qui est une prédétermination à l'objet adéquat, entraîne nécessairement avec elle une motion non nécessitante vers les objets inadéquats, mais non une prédétermination. Bien plus, précisément parce qu'il y a une prédétermination à l'objet adéquat, il ne peut y en avoir pour les objets inadéquats. Sans cela, en effet, chacun d'eux serait pour la volonté un objet adéquat. Supposez une pierre lancée avec force, qui, une fois lancée, ait le pouvoir de s'infléchir par elle-même, dans son mouvement, d'un côté ou de l'autre. Cette pierre ira *nécessairement*, et toute inflexion particulière, *en tant qu'elle est mouvement*, viendra de celui qui l'a lancée, mais en tant qu'elle est telle ou telle, elle viendra de la pierre, suivant l'hypothèse. Ainsi Dieu a donné à la volonté une impulsion vers le bien : *en vertu de cette impulsion générale*, la volonté va toujours vers ce qui se présente à elle comme bien, mais elle s'incline *librement* vers tel ou tel bien. Et Dieu n'ajoute pas, *dans l'ordre de la nature*, d'autres impulsions à cette impulsion primordiale, quand il s'agit de tel ou tel bien en particulier. Nous ne nions pas pour cela qu'il puisse le faire, car, de même que l'essence de la volonté procède de lui, de même sa tendance peut toujours être modifiée par lui : mais nous disons que ce serait une manière d'agir *extraordinaire et non pas naturelle*. C'est la pensée de S. Thomas, qui répond précisément, dans le sens exposé plus haut, à la difficulté qu'il s'était proposée, c'est-à-dire que si Dieu meut la volonté à toutes ses opérations en particulier, il sera l'auteur des fautes de celle-ci. Mais l'importance de la question demande que nous rapportions les paroles de S. Thomas lui-même.

Voici l'objection que se pose S. Thomas : « Dieu ne peut être cause que de ce qui est bien. Donc, si la volonté de l'homme est mue par Dieu seul, elle ne pourra pas se porter vers le mal, *et, cependant, c'est par la volonté que nous péchons, ou que nous vivons bien* », comme le dit S. Augustin (*Retract.*, II, ix). S. Thomas répond: « Il faut dire que Dieu, moteur universel meut la volonté de l'homme vers *l'objet universel* de la volonté, c'est-à-dire vers le bien : et sans cette motion universelle, l'homme ne peut rien vouloir. Mais c'est par la raison que l'homme se détermine à vouloir tel ou tel bien, qui peut être réellement bon, ou seulement en apparence. Cependant, *quelquefois*, Dieu peut mouvoir spécialement quelques individus à vouloir une chose déterminée qui est bonne : c'est ce qui arrive en ceux qui sont mus *par la grâce* (1). »

1er *Corollaire*. — D'après ce que nous avons dit sur la motion, on voit clairement que Dieu *a*) prédétermine physiquement la volonté au bien ; *d*) la meut physiquement, mais ne la prédétermine pas à tel ou tel bien ; *c*) ne la prédétermine, ni ne la meut vers le mal moral, parce qu'il dépend du libre arbitre humain de se porter vers tel ou tel objet, où il y a une *privation morale*, dans laquelle se trouve la raison formelle de mal, et, parce que cette inclination naturelle, en laquelle consiste la motion, a *le bien* pour terme et pour objet, et il est impossible qu'elle soit ordonnée à la privation du bien, comme terme ou comme objet.

2° *Corollaire*. — La doctrine de S. Thomas, exposée plus haut, donne la clef d'un *très-grand nombre* d'autres textes du même auteur, dans lesquels il parle de motion à propos de la volonté humaine. Il ne s'agit dans ces textes que de la prédétermination à l'objet adéquat, et de la motion aux objets inadéquats, comme nous l'avons enseigné.

Conclusion III°. — *Dieu concourt immédiatement à toutes les opérations des créatures.*

Il y a une grande différence entre *mouvoir* et *con-*

---

(1) « Deus non est causa nisi bonorum. Si ergo a solo Deo voluntas hominis moveretur, nunquam moveretur ad malum ; cum tamen *voluntas sit qua peccatur et recte vivitur*, ut Augustinus dicit (II Retr. c. ix.). — Ad tertium dicendum, quod Deus movet voluntatem hominis sicut universalis motor, ad universale objectum voluntatis, quod est bonum : et sine hac universali motione homo non potest aliquid velle ; sed homo per rationem determinat se ad volendum hoc vel illud, quod est vere bonum, vel apparens bonum. Sed tamen interdum specialiter Deus movet aliquos ad aliquos determinate volendum, quod est bonum, sicut in his quos movet per gratiam (*Summ.*, 1, 2, 6). »

courir : concourir indique une simultanéité d'opérations, relativement à un même terme. Deux hommes qui tirent le même bateau, *concourent* à la même opération : mais l'artisan qui a fabriqué la montre, ne concourt pas aux opérations de cette dernière. Il faut ici procéder avec beaucoup de prudence, car l'erreur serait très-dangereuse. Remarquons donc : *a*) on ne peut pas supposer que Dieu et la créature soient un seul principe d'où procède l'opération, de même que le corps et l'âme concourent ensemble aux mêmes opérations organiques. S'il en était ainsi, Dieu serait une seule nature avec sa créature, ce qui est complétement absurde ; *b*) on ne peut pas supposer qu'ils soient deux principes, distincts d'opération, à chacun desquels appartienne une partie de l'opération : cela répugne à l'indivisibilité de l'opération ; *c*) on ne peut pas supposer que l'opération procède de Dieu et de la créature, de telle sorte que c'est en même temps une modification de l'être divin, et de la créature, car il faudrait admettre des changements en Dieu ; *d*) enfin, on ne peut pas supposer que Dieu et la créature soient deux agents du même ordre, qui influent sur l'opération au même moment. Il faut donc concevoir le concours divin de telle sorte que Dieu, dans la créature opérante, opère comme cause première, en causant toute la réalité qu'il y a dans l'opération.

Cela est nécessaire, parce que, quelle que soit la réalité qui existe dans l'opération, elle est contingente ; il faut donc qu'elle procède du nécessaire. Et nous avons déjà vu dans la leçon précédente que l'acte créateur se rapporte à l'archétype du monde tout entier, et que, non-seulement les substances, mais les opérations, se trouvent dans cet archétype, et, par conséquent, quand la volonté divine procède à son acte tout-puissant, elle fait exister ces opérations.

S. Thomas, pour expliquer ce concours immédiat, prend la comparaison de l'ouvrier qui travaille avec une hache. L'artisan, qui agit ainsi, meut la hache à ses opérations, et, en tant que cette motion précède l'opération, on peut l'appeler *prémotion* nécessitante. Mais si l'ouvrier, non-seulement mouvait la hache et l'appliquait, mais encore était continuellement la cause de la forme de la hache, dans l'acte même de l'opération, il concourrait alors avec la hache, c'est-à-dire il opérerait en elle. Voici ses paroles : « Il faut considérer ici que Dieu, non-seulement meut les choses à leurs opérations, c'est-à-dire qu'il applique les formes et les puissances des choses à leurs opérations (*c'est ce que nous avons dit dans la conclusion précédente*), de même que l'ouvrier applique la hache à façonner le bois, sans lui avoir donné sa forme, mais encore qu'il donne aux créatures opérantes leurs formes, et les maintient dans l'être. C'est pourquoi il est la cause des opérations, non-seulement parce qu'il est la cause de la forme qui est le principe de l'opération, mais encore parce qu'il conserve les formes et les puissances des choses, de même que le soleil est dit cause de la manifestation des couleurs, en tant qu'il donne et qu'il conserve la lumière dans laquelle se montrent les couleurs (*Summ.*, 1, 105, 5). »

Cette dernière comparaison est très-juste, parce que la cause de la couleur est la lumière aussi bien que l'objet que l'on dit coloré : mais ces deux causes ne sont pas dans le même ordre ; et la lumière par elle seule n'a pas de couleur : il faut, pour être couleur, qu'elle reçoive une certaine détermination qui est en dehors de son essence. Et, bien qu'elle soit cause des couleurs, c'est cependant l'objet qui la détermine à être telle ou telle couleur. De même, Dieu, en concourant suivant la manière expliquée, ne détermine pas la créature à telle ou telle action, et, par conséquent, pas plus au vice qu'à la vertu ; il est seulement cause de la créature qui agit, du principe de son opération, de la tendance naturelle qu'elle déploie dans son opération : c'est pourquoi l'opération appartient toute entière à la créature, et d'un autre côté toute entière aussi, au Créateur, en procédant de l'un et de l'autre d'une manière essentiellement diverse. On ne peut donc dire en aucune façon que, en raison de ce concours, Dieu est la cause du péché dans les créatures, parce qu'il est la cause de ce qu'il y a de réel dans l'acte, et non pas de ce qu'il y a de *défectueux*, c'est-à-dire de ce en quoi se trouve la raison du mal moral. S. Thomas, après avoir démontré que l'on ne peut dire que Dieu est la cause du mal, dit : « L'acte du péché est être et acte, et sous ces deux rapports il vient de Dieu. En effet, tout être, quel qu'il soit, dérive nécessairement du premier être..... Donc, Dieu est la cause de toute action *considérée comme action* (in quantum est actio). Mais le péché n'est pas seulement un être et une action, *c'est encore un défaut*. Ce défaut vient de la cause créée du libre arbitre, en tant qu'il est en dehors du premier agent, c'est-à-dire de Dieu. Donc, le défaut du péché ne doit pas se rapporter à Dieu comme à sa cause, mais au libre arbitre : ainsi la claudication vient de ce que la jambe est courbée, et non de la force motrice, quoique cette force produise tout ce qu'il y a de mouvement dans la claudication. Sous ce rapport, Dieu est la cause de l'acte, où il y a péché ; mais il n'est pas la cause du péché, parce qu'il n'est pas la cause du défaut qu'il y a dans l'acte (*Summ.*, 1, 11, 79, 2).

SOIXANTE-DIX-NEUVIÈME LEÇON.

De la Providence divine.

Définition de la Providence.

Etymologiquement, le mot *Providence* signifie l'acte de *pourvoir*, c'est-à-dire de disposer les choses dans un ordre convenable, pour donner à autrui ce qui lui est nécessaire et suffisant pour atteindre la fin qui lui est assignée. Tel est le concept qu'en ont tous les hommes : et c'est par ce concept qu'on exprime la providence d'un père, d'un maître, d'un père, d'un prince, et de tout homme qui doit prendre soin des autres. Afin de *pourvoir* de cette façon, il faut *prévoir*, c'est-à-dire, avant d'en venir aux actes, il faut voir dans son esprit l'ordre des choses, les comparer relativement à leurs fins respectives, en peser mentalement la force et la faiblesse, la suffisance et la nécessité, l'efficacité et l'inutilité. Donc, *providence* et *prévision*, ou *prévoyance*, sont des choses si étroitement liées que la première ne peut exister sans la seconde : de plus, le mot *providence* lui-même indique non-seulement l'actuation de la prévoyance, mais encore, semble-t-il, une actuation qui doit être avantageuse à celui que l'on pourvoit; *pour* le *profit* d'autrui (*pro-videre*), ce qui se fait par l'intelligence. C'est ainsi que tout le monde l'entend: en voyant, par exemple, la merveilleuse disposition des moyens pour la fin, employés par l'oiseau pour construire son nid, et élever ses petits, nous disons que c'est l'œuvre d'une très-haute *providence:* et comme l'oiseau ne peut avoir en lui-même l'ordre idéal qu'il actue dans son œuvre, nous l'attribuons à un Etre supérieur. Aussi nous appelons œuvres du hasard, et non de la providence, les choses que nous supposons faites sans examen *préalable*, ou qui ne sont pas l'expression d'un ordre idéal. Après cette explication, parlons de la Providence divine.

Conclusion Ire. — *Dieu prévoit les choses futures.*

En effet, Dieu, dans son Verbe et par son Verbe, un et simple, voit une infinité de manières possibles de représenter son essence très-parfaite. Il connaît une infinité de mondes possibles, dont chacun exprimerait, en dehors de lui, d'une certaine manière et dans certaines limites, la perfection de ses attributs divins: et dans chaque monde il voit tous les arrangements possibles de fins et de moyens dans les différentes espèces des créatures possibles. Si ces créatures étaient actuées par sa volonté toute-puissante, il sait comment il pourrait concourir à leurs opérations, soit d'une manière uniforme, soit d'une manière extraordinaire, sans aller contre ces natures qu'il conçoit comme possibles et qu'il pourrait faire passer en acte.

Nous avons prouvé tout cela, quand nous avons démontré que Dieu est intelligence, et que Dieu est idée. Dire que l'univers créé s'en va à tort et à travers, et est le théâtre de mille désordres, ou simplement qu'il aurait pu aller beaucoup mieux, si Dieu avait eu plus de sagesse et de prévision, c'est un blasphème non-seulement impie mais insensé. C'est le délire d'orgueil, du rayon infinimentpetit, qui se tourne vers le soleil et qui lui dit : Tu ne brilles pas assez: car la lumière de l'intelligence humaine n'est presque rien en comparaison de l'intelligence infinie dont elle émane.

Dans ce tableau des archétypes divins, il y a deux choses que l'élève doit bien comprendre : 1° un très-grand nombre de mondes différents se présentaient à la sagesse divine comme possibles, et actuables suivant son bon plaisir : et chacun d'eux était similitude déterminée de sa perfection souveraine ; 2° dans chacun de ces mondes étaient idéalement représentées non-seulement chaque nature singulière, avec ses opérations possibles, mais aussi l'intervention nécessaire, suffisante, ordinaire, et extraordinaire de la puissance divine, pour l'obtention de *la fin particulière* de chaque créature, et de la fin totale de la création, c'est-à-dire la manifestation des perfections intrinsèques de Dieu.

Conclusion II°. — *L'acte créateur actue le monde en l'ordonnant à la gloire divine.*

Il faut considérer d'abord ce que c'est que la gloire divine. La gloire est la brillante manifestation d'une perfection jointe à l'approbation d'autrui : c'est quelque chose de semblable à ce que, dans l'ordre matériel, nous appelons *splendeur*, c'est-à-dire la brillante manifestation de la lumière *qui plaît*. Il faut donc considérer trois éléments dans la gloire. Le premier est une *perfection ;* le second une *connaissance* intellectuelle de cette perfection ; le troisième un *amour* de la volonté qui adhère à la perfection connue. D'où il suit qu'il y a en Dieu une gloire intrinsèque, et que, relativement à Dieu, il peut y avoir une gloire extrinsèque. En effet, 1° en Dieu, il y a l'essence divine qui est d'une perfection infinie ; 2° il y a la connaissance de cette perfection dans le Verbe divin ; 3° il y a l'approbation dans l'amour. Cette perfection infinie de l'essence divine, en tant que connue, est la VÉRITÉ, et, en tant qu'aimée, la BONTÉ, et, parce que notre esprit ne peut, par un seul acte, nous ne disons pas la comprendre, mais seulement la concevoir, nous la concevons par les divers concepts des attributs divins.

Arrivons maintenant à la gloire *extrinsèque*.

Les créatures ne sont que les types des archétypes divins ; en sorte que le monde actuel n'est autre chose qu'une des innombrables similitudes possibles de l'essence divine. Ce monde se présente à l'intelligence divine comme un rayon de la perfection divine, *extériorisé* et manifesté à l'intelligence divine, et la volonté divine s'y complaît et l'approuve. Par conséquent, la gloire extrinsèque de Dieu est constituée par les trois éléments que nous venons de nommer : 1° une perfection existant en dehors de Dieu ; 2° une manifestation de cette perfection à l'intelligence divine ; 3° une approbation de la part de la volonté divine. On ne doit pas pour cela s'imaginer qu'il y a en Dieu des changements et des actes successifs ; car, comme nous l'avons démontré, *a*) l'espèce intelligible, par laquelle Dieu connaît le monde, est l'essence divine elle-même ; *b*) l'intelligence, par laquelle il connaît, est le même Verbe dans lequel il se connaît, et il connaît le monde comme existant en tant que l'acte de la volonté divine est joint à la connaissance ; *c*) l'approbation ou complaisance de la volonté divine est l'acte unique d'amour, par lequel Dieu s'aime lui-même ; or, cet acte étant infini, on ne peut concevoir que de nouveaux actes s'y ajoutent successivement comme il arrive en nous.

C'est à cette gloire extrinsèque que l'acte créateur ordonne le monde en l'actuant : c'est la *fin dernière* de la création, qu'il ne faut pas confondre avec les fins propres de chaque créature sans raison, raisonnable, ou intellective.

La volonté divine dans l'acte créateur, par lequel elle met en acte, en dehors de Dieu, le monde idéal, tend à cet fin. En effet :

1° Tout être intelligent agit pour une fin, et il ordonne non-seulement les différentes parties de son œuvre, à leurs fins propres, mais encore l'œuvre elle-même à une fin totale. Ainsi un architecte dispose chaque partie de l'édifice, suivant sa nature, pour telle ou telle fin particulière, mais encore l'ensemble de l'édifice pour une fin déterminée. Donc, Dieu, en créant le monde, en ordonnera chaque partie à sa fin propre : et de plus il ordonnera le monde entier pris ensemble à une fin déterminée. Or, il est absurde que la fin du tout soit la fin d'une partie ; car la partie est essentiellement ordonnée au tout, et non le tout à la partie. Donc, la fin de l'univers doit être en dehors de l'univers, c'est-à-dire en Dieu ; *donc, Dieu a fait toutes les choses pour lui-même.* Etait-ce pour obtenir un bien qu'il n'avait pas ? C'est impossible. Il a donc fait toutes choses pour qu'il y eut un objet ou *perfection* extrinsèque dans la *connaissance* de laquelle il se complut, suivant ce que demande la gloire extrinsèque divine. Donc, c'est pour la gloire extrinsèque divine que l'acte créateur a ordonné le monde créé.

2° Quelle est la fin de Dieu ? C'est que sa divine perfection soit connue et aimée, et c'est en cela que consiste la gloire divine intrinsèque. Donc, la fin du monde qui est la représentation de Dieu, ou l'image créée de l'incréé, sera d'être connu et aimé par Dieu : ce qui constitue la gloire divine extrinsèque.

3° La fin pour laquelle l'acte créateur a ordonné le monde, doit être la même que la fin, pour laquelle le monde lui-même montre qu'il est ordonné. Or le monde est l'image de Dieu, et, par conséquent, il est ordonné non-seulement à la divine connaissance, mais encore à la complaisance divine. Cette connaissance et cette complaisance de Dieu dans l'acte créateur, sont exprimées par ces paroles sublimes de la Bible : *Et vidit Deus universa quæ fecerat et erant valde bona. Et requievit ab universo opere quod patrârat* (Gen., II).

Conclusion III°. — *L'acte créateur a mis en acte un monde archétype dont toutes les parties sont admirablement ordonnées.*

1° Il serait imparfait l'artiste qui aurait de belles conceptions dans son esprit et qui ne ferait que des œuvres difformes. La perfection de l'intelligence demande naturellement la perfection de la volonté. Par conséquent, comme tout l'ordre possible archétype est présent à la volonté divine, on ne peut supposer qu'elle ait choisi pour l'actuer ce qui en soi lui aurait paru désordonné.

2° Contemplons le type, c'est-à-dire le monde actué dans son existence, et par lui nous comprendrons l'ordre admirable que Dieu a voulu mettre dans son œuvre. Examinons les divers genres des choses, et leurs innombrables espèces depuis le dernier atome jusqu'à l'intelligence la plus parfaite : et nous verrons cette gradation ascendante de perfections qu'Aristote a comparée aux figures géométriques, qui vont depuis la plus simple, le triangle, jusqu'à la plus parfaite, le cercle, c'est-à-dire le polygone d'un nombre infini de côtés : ou bien encore à la série des nombres, qui part de l'unité, et par une gradation indéfinie, s'en va vers l'infini qu'elle n'atteindra jamais. Chaque chose a sa fin spéciale : les créatures privées de raison sont conduites à leur fin; les créatures raisonnables y sont conduites, et doivent, en même temps, s'y conduire elles-mêmes. Les moyens d'arriver à ces fins sont admirables et infinis, et l'enchaînement de ces fins et de ces moyens ravit l'imagination. La structure seule de l'œil, ses rapports avec la lumière montrent une volonté très-sage, qui les a créés l'un pour l'autre. Les créatures sont menées si suavement, et si puissamment à leurs fins particulières, que, lorsqu'elles ont des facultés cognoscitives et appétitives, elles trouvent leur contentement à atteindre leurs fins, et tout en cherchant leurs propres satisfactions, elles exécutent les ordres de la divine Providence. Les besoins des uns sont utiles aux autres, et tout est parfaitement équilibré.

Dans le monde, comme dans toute société bien réglée, le bien des êtres inférieurs est ordonné au bien des êtres supérieurs, et le bien des particuliers est parfois sacrifié au bien général. Sur la scène du monde L'HOMME voit une infinité de créatures vivantes, et inorganiques, soumises à son empire, comme des moyens propres à sa substance et à son bien-être : et c'est ce qui nous donne une idée sublime de cette subordination dont nous avons parlé. On aperçoit, il est vrai, dans le monde, certains désordres partiels, mais ce sont des désordres physiques, ordonnés par eux-mêmes à un ordre supérieur, comme la mort d'un grand nombre de plantes et d'animaux est ordonnée à la vie des autres animaux et de l'homme. L'homme est libre, et ordonné à sa fin, de telle sorte qu'il doive s'y conduire lui-même. Attiré naturellement par le bien, et dirigé par sa raison dans l'acquisition du bien suprême, il abuse quelquefois de cet attrait naturel, en s'attachant à des biens particls et défectueux, et en laissant de côté le bien suprême. Toutes les créatures sans raison sont conduites par Dieu à leurs fins d'une manière nécessaire et absolue : à l'homme, Dieu montre la fin ; il lui donne des lois pour y arriver, (trente-troisième leçon), et l'homme désobéit aux lois de Dieu et l'offense. Dieu respecte sa liberté, mais le péché de l'homme est ordonné à des fins très-élevées, et en permettant le mal moral, en pardonnant aux coupables repentants, en punissant ceux qui s'obstinent dans leurs crimes, il montre sa clémence, sa miséricorde, sa justice. Et si dans quelque événement, nous ne voyons pas que la fin de la vie humaine soit atteinte, ni dans quel ordre elle se trouve, nous devons avouer notre ignorance, au lieu de critiquer le plan divin : car, en faisant même abstraction de la philosophie et de la foi, une induction universelle, pour ainsi dire, nous enseigne que croire au hasard est une folie, et qu'une main très-sage gouverne tout.

Ainsi donc, en remontant du type, que nous avons sous les yeux, à l'archétype, nous pouvons dire que la volonté toute-puissante de Dieu a mis en acte, dans les choses créées, un monde idéal très-bien ordonné. Nous ne disons pas pour cela qu'il soit absolument *le meilleur*, car Dieu étant infiniment parfait, il peut y avoir une variété infinie dans le degré de perfection avec lequel il peut être imité, et, par conséquent, le mieux absolu est absurde.

Conclusion IV°. — *L'acte créateur qui a mis en acte le monde idéal comprend non-seulement la création, mais encore la conservation, la motion, et les concours.*

Le monde idéal ne représente pas seulement les substances individuelles, mais aussi toutes leurs opérations, et toutes les révolutions cosmiques passées et futures. Or, pour cela, comme nous l'avons démontré, la création ne suffit pas, il faut encore la conservation, la motion et le concours ; donc, ces trois choses sont comprises dans l'acte créateur par lequel le monde idéal a été actué.

Conclusion V^e. — *Dieu pourvoit par sa Providence aux besoins des choses créées.*

Nous avons démontré que la Providence demande *a*) *la prévision* de l'ordre convenable aux choses à gouverner *b*); *la provision*, c'est-à-dire le soin de leur fournir des moyens nécessaires pour exprimer cet ordre. Or, on a vu, par les *conclusions* précédentes, que dans la science divine il y avait cette *prévision*, et dans l'acte créateur cette *provision*; donc, l'existence de la Providence divine est démontrée.

Corollaire. — S. Thomas avait une pensée sublime quand il considérait la Providence divine *parlant* par son très-sage *fiat*, aux choses qu'elle *parle*, pour ainsi dire: aussi, selon lui, le *fatum* n'est que la Providence divine considérée dans son terme, et dans ses effets. Mais il faut citer tout ce beau texte de S. Thomas, où il parle du destin, *fatum*. (*S*., 1, 116, 1): « In rebus inferioribus videntur quædam a fortuna vel casu provenire. Contingit autem quandoque quod aliquid, ad inferiores causas relatum, est fortuitum vel casuale; quod tamen relatum ad causam aliquam superiorem, invenitur esse per se intentum: sicut si duo servi alicujus domini mittantur ab eo ad eumdem locum, uno de altero ignorante, concursus duorum servorum, si ad ipsos servos referatur, casualis est, qui accidit præter utriusque intentionem; si autem referatur ad dominum, qui hoc præordinavit, non est casuale, sed per se intentum. Fuerunt igitur aliqui qui hujusmodi casualia et fortuita, quæ in his inferioribus accidunt, in nullam superiorem causam reducere voluerunt: et hi *Fatum* et *Providentiam* negaverunt; ut de Tullio Aug. recitat in V. *de Civit. Dei.* Quod est contra ea quæ superius de providentia dicta sunt (*qu*. 22., *art.* 2). Quidam vero omnia fortuita et casualia quæ in istis inferioribus accidunt, sive in rebus naturalibus, sive in rebus humanis, reducere voluerunt in superiorem causam, id est, in cœlestia corpora. Et secundum hoc, fatum nihil aliud est quam dispositio siderum, in qua quisque conceptus est, vel natus. Sed hoc stare non potest, propter duo. Primo quidem quantum ad res humanas: quia, jam ostensum est (*qu*. 1, 35, *art*. 1) quod humani actus non subduntur actioni cœlestium corporum, nisi per accidens, et indirecte : Causa autem fatalis, cum habeat ordinationem super ea quæ fato aguntur, necesse est quod sit directe et per se causa ejus quod agitur. Secundo, quantum ad omnia quæ per accidens aguntur. Dictum est enim supra (*qu.* 105, *art.* 6.) quod id quod est per accidens, non est proprie ens neque unum. Omnis autem naturæ actio terminatur ad aliquid unum. Unde impossibile est quod id quod est per accidens, sit effectus per se alicujus naturalis principii agentis. Nulla ergo natura per se hoc facere potest, quod intendens fodere sepulcrum, inveniat thesaurum. Manifestum est autem quod corpus cœleste agit per modum naturalis principii. Unde et effectus ejus in hoc mundo sunt naturales. Impossibile est ergo quod aliqua virtus activa cœlestis corporis sit causa eorum quæ hic aguntur per accidens, sive a casu, sive a fortuna. Et ideo dicendum est quod ea quæ hic per accidens aguntur, sive in rebus naturalibus, sive in humanis, reducuntur ad aliquam causam præordinantem, quæ est providentia divina; quia nihil prohibet id quod est per accidens, accipi ut unum ab aliquo intellectus; alioquin intellectus formare non posset hanc propositionem : *Fodiens sepulcrum invenit thesaurum.* Et sicut hoc potest intellectus apprehendere, ita potest efficere. Sicut si aliquis sciens in quo loco sit thesaurus absconditus, instiget aliquem rusticum hoc ignorantem, ut ibi fodiat sepulcrum : et sic nihil prohibet ea quæ hic per accidens aguntur, ut fortuita, vel casualia, reduci in aliquam causam ordinantem, quæ per intellectum agat, et præcipue intellectum divinum. Nam solus Deus potest voluntatem immutare, ut supra habitum est : et per consequens ordinatio humanorum actuum, quorum principium est voluntas, soli Deo attribui debet. Sic igitur, in quantum omnia quæ hic aguntur, divinæ providentiæ subduntur, tanquam per eam præordinata et quasi prælocuta, *fatum* ponere possumus ; licet hoc nomine sancti doctores uti recusaverunt, propter eos qui ad vim positionis siderum hoc nomen detorquebant. Unde Aug. dicit in V. *de Civ. Dei* (*cap.* I.) *Si propterea quisquam res humanas fato tribuit, quia ipsam Dei voluntatem vel potestatem fati nomine appellat; sententiam teneat, linguam corrigat. Et sic Gregor. fatum esse negat.* » Que les modernes fatalistes viennent donc écouter le grand docteur pour apprendre à parler du *destin,* comme doivent en parler des hommes, et non pas comme de véritables enfants, selon leur coutume.

QUATRE-VINGTIÈME LEÇON.
De la liberté humaine et des événements surnaturels, relativement à la Providence divine.

Quelques philosophes de l'antiquité ont trouvé une si grande difficulté à concilier la Providence divine avec la liberté humaine, que pour se tirer d'embarras, ils ont pris le parti de nier l'une ou l'autre. S. Augustin dit de Cicéron que, se sentant pressé des deux côtés, il aime mieux nier la prescience divine, qui est une partie de la Providence, que de nier la liberté, dont il avait une intime conscience. Mais la vérité n'est jamais contraire à elle-même, et l'existence de la Providence divine est aussi certaine que celle de la liberté humaine. Après ce que nous avons dit sur les attributs divins, nous n'aurons pas de peine à être aussi clair que bref sur ce point difficile.

Conclusion Ire. — *La Providence divine ne détruit pas la liberté humaine.*

1° C'est une absurdité que de le penser. Car c'est Dieu qui a donné à l'homme la liberté, et, par conséquent, il a voulu qu'il s'en serve. Si donc la prescience divine détruisait la liberté de l'homme, Dieu aurait une volonté opposée à sa première volonté. Il serait comme un prince qui donnerait à un de ses sujets un ornement magnifique, et le détruirait au moment même où il le lui donne.

2° En outre, la nécessité des opérations humaines sur ce point ne pourrait venir que d'un des éléments qui constituent la Providence divine, c'est-à-dire de l'intelligence ou de la volonté, ou des deux à la fois. Or, cela est impossible.

a) L'intelligence divine peut être considérée indépendamment de l'acte créateur, ou avec cet acte, ou après cet acte, et l'on considère, en Dieu, dans le premier cas, *la science de simple intelligence;* dans le second, *la science d'approbation pratique,* et dans le troisième, la *science de vision.* Il est évident que la science de simple intelligence *suppose* son objet, et, par conséquent, l'intelligence divine voit que les hommes, créés en telle ou telle circonstance, agiront de telle ou telle manière, et, pour nous servir d'une comparaison très-employée à ce propos : de même qu'en voyant quelqu'un qui tombe ou en prévoyant qu'il va tomber, je ne suis pas la cause de sa chute, de même l'intelligence divine n'enlève pas la liberté des opérations en les voyant dans l'ordre idéal. Quant à la science pratique, et à celle de vision, il n'y a aucune difficulté, puisque ces sciences sont *en elles-mêmes identiques avec la science de simple intelligence,* et ne font qu'y ajouter la relation avec l'acte créateur comme concomitant ou comme antécédent. Par conséquent, on peut dire en toute vérité que l'homme n'agit pas de telle ou telle façon, parce que Dieu *le prévoit,* mais que Dieu le prévoit parce qu'il agit ainsi. Il est vrai que tout ce que Dieu prévoit doit nécessairement arriver : mais cette nécessité est *logique,* et non *physique.* Ainsi, dans cette proposition : *Si Dieu prévoit qu'après avoir été offensé, vous vous vengerez, vous vous vengerez en effet,* il n'y a pas entre l'antécédent et le conséquent, un lien *physique,* mais seulement un lien *logique :* c'est-à-dire Dieu voit que vous vous seriez vengé, et si vous n'aviez pas dû vous venger, il ne l'aurait certainement pas vu. Du reste, quand Dieu voit les actions libres, il ne tire pas et ne peut pas tirer cette connaissance des choses considérées dans leur existence, car cela serait absurde, comme nous l'avons dit en traitant de la science divine : cela se fait ainsi que nous l'avons expliqué, quand nous avons parlé de la manière dont Dieu connaît les choses singulières. Et si l'esprit s'y applique sérieusement, presque toutes les difficultés que l'on a coutume de faire sur ce point s'évanouissent

b) La volonté divine n'enlève pas davantage à l'homme sa liberté, qu'on la considère soit dans l'acte créateur, soit dans la conservation, la motion, ou le concours ; car, en agissant de cette manière, la volonté divine actue la volonté humaine que lui offrait l'archétype idéal de l'intelligence divine. La volonté divine, en actuant cet archétype, *ne le change pas* dans son essence : elle ne fait que lui donner l'existence. Or, *l'essence* de la créature raisonnable demande qu'elle soit libre devant les objets inadéquats de la volonté : donc, elle le sera sous l'influence de la volonté divine.

3° Ces raisonnements, *à priori,* sont pleinement et évidemment prouvés par les faits. Nous sommes certains de l'existence de la Providence divine ; nous sommes aussi certains, et par des démonstrations philosophiques, et par notre expérience intime, de notre liberté. Si quelqu'un niait cette liberté, on pourrait aisément l'en convaincre avec un argument semblable à celui que nous avons employé contre ceux qui nient l'existence du mouvement : et certes, il montrerait bien qu'il est libre de fuir le bâton, quand il le peut.

Conclusion IIe. — *Les événements surnaturels ne répugnent pas à la divine Providence.*

Il nous paraît utile de dire ici, en finissant, quelques mots sur ce point, où il semble que certains philosophes aient trouvé une difficulté toute spéciale : pour nous, nous n'en voyons pas : et la *conclusion* présente nous paraît plutôt un *corollaire* des doctrines exposées précédemment. Mais voyons, avant tout, ce que c'est qu'un événement surnaturel.

Un événement est surnaturel, quand, relativement à sa substance ou à son mode, il ne peut provenir de la puissance des causes secondes, comme la résurrection d'un mort, la guérison *instantanée* d'un aveugle-né, et mille autres effets que l'on appelle communément miracles. Ces événements sont, dans l'idée divine, coordonnés idéalement aux fins que veut atteindre la sagesse infinie : et la volonté toute-puissante de Dieu pouvait bien, par un seul acte, vouloir l'existence du monde archétype, non-seulement avec les effets qui procèdent des causes créées, mais encore avec ceux qui ne peuvent procéder que de la puissance divine. Ne serait-ce pas une folie d'accorder à Dieu la puissance de créer, et de lui refuser celle de ressusciter un mort, ou de guérir un aveugle-né ? N'irait-il pas contre la logique du bon sens, celui qui prétendrait que Dieu, dont la Providence ordonne à des fins dignes de lui l'existence du vermisseau, qui rampe sur la terre, n'a pas pu ordonner également, suivant sa sagesse, les événements surnaturels ? Si l'on croit que parce que Dieu veut ces événements, il y a un changement intrinsèque dans la volonté de Dieu, c'est que l'on n'a pas compris comment il ne peut y avoir en Dieu d'actes successifs, mais un seul *fiat* d'une puissance infinie et qui s'étend à tout, c'est-à-dire aux œuvres qui dépendent totalement de la puissance divine, aussi bien qu'à celles dont l'existence demande le concours des causes secondes. Mais si c'est une folie de dire que les événements surnaturels répugnent à la divine Providence, c'est une imprudence de regarder comme surnaturel, tout fait qui dépasse les bornes de notre *compréhension individuelle*. Et il faut avoir autant de pitié pour les yeux simples qui voient partout des miracles, que de mépris pour ces orgueilleux qui attribuent aux seules forces de la nature, des faits qui sont en *contradiction évidente* avec ses lois.

Corollaire. — D'après tout ce que nous avons dit sur les attributs divins, et spécialement sur la divine Providence, on voit bien comment Dieu est en nous, et comment nous sommes en Dieu. Par sa science, il voit toutes nos pensées, il entend toutes nos paroles, il pèse toutes nos opérations. Il veut, par exemple, qu'une de mes opérations précède un événement comme condition de cet événement, et il a choisi un ordre archétype, où le salut de mon ami était représenté comme obtenu par mes prières : aussi, en fait, on pourra dire que ces prières en sont la cause morale. Par son immensité, il est partout et il est la *cause immédiate* de l'être et des opérations de chaque chose. Et puisqu'il voit les replis les plus cachés de notre cœur, il est le *centre* de communication de toutes les créatures intelligentes, qui, bien que séparées entre elles, s'unissent en Dieu, et peuvent, en Dieu, se communiquer leurs pensées et leurs affections. Par conséquent, Dieu, qui lit en moi, peut les communiquer à ceux vers qui je les dirige. Ce n'est pas seulement la distance de lieu qui disparaît, par ce lien secret qui joint le créé à l'incréé, mais encore celle de temps ; car, tout étant réuni en Dieu, il peut encore manifester à quelqu'un ce qui est pour nous à venir, même les actions futures libres des créatures intelligentes. Toute créature est séparée des autres : Dieu est inséparé et inséparable de chacune d'elles !

Citons, en terminant cette leçon, la dernière de notre cours, ces admirables vers de Dante, où il parle précisément de la divine Providence, et démontre que Dieu n'a pas exprimé dans les créatures tout ce qu'il a dit dans son Verbe : il *habite donc une lumière complétement incompréhensible* aux mortels, et ceux-ci doivent incliner leurs fronts devant sa divine Providence, plutôt que d'imiter l'orgueilleux Lucifer, qui n'a pas voulu s'y soumettre, et, pour cela, a été foudroyé par la justice du Tout-Puissant (*Par.*, XIX).

« Et il commença à parler ainsi : Celui qui de sa main puissante a fixé les bornes du monde, et y a créé tant de choses visibles et cachées,

« Ne put pas imprimer sa puissance assez profondément sur l'univers que son Verbe ne restât infiniment au-dessus de lui.

« Et nous voyons par là que le premier orgueilleux, qui fut la plus éminente des créatures, pour n'avoir pas attendu la lumière, tomba avant d'avoir été mûri par la grâce.

« D'où il résulte que les créatures inférieures sont trop bornées pour contenir ce bien infini, qui n'a de mesure qu'en lui-même.

« C'est pourquoi notre vie, qui n'est qu'un rayon de cet Esprit dont toutes les choses sont pleines,

« Est trop faible de sa nature et ne voit pas son principe tel qu'il est réellement.

« La vue qui vous est accordée, pénètre dans la justice éternelle, comme l'œil dans les flots :

« Près du rivage il voit le fond, mais il ne le voit pas dans la haute mer : il existe néanmoins, mais sa profondeur le rend invisible.

« Il n'y a pas de lumière, si elle ne vient de l'azur, qui ne se trouble jamais : mais ce sont des ténèbres, ou l'ombre de la chair, ou son funeste venin....

« .... Qui es-tu donc, toi qui veux t'asseoir sur le tribunal, pour juger de ce qui est placé à des milliers de lieues de toi, quand ta vue ne dépasse pas la portée de ta main....

« .... O natures terrestres, ô esprits grossiers ! La volonté suprême est le souverain bien par essence et n'a jamais changé.

« Rien n'est juste que ce qui s'accorde avec elle : nul bien créé ne l'attire à lui : car c'est elle qui, par son rayonnement, les produit tous (1). »

(1) Poi cominciò : Colui che volse il sesto
Allo stremo del mondo, e dentro ad esso
Distinse tanto occulto e manifesto,
   Non potea suo valor sì fare impresso
In tutto l'Universo, che 'l suo Verbo
Non rimanesse in infinito eccesso.
   E ciò fa certo, che il primo superbo
Che fu la somma d'ogni creatura,
Per non aspettar lume cadde acerbo.
   E quinci appar ch'ogni minor natura
È corto ricettacolo a quel bene,
Ch'è senza fine, e sè con sè misura.
   Dunque nostra veduta, che conviene
Essere alcun de' raggi della Mente,
Di che tutte le cose son ripiene,
   Non può di sua natura esser possente
Tanto, che suo principio non discerna
Molto di là, da quel ch'egli è, parvente.
   Però nella giustizia sempiterna,
La vista, che riceve il vostro mondo,
Com' occhio per lo mare entro s'interna ;
   Che benchè dalla proda veggia il fondo,
In pelago nol vede ; e nondimeno
Egli è, ma cela lui l'esser profondo.
   Lume non è se non vien dal sereno,
Che non si turba mai, anzi è tènebra
Od ombra della carne o suo veleno....
   .... Or tu chi se', che vuoi sedere a scranna
Per giudicar da lungi mille miglia
Con la veduta corta di una spanna?...
   .... O terreni animali, o menti grosse !
La prima Volontà, ch'è per sè buona,
Da sè ch'è sommo ben mai non si mosse.
   Cotanto è giusto, quanto a lei consuona :
Nullo creato ben a sè la tira,
Ma essa, radiando, lui cagiona.

FIN.

TABLE ANALYTIQUE

DES LEÇONS DE PHILOSOPHIE

Pages.

Bref de Pie IX pour recommander la doctrine de l'Académie, et, par conséquent, notre cours..................................

INTRODUCTION.

L'ordre réel dépend de l'ordre idéal; efforts pour rétablir l'ordre idéal sur ses véritables bases. A quelle occasion ce travail a été composé. — La nullité de la philosophie moderne nous contraint à suivre l'ancienne; quand et par qui elle a commencé à être attaquée; ses principes fondamentaux; elle a été rejetée sans examen. Les prétendues erreurs en physique; son origine païenne est un honneur pour le christianisme; il l'a faite sienne; son langage barbare; son amour des discussions, sa difficulté, et la facilité des philosophies modernes; celui qui s'y applique la comprend et l'aime; paroles de Leibnitz. — La philosophie scolastique est vraie parce qu'elle est la seule; les philosophies modernes sont nulles ou insensées, presque toujours impies; peines inutiles des bons philosophes qui les étudient; l'unique voie de salut est de revenir à l'ancienne philosophie. — C'est ce que l'on fera dans le présent ouvrage; pourquoi il est divisé en leçons; il n'expose que l'ancienne philosophie. La doctrine scolastique sera exposée toute entière aussi brièvement que possible; son admirable unité. On ne s'occupera pas des adversaires. — Importance de la restauration philosophique pour ceux qui sont obligés d'y concourir............ 1

PROLÉGOMÈNES.

Première Leçon. — **Utilité et nécessité de la philosophie**...... 27

Paroles de Platon, de Cicéron, de S. Thomas, de Boèce, d'Aristote, etc. — C'est la première de toutes les sciences humaines; les principes qu'elle donne sont le fondement de toutes les autres sciences; elle fait considérer les choses dans leurs raisons intimes; à qui l'on doit attribuer sa chute; les défauts, et les blâmes dont elle a été l'objet. Ces *leçons* seront utiles même à ceux qui ont étudié la philosophie. Méthode suivie par l'auteur.

Deuxième Leçon. — **Définition et division de la philosophie**.... 34

Définition. — Division en philosophie *spéculative* et en philosophie *pratique;* division de la philosophie spéculative, d'après les divers degrés d'abstraction, en *physique, métaphysique et mathématique.* — Division de la philosophie pratique, d'après l'ordre moral, en *éthique individuelle, économique* et *politique.* — Quelle place il faut donner à *la logique* considérée comme *instrumentum sciendi;* sa nécessité.

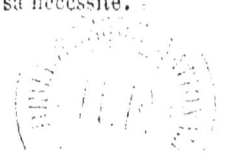

# LOGIQUE

PREMIÈRE PARTIE. *De la cause efficiente de l'ordre rationnel.*

Troisième Leçon. — De la cause efficiente de l'ordre rationnel. ... 40

C'est l'homme. Notion générale de l'homme en tant qu'être *vivant, sensitif* et *raisonnable*. — Verbe de l'intelligence, *complexe* et *incomplexe*. — Des facultés appétitives. Pourquoi on ne range pas *la mémoire* parmi les facultés spéciales. En quoi *la raison diffère* de *l'intelligence*.

DEUXIÈME PARTIE. *De la cause matérielle de l'ordre rationnel.*

Quatrième Leçon. — Définition et division des termes 44

Définition de *la matière* et de *la cause matérielle*; c'est dans l'ordre rationnel *le terme* et *la proposition*. — Définition du *terme*. Sa division en terme *univoque, équivoque* et *analogique*; *singulier, universel, transcendental, particulier*, en cinq *prédicables*; en *absolu* et *relatif*; *abstrait* et *concret*.

Cinquième Leçon. — De la définition et de la division 48

Ce que c'est que *la définition* en général, et la définition *philosophique* en particulier; les qualités qu'elle doit avoir. — *Genre prochain* et *différence spécifique*; *arbre de la substance*; choses qu'on ne peut définir. — Définition de *la division*; ses qualités principales.

Sixième Leçon. — De la définition et de la division des propositions. 52

Définition de la *proposition*. — Division en proposition *nécessaire* ou *analytique*; *contingente* ou *synthétique*; *claire* et *évidente*, *universelle*, *singulière*, *particulière*, et *indéfinie*, *affirmative* et *négative*; *vraie* et *fausse*; *simple* et *composée*, *copulative*, *causale*, *disjonctive* et *conditionelle*.

Septième Leçon. — Des propriétés des propositions 56

Ce sont *l'équivalence, l'opposition, la convertibilité*. Exemples de l'équivalence; diverses manières de l'opposition : Propositions *contradictoires, contraires, subalternes, sous-contraires*; la conversion est *simple* ou *accidentelle*.

TROISIÈME PARTIE. *De la cause formelle de l'ordre rationnel.*

Huitième Leçon. — Du syllogisme et de ses différentes formes. 60

Le syllogisme est l'expression du raisonnement; sa structure et ses trois termes; sa valeur démonstrative. — Sur les soixante-quatre formes possibles il n'y en a que quatorze de bonnes. — *Figures, modes* et *divisions* du syllogisme.

Appendice a la Huitième Leçon. — Exercice dans les diverses figures et dans divers modes du syllogisme.. 66

Modèle de chaque espèce de syllogisme. — Importance du syllogisme pour trouver le vrai. On doit y ramener *l'induction parfaite* et *l'induction imparfaite*.

Neuvième Leçon. — Règle pour trouver le moyen terme; division du syllogisme; sophisme 69

Examen successif des diverses propositions que l'on peut avoir à démontrer. — Le syllogisme est *simple* ou *composé*. Au 1er se ramènent *l'enthymème, le sorite, le polysyllogisme*; au 2e *le syllogisme copulatif, disjonctif, conditionnel, causal* et *discrétif*. — La démonstration *ad absurdum*; Définition du *sophisme*; les huit manières d'y tomber.

	Pages.
Appendice a la Neuvième Leçon. — **Table de Raymond Lulle**......	76

Ce que c'est que *la table* de Raymond Lulle; manière pratique de s'en servir, pour aider l'esprit dans la recherche des *termes moyens*.

QUATRIÈME PARTIE. *De la cause finale de l'ordre rationnel.*

Dixième Leçon. — **De la vérité et de la science**..................	79

La cause finale de l'ordre rationnel est l'acquisition de la vérité. Définition du *vrai* et de *la vérité* : on l'obtient par *la science*, par *l'expérience*, et par *la foi*. — La science est 1° une connaissance de l'objet; 2° *certaine*; 3° *évidente*; 4° par ses causes.

Onzième Leçon. — **Expérience et foi : Objets formels de la certitude**................................	83

Définition de l'*expérience*; elle est *interne* ou *externe*; *directe* ou *réflexe*. — Définition de la *foi*; elle est *humaine* ou *divine*; ses conditions. — L'objet formel de la certitude est le motif qui la détermine; quel est ce motif dans les divers ordres des connaissances. — La certitude est *métaphysique*, *physique* ou *morale*.

Douzième Leçon. — **Du critérium de vérité**..................	88

Des faux critériums : le vrai critérium est *la règle suivante par laquelle l'intelligence juge des choses*. — Le critérium suprême, d'après S. Thomas, est la *vérité divine* : le critérium participé consiste dans les premiers principes mis par Dieu dans l'intelligence humaine. — Texte important de S. Thomas. — Dieu, maître de la science humaine, ne doit pas être confondu avec le magistère surnaturel. Quel principe se trouve en toutes les vérités.

Treizième Leçon. — **De la méthode de la science**..................	95

C'est la manière d'arriver à la certitude et à la vérité : comment on distingue l'une de l'autre. — La méthode est *analytique* ou *synthétique* : dans les sciences particulières, la première est préférable; en philosophie, c'est la seconde, et on la suivra dans ce cours. — Remarque de S. Thomas sur la nécessité et l'universalité des sciences. Exemples des deux méthodes.

Quatorzième Leçon. — **De la méthode dans l'expérience et dans la foi**..................	99

Dans la première il faut bien distinguer les facultés, et considérer l'objet propre de chacune d'elles. — Objet *propre*, *commun*, *concomitant*, *per se*, *per accidens* des sens. Avertissements aux naturalistes; le sophisme de *l'hoc post hoc*, ou du *cum hoc*. — L'autorité est fondée toute entière sur la science et la véracité de celui qui atteste : ces deux choses se trouvent au suprême degré dans la foi divine; dans la foi humaine, il faut faire attention à plusieurs conditions : autres conditions requises pour les faits.

PHILOSOPHIE PREMIÈRE

(1re partie de la métaphysique.)

Objet de la philosophie première, tiré du dernier degré d'abstraction : nécessité d'étudier cette partie de la métaphysique avant la physique; son importance..	110
Quinzième Leçon. — **Des universaux**..................	111

L'universel est *quelque chose d'un relativement à plusieurs autres ou dans plusieurs autres*. On peut le considérer sous trois aspects : il est réel physique, ou réel objectif. *Conclusion* Ire. *On doit admettre les universaux de* causalité, *de* représentation *et de* signification. — IIe. *On doit admettre l'universel qui est une chose une en plusieurs choses.* — IIIe. *L'universel réel* physique *est absurde.* — IVe. *On doit admettre l'universel* réel objectif.

Seizième Leçon — **De l'être et de ses principales divisions**...... 115

L'homme par la contemplation de lui-même, trouve les objets universels (*axiomes*) : il s'en rend compte au moyen du langage, source de la philosophie; le premier objet universel est *l'être. Conclusion* Ire. *Le concept de l'être est le dernier dans l'ordre analytique de l'abstraction.* — IIe. *Dans l'ordre synthétique, le concept de l'être est le premier concept de notre esprit.* — IIIe. *La connaissance de l'être est le premier acte de l'intelligence dans la connaissance de toute chose.* — IVe. *Le premier principe est le principe de contradiction.* — Définition *de l'essence;* on divise l'être en être *physique* et *objectif; nécessaire* et *contingent; possible* et *existant; absolu* et *relatif.*

Dix-septième Leçon. — **Des attributs transcendentaux de l'être**. 120

C'est *l'unité, la vérité, la bonté.* — Conséquences de l'unité de l'être; les axiomes *d'identité et de diversité. Conclusion* Ire. *L'unité est un attribut transcendental de l'être.* — IIe. *La distinction n'est pas contraire à l'unité de l'être.* — III. *Le concept de la multitude diffère du concept du nombre.* — IVe. *La vérité est un attribut transcendental de l'être.* — V^e. *La bonté est un attribut transcendental de l'être.*

Dix-huitième Leçon. — **De l'acte, de la puissance, des causes**.... 130

De l'être en acte et de l'être en puissance; notions *de la puissance et de l'acte. Conclusions* Ire. *Aucune puissance ne peut être connue par elle-même, mais seulement par l'acte qu'elle peut recevoir ou faire.* — IIe. *Tout être sujet au changement est composé de puissance et d'acte.* — IIIe. *On distingue quatre genres de causes.* — IVe. *Les quatre causes influent diversement sur l'être de l'effet.* — V^e. *Tout être contingent demande une cause.* — VIe. *Toute cause doit contenir en elle-même de quelque manière la perfection de l'effet.*

Dix-neuvième Leçon. — **Substance, accident, suppôt, personne, hypostase, nature**...................... 136

Conclusion Ire. *La substance est l'être qui existe en lui-même, et auquel par sa nature, il n'appartient pas d'exister dans un autre comme dans son sujet; l'accident est l'être auquel il convient par sa nature d'exister dans un autre être, comme dans son sujet. Définitions imparfaites ou erronées de la substance et de l'accident.* — IIe. *La substance est réellement distincte de l'accident.* Définition *du suppôt, de la personne, de l'hypostase, de la nature.*

Vingtième Leçon. — **De l'ordre, du parfait, du beau; du fini et de l'infini; de l'absolu et du relatif**....... 142

L'ordre est une disposition convenable des moyens par rapport à la fin. On le divise en ordre *cosmique, physique, moral, naturel, surnaturel, individuel, domestique, politique, social, international.* Le parfait est une chose achevée; il se divise en parfait *métaphysique,* parfait *physique,* et parfait *moral.* Le beau est ce qui, étant connu, plaît; ses diverses espèces. — Les deux concepts *de l'infini* et *du fini* viennent des concepts du parfait et de l'imparfait; l'infini en acte dans le nombre et dans l'étendue répugne, mais non *l'infini.* — *L'absolu* est l'être qui n'a pas de rapport avec d'autres êtres; *le relatif* celui qui en a : *la relation* est *réelle* ou *de raison;* ses trois éléments.

PHYSIQUE RATIONNELLE GÉNÉRALE

Pages.

Vingt-et-unième Leçon. — **Notions préliminaires. De la diversité de nature entre les substances corporelles, et de l'agrégat**......... 149

La physique est la science des *corps naturels*; les corps naturels ce sont les êtres qui ont en eux un principe d'opérations. *Le système physique dans la nature des corps.* Passage remarquable de Cicéron. *La diversité* et *la différence* entre les substances corporelles ne sont pas la même chose; ce que c'est que *l'agrégat*. *Conclusion* Ire. *Un grand nombre de substances corporelles sont diverses entre elles par leur nature.* — IIe. Un agrégat quelconque de substances ou de nature, ne peut pas être appelé une substance ou nature individuelle.

Vingt-deuxième Leçon. — **Du changement dans les substances corporelles**................................. 163

Passage de la puissance à l'acte, changements accidentels et substantiels. Matière *première* et matière *seconde*. Forme substantielle a forme accidentelle; cause efficiente. *Conclusion* Ire. *Il y a dans les substances corporelles de véritables changements dans l'être accidentel.* — IIe. *Il y a dans les substances corporelles de véritables changements dans l'être substantiel.* — IIIe. *Les substances corporelles ont une véritable causalité dans la production de l'être accidentel et de l'être substantiel.* — IVe. *Les substances corporelles ne peuvent produire de changement à moins qu'elles ne soient unies médiatement ou immédiatement.*

Vingt-troisième Leçon. — **De la manière dont se font les changements substantiels et les changements accidentels**........................ 173

Les seconds ne sont connus que par l'intelligence, et non par l'imagination ou par les sens : les termes *duquel (a quo)* et *auquel (ad quem)*; il est nécessaire qu'un même sujet soit dans les deux termes. La matière seconde reste dans le changement accidentel; et la matière première seulement dans le changement substantiel : ce que c'est qu'un *être purement potentiel*. La formation de l'eau par l'oxygène et l'hydrogène : il n'y a rien *ab extrinseco*, ce n'est pas une addition, mais une éduction de la puissance de la matière. — Citations de S. Thomas et d'Alexandre de Halèz.

Vingt-quatrième Leçon. — **La matière et la forme suivant S. Augustin**................................. 178

L'informe et le formé : la mutabilité des choses changeantes. La matière n'a pas été, et ne pouvait pas être créée sans forme. *L'avant* et *l'après* relativement à *l'informe* et au *formé*. Comparaison avec la *voix* informée par le *chant* : la matière passe d'une forme à une autre, par un changement intrinsèque; par la puissance de l'agent; dans l'homme elle vient *ab extrinseco*. La matière contient toutes les formes en puissance.

Vingt-cinquième Leçon. — **De l'état des éléments dans le composé : examen de l'analyse chimique**........ 190

Deux systèmes opposés : l'un conserve les éléments tels qu'ils étaient, l'autre les détruit. Ce que c'est qu'un élément. Les formes matérielles sont toutes du même genre ; il ne peut pas y en avoir plus d'une dans la même matière : leur gradation comme les figures géométriques et les nombres. L'agent les tire toujours de plus en plus parfaites de la matière, jusqu'à celle qui est le terme de la génération.

Pages.

Vingt-sixième Leçon. — **Corollaires des doctrines précédentes**.. 195

1° La matière est le principe commun, et la forme le principe spécifique. 2° Il y a autant de formes que d'espèces de corps. 3° Il ne peut pas y avoir de corps n'appartenant à aucune espèce. 4° Toutes les substances encore inconnues, appartiennent à une espèce déterminée. 5° La forme donne l'unité : 6° Il ne peut y avoir de matière sans forme. 7° Ils est difficile de concevoir la matière, parce qu'elle n'a pas d'acte. 8°. La matière première est l'extension indéterminée. 9°. Ce que veut dire : *Forma dat esse rei*. 10° La forme imite l'archétype divin. 11° Elle dépend *in fieri* de la matière. 12° Elle est matérielle dans sa conservation. 13° Elle est naturelle aussi dans ses opérations. Passage remarquable de Dantes. Lettre de l'ab. Ant. Rosmini (*en note*).

Vingt-septième Leçon. — **Le système physique et la chimie**...... 205

Différents objets de la chimie. *Conclusion : Le système physique est d'accord avec la chimie :* On le démontre 1° par les corps élémentaires et composés ; 2° par les *affinités* ; 3°. par le changement des substances qui ont de l'affinité entre elles ; 4° par *le dualisme* chimique ; 5° par la loi des *multiples* ; 6° par la loi des *équivalents*. En quel sens l'atomisme chimique nous est opposé, et absurde ; témoignages d'illustres matérialistes modernes.

Vingt-huitième Leçon. — **Théories contraires à la diversité et au changement des substances**...... 213

Système mécanique ; pourquoi ce nom ; il a trois formes. La 1re admet les atomes essentiellement étendus et résistants ; ses principes sont ramenés à douze chefs. La 2e admet les atomes comme des points mathématiques essentiellement inétendus et résistants. La 3e admet les atomes étendus et continus virtuellement.

Vingt-neuvième Leçon. — **Examen du système mécanique**.......... 220

Ses trois formes s'accordent à ne donner aux atomes que l'extension et la résistance, et à leur refuser la diversité substantielle ; elles diffèrent dans la constitution qu'elle donnent aux atomes. *Conclusion* Ire. *Le système mécanique ne peut être admis comme thèse.* En fait d'essence, la science expérimentale est incompétente ; ce système contredit le sens commun ; les compositions chimiques et le mouvement ne prouvent rien en sa faveur. — IIe. *Le système mécanique ne peut être admis comme hypothèse.* Il renferme des absurdités ; il est contraire aux faits. On le démontre par la chimie et par la physique expérimentale ; tout ne s'explique pas par les chocs ; le pendule ; la densité et la raréfaction des corps ; certains effets inconcevables. — Difficulté spéciale pour l'homme.

Trentième Leçon. — **Autres théories contraires à la diversité et au changement des substances. Système dynamique ; système mixte**.................. 2

Triple forme du dynamisme. 1° Forces attractives et répulsives inétendues ; 2° Forces immenses et points centraux ; 3° Forces dilatées dans l'espace. Ce qui est commun à ces trois formes, et ce qui est propre à chacune d'elles. *Conclusion : Le système dynamique ne peut être admis ni comme thèse ni comme hypothèse. Système mixte ;* en quoi il consiste ; six remarques pour juger ce système et les autres.

Trente-et-unième Leçon. — **De la quantité des subtances corporelles** 236

Définition de la quantité ; elle est *continue* ou *discrète*. — *Conclusion* Ire. *Toute substance corporelle est intrinsèquement étendue ; ou quanta.* — IIe. *La quantité extrinsèque n'est pas essentielle à la substance corporelle.*

— IIIe. *La compénétration des substances corporelles est surnaturelle, mais elle n'est pas absurde.* — IVe. *La substance corporelle continue, considérée quant à son extension extrinsèque seulement, est divisible indéfiniment.* — Ve. *La substance corporelle continue à des parties entitativement distinctes d'une distinction réelle.* — VIe. *La substance corporelle continue, considérée dans une nature physique déterminée, n'est pas divisible indéfiniment.*

Trente-deuxième Leçon. — **Des qualités des substances corporelles** 246

C'est par la qualité qu'on répond à la demande : *quale?* elle indique 1° une chose intrinsèque à l'être; 2° une chose qui suppose l'essence; 3° une chose qui soit une forme accidentelle qu'on ne puisse ramener à l'extention. — *Conclusion : On doit admettre les qualités dans les substances corporelles.* Nous en trouvons en nous en tant que nous sommes intelligents, sensitifs, végétatifs et matériels. — Les rejeter, conduit au système mécanique. — Remarque sur la génération qui fait être *aliud* non *aliter*.

Trente-troisième Leçon. — **Suite du même sujet. Attraction** 251

Qu'est-ce que la *pesanteur;* on en considère 1° le principe, 2° le moyen, 3° le mode. Exemple tiré d'un être vivant; le non vivant ne se meut pas lui-même au moyen de l'une de ses parties, il se transporte tout entier vers un autre corps. L'attraction a lieu; 1° grâce à une qualité du corps attiré; 2° par l'action du corps à travers un moyen; 3° par une impression du corps attirant reçue dans le corps attiré. Remarquable doctrine de S. Thomas; *gravitation et attraction universelles;* elles restent les mêmes dans les corps après qu'ils sont changés.

Trente-quatrième Leçon. — **De l'espace, du lieu, du mouvement, du temps** 256

Ce que c'est que l'espace. *Conclusion : Il y a de l'espace absolument vide.* — Ce que c'est qu'un *lieu;* il est *intrinsèque* et *extrinsèque;* *relatif* et *absolu.* — Le *mouvement* est l'acte d'un être en puissance, en tant qu'il est en puissance; il se divise en mouvement *local,* mouvement *d'altération* et mouvement *d'accroissement ou de décroissement;* dans le mouvement local on considère : 1° la tendance; 2° la direction; 3° le terme : *Quod movetur, ab alio movetur.* — La durée est la permanence de l'être dans son existence; il y en a trois : 1° l'éternité; 2° l'immortalité (*œvum*); 3° le temps, qui est la mesure du mouvement sous le rapport de l'antériorité et de la postériorité; quelle en est la mesure.

Trente-cinquième Leçon. — **Des lois physiques** 264

La *loi* est une règle qui meut celui à qui elle est imposée. La loi première et universelle est la raison divine. Elle s'applique diversement aux différentes choses; aux êtres raisonnables par la raison; aux sensitifs par les instincts; aux autres par des dispositions imprimées en eux pour les fins qui leur ont été déterminées. — Doctrine de S. Thomas. Dans toute la nature sont imprimés les principes de ses opérations. — Les *raisons séminales* d'après S. Augustin sont les forces actives et passives des productions et des changements naturels. Différents ordres de ces forces, sans lois physiques il n'y a point d'ordre physique.

PHYSIQUE PARTICULIÈRE

Pages.
Objet de la physique particulière.................................. 271

PREMIÈRE PARTIE. *Des minéraux.*

TRENTE-SIXIÈME LEÇON. — **De l'essence des minéraux et de leurs opérations**.. 273

Objet de la physique particulière, les corps spécifiquement divers ; d'abord les minéraux ou inorganiques. *Conclusion* Ire. *Une substance minérale ne peut opérer sur elle-même.* — IIe *Elle ne peut ni se perfectioner ni se détériorer elle-même.* — IIIe. *La substance minérale indépendamment des autres est incorruptible.* — IVe. *Il y a plusieurs espèces de substances élémentaires.* — V^e. *Le nombre des substances élémentaires est déterminé lui-même.* — VIe. *Dans les êtres inorganiques il y a diversité essentielle entre les aggrégats composés.*

TRENTE-SEPTIÈME LEÇON. — **De l'extension diverse des minéraux.** 280

Importance de cette matière, volume réel et apparent. *Conclusion* Ire. L'opinion que diverses substances sous un égal volume réel ont une égale quantité de matière ne peut être admise comme thèse. — IIe. Ni même comme une bonne hypothèse : Elle est contre le sentiment général ; elle n'explique point les phénomènes : elle le contredit : c'est le contraire dans l'autre opinion. Différents états des minéraux. IIIe. *L'extension immuable du minéral dans les différents états ne peut être admise comme thèse.* — IVe. Ni même comme une bonne hypothèse. On le démontre par quelques phénomènes.

TRENTE-HUITIÈME LEÇON. — **Distinction entre la condensation et la compénétration. Production des cristaux**.. 289

Conclusion Ire. *La diminution de volume qu'éprouve une substance, n'entraîne pas avec soi la compénétration, mais seulement la condensation.* Différence entre ces deux choses. Raison pour laquelle on les confond souvent. La doctrine de la porosité n'est point un obstacle, comment se fait la cristallisation. — IIe. *Le cristal doit être formé par des atomes qui ont une figure régulière, déterminée.*

DEUXIÈME PARTIE. *Des plantes.*

TRENTE-NEUVIÈME LEÇON. — **Concept général de la vie**........... 297

Elle est l'opération immanente ; opération de l'instrument ; opération de l'être inorganique. L'être vivant opère avec une forme propre, il opère par lui-même, en lui-même, en se perfectionnant et en tendant à une fin qui lui est propre ; il est en acte. Trois sortes de vies. *Conclusion* Ire. *L'unité substantielle est essentielle au vivant.* — IIe. *Un agrégat de plusieurs substances ne peut être vivant.* Corollaires 1. Une substance composée d'atomes ne peut être vivante. — II. Le corps vivant doit essentiellement être organique ; — III et continu. — IVe. Les substances sont qui dans le vivant, mais sans lui être unies, ne sont pas vivantes.

QUARANTIÈME LEÇON. — **Des divers degrés de la vie**............... 305

Les divers degrés de la vie se comptent selon la perfection de l'opération immanente. *Conclusion* : *Les degrés de la vie sont au nombre de cinq.* 1° Les plantes ; dans le degré le plus imparfait. 2° Les brutes. 3° L'homme ;

qui l'emporte sur les deux précédents. 4° Les intelligences séparées. 5° Dieu; qui est supérieur à tous les autres. — Explication du mot *se mouvoir* appliqué au vivant. On n'attribue à Dieu la vie que d'une manière analogique.

Quarante-et-unième Leçon. — **Définition descriptive de la plante.** 309

Ce n'est pas encore la définition philosophique. Génération de la plante; ses principes *actif* et *passif*, actif et passif sont dans la *fovilla* et du *pollen* et dans *l'ovule*; germe parfait. *Augmentation*; en quoi elle diffère de l'apposition. *Nutrition*; elle se fait par assimilation, et par une autre manière qu'on appelle improprement de formation libre. *Organisme*; variété des parties; il n'est point démontré qu'il soit un agrégat d'atomes. *Durée*; la plante n'a point de limites déterminées; mais elle diffère des êtres organiques, elle est sujette à la mort.

Quarante-deuxième Leçon. — **De la substantialité et de l'unité de l'être vivant**.................. 315

Triple opération immanente de la plante : Nutrition, augmentation et génération. *Conclusion* Ire. *L'être vivant est une substance.* — IIe. *L'être vivant est une substance une.* — L'unité dans l'ordre des opérations diverses le demande; on le démontre pour chacune. Concept absurde donné par les systèmes mécanique et dynamique. Il n'y a point de difficulté à admettre les pores, qui existent, mais ne désagrègent pas la substance.

Quarante-troisième Leçon. — **Définition essentielle de la plante..** 320

Conclusion Ire. *La substance vivant de la vie végétative n'est pas un esprit.* — IIe. *Elle n'est pas seulement matière première.* — IIIe. *Ni une forme matérielle.* — IVe. *Elle est une substance composée de matière première et d'une forme substantielle matérielle.* — V^e *La forme substantielle de la plante diffère essentiellement des formes des êtres inorganiques.* On en montre la manière et l'on apporte huit arguments. — *Coroll.* La définition essentielle. De cette essence viennent les inclinations naturelles; elles sont plus merveilleuses que les inclinations sensitives et même que les inclinations rationnelles.

Quarante-quatrième Leçon. — **Concept général de l'âme**............. 326

Etymologie du mot *âme*; deux définitions d'Aristote. 1° Elle est l'acte premier; 2° du corps naturel; 3° organique; 4° en puissance à la vie. — 1° Elle est le principe premier; 2° par lequel et avec lequel; 3° nous nous mouvons, nous sentons et nous comprenons. — Elles sont toutes deux parfaites, par conséquent applicables à tous les êtres animés et à eux seuls, elles sont convertibles.

Quarante-cinquième Leçon. — **L'âme des plantes**.................. 331

Divisions des âmes d'après S. Thomas. Les Cartésiens n'y ont rien compris. *Conclusion* Ire. *Les plantes ont une âme.* — IIe. *L'âme des plantes ne commence pas par création, et ne finit pas par annihilation.* Passage de la Genèse. — *Corollaires.* La vertu générative est dans le germe parfait; elle a été donnée par le Créateur quand il dit *germinet*; elle se met en acte dans les conditions convenables. Ce qu'on appelle *génération spontanée* impossible *per se*. Qu'en faut-il penser? S. Thomas.

Quarante-sixième Leçon. — **De la génération des plantes** 337

De la génération en général et de la génération des plantes en particulier. *Conclusion* Ire. *La plante génératrice confère au germe, comme à son instrument, une puissance capable de produire dans la matière, le changement d'où résulte la forme matérielle, qui est une âme végétative semblable à la sienne propre.* Image (vestigium) de la Trinité dans la nature; dans la génération de la plante, on trouve : 1° le père; 2° la mère; 3° le produit. Explication de cette doctrine; elle rend compte des faits. Il n'y a que deux hypothèses en dehors d'elle; toutes deux sont absurdes.

Quarante-septième Leçon. — **De la mort des plantes. Leurs divisions et leurs unions**.................. 344

La mort est la privation de la vie. Conception différente de l'animation; comment arrive la mort. *Conclusion* Ire. *La cause qui produit dans la plante un changement essentiellement contraire au changement qui résultait de la puissance séminale, en détermine la mort.* — IIe. *L'âme végétative ne peut survivre à la plante.* — IIIe. *A la mort de la plante, la matière première ne demeure pas privée de toute forme substantielle.* Il y a une différence entre les formes qui peuvent survivre. La forme cadavérique. — Si, comment et pourquoi une plante peut se diviser en plusieurs autres. L'organisme du tout est entier dans les parties. C'est l'imperfection du tout. Les greffes.

TROISIÈME PARTIE. *Des brutes.*

Quarante-huitième Leçon. — **Description générale de l'animal**.... 352

Nous procédons par méthode synthétique. Outre les opérations végétatives, les brutes ont en propre la vie sensitive; elles forment une espèce particulières; elles sont de divers degrés. — On remarque dans les animaux parfaits six systèmes d'organisme et on les décrit. Les systèmes : 1° osseux; 2° musculaire; 3° digestif; 4° respiratoire; 5° sanguin; 6° nerveux.

Quarante-neuvième leçon. — **Définition essentielle de la brute**..... 358

On la donne au moyen de la double définition de l'âme. *Conclusion* Ire. *La brute a un principe de vie sensitive.* — IIe. *Ce principe n'est pas une forme séparée et assistante.* Différence de celle-ci avec la forme informante; il est absurde de la croire assistante. — IIIe. *Le principe de la vie sensitive dans la brute n'est pas subsistant.* — IVe. *C'est une forme substantielle.* — V^e. *L'âme sensitive de la brute ne diffère pas essentiellement de l'âme végétative; et n'a avec elle dans la brute aucune autre forme substantielle.* — VIe *L'âme de la brute est engendrée par la brute, comme l'âme de la plante, par la plante, et la première, tout aussi bien que la seconde, est essentiellement corruptible.* Corruption *per se* et *per accidens.* Passage de la Genèse, pourquoi on le cite.

Cinquantième Leçon. — **De la connaissance en général**............. 367

Conclusion Ire. *L'être connaissant diffère de l'être non connaissant, en ce que celui-ci a seulement sa forme propre et celui-là, l'aptitude à recevoir encore en soi les formes des autres.* Etre *intentionel;* comment, grâce à lui, le connaissant devient le connu. — IIe. *La connaissance se fait par une opération immanente.* — IIIe. *La connaissance est une espèce de génération.* Cette analogie est marquée dans le langage. — IVe. *La connaissance admet les attributs tant du connaissant que du connu.* On n'attribue pas la sensation au senti quand on dit que le sucre est doux. Admirable doctrine de S. Thomas. — V^e. *Les degrés de la connaissance sont au nombre de cinq.*

Cinquante-et-unième Leçon. — **Nature propre de la connaissance sensitive**........................... 375

Conclusion Ire. *Le sens est la faculté ou la puissance de connaître les choses matérielles dans leur singularité, par un changement, provenant de ces choses et reçu dans le sens.* Comment on peut l'appeler *passion.* — IIe. *Le sens est une puissance organique.*—*Corollaires* I. C'est une erreur que de penser que l'âme sent. — II. C'est l'organe animé qui sent. — III. Vaines recherches du *pont* pour le *commerce* de l'âme avec le corps. — IV. Une puissance spirituelle ne peut avoir *per se* la puissance de sentir. — V. Il convient qu'un corps sente le corps. — VI. L'âme par sa double vie est tout entière dans tout le corps de l'animal.

CINQUANTE-DEUXIÈME LEÇON. — **Objets des sens externes. Division des sens externes, prise de leurs actes respectifs**.................. 383

Conclusion Ire. *L'objet des sens est triple* : à savoir, propre, commun et par concomitance. — IIe. *Les puissances sensitives externes dans l'animal parfait sont au nombre de cinq.* — Leurs gradations diverses par rapport à la nécessité, à l'étendue et à la noblesse. — *Corollaires* I. Différence entre l'objet matériel et l'objet formel du sens. — II. Il y a une distinction réelle entre les divers objets. — IIIe. *Les objets propres des sens sont les qualités des choses corporelles.* — IVe. *Il y a une distinction réelle entre les qualités de l'être senti et son essence.* — *Coroll.* Les sensations continuent d'une manière préternaturelle, même lorsque la substance a été séparée de la qualité.

CINQUANTE-TROISIÈME LEÇON. — **De la manière dont se fait la sensation externe**........................ 390

Il y a une différence entre le changement dans le sens et la sensation. *Conclusion* Ire. *Le sens externe ne perçoit pas dans sa sensation le changement ou l'espèce de l'objet, mais l'objet même.*— *Coroll.* La sensation est impossible sans l'objet senti. — IIe. *Le sens perçoit certains objets immédiatement et certains autres médiatement.* Le contact du sens et le sens du toucher. Doctrine de S. Thomas sur la lumière ; la lumière hypostase des couleurs. *Lumière, clarté, rayon, splendeur.* La lumière n'est pas un corps ; elle se répand par un mouvement ondulatoire ; elle n'est donc point un mouvement. Idées des anciens toutes nouvelles même pour nous.

CINQUANTE-QUATRIÈME LEÇON — **Du sens interne commun**............ 397

Sa définition. *Conclusion* Ire. *Le sens commun existe dans l'animal.* — IIe. *La faculté du sens commun est diverse des facultés sensitives particulières.* Celles-ci ne perçoivent pas leurs propres actes ; elles ne les distinguent pas ; hypothèses absurdes. — IIIe *Le sens commun ne peut être dans l'âme seulement comme dans son sujet.* Il en est de même pour l'homme. Le prétendu *sens fondamental* n'est pas le sens commun. Il est absurde et opposé à la doctrine de S. Thomas. — IVe *Le sens commun est une faculté organique, et réside dans le cerveau comme dans son organe propre.* — V^e. *Le sens commun a une perception continuelle des changements qui se produisent dans les sens.* Pourquoi l'on ne s'en aperçoit pas.

CINQUANTE-CINQUIÈME LEÇON. — **Des sens internes. De l'imagination et de l'estimative**.................. 405

Conclusion Ire. *Les animaux ont l'imagination.* Triple fait qui la demande ; en quoi elle diffère du sens commun ; explication de son opération par l'exemple de la photographie. — IIe. *L'imagination conserve les fantômes de toutes les choses sensibles, mais d'elles seulement.* Comment les fantômes y sont conservés ; leur état rudimental et *parfait* ; passage de l'un à l'autre ; souvenir et oubli. — IIIe. *L'ordre dans la disposition des fantômes est l'effet d'une cause intelligente.* Ordre des *fantômes* dans l'homme à l'état de veille et dans les singes ; dans les brutes. — IVe. *Il y a dans les brutes une faculté spéciale qu'on appelle estimative.* Quelles sont leurs opérations qui en réclament l'existence ; comment est-elle dans les brutes et de qui vient-elle ?

Cinquante-sixième Leçon. — **De l'appétit dans les animaux et de leurs instincts**...................... 414

Définition de l'appétit. Son opération est immanente. *Conclusion* Ire. *Il y a dans la brute six facultés appétitives*. Il y a autant de formes qu'elle suit ; quatre seulement lui sont propres ; elles sont le principe *quo*. — IIe. *L'appétit animal est une puissance organique*. — IIIe *La brute n'est pas libre*. Elle a aussi comme les êtres inorganiques et les plantes, une forme singulière ; comment elle est prudente et sage. — L'instinct est l'appétit suivant les formes de l'estimative. Doctrine de S. Thomas. — IVe. *La force de se mouvoir d'un lieu dans un autre, est, chez la brute une fonction de l'appétit sensitif*. — La distinction de l'appétit sensitif en appétit concupiscible et appétit irascible très-fondée en raison.

QUATRIÈME PARTIE. *De l'homme.*

Cinquante-septième Leçon. — **Définition descriptive et essentielle de l'homme**.......................... 424

Coup d'œil sur le chemin parcouru jusqu'ici. La méthode synthétique nous permet de ne considérer en l'homme que ce qui lui est *propre*. Problème sur sa grandeur et sa misère. Abjecte solution des matérialistes ; solution noble mais fausse de Platon. Aristote, par son *animal rationale*, a dit la vérité sous ce double rapport. Doctrine de S. Thomas sur la gradation des formes ; l'homme lien des deux mondes, est dans le degré le plus parfait des choses corporelles, et le plus imparfait des êtres immatériels. Importance de ce sujet. Sens scientifique *d'animal rationale*.

Cinquante-huitième Leçon. — **De l'immatérialité de l'âme intellective**.............................. 434

Définition de la vie intellective ; elle est indépendante de toute forme singulière dans sa connaissance et son appétit ; c'est un fait d'expérience. *Conclusion* Ire. *Il y a dans l'homme un principe de vie intellective*. — IIe. *Le principe de la vie intellectuelle ne peut être une puissance organique*. — Ce qui le prouve par rapport à la faculté intellective, c'est que, 1° son acte est immatériel ; 2° il n'est pas soumis aux conditions de l'être organique ; 3° ni au mouvement local ; 4° il corrige l'acte du sens ; 5° il va au-delà des qualités corporelles ; 6° il se réfléchit sur lui-même ; 7° il est perfectionné et non détérioré par la perfection de son objet. — Ce qui le prouve encore par rapport à la faculté appétitive, c'est que son acte, 8° tent aux objets immatériels ; 9° est supérieur au *hic et nunc* ; 10° est indépendant des choses singulières ; 11° doit être de même nature que l'acte de l'intelligence. — *Corollaire* I. Ce principe ne peut être un corps. — II. Il doit être subsistant.

Cinquante-neuvième Leçon. — **L'âme intellective est la forme substantielle du corps humain**......... 440

Conclusion Ire. *L'âme intellective est la forme substantielle du corps humain*. Elle est la même que l'âme végétative et l'âme sensitive. Cette identité demande sept conditions et se prouve : 1° par notre propre conscience ; 2° par les empêchements mutuels que se causent les diverses opérations entre elles (S. Thomas et Dante) ; 3° de la nécessité du sommeil. Elle est *substantielle*, elle est *ce quo aliquid est* pour trois raisons. Elle ne peut être une forme accidentelle, ni assistante ; celle-ci en effet ne constitue pas une nature *une*, ni un principe *unique* d'opération. Difficulté de comprendre bien l'homme, chef-d'œuvre de Dieu parmi les créatures sensibles.

Pages.
SOIXANTIÈME LEÇON. — **Doctrines qui sont les conséquences de l'unité substantielle de l'homme**......... 449

Conclusion I^e. *L'union de l'âme humaine et du corps humain ne peut s'appeler seulement une union* HYPOSTATIQUE. — IIe. *Cette union est immédiate.* — IIIe. *Si le corps humain était un agrégat d'atomes, demeurant tels qu'ils étaient et que l'âme en les compénétrant, les ordonnât et les mût, on n'aurait pas l'union de nature que nous venons de démontrer.* Graves erreurs qu'on réfute au moyen de cette proposition. — IVe. *L'âme humaine est toute dans tout le corps, et toute dans chacune de ses parties.* Vaines recherches à ce sujet. Elle est le corollaire de la précédente proposition. La nouvelle matière nutritive n'enlève pas l'identité personnelle. L'âme est tout entière dans chaque partie. Pourquoi elle n'opère pas également dans chacune d'elles. — V^e. *Cette union ne ressemble nullement à celle des éléments dans le corps composé.*

APPENDICE A LA SOIXANTIÈME LEÇON. — **Synthèse des doctrines exposées ci-dessus, dans un seul texte de S. Thomas. — Doctrine catholique. — Analyse des rapports entre l'homme et toutes les substances terrestres**.................................... 457

L'être est ce qu'il y a de plus intime dans les choses; la forme, qui le leur donne, les constitue en différentes espèces; les formes sont comme les nombres; c'est la première qui donne l'être substantiel; la plus parfaite constitue l'espèce; la précédente est comme une matière par rapport au degré supérieur. Ainsi, il est vrai que *l'homme est composé de deux substances*, en quel sens; le degré supérieur suppose l'inférieur; et ainsi le degré de l'opération. — Pourquoi on parle de doctrine catholique. Définition du concile de Vienne et de celui de Latran. Pic IX condamne l'opinion de Günther et de Baltzer. Luther et Suarez sont d'accord pour dire qu'il s'agissait de la forme substantielle. — Analyse des rapports établis par cette doctrine. S'il y a une forme substantielle dans l'homme, il y en aura (Corollaires) aussi : 1° dans la brute; 2° dans la plante; 3° dans tous les corps.

SOIXANTE-ET-UNIÈME LEÇON. — **De l'origine de l'âme humaine**....... 472

Conclusion I^e. *L'âme humaine ne peut commencer à exister par le changement de la matière, comme les âmes des brutes, des plantes et les formes des êtres inorganiques.* — Corollaire. Donc elle ne commence pas par la puissance générative. — IIe *L'âme ne peut être une parcelle de l'âme des parents.* — IIIe. *Ni une parcelle séparée de la substance divine.* — IVe *Ni la substance divine elle-même.* — Ve *Elle ne devient pas intellective parce que l'être idéal se présente à elle.* — VIe. *Elle ne peut commencer que par un acte créateur de Dieu.* — VIIe *Chaque homme reçoit une âme qui lui est propre.* — VIIIe. *L'homme ne peut pas tirer son origine des brutes.* Abjecte erreur de certains matérialistes modernes; elle est absurde à deux points de vue. Le passage d'une espèce à une autre est impossible.

SOIXANTE-DEUXIÈME LEÇON. — **De l'instant où l'âme humaine s'unit au corps**.................................. 481

Conclusion I^e. *L'âme humaine est créée par Dieu au moment où elle s'unit au corps.* L'union est naturelle; la préexistence ne l'est pas. Erreur des Platoniciens. Autre erreur au sujet de la subsistance de l'âme. — IIe *L'âme intellective est créée et mise dans le corps à la fin de la génération.* Développement graduel des formes moins parfaites dans l'embryon. L'organisme humain complète les conditions nécessaires pour recevoir l'âme. Passage de Dante.

SOIXANTE-TROISIÈME LEÇON. — **De l'incorruptibilité et de l'immortalité de l'âme humaine**.................. 487

Différences entre ces deux choses; concept de la mort; est-elle applicable à l'âme. *Conclusion I*re. — *L'âme humaine ne peut être sujette à aucune corruption propre ni substantielle, ni accidentelle.* — II*e*. *Ni à la corruption improprement dite.* — *Corollaire* I. Elle survit à la corruption du composé. — II. Une autre forme arrive dans la matière. — III*e*. *L'âme humaine est intrinsèquement immortelle. Coroll.* Elle est mortelle en tant que végétative et sensitive. — IV*e*. *Elle est immortelle* AB EXTRINSECO *relativement à la puissance des créatures.* — V*e*. *Elle n'est pas immortelle relativement à la puissance* ABSOLUE *de Dieu.* — VI*e*. *Elle est immortelle extrinsèquement, relativement à la puissance* ORDONNÉE *de Dieu.* L'annihilation serait contre sa nature, à cause de son inclination naturelle à une existence illimitée et au bonheur. Passage de Cicéron.

APPENDICE A LA SOIXANTE-TROISIÈME LEÇON. — **La résurrection des corps**................. 496

Pourquoi nous en traitons. Trois arguments de S. Thomas pour la prouver, par la seule philosophie naturelle. 1° État non naturel de l'âme séparée. 2° Félicité incomplète. Pour les Bienheureux la félicité n'est incomplète qu'accidentellement. Dante a exprimé dans deux endroits cette doctrine touchant le double état des âmes survivantes. 3° De la providence et de la justice de Dieu dans les récompenses et les châtiments.

SOIXANTE-QUATRIÈME LEÇON. — **Des puissances intellectives : de l'intellect possible : de la connaissance concrète et abstraite**............... 500

Division des puissances en puissances végétatives, sensitives et rationnelles. Pourquoi nous ne traitons ici que de ces dernières. *Conclusion* I*re*. *L'essence de l'âme humaine n'est pas sa puissance.* L'acte et la puissance sont du même genre ; on confirme cette doctrine pour ce qui a rapport à l'âme. — *Corollaire* I. Les puissances sont dans l'âme comme dans leur sujet. — II. Elles sont des êtres accidentels. — II*e*. *L'intellect humain doit être appelé intellect possible.* — III*e*. *La connaissance intellectuelle concrète et la connaissance intellectuelle abstraite sont différentes entre elles.* — IV*e*. *L'intellect possible a besoin des espèces intelligibles pour produire les verbes des choses connues.*

SOIXANTE-CINQUIÈME LEÇON. — **L'intellect agent ou la lumière de la raison**.................. 507

Incroyable confusion des philosophes modernes, pour rendre les sensations immatérielles. Explication de la véritable doctrine par l'exemple de la lumière. *Le fantôme intelligible en acte, intelligible en puissance.* L'intellect l'illumine de sa propre lumière. Explications tirées de S. Thomas et de S. Bonaventure. *Conclusion. Il est nécessaire d'admettre l'intellect agent.* Pour expliquer le fait certain, on n'a que huit hypothèses : 1° L'opération de l'intelligence par son essence ; 2° le Cartésianisme ; 3° le Platonisme ; 4° l'erreur d'Avicenne ; 5° l'ontologisme ; 6° le sensisme ; 7° une puissance placée en nous pour produire les espèces indépendamment des fantômes ; 8° notre conclusion. On réfute les sept premières hypothèses ; la nôtre, demeure comme la thèse la plus ancienne, la plus respectée et la seule vraie.

APPENDICE A LA SOIXANTE-CINQUIÈME LEÇON. — **S. Augustin, S. Bonaventure, S. Thomas et l'ontologisme**....... 525

L'ontologisme ressuscite une erreur ancienne, qui a voulu en vain s'étayer de la doctrine de S. Augustin et de S. Bonaventure. Leurs témoignages sont très-clairs. Ils sont interprétés par S. Thomas. Il explique comment on peut dire, avec les deux saint docteurs, que l'intellect voit les choses en Dieu et dans son idée archétype.

Pages.

Soixante-sixième Leçon. — **De la manière dont se développe la connaissance de l'homme par rapport à son objet adéquat et aux êtres matériels**........................ 531

Pourquoi nous ne parlons pas de la raison et de la mémoire. *Conclusion I*^{re}. *L'objet adéquat de l'intelligence humaine est l'être.* — IIe. *L'intellect connaît les choses matérielles d'une manière abstraite.* — IIIe *La connaissance intellectuelle n'a pas pour objet direct le singulier matériel.* C'est un point très-important. Le matériel dans le *hic* et *nunc* n'est connu de Dieu que par un acte créateur. Ainsi, l'artiste connaît son œuvre dans le *hic* et *nunc* par ce qu'il a fait. Il en est ainsi dans l'ordre spéculatif et dans l'ordre pratique. — IVe *La connaissance intellectuelle a son principe dans ce qui est le plus universel.* — *Coroll.* 1° Ce qu'il y a de vrai dans la *phrénologie*. 2° Le singulier immatériel peut s'unir à l'intellect. 3° Embarras sur ce point des philosophes modernes.

Soixante-septième Leçon. — **De la manière dont se développe la connaissance humaine par rapport aux actes et aux objets immatériels**........................ 543

Conclusion Ire. *L'espèce intelligible n'est pas le principe* QUOD, *mais le principe* QUO *dans la génération du verbe mental.* — *Coroll.* C'est la chose, non l'espèce, qui est comprise. 2° On ne peut connaître plusieurs choses au même instant. 3° Le verbe résulte de l'intellect et de l'espèce, 4° non par une connaissance réfléchie. 5° Comprendre c'est *dire*. L'être créé s'appelle plutôt *voix* que verbe. 6° Le verbe est image; mais c'est à tort qu'on le confond avec exemplaire ou modèle. — IIe. *L'intellect possible a besoin de verbes complexes et de verbes incomplexes pour connaître.* — *Coroll.* Possibilité de l'erreur. — IIIe. *Notre intelligence peut d'une certaine manière connaître les futurs.* — IVe. *L'âme ne se connaît pas dans son essence.* — V^e. *L'intelligence connaît son acte propre.* — VIe. *Et celui de la volonté.* — VIIe. *Elle ne peut avoir une connaissance propre des esprits.* — VIIIe. *Ni de Dieu.* Ce qui n'exclut pas le symbolisme; passage de Dante, de S. Thomas sur les créatures, qui sont des similitudes du Créateur.

Soixante-huitième Leçon. — **De la volonté et de son objet**........ 554

Conclusion Ire. *Il y a dans l'homme un appétit rationnel, c'est-à-dire la volonté.* — IIe. *La volonté est une puissance organique.* — IIIe. *Différente de l'intelligence.* — IVe. *A divers points de vue elles sont des puissances plus ou moins nobles l'une que l'autre.* — V^e. *L'objet adéquat de la volonté est le bien.* Anologie entre les deux tendances à leurs objets inadéquats. Si et comment la volonté peut vouloir le mal.

Soixante-neuvième Leçon. — **Division des actes de la volonté. Sa liberté**........................ 561

Acte *volontaire, voulu; élicite* et *impéré;* tendant à l'objet adéquat et à l'objet inadéquat: celui-là, fin, celui-ci, moyen; celui-là toujours cherché dans celui-ci; même quand il y a erreur Doctrine de S. Thomas. Liberté pour les biens défectueux. Passage de Dante. Liberté *morale* et *physique*. *Conclusion* Ire. *Pour l'essence de la liberté, il suffit de l'indifférence objective ou formelle; l'indifférence morale, ni celles de* CONTRADICTION ET DE SPÉCIFICATION *réunies, ne sont pas nécessaires.* — IIe. *La volonté est libre dans ses actes élicites, elle a l'élection par rapport à ses objets inadéquats.* On le prouve a posteriori : 1° par la conscience; 2° par le consentement universel; 3° par les promesses que l'on fait; 4° par le principe de causalité; 5° par l'imputabilité *a priori*; 1° par l'harmonie de l'ordre cosmique; 2° par l'analogie avec l'intelligence; 3° parce que, sans elle, l'acte de la volonté est impossible; 4° par l'universalité de la forme comprise. — *Corollaire* I. La volonté s'établit à elle-même la forme de son opération. — II. Double côté des objets inadéquats. Doctrine de S. Thomas. Dante défendu.

MÉTAPHYSIQUE

PREMIÈRE PARTIE. *Des intelligences séparées.*

Soixante-dixième Leçon. — **Essence et existence des intelligences séparées**................................. 573

Objet idéal, objet réel de la métaphysique; on traite ici du second. On peut en démontrer l'existence par voie *aphérétique, analogique et énergique*. Conclusion. *Il y a des intelligences séparées*. On le prouve : 1° par l'ordre cosmique; 2° par la gradation des êtres; 3° par le consentement universel; 4° par certains faits. *Le magnétisme* n'est pas explicable sans l'intervention des esprits. Les âmes *ut sic* ne peuvent communiquer entre elles. La perception des objets éloignés est impossible. — *Le spiritisme*. La volonté seule ne peut mouvoir les corps externes. Peut-il y avoir une intervention de Dieu ou des âmes des morts.

Soixante-onzième Leçon. — **Diversité spécifique des intelligences séparées. Leurs facultés intellectives**................................. 588

Conclusion Ire. *Les intelligences séparées sont spécifiquement diverses entre elles, et il y a autant d'espèces que d'*INDIVIDUS. Les formes identiques dans l'espèce ne se distinguent que par la matière. Difficulté de le comprendre. La forme active tire d'elle-même son idée archétype. — IIe. *Les intelligences séparées sont par elles-mêmes dans l'espace de l'univers, mais non dans le lieu corporel.* — *Corollaire* I. Elles peuvent exister en grand nombre dans le même espace. — II. Elles vont d'un lieu à un autre sans passer par le milieu. — III. Elles opèrent et sont dans le même temps en des lieux divers. — IIIe. *Relativement à ses puissances, elles diffèrent de l'âme humaine.* — *Corollaire* I. L'intelligence séparée n'a pas d'intellect agent. — II. Elle est toujours présente à elle-même. — III. Elle a des espèces ou idées innées. Elle les reçoit de Dieu d'une manière spéciale. — IV. Elle a l'intuition, non le raisonnement; elle est par conséquent immobile, même dans sa volonté.

Soixante-douzième Leçon. — **De la manière dont les intelligences séparées opèrent dans la nature corporelle**................................. 597

Conclusion Ire. *L'intelligence séparée peut opérer dans le monde corporel en donnant aux corps un mouvement local*. Analogie avec l'âme; sa supériorité sur l'âme. — IIe. *Les intelligences séparées peuvent agir dans l'homme et sur l'homme;* par le moyen des organes, et surtout de l'imagination; elles ne peuvent forcer la volonté. — IIIe. *Les intelligences séparées peuvent prendre des apparences corporelles*. Et par conséquent les apparences humaines d'un corps déjà mort. — IVe *Elles n'ont pas d'opérations vitales dans le corps qu'elles peuvent prendre*. 1° Ces opérations n'auraient pas un principe unique; 2° elles ne seraient pas immanentes.

DEUXIÈME PARTIE. *De Dieu.*

Soixante-treizième Leçon. — **Dieu est**........................ 605

Double manière de procéder en philosophie : par voie *d'inquisition*, et par voie de *démonstration*. Le sujet que nous traitons n'a nullement besoin de la première; avantages de la seconde. Différence entre *être* et *exister*; il est mieux de dire Dieu *est* que Dieu *existe*. — *Conclusion. L'être infiniment parfait* EST. — Ire. Il y a un être 1° improduit; 2° nécessaire; 3° cause première. Cet être ne peut avoir de limites dans sa perfection; il renferme le concept de son actuation propre. — IIe. On prouve cette même vérité par les trois ordres : 1° logique; 2° physique; 3° moral. Ils sont tous trois un fait; ils sont impossibles sans un ordonnateur. — IIIe. Consentement universel.

Soixante-quatorzième Leçon. — **Des attributs absolus de Dieu. Unité et simplicité. Nom propre de la divinité**.................. 613

Définition et division des attributs divins; attributs absolus et attributs relatifs. *Conclusion* Ire. *Dieu est un.* 1° C'est ce que demande le concept de l'être le plus parfait; 2° de l'être imparticipé; 3° de l'individuation *per se*; 4° sans cela, il y aurait un nombre infini de dieux. — IIe. *Dieu est simple*. Il n'admet pas de composition, 1° ni de matière et de forme; 2° ni de substance et d'accidents; 3° ni de genre et de différence; 4° ni d'essence et d'être. Cette dernière se trouve dans la créature : l'essence reste; on a l'être, on le perd; il varie; l'être est acte et l'essence est puissance. Doctrine de S. Thomas sur ces trois points. — *Corollaire.* Nom propre de Dieu : Ipsum esse. L'infinitif des verbes, et le verbe substantif.

Soixante-quinzième Leçon. — **Dieu est Intelligence, Amour, Vie : il est Immuable, Eternel et Immense**........................ 624

Conclusion Ire. *Dieu est Intelligence*. 1° Il en est l'auteur en nous. 2° Il est lui-même son espèce intelligible, sa puissance infinie, et ainsi il engendre un Verbe qui est lui-même. 3° Il est acte et non puissance : on dit mieux : *Il est*, que : *Il a l'intelligence*. — IIe. *Dieu est Amour*. Essentiel, infini, son essence même. — *Coroll.* Comme il a un seul Verbe, il a un seul amour. — IIIe. *Dieu est Vie.* — IVe. *Dieu est Immuable*. — *Coroll.* En opérant au dehors de lui, il ne se change pas, mais il change les choses. — V^e. *Dieu est Eternel*. — *Coroll.* On ne peut le dire d'aucune créature. — VIe. *Dieu est Immense*. — *Coroll.* Il n'appartient qu'à lui d'être partout.

Soixante-seizième Leçon. — **Des attributs relatifs de Dieu : Dieu est Idée, Lumière et Vie de toutes choses; il est Libre; Créateur, Tout-Puissant**........................ 631

Conclusion Ire. *Dieu est Idée*. — IIe. *L'essence divine, en tant que connue comme imitable, est l'Idée.* — IIIe. *Le Verbe de Dieu est l'Idée*. — IVe. Bien que Dieu soit l'Idée, on peut dire toutefois qu'il est plusieurs idées, et qu'il y a en Dieu plusieurs idées. — V^e. *Toutes les choses en Dieu sont la Vie de Dieu, et la Lumière qui illumine toute créature intellective.* — VIe. *La Volonté de Dieu est libre relativement aux choses contingentes*. La perfection créée, ne peut pas manquer à l'être incréé. Volontés antécédente et conséquente. — *Coroll.* Dieu ne peut vouloir l'absolument parfait. — VIIe. *La liberté de Dieu n'est pas opposée à son immutabilité.* — VIIIe. *Dieu est Créateur*. Ce que demande la création; ce qu'elle est, elle a pour objets le monde corporel et le monde incorporel. On ne peut prouver qu'elle a dû être dans le temps. — *Coroll.* 1. Fausseté radicale du panthéisme considéré dans ses trois formes; fausseté des deux principes. IX². *Dieu est Tout-Puissant.* On le prouve par la perfection de l'essence; et par la puissance créatrice, qui est infinie.

Soixante-dix-septième Leçon. — **De la science que Dieu a de toutes choses** 642

Il y a trois sortes de choses : 1° les possibles; 2° les existants; 3° les futurs contingents. *Conclusion* Ire. *Dieu a la science de toutes les choses.* — IIe. *La science de Dieu est cause de toutes les choses.* — IIIe *Dieu connaît toutes les choses par une connaissance propre, et les voit toutes en elles-mêmes.* — IVe. *Dieu connaît tous les possibles.* — V^e. *Dieu connaît le mal.* — VIe. *Il connaît les futurs nécessaires, les futurs libres, et les futurs contingents, nécessaires ou libres.* Les premiers dans leurs causes; les seconds dans leur cognoscibilité, qu'ils ont en Dieu indépendamment du temps; les troisièmes dans la vérité, qu'ils ont dans leur contradictoire; la Providence divine le demande. — VIIe. *Dieu n'a pas la science des singuliers indépendamment de sa volonté.* Explication de la manière dont s'exercent les sciences diverses de Dieu. Analogie avec l'intelligence humaine. L'idéal devient réel par l'acte créateur. Trois sciences : 1° de simple intelligence; 2° d'approbation; 3° de vision.

Soixante-dix-huitième Leçon. — **De la conservation, de la motion et du concours**.................... 651

Conclusion. I^e. *Dieu est le conservateur positif, direct, et immédiat de toutes les choses.* Diverses sortes de conservation; *l'être* le demande toujours. — *Coroll.* Comment pourrait se faire l'annihilation. — IIe. *Dieu meut et prémeut toutes choses à ses opérations.* Prémouvoir n'est pas toujours prédéterminer. La volonté est acte à l'égard de l'objet adéquat, et puissance à l'égard de l'objet inadéquat. Elle est *prémue* et prédéterminée au premier; elle est seulement mue au second. Doctrine de S. Thomas. Elle n'est ni prémue, ni mue au mal. — *Coroll.* 1. Resumé de ce qui a été dit. — II. Remarque pour comprendre S. Thomas sur ce sujet. — IIIe. *Dieu concourt immédiatement à toutes les opérations des créatures.* Définition du concours; ce qui le demande; comparaison avec la hache et avec la lumière.

Soixante-dix-neuvième Leçon. — **De la Providence divine**........... 660
Différence entre prévoir et pourvoir; le dernier suppose le premier. — *Conclusion* Ire. *Dieu prévoit les choses futures.* — IIe. *L'acte créateur actue le monde en l'ordonnant à la gloire divine.* On le démontre a priori par l'intelligence qui veut une fin et par la perfection qui la veut aussi; a posteriori par le fait. — IIIe. *L'acte créateur a mis en acte un monde archétype, dont toutes les parties sont admirablement ordonnées.* Preuves. Les désordres accidentels du monde physique ou même du monde moral ne prouvent rien contre cette thèse. — IVe *L'acte créateur, qui a mis en acte le monde idéal, comprend non-seulement la création, mais aussi la conservation, la motion et le concours.* — Ve *Dieu pourvoit par sa Providence aux besoins des choses créées.*

Quatre-vingtième Leçon. — **De la liberté humaine et des événements surnaturels, par rapport à la Providence divine**................ 669

Conclusion Ire. *La Providence divine n'enlève pas la liberté humaine.* Elle ne l'enlève par aucune de ses trois sciences, ni par la prémotion, ni par le concours. Nécessité *conséquente* ou *antécédente* de l'acte libre. — IIe. *Les événements surnaturels ne sont pas contraires à la Providence.* Ils sont compris dans l'idée archétype; ils n'apportent aucun changement au plan divin. — *Coroll.* Dieu est, comme cause suprême; fait tout en toutes les créatures. Passage de Dante. — *Fin de la table.*

P. LETHIELLEUX, ÉDITEUR, 4, RUE CASSETTE, PARIS.

LA PAPAUTÉ

LES PREMIERS EMPEREURS CHRÉTIENS

ET LES

PREMIERS CONCILES GÉNÉRAUX

RECHERCHES HISTORIQUES

Par M. Édouard DUMONT.

Beau et fort volume in-8. *7.50

A propos d'une partie de cet important ouvrage, M. L. Veuillot écrivait à l'auteur :

Monsieur et vénérable ami,

Je viens de lire **avec admiration** votre Constantin. Je ne crois pas avoir rencontré *trois fois* dans ma vie des pages qui m'aient fait un pareil plaisir et qui m'aient **retourné plus complètement**. J'avais bien aussi mes petites idées sur Constantin, qui n'étaient pas celles que nous donnent les prétendus princes de la science moderne, et que répètent les bébés catholiques qui ont trop sucé le lait du xixe siècle.....

Que le Bon Dieu soit béni de vous avoir donné tant de bon sens avec tant de savoir et un langage si clair et si vigoureux ! Signé : Louis VEUILLOT.

LE CATHOLICISME

AVANT JÉSUS-CHRIST

ÉTUDES

SUR

LES CROYANCES DES PEUPLES

QUI ONT PRÉCÉDÉ L'ÈRE CHRÉTIENNE

Par M. l'abbé P. J. JALLABERT

CH. HON. DE SAINTE-GENEVIÈVE, DOCTEUR ÈS-LETTRES ET EN THÉOLOGIE

Ouvrage honoré d'un Bref de Pie IX.

2 beaux vol. in-8. 8.00

Le *Catholicisme avant Jésus-Christ*, est un livre fort savant et qui offre un véritable intérêt par les profondes recherches dont il fait bénéficier le lecteur et la sagesse des conclusions qu'il présente.

L'auteur montre dans le *symbolisme*, le *culte*, l'*enseignement* des divers peuples les traces lumineuses d'une révélation unique et primitive donnée par Dieu au genre humain, pour lui faire connaître son origine, sa destinée et les devoirs qu'il doit remplir. Ce travail est remarquable par les aperçus ingénieux et par la force avec laquelle il fait ressortir la fausseté du système rationaliste, qui prétend que les idées religieuses de l'homme sont le produit de sa seule raison. C'est une confirmation par les textes profanes du récit biblique, et une belle page à ajouter à l'histoire de l'apologétique chrétienne.

† Ernest, *évêque de Rodez*.

P. LETHIELLEUX, ÉDITEUR, 4, RUE CASSETTE, PARIS.

HISTOIRE
DE L'ÉGLISE

Par M. L. RICHOU

Prêtre de Saint-Sulpice, Professeur d'Histoire ecclésiastique
au grand Séminaire de Rodez

Seconde édition revue et considérablement augmentée.

Trois forts volumes in-8   **12.00**

L'histoire de l'Eglise, c'est-à-dire de la famille des serviteurs de Dieu, commence à l'origine même du monde, Jésus-Christ est la source, la cause, le phare et le centre. A Lui toutes les nations ont été promises en héritage ; c'est de lui que tout part, à Lui que tout aboutit, Lui qui vit toujours. Cette vie se manifeste à nous sous une triple forme : vie *prophétique*, où Il est annoncé comme libérateur et lumière future ; vie *personnelle*, lorsqu'il s'incarne et converse parmi les hommes ; vie *morale*, qui se répand du chef sur tous les membres de la société chrétienne. — *Tel est le canevas de M. l'abbé Richou : ces trois volumes en offrent le développement....*

L'histoire de l'Eglise *proprement dite* est divisée également par l'auteur en *trois périodes*, auxquelles viennent se relier tous les faits de détail. C'est la *méthode des groupes, la meilleure assurément*, et qui, si elle s'adresse moins à la mémoire, fait un appel plus sûr au jugement, et, bien plus, est profitable à l'étude sérieuse. — La première de ces périodes, intitulée : *Origines chrétiennes*, comprend tout ce qui touche à la naissance et à l'organisation de l'Eglise telle que l'a constituée Jésus-Christ. — La seconde, développement de l'action de l'Eglise dans sa vie publique et sociale, embrasse tout le moyen-âge. — La troisième est celle de l'ère moderne, où la foi et la constitution de l'Eglise se montrent inébranlables, grâce au secours divin, en face des attaques et des scandales du protestantisme, des efforts de l'incrédulité et des crises sociales et politiques.

Chacune de ces divisions principales est traitée par l'auteur avec beaucoup de science, nous le répétons, et aussi avec beaucoup d'ordre, condition essentielle d'un tel livre. On trouve, en tête de chaque chapitre, une liste d'auteurs à consulter, et chaque volume se termine par une histoire abrégée des papes, où les notions éparses viennent se condenser dans une nouvelle synthèse. *Nous préférons ceci à ce qui a été tenté par un autre auteur*, et qui consiste à ranger, sous le nom des souverains pontifes, les faits accomplis de leur temps, comme on le fait pour l'histoire particulière des monarchies. *La discussion est complète et toujours judicieuse sur les principaux sujets choisis et agités par la polémique contemporaine.*

Le troisième volume, qui conduit le lecteur jusqu'aux plus récents événements, *est le plus intéressant et le mieux fait*. Pas un des points qui, aujourd'hui, sollicitent l'attention, n'a été omis. Les divers groupes de questions se présentent à leur place et avec clarté. Nous y avons remarqué tout spécialement divers tableaux des missions, mieux faits qu'on ne les trouve ordinairement dans les livres du même genre : c'est une histoire détaillée de ces grandes œuvres catholiques sur toutes les plages du monde.

Cet ouvrage sera donc très-utile aux séminaires, et, par là même, *aux prêtres employés dans le saint ministère*. Ils y auront la solution raisonnée de mille questions figurant dans les programmes des conférences ecclésiastiques, et, pour eux-mêmes, une source précieuse de lectures quotidiennes, où la *théologie* et le *droit canon* occupent autant de place que *l'histoire*.   V. POSTEL. (*Bibliographie catholique*, août 1872).

« ..... Ces trois volumes, écrits avec talent et conscience, attestent *une immense lecture*. Non-seulement ils méritent d'être mis entre les mains des *élèves du sanctuaire*, mais encore ils seront lus avec fruit *par le prêtre* occupé aux travaux du saint ministère et *par l'homme du monde* qui désirera mieux connaître l'Eglise tant calomniée de nos jours..... En racontant les gloires de l'Eglise, M. l'abbé Richou a eu le désir de faire aimer de plus en plus le Saint-Siège apostolique. Dans ce but, il a placé à la fin de chaque volume le tableau synchronique de tous les souverains pontifes, avec les principaux événements accomplis sous leur règne.

C'est donc bien une histoire de l'Eglise, celle de saint Pierre et de Pie IX, le pasteur suprême et e docteur infaillible de la chrétienté.

E. SEGUIN (ETUDES RELIGIEUSES, etc., *avril* 1872).

P. LETHIELLEUX, ÉDITEUR, 4, RUE CASSETTE, PARIS.

HISTOIRE
UNIVERSELLE

COURS MÉTHODIQUE ET CLASSIQUE
D'APRÈS LE PLAN DE BOSSUET,
MIS EN RAPPORT AVEC LES DIVERS PROGRAMMES OFFICIELS

Par M. l'abbé F. LOIZELLIER

Inspecteur honoraire de l'Université, Ancien directeur de l'Ecole Normale de Versailles, membre des commissions d'examen à l'Hôtel-de-Ville.
1er aumônier du pensionnat des Frères de Passy.

5 beaux vol. in-12, enrichis de **133 CARTES SPÉCIALES**, de **TABLEAUX CHRONOLOGIQUES ET SYNCHRONIQUES**, et d'autres **TABLEAUX SYNOPTIQUES**, donnant, en plus de 250 pages de petit texte, une **HISTOIRE** complète **DES LETTRES, DES SCIENCES** et **DES ARTS**, aux diverses époques.

I. **HISTOIRE ANCIENNE** (37 *cartes* et 1 *tabl. chronolog.*) 1 vol. *3.00
II. **HISTOIRE DU MOYEN-AGE** (30 *cartes* et 1 *ta. l. chronolog.*) 1 vol. *3.00
III. **HISTOIRE MODERNE** (34 *cartes* et 1 *tabl. chronolog.*) 2 vol. *6.00
IV. **HISTOIRE CONTEMPORAINE** (32 *cartes* et 1 *tabl. chronolog.*) 1 vol. *4.00

Les **CARTES**, tirées à part, en un **PETIT ATLAS-MANUEL**, et reliées, se vendent, pour chaque partie   1.00
Les **TABLEAUX CHRONOLOGIQUES**, tirés à part, chacun sur une grande feuille double-raisin   0.50
Les *mêmes*, reliés ensemble, et pliés en album grand in-4°   3.00

Ce *Cours*, réellement nouveau et réellement chrétien, a reçu, à peine achevé, les plus hautes approbations de NN. SS. les Archevêques et Evêques, et d'autres encouragemens, fortement motivés, sont venus par surcroît, et de sources diverses. Il ne tardera donc pas, nous en avons la confiance, à devenir classique dans les maisons religieuses.

Extraits de quelques-unes des Approbations.

S. G. Mgr l'*Archevêque de Bourges*, 29 septembre 1873.

..... Je ne saurais assez vous féliciter, Monsieur l'Abbé, d'avoir entrepris une œuvre de si haute importance. L'enseignement de l'Histoire, tel que vous l'entendez, peut largement concourir à la régénération de la France.

S. G. Mgr l'*Evêque de Fréjus*, le 27 octobre 1873.

..... L'esprit dans lequel il est écrit, en garantit l'excellence, au point de vue de la doctrine. La méthode, fruit d'une longue expérience dans l'enseignement, est excellente aussi et facilitera beaucoup la mémoire des élèves. En somme, je le regarde comme un très-bon résumé classique et je le proposerai aux établissements d'instruction.

S. G. Mgr l'*Evêque du Mans*, le 19 novembre 1873.

..... En lisant votre *Histoire universelle*, ce qui m'a le plus frappé et ce qui distingue votre travail de tous ceux du même genre, c'est le soin que vous mettez à montrer les desseins de la Providence s'accomplissant dans les événements du monde.

S. G. Mgr l'*Evêque de Versailles*, le 26 mars 1874.

..... J'allais vous écrire pour vous remercier, quand j'ai lu dans l'*Univers* l'article de M. Darras sur votre *Cours méthodique et classique d'Histoire universelle*. Cet article exprime on ne peut mieux tout ce que je voulais vous dire au sujet de votre travail et du plan que vous avez adopté. Avec une pareille recommandation, votre livre, je n'en doute pas, fera merveilleusement son chemin.

P. LETHIELLEUX, ÉDITEUR, 4, RUE CASSETTE, PARIS.

PRÉCIS DE L'HISTOIRE
DU
MOYEN-AGE

A L'USAGE

DES ÉTABLISSEMENTS CATHOLIQUES

D'instruction secondaire

Par M. l'abbé LÉVÊQUE

Professeur d'Histoire, au collége St. Stanislas, à Nîmes.

2 vol. in-12, renfermant chacun *deux parties.* **5.00**
Cartonnage en plus, par volume **0.25**

Les *Cours*, les *Précis*, les *Abrégés* d'histoire du Moyen-Age ne manquent pas ; il y en a peut-être trop. Il serait inutile d'en augmenter le nombre, si les nouveaux devaient être coulés dans le même moule que leurs devanciers, et n'apportaient à la composition de ces livres classiques aucune modification importante. Rien de plus facile que la rédaction d'un cours d'histoire à l'usage des maisons d'éducation, si l'on se borne à réduire aux proportions convenables, dans un style clair et facile, les ouvrages étendus qui racontent la suite ou des époques et des événements particuliers de l'histoire. Il n'est pas nécessaire pour cela de se livrer à de longues recherches et de s'imposer des travaux considérables ; mais aussi ces ouvrages valent ce qu'ils coûtent, généralement peu de chose. Si l'on veut sortir de cette ornière, dans laquelle on se trouve depuis trop longtemps et faire une œuvre sérieuse, il faut étudier l'histoire aux sources même, en s'aidant des travaux plus récents que l'on peut ainsi contrôler. Il est impossible de connaître l'histoire dans toute sa plénitude, si l'on se borne aux travaux de seconde ou de troisième main. Professeur depuis dix-huit ans, je déclare que l'histoire ne m'est apparue dans sa vraie lumière qu'à mesure que je l'ai étudiée aux sources même. Il n'est pas possible d'exagérer les avantages d'un cours d'histoire composé d'après ces études préalables, et les ressources que le professeur en peut tirer pour les développements et les commentaires qu'il donne oralement à ses élèves.

Le nouveau *Précis* que l'on offre aux maisons d'éducation est le fruit de pareilles études. Assurément, l'auteur ne prétend pas avoir complètement réussi, il ne se fait pas illusion sur la valeur de son modeste travail. Son seul mérite est d'avoir eu le courage de l'entreprendre, et il n'aspire qu'à faire entrevoir les avantages d'un livre classique d'histoire ainsi composé. D'autres feront mieux ; ce ne sera pas difficile. L'essentiel est qu'on se décide à entrer dans cette voie.

P. LETHIELLEUX, ÉDITEUR, 4, rue CASSETTE, PARIS.

Extrait du catalogue :

ACTA PII IX præcipua, in-12. 0.60
ANCESSI (l'abbé V.) — *Atlas géographique et archéologique de la Bible*, in-4. n. 12.00
ANNÉE RELIGIEUSE, sanctif. par la médit. de chaque jour, par *une Supérieure*. 3 vol. in-12. 7.50
BAYLE (abbé). — *La Ste Bible.* — V. Drach.
BERTEU (abbé). — *Courtes méditations*. in-18. 2.50
BIBLIOTHÈQUE EUCHARISTIQUE : — I. *Les Prières de Sainte-Gertrude*, in-32 raisin, ord., 1.00; pap. glacé. 1.50. — II. *Le Pieux Communiant*, par le P. Baker, in-32 raisin. 1.00. — III. *L'Arbre de Vie*, par le P. Pinamonti, in-32 raisin. 0.60. — IV. *Le Trésor caché*, par Saint Léonard de Port-Maurice, in-32 raisin. 0.80. — V. *La Vie chrétienne dans le monde*, par de Beauvoys. 1 fort vol. in-32. 1.00. — VI. *Nouveau Manuel eucharistique*. 1 joli vol. in-32, rel. toile. 3.00. — VII. *Elévations à Jésus-Christ*, par le Card. de Bérulle, in-32 raisin. 0.75. — VIII. *L'Enfance chrétienne*, par Blanlo, in-32. 0.80. — IX. *Manuel du Congréganiste du S. Cœur de Jésus*, par Th. de Beauvoys, in-32, 1.00. — X. *Tout pour le Ciel*, par le P. Robert, in-32, jésus. 1.20. — XI. *L'Ange conducteur de l'Enfant en retraite* (1re communion). Nouv. édit. 1 vol. in-32, raisin. 0.75. — XII. *L'Ancre du salut*, par le R. P. Mach, in-32. 2.00
BOURDALOUE. — *Œuvres complètes*. Nouv. édit., 6 forts vol. in-8. 20.00
BOUVY (R. P.). — *Etoile du XIXe siècle* (l'). 2 vol. in-18. 4.00. — I. Vie de S. Joseph — II. Vertus de St. Joseph. — *Visites à St. Joseph*, in-32. 0.60
BRUGALÉ (l'abbé). — *Instr. pour la 1re communion*, in-8. 2.50
CANONES *et Decreta* S. S. Œcum. Concil. Trident. Edit. nova, in-12. 1.60
CHARMES (Thomas de). — *Theologia universa*. Nova edit. locupletata, opera prof. semin. S. Deodati. 7 vol. in-12. 24.00. — *Theologia dogmatica*, 3 vol. in-12. 12.00. — *Theologia moralis*, 4 vol. 16.00. — *Theologia Universa in Compendium*, édit. et ref. par le R. P. Mariano. Cap. 1 fort vol. in-12. 5.00
DEHAUT (abbé). — *L'Evangile, expliqué, défendu, médité*. 4 vol. in-8. 18.00. — *Le même, abrégé*, à l'usage des laïques, 3 v. in-8. 12.00. — *Divinité de J.-C.* in-8. 2.00. — *Plans de sermons*, in-8. 0.60
DRACH (abbé). — *La sainte Bible*, avec commentaires et introductions, gr. in-8 raisin, à 2 col. En souscription à 20 cent. la feuille, (16 p.). — *Volumes parus*:
I. *Les Epitres de S. Paul.* (57 filles). Souscription. et 11.40. — A part. 16.00
II. *Les Epitres catholiques.* (16 filles). Souscription. net 3.20. — A part. net 4.50
III. *L'Apocalypse de S. Jean.* (11 filles). Souscription. net 2.20. — A part. net 3.30
IV. *Les Evangiles synopt.* (En préparation).
Jean et les Actes. (Idem).

EDUCATION MODERNE (de l'), par un anc. professeur, 1 vol. in-12. 2.00
ENTRETIENS *de l'âme avec J.-C*. 2 vol. in-18 jésus. 4.00
FRANÇOIS DE SALES (S.). — *Œuvres complètes*. Nouv. édit., 10 beaux vol. in-8. 55.00
GILLY (abbé). — *Essai sur la Prédication*. 1 vol. in-12 raisin. 2.00 — *Petites méditations*, à l'usage des personnes du monde. 2 vol. in-18 raisin. (Sous presse). — *Introduction à l'Ecriture Sainte*, 3 vol. in-12. 7.50
GLANES SPIRITUELLES, médit. et avis pour tous les jours, in-18. 2.50
GRANDCLAUDE (abbé). — *Breviarium Philosophiæ Scholasticæ*, 4e édit., 3 vol. in-12. 7.50. — *Catéchisme de l'Infaillibilité pontificale*, in-18. 0.60. — *Les Principes de 89 et le Concile*. 1 vol. in-12. 2.50
HORACE. — *Poésies*, avec trad. juxta lin. et litt., par F. Guinand. 2 vol. in-12. 6.00
ISOARD. — *Sujets d'Oraison* (Avent). 1 vol. in-32. 0.75. — (Carême). 1 vol. in-32. 1.00
KILBER (R. P. S. J.). — *Analysis Biblica*. Edit. nova, aucta. 2 forts vol. in-8. 8.00
LA BRUYÈRE. — *Les Caractères*. Edit. A. M. D. G. in-12. 1.60 ; in-8. 2.50
LEGENDRE (abbé F.). — *La Première Communion*; instruction et méthode, 4e édit., 3 forts vol. in-12. 9.00
LÉGER (l'abbé). — *Guide du prêtre*, in-8. 3.00
LESSIUS (S. J.) — *De perfectionibus moribusque divinis*, in-8. 7.00
MACH (S. J.) — *Le Trésor du prêtre*, 2 vol. in-18. 7.00. — *La Manne du prêtre*, in-32, 2.00. — *L'Ancre du salut*, in-32, 2.00. — *Le Jour heureux*, in-32. 0.50
MARTY (H.). — *Trente petites lectures* sur l'histoire de la Sainte Vierge. in-32. 0.50
PIERRET (abbé). — *Manuel d'Archéologie pratique*, 2e édit., 1 vol. in-8. 5.00
POURQUOI *sommes-nous catholiques ?*... 8e édit., gr. in-18. 1.00
PUECH (abbé). — *Jésus-Christ, lumière des peuples*. 1 vol. in-12. 2.00
REED (S. J.). — *Thesaurus Philosophorum*, Edit. P. Cornoldi, in-32. 2.50
RICHOU (abbé). — *Histoire de l'Eglise à l'usage des Séminaires*. 3 vol. in-8. 12.00
SAINT-JURE (R. P.) S. J. — *L'Union avec N.-S. Jésus-Christ*. 1 vol. in-18. 1.50
SANSÉVÉRINO. — *Manuel de Philosophie chrétienne*. 2 vol. in-8. 8.00
SAUSSERET (abbé). — *La Persévérance* après la première Communion, in-32, br. 0.60;
STUB (R. P.). Barnabite. — *Méditations ecclésiastiques*. 4 vol. in-12. 14.00
SULLY (R. P. Z. de). — *Nouveau Mois de Marie*. 1 vol. in-18. 1.50
VILLENEUVE (S. Thomas de). — *Sermons* trad. par le R. P. Ferrier, 5 vol. in-12. 17.50
WIMARD (abbé). — *Après le Congé* 1 vol. in-32, br. 0.75 ; relié 1.00
WISEMAN (cardinal). — *Sermons sur N.-S. et la sainte Vierge*. trad. par l'abbé Bayle, in-18. 3.00

www.ingramcontent.com/pod-product-compliance
Lightning Source LLC
Chambersburg PA
CBHW061957300426
44117CB00010B/1379